国家哲学社会科学成果文库

NATIONAL ACHIEVEMENTS LIBRARY
OF PHILOSOPHY AND SOCIAL SCIENCES

文学阐释学的“中国范式”

（1942—2022）

谷鹏飞　著

创于1897
商务印书馆
The Commercial Press

图书在版编目（CIP）数据

文学阐释学的“中国范式”：1942—2022 / 谷鹏飞著. -- 北京：商务印书馆，2025. --（国家哲学社会科学成果文库）. -- ISBN 978-7-100-25078-8

Ⅰ. I206.6

中国国家版本馆CIP数据核字第2025QG3798号

文学阐释学的“中国范式”

（1942—2022）

谷鹏飞　著

商　务　印　书　馆　出　版

（北京王府井大街36号　邮政编码100710）

商　务　印　书　馆　发　行

北京市十月印刷有限公司印刷

ISBN 978-7-100-25078-8

2025年8月第1版　　开本710×1000　1/16

2025年8月北京第1次印刷　　印张37 3/4

定价：208.00元

《国家哲学社会科学成果文库》
出版说明

为充分发挥哲学社会科学优秀成果和优秀人才的示范引领作用，促进我国哲学社会科学繁荣发展，自2010年始设立《国家哲学社会科学成果文库》。入选成果经同行专家严格评审，反映新时代中国特色社会主义理论和实践创新，代表当前相关学科领域前沿水平。按照“统一标识、统一风格、统一版式、统一标准”的总体要求组织出版。

全国哲学社会科学工作办公室

2025年3月

本书以阐释学范式史的方式，
重构中国当代文学阐释学的发展历程。

目　录

CONTENTS

导 论

第一节 文学阐释学“中国范式”问题的义界

“文学阐释学的‘中国范式’”（1942—2022）具有广、狭义内涵。狭义上讲，它是指中国当代以“文学阐释学”为命名形态的各种文学阐释学理论；广义上讲，它是指中国文学进入现代发展新阶段后，文学理论界出现的以阐释学为基本观念和方法，对中国古代文学理论、西方文学理论、马克思主义文学理论进行阐释学研究，以此建构中国文学阐释学的理论范式。作为人类亘古就有的文本理解基本方法，中国文学阐释学在进入当代后表现出明显的中西融合取向，并随中国文学现代性的发展而具体表现为中国古代文学阐释学的现代化阐释、西方文学阐释学的本土化阐释、马克思主义文学阐释学的中国化阐释及中国当代文学阐释学的建构四种理论范式。

本书在理论架构上取狭义理解，在理论资源上取广义理解。

从中国当代文学阐释学的理论逻辑来看，中国文学阐释学在进入当代发展新阶段后，因面临新的“中国语境”、使用新的“中国方法”、追求新的“中国价值”而催生出的新的阐释学范式，是一种既不同于西方文学阐释学的一般范式，也不同于中国古代文学阐释学的主导范式，既区别于西方文学阐释学或马克思主义文学阐释学“在中国”的理论旅行范式，又区别于中国古代文学阐释学在当代的理论传承范式，因而可将其统称为文学阐释学的“中国范式”，或“中国当代文学阐释学”。

从中国当代文学阐释学的实际发生来看，阐释的“中国语境”决定了中国当代文学阐释学所催生的“中国范式”，并非中西方经典阐释学的“原理”范式，即追问“理解”问题与“文本意义的来源问题”而催生的理论范式，而主要是阐释学的“应用”范式，亦即什么样的阐释是“好的阐释”，“怎样达到”好的阐释范式。阐释的“语境”“方法”与“价值”，因而成为中国当代文学阐释学“中国范式”的基本表现形式。

基于如上认识，本书在研究对象上，将依据中国当代文学阐释学“应用”的三大类型——中国古代文学阐释学的现代化阐释、西方文学阐释学的本土化阐释、马克思主义文学阐释学的中国化阐释——来讨论它们在当代“中国语境”中所体现出的“中国范式”，包括：

1. 中国古代文学阐释学现代化阐释中的“中国范式”，主要是中国古代文学阐释学从民族性向现代性的身份转化范式。

2. 西方文学阐释学本土化阐释中的“中国范式”，主要是西方文学阐释学从西方性向中国性的身份变异范式。

3. 马克思主义文学阐释学中国化阐释中的“中国范式”，主要是马克思主义文学阐释学从普遍原理到现实实践的批判转向范式。

当然，中国当代文学阐释学或文学阐释学的“中国范式”，就其理想形态而言，还应包括港澳台地区的文学阐释学与阐释理论，以及中国少数民族文学阐释学与阐释理论。就当下各自的发展情况来看，海峡两岸及中国香港、澳门等地区的文学阐释学与阐释理论所表现出的中与西、古与今混杂特性，大陆地区少数民族文学阐释学与阐释理论超越文学人类学、文学神话学范型而向西方当代文学阐释学转型等现象，具有区别于“中国当代文学阐释学”的鲜明特性，因而从理论上讲，它们也应一并纳入中国当代文学阐释学的研究问题域。限于学力与文献所囿，这两个领域只能留待将来讨论了。

第二节 文学阐释学“中国范式”的地方性与世界性问题

中国当代文学阐释学或文学阐释学的“中国范式”概念对象的确立有其必然逻辑。1942 年毛泽东《在延安文艺座谈会上的讲话》发表后，如何建立一种具有合法性的文学阐释，树立阐释的权威性与经典性，来作为新民主主义及至社会主义文学阵营一体遵循的基本阐释规范，成为中国当代文学阐释学所面临的首要问题。虽说以意识形态的不容置疑性确定阐释的权威性极为容易，但是如何协调不同阐释学的理论张力，建立与新兴政权和新兴文艺制度相适应的统一完整的阐释理论，却绝非易事：统一完整的阐释理论势必包括有现代生命力的中国古代文学阐释观念、初步中国化的马克思主义文学阐释思想与逐渐“汉化”的西方文学阐释学学说等多样阐释理论，而这远远超出了其时及此后相当长一段时间内任何单一权威性阐释理论的概念边界。加上其时占据中国当代文学阐释学主流地位的现实主义文学阐释理论，实际上并没有获得理论的自洽，相反在其内部充满了多种张力与抵牾，出路似乎只能是：就在这种张力与抵牾中寻求可能——因为恰恰是这种理论的张力与抵牾，提供了重新叙述作为权威性的现实主义文学阐释学的可能。而为了揭示这种可能，就必须超越单一的知识社会学叙事，从中国当代文学阐释学自身的丰富性出发，重新审视中国当代文学阐释学的各种缝隙，重新整理中国当代文学阐释学的多样资源，在阐释原则的普遍性与阐释问题的具体性关联中，重构中国当代文学阐释学的知识图谱，使这种知识图谱成为同时包含地方性与世界性的知识范式。

再从概念语义的角度看，文学阐释学的“中国范式”既有阐释学的特殊性，亦有其关联于普遍性的一面。作为一种普遍性的理解方法[1]，根据帕尔默的考证，“诠释学”在印欧语系的概念表述中原为阴性单数（hermeneutic），原义为“解经学”，强调文本意义的唯一性与权威性。但如果用复数形式（hermeneutics）表示，则既可指称诠释活动在语文学意义上的理论辨析与实践应用意义上的价值探讨，又可暗示诠释学作为“规则”“理论”所具有的一般诠释学特征，而不再局限于某种特殊的文体理解及技艺指称。即它作为一般观念与方法，贯穿神学、哲学、文学等所有人文科学理解[2]，不仅能够由单数形式走向复数形式，而且能够由小写形式（hermeneutics）走向大写形式（Hermeneutics），以此显示其作为人文科学的普遍意义与对东西方文化所具有的共通性价值。

从语词渊源上看，希腊语“阐释”（动词 hermēneuein，名词 hermēneia）具有“言说”（to say，to express，to assert）、“说明”（to explain）、翻译（to translate）三层意涵。[3]

阐释作为“言说”，意味着唯有将文学语言转化为言谈，才能还原文学文本的事件性质与表达力量。“文学作品之存在是一个‘语词事件’（word event），它乃作为口头行为而发生。一种恰当的文学批评在朝着作品的聚焦点的口头诠释发展。”[4]在文学作品的阐释中，只有将作品由语词变为事件，还原文学口头阐释的事件性质，摆脱作品的单纯自主性（文字性存在），文学批评才能走向意义阐释（如宗教文学文本因聆听而得以实现救赎的原始阐释路径，就启示文学阐释经由口语性诵读与事件性阐释而通达终极价值与信

1 为行文方便，除原文引用与为了突出不同思想家的概念区别而使用不同译名外，本书模糊“阐释”“诠释”“解释”含义的微妙区别，统一使用“阐释”或“阐释学”对译“Hermeneutik”或“Interpretation”语词。关于该语词三种常见译名的不同含义，请参阅洪汉鼎：《关于 Hermeneutik 的三个译名：诠释学、解释学与阐释学》，《哲学研究》2020 年第 4 期；张江：《“阐”“诠”辨》，《哲学研究》2017 年第 12 期；张江：《“解”“释”辨》，《社会科学战线》2019 年第 1 期。

2〔美〕理查德·E. 帕尔默：《诠释学》，潘德荣译，商务印书馆，2012 年，第 2 页。

3〔美〕理查德·E. 帕尔默：《诠释学》，潘德荣译，商务印书馆，2012 年，第 26 页。

4〔美〕理查德·E. 帕尔默：《诠释学》，潘德荣译，商务印书馆，2012 年，第 32 页。

仰的必然性）。

阐释作为“说明”，意味着文本具有理性的维度。作为一种携带价值性的理性陈述，“说明”的目的在于通过理性化的陈述使人对文本的意义加以信服。由于文本的意义依赖一定的语境，故而“说明”虽不涉及心理意义，但也需在特定的语境下进行。

阐释作为“翻译”，是“人们将异质的、陌生的或难以理解的东西携入自己语言的媒介中”的行为。在帕尔默看来，“翻译使我们察觉到这一事实，即语言自身包含着一种覆盖了世界的诠释，翻译者必须对此有敏锐的感觉……翻译使我们更充分地意识到某种方式，语言实际上以这种方式塑造了我们的世界观，甚至塑造了我们的感知”[1]。在翻译中，由于待翻译文本之历史背景、世界观可能迥异于翻译者，因而就需要通过历史语境的当代化，或在共通感的基础上发现古今共享的一些普遍价值方式，来协调被阐释文本与阐释者的间距，使阐释者获得对文本意义的理解与应用。

上述对“阐释”概念的考察表明，“阐释学”不仅是一种理解、解释的技艺，更是一种指向“应用”的实践能力与实践智慧。作为前者，它是规则；作为后者，它是判断力。这两层意思合起来表明，阐释学虽有其固有的解释规则与理解方法，但规则与方法如何“应用”，却无规律与方法可循，需要阐释主体的实践能力与实践智慧。西方阐释学史上的施莱尔马赫、伽达默尔等人也都曾强化了阐释学的这一实践属性，并将其与作为古代技术哲学之一的修辞学关联一体，认为二者都可帮助人们认识人性是如何在教化和使用语言中获得发展，继而进入与神圣事物的精神联系并卓然于世的。从而，阐释学又可与教化及人性理念关联一体。

根据“阐释学”的一般概念分析，参照文学阐释学“中国范式”的基本义界，可以得出：当代文学阐释学“中国范式”问题的本质，是以界划不同

1〔美〕理查德·E. 帕尔默：《诠释学》，潘德荣译，商务印书馆，2012 年，第 43 页。

于“中国古代文学阐释学”“西方文学阐释学”“马克思主义文学阐释学”为背景，以建构具有“当代性”的“中国文学阐释学”为中心的知识与实践规划，因此它不是一个单纯的民族—国家的知识范型问题，而是一个在“当代”与“世界”语境中的身份标识与实践认同问题。由于这一身份标识与实践认同是以现代民族—国家为基础，较少涉及单一主权国家内多民族、多文化的不同知识范型问题，所以，对这一概念的使用，既需要注意其含混性——本土性与世界性、知识性与政治性的复杂语境与内涵，又需要注意其化约性——政治主权与以汉民族官方文化为主导的知识范型居于主导，从而一方面使问题的讨论具有广泛关联的复杂背景，另一方面又在化约的视野中为重新理解中国当代文学阐释学、限定中国当代文学阐释学的边界与内涵提供了可能。

从当代文学阐释学“中国范式”自身发展条件来看，文道之尊，端赖史势，如若在中国文学阐释学语境中完全剔除文学阐释的“世界性”概念，势必会限制中国当代文学阐释学因应多元文学现代性而对自身做出完整统一的阐释，弱化自身的影响力并继而衍变为阐释难题。要解决这一难题，并非要将中西不同空间的文学阐释学转化为同一时间轴内的历时性阐释，通过剥离文学阐释的空间性内涵而赋予中国当代文学阐释学以普遍意义；恰恰相反，它应超越“民族—国家”的单一概念，从中国当代文学阐释学本身的丰富性出发，重审中国当代文学阐释学在历史发展中的多样范式与复杂内涵，重新发现中国当代文学阐释学的各种裂隙，在文学与政治、中国与西方的复杂关系中，重构“中国当代文学阐释学”的知识图谱——在这个图谱内，我们能看到，曾经的“政治”阐释也是“文学”阐释，曾经的“中国的”阐释也是“西方的”阐释，曾经的“民族的”阐释也是“世界的”阐释。因而那种极化与简化的概念理解，事实上并不符合中国当代文学阐释学的历史，更难以适应其未来。

从当代文学阐释学“中国范式”诞生的历史语境来看，1942年后伴随着中国当代文学与中国当代文学理论在意识形态领域的正式启幕，学术界移用社会政治领域内含有主权意义的“中国性”概念而至文学领域，要求当代文学与当代文学理论同样体现“中国性”，这表面上反映的是历史“正统”意识在文学领域的有意“误用”，但其客观上也反映了民族国家在现代主体性建构过程中常需借用文学话语以支援国家社会建设的普遍努力。

进入20世纪70年代末、80年代后，文学阐释学逐渐成为中国文学界一种自觉的理论范式与观念方法，这种理论范式与观念方法，起初实际上内在于西方文学阐释学的普遍主义叙述，即作为理论范式与观念方法的“中国当代文学阐释学”是在“西方文学阐释学”的引借与对照中被发现的。它起初并不是一个民族性的概念，而是一个西方性的概念，这一概念之所以能够形成，就在于它既为其时激进西化派支持中国文学现代性提供了基本方案，也为其时主流意识形态参与西方知识话语对话提供了基本框架——由于无论是前者还是后者，都关注三个中心问题，即中国性、西方性与世界性问题，因而对这三个问题，无论是就概念语义还是实践内涵来说，都不宜作简单化的政治理解，而应从中国文学现代性的整体进程入手，省察其知识的、审美的、政治的丰富内涵；特别是对“中国性”（乃至复义概念“中国化”“中国特色”“中国风格”“中国气派”等）问题，不能囿于政治意义的单解——相较于历史上受到中国儒家文化影响的东亚文化圈，我们讲的“中国性”更宜理解为“汉文化性”；相对于现实上中国国家的多民族事实，我们讲的“中国性”更应理解为“多民族性”；相较于世界文学时代的西方文学，我们讲的“中国性”更应理解为“审美性”。在此意义上，作为学术话语与政治关键词的“中国性”概念，规范表述应为“汉语性”，后者可弱化现代政治学意义上“中国性”的民族—国家概念指称，而强化其“文化与语言中国”内涵；它同时能将历史上受到汉语文化影响的东亚文化圈包括在内，从而扩展自身概念的现实内涵与外延。

从更长时段来看，晚清已降中国思想文化在整体上业已脱离自身原本独立的发展轨迹而融入世界的现代性事实，决定了此后中国文学阐释学的发展不可能再走一条独立发展的道路，而是要与东渐步伐加快的西方文学阐释学以及逐渐中国化的马克思主义文学阐释学一起，在影响与互动中走出一条全新的道路。对于这条道路，我们需要追问的关键问题是：这个过程是如何发生的？其基本路径与特色是什么？其基本内容与发展阶段又是什么？在每一个发展阶段，它的哪些思想是秉自中国的，哪些是移用西方的？只有厘清了这些问题，我们才可以明白：中国当代文学阐释学的发展，只是继续推进百年中国文学现代性固有道路的节点，它本身构成了“中国现代文学阐释学”的重要一环，而非另起炉灶；同样地，中国当代文学阐释学的发展，必然也是世界现代性语境中文学阐释学的在地化发展，而非单一“民族—国家”文学阐释学的重新抬头。事实也是，1942 年后中国当代文学与当代文学理论对“民族性”“中国性”始终如一的强调（乃至宣示为国策的“中国化”“中国特色”话语叙事），所表明的正是中国当代文学阐释学始终未能跳出中国文学现代性与世界文学语境的轨辙，甚或本身就甘愿与其挽搭同行，因而“中国当代文学阐释学”乃至更具专属含义的“文学阐释学‘中国范式’”，并非要形成一种真正具有“中国性”的独特民族—国家身份叙事——事实上，真正意义上的“中国当代文学阐释学”或“文学阐释学的‘中国范式’”并未完成，它只是长期作为中国文学现代性征途中的一种文学阐释学理念与知识范式而存在，至今存在着较大的阐释空间——它只是试图通过特殊性的方式来重构普遍性。

也正是在这个意义上，我们才可以说，中国当代文学阐释学知识图谱的确定虽有利于描述文学阐释学“中国范式”的整体框架，但过于稳固的框架并不利于描述不同时空内频繁变动的文学阐释学关系。因而确定中国当代文学阐释学的知识图谱，就不是要用文学普遍理论的伦理罗盘规范具体理论，而是通过多元的阐释框架寻求理论通向实践的多种可能，故而不宜将中国当代文学阐释学的知识范式，简单视为“世界文学”时代中的西方中心文学阐释观念在地方边缘文学理论圈的呈现；也不宜将中国当代文学阐释学的知识范式，武断视为文学阐释学的特殊性成功解构普遍性的案例——当下要特别警惕中国当代文学阐释学因误解“中国风格、中国特色、中国气派”本义而流于地方化观念的倾向，警惕其脱离世界文学理论整体关联而坠入民粹主义的“民族文学”理论歧路，警惕其脱离百年中国文学现代性进程的普遍性诉求而重新走向地方性的危险——后者或可理解为中国当代文学阐释学的去殖民化模仿，但并非真正的文学主体性探寻。中国当代文学阐释学的真正的主体性诉求，并非是在中心—边缘的二元格局中通过解构中心而实现自我的中心化建构，而是强调在“自我—他者”的身份格局中形成具有交互主体性的理论身份，使中国当代文学阐释学的主体性建构成为不同文学阐释学之间的主体间性对话过程。正是在不同文学阐释学之间的文学主体间性对话过程中，中国当代文学阐释学才突显了自我在复杂关系中的理性认知与创新实践，使自我的建构成为一种经由特殊性而走向普遍性的身份形成过程，成为一种通过特殊性来重构普遍性，而非以民族性回应西方性的身份形成过程。

通过中国当代文学阐释学的特殊性来重构世界文学阐释学的普遍性，需要我们在阐释观念上将“中国当代文学阐释学”视为一种“跨文明体系”[1]，这一体系最显著的话语标志便是对传统“和而不同”概念及其衍生判断“各美其美，美人之美，美美与共，天下大同”（费孝通）、“东海西海，心理攸同，南学北学，道术未裂”（钱锺书）的普遍认同。“跨文明体系”作为一种

1 受汪晖提出的“跨社会体系”概念启发，这里将中国当代文学阐释学的历史与现实根基概括为“跨文明体系”。关于“跨社会体系”概念内涵及其应用，参见汪晖：《高句丽、蒙元史与跨体系社会的历史叙事》，《东南学术》2020 年第 1 期。

广泛存在于现代西方与东方的普遍主义文学阐释框架，它以融通文本“内”（语言、修辞、章句）与“外”（学科、文化、国族）为阐释基点，以比堪中西共有的文艺观念、方法、原则为阐释路径，以建立普遍主义的哲学阐释学为阐释目标。“和而不同”概念本是一个极具阐释张力的古典哲学概念，它在进入中国当代文学阐释学后逐渐形成以不同文学异质而同理、异趣而同心为阐释前提，以中西文学之共有文心与文德为阐释原则，以中西文学阐释学去除“形上等级制”为阐释目标的概念内涵，从而可与“跨文明体系”形成相得益彰的关系。

通过中国当代文学阐释学的特殊性来重构世界文学阐释学的普遍性，在阐释内容上需要我们把“中国当代文学阐释学”内部的多元性凸显出来，通过与中国古代文学阐释学、西方文学阐释学与马克思主义文学阐释学的整体比较关联，实现以文本及其内外关系为阐释中心，以文本本义及其衍生意义为阐释目的的文学阐释学现代性建构。具有现代性品格的文学阐释学，就其内容而言是一种以“文本”意义为中心、关涉所有文学活动要素的关系性、实践性阐释。这种阐释，必须超越读者反应理论、接受美学、哲学阐释学等狭义阐释学理论对接受者本体地位的高扬，必须超越形式主义、新批评、结构主义等广义阐释学理论对文本意义本体地位的倚重，通过反对解构主义、后现代主义对作者意图的放逐，而将“读者意图论”“作品意图论”“作者意图论”统一起来，实现作品本体、读者本体与作者本体等多重本体意义的共识与搭建。这种阐释，在具体的阐释活动中，如按文本要素区分，便成为对文本语音层、语义层、事物层、形而上学层的阐释；如按文本类型区分，便成为对传统文学文本（现实型文学文本、浪漫型文学文本、象征性文学文本）、实践型文学文本（文学现象）与数字文学文本的阐释；如按文本的来源区分，便成为对文本不同“作者”的阐释，即须阐释“作者”从早期无名氏的集体创作，到近代具有主体性意识的版权作者，再到今天数字人文时代

“人—机”合作创作抑或读者参与创作的共同作者的意义，分析由于“作者”变化而可能导致的文学活动或文学文本意义的变化。通过对这些不同文本要素的区分性与关联性阐释，文学阐释学便成了一项永远指向当下的现实性文学活动。

通过中国当代文学阐释学的特殊性来重构世界文学阐释学的普遍性，还需要在阐释资源上调动文本内外的所有阐释要素。盖因不同阐释学理论对文本意义来源的不同理解——表面上是不同阐释主体对文本意义来源的不同理解，实质上是不同社会现代性裹挟文学现代性前行的不同结果，因而又必须将百余年的中国社会现代性与文学现代性作为中国当代文学阐释学的必要背景与资源——由于这一过程中不仅蕴含了中国文学阐释学自身的发展道路，而且包含了中国文学阐释学支援社会并勠力民族国家建构与文学现代性发展的全部动力，故而理应将其视为文学文本意义的重要来源与中国当代文学阐释学建构的重要资源。事实也是，中国当代文学阐释学自身的发展，无论是作家意图论，还是作品意图论，抑或读者意图论与文本语境论，无不超越作品的单一意义而最终指向对作品社会文化意义的多样探求：从19世纪末20世纪初期的“文学革命”到20世纪三四十年代的“革命文学”，从20年代的“为人生的文学”到30年代的“为社会的文学”，乃至40年代后毛泽东《在延安文艺座谈会上的讲话》发表后长期主导中国文艺路线的“两结合”理论、社会主义现实主义理论，以及20世纪90年代后的中国古代文学理论的现代化、马克思主义文学理论的中国化、西方文学理论的本土化等思想转型，无不如此。因此，唯有通过分析中国当代文学阐释学在不同发展时期的不同语境及其价值观念表达，揭示这种语境及其价值观念表达，是如何构成了不同时代社会的工艺社会结构与文化心理结构在文学观念领域的抽象表达，如何成为主流意识形态消长变化与现代性文学观念艰难曲折发展的产物，才能较为客观地阐明文本意义，彰显“中国当代文学阐释学”超越“地方性”之上的“世界性”价值。

第三节 文学阐释学“中国范式”学术史概览

八十余年来，国内学界对于文学阐释学“中国范式”研究的一个基本思路，就是深入检索中国阐释学传统，正视当下文学阐释学的问题与成绩，讨论如何在全球化与“世界文学”背景下建构具有民族性与现代性特色的“中国文学阐释学”，为建立文学阐释学的“中国学派”而努力。基于此一目的，学术界或从文学阐释学基本问题入手，对文学阐释学的基本概念命题作深入讨论；或运用具体的文学艺术阐释经验，对文学阐释学理论作修正与推进；或回到中国古代文学阐释学母体，从中国本土的文学阐释学理论、概念与命题出发，进行阐释资源的辨析与清理。上述三大方面的代表性成果有：钱锺书《管锥编》(1979)系列、张隆溪《道与逻各斯：东西方文学阐释学》(1992)、金元浦《文学解释学》(1997)、李清良《中国阐释学》(2001)、李建盛《理解事件与文本意义——文学诠释学》(2002)、潘德荣《文字·诠释·传统——中国诠释传统的现代转化》(2003)，周裕锴《中国古代阐释学研究》(2003)、成中英《本体诠释学》(2017)、张江《阐释的张力：“强制阐释”的对话》(2017)，以及朱立元、周宪、王宁、张政文、李春青、陈勋武、丁子江、金惠敏、安德明、曾军、傅其林、段吉方与论者等人的相关成果。

从文献类型来看，上述研究主要形成了两类文献：一类是“原理型”的文学阐释学文献，包括对文学阐释学一般问题讨论的文献，与以《文学理论》教材名义出现的，关于“文学本体”“文学创作”“文学作品”“文学接受”等涉及文学阐释学基本问题讨论的文献；二类是“学派型”的文学阐释学文献，包括对中国古代文学阐释学的现代化问题讨论、西方文学阐释学的本土化问题讨论、马克思主义文学阐释学的中国化问题讨论所形成的经典文献。这些文献，为文学阐释学“中国范式”在当代的发展提供了坚实的资源基础。

从文学阐释学“中国范式”研究的历时性发展来看，它大致经历了三个阶段：

第一阶段：移用借鉴阶段（1942—1980年代后期）。

主要集中在三个方面：一是对马克思主义文学阐释学的研究，主要以对《1844年经济学—哲学手稿》《德意志意识形态》等马克思主义经典作家阐释学思想与对毛泽东《在延安文艺座谈会上的讲话》阐释学思想的研究为代表。[1]二是对中国古代经学阐释学思想的个案分析与研究，这些研究多包含在中国哲学与中国文学研究之内。三是对西方阐释学思想的零散研究，这些研究主要涵括在对西方哲学、文学理论与美学的翻译、介绍、评述与研究之内。

第二阶段：融合创造阶段（1990—2010年代前期）。

主要代表人物有张隆溪、成中英、潘德荣、李建盛、周裕锴、李清良、金元浦等。

其中：张隆溪《道与逻各斯：东西方文学阐释学》（Duke University Press，1992；江苏教育出版社，2006），以阐释学为基本方法，以东西方文化比较为问题语境，对文学文本中语言的性质及其在文学创作、文学阅读中的复杂内涵作了阐释学讨论，讨论的目的在于解释中西方不同文学文本中暗含的阐释学普遍性问题，继而阐扬中西方文学文本的相通性（而非差异性）。由于该书是作者二十多年来相关论题的研究汇集，因此结构上较为松散，关于中西方文学阐释学的不少真知灼见还散布于不同的讨论之中，鲜有整体性的观念呈现。此外，由于该书初版时所面对的对象是英语世界的读者，因此叙述时采用的是一种“跨文化”的视角，而非“互文化”的视角，这种视角在一定程度上影响了他对中国阐释学的独特性的发现。在具体的文学阐释学观点上，该书认为文学阐释学并不是一套理解与解释的技艺（凭此技艺，我

1 关于《在延安文艺座谈会上的讲话》发表及四次修订及其阐释学意义，可参阅拙作：《〈在延安文艺座谈会上的讲话〉四次修订的背景及其诠释学意义》，《西北大学学报》（哲学社会科学版）2012年第2期。

们便可以解决文本批评的种种问题），而是一套激活我们感觉与体验的艺术（凭此艺术，我们便可以展开对文学语言的分析，深化对语言使用的感觉和对文学、艺术的体验，思考那隐藏在文学性文本写作中的原则，从而比作者与一般读者更好地理解文学作品）。在氏著看来，作为能够激活我们感觉与体验的“艺术”，文学阐释学一旦得到“应用”，将“有助于更为正确、更为敏锐地揭示：当词和词、句子和句子被组织到一部文学性的文本之中，尔后又在阅读过程中变得活跃起来时，所发生的事情究竟是什么”[1]。文学阐释学的任务，因而也就在于使阐释者能够和作者一样，甚至比作者更好地理解文本。不难看出，氏著这种将阐释学与修辞学关联起来、将文本意义铆于语言的阐释学思路，实际上是他对施莱尔马赫一般阐释学在文学领域移用的结果。

周裕锴《中国古代阐释学研究》（上海人民出版社，2003；复旦大学出版社，2019），以经学、玄学、佛学、禅学、理学、诗学为考察对象，遵循“发掘—阐释—建构—评价”的写作思路，运用历史与逻辑相统一的方法，分析不同时期同一阐释理论的发展谱系与传承、同一时期不同阐释理论的关联与区别，揭示中国古代阐释学理论的内在发展逻辑与其相异于西方阐释学的独特价值。氏著钩沉简练，论证精要，能够将中国阐释学的不同理路融入中国思想史的内在逻辑之中，实现了思想史与阐释史的统一，堪称系统研究中国古代阐释学的扛鼎之作。当然，从文学阐释学的角度看，它还只是中国思想史统御下的中国文学阐释学史，“中国文学阐释学”还只是作为中国思想史发展的史料，来印证中国思想史在文学艺术领域的统摄性，而“中国文学阐释学”本身，还未获得独立的文学批评史地位。另外，一些非常重要的中国文学阐释学文本，如《文心雕龙》《文选注》《五经正义》以及王夫之、

1 张隆溪：《道与逻各斯：东西方文学阐释学“序”》，江苏教育出版社，2006 年，第 5 页。

叶燮等诗论均告阙如。一种真正意义上的中国文学阐释学研究，应以中国思想史为背景，来分析文学阐释学史与中国思想史在不同历史时期的结合与游离状况，揭示不同状况对于文学阐释学史本身所具有的重要意义。

李清良《中国阐释学》（湖南师范大学出版社，2001），以整个中国文化为研究对象，运用“本质还原”与“存在还原”的“双重还原法”，试图建立由“语境论”“‘时’论”“理解根据论”“理解过程论”“阐释论”五大内容组成的中国阐释学理论体系。该书虽命意高远，能自拓区宇，然从论证的缜密、材料的广博、思想的精微来讲，尚有欠缺，应属于激情有余而学力不足的创作型研究。

金元浦的《文学解释学》（东北师范大学出版社，1997）以建构中国当代文学解释学为目标，从方法论、过程论、本体论、范畴论四个方面，对文学的对话、阅读、意义、范畴展开讨论。该书以20世纪西方文学解释学的不同类型为分析对象，较为系统地呈现了西方文学解释学在进入20世纪后的最新发展状况，但对20世纪之前西方源远流长的文学解释学传统鲜有涉及，特别是对中国两千余年的文学解释学问题未予置辞；对于中国当代解释学发展的真正问题，即如何将西方当代解释学思想与中国传统的解释学思想结合起来以实现解释学在中国的融会贯通与创新发展问题，未予讨论。

成中英的《本体诠释学（一、二）》（中国人民大学出版社，2017），是作者于20世纪80年代至21世纪初关于中西哲学本体诠释的系列思考，它在内容上主要涉及诠释学的基本概念、本体与诠释的关系，本体诠释学的内涵与方法及其理论价值，包括运用本体诠释学方法观照中国哲学、东方哲学、西方哲学后所产生的不同阐释学形式。该书的重要价值不仅在于它提出了区别于西方“哲学诠释学”的“本体诠释学”的概念，更为重要的在于它以建立“中国诠释学”为目的，将全球哲学话语重新置于《易经》的“生生”诠释原点，力图通过对“生生”本体（Generative being）的融通阐释

（“存有的发生”），来建立以《易经》哲学为本体与诠释结构的全球诠释理论（“一般本体诠释学”），实现古今中西哲学本体在当代的融通互鉴，推进诠释学由“哲学诠释学”向“本体诠释学”的当代发展。在具体的文本诠释过程中，它以人与自然万物的相通性为逻辑前提，通过将诠释者、诠释文本、诠释方法一同视为诠释本体，使文本的理解成为不同阐释要素互为本体证成的“本体诠释的循环”过程，并内在地包含了文本语言的表达与有形的观照、理解者概念的规范与义理的疏解，以及诠释者心灵的默会与无形的体验等诸多阐释环节与意义生发逻辑。文本的诠释由此成为一种由语言层次上的文本一致性到理论层次上的义理一致性，再到本体层次上的真理一致性，最终完成文本阐释的知识性（“理”）、道德性（“性”）、情感性（“心”）的超越融合的过程。可以说，这种既强调文本的对象性诠释（“对本体诠释”），又突出文本的自我性诠释（“自本体诠释”）的“本体诠释学”，是一种融合了西方知识论、存有论、价值论与审美论的新的诠释学理论，它在解决中西方“尚理”“尚义”“尚情”“尚意”阐释学争论方面，有积极贡献。

李建盛的《理解事件与文本意义——文学诠释学》（上海译文出版社，2002）一书，运用哲学诠释学的基本方法，讨论文学活动中文学作品、文学接受、文学意义、文学史等的理解问题。在具体的论述中，氏著援引形式主义、新批评、结构主义、现象学、读者反应理论、接受美学、符号学、西方马克思主义等20世纪主流文学理论关于文学文本、文学阅读、文学意义、文学史观的经典观念，来阐述文学活动中丰富的诠释学问题，分析文学阐释学与哲学阐释学的理论重叠与意义歧异问题，从而在一定程度上扩展了文学诠释学的研究视域。当然，由于哲学诠释学的基本方法论框架支配了全书的写作思路，氏著在建立本体性的文学诠释学理论方面，还显不足。一种真正具有本体性的文学阐释学的现代性建构，需要将文学阐释活动由审美经验升华为阐释先验，并对具体文学作品与文学活动作出美学分析。在这个过程中，一方面应基于文学作品与文学活动的审美经验与审美感悟而作阐释学的意义理解与升华；另一方面，还应从中外业已形成的文学阐释学传统出发，发现中外文学阐释学所共有的哲学阐释学根基，实现由本体先验回返审美经验的意义融通。

潘德荣的《文字·诠释·传统——中国诠释传统的现代转化》（上海译文出版社，2003）是一部基于中国诠释传统的中西比较阐释学论著。全书立足中国的语言、文字及训诂传统，较为详细地分析了中国经典诠释学的方法论及其基本特征，说明了以成中英、傅伟勋为代表的当代中国诠释学家对中国经典诠释学现代性转化的基本贡献，最后在西方诠释学与马克思主义诠释学的比较视域中，讨论了重构中国传统诠释学、完成传统诠释学的当代转化、建构“现代中国诠释学”的可能性。氏著所表达的一个基本观点，就是中国表意文字与西方拼音文字在字形与表达方式上的差别，对于形成各自不同的诠释学传统具有重大影响——中国诠释学的“文字中心论”与西方诠释学的“语音中心论”以及各自所尊奉的“观的哲学”与“倾听哲学”不同，正是不同文字字形影响的结果；而中国诠释学重视文字字形的“观的哲学”，与西方当代以德里达为代表的“反语音中心论”存有内在的相通之处也表明，中国诠释学是以音、形、义相联结的训诂学与知识性、道德性、审美性相融合的审美学的统一。结论是：建立当代中国阐释学，实现中国传统诠释学其现代性转化的基本路径，就是以西方诠释学为基础，建立“诠释化的训诂学”或“训诂诠释学”。潘氏的如上阐释学观点，无疑是这一时期中国文学阐释学颇引人瞩目的成果。

第三阶段：批判反思与话语重建阶段（2010年代中期至今）。

代表人物有张江、朱立元、周宪、张政文、杨慧林、王宁、李春青、周裕锴、杨乃乔、傅永军等。

近年来学界围绕文学阐释学研究的一个基本理论诉求，就是深入检索中国文学阐释学传统，正视当下文学阐释学的问题与成绩，融合创新西方文学阐释学与马克思主义文学阐释学，为建立文学阐释学的中国学派而努力。在这个过程中，学者们大多都能创辟其识，综贯成一家言。具体来讲：

1. 从阐释学基本问题入手，对阐释学、文学阐释学中的基本理论问题的讨论。这方面的代表性成果有：

复旦大学于2014年与2016年分两次举办的“中国经学诠释学与西方诠释学的比较研究”国际学术工作坊，吸引了洪汉鼎、曹洪洋、潘德荣、杨慧林、杨乃乔、周裕锴、林维杰、林启屏、李奭学、韩大伟、景海峰、傅永军、何卫平等海内外一大批从事诠释学与比较研究的学者参加。工作坊结集出版的学术论文集《中国经学诠释学与西方诠释学》（杨乃乔主编，中西书局，2016）、《比较经学：中国经学诠释学传统与西方诠释学传统的对话》（杨乃乔总主编，上海人民出版社，2018），一方面在比较研究的视域内对中国经学诠释学与西方诠释学展开汇通研究，通过将二者置于无界的学术空间中使其得以相互敞开与重构对话，并以“互文性”的方式呈现自身，“最终使西方诠释学与中国经学诠释学在整合与汇通中生成第三种诠释学”，成为一种超越或中或西单边主义的“普适主义思想”[1]；另一方面，又坚持研究的主体性立场，“自觉地把西方诠释学传统及其理论融入于我们的思考与书写中，以发现与挖掘沉淀于中国汉语《十三经》注疏传统中丰富的诠释学思想”，而在这一过程中，西方诠释学思想只是构成了研究的“透镜和参照”，其本身在比较研究过程中要遭遇到“学理性的调整、修改与丰富”[2]。两本论集中所出现的一些研究立场的抵牾，实际上体现的是一种处于现代性的中西

1　杨乃乔主编:《中国经学诠释学与西方诠释学》，中西书局，2016年，第5页。

2　杨乃乔总主编:《比较经学：中国经学诠释学传统与西方诠释学传统的对话》，上海人民出版社，2018年，“后记”第745页。

比较语境中非西方学者常见的矛盾与困境：既不能放弃民族文化的主体性立场，又要迎合学术研究的世界性融通潮流。为了摆脱这一困境，论集尝试提出了一种折中立场，即所谓的“第三种学术立场”：“中国经学诠释学传统及其思想与西方诠释学传统及其理论正是在双向的碰撞与汇通中，自洽地寻找相互对话的契合点，以形成你中有我与我中有你的互文性表达。”[1]

张江《公共阐释论纲》(《学术研究》2017-6)站在历史理性与交往哲学基础上，从理性、澄明性、公度性、建构性、超越性、反思性共六个方面，规定了“公共阐释”的基本内涵，认为阐释不是个体的私己体验，而是人类的一项基本生存理解活动，阐释不仅是阐释者对当下文本的公共性理解，更是对历史现实的理性通约。氏作通过对阐释主体的衍发、阐释对象的扩容、阐释边界的放大、阐释意义的升华，使阐释活动由一种单纯的文本理解行为扩大至整个人类的生存活动，从而不仅超越了作者之前从“强制阐释”到“本体阐释”的一元论立场，而且使阐释活动真正进入历史理性与生存哲学的视域内，成了人类的基本行为，开启了当代阐释学由“哲学阐释学”向“生存阐释学”发展之路。其另一姊妹作《公共阐释论》(《中国社会科学》2022-11)则进一步在公共性视域内分梳了“公共阐释”与“公共空间”“公共理性”的关系，认为“公共空间”为“公共阐释”提供活动的场所，“公共理性”则是“公共阐释”的基本根据，它既为“公共阐释”提供动力，同时也约束“公共阐释”的基本边界，并最终为公共阐释的有效性提供判准。该作在详细厘分“公共阐释”“公共空间”“公共理性”等公共领域核心概念诸要素及其关系的基础上，最后提出了“公共阐释”的目的是实现“阐释自觉”的结论，从而把公共阐释与现代主体性的建构和真理性的追求勾连为一体，为主体性成长与人类精神的发展筹划了一条全新的道路。与上

1 杨乃乔总主编：《比较经学：中国经学诠释学传统与西方诠释学传统的对话》，上海人民出版社，2018年，“后记”第745页。

述二文相关的《阐释逻辑的正当意义》（《学术研究》2019-6）一文，则讨论阐释活动所应遵循的基本逻辑，提出阐释活动遵循确定性、开放性、收敛性、融贯性、可接受性等基本逻辑，从而形成了一种不同于经典逻辑和现有非经典逻辑的阐释逻辑。作者认为，尊重并认可这种逻辑，是推进阐释学研究的重要前提。

张江《再论强制阐释》（《中国社会科学》2021-2）站在建构“中国阐释学”这一宏大立场，从现代自然科学的角度论证“强制阐释”发生的主客观原因，讨论克服强制阐释的可能，以此为理想的阐释学建构清理地基。与2014年《强制阐释论》（《文学评论》2014-6）一文主要从驳论角度，分析强制阐释及其消极影响相比，该文主要从立论的角度，阐述“强制阐释”的错讹逻辑，说明其原委，探索其出路，从而也更具理论的建设性。该文的直接目标，在于通过对“强制阐释”诸多错讹问题的辨析与清理，特别是通过对“强制阐释”所推衍的阐释对象的确定性、阐释动机的影响作用、阐释的整体性规范等“诸多具有基础性意义的元问题”辩误，探寻在阐释活动中克服“强制阐释”的有效路径。而其最终目标，则在于通过对“强制阐释”问题的清理，开启“中国阐释学的建构”之旅。另一《中国阐释学建构的若干难题》（《探索与争鸣》2022-1）研究，在分析了建构当代中国阐释学所面临的六大难题——基础建构的出发点和落脚点问题、重方法论还是重本体论问题、如何确立与语言文字学的关系问题、如何处理好多学科的交叉相融问题、如何处理理论的实践与应用问题、如何确立阐释形态的系统和完备性问题——基础上，提出以当代中国阐释学所面临的当代中国政治、经济、文化实践为立足点，通过提取和改造中国传统阐释学资源并与当代各学科相融通，而非用西方阐释学的框架来规制并裁剪中国传统阐释资源的方法，来解决当代中国阐释学建构难题的思路。

张江与英国社会学家约翰·汤普森的对话《公共阐释还是社会阐释》

（《学术研究》2017-11）一文则是对人类阐释活动本质属性的讨论。与张江不同，汤普森基于保罗·利科的哲学立场，认为阐释和阐释学作为社会生活与政治生活的一个组成部分，不仅是公共的和通约的，也是冲突的、社会的，阐释不仅与文本及作者等内部因素相关，更与权力、利益等外在因素攸关。基于此一判断，汤普森更倾向于将这种发生在人类社会生活全部领域的阐释概括为“社会阐释”，以此突出阐释活动中阐释主体的冲突性。而张江则对“社会阐释”作了有限的接受，认为阐释的本质是“公共阐释”，“社会阐释”只是公共阐释的中介，而非最终目标，阐释活动本质上是由个体性的“私人阐释”经冲突性的“社会阐释”而最终走向通约性的“公共阐释”过程。二人的讨论将阐释活动置于更为广阔的社会生活中，拓展了阐释活动的边界，丰富了对阐释活动性质的认识。

张江与英国社会学家迈克·费瑟斯通在《作为一种公共行为的阐释》（《学术研究》2017-11）对话中也指出，阐释作为人的存在和社会存在的一种方式，本身是一种公共行为，是阐释主体围绕阐释对象展开的公共性、开放性对话。费瑟斯通则在认可阐释的公共属性的同时，提出应注意“公共”一词在中西方的语义差异，特别是要注意阐释赖以进行的公共言语和公共对话在不同历史语境中实现的可能性问题。在他看来，阐释超越个体独白而走向实践对话，是实现阐释活动“公共”属性的关键。二人的对话虽未形成问题的交锋，且常有观点的冲突，但却能从阐释的哲学基础与实现途径两个重要方面作出讨论，应该说丰富了人们对公共阐释问题的理解。

周宪《作为阐释学根据的公共理性》（《探索与争鸣》2020-1）从20世纪西方“语言学转向”的宏观背景中来理解文学阐释学，将文学阐释学的重点从文本意义的讨论转入对阐释规则本身的讨论。该文在认可张江教授《论阐释的有限与无限》一文通过引入科学原则与公式揭橥阐释的有限性与无限性问题的同时，又借用现代语言学语法理论与科学哲学范式概念，进一步阐扬了文学阐释学中公共阐释对象与阐释共同体的一体性关系，从而为阐释的公共性问题提供了现代科学之外的合理性证明。无独有偶，李春青《论文学阐释的有效性》（《文艺研究》2021-9）一文，也围绕历史上关于“文学是否可以阐释”的问题，在区分“文学批评”与“文学阐释”、肯定文学阐释对象存在的基础上，讨论了文学阐释之于文本隐含意义的揭示功能，阐明了文学阐释有效性的必要条件，即文学阐释共同体的存在以及共同体成员基于公共理性而形成的共通性文学评价标准。这一研究应该说从文学批评史的角度补充了前文的论证。

傅永军《理解、阐释与阐释的本质——兼论强制阐释》（《学术研究》2022-1）以辨析“强制阐释”发生的根由为起点，以澄清真正的阐释活动中“强制阐释”命题的虚假性为目的，提出了强制阐释是一种“因诠释学与认识论边界发生混乱而衍生出的强力意识行动”的观点，认为当阐释由理解变为认知，阐释者由理解者变为认知者，文本由历史性理解变为自在意义的客观把握时，强制阐释就会发生。解决强制阐释问题的思路，在于“分清阐释文本的诠释学立场和认知文本的认识论立场，以理解应对文本阐释，以说明应对文本认知，保持清醒的界限意识”。其另一论作《现代诠释学类型阐论》（《中国社会科学》2020-3）以西方现代诠释学的类型考辨为切入点，通过梳理归纳现代诠释学的三大类型，即技艺诠释学、诠释哲学和哲学诠释学，分析三者在阐释功能上的差异，揭示造成这种功能性差异的认识论与存在论哲学原因，为人们深入理解西方现代诠释学的内在差异与逻辑发展提供了翔实图谱。

张政文《公共性、理性与阐释学的相关问题》（《求是学刊》2019-1）以区别“阐释学”语义的中西方差异，即作为“对话”与作为“传话”本意不同为基础，通过讨论阐释活动有无歪曲、误读是否合理、阐释的公共性源于理性对话还是感性独白、阐释的终极目的是普遍知识还是个体意义等问题，展示了阐释学本身的历史性与张力结构。

洪汉鼎的《关于 Hermeneutik 的三个译名：诠释学、解释学与阐释学》（《哲学研究》2020-4），从概念史的角度分析了古希腊语 Hermeneutike 的古意及其与现代语 Interpretation 的语义关联，揭示了 Interpretation 概念在近现代发展中所形成的“说明”（Erklärung）、“阐释”（Auslegung）等下位概念所构成的家族谱系。这种分析介绍，不仅关系到对西方诠释学发展脉络与主导倾向的分梳与理解，而且关系到是否允许中国（源远流长）的解经学传统进入现代以西方阐释学（主要是德国解释学）为主的中国阐释学，从而最终关系到建构中国当代阐释学的资源、路径与方向。

陈嘉映的《谈谈阐释学中的几个常用概念》（《哲学研究》2020-4），分析了阐释学的核心概念“Hermeneutik”及其与“阐释”“阐发”“创造性误读”“理解”“说明”“对话”等关键概念的关联，一方面陈述概念的各归己位对于文本阐释的重要性，另一方面也肯认了文本阐释的应用价值，即文本阐释具有“既改变文本，又改变阐释者”的实践价值。

孙周兴的《试论一种总体阐释学的任务》（《哲学研究》2020-4）以阐释学的基本内涵与关键概念为切入点，通过梳理阐释学的历史发展，力图在知识学意义上建构一种多元统一的“总体阐释学”，以最终实现当代哲学与方法、科学与人文、艺术与人文之间的创造性综合，“形成一种涵摄多样态、超越传统线性时间观以及以之为基础的传统人文学科、直面技术统治的新生活世界、既有哲学根基又不失方法意义的艺术人文学科（精神科学）的基础学问和思想方式”。在作者看来，未来的阐释学既要平衡哲学的阐释学与方法的阐释学，实现方法论与本体论的统一，又要调节自然科学的“说明”与人文科学的“阐释”的规范性与事实性张力，在现象学的基本思想姿态中推动“建构—解构”的“艺术—哲学”二重差异化运动，开辟“艺术—哲学”或者“诗—思”的二重性创造之道。

张江、陈勋武、丁子江、金惠敏、安德明等中外学者《阐释的世界视野：“公共阐释论”的对谈》（《社会科学战线》2018-6），以“公共阐释论”为话题，运用“新比较主义”、文化理性、间性研究的世界眼光，就如何实现阐释的公共性、如何达成公共阐释、如何在全球化框架下创建一个共享的公共空间等问题进行了深入讨论。讨论认为阐释的对话性、开放性、主动性、创新性、世界主义（特殊性与普遍性、差异性与同一性之统一）、对话融合是解决问题的关键。由于此一讨论是一种基于人类命运共同体之上的理念诉求，因而以“公共阐释”为原点建构公共空间，就不但为不同文学、不同的文明交往提供理论支持，而且它在全球多元文化（multi-culture）、跨文化（cross-culture）、互文化（inter-culture）背景下有着更加紧迫而重大的现实意义。

傅其林《公共阐释论的合法性辨析》（《求是学刊》2019-1）一方面肯定了公共阐释在建构以阐释活动为中心的新的美学规范方面的巨大贡献，认为它颠覆了西方文学理论以文本为中心、作者为中心或读者为中心的经典阐释学范式；另一方面，认为它也存在阐释基础、阐释效力、阐释途径等方面的限度。如何解决这一问题？论者提出了五种途径：区分理性概念的多种意义，探讨公共阐释的同一性与差异性的辩证关系，处理公共阐释、个体阐释与私人阐释之间的辩证关系，把握公共阐释的共时性与历史性的辩证关系，整合公共阐释与审美经验的辩证关系。由于该文既涉及阐释学基本概念的辨析，又涉及阐释学的实践应用，从而在一定程度上推进了公共阐释理论本身的发展。

张任之《“阐释”阐释了什么——兼论作为现象学的“深层阐释学”的可能性》（《探索与争鸣》2020-6）提出了当代中国阐释学应超越阐释主体与阐释活动阈限而走向对阐释文本或语言背后的阐释对象（“体验”）的分析，认为通过对“体验”这一最终阐释对象的现象学分析，可以为思考阐释的有限与无限关系提供有益思路。该文在分析中西方阐释学传统的基础上提出了建构一种跨文化与跨文明的“深层阐释学”设想，认为“深层阐释学”应成为“西方理论的中国化”和“传统思想的当代化”背景下当代中国阐释学发展的重要理论资源。

段吉方《阐释的公共性及其理论敞开》(《求是学刊》2019-1)从三个方面，亦即作为社会公共行为的阐释、作为交流对话过程的阐释与作为“主体间性”意义存在的阐释，提出了阐释具有“公共性”的哲学依据的观点。另一论作《冲突与共在：阐释学视域中的有限与无限》(《探索与争鸣》2020-4)则回应了高楠《论有限与无限的共时性——重思“阐释”》(《探索与争鸣》2020-1)，并从“共时性”角度将阐释的有限与无限定义为“两极共体关系”，认为阐释的有限与无限不仅是两极共体式的“共在”，更多是两极共体的“冲突”，且冲突大于和谐共在，认为正是阐释有限与无限既冲突又并存的事实，才使阐释可以超越前见与过度阐释而最终成为一种真理性阐释。此一论断显然丰富了关于阐释有限与无限关系的理解，将阐释的有限与无限关系重新定位为“冲突大于和谐”的常态化现实。

拙文《实践阐释学论微》(《学术研究》2021-5)以在阐释学原理层面打通中、西、马阐释学为目的，提出用“实践阐释学”来融合中、西、马阐释学各自优长的观点。根据拙文，实践阐释学之所有具有如此功能，原因在于它是以实践哲学为基础，以阐释对象、阐释主体与阐释语境的结构性关联与意义生发关系为核心，以阐释的伦理性、现实性与批判性为特征，统一阐释方法、阐释价值与阐释本体的一种新型阐释学形态。这种新型阐释学形态，既可为解决西方当代阐释学困境提供有效路径，也可为实现中国阐释学的当代性转化及创建中国阐释学提供本体基础。

2. 运用具体的文艺阐释经验，对文学阐释学理论进行修正与推进。这方面的代表性成果有：

李春青《论“趣味共同体”——文学阐释的条件与限制》(《社会科学战

线》2021-3），以文学阐释活动中的“趣味”阐释问题为切入点，通过分析趣味阐释区别于私己个性化阐释的公共阐释特征，阐明趣味阐释所赖以形成的“趣味阐释共同体”条件，揭示“趣味阐释共同体”的生成演变机制及其功能。氏作试图说明，一种恰切的“文学阐释”必须是基于“趣味共同体”之上的阐释，因而“趣味共同体”的培育就为文学阐释所必需；唯如此，建基于“文学阐释”活动之上的“文学阐释学”才有可能。

刘彦顺《“公共阐释论”与审美活动作为时间意识的空间性、同时性》（《求是学刊》2018-1）运用现象学基本理论，分析了“公共阐释”行为与审美活动的内在契合性。该文创新之处在于运用审美时间意识的空间固化，亦即“同时性”，来为公共阐释作经验奠基。

范玉刚《强制阐释的歧途与公共阐释的正道》（《学习与探索》2018-5）将公共阐释理论置于当代中国文论话语体系建构的大背景下展开。论作结合国家意识形态与文艺制度，诠证了从强制阐释到公共阐释演变的理论合理性与现实合理性，从而为“公共阐释”寻找到制度基础。与之类似的还有孙士聪《公共阐释与公共性的诗性建构》（《山东社会科学》2018-10）一文，该文以阿伦特、哈贝马斯、桑内特等人的西方公共哲学与经典马克思主义文化社会理论为问题域，提出在文化分化无可挽回、公共性衰退日益严峻的现实背景下，文学及其公共阐释有可能发挥其介入性、日常性、交往性的特质，从而助益于当代公共性的诗性建构。该文既承认制度建设对于公共阐释所具有的效用，也延伸讨论了基于制度建设的公共阐释所具有的诗学功用与现实效用。

江守义《公共阐释形成的三条路径》（《当代文坛》2018-2）以细腻的文笔、颇具说服力的理据，从阐释观点、阐释方法、阐释氛围三个方面，通过举证金圣叹《水浒传》批本、毛宗岗《三国演义》批本、毛泽东《在延安文艺座谈会上的讲话》释本与西方的《荷马史诗》研究、《圣经》阐释学等，阐明“公共阐释”在文学文本解读方面的巨大效力。

陈海《公共阐释的新媒介表达》(《学习与探索》2018-5)以“新媒介”视角对公共阐释理论作了全新检视，认为在新媒介语境下公共阐释理论尚面临诸多困境，需要从阐释的主体、阐释的对象、阐释的媒介、阐释的语境等阐释学要素方面，全面引纳“新媒介”这一人类新的表达工具，提升阐释活动的生命力。

拙文《公共阐释论》(《西北大学学报》2019-1)以文学艺术文本分析为对象，运用哲学阐释学的基本方法，将阐释活动的属性归于指向“公共性”的“判断力阐释”，而非理性阐释与科学阐释，认为这种阐释不仅有利于拓展经典文本的意义生成路径，为理性科学真理观之外的文本真理意义进行辩护，而且也使解释学的理解视域拓展到了当代数字人文文本领域，为数字人文时代人的精神自由与意义创造提供了可能。拙文援引康德美学观念而将阐释属性归于“判断力阐释”的做法，表面上看似标新立异，实质上是在新的时代思考经典阐释学的阐释效度及其推进路径。《论审美阐释》(《复旦学报》2019-6)则以现代艺术的意义阐释为对象，揭示了现代艺术所遵循的“审美阐释→艺术作品→审美经验”阐释逻辑，是一种区别于经典艺术的“艺术作品→审美静观→审美经验”的审美逻辑事实，认为正是这一逻辑，不仅赋予现代艺术以合法性，而且打开了阐释主体与艺术作品的全新意义世界，使阐释者与艺术作品一起成为一种本体性的生命共在。拙文研究的目的在于，通过对当代文学艺术作品的审美阐释而为中国文学阐释学的建构谋划新的路途。

3. 回到中国古代阐释学母体，从中国本土的阐释学理论、概念、命题出发，进行学术资源的辨析与清理。这方面的代表性成果有：

张江《“阐”“诠”辨》(《哲学研究》2017-12)、《“理”“性”辨》(《中国社会科学》2018-9)、《“解”“释”辨》(《社会科学战线》2019-1)等，从古代文字发生学入手，以原始字形之追索为方法，以厘清中国古代阐释学文字演变为路径，试图为当代中国阐释学总体构建提供可靠的文字学根据。这些论作呈现的基本观点是：“阐释是过程。此过程，由解起始，经由诠后而再阐，实现阐之最高目的。易言之，释起于解，依分而立；诠由解始，依诂而正；诠必生阐，尚意大开。解为分，诠为正，阐乃衍。由解而诠，由诠而阐，实现阐之完整过程，达及最高目的。阐，生于解与诠，实现解与诠。”由这些基本观点推衍而成的结论是：其一，通过关键词的比堪训释，可知以“阐释学”而非“诠释学”“解释学”命名当代中国阐释学更为恰切。其二，中国实践理性与西方理论理性之互补互鉴互融，涵括了阐释理性的全部价值与意义。其三，以中国话语为主干，以古典阐释学为资源，以当代西方阐释学为借鉴，假以对照、选择、确义，由概念起，而范畴、而命题、而图式，以至体系，最终可以实现传统阐释学的现代转化，建立起基于中国概念、中国思维、中国理论的当代中国阐释学。

张江《“衍”“生”辨》（《社会科学战线》2021-11）仍然以回答阐释的有限与无限这一基本问题为目标，通过援引中国阐释学“衍生”概念并作意义的辨析，将“衍生”训为“阐宏使大”义，将“衍”与“阐”释为同义，从而使西方阐释学中可无限衍义的“生产”概念，被替换为中国阐释学中有限约束下的无限“衍生”概念，成为中国阐释学理论体系中具有节点性意义的重要概念，实现了西方阐释学重要概念的中国化转译。《“通”“达”辨》（《哲学研究》2021-11）则以探究中西阐释学的共通性为目标，以推进西方阐释学概念命题的中国化为进路，通过选取中国阐释学的“通”“达”概念加以语义训释与实践考辨，辨析出其与西方阐释学的“开放”“澄明”“对话”“循环”“公共”“视域融合”等基本概念的义理相通性，证明了“通”“达”概念可作中西阐释学普遍标准的观点。

张江与德国哲学家哈贝马斯《关于公共阐释的对话》（《学术月刊》

2018-5）立足中西哲学传统，就阐释的公共性、阐释学与传统的关系、理性在阐释学中的作用和功能等问题进行了交流对话。其中，张江通过对中国古汉语中“阐”字字形字义的考辨训释，提出实现公共阐释需要相互倾听、彼此协商、平等交流以达成共识的观点。哈贝马斯则强调阐释学是对传统进行反思的中介，认为“公共阐释”的前提是由两个来自不同传统或不同派别的阐释者出于沟通的目的，通过相互倾听，实现相互理解。考虑到本次讨论的一个重要目的是倡议建立国际阐释学研究会或国际阐释学学会，从而把全世界的阐释学研究者联合在一起，通过对话、交流，取长补短，推动形成更加丰富和有历史意义的新的阐释学理论，加上参与者哈贝马斯作为当代西方公共哲学与对话哲学的重要代表的特殊身份，使得本次讨论具有了重要的学术史意义：它不仅标志着中国文学理论界开始对构建中国特色的文论话语体系做出积极努力，而且标志着“公共阐释”话题开始进入世界主流哲学的问题域，成为世界哲学话语的一部分。毕竟，未来的阐释学理论，必然要既从中国古代阐释学资源中汲取智慧，又要吸收和借鉴西方阐释学理论成果，从而为建构一种具有世界性的阐释学理论提供可能。

李春青《朱熹与中国经典阐释学》（《华南师范大学学报》2020-5）以朱熹的经典阐释学理论与实践为个案，分析了朱熹以求理致用为阐释起点，以认知与体认为基本阐释方式，以“本意”探求与“己意”体察为阐释目的的阐释学思想。该文将朱熹的阐释学方法概括为“因循性阐释”“衍义性阐释”“修正性阐释”三种模式，认为三种看似矛盾的阐释模式，实际上正代表了朱熹经典阐释学思想的创造性贡献。该文抓住了中国古典阐释学常因应不同文本属性而作不同阐释策略的根本特点，为从具体文本出发建构中国当代文学阐释学提供了案例启示。此外如《从“文本阐释”到“自我阐释”——王阳明经典阐释学思想的实践性品格》（《山东师范大学学报》2020-4）、《对章句训诂与心性义理的双重超越——章学诚经典阐释学思想探微》（《贵州大学学报》2020-5）、《“文质模式”与中国古代经典阐释学》（《山西大学学报》2021-5）等研究，也是试图通过挖掘中国古代文学阐释学资源并对这些资源做出辨析清理，以较好地呈现中国古代文学阐释学之特色与原貌。

刘成纪《阐释的无限及限界：以中国经学阐释学为例》（《探索与争鸣》2020-4）以中国经学阐释学为个案，分析了中国经学阐释学在历史发展中存在的追求无限与泥于有限的矛盾性困境，并将这种矛盾性困境归结为中国经学阐释学本身的审美性特征及其受制于外在的权力与制度因素使然，认为这种困境使得通过中国经学阐释学来达致阐释的公共性变得异常艰难。作者的看法是，保持阐释的这种自然困境而非消弭这种困境，也许正是阐释学获得生命力并保持其作为人文学科价值的要义所在。另一论作《中国早期哲学的象思维及阐释学、美学引申——兼论阐释对象的确定性等问题》（《学术研究》2021-11）将阐释学的对象由文本扩展到文本背后的世界，认为经由阐释文本而阐释世界，才是阐释学的真正目的。该作在此基础上，通过引入中国哲学《周易》“象”思维，阐明了以“象”思维为基础所形成的卦象体系实际上代表了中国人阐释世界的基本方式的观点，提出了由于“象”的非概念属性及其感知经验特征，决定了对世界的阐释必然是一种非确定与开放的阐释，并且始终打上了深深的审美烙印的观点。可以说，两篇文章不仅深化了人们对早期中国阐释学特性的认识，也为人们重新理解阐释学的起点、阐释的有限与无限等基本问题提供了有价值的启发。

李红岩《从阐释学到历史阐释学：何为历史的“正用”》（《探索与争鸣》2020-11）将阐释定义为人类知识的基础，将名辩逻辑与形式逻辑定义为中西方阐释学的区别性特征，将技艺性的语文学阐释定义为二者共同的学术源头与基础，认为通过阐释学的历史化可以实现中西阐释学“阐”与“诠”、主观性阐释与客观性理解的统一。

傅永军《强制阐释、公共阐释与中国阐释学的创造性建构》(《山东师范大学学报》2020-5)较为客观全面地评述了张江对“中国阐释学”研究的贡献，认为张江提出的由“强制阐释”破题，以“公共阐释”立题，在系统分析阐释的公共性与有效性、阐释的边界约束、阐释的有限与无限、“阐释π”、“阐”“诠”辨、“解”“释”辨、“理”“性”辨等一系列阐释学基本问题基础上所提出的建构“中国阐释学”的全新命题，为推进中国阐释学的建构树立了典范。该文在评述张江阐释学研究成果的同时，也处处流露出关于阐释学研究的真知灼见，并由此形成了对张江阐释学研究的补充与互证。

卓今《中国阐释学理论资源整理及现代性转换问题》(《社会科学辑刊》2020-2)从建构中国阐释学的学科体系、学术体系与话语体系立场出发，将零散的中国古典阐释理论资源归纳为重辨析、考证、注疏和版本清理研究的“实证式阐释”，与以尚意、尚味、尚趣和尚情为旨归的“体悟式阐释”，以及以感知、心解和“不立文字”为理解方法的“心证式阐释”三大类，认为通过对中国阐释学资源的历史性分析，可以发现中西阐释学的共同性问题。该文以中西阐释学的共同性问题为核心，对传统阐释资源加以现代转化，是一项非常必要的基础性研究。

拙作《钱锺书的文学阐释学观念与方法》(《中国文学批评》2022-4)与《修辞学阐释的实践哲学路径》(《中国高校社会科学》2022-5)，通过分析钱锺书与李泽厚在援引古代文学阐释学资源以建构各自的阐释学话语时所表现出的阐释学思路，揭示二人对中国古代文学阐释学现代化转化的独特贡献，即钱锺书在《管锥编》《谈艺录》等著作中通过注释中国传统文史经典形成了自己独有的文学阐释学观念，这种阐释学观念以现代心理学的“心同理同”为基本阐释原则，以文本内部、文本外部与文本内外部的循环阐释为基本方法，既“自西视中”，又“自中视中”，形成一种“比同”意义上的文学文本与宇宙人生阐释思路；而李泽厚的阐释学思想则以美与艺术作品的终极根源为阐释前提，以美与艺术的当下意义为阐释对象，以人类学本体论或实践哲学为具体的阐释语境，通过对美与艺术作品的图像学要素作人类学本体论的扩展，使阐释学成为一种勾连美与艺术作品的形式层、形象层、意味层的实践性与创造性理解活动。这种活动因其同时包含了情境阐释、作品阐释与观念阐释的修辞学阐释要素，因而可笼括为修辞学的阐释学方法。《“强制阐释”的逻辑辩误——兼论“中国阐释学的建构”路径》（《学习与探索》2022-5）一文，则在对“强制阐释”概念语义逻辑的辨析基础上，通过梳理中国古代文学阐释学的公共阐释传统，提出了建构中国阐释学需要的三种方法论视野观点，即继承业已形成的公共阐释传统、植根中国文学的现代性语境、汲取西方文学阐释学的一般方法。

4. 中国文学阐释学的当代重建问题。

这方面的代表性成果有：张江主编的《阐释的张力：“强制阐释”的对话》（中国社会科学出版社，2017）收录了四位学者张江、朱立元、周宪、王宁关于“强制阐释”问题的学术讨论。讨论以全球化与“世界文学”背景下重建具有民族特色与世界视野的“中国阐释学”为视角，对西方文论在阐释本体、阐释方法、阐释立场、阐释边界、阐释伦理等方面思想作了全面分析。讨论虽然不乏争鸣与张力，如张江认为百年西方文学理论的发展本质上是一种背离文学本体的“强制阐释”，真正有价值的文学理论应是一种以作者与文本原意为中心的“本体阐释”——此一观点在其另一本著作《作者能不能死：当代西方文论考辨》（中国社会科学出版社，2017）中表述得更为系统、清晰，而朱立元、周宪、王宁则持一种相对开放、多元的阐释立场，但他们在某些重要问题上也有理论共鸣，比如他们都反对“强制阐释”，都认为文学阐释的本体应该是一种以文本为中心，涵括作者、读者、批评家与时代历史背景的互动性、开放性、生成性阐释。由于讨论的一个重要背景是中国当代文论的“话语失语”与“话语重建”问题，因此讨论本身有着切己的问题意识与现实立场，它不仅推进了对阐释学基本问题的理解，而且有助于正确理解百年来西方文论发展历程，特别是对于如何以当代文学经验为基础建构具有民族特色的“中国阐释学”，具有实验性价值。

张江《中国阐释学建构的若干难题》(《探索与争鸣》2022-1）一文，则在上述讨论的基础上，以破立并举的方式，提出了建构“中国风格、中国气派”的“当代中国阐释学”所应处理好的六大问题，即：建构的出发点和落脚点应为阐释学的中国经验与中国思想，建构的方法应为方法论与本体论并重，建构的工具应为以训诂学为代表的民族语言文字，建构的路径应为文史哲与社会科学乃至部分自然科学的多学科的交叉融合，建构的方向应为阐释学基本原理与实践应用的融通，建构的结果应该是阐释学达到理论自身的系统性与完备性。氏作对中国阐释学的这种宏观构架，在“当代中国阐释学”体系还远未成形的情况下，应该说是非常必要的。

与上述对“中国阐释学”建构的一般原理讨论不同，张江《训诂与阐释——阐释学体系建构讨论》(《社会科学战线》2022-5）则以中国古代阐释学为理论资源，详细界分了作为中国传统阐释学两条基本路线，即训诂诠释与义理阐释的不同，在别划二者一重本义、一重衍生义的基础上，提出了“中国当代阐释学”建构必须走融贯二者的方式路径的观点，说明了以民族语言学为基点、以训诂学为主导方法、以训诂诠释与义理阐释的互鉴互融为目标来建构“中国形态”的阐释学的重要性。如果说该文还只是从宏观措笔来探寻“中国当代阐释学”建构的基本问题的话，那么，另一姊妹篇《“训诂阐释学”构想》(《学术研究》2022-12)，则为“中国当代阐释学”建构寻找具体而微的学科基础。该篇在离析训诂学与阐释学各自优长的基础上，提出了“起点于训诂，通达于阐释”的“训诂阐释学”学科基本构架，力图为“中国当代阐释学”的建构奠定可靠的学科根基。

丁帆《“我们的需要就是解释世界的需要”——中国现当代文学批评史

中的阐释学现象》（《探索与争鸣》2020-5）以现代文学批评的历史发展为对象，通过援引“古典释义学”和“现代阐释学”基本阐释规则，分析了以阐释学为文学批评方法所催生的对作家与文本的积极“误读”问题，认为正是由于中国现代文学批评长期轻忽这种因阐释的无限性与有限性辩证关联而催生的“正确误读”，才导致文学批评方法的单一化并使阐释脱离其多元性和包容性内涵，因而正确理解阐释学的有限与无限及其“误读”问题，有利于重建当代文学批评的方法论，这种重建反过来也可以起到反哺中国文学阐释学的作用。

李春青《走向阐释学的文学理论——40年来中国文学理论发展的回顾与瞻望》（《河北师范大学学报》2020-2）回顾了40年来中国文学理论曲折的发展历程，提出了通过引入阐释学并将阐释学作为解决当前中国文学理论发展困境的根本方法的观点。在氏作看来，阐释学之所以能成为中国文学理论发展的根本方向，原因在于它可以通过具体的文学阐释实践而抽象出普遍性的理论形态，从而取代纯粹形而上学意义上的传统文学理论，使文学理论由独白走向对话，由形而上学走向经验世界，由制定规则走向讨论问题，使文学理论发展获得现实生命力。另一《论“中国文学阐释学”之义界》（《河北学刊》2021-6）论文，则放弃了理论宏大建构的当下文学阐释学研究思路，提出了以分析解决中国文学研究的具体问题为目的，在充分吸收西方哲学阐释学、文学阐释学与中国经典阐释传统的基础上，建立一种能够恰当诊断当下文学现象的文学研究方法论或文学阐释理论的观点。在该文看来，这种文学研究方法论或文学阐释理论，因其具有处于有限与无限之间的阐释范围、审美与文化之间的阐释基点、知识论与价值论的阐释方式等特点，因而可以生长为具有独特学术品格的“中国文学阐释学”。与之相关的另一研究《论文学阐释学之学理特征及功能》（《北京师范大学学报》2022-1），又进一步将文学阐释学的研究对象由文学文本扩展至包括文学文本在内的文学虚拟空间、文学意义世界、文学关系网络，认为理想的文学阐释学应该在以文本为中心的“修辞性批评”和以社会文化为中心的“社会历史批评”之间开辟新路径，使文学阐释学成为一种兼具方法论与本体论、文学性与非文学性、“共鸣”与“共识”特性的全新文学研究方法。

曹顺庆、翟鹿《强制阐释与比较文学阐释学》（《天津社会科学》2021-6）从比较文学阐释学六大基本方法论角度，即理论阐释作品、作品阐释作品、理论阐释理论、翻译阐释学、跨文明阐释学与阐释变异学，提出了解决强制阐释问题的全新思路。

傅永军《论中国经典诠释传统现代转型的路径选择》（《哲学研究》2020-1）以厘定中国诠释学的基本处境为目的，通过分析中国经典诠释学现代转型所面对的外部与内部条件，即外部西方诠释学的刺激与内部中国诠释学的古典传统，提出在“中西对话”与“古今之辨”的复杂关系脉络中实现“化西为中”“化古为今”的中国诠释学现代转型之路，认为要实现中国经典诠释学由“技艺诠释学”向“哲学诠释学”的现代转型，就必须将诠释学转变为一种关乎真理活动与意义诠释的理解存在论，在汉语的诠释学的基本经验中使诠释学成为一种关于理解本性以及理解如何可能的理解理论。另一论作《中国经典诠释传统现代转型研究之检省》（《天津社会科学》2020-6）则通过驳论的形式，讨论与检省了近半个世纪来汉语学术界钱锺书、卢国屏、杨乃乔、周光庆、周裕锴、李清良、景海峰等学者在挖掘中国经典注疏方法时的成绩与不足，认为学者们多限于对中国经典文本的现代性诠释，主要勠力于建构“可以与西方诠释学平行对话的中国经典诠释学”，但错失了诸如讨论“理解如何可能”等哲学阐释学基本问题。在论者看来，要推进中国经典诠释传统的现代转型，就必须基于经典诠释的汉语经验，运用西方“哲学诠释学”的现代诠释学范式，以理解本身为研究对象，探究理解活动发生的条件，使阐释学成为一种关乎真理发生的理解理论。在随后的《应期望一种什么样的中国诠释学》（《浙江社会科学》2020-12）一文中，论者又进一步将“具有中国理论气象”的“中国诠释学”建构，奠基于学术界对当下思想语境的分析研判与对现代诠释学发展趋势及其任务的剖释判定两大前提之上。

刘彦顺《文学阐释学的对象究竟是什么——论强制阐释的去时间化兼向张江先生请教与商榷》（《河北学刊》2022-1）认为文学阐释学的对象既非文学作品，也非文学文本，而是“在意义上呈现出时机化的、在时态上正在进行着的、在时体上流畅的且构成方式是绝对同时性的文学阅读生活”。该文从中西方美学理论与现实的审美经验活动角度，论证了阅读生活或审美生活对于文学意义与主体性意义的证成作用，并将这种证成理解为杜绝强制阐释的根本津途。与近年来国内众多阐释学研究观点相比，该文显然提供了一种全新的论断，值得深入思考。

傅其林《阿格妮丝·赫勒阐释学思想与公共阐释》（《社会科学战线》2019-12）通过分析布达佩斯学派主要代表阿格妮丝·赫勒“存在主义阐释学”“激进阐释学”所论述的阐释的规范性基础、共识命题、价值交往等问题，说明了其与国内学术界张江提出的“公共阐释”的共通性与差异性，分析了前者侧重从现代性、主体历史意识、存在条件的哲学反思等方面推进对阐释的价值规范的思考，而后者则更重视通过追溯中国阐释学的原初性概念范畴而获得阐释学的规范性建构。作者的看法是，如果对二者加以批判性互鉴，可为中国当代阐释学建构找到话语根据，也为阐释现实提供了可能。

卓今《文学阐释学发凡》（《南方文坛》2021-2），以文学阐释学功能发挥的内在条件为讨论对象，分析了文学阐释活动中阐释主体由于“行为共识”而催生的“目标共识”问题，提出了文学阐释学的成熟形态必须是一种兼容公共性阐释与冲突性阐释、行为共识与行为独识的命题的观点。

拙文系列《“新格义”阐释：西方文学心理学阐释的本土化问题》（《西北大学学报》2022-2）、《“新格义”阐释：西方哲学阐释学的本土化问题》

（《学术研究》2022-3）、《“新格义”阐释：西方文学语言学阐释的本土化问题》（《社会科学战线》2022-4）、《“新格义”阐释：西方文学社会学阐释的本土化问题》（《天津社会科学》2023-1）以对西方阐释学四大主要范式的本土化阐释为目的，通过糅合佛教“格义”阐释法与美籍华裔学者傅伟勋的“创造的诠释学”方法，提出了“新格义”阐释法，并运用“新格义”阐释法分别对中西文学心理学阐释学、中西哲学阐释学、中西文学语言学阐释学、中西文学社会学阐释学各自所包含的“实谓”“意谓”“蕴谓”“当谓”“必谓”五层次文本意涵，进行“共现”“分梳”“比堪”“融通”四步骤的“格义”阐释，由此形成一种融合中西方阐释学的不同的“新格义”阐释范式。该系列论文认为，这四种经由“新格义”阐释所形成的阐释范式，应该就是西方阐释学四大主要方法范式实现本土化阐释后所对应的表现范式。

总之，上述不同时期不同类型的中国文学阐释学研究，无论是对原理性问题的讨论，还是对基本资源的清理，无论是在中西比较中创发，还是在反思借鉴中推进，都对“文学阐释学‘中国’范式”的形成起到奠基性作用。这些研究的一个更深广的目的，就是根据“中国话语、中国理论，离不开中国阐释；建设中国话语、中国理论，需要有中国的阐释”的学理逻辑，突出“中国”的主体性身份与“中国特色”的区别性身份，使中国文学阐释学研究助力“中国特色哲学社会科学学科体系、学术体系、话语体系”的建设，从而一方面回应百年来中国学术话语在现代性发展过程中的“失语症”问题，另一方面也从一个重要侧面将中国文学阐释学研究与文化身份和国族命运重新关联起来。

第四节 文学阐释学“中国范式”的基本内容

本书在上述研究基础上，以中国文学阐释学的当代研究为中心，以梳理并讨论 1942 年至 2022 年中国文学阐释学面临的基本问题（“阐释什么”“怎样阐释”“谁在阐释”）为重点，格外突出了三大核心问题的讨论：（1）阐释“本体”研究，亦即中国当代文学阐释学，是否或多大程度上已经形成了一种区别于古代、西方与马克思主义的独立的阐释学统，而凭此学统，中国当代文学活动就可以得到创造性的理解，中国当代文学理论就可以加以创造性地言说。（2）阐释“语境”研究，亦即中国当代文学阐释学背后所潜藏的社会与情感逻辑，是否或在多大程度上对建构当代“文学理论经典”与“伟大文学传统”起到基础性作用。（3）阐释“应用”研究，亦即中国当代文学阐释学所具有的“本体论—知识论—价值论”三合一属性，是否或在多大程度上对中国文学理论的“创造性转化”“创新性发展”，特别是对中国文论“走出去”并参与全球对话、获得话语权提供了基本津途。

确定上述研究核心的学理依据在于：本书认为中国当代文学阐释学只有超越文学理论的“流派”属性而将自身提升为“原理”与“方法”，才能对中国当代文学理论的“创造性转化”“创新性发展”起到根本作用。基于此一认识，本书在研究思路与对象上，并不按照当代文学阐释学对象的自然差异——中国古代文学阐释学的现代化、西方文学阐释学的本土化、马克思主义文学阐释学的中国化；事实上，三者在中国当代文学阐释学发展中常常交叉并具有内在的联系——而是按照任何一种阐释学均会涉及的基本问题（“阐释什么”“怎样阐释”“谁在阐释”），与中国当代文学阐释学发展所应具备的基本品格（“实践”“应用”），来廓清研究思路与研究对象。

从研究内容来讲，文学阐释学“中国范式”的研究主要从以下三个方面展开：中国古代文学阐释学的现代化、西方文学阐释学的本土化、马克思主义文学阐释学的中国化，三者均服膺并服务于中国当代文学阐释学的重建。

根据阐释学的一般原理与文学阐释的基本经验，文学阐释学主要以文学文本的意义探求为中心，并在具体的阐释活动中表现为意义相关的三个逻辑层次：（1）阐释对象层次，主要关注文学文本意义的构成及影响文本意义的基本因素。（2）阐释主体层次，主要关注理解者对于文学文本的意义与理解活动本身对于理解者的意义。（3）阐释方法层次，主要关注文本理解的方法原则及其由于方法原则不同所导致的文本意义差异。

基于上述认识，本书在具体研究思路上，将以“阐释什么”“怎样阐释”“谁在阐释”三大基本阐释学问题为论域，通过这三大基本论域的讨论，厘清当代文学阐释学的“中国范式”。具体来说：

1.“阐释什么”：对中国当代文学阐释学基本形态进行清理。包括对中国古代文学阐释学现代化阐释形态、西方文学阐释学本土化阐释形态、马克思主义文学阐释学中国化阐释形态进行清理。本部分将重点讨论：在中国古代文学阐释学的现代化阐释领域，是如何形成“政治→伦理→审美”的阐释范式的；在西方文学阐释学的本土化阐释领域，是如何形成“中国→西方→世界”的阐释范式的；在马克思主义文学阐释学的中国化阐释领域，是如何形成“教化→知识→实践”的阐释范式的。

2.“怎样阐释”：对中国当代文学阐释学基本阐释方法与阐释价值相关文献的清理。包括对文本的运作机制、意义生产机制与阐释方法、阐释价值问题的清理。重点讨论：在阐释学的一般原则层面，讨论中国当代文学阐释学是如何形成“意义内求与含义迁衍”“意义外求与含义变异”“本义还原与实践创新”三大不同的阐释学原则，进而左右中国古代文学阐释学现代化阐释中的“修辞学阐释学”方法、西方文学阐释学本土化阐释中的“新格义”阐释法、马克思主义文学阐释学中国化阐释中的“实践阐释”方法，并从方法与本体两个层面制约了中国当代文学阐释学的价值与意义的。

3.“谁在阐释”：对中国当代文学阐释学的阐释主体进行清理。包括对不同阐释主体的阐释身份、阐释语境、阐释历史等相关问题的清理。重点讨论：以“阐释个体”与“阐释共同体”等两大类型存在的阐释主体，是如何在中国、西方与马克思主义文学阐释学的多重语境中进行择选考量并形成独特的阐释倾向，继而形塑中国当代文学阐释学的“新传统”的；阐释者背后的工艺社会结构与文化心理结构，是如何通过不同时期的文艺体制、文学传统、阐释惯习与意识形态规约，影响并制约不同时期的阐释主体，进而形成不同的阐释范式的；这种新的阐释传统与阐释范式，在多大程度上契合中国当代文学理论与文学批评实际，又在何种意义上成为推进或阻碍中国当代文学阐释学发展的重要因素。

第五节 本书的研究思路、研究目标、研究方法与研究意义

（一）研究思路

文学阐释学“中国范式”的研究思路必须充分考虑已有的学术范式。

从已有研究范式上讲，中国当代文学阐释学经历了三大研究范式：中国古代文学阐释学的“继承—转化”范式、西方文学阐释学的“借鉴—影响”范式、马克思主义文学阐释学的“接受—修正”范式。这些研究范式的不同，源于不同理论的不同研究使命——中国古代文学阐释学所要完成的是现代化，西方文学阐释学所要完成的是本土化，马克思主义文学阐释学所要完成的是中国化。而这些研究使命的不同，又对应于各自不同的历史语境——中国古代文学阐释学对应于中国社会文化的现代化与文学的现代性语境，西方文学阐释学对应于西方思想的当代语境与中国思想的世界性语境，马克思主义文学阐释学对应于中国革命与社会主义建设的历史文化语境。正是这些语境的不同，决定了各自研究范式的差异。

基于这一判断，本书的宏观研究思路是：“从西方发现中国，从中国进入中国”，即先从西方看中国、从世界看中国，再从中国看西方、看世界，“中国范式”就在“互看”中“预流”出来。具体来说，本书以文学阐释学

的三大基本论域为“经”，以发生在中国当代文学阐释学中的三类阐释学范式为“纬”，运用文本阐释的“加法”（主要文本阐释的语境、背景、心理、情感等）与“减法”（次要文本或隐没文本淡出阐释视野的历史），对中国当代文学阐释学相关内容，作出阐释学的再讨论。

在微观思路上，主要讨论本土阐释资源的层累性、递减性与外来阐释资源对中国当代文学阐释学的影响，厘清中国当代文学阐释学在半个多世纪的交织与重叠演进历程，揭示中国当代文学阐释学在古与今、中与西的复杂语境中所表现出来的多维演进逻辑，阐明中国当代文学阐释学业已成形的核心观念、阐释原则、阐释方法与阐释体系，是否已经形成一种明确的自我身份意识，成为对中国古代文学阐释学的创造性发展、对西方文学阐释学的创新性转化、对马克思主义文学阐释学的本土化改造，揭示这种阐释学在多大程度上成为推进中国当代文学与文学理论发展的重要力量。

在具体研究过程中，将首先根据西方阐释学的“应用”要素厘定中国当代文学阐释学的“应用”属性，摭别其不同“应用”类型；其次，剖析每一“应用”类型的中国当代文学阐释学所面对的古与今、中与西杂糅相异的“中国语境”；再次，梳理每一语境、每一类型当代文学阐释学所催生出的“中国范式”，揭示制约这些形态形成的“中国方法”；最后，评价以“中国范式”为指向的当代文学阐释学，是否成为对中国古代文学阐释学的创造性发展、对西方文学阐释学的创新性转化、对马克思主义文学阐释学的转化性创造，评判其在多大程度上成为一种建构具有普遍性的文学阐释学的重要力量。在具体的“中国范式”讨论中，还将辅以典型文本案例的讨论，对文学阐释学“中国范式”进行“征候式阅读”，分析不同的阐释范式中，原始文本与阐释文本之间的语义关联，揭示阐释文本如何通过翻译、改写、变形、误读等手段，来完成原始文本的意义重构；在这种话语变革与意义重构过程中，中国当代文学阐释学包蕴着何种新的审美感性、审美想象，积淀为何种新的审美心理、审美形式，它展现了中国文学阐释学之于中国文学现实、世界文学问题怎样的话语批判与意义释读的可能等问题。

需要说明的是，本书并不是根据西方阐释学理论来甄别中国当代文学理论典籍中的阐释学思想，而是以中国当代文学理论与西方文学阐释学传统为双重背景，在阐释学的共有原则下，通过对中国当代文学阐释学史与文学理论史的双向阐发，发现中国当代文学阐释学的独特魅力与内在精神，厘清中国当代文学阐释学的历史，在“原理”与“方法”双重意义上尝试重建具有本土性与全球性特色的中国当代文学阐释学新范式。

（二）研究目标

在厘定文学阐释学“中国范式”所要达到的基本目标之前，在逻辑上首先应弄清楚研究的重点与难点。

中国当代文学阐释学研究的重点在于：（1）分析以“应用”而非“原理”为阐释学取向的中国当代文学阐释学对世界文学阐释学的独特贡献，包括它所具有的核心观念、阐释原则、阐释方法与阐释体系是什么的问题。（2）揭示不同“中国范式”所裹挟的“中国语境”“中国方法”与“中国价值”，是如何构成对中国古代文学阐释学的现代化阐释、对西方文学阐释学的本土化阐释、对马克思主义文学阐释学的中国化阐释，进而形成新的中国文学阐释学范式的。

而其难点则在于：

其一，揭示不同的阐释主体是如何在中国、西方与马克思主义文学阐释学的多重语境中进行择选考量并形成独特的阐释原则、阐释方法与阐释范式，继而形塑当代文学阐释学的新范式的。

其二，阐明这种新的当代文学阐释范式与中国古代文学阐释学、西方文学阐释学、马克思主义文学阐释学的内在关联，讨论是否有可能建构一种超越民族文学阐释学之上的普遍性的“世界文学阐释学”。在此基础上，分析中国当代文学阐释学的发展，在多大程度上是古与今、中与西及马克思主义阐释学的视域融合和重叠共识后的逻辑发展，它在多大程度上又内在于中国当代文学的实践，并使文学与文学理论本身也获得合理性发展。

其三，探讨中国当代文学阐释学的功能及阐释共同体的建构问题。中国当代文学阐释学是否已经形成一种积极的阐释共同体，在此共同体内，不仅各阐释要素获得意义扩展，而且自身亦可启益于世界文学阐释学的发展？在对此问题回答的基础上，讨论不同阐释共同体的意义建构范式，揭示经由阐释共同体建构所形成的新的文学阐释学经典，可否超越地方性而成为世界文学阐释学的经典。

基于如上重点与难点，文学阐释学“中国范式”研究的基本目标就在于：

一是全面厘清中国当代文学阐释学所具有的核心观念、阐释原则、阐释方法与阐释体系，厘定当代文学阐释学所催生的“中国范式”，阐明这些“中国范式”赖以滋生的“中国语境”及其所具有的“中国价值”，为建构一种兼具古典性与当代性、中国性与世界性的“中国文学阐释学”提供方法津途。在此基础上，勾勒不同“中国范式”的知识图谱，提供一种从特殊的当代“中国文学阐释学”进入一般的“文学阐释学”研究的方法津途，实现从阐释学的“中国范式”出发，经勾连“西方范式”，最终通达“普遍形态”的世界阐释学在地化图景，阐明这种图景对于世界文学阐释学的贡献。

二是通过古与今、中与西阐释学的视野融合与共识搭建，阐扬一种既内在于中国当代文学实践，又可使中国文学与文学理论本身获得合理性发展的阐释共同体，为当代文学理论发展提供基本动力。

三是揭示中国当代文学阐释学背后潜在的文化立场、价值观念与情感逻辑，探索未来任何一种文学理论发展所应持有的基本态度与方法（全球史观与公共阐释）。同时，超越当代文学阐释学的意义内生或意义外铄逻辑，扩展当代文学阐释学至生活世界与生存实践领域，使每个文本的意义都能在“中国范式”阐释中得到最大程度的呈现，每个理解者都能在阐释实践里找到自己生存的影子，并萌生意义的认同感。

四是揭示中国当代文学阐释学在何种程度上支援或阻滞了中国当代文学理论的现代性建设，它对中国当代文学经典的建构或重构起到何种作用，对于重建中国特色、中国风格、中国气派的中国当代文学理论又有何作用，它是如何助力中国当代思想文化建设与转型，并处理好其与社会主义文艺体制“建构—解构”的关系的。

五是在一种“总体阐释学”的意义上，讨论中国当代文学阐释学对于调解当代科学理性与人文诗性所具有的方法论作用，揭示其对“后人类”时代“技术—艺术”交互作用语境中人的存在二重性的独特阐扬，并借此展望未来文明的可能前景。

（三）研究方法

在宏观方法上，本书仍然遵循历史与逻辑相统一的方法。历史的方法在于梳理同一阐释学理论在不同历史时期的传承、流变及其最后形成的话语谱系，逻辑的方法在于阐明不同阐释学理论在同一历史时期所体现出的内在关联与精神谱系。

在具体研究方法上，本书根据中国当代文学阐释学的不同类型而归纳出其不同的阐释方法：中国古代文学阐释学现代性阐释中的“修辞学阐释”方法，西方文学阐释学本土化阐释中的“新格义阐释”方法，马克思主义文学阐释学中国化阐释中的“实践阐释”方法。同时，运用文化记忆理论的“加减法”，认为中国当代文学阐释学研究应做到“加法”与“减法”相结合。所谓“加法”，是指要注意历史阐释学文本存在的场景、语境、背景乃至心情、意绪、伦理，使阐释文本与阐释活动尽可能还原到历史现场，揭示阐释文本存在的社会史、审美史、风俗史，乃至阐释者传记、回忆录与文本的历代辑录编选情况。所谓“减法”，是指在对某一特殊的文学类型及其文本阐释时，应格外注意那些逐渐淡出人们视线的东西，分析其消失原因，同时运用历史还原的方法揭示其曾经的历史重要性及其与历史上其他重要文本的关联，阐明那些今已淡出人们研究视线的文本与那些历史上曾经重要的文本所共同构筑的文本历史。

此外，本书还会援引知识考古学方法与文化记忆理论方法。

知识考古学方法便于分析中国当代文学阐释学的发展，是否呼应了中国当代文学文本阐释类型的转嬗？具体来讲：（1）文学阐释学自身谱系的建构问题，讨论每一种阐释学从何时、何地，因何事而来，其意义何在等问题。（2）代表性的文学文本阐释类型的演变问题，追问这种类型的演变在多大程度上呼应或背离了阐释学自身的发展。毕竟，真正意义上的文学阐释学，既要分享阐释学的一般性质，还要解决文学文本中的特殊问题，即既要讨论文学文本中的理解、解释、语言等普遍性问题，还要讨论这些普遍性问题在具体文学文本中如何应用以及为什么能够得到应用的问题，揭示特殊问题的哲学阐释学依据，分析哲学阐释学依据背后的知识社会学基础，使观念史与知识史统一起来。

知识考古学方法要求我们在研究中不能根据西方文学阐释学理论来甄别当代中国文学阐释学思想，而要以当代文学阐释学在发展中所催生的“中国范式”为中心，通过区分当代中国文学阐释学与西方文学阐释学核心范式的不同，即偏“应用”与偏“原理”的不同，来揭示中国当代文学阐释学的独特魅力，阐明当代中国文学阐释学不仅是中国当代文学理论的深层逻辑，更是中、西文学阐释学在当代交流互鉴中所催生的创新范式。当然，从理论上讲，知识考古学方法还要求我们运用每一历史时期“一般的知识、思想与信仰世界”（葛兆光）来矫正经典与正统的阐释观念。通过俗文学、大众审美文化矫正中国当代文学阐释学文献，这些文献包括：（1）童蒙教材、初高等教育教材。（2）非文字的图像文献，如连环画、年画、日用器皿造型图案；文字文献，如通俗故事、时尚杂志等；艺术文献，如音乐、流行歌曲、电影、电视剧等。（3）大众化了的精英文献，如百家讲坛的文学普及教育。限于篇幅，这些文献将另文讨论。

文化记忆理论方法不仅是回忆业已消逝的文本观念，也不仅是忘却那些一再出现的文本观念，更是通过文本阐释以重构文本的经典观念，实现过去向当下的无限生成。文化记忆理论作为文学阐释学重要方法，可以弃绝文学阐释学研究中的进化论与复古主义的简单择一模式——前者认为文学（文体）的发展是一个萌芽、发展、成熟、衰落的线性过程，后者则认为文学的发展始终走在一条背离传统的下降的道路（“今不如古”）上——而使文学阐释学直接面对阐释文本的时代境况与人们的观念心理，使文本阐释不仅成为文学观念史，而且成为文学心灵史与文学价值史。[1] 在此意义上，中国当代文学阐释学发展中针对各类不同文本而衍生的不同阐释方法，在很大程度上都是出于保存、维护中国不同文学与诗学传统的需要。文学的革新表面上是抛弃过往，实质上仍然是通过剔除痹症、吸纳新声来实现传统的自我革新，它在本质上仍然是维护传统。

因此，文化记忆理论方法下的文本阐释，不管是“以意逆志”式的还原，还是“诗无达诂”式的解构，表面上是对文本意义的不同理解，而背后潜藏的则是文化传统的赓续与士人精神的持守，它或表现为阐释者内圣外王式的使命担当与身份认同，或表现为阐释者对天地自然的心灵感悟与精神皈依。而不管是何种类型的文学阐释，它们都始终指向阐释者内心的细腻幽

1 葛兆光曾指出，思想史所描述的对象，不一定是线性层累的连续性历史，这种“连续性历史”，“在某种意义上可以理解为，固有的思想资源不断地被历史记忆唤起，并在新的生活环境中被重新诠释，以及在重新诠释时的再度重构这样一种过程”。参阅葛兆光：《中国思想史·导论》，复旦大学出版社，2017年，第76页。

微，是阐释者敏感心灵的理性凝聚、灵趣飞逸与价值依归，而非单纯的文本意义客观理解。因此，必须重视阐释经验在阐释活动与文本理解中的重要性，重视文学阐释不仅是观念世界与事实世界的“名”“实”配称，它更是超越事实世界而指向情感与意义世界，使自身成为维系民族文化的情感记忆、强化特定民族文化价值与情感心灵的必要方式。不同的文学阐释，不单是不同方法论意义上的文本理解技巧，更是不同的民族文化记忆与情感伦理层累，是不同人的不同生存结构本身。[1]

总之，文学阐释学的“中国范式”只有超越文学理论的“流派”属性而将自身提升为“原理”与“方法”，才能对中国当代文学理论的“创造性转化”“创新性发展”起到根本作用。基于此一认识，本书提出一个基本观点：当代文学阐释学的“中国范式”构成了中国当代文学理论演递的深层逻辑，中国当代文学理论流派与观念的不同，表面上是文艺观念与价值立场的不同，实质上是阐释观念与阐释方法“中”“西”“马”的不同。当下文学理论“失语症”等诸多话语困境，其症结并不全在于汉话洋说，也不全在于它是“没有文学的文学理论”，而在于其未能发现一套与当代文学阐释学“中国范式”相适应的阐释学原则。凭此原则，中国当代文学理论的三大形态才能真正走向融合，一种既有特殊性又有普遍性的“中国当代文学理论”才能真正建立。

（四）研究意义

由于当代文学阐释学的“中国范式”已初步形成了独特的概念、话语与知识观念，在未来的发展中它理应融入中国当代文学理论，并作为重要知识

1 伽达默尔曾把这种人通过阐释而理解文本、交往世界并证明自身的活动称为“事实性诠释学”，它要求我们从文字、音韵、训诂的经学阐释学，折返至阐释的生活世界，使文学阐释成为存在论阐释。参阅〔德〕伽达默尔：《诠释学 II：真理与方法》，洪汉鼎译，商务印书馆，2010 年，第 416 页。鉴于国内学界对德国美学家 Hans-Georg Gadamer 的名字存有不同的汉译表述，本节在行文中统一使用“伽达默尔”译名。

范式支援中国当代文学理论的建设。同时，作为一种形成于当代独特语境的文学阐释学，它还应融入世界文学阐释学洪流，并在与世界文学阐释的对话交流中体现出自身的多重意义。

其一，文学知识学意义。既然西方古典阐释学重视方法论，西方现代阐释学重视本体论，而中国经典阐释学重视价值论；那么，一种真正具有普适性的、面向世界的中国当代文学阐释学，理应在知识基点上是方法论、本体论与价值论的统一（“中国文学阐释学”），在知识导向上是本土性与全球性的统一（“世界文学阐释学”）。实现这种统一，既可以阐扬中国传统阐释学所内含的价值论取向，以此构成对西方阐释学重方法论（狄尔泰、施莱尔马赫等）与本体论（海德格尔、伽达默尔）或方法论与本体论的统一（贝蒂、利科等）的必要补充，也可以实现对中国传统阐释学所包蕴的天地秩序、伦理正义、人性情感之现代关切。同时，通过援引西方阐释学的方法论与本体论，探寻作者意图、文本意图与读者意图是如何统一为文本的诗性之思与理性之诗，进而引导读者的阅读伦理与创作的价值导向；揭示方法论、本体论与价值论相统一的中国当代文学阐释学，不仅是阐释者站在文学现代性视野内对文本意义的理解，也是作为阐释主体的作者、读者与批评家通过文学文本而对自我意义的理解。正是在对文本句读文义与操存践履的双向理解与意义阐发中，文本意义与理解意义才实现了重叠升华，文本与阐释者才成为一种视域融合的生命共在。

同时，由于中国当代文学阐释学的主流讨论是在西方阐释学的一般框架中展开的，从而中国文学阐释学中那些真正植根中国语境、取自中国经验的阐释学“中国范式”，常被挤压到边缘；因而，以“中国范式”为中心的阐释学研究，可以重新勾勒并激活那些被压抑的东西，检讨在新的“中国语境”下阐释学的“中国范式”可否转化为一种具有普遍性的新阐释学资源问题。

其二，文学批评史意义。文本阐释的方法论、本体论与价值论的统一启示出真正的文学批评不仅应在“文本中心”内讨论文本观念、内容、形式的圆融统一，而且要回返批评家与理解者自身，探索由于文本批评与理解而生发的对于批评家与理解者自身的本体性存在意义。因为正是后者，使批评家与理解者超出当下的自我而升华为一种意义存在，在文本的意义世界中体验并玩味生命的历史感、宇宙感，将自我升华为一种参与式的意义颖悟与生命共在。

文学阐释学的考察同时便于我们理解中国当代文学与文学批评的意义是如何不断拓展与变迁的，这种拓展与变迁背后体现了人类情感与心理的何种转变等问题。中国当代文学阐释学史上围绕文本意义来源而催生的一系列重要概念与命题，其基本的知识谱系与含义衍转，表面上反映的是其因应时代变化而对文学本质的不同思考，背后隐藏的却是阐释者价值与情感心理的巨大迁移。中国当代文学阐释学因而并非技术操演，而是攸关文学批评的价值与批评者的情感心理。

其三，文学社会学意义。不同阐释学对文本意义的不同理解，表面上是不同阐释主体对文本意义来源的不同理解，实质上反映的是不同阐释主体背后所携带现代性资源的不同。盖因中国社会现代性构成了中国当代文学阐释学的必要背景与资源，而中国当代文学阐释学则最为复杂、最为集中地体现了中国社会现代性的观念与精神、情感与心理，并内在地包含了文学支援社会并勠力民族国家建构的全部动力，因而理解中国当代文学阐释学，就是理解这个时代的观念精神与情感心理。因此，中国当代文学阐释学史上的阐释观念，无论是作家意图论，还是作品意图论，抑或读者意图论与其他阐释学思路，无不超越对作品自身含义的探求而最终指向作品社会文化意义的诉求。

文学阐释学的社会学价值当然还体现在其对“文学经典”的建构功能。通过文本阐释来甄选文学经典，形成文学的“伟大传统”，是特定民族进行文化身份认同的惯常做法，也是文学阐释学的应有之义。

第一章
中国古代文学阐释学现代化阐释中的“中国范式”

本章主要讨论中国古代文学阐释学文本是如何经由当代典范性阐释而走向现代化，实现文本从“民族性”向“现代性”的身份转化过程。

如所周知，中国古代文学阐释学原本散布于经史子集名家典章之中，虽具备现代阐释学意义上的所有阐释学要素，但本身并未作为一门系统科学得以呈现。就此而言，“中国古代文学阐释学”是我们根据现代西方阐释学概念而识别出的一个学术论域。但如果我们将阐释学上溯至先秦诸子论道辩名，承认它在“中国经典”（经、史、子、集）传承演布当中的重要地位，那么，中国古代文学阐释学就是中国经典的内生概念，而非在西方阐释学照映下催生的现代概念；甚至可以说，中国古代文学阐释学虽繁芜丛杂，但经衡量择别，区分统系，并重置语境，重修尺矩，则完全可以因应中国当代文学阐释学实际而完成其创造性转化。

第一节　阐释语境：现代化阐释范式的出现与中国古代文学阐释学的身份转化

中国古代文学阐释学的现代化阐释及其衍生的“中国范式”，是中国古代文学阐释学进入当代发展新阶段后遭遇现代化语境迁衍的直接产物。

从中国古代文学阐释学现代化阐释的整体社会文化语境来看，1949 年后伴随着中华人民共和国成立，中国政治、社会、文化的全新现代化转型，破旧立新、借西开中，成为时代主潮。思想文化领域先后爆发的中国古代史分期讨论、中国近代史分期讨论、梁漱溟哲学思想批判、中国农民战争问题讨论、现实主义演进讨论、美学大讨论、“合二为一”与“一分为二”辩证法讨论、历史主义和阶级观点问题讨论、形象思维讨论、“真理标准”大讨论、“历史发展动力”大讨论、“伤痕文学”反思讨论、人道主义与异化问题讨论、文艺“方法热”讨论、“历史创造者”讨论、传统文化与现代化讨论、文学“本体论”讨论、文学“主体性”讨论、“人文精神”讨论、姓“资”姓“社”讨论、中国近现代史若干重大原则和是非问题讨论、现代主义与后现代主义讨论，如此等等，共同营造了中国古代文学阐释学现代化转化所需的现代思想文化语境。以围绕“美的本质”而展开的两次“美学大讨论”为例，虽然其在形式上采取了“定义 + 义理”的“辩名言理”方法，但它并不以知识学为目的，而是以诉诸价值论与本体论为目的，因而不能归于麈尾清谈式的玄思论辩，更不能归为现代逻辑学意义上的名相之学，而应归为借“美”之名来拆解名与实的阐释学关联，从阐释学“应用”层面补益于时代潮流与社会建设。正是在这个意义上，对“美的本质”的不同理解事实上也代表了处于社会变革时期的不同知识群体为其时中国社会现代性（政治经济“大文本”）和文化现代性（文学艺术“小文本”）所提供的不同发展方案。李泽厚的“美是客观性与社会性的统一”理论与朱光潜的“美是主观性与客观性的统一”理论在事实上也成为支援并阐释其时社会现代性“大文本”和文化现代性“小文本”的主导方案。“客观性”“主观性”“社会性”等关联文艺与文本语境的语词因而成为此时及此后相当长一段时间内解读古今文艺与社会的钥匙。

从文学阐释学的角度看，这一时期，李泽厚等人作为现代性新启蒙主将，通过研究西方近代启蒙运动思想家及其主体性哲学（尤以康德哲学为核心）来传播自己的观念，并为全社会新启蒙运动提供阐释框架。为了保证新启蒙思想的顺畅传播，他们还巧妙地借用了当时作为官方正统思想的马克思主义，小心翼翼地将马克思主义中的主体性实践概念与康德主体性实践哲学融入启蒙的纲领，以此博得官方的支持。从接受美学的角度看，这种嫁接意味着，文本的意义并不在于原初本义，而在于其对当下现实的启示意义。这样，借用西方经典文本与马克思主义经典文本的原始本义，激活其对中国古典文本的现代阐释意义，就几乎成了这一时期中国古代文学阐释学现代化阐释的理想。因为只有将古典文本的意义放入与西方文本与马克思主义文本的关联中，通过西方文本与马克思主义文本赋予古典文本以现代意义，中国古典死文本才能变成现代活思想。当李泽厚等人用马克思改造康德而建立的人类学本体论或主体性实践哲学，主张轻文句而贵意绪、略名理而重感性，从时代的工艺社会结构与主体的文化心理结构入手，来建立一种与现代语境相适应的主体性哲学时，其目的也正在于此。

正是在这个意义上，虽然这一时期一度出现了视中国古代文学阐释学文本为糠秕，而西方文学阐释学文本一时风头无两的势况，但从接受美学的角度看，它只是中国古代文学阐释学的民族性为融入西方文学阐释学的现代性而不惜采取的“矫枉过正”技术策略的结果，西方文学阐释学作为携带现代性因子的精良“致知之具”与“穷理之阶”，显然可以为再次走向现代化关口的中国古代文学阐释学提供方法乃至观念的助力。由此也意味着，面对大范围的西学东流，逡译诠文，必当弃守滞文，力见圆义，疏通“翻译—阐释—接受”的衢理，唯如此，才能实现中国古代文学阐释学从知识论到本体论的转化——这里的“本体”当然并非客观悬设的至高理念，而是有似于禅宗超越话语言教的念惠心法；也即唯有超越民族话语之间的比附义疏而实现观念之间的心证了知与语境接通，才是中国古代文学阐释学现代化转化的通途；唯有通过认同中国古代文学阐释学与西方文学阐释学乃至马克思主义文学阐释学之间的“互文化”观念阐释，中国古代文学阐释学才能转化为现代化的本体阐释。阐释的立场与阐释的语境因而便成了中国古代文学阐释学现代化阐释的关键问题，启蒙由此成为中国古代文学阐释学现代化阐释的社会前提，文本的语言理解转向阐释者心灵与身份的觉知由此成为中国古代文学阐释学现代化阐释的逻辑前提。

因此，在中国古代文学阐释学现代化阐释过程中，只有通过特定的语境对中西阐释观念进行互补、互识、互释与互证，才能激活并照亮各自隐微的意义，实现彼此身份的创造性转化。不同观念之间只有遵循“若经若子若集皆精神之蜕迹，心理之征存”与“泯町畦而通骑驿”的理解定则，进行阐释学的周照圆览，才能实现会通理解与身份转化。阐释学的语境，因而成为中国古代文学阐释学现代化转化的决定性因素；进行语境化的阐释，因而成为中国古代文学阐释学现代化转化的关键。[1]

语境化的阐释要求发生学先于知识论，历史性优于文本性。它不是一般地谈论文本的意义，而是首要谈论什么样的文本意义才是有价值的意义；也不是一般地讨论理解与阐释，而是首先讨论谁在理解与阐释，在何种语境与何种视野中的理解与阐释。因此，语境化阐释首先需要辨析的不是概念本身，而是概念在不同语境与视野中的理解应用。正是在语境化的理解应用中，我们看到中西文学阐释学那种貌似对立的身份曾经如何水乳交融地编织一体，而那种表面上客观的事实判断，内里也常常潜藏着不同的真理性价值内涵。文本的意义，因而常处于事实与价值的模糊地带，正是这一模糊地

---

1 中国学者傅永军曾指出，“中国经典诠释传统的现代转型，既不是转型为方法论诠释学（技艺诠释学），以服务于正确理解，也不是转型为‘诠释哲学’，为通过经典诠释进行思想创造提供理性辩护，而是要转型为‘哲学诠释学’式的现代诠释学，演进成为一种关乎真理发生的理解理论，以理解本身为研究对象，探究理解所以可能的条件，成为一门有中国气象的理解理论，一种充分考虑经典诠释的汉语经验、有中国思想运思特色且融会了西方诠释学智慧的哲学理论。唯其如此，中国经典诠释传统才能真正获取现代形态，满足经典诠释的现代性要求”。参见傅永军：《中国经典诠释传统现代转型研究之检省》，《天津社会科学》2020 年第 6 期。

带，才成为语境化阐释的真正飞地。

语境化的阐释要求文本阐释具有多重视野，它在具体的文本阐释中表现为一种“内在视野—历史视野—当代视野—综合视野”的融通阐释。所谓“内在视野”，是指文本在特定的历史语境中曾经拥有的理解视野；“历史视野”则是指文本在流传过程中先后展露的不同理解视野；“当代视野”是指文本在当下语境中所突出的理解视野；“综合视野”是指文本贯通于不同视野的公共性理解视野。这四重视野共同构成了中国古代文学阐释学现代化阐释中文本意义的复杂来源。

第二节　怎样阐释：坚守民族性，抑或走向现代性

中国古代文学阐释学现代化阐释总体上是在中国古代文学理论与美学的现代性视野中展开的。通过对古代文学理论与美学的重新阐释，重建其与中国传统及现代的时间性关联，实现民族性与现代性的有效对接，构成了中国古代文学阐释学现代化阐释的基本目的。在这个过程中，中国古代文学理论与美学不仅是阐释的理论资源，更是其价值本体。它取“古为今用”之“古”为民族性资源，取“古为今用”之“今”为现代性本体，依循意义内求与含义迁衍的阐释原则，力图实现中国古代文学阐释学的现代性转化。

（一）阐释原则：意义内求与含义迁衍

在中国古代文学阐释学史上，意义的有界与无界曾是一对辩证概念。早期《周易》“立象尽意”的类比与象喻思维，曾为作品之义的无限性提供了阐释学依据。但汉代官学钦定“五经”为天地人伦基本秩序，也为文本的阐释划定了底线依据。唐代疏释随附了汉代传注风气，文本阐释的边界明晰。但宋代议论化解了唐代疏释传统，再次撕开了文本阐释的语言边界。元明评

点强化了宋代议论的自由阐发之风，大开语言阐释的门户。清代考证探赜索隐，再一次回归语言阐释的义坳。

从阐释原则来看，在中国古代文学阐释学的历史发展中，一方面是遵照意义内求的阐释原则——不管是以作者为中心的阐释（文如其人抑或文谬其人），还是以文本为中心的阐释，不管是区分作者立意行文与立身行世之不同，还是甄别作品事实层、价值层与审美层之相异，它们或在寐语玄言处图求自解，或在无可措思处以实涵虚，或通过苛察文义来洞究事理，或经由析分事故来明辨情理。总之，不立不倚，亦包亦扫，义解圆足，免于偏枯，是中国古代文学阐释学的第一大阐释原则。

另一方面，“知人论世”“以意逆志”的含义迁衍的阐释原则亦构成了中国古代文学阐释学的又一大传统。明代宋濂在《刘兵部诗序》中就说：“诗，心之声也。声因于气，皆随其人而著形焉。是故凝重之人，其诗典以则；俊逸之人，其诗藻而丽；躁易之人，其诗浮以靡；苛刻之人，其诗峭厉而不平；严庄温雅之人，其诗自然从容而超乎物象之表。”[1] 这表明通过人格与风格的暗合关系可以探究诗歌的隐秘意义。

历史地来看，虽然上述两大原则一为义解，一为心解，但二者存在内在转化的可能。南宋姚勉就曾通过对孟子“以意逆志”的心理学与现象学诠解而表达了文本心解与义解沟通的可能：

> 《孟子》曰：“说《诗》者，不以文害辞，不以辞害志，以意逆志，是为得之。”文之为言，字也；辞之为言，句也。意者，诗之所以为诗也。在心为志，发言为诗。诗者，志之所书也。《书》曰：“诗言志。”其此之谓乎？古今人殊，而人之所以为心则同也。心同，志斯同矣。是

1（明）宋濂：《宋学士全集》卷六，《丛书集成初编》本，中华书局，1983 年，第 1008 页。

故以学诗者今日之意，逆作诗者昔日之志，吾意如此，则诗之志必如此矣。《诗》虽三百，其志则一也。虽然，不可以私意逆之也。横渠张先生曰：“置心平易始知《诗》。”夫惟置心于平易，则可以逆志矣。不然，凿吾意以求诗，果诗矣乎！[1]

上述话语中，姚勉以推己及人、超言得意的阐释逻辑，为文本第二义通达第一义、文本阐释抵达本体阐释提供了心理学依据。义解与心解沟通的阐释要求阐释者亲炙古文西文，听讼两造，明晓“心通理通”的阐释逻辑，即中西语言虽然悬殊，语义语符分疆阻绝，然而诗眼文心，却莫逆暗契，并在歧出。这就要求阐释者要像史家叙事那样，“遥体人情，悬想事势，设身局中，潜心腔内，忖之度之，以揣以摩，庶几入情合理”[2]。个中缘由正在于，阐释活动中人们的精神生活已然处于一个整体之中，在这个整体中，理解文本就是理解精神，理解他人就是理解自我，理解历史就是理解现实。从阐释学原理角度看，心解与义解可沟通的基本阐释学依据在于：以我观理，则人己同题，古今一揆。南宋文天祥曾用亲身经历证明，不同文学因表现人的共同“情性”而使读者与作者产生强烈的意义认同感与身份模糊感：“余坐幽燕狱中，无所为，诵杜诗，稍习诸所感兴，因其五言，集为绝句，久之，得二百首。凡吾意所欲言者，子美先为代言之。日玩之不置，但觉为吾诗，忘其为子美诗也。乃知子美非能自为诗，诗句自是人情性中语，烦子美道耳。子美于吾隔数百年，而忘其言语为吾用，非性情同哉？”[3]文天祥这里所表达的“心所同然，千载如对”的诗歌理解与阐释原则[4]，正是中国古代文学阐释

1（宋）姚勉：《雪坡舍人集》，上海书店出版社，1994年，第96页。

2 钱锺书：《管锥编》（一）下卷，生活·读书·新知三联书店，2001年，第317—318页。

3（宋）文天祥：《文山先生全集》卷一六《集杜诗自序》，《四部丛刊》正编本。

4（宋）刘辰翁批点：《集千家注批点补遗杜工部诗集》元刊本卷六，日本八木书店，1981年影印本，第565页。

学现代化转化所遵循的相异性理解与阐释原则。

当然，由于中国古代文学阐释学在当代已难以再进行超言绝象的体验阐释，因而那种曾经长期流传的老庄“贵道”阐释学、禅宗“心解”阐释学、宋明“尚意”阐释学等对文本及其背后世界作深度的精神体验与直觉感悟，很难不溢出中国古代文学阐释学现代化阐释的视野。义解与心解相统一的阐释原则要求文学阐释绝不能只是一种文意譬况，绝不能停留于对文本单一的形名理解或仅仅诉诸文本背后的无象世界；相反，它必须回归意义探究本身，通过语言来领悟意义，在此基础上，才可镌眼揆度、托境生义，在内心的体验中创生意义，接续古老的“得意忘言”阐释传统，以此作为中国古代文学阐释学现代化阐释的重要原则。

中国古代文学阐释学现代化阐释的这一复沓原则既是其内在发生逻辑，也是其因应当代现实语境而作现代化转化的必然要求。如所周知，中国当代文学阐释学的主导性思潮——现实主义文学阐释观念长期将文学视为“小文本”，将社会视为“大文本”，认为二者不但具有反映与被反映、表现与被表现的关系，而且具有形式与内容的同构性。文学“小文本”承载社会“大文本”的意义，通过文学“小文本”即可反馈社会“大文本”，影响社会“大文本”。这种原归于儒家文学一贯阐释传统的“知人论世”“文如其人”阐释原则，在特殊的历史与现实语境下重新成为中国当代文学阐释学的基本原则，并使文学“小文本”背后的现实生活或历史背景，成为中国古代文学阐释学现代化阐释的基本原则依据。[1]

---

1 有学者据此指出：中国模式的文艺理论不像西方现代美学那样将现实世界与想象世界相对立，将文艺作品作为社会的对立面和批评性力量，而认为现实美即是真正的美，并始终把文艺当作为社会变迁和社会变革服务的上层建筑力量。在社会主义阶段，文学艺术成为一种以情感和艺术形象为媒介的审美意识形态，被期许着在社会现实关系转型的过程中发挥积极作用，表征出中国现代化进程中与社会主义目标相联系的审美和情感经验。参见王杰、石然：《当代中国文艺政策发展史》，中国社会科学出版社，2019 年，第 261 页。

正是在这种偏于语境化与历史化的独特文学阐释学观念影响下，我们看到在中国古代文学阐释学现代化阐释中表现出两个显著方向：一是以概念、范畴、关键词为端口，持续推进对古代文学文本之“理义大本”的探究；二是以古代文学文本之“理义大本”为根柢，假经设宜，寄言出意，持续推进中国古代文学阐释学文本的当代化阐释。这两条路径，显示的正是文学阐释渐入历史与逻辑相统一的人类普遍理性思维范式，它不再是之前文本中心论的还原主义或读者中心论的建构主义，而是身所盘桓，目所绸缪，从特定文学阐释学观念在特定时空中的特定语义，及其在全部文学阐释学问题史中所具有的互文性语义入手，探求阐释概念、阐释文本的知识性与价值性内涵，并在此基础上，结合时代现实文学语境，脱弃旧说，发明新义，寻绎自身所蕴含的潜在意义及其本土性、当代性价值。这两条路向发展的共同结果是：当年宋儒所标举的“理性抉疑”与汉儒所拘守的“宗经正纬”，被作为阐释原则统一了起来，因为它们都以知识社会学的形式将自身与现实社会政治观念联系在一起，都将文本、政教、人伦与社会变革合一；不同只在于，前者走向对合理性的支援，后者走向对否定性的解构。但无论是前者还是后者，都需要阐释者通过去除自己与古代文本的时间距离，淡化古代文本的原有阐释语境，才能完成现代化的转化。当然，在这个过程中，无论是时间距离的克服，还是空间地域的模糊，目的都不限于单一地还原本义，而是创造余义。毕竟，阐释学的还原，不管是本质的还原（事物之现身），还是存在的还原（事物之理解），抑或语言的还原（事物之表达），都是一种回到文本现场的情境化阐释方式，它们与现代性的阐释观念存有扞格之处。具体来说：

语境论的阐释以文本的语言艺术形式为基础，通过语言艺术的形义、格律、修辞等形式要素的商度，见微知著，剖玉出珠，阐发文本在特定现实语境中所具有的特定内容意义。这种阐释虽貌似两汉今文经学的“分文析字，离章辨句”阐释原则，但它并非要具载本文，依经作传，而是要在语言的边界与现实的边界内，通过语言的公共性规则在现实语境中的语义生发，来讨论文本意义的各种可能。其阐释的目的并不在于悉其本心，知其本义，而在于创生文本的可能意义。

而历史主义的阐释则认为，时过境迁，文本初义暗汶于后世，进入阐释，当崛起烬余，涤除榛棘。因此，回到文本历史现场，是阐释之公则。这就要求我们回到文学阐释过往，区别两类不同的文学文本的不同阐释学意义：一是在某一历史时段曾非常重要而后世渐次隐没的文学文本；二是在后世声誉卓著却在过往籍籍无名的文学文本。前一类文本应进入过去的阐释学谱系中来说明，其意义指向过去；后一类文本应放在当下的阐释学谱系中分析，其意义指向当下与未来。二者共同的阐释重点应是分析支持不同文本背后的不同观念系统、审美趣味、价值标准与时代生活的关系，说明某一文本何以在过去的时代重要或并不重要，在当下却凸显或隐没之原因。

当然，由于历史主义与语境主义及其历史化和语境化的阐释原则存在着天然的亲和关系，这就使得中国古代文学阐释学的现代化阐释又不得不将二者统一起来，不得不重视文学文本中的文学因素与历史因素的关联。表现为通过搜求文学文本反映的历史事实，来突出“以史证诗”“以史补诗”“史诗互证”方法在文学文本理解中的作用；模糊历史学方法的“求真”与文学方法的“求美”区别，用“生活的真”介入“艺术的真”，实现史之已然与诗之应然、史性与诗性的结合。从阐释效果来看，这种阐释虽然混淆了文体边界，但它透露出一种即体即用的阐释观念：史心与诗心原为天地之心与道之本体的外显与表现，具有存在论上的相通性，理解自当依循本体，引譬连类，因诗求义，援史证义，实现理与境的相通相融。从中国古代文学阐释学现代化阐释的具体的阐释语境来看，由于其所处的整体性文学现代性语境及其历史反思，不仅使得文学阐释指向文学的自律性，它在中国特殊的语境下也常回返文学的现实功用，将文学反映现实与故实、文学的意义与作者的意图潜蕴于作品的世界作为文学阐释之公理；因而文学阐释，就是通过知世、知人而知义，实现文学的历史价值、审美价值与伦理价值的统一。在这种情况下，不仅阐释者的理解前见和阐释视域处于历史动态过程中，文本本身也处于自由扩展与无限延宕之中，从而使得任何宗经主义的还原阐释或者自律性的审美阐释都成为难题。如何解决这个难题，中国古代文学阐释学的现代化阐释采用了“修辞学的阐释学”的基本方法与文艺心理学—文艺社会学阐释方法、诗学阐释学方法、心—理阐释学方法、本体论阐释学方法等具体方法。

（二）阐释方法：“修辞学的阐释学”及其现代化阐释范式

中国古代文学阐释学现代化转化的一个基本方法，就是通过文本语言修辞的古今转化，实现文本义理的现代转化。如同西方现代本体阐释学惯于将语言修辞视为人的本质属性，将理解视为人的存在方式，并由此发展出丰富的阐释学理论一样，中国古代文学阐释学现代化转化的第一步，就是用现代白话文阐释古代文言文本，实现语言修辞形式的变革，通过语言修辞的变革实现文本意义的转化。在具体的阐释过程中，修辞学的阐释方法超越以“诗文评”为形式特征的中国古代文学阐释学方法而体现出深广的阐释学意义：现代白话文超越语言修辞单纯的交往表达功能而与人的现实生存和世界观念紧紧关联一体，从而为语言修辞超越其意义指称界限而向更为深广的社会现实、更加多样的语义迁衍打开了通道。

1. 何谓“修辞学的阐释学”

修辞学的阐释学原本是一种探讨文本理解中修辞行为如何影响文本意义的阐释学理论，它在漫长的修辞学与阐释学传统中有其渊源。修辞学的阐释学以情境阐释、作品阐释、观念阐释为内容，通过价值性描述来引导并调校事实性描述，实现文学与艺术意义的扩充；通过风格化与图形化修辞隐喻来发展表达与理解的能力，实现文学与艺术意义的实践性生产。修辞学的阐释学的实践性生产不仅关乎意义的理解与解释，更关乎意义的创造与生命的创造；它所针对的不仅是文学和艺术事实，更是文学和艺术事实的意义及其达之于人的“化成”意义。后者通过有效的修辞方式唤起情绪，激发意义，激起接受的效果，使阐释者与接受者均能在歆享于意义的过程中实现对自我与世界的理解和创造。

在写于1967年的《修辞学、诠释学与意识形态批判》一文中，西方哲学阐释学的代表人物伽达默尔，就人类讲话中的干扰与人类理解中的误解如何消除问题而乞灵于语言性观念，并通过语言性观念而将修辞学与阐释学重新勾连一体：“人类语言性中的修辞学因素和诠释学因素就是如此完全地渗透在一起。”[1] 九年后的1976年，伽氏又撰写《修辞学和诠释学》一文，就近代精神科学发展中修辞学与阐释学所共同具有的论辩功能作互文阐发：“修辞学和诠释学就在某一点上具有深刻的相似性：说话能力和理解能力一样，都是人的自然能力，它们都无须有意识地运用艺术规则就能完整地形成，只要把自然的天赋与正确的培养和练习结合起来。”[2] 伽氏的这两段话，透露出修辞学与阐释学实相伴而生，它们都属于人的自然能力，都归于实践哲学并表现出追求善与真的价值取向的事实。此后的若干年间，西方阐释学的重要人物保罗·利科、理查德·帕尔默、加尔文·施拉格、迈克尔·勒夫、史蒂芬·梅劳克斯等人又分别从阐释学的基本理论、应用实践与批判反思等角度分析了修辞学与阐释学的亲缘关系，进一步提出了“阐释学的修辞学”“修辞学的阐释学”等关键概念[3]，从而深化了修辞学与阐释学的研究。本文亦倾向于把修辞学与阐释学统一起来，并尝试将“修辞学的阐释学”概念视为一种超越修辞学语艺与阐释学技艺的实践哲学—美学，认为这一实践哲学—美

1〔德〕伽达默尔：《诠释学 II：真理与方法》，洪汉鼎译，商务印书馆，2010年，第295页。

2〔德〕伽达默尔：《诠释学 II：真理与方法》，洪汉鼎译，商务印书馆，2010年，第350页。

3 相关成果收入〔美〕沃尔特·约斯特、迈克尔·J. 海德编：《当代修辞学与解释学读本》（黄旺译，商务印书馆，2018年）一书中。

学的辨析对于推进文学阐释学基本原理理解，实现中西文学阐释学的交融互鉴具有重大意义。

具体来说，根据美国当代阐释学家史蒂芬·梅劳克斯的看法，所谓"修辞学的阐释学"，是指将文本的"论题、论证、比喻、意识形态"等修辞要素看作文本意义的基本要素，再分析这些要素"如何通过修辞的交流而被构建为有意义的"阐释学理论。[1] 即言，"修辞学的阐释学"就是以修辞行为的发生方式为阐释对象，探讨文本理解中修辞行为如何影响文本意义的阐释学理论。在梅劳克斯看来，阐释活动总是包含了修辞行为，阐释活动就是通过修辞行为来确证阐释合理性的过程；反过来讲，修辞行为亦伴随着阐释活动，修辞行为就是阐释活动的具体发生方式。阐释活动与修辞行为因而是"相互规定的领域"："解释学是构建含义的修辞学，而修辞学是疑难的语言处境的解释学"，二者都属于"生产性和接受性"的实践行为。[2] 作为一种实践行为，修辞学的阐释学并非当代独创，它在古老的语文学修辞学传统中有其深刻渊源，并作为语言语艺与艺术本体一直影响着后世文学文本与艺术作品的意义理解。

如所周知，"修辞学"（rhetorike）在古希腊作为一门在公开场合言说与论辩的艺术，按照亚里士多德的看法，"不限于任何一种特殊的事物对象"，而是一种"在每一事例上发现可行的说服方式的能力"[3]，即它并非某种分科别类的专属技艺，而是人先天秉有的自然能力。这种能力，区别于其古老母体逻辑学的推证技艺，属人的召唤与认同的实践能力，它通过节奏、韵律、隐喻等感性形式要素来唤起某种良善情感，激起言说者与聆听者对事物的共通感觉，因而归于人性一般禀赋而非单纯习得技艺。后世伽达默尔敏锐地捕

---

1 Steven Mailloux, *Rhetorical Power*, Ithaca and London: Cornell University Press, 1989, p. 15.

2〔美〕史蒂芬·梅劳克斯：《表达与理解：修辞学与解释学之间的实际亲密关系》，收入〔美〕沃尔特·约斯特、迈克尔·J. 海德编：《当代修辞学与解释学读本》，黄旺译，商务印书馆，2018 年，第 466 页。

3 苗力田主编：《亚里士多德全集》第九卷，中国人民大学出版社，1994 年，第 338 页。

捉到修辞学在“感性”共通性与情感合理性方面所具有的实践意义，遂将修辞学与美学归属于同一知识家族：“修辞学以一种长期未被人充分认识的方式也成为美学概念古老传统的承载者，这在鲍姆加登对美学所下的定义中表现得很清楚。”[1] 伽氏的这种判断实基于文艺复兴时期修辞学与艺术所共享的人文主义传统[2]，特别是修辞学与艺术在感性情感与美的形式方面所具有的本质关联——语言的修辞学即艺术的风格学[3]，或言语言的风格学即艺术的修辞学。因此，正如同美学联合真善而成自身一样，修辞学也不仅是美的艺术，更是关联善与真的艺术，因而它不单是理解的技艺学，更是通达理解对象的真理性艺术，用伽氏的话说，就是：“修辞学的本质并非只局限于这种可表述为技术规则的技艺学之中……真正的修辞学艺术既不能脱离关于真理的知识，也不能脱离关于‘灵魂’的知识。”[4] 这样，修辞学在语义和实践上便均与曾长期归于逻辑学的阐释学——探究文本内容的或然性真理，而非像近代理性科学那样探索形式的必然性真理——殊途同归，成为“属于人本身”与“属于人类此在的基本活动”的“‘自由的’艺术”。[5] 正是后者，使修辞学和阐释学超越“人们的所作所学”的单一技艺学设定而跃升为人的本质属性，并在实践哲学的意义上“使人成为掌握了其所学的人”，“使人成为所是和能够是的存在”。[6] 质言之，修辞学话语虽为巧言，但并非矫以为真，虚以为善，不是单纯的论辩术或语文学工具，而是始终指向真言与善言，背后隐藏的是客观之真际与主观之真情；具有言说的技艺与言说的真理两重基本内涵，并

1〔德〕伽达默尔：《诠释学 II：真理与方法》，洪汉鼎译，商务印书馆，2010 年，第 634 页。

2〔美〕保罗·奥斯卡·克里斯特勒：《文艺复兴时期的思想与艺术》，邵宏译，东方出版社，2008 年，第 156 页。

3〔英〕贡布里希：《象征的图像——贡布里希图像学文集》，杨思梁、范景中编选，上海书画出版社，1990 年，第 139 页。

4〔德〕伽达默尔：《诠释学 II：真理与方法》，洪汉鼎译，商务印书馆，2010 年，第 359 页。

5〔德〕伽达默尔：《诠释学 II：真理与方法》，洪汉鼎译，商务印书馆，2010 年，第 364 页。

6〔德〕伽达默尔：《诠释学 II：真理与方法》，洪汉鼎译，商务印书馆，2010 年，第 364 页。

在实践中表现为“技”与“道”的回环与融渗，此即中国古代修辞学超越语文学专技（为文之美辞，辩说之美律）的“修辞立其诚”（《周易·文言》），或西方古典修辞学超越必然性论说的“实践哲学—美学”本义。

修辞学的实践哲学—美学秉性决定了它所习用的隐喻性描述、劝导性论说均能启发人们超越非此即彼的肯断性思维而思向事物的无限意义；而其所隐含的道德与真理含义，则可引导非完满性的现实世界向或然性的可能世界发生积极转化。后者通过修辞性的反复练习又会反过来促成人自身的完善，使人获得一种将特殊归于普遍之下的反思性判断力，凭此反思性判断力，修辞学的阐释学便同时成为解释世界与创造意义的实践行为。

从更广阔的历史来看，虽然近代自然科学逻辑学方法的兴盛褫夺了修辞学曾在人类知识生活中的重要地位，使其降为隐喻、换喻与提喻等修辞格的比喻技巧，至 19 世纪甚至萎缩为一门脱离学院知识教育的“死学科”（利科），但并不意味着修辞学在自然科学“知识”之外乏有作用。实际上，近代人文主义复兴过程中以阐释学为核心的精神科学的兴起，就曾助力修辞学再次进入人类精神科学领域并发挥“实践智慧”的作用。即使在更早之前的 16 世纪，德国人文主义者梅兰希顿就曾通过复兴古典修辞学而使修辞学任务扩展到阐释学，使修辞学长期秉守的任务——（1）学习和训练理解能力；（2）认知文本的真理——也成了阐释学的任务。[1] 20 世纪人文学科领域三次“转向”后，修辞学与阐释学的知识学融通成为时代共识：语言学转向摧毁了对语言透明性的判断，揭示出语言是“以言述行”的规则游戏；阐释学转向摧毁了意义客观性的假定，揭示了意义的经验与历史来源；修辞学转向摧毁了语言的透明性与意义的客观性误识，揭示语言的不完善性与意义的未完成性，三次“转向”共同揭示了阐释学与修辞学基本要素的内在相通性，使

1〔德〕伽达默尔：《诠释学 II：真理与方法》，洪汉鼎译，商务印书馆，2010 年，第 350 页。

二者作为言说与理解的实践而为人的自然能力成为共识。[1]

这也意味着，在修辞学的阐释学实践活动中，修辞学与阐释学可以互相通约：修辞学是阐释学的经验前提，阐释学是修辞学的逻辑前提。一方面，理解要求补充话语言说时语句的停顿、音调的变化与言说的场合，否则就可能产生误解；另一方面，言说要求事先对言说对象做出理解，否则便无以准确地言说。帕尔默曾辩证地指出，“讲话的艺术需要理解的艺术去洞察要说的内容，而理解的艺术需要讲话的艺术去清晰地阐明所理解的内容。没有讲话则理解是哑的；没有理解则讲话是空的”[2]。修辞学与阐释学从而表现为一种互为表里的关系：阐释学探讨阐释活动中理解、解释与应用本身的意义及其对阐释者的证成意义（而非单纯文本的意义），修辞学探讨论说过程本身的意义及其对于论说者与聆听者的教化意义（而非单纯言谈内容的意义）。前者是“理解的无限循环”，后者是“理解的无限折返与前行”；前者是空间性的“理解”问题，后者是时间性的“好的理解”问题；前者在逻辑性的周而复始中获得文本稳固的意义，后者在历史性的辩证否定中探寻文本可能的意义。比起空间性的“理解”问题，时间性的“好的理解”问题在阐释活动中居更加重要的位置，因为它指向了人的存在论结构与生存的可能性：唯有通过时间性的筹划而勾连过去，敞开未来，文本的意义才得以在过去的回冀与未来的期许这一无限性的时间折返与前行中产生。也正是在此无限性的折返与前行循环中，文本阐释才可能寻获适当的时机（适当的语境、适当的受众、适当的修辞），生发出适当的意义。如果说修辞学的诞生需要当下性的时间意识，那么阐释学的诞生就需要过往性的历史意识；前者是对当下境遇的营造，后者是对历史境遇的接通，二者通过广义而言的语言符号而关联

1〔德〕伽达默尔：《诠释学 II：真理与方法》，洪汉鼎译，商务印书馆，2010 年，第 372 页。

2〔美〕帕尔默：《解释学能给修辞学带来什么》，收入〔美〕沃尔特·约斯特、迈克尔·J. 海德编：《当代修辞学与解释学读本》，黄旺译，商务印书馆，2018 年，第 153 页。

一体，使作为理解技艺的阐释学与作为表达技艺的修辞学始终互为表里，并经由后天的训练而历史地积淀为人的自然能力。因此，尽管修辞学原本是发现偶然性并揭示偶然性如何成为合理意义的实践行为，但修辞学辞格的多样性与隐喻意义的涵摄力、语言符号能指的语法延异，均使修辞学与阐释学的融通成为必需：意义并不存在于符号与指称物的直接对应关系中，而是存在于符号与意指的象征关系中，这种象征关系唯有通过修辞性阐释才能揭示。正是在修辞性的阐释中，修辞学的阐释学将自身证成为一门超越单纯语言语艺的实践哲学——美学。

根据修辞学与阐释学的历史与逻辑关联，修辞学的阐释学在类型上可视为一种包含文本的情境阐释、作品阐释与观念阐释的新阐释学方法。[1]就文学作品的阐释而言，其与美国艺术史家潘诺夫斯基针对艺术作品所提出的“图像学方法”相似，但在具体内涵上有所扩展。在《图像学研究：文艺复兴时期艺术的人文主题》一书中，潘诺夫斯基提出了艺术阐释的“图像学方法”，即“前图像志描述”，主要是对艺术感性形式的客观描述，关注的是艺术自身风格嬗变历史；“图像志描述”，主要是对艺术风格成因的分析，关注的是艺术风格背后不同历史文化等外在因素赋予风格不同的意义；“图像学阐释”主要是对艺术意义的揭示，关注的是艺术作品象征符号背后所隐藏的精神意义。[2]由于图像学方法将艺术作品的象征内容视为人类心理—世界的反映，因而通过艺术象征符号以发现人类的真实心灵—世界，便成了图像学研究的最终目标。如果我们把潘诺夫斯基针对造型艺术文本的“图像学方

1 王一川在《修辞论美学》一书中提出“修辞论阐释框架”，即对任何文本都可作“本文阐释”“文化语境阐释”“历史阐释”的三重阐释，这三重阐释分别指向文本的形式要素及其结构关联、文本的诞生语境及其时代文化关联、文本背后的历史无意识及其观念源泉。参见王一川：《修辞论美学》，中国人民大学出版社，2009年，第70页。

2〔美〕欧文·潘诺夫斯基：《图像学研究：文艺复兴时期艺术的人文主题》，戚印平、范景中译，上海三联书店，2011年，“导论”第13页。

法”延伸至包括作为语言艺术的文学作品，并兼顾语言文本阐释中阐释对象体裁与题材的多样性，那么修辞学的阐释学三层次内容，其意涵便可分别规定如下：“情境阐释”即为对文本上下文与其外在语境的关联性阐释，“作品阐释”即为对文本形式与内容的关联性阐释，“观念阐释”即为对文本所源出的观念精神及其所暗含的象征意义的阐释。

2. 何处阐释：修辞学的阐释学情境

修辞学的阐释学是依凭具体情境（“语势”）的阐释。修辞学的阐释学站在每个他人的位置上言说、论辩与推证，也召唤他人进入修辞的情境中，以便通过共情唤起共知，催生阐释的判断力与实践智慧。作为一种实践型阐释，它致力于发展一种理解的能力，凭此能力，阐释者便可以依据具体的修辞情境而敏锐辨识出修辞技艺，并通过对修辞技艺的再情境化而重新生产文本意义。修辞学的阐释学因而不是还原性阐释，而是“偶缘性”（Okkasionalität）的生产性阐释，是在“偶缘性”的阐释情境中实现意义再发现与再创造的阐释。“偶缘性指的是，意义是由其得以被意指的境遇（Gelegenheit）从内容上继续规定的，所以它比没有这种境遇要包含更多的东西。”[1] 即言，“偶缘性”突出了阐释活动中意义的机缘性与情境的关联性，强调了意义的无限生成状态，认为艺术的本质及艺术的意义就在于艺术内容因应不断变化的偶缘性境遇而生发不同的意义，艺术的每一次偶缘性境遇，都为艺术本质及艺术意义的生成提供了可能。

从艺术意义的生成过程来看，偶缘性境遇为艺术内容表现其内在精神提供机制，使处于偶缘性境遇中的阐释者通过重新发现艺术与其存在境遇的关系而揭示艺术所期待的意义。艺术意义的每一次偶缘性阐释都是一次对艺术内容“在的扩充”[2]，是艺术精神因应偶缘性的现时存在。艺术的意义正包蕴

1〔德〕伽达默尔：《诠释学 I：真理与方法》，洪汉鼎译，商务印书馆，2010 年，第 211—212 页。
2〔德〕伽达默尔：《诠释学 I：真理与方法》，洪汉鼎译，商务印书馆，2010 年，第 206 页。

在“在的扩充”中。这种“在的扩充”，不是被表现物的扩大，而是理念或原型的具体化，是艺术理念或原型表现为具体的感性生命形式或完成自我生命更新的过程。在这个过程中，艺术既依循自我生命本体，又创化而为具体生命现实。艺术的意义就存在于由本体向现实的转化过程。本体与现实的关系在于，本体为艺术现实提供发生依据，艺术现实则为本体提供存在依据。艺术的意义从而并不表现为某一客观含义，而是表现为艺术生命本身关联艺术家与受众的存在事件。“……全部艺术——也是一种存在事件（本体论事件）”[1]，艺术包含了一种与其所存在的世界不可分割的联系，正是在与存在的世界的关联而非审美意识的自律性区隔中，艺术才获得了其本真性的存在，艺术的意义才成为艺术实现艺术之所是本质的存在事件。

艺术的意义在偶缘性的阐释中表现为一种“存在事件”的事实[2]，证明艺术作品不是源于对表现对象的模仿或疏离，而是源于自身在偶缘性的境遇中对所表现事物存在的参与。换句话说，艺术作品“参与了其所表现事物的存在”[3]，并对事物存在本质的实现发挥了积极的象征作用。梵高《罗纳河畔的星空》在偶缘性的“存在事件”的阐释中，就不仅参与了作品存在意义的构建，而且通过偶缘性阐释使得作品自身的存在意义与阐释者自我的存在意义双双得以开显：在刹那现身的偶缘性的境遇中，作品把阐释者沉重的肉体收缩为轻微的颗粒，使其在与画面的颜料颗粒融为一体的过程中纵身跃入浩渺的星空宇宙。作品从而成为阐释者与物俱化的端口与生命意义的居所。同样在刹那的偶缘性境遇中，阐释者把自己精神的颗粒累聚为沉重的肉体，使其成为区别于浩瀚宇宙的独异性存在，并在这种独异性存在中领悟了自我存在的伟大。对梵高艺术作品的偶缘性阐释从而表现为一种存在事件。正是在存

1〔德〕伽达默尔：《诠释学Ⅰ：真理与方法》，洪汉鼎译，商务印书馆，2010年，第210—211页。
2〔德〕伽达默尔：《诠释学Ⅰ：真理与方法》，洪汉鼎译，商务印书馆，2010年，第222页。
3〔德〕伽达默尔：《诠释学Ⅰ：真理与方法》，洪汉鼎译，商务印书馆，2010年，第224页。

在事件的本体论层次上，阐释学与修辞学殊途同归。

一方面，艺术作品必须以其感性形象进入阐释学的偶缘性境遇，尔后才能生发修辞学的意义；另一方面，艺术作品又必须走出美学，超越感性表现及其主体性体验，成为对自然万象生命的阐释。一种有效的艺术作品阐释，因而必然是修辞学与阐释学的叠加：它一方面要进行修辞学理解，关注作品的色彩、笔触、形式、构图、形象、风格、境界等形式与内容表现要素；另一方面要进行阐释学理解，解释作品表现背后的真相，探究作品的意义。美国当代艺术史家夏皮罗对海德格尔脱离《农鞋》感性形式本身而作单一阐释学理解的揶揄与批评——“它们画的很可能是艺术家本人的靴子，而不是一个农民的鞋子。”“从他与梵高画作的遭遇里，他只记得农民和土地的种种联想的动人一面，而这些很少能够得到画作本身的支持。它们毋宁说植根于他自己的社会观，带着他对原始与大地的强烈同情。他确实是‘事先想象好了一切，然后再把它投射进画面中’。在与作品的接触中，他既体验到了太少，又体验到了太多”[1]——正反映了一种有效的艺术作品理解必然是综括图像内与图像外、融通修辞学与阐释学的偶缘性理解。另一位美国当代分析美学家丹托虽强调了阐释学对于理解艺术作品的重要性，但亦未放弃艺术感性修辞形式之于作品意义的重要性。在将阐释与阐释情境（“艺术界”）视为艺术作品由感性物质性升华为观念情感的必要条件的过程中，他提出：艺术作品不在于审美，而在于意义，而意义的获得需要对艺术作品的表现加以阐释，以获得表现背后的意义。“艺术作品是一种实物，其中有些属性归属于意义，有些属性则不是。观赏者所须做的，就是阐释承载意义的属性，以获知其表现出来的原初意义。”[2]艺术阐释就是阐释者基于作者意图而赋予已经

1〔美〕迈耶·夏皮罗：《艺术的理论与哲学：风格、艺术家和社会》，沈语冰、王玉冬译，江苏凤凰美术出版社，2016年，第134、136页。

2 A. C. Danto, *What Art Is*, New Haven: Yale University Press, 2013, p. 38.

表现为某种形式与风格的现成物以意义的创造性活动。“没有解释就没有欣赏。解释表现在对艺术品与其物质副本的关系进行裁决。”[1]“世界上本没有艺术品，除非有一种解释将某个东西建构为艺术品。”[2]这样，康德为古典美学提出的——“判断在先，快感在后”的先验命题，就被延拓为“阐释在先，艺术在后”的经验命题，阐释与阐释情境成为艺术作品的必要构成条件。

这样，艺术作品的感性形式与修辞表达，亦构成了艺术作品意义生发的重要条件。当艺术作品以其感性形式呈现给观众时，其色彩、线条、形状以及由此所代表的艺术意义，就已经被包含在先于艺术作品的“艺术界”中。只是由于艺术作品物质因素与风格意义恒常的不对称性，决定了艺术作品恒定的隐喻性，因而把握艺术作品的意义就恒常需要感性形式的阐释。阐释的过程，就是发现作品形式本体与喻体并揭示作品表现与被表现东西的过程，阐释学从而又与修辞学合一。正是在这个意义上，丹托才说理解艺术作品就是领会其中的修辞。[3]艺术的修辞包含了对艺术主题、形式、风格、情感、表现、象征、意义等艺术内外要素的表达与领悟，它只有经过艺术的表层阐释与深层阐释才能完成：“把某物看作艺术需要某种肉眼无法识别的东西——一种艺术理论的氛围，一种艺术史的知识：一个艺术界。”[4]艺术作品的表层阐释指向作者意图，深层阐释指向读者意图，二者统一于艺术作品的偶缘性情境，即“艺术界”，一种超越艺术品感性物质属性的艺术理论与艺术史语境。这样，具有浓厚历史性与辩证法的“艺术界”就构成了艺术作品意义的前提：历史性决定了艺术意义生发的特定艺术史条件，辩证法决定了不同时期的艺术阐释创生不同的艺术意义。

1〔美〕阿瑟·丹托：《寻常物的嬗变：一种关于艺术的哲学》，陈岸瑛译，江苏人民出版社，2012年，第139页。

2〔美〕阿瑟·丹托：《寻常物的嬗变：一种关于艺术的哲学》，陈岸瑛译，江苏人民出版社，2012年，第167页。

3 A. C. Danto, *Beyond the Brillo Box*, Berkeley: University of Califoria Press, 1992, p. 194.

4 A. C. Danto, The Artworld, *The Journal of Philosophy*, 1964, 61(19), p. 580.

3. 如何阐释：修辞学的阐释学的方式

修辞学的阐释学在偶缘性境遇中意义扩充的一个基本方式，是对作品内容与形式隐喻意义的阐释。古典修辞学曾视隐喻为名称的转移，现代修辞学则视隐喻为意义的隐匿与补充。但无论是古典义还是现代义，隐喻都宜于表达精神科学的意义真理，因为它能通过隔断语言字面指称与隐含指称的陌生化形式，带来语词意义的增长与指称对象的革新，并因应不同的语句与语境而生发出不同的意义。因此，虽然隐喻的基本形式是“A 是 B”或“设 X 为 Y”的等同型语言描述，但它却具有反讽和悖论的意义结构：“在隐喻中，两件事物一方面互相等同，同时又各自保持着自己的形式。”[1]因而对于艺术作品而言，其表现的矛盾性与含混性常常阻碍艺术意义的理解，这为隐喻性的修辞学阐释发挥作用创造了有利条件。隐喻性的修辞学阐释将艺术的矛盾性与他异性因素理解为艺术意义的必要条件，认为“修辞学更像是解释学的补充和补足，而非取代，它处理解释学所遗留下来的阐释冲突的难题”[2]。借用丹托针对现代艺术而提出的批评家的任务，隐喻性的修辞学阐释的任务正类似于艺术批评家的任务：“批评家的任务是阐释、解释作品，帮助观众理解作品所试图表达的东西。阐释包括将作品的意义与传达意义的对象联系起来。批评家在帮助观者理解作品的时候，通过参照这些艺术家力图表达的东西，也帮助他们理解他们自己和他们的世界。”[3]因而，如同美国诗人奥登将梵高的绘画比作“为眼睛准备的寓言”时所要表达的，绘画艺术的形式与意义具有强隐喻关系。[4]这种强隐喻关系揭示出：“诗”与“画”不同媒介的互文性修辞阐释，不光是要达到对艺术作品的真

1〔加〕诺思罗普·弗莱：《批评的解剖》，陈慧等译，百花文艺出版社，2006 年，第 175 页。

2〔美〕加尔文-O. 施拉格：《解释学圆圈、修辞学三角和横贯的斜线》，收入〔美〕沃尔特·约斯特、迈克尔·J. 海德编：《当代修辞学与解释学读本》，黄旺译，商务印书馆，2018 年，第 175 页。

3〔美〕阿瑟·丹托：《艺术的终结之后：当代艺术与历史的界限》，王春辰译，江苏人民出版社，2007 年，“中文版序言”，第 8 页。

4〔美〕奥登等：《诗人与画家》，马永波译，山东画报出版社，2006 年，第 10 页。

理性理解，更是要透过艺术作品来理解五官感觉把握表象与真实的差异，探索一种超越表象与真实，达到感性、知性与理性的统觉性认识，最终实现对世界与自我的全新理解。

在此意义上，当伽达默尔将后期海德格尔对形而上学概念固定语义的解毁斥为“女巫式的文风”时[1]，他并没有洞察到海德格尔赋予语言的隐喻性修辞与意义生成的魅力。因为正是这种隐喻语言，构成了海德格尔解构形而上学语言本体的根本路途，并表明修辞学的阐释学对意义的探求，并非要叩问客观或稳固的意义，而是要揭示意义、创生意义的事实。

对于语言艺术而言，修辞学的隐喻阐释用价值性描述来引导并调校事实性描述，并根据现实情境的变化而不断扩展原文本含义。在这个过程中，它常常发现原文本中先天的自然法则、伦理法则与后天的历史法则、经验原则的语言悖谬，然后用前者来修正后者；也常常要通过对后者现实内容的历史与经验革新来为无限接近作为自然与伦理的前者创造条件，实现用先天法则引导后天法则，用后天法则充实先天法则的目的。在具体的阐释过程中，修辞学的隐喻如何通过关键语词含义的重新阐释以获致其丰富意义，建构意义指称者之间的复杂关联，是其意义生产的关键所在。而修辞学隐喻的力量，就发生于其调节文本所包蕴的先天法则与后天法则的矛盾逻辑中：一方面，先天法则要发挥恒定的效力，就必须不断地进行后天的重新阐释，以便与具体的阐释情境与阐释者关联起来；另一方面，通过不断阐释并发掘文本未尽的可能意义，阐释者就同时与先天法则和后天情境关联一体。修辞学的隐喻阐释从而不是还原理念型的先天概念，而是模仿并实践这个概念，并在模仿与实践中重新赋予先天概念以新的意义。中国魏晋时期的哲学家王弼对“圣人体无”与“圣人有情”的双重辩护，正是通过巧妙地分梳伦理的先天

1〔德〕伽达默尔：《诠释学 II ：真理与方法》，洪汉鼎译，商务印书馆，2010 年，第 463 页。

原则与经验的后天原则而维护了圣人同于常人而又高于常人的人格同一性：“……圣人茂于人者神明也，同于人者五情也。神明茂，故能体冲和以通无；五情同，故不能无哀乐以应物。然则，圣人之情，应物而无累于物者也。今以其无累，便谓不复应物，失之多矣。”[1]王弼通过对原始儒学核心教义既遵从又偏离的修辞学隐喻阐释——为原始儒学的先天伦理原则不断注入变化了的现实经验内涵——建构了一种在儒道并兴时代可面向未来的理想人格，使原始儒学的单一伦理结构转化为复合型的儒道伦理—历史结构，并现实地在当时演化为一种极具渲染性与辩证法的修辞力量。而晚唐诗人李商隐《锦瑟》一诗——“锦瑟无端五十弦，一弦一柱思华年。庄生晓梦迷蝴蝶，望帝春心托杜鹃。沧海月明珠有泪，蓝田日暖玉生烟。此情可待成追忆？只是当时已惘然”——之所以在后世引发无数意义争议，原因也正在于修辞学的隐喻意义潜藏于字面义与隐含义的张力之中，并在诗歌意象不断变化的模糊语义中建构了诗歌文本意义与阐释意义之间的复杂关系：“锦瑟”如代“青衣”人，则诗义为怀人；如代器物，则诗义为咏物。“无端”“枉然”如代作者年少风流，而今年老，徒留“追忆”“思年华”，则诗义为悔恨；如代断弦（并与全诗“蝴蝶”“杜鹃”“珠有泪”“玉生烟”相参），则诗义为悼亡。这个例子表明，修辞学的隐喻阐释对文本意义的阐释，是一种经由表层意图而达深层意图（阐释者意图）的阐释。

对于造型艺术而言，修辞学的隐喻阐释具有风格化与图形化的功能，它能将难言之义呈于象、感于目、会于心。作为艺术修辞类型与修辞学阐释类型，风格与图形一直是艺术的“基础”[2]，也是艺术理解的基础。它内在地包含了艺术的创造性与规范性，也代表了阐释的创造性与规范性，因而既可以在创造性与规范性的作品中理解自身，也可以在创造性与规范性的阐释中理

1（魏）王弼著，楼宇烈校释：《王弼集校释》（下），中华书局，1980 年，第 640 页。
2〔德〕伽达默尔：《诠释学 II：真理与方法》，洪汉鼎译，商务印书馆，2010 年，第 475 页。

解自身。[1]在具体的阐释过程中，作品首先唤起的是人们对其鲜活感性形式的“机敏”把捉，透过感性形式“头”“胸”“手”“脚”等古老修辞学的有机体表征及其隐喻关系来领会其意义[2]，从而唤起阐释者“与艺周游”般的生存共在感与意义共通感。其次，作品总是响应意义的修辞召唤而处在成为自身“所是”的过程中，因而作品的时间性便成为阐释中心。盖因作品的时间性总是展开于阐释的时间性结构中，阐释的时间性结构即是阐释者勾连过去、现在与未来的生存筹划，因而作品的意义就诞生于此一筹划中。具体来说，阐释的时间性结构将“仍未”转化为“将是”，将意义的“此在”转化为“能在”，从而开启意义的无限可能：（1）它以一种合宜与得体的理解机制，引导阐释的实践智慧填补意义的空隙。（2）它通过邀约阐释者之外的他者的具身参与而创建阐释共同体，继而召唤我们与作品一起分享或反思作品潜在的价值、意义乃至行动吁求。（3）它引纳作品之外的异质性因素加入意义的建构，打破作品意义内生的自律性逻辑，为意义的无限敞开提供了可能。通过这三个层次的修辞学隐喻阐释，作品的意义就以修辞性的风格与图形的形式发生，阐释者的意义就以风格与图形的形式完成，二者经由语言与图像的隐喻关联而使作品最终表现为超越客观自然的审美的、伦理的境遇化存在。

以海德格尔对梵高《农鞋》的阐释为例：“从鞋具磨损的内部那黑洞洞的敞口中，凝聚着劳动步履的艰辛。这硬邦邦、沉甸甸的破旧农鞋里，聚

1 黑格尔美学的象征型、古典型、浪漫型风格抽绎虽是艺术类型学的规范阐释，但亦为历史意识与感性现实的修辞学表达，它一方面包含了艺术理念规约感性审美形式的外化实践，另一方面也体现了感性审美形式回返艺术风格理念的内化抽绎。而修辞学与图像学在漫长历史中的亲缘关系也提醒我们，对艺术作品的修辞学阐释实可约简为图像学研究。按照潘诺夫斯基，“图像学研究”的三层次，即“前图像志描述”对艺术感性形式的客观描述，关注的是艺术自身风格嬗变历史；“图像志描述”关注风格背后的不同历史文化等外在因素赋予风格不同的意义；“图像学阐释”是通过艺术作品的象征符号来发现精神意义的活动——既然艺术作品的象征内容实为人类心理—世界的反映，那么通过艺术象征符号以发现人类的真实心灵—世界，便成了图像学阐释的目标。这三个层次均涉及古老的修辞学问题，而“图像学阐释”层次，更需要借助修辞学阐释以发现作品的意义。关于“图像学”方法及其阐释，参阅：〔美〕欧文·潘诺夫斯基：《图像学研究：文艺复兴时期艺术的人文主题》，戚印平、范景中译，上海三联书店，2011年，“导论”第1—13页。

2〔德〕伽达默尔：《诠释学 II：真理与方法》，洪汉鼎译，商务印书馆，2010年，第358页。

积着那寒风料峭中迈动在一望无际的永远单调的田垄上的步履的坚韧和滞缓。鞋皮上粘着湿润而肥沃的泥土。暮色降临，这双鞋底在田野小径上踽踽而行。在这鞋具里，回响着大地无声的召唤，显示着大地对成熟谷物的宁静馈赠，表征着大地在冬闲的荒芜田野里朦胧的冬眠。这器具浸透着对面包的稳靠性无怨无艾的焦虑，以及那战胜了贫困的无言喜悦，隐含着分娩阵痛时的哆嗦，死亡逼近时的战栗。这器具属于大地（Erde），它在农妇的世界（Welt）里得到保存。正是由于这种保存的归属关系，器具本身才得以出现而得以自持。”[1]

海德格尔的这种天马行空式阐释之所以具有恒久魅力，根源在于艺术图像与文学语言在修辞表达与情感传达方面所具有的隐喻关联。这种关联可以在英国艺术史家贡布里希对达·芬奇手稿关于水流状态的不同语言描述与不同风格素描中得到例证。贡布里希指出，达·芬奇手稿所录为数巨多的语词与图像，都不是单纯的语言白描与直观图绘，而是加入了艺术家的情感乃至百科全书式的理性思考。正是这种情感与思考揭示了语词与图像的基本隐喻关系：语词优于图像且具有“创造种种区分与建立种种范畴的”的功用，而之所以要为图像配以丰赡的语词，目的在于“捕捉和唤起那种种转瞬即逝的现象并把它们固定于头脑之中”[2]。语词与图像由此统一于修辞学隐喻的亲缘关系中：“语言的溪流绕过障碍悠闲地蜿蜒流淌，结果一头扎入玄想沉思的深渊，在那里盘旋，久久不离，似乎被截在一个不可能存在的位置无法逃脱。突然一个新鲜的想法从深处喷涌而出，思想又起着旋涡，波澜起伏地流动起来，寻找着莱奥纳尔多关于宇宙的观点和诸元素在它的生与灭中注定要起的作用的观点的中心海洋。”[3] 语词与图像的这种亲缘关系意味着，艺术形

1〔德〕马丁·海德格尔：《林中路》，孙周兴译，商务印书馆，2017 年，第 20 页。

2〔英〕贡布里希：《文艺复兴：西方艺术的伟大时代》，李本正、范景中编选，中国美术学院出版社，2000 年，第 247—248 页。

3〔英〕贡布里希：《文艺复兴：西方艺术的伟大时代》，李本正、范景中编选，中国美术学院出版社，2000 年，第 247—248 页。

式结构的细微变化，语言语词语调的不同选择，均会造成艺术风格或语言风格的变化，引发人的感知观念与心理结构的变化，此即“风格即人格”的修辞学本义。艺术或语言风格的不同，表面上是主体性精神的不同，基底则是表达修辞的不同。正是在这个意义上，贡布里希才称修辞学是“全部风格问题的根源”[1]。

而另一位西方马克思主义学者詹明信对梵高《农鞋》所作的另外两种阐释之所以也具有合理性，也是因其巧妙利用了艺术图像与文学语言亘古的隐喻关系。

一种阐释：运用生产力与生产关系的政治经济学阐释框架重构梵高的《农鞋》，通过回置“作品产生的本来境况”，将作品理解为一种社会关系的修辞性再生产，得出“艺术创作也无非是历史境况的一种回响”的结论。“农民在这里熬过了人类最基本的生存经验、体现了劳动生活的种种辛酸；在这里，汗流浃背的劳动者，因被生产力日以继夜地不断磨炼、不断鞭策，而得终生陷入一种极端野蛮残酷、险恶可怖、最荒凉、最原始、最远离文明的边缘地域和历史境况。……在这个农民的世界里，但见精疲力竭的果树，棵棵如苍凉的老茎，从贫瘠的土壤挣扎出来；村落里，农民被生活万般地折磨，只剩下干枯瘦弱的躯壳，结果便构成一幅幅叫人啼笑皆非的基本人体形貌和骨骼的肖像图。总之，举目所见，尽是光怪陆离的农村百态。”[2] 詹明信的这种阐释，虽为一种艺术外在功用式的解读，其首要目的在于揭示绘画所反映的资本主义体制下人的感官世界破裂，但其大量图形化、风格化素描与情感性、伦理性语言所构建的修辞学隐喻张力亦不言而喻：“艺术创作者正是抱着一种乌托邦式的补偿心态，奢望艺术能为我们救赎那旧有的四散分离

1 范景中编选：《艺术与人文科学：贡布里希文选》，浙江摄影出版社，1989 年，第 86 页。

2〔美〕詹明信：《晚期资本主义的文化逻辑：詹明信批评理论文选》，陈清侨等译，生活·读书·新知三联书店，1997 年，第 434—435 页。

的感官世界。”[1]

詹明信的另一种阐释：从艺术创作的审美本体出发，分析《农鞋》如何以其独特的色彩、内容与形式，揭示“农鞋”由“实体”转化为“存在”，即艺术家如何把作品的历史境况，也即农民苦难生活的真相，通过艺术的修辞而重现，让本来不为肉眼所见的“大地”（农妇生存的大自然界与身体栖居的屋舍）和“人间”（农妇所处的历史境况与社会现实）都在图像的色彩中得以呈现。“俾农妇沉重的脚步、田间孤寂的小径、林野荒凉的茅屋以至于犁沟里、壁炉边那些残破的农具，都一一随着色彩颜料的具体凝聚而呈现眼前。”[2]这种阐释，虽未逃离海德格尔式的现象学与存在主义解读套路，但是显然也经过了阐释者的修辞化改造，为的是说明艺术本身的感性修辞对世界本质的敞开性。

以上三种阐释虽然方式各异，但都透露出一个共同修辞学隐喻指向：艺术成为美学的一部分是以自我意识或生命精神的创造性呈现为内在标志的，艺术阐释是以修辞学隐喻为基础条件的。因此，艺术包含着比被表现物更多的东西，艺术通过修辞学阐释实现了对被表现物所表现的更多东西的意义的揭示，成为一种观念精神。黑格尔《精神现象学》中“呈献果实的少女”的例子堪称是对艺术及其修辞学阐释本质的经典例证。在论及精神形式的自我演化时，黑格尔形象地指出，那些历史地流传下来的艺术作品，“是已经从树上摘下来的美丽的果实：一个友好的命运把这些艺术品传递给我们就像一个少女把那些果实呈献给我们那样。这里没有它们具体存在的真实生命，没有长有这些果实的果树，没有构成它们的实体的土壤和要素，也没有决定它们的特性的气候，更没有支配它们成长过程的一年四季的变换。同样，命运

1〔美〕詹明信：《晚期资本主义的文化逻辑：詹明信批评理论文选》，陈清侨等译，生活·读书·新知三联书店，1997年，第436页。

2〔美〕詹明信：《晚期资本主义的文化逻辑：詹明信批评理论文选》，陈清侨等译，生活·读书·新知三联书店，1997年，第437页。

把那些古代的艺术品给予我们，但却没有把它们的周围世界，没有把那些艺术品在其中开花结果的当时伦理生活的春天和夏天一并给予我们，而给予我们的只是对这种现实性的朦胧的回忆。……但是正如那个把摘了下来的水果捧出给我们的少女超过那直接生长出水果的自然界：自然的条件和因素、树木、风雨、日光等等；因为她是在一个较高方式下通过自我意识的眼光和她呈献水果的姿态把这一切予以集中的表现”[1]。黑格尔的意思是：艺术的意义需要理解者以一种更高的精神观念对其原始感性形式加以重新灌注，而那种还原艺术的原始世界或原始观念的阐释，并无益于艺术真理的发现。艺术真理就诞生于艺术作品的历史精神与现时生命的观念接通中；艺术的意义，正需要像呈献果实的姑娘那样，凭其姿态、眼神、语言等现时性的修辞学要素来重新赋予果实以意义，以便其以精神的更高的方式呈现出来。艺术意义的获得，从而便以一种高于艺术作品原本存在的更高的精神方式来完成。而艺术意义的力量，正在于它以示例的形式吁求阐释者一同进入修辞学阐释的创造性实践中——后者对于审美经验的激发乃至修辞学阐释能力的焕发都至关重要。这样，艺术作品的修辞学隐喻阐释虽始于方法，但终于实践；唯有在实践中，艺术的意义与艺术阐释的意义才能最终形成。

4. 为何阐释：修辞学的阐释学目标

如同美国阐释学者帕尔默考证所表明，长期以来，修辞学与阐释学被视为讲话与阅读的不同技艺，它们与追求真理的哲学隔若云泥，直到 19 世纪阐释学开始对理解活动本身进行反思与 20 世纪新修辞学开始（对言说）前提全面反思后，二者才真正成为走向追求真理的哲学。[2]

就修辞学与阐释学各自所秉有的目的来看，修辞学旨在增加他异性因素

1〔德〕黑格尔：《精神现象学》（下），贺麟、王玖兴译，商务印书馆，1979 年，第 231—232 页。

2〔美〕帕尔默：《解释学能给修辞学带来什么》，收入〔美〕沃尔特·约斯特、迈克尔·J. 海德编：《当代修辞学与解释学读本》，黄旺译，商务印书馆，2018 年，第 145 页。

以便使艺术作品获得超出自身的盈余意义，而阐释学旨在去除非艺术的他异性因素以便使艺术作品获得稳固意义，二者殊途分归。但从修辞学联手阐释学的意义生成路径来看，修辞学可以看成是通过解构阐释学中理解的同一性与意义的统一性，从而探究意义可能性的独特阐释技艺，即它不是按照语词或符号约定俗成的意义“知道”作品是什么，而是在特定的语境与情感导引下创新作品语词或符号意义；从而超越亚里士多德、西塞罗等古典修辞学倡言的“合宜”“得体”，与伽达默尔基于人文主义修辞学传统而概称的“机敏”，成为海德格尔阐释学意义上的“化成”（Ereignis），创生性是其典型特征。在这个过程中，修辞学的阐释学既通过鲜明的意象、规整的结构、动人的音律等形式美要素来唤起受众的情感认同，也通过作品的动与静、急与缓、虚与实、明与暗等充满张力与悖谬的语图符码来揭示作品意义。但不管是何种形式，其最终目的均在于通过对作品的理解来唤起受众的悦服与感动。

修辞学的阐释学从而不仅是理解与解释的艺术，更是创造的艺术；它所针对的不仅是艺术事实，更是艺术事实的意义及其之于人的意义。即它不是去阐明作品的意义，而是以有效的方式“唤起”理解的情绪，“激发”作品的意义，“激起”接受的效果，使阐释者与接受者都能在歆享意义的过程中，创造性地理解作品与自我。当它这样做时，它便同时有可能造就懂得作品灵魂与意义的阐释者和潜在地具有欣赏作品意义能力的受众，因为它是通过情感而通达信仰与理性的门径，或者说它在诉诸情感的同时仍葆有理性的论辩原则与判断力的审慎。从而不是按照文本的先验意图或写作目的来理解（像宗教文本或法学文本那样），也不是按照上下文来理解（像文学文本或一般性的人文主义阐释学文本那样），而是按照理解者所唤起的情感来理智地理解，或言按照阐释者对文本精心结构与巧妙言说后文本所迸发出的悦服性力量来理解。这当然不是说修辞学的阐释学耽于文本结构、言说与表达的技艺而放弃文本本身的真理性要求；恰恰相反，达到真理性的洞见，超越单一阐释学的单一意义探求，在承认中西文学阐释学路径相异的同时赋予阐释以普遍性真理与价值内涵，使阐释活动成为一种人把握世界与创新自我的基本能力，正是修辞学的阐释学终极目的。

第三节　“好的阐释”：文学阐释学作为民族性与现代性想象

在对中国古代文学阐释学的现代化阐释中，中国现当代文艺思想领域的五位杰出学者朱光潜、宗白华、钱锺书、李泽厚、成中英贡献卓越。通过对这五位学人不同阐释学思想的分析，我们大致可以管窥中国古代文学阐释学在现代化阐释过程中所体现出的民族性与现代性认同特征。

（一）朱光潜：以文艺心理学—文艺社会学为中心的文学阐释学范式

朱光潜（1897—1986）对中国古代文学阐释学的现代化阐释，是其文艺美学思想的内在组成部分。朱光潜在用西方现代美学重构中国古典美学以推进中国美学的现代化过程中，逐渐形成了自己的美学思想与美学体系。在其中，文学阐释学构成了其美学思想与美学体系的隐性方法论。1949 年后，朱光潜开始用马克思唯物主义历史观与实践论改造并修正前期思想，又逐渐形成了文艺社会学与文艺心理学交融并用的美学思想。相应地，其对中国古代文学阐释学的现代化阐释，也经历了从 1956 年之前的文学心理学阐释向 1956 年之后的文学社会学阐释与文学心理学阐释并重的方法论转变。

1. 历史阐释与美学阐释：朱光潜早期的文学阐释观

在中华人民共和国成立之前，朱光潜的文学阐释学思想，实质上是用西方现代文艺心理学阐释中国古代文学艺术的内在审美特性，并尝试用现代科学的基本范式，对文艺审美的一般问题加以客观理解的产物。

在 1936 年出版《文艺心理学》一书中，朱光潜说：

> 美学是……把文艺的创造和欣赏当作心理的事实去研究，从事实中归纳得一些可适用于文艺批评的原理。它的对象是文艺的创造和欣赏，它的观点大致是心理学的……我们可以说，“文艺心理学”是从心理学观点研究出来的“美学”。[1]

根据文艺心理学的基本观点，“美不仅在物，亦不仅在心，它在心与物的关系上面；但这种关系并不如康德和一般人所想象的，在物为刺激，在心为感受；它是心借物的形象来表现情趣。世间并没有天生自在、俯拾皆是的美，凡是美都要经过心灵的创造。……美就是情趣意象化或意象情趣化时心中所觉到的‘恰好’快感”[2]。

这种美为心物关系的意象创造理论，意味着审美的过程就是美感经验的获得过程，其对象只限于形象，其主体只限于直觉。朱光潜说：

> “美感的经验”就是直觉的经验，直觉的对象是上文所说的“形象”，所以“美感经验”可以说是“形象的直觉”。这个定义已隐寓在 aesthetic 这个名词里面。它是从康德以来美学家所公认的一条基本原则，我们现在把它详加解说。
>
> 就上文所引的美感经验实例看，无论是艺术或是自然，如果一件事物叫你觉得美，它一定能在你心眼中现出一种具体的境界，或是一幅新鲜的图画，而这种境界或图画必定在霎时中霸占住你的意识全部，使你聚精会神地欣赏它，领略它，以至于把它以外一切事物都暂时忘去。这

1 朱光潜:《朱光潜全集》第一卷，安徽教育出版社，1987 年，第 197 页。

2 朱光潜:《朱光潜全集》第一卷，安徽教育出版社，1987 年，第 346—347 页。

种经验就是形象的直觉。形象是直觉的对象，属于物；直觉是心知物的活动，属于我。在美感经验中心所以接物者只是直觉，物所以呈现于心者只是形象。心知物的活动除直觉以外，我们前已说过，还有知觉和概念。物可以呈现于心者除形象以外，还有许多与它相关的事项，如实质、成因、效用、价值等等。在美感经验中，心所以接物者只是直觉而不是知觉和概念；物所以呈现于心者是它的形象本身，而不是与它有关系的事项，如实质、成因、效用、价值等等意义。[1]

这段话虽然讲的是美感经验产生的条件与审美主体形成的条件，但从阐释学的角度看，它也指明了阐释活动中的阐释对象形成的条件。在朱光潜看来，阐释的对象是直觉性的形象或对象的美的形象，而非对象本身或对象的其他实质、成因、效用、价值等属性。处于审美活动中的审美理解，是一种理解主体直觉性的美感经验。“美感经验是一种极端的聚精会神的心理状态。全部精神都聚会在一个对象上面，所以该意象就成为一个独立自足的世界。”[2] 美感经验的结果是“物我两忘”“物我同一”，艺术作品的意义正发生于美感经验的获得过程：“观赏者在兴高采烈之际，无暇区别物我，于是我的生命和物的生命往复交流，在无意之中我以我的性格灌输到物，同时也把物的姿态吸收于我。”[3]

就文艺作品的阐释原则来说，这一时期，朱光潜一方面坚持中国古典知人论世的文学阐释观，认为要运用知人论世、文如其人等古典文学阐释的原则来理解文学艺术。在1943年结集再版的《我与文学及其他》(即原抗战前出版的《孟实文钞》)之《从我怎样学国文说起》一文中，朱光潜指出：“文

1 朱光潜:《朱光潜全集》第一卷，安徽教育出版社，1987年，第208—209页。
2 朱光潜:《朱光潜全集》第一卷，安徽教育出版社，1987年，第212页。
3 朱光潜:《朱光潜全集》第一卷，安徽教育出版社，1987年，第214页。

学是人格的流露。一个文人先须是一个人，须有学问和经验所逐渐铸就的丰富的精神生活。”[1]另一方面，他又运用现代西方心理学理论来分析文艺作品，认为只有将历史的、心理学的阐释，与美学的阐释结合起来，才能知晓文艺作品的丰富意义。在《文艺心理学》“关于美感经验的几种误解”一章中，朱光潜指出：

> 所以遇到一种艺术作品，我们应作两种疑问：第一，这件作品所表现的情感如何发生？它的动机何在？它与作者生平有何关系？作者是否受过旁人的影响？他创造这种作品时的经过如何？其次我们应问这种作品是不是艺术，它能否引起美感经验，我在欣赏它时心境起何种变化。第一类问题是历史的和心理学的，第二类问题是美学的。圣伯夫派学者只言历史，弗洛伊德学者只言心理学，所以只注意到第一类问题。克罗齐派学者只言美学，所以只注意到第二类问题。其实这两类问题都不可偏废。未了解决不足以言欣赏；只了解而不能欣赏，也只做到史学的功夫，没有走进文艺的领域。[2]

不过，就阐释原则的先后而论，历史的、心理学的原则要优先于美学的原则。在《文艺心理学》中，朱光潜首先坚持对文艺现象作历史性与心理学的阐释，因为在他看来，文艺的发生发展离不开社会历史与生活境况，“因为从历史看，伟大的艺术都是整个人生和社会的返照，来源丰富，所以意蕴深广，能引起多数人发生共鸣”[3]。文艺之所以离不开对它的历史的、心理的阐释，是因为文艺作品中沉潜了历史经验。其次，对文艺现象的阐释不能脱

1 朱光潜：《朱光潜全集》第三卷，安徽教育出版社，1987年，第448页。
2 朱光潜：《朱光潜全集》第一卷，安徽教育出版社，1987年，第278—279页。
3 朱光潜：《朱光潜全集》第一卷，安徽教育出版社，1987年，第316页。

离其基本审美属性，因为：“世间并没有天生自在、俯拾即是的美，凡是美都要经过心灵的创造。”[1] 这就要求对文艺现象的阐释，要同时辅以美学的阐释。实际上，由于美是“心灵的创造”，因此，对以美为标准的艺术作品的阐释会逻辑地要求美学阐释的优先性。我们不妨把朱光潜对于艺术作品的两种阐释原则重新表述为：美学阐释原则具有逻辑的优先性，而历史的、心理学的阐释原则具有事实的优先性，前者在朱光潜早期美学中占有更加突出的地位。在写于 1932 年的《谈美》小书论及“宇宙的人情化”中，朱光潜就明确提出：

美感经验既是人的情趣和物的姿态的往复回流，我们可以从这个前提中抽出两个结论来：

一、物的形象是人的情趣的返照。物的意蕴深浅和人的性分密切相关。深人所见于物者亦深，浅人所见于物者亦浅。比如一朵含露的花，在这个人看来只是一朵平常的花，在那个人看或以为它含泪凝愁，在另一个人看或以为它能象征人生和宇宙的妙谛。一朵花如此，一切事物也是如此。因我把自己的意蕴和情趣移于物，物才能呈现我所见到的形象。我们可以说，各人的世界都由各人的自我伸张而成。欣赏中都含有几分创造性。

二、人不但移情于物，还要吸收物的姿态于自我，还要不知不觉地模仿物的形象。所以美感经验的直接目的虽不在陶冶性情，而却有陶冶性情的功效。心里印着美的意象，常受美的意象浸润，自然也可以少存些浊念。苏东坡诗说：“宁可食无肉，不可居无竹；无肉令人瘦，无竹令人俗。”竹不过是美的形象之一种，一切美的事物都有不令人俗的功效。[2]

---

1 朱光潜：《朱光潜全集》第一卷，安徽教育出版社，1987 年，第 347 页。
2 朱光潜：《朱光潜全集》第二卷，安徽教育出版社，1987 年，第 25 页。

可见，由于文艺对象是一种“有情化的宇宙”，是人的情趣、情感照映的产物，因而对文艺的理解少不了美学阐释。

就文学作品而言，由于文学作品自身存在着“言”“意”“象”的非对称指意关系，因而文学也只能成为一种主观性的情感存在，不能成为客观自然对象。在1926年发表的《无言之美》一文中，朱光潜曾表达了这样一种看法：“言所以达意，然而意决不是完全可以言达的。因为言是固定的，有迹象的；意是瞬息万变，飘渺无踪的。言是散碎的，意是混整的。言是有限的，意是无限的。以言达意，好像用继续的虚线画实物，只能得其近似。”“所谓文学，就是以言达意的一种美术。在文学作品中，语言之先的意象，和情绪意旨所附丽的语言，都要尽美尽善，才能引起美感。”[1] 正是言、意、象的错位关系，决定了文学作品的根本属性难以用历史的、心理学的阐释方法加以理解，而必须同时辅以美学的阐释理解，文学作品的完整意义才能显现出来。这一点，在《谈美》一书论及“创造与情感”问题时业已明确：“文艺作品都必具有完整性。它是旧经验的新综合，它的精采（彩）就全在这综合上面见出。在未综合之前，意象是散漫零乱的；在既综合之后，意象是谐和整一的。这种综合的原动力就是情感。”[2]

这当然不是说文艺作品的阐释可以完全排斥对作品自身客观属性的理解，恰恰相反，对作品客观属性的分析常有矫正对作品偏颇理解的功能。《谈美》一书在讨论“考证、批评与欣赏”的区别时——“批评的态度是冷静的，不杂情感的，其实就是我们在开头时所说的‘科学的态度’；欣赏的态度则注重我的情感和物的姿态的交流。批评的态度须用反省的理解，欣赏的态度则全凭直觉。批评的态度预存有一种美丑的标准，把我放在作品之外去评判它的美丑；欣赏的态度则忌杂有任何成见，把我放在作品里面去分享

1 朱光潜：《朱光潜全集》第一卷，安徽教育出版社，1987年，第62页。
2 朱光潜：《朱光潜全集》第二卷，安徽教育出版社，1987年，第68页。

它的生命。遇到文艺作品如果始终持批评的态度，则我是我而作品是作品，我不能沉醉在作品里面，永远得不到真正的美感的经验”[1]——正突出了“考据”与“批评”在“欣赏”中的基础性地位：“考据不是欣赏，批评也不是欣赏，但是欣赏却不可无考据与批评。”[2]欣赏之所以不可以脱离考据与批评，原因在于二者可以有效防止单纯的“欣赏”所可能造成的对作品的误解。

除了考证、批评可以防止对作品的误解外，审美鉴赏中的“趣味”也可以抵抗文学阐释中的“偏见”，防止主观性审美阐释对作品意义的妄解。在1943年再版的《我与文学及其他》“谈趣味”一文中，朱光潜说：

> 趣味无争辩，但是可以修养。文艺批评不可抹视主观的私人的趣味，但是始终拘执一家之言者的趣味不足为凭。文艺自有是非标准，但是这个标准不是古典，不是“耐久”和“普及”，而是从极偏走到极不偏，能凭空俯视一切门户派别者的趣味；换句话说，文艺标准是修养出来的纯正的趣味。[3]

可见，对文艺作品，既要作主观的阐释，同时又离不开客观的阐释。这种观念，构成了朱光潜早期文学阐释的基本观念。在《我与文学及其他》之“谈读诗与趣味的培养”一文中，朱光潜就鲜明地表达了这种观点：

> 其实“主观的”和“客观的”虽各有偏向，在实际上并不冲突。诗的情趣都须从沉静中回味得来，所以主观的作品都必同时是客观的。诗也可以描写旁人的情趣，但诗人要了解旁人的情趣，必先设身处地，才

1 朱光潜：《朱光潜全集》第二卷，安徽教育出版社，1987年，第41页。
2 朱光潜：《朱光潜全集》第二卷，安徽教育出版社，1987年，第41页。
3 朱光潜：《朱光潜全集》第三卷，安徽教育出版社，1987年，第348页。

能体物入微，所以客观的亦必同时是主观的。老子说“故常无欲以观其妙，常有欲以观其徼”。无欲以观其妙，便是所谓“客观的”“不懂情感主义”，有欲以观其徼，便是所谓“主观的”。真正大诗人都要同时具有这两种本领。[1]

在 1948 年 9 月《学原》杂志发表的《诗的无限》一文中，朱光潜又从诗歌作品表达的“陈述”（字面义）与“暗示”（隐含义）的不同，和读者欣赏时“知”（客观印象）与“感”（主观理解）的不同，阐述诗歌作品意义的有限性与无限性，指出艺术形态意义上的“诗歌”与审美活动意义上的“诗歌”都是超越作品字面义与客观印象而达隐含义与主观理解的产物，从而透露出一种接受美学式的文学阐释观：“所以严格地说，诗只存在于创造与欣赏的心灵活动中。欣赏也不是被动地接受，它是再造，所以仍有几分是创造。”[2]“欣赏诗如欣赏一切其他艺术，不能纯然是被动接受，有所取即必有所与，所取者诗的言中之意，所与者自己的胸襟学问，内外凑合，才成为自己所了解的那首诗，才使诗有言外之意。”[3]由于诗歌的审美存在端赖于欣赏它的读者的创造——“一首写或印的诗，就它的文字符号而言，只是一种物质的痕迹，对于不识字的人不能算诗，对于识字而不能感到文字后面情味的人也不能算诗。一首诗对于一个人如果是诗，必须在他的心中起诗的作用，能引起他的‘知’与‘感’”[4]——因而其生命也必须随时随境而变化：“一首诗做成之后，并非一成不变，它在不断地流传与欣赏中，有随时生长的生命。”[5]而诗歌的生命的变化意味着诗歌意义的无限性敞开，加上诗歌情

1 朱光潜：《朱光潜全集》第三卷，安徽教育出版社，1987 年，第 367 页。
2 朱光潜：《朱光潜全集》第九卷，安徽教育出版社，1987 年，第 506 页。
3 朱光潜：《朱光潜全集》第九卷，安徽教育出版社，1987 年，第 507 页。
4 朱光潜：《朱光潜全集》第九卷，安徽教育出版社，1987 年，第 505—506 页。
5 朱光潜：《朱光潜全集》第九卷，安徽教育出版社，1987 年，第 507 页。

境的变化，决定了我们永远达不到与诗人对诗歌意义的“同一”或“叠合”理解一样的理解。[1]

1956 年之后，朱光潜的文学阐释学思想逐渐转向文艺社会学主导下的文学阐释观念，更加突出了文艺作品的社会物质存在属性，认为文学的意义来源于客观的社会经济状况与主观的情感思想认识的统一；同时，鉴于文艺作品始终难以脱离其审美属性，他又对自己早期以文艺心理学为核心的文学阐释学思想有选择地加以保留。

2. 文艺社会学与文艺心理学阐释：1956 年后朱光潜的文学阐释观

以 1956 年 6 月在《文艺报》发表《我的文艺思想的反动性》为标志，朱光潜开始用马克思主义唯物主义史观，对自己早期以文艺心理学为代表的文学阐释学思想进行全面反思。他说：

> 马克思列宁主义教导了我们两个互相关联的基本原则：一、文艺是现实的反映；二、文艺是一种社会现象，是社会经济基础的一种上层建筑，并且是要为这个基础服务的。所以文艺的基本问题不外是两个密切相关的问题：一、文艺如何反映社会经济基础的现实？二、它如何为这基础服务？但是唯心主义者既然把客观现实看成第二性，既然把文艺看成个人主观情感的想象的表现，所以眼里既没有客观现实，也没有社会经济基础和人民群众。他们所提出的问题——如我在《文艺心理学》第一章一开头就提出的——只是：“在美感经验中，我们的心理活动是怎样的？”问题这样提出，它有哪些含义呢？第一，文艺本质问题被狭窄化到美的问题。而美的问题又被狭窄化到主观的感觉问题，因此，整个文艺问题就被狭窄化到个人美感经验中的心理活动的问题。其次，它把

1 朱光潜：《朱光潜全集》第九卷，安徽教育出版社，1987 年，第 506 页。

连同社会在内的客观现实都完全抛开了，文艺就变成“孤立绝缘”的，纯粹是个人的主观幻想的把戏了。从此可知，这种主观唯心论式的问题其实就已包含了它的主观唯心论式的答案。[1]

上文中朱光潜通过马克思主义唯物史观而对唯心主义所作的批评，与其说是为了与其时美学界依然具有重要影响的主观唯心主义文艺观划清界限，不如说是对自己早期以克罗齐直觉观念为基础的文艺心理学方法作出全面反思。朱光潜意识到，“文艺是现实的反映”与“文艺是一种社会现象”这两大基本原则，决定了文艺阐释不能再回归单纯主观心理，而必须首先溯及其现实根柢，从社会现实与上层建筑的双重角度，超越美感经验与作者心理的逻辑优先视角来探究文艺意义。从思想关联性的角度看，这意味着朱光潜必须修正自己早期所坚持的克罗齐“艺术即直觉”美学观念，不仅在事实上，而且在逻辑上均以文艺的现实根基为首要前提，将文艺的本质置入文艺创作与文艺活动的全部现实根基中。为此，朱光潜采取了一种“调和折中”的办法：一是限制“直觉”在文艺创作中的根本性作用，扩展文艺创作活动中其他现实因素之于文艺创作的重要影响。在《我的文艺思想的反动性》一文中，朱光潜就谨慎地将“直觉活动只限于创造或欣赏白热化的那一刹那”，并扩展艺术活动的范围，因为“艺术活动并不只限于那一刹那，在那一刹那的前或后，抽象的思维，道德政治等等的考虑，以及与对象有关的种种联想都还是可以对艺术发生影响的”[2]。二是放大并扩展其早期使用的“客观”概念，同时限制其早期使用的“主观”概念内涵。朱光潜早期使用的“客观”概念，主要指审美对象呈现于审美主体的感性情状；而此时所使用的“客观”概念，则是指唯物主义意义上事物的客观存在与客观现象。早期所使用

1 朱光潜：《朱光潜全集》第五卷，安徽教育出版社，1989 年，第 17 页。
2 朱光潜：《朱光潜全集》第五卷，安徽教育出版社，1989 年，第 20 页。

的“主观”概念，主要是指审美主体的审美心胸、审美心理；而这一时期“主观”概念则主要限定在唯心主义意义的主观认识与主观理解意涵。

这也说明，1956年之后朱光潜对自己文艺美学基本观念的调整，并不意味着朱光潜前后期的思想发生了一个质的转变；而只能说，他为了在唯物主义历史观与实践观基础上调和唯物主义反映论与主观心理主义的对立，并为自己早年坚持的直觉主义心理学找到部分合理依据，不得不以“美的本质”问题讨论为契机，全面反思并总结了其时文艺领域的唯物主义与唯心主义论争，提出了美的本质在于“主客观统一”的全新论断，为“主客观相统一”的文学阐释观奠定了本体与实践基础。具体来讲：

第一，他从反对蔡仪的“美在客观”说入手，提出了“美是主客观统一”的美的本质观，认为必须用辩证发展的历史观与审美观来评判文艺价值，而不能持守一种静止的“美的绝对标准”。在1956年12月25日发表于《人民日报》的《美学怎样才能既是唯物的又是辩证的——评蔡仪同志的美学观点》一文中，朱光潜指出：

> 发展的观点就不容许有这么一个美的终点指标，发展的观点要求不但美感有进展，而且美也有进展，有无穷的进展；因此，发展的观点就不容许美有一个亘古常存、有放皆准的标准。当然，我们要承认现实主义的基本原则：艺术须反映现实。不过这里所说的“现实”应该包括自然物的客观情况与审美人的主观情况两方面。这两种情况都随着社会发展而发展着。所以“艺术反映现实”这个基本原则的现实内容也是随着社会发展而发展的，说一部艺术作品忠于现实，也只能是指忠于一定历史条件下的现实。我们不能根据对于社会主义时代现实的认识，去衡量奴隶社会时代艺术家们是否忠于这个社会主义时代的现实，而判定他们的作品美与不美。这样做，就是反历史主义。不同历史条件下的人民对

> 于美往往有不同的要求，有不同的标准，此以为美的彼或以为不美。如某一历史条件下的人民发现一件事物达到了他们的美的要求，符合了他们的美的标准，他们就说这事物美，我想这是理所当然的。他们应该有这种权利。如果依蔡仪同志的理论，说他们的美感还没有达到美的绝对标准，美就要成为神话中夸父所追的太阳了。依发展的观点看，不但美感是发展的，美是发展的，美的标准也是发展的。这三者的发展是互相联带的。蔡仪同志的美却是反发展观点的。[1]

坚持“发展的”美的标准，反对非历史的、静止的美的标准，会逻辑地推出“美是客观性与主观性统一的”结论。在1957年8月发表于《哲学研究》第四期《论美是客观与主观的统一》一文中，朱光潜将这一逻辑判断重新表述为:“美既有客观性，也有主观性；既有自然性，也有社会性；不过这里客观性与主观性是统一的，自然性与社会性也是统一的。”[2]将“社会性”与“自然性”对举，既体现出朱光潜要用“主观性”概念来弥补“客观性”与“主观性”对举时表意的不足，也体现出他对早期使用的“主观性”概念内涵的全新认识。正是基于这种认识的转变，在1960年6月发表于《新建设》的《美学的新观点不能是“主观和客观相分裂”的观点——答蔡仪同志》中，朱光潜针对蔡仪对自己的质疑，坚持用“主客观统一”的唯物主义辩证法来分析美与艺术，认为“对立统一的唯物辩证的道理也适用于人对现实世界的意识形态的反映，也适用于人对现实世界的艺术掌握或审美的关系。就其反映社会基础来说，艺术作为一种意识形态，必然有它在现实世界的客观基础；就其透过主观意识来说，艺术也必然有它的主观的一方面。艺术既如此，它的属性之一的美，也就必然如此。这就是我所理解的主观与客

1 朱光潜:《朱光潜全集》第五卷，安徽教育出版社，1989年，第49—50页。
2 朱光潜:《朱光潜全集》第五卷，安徽教育出版社，1989年，第54—55页。

观的统一”。“意识形态随社会基础转变，所以文艺标准乃至美的标准也要随社会基础转变，没有什么普遍永恒的标准或纯粹客观主义的标准（亦即蔡仪同志所标榜的那种形式主义的标准）。”[1]

第二，从文艺活动的现实发生过程来论证“美是主客观的统一”的理论，从而将文艺作品意义的来源这一文学阐释学基本问题置于文艺活动的现实发生过程当中。其基本论证是：

其一，从文艺创作的角度看，文艺既有感觉素材的反映论因素，又有独特的形象思维特征，因而我们需要从意识形态与创造性劳动两个方面来理解艺术的意义。在《论美是客观与主观的统一》中，朱光潜指出，“我根据艺术是意识形态和艺术是生产劳动两个马克思主义关于文艺的基本原则，强调了意识形态和创造性的劳动在这个阶段的作用，以及社会意识形态式的反映和一般感觉和科学上的反映有本质的分别”[2]。在此基础上，他又特别强调了具有创造性的“形象思维”在文艺活动过程中的重要性，矫正人们对文艺创作活动本身的理解。在1961年2月23日发表于《光明日报》的《狄德罗对于艺术与自然的看法》一文中，朱光潜借用狄德罗的观点，对“形象思维”作了诠解：

> 在《论戏剧体诗》里，他（狄德罗。——引者注）替“想象”下了一个很精确的定义：“从某一假定现象出发，把一系列的形象，按照它们在自然中必然有的前后联系，思索出来，这就是根据假设进行推理，也就是想象。”这个定义之所以是精确的，因为关于文艺，从主观活动方面来看，最基本的问题是形象思维与抽象思维的统一；从客观现实方面来看，最基本的问题是个别形象与普遍性的统一，狄德罗在这个

1 朱光潜：《朱光潜全集》第十卷，安徽教育出版社，1993年，第220页。
2 朱光潜：《朱光潜全集》第五卷，安徽教育出版社，1989年，第77页。

> 定义里把形象思维的逻辑性以及个别形象的内在必然性与普遍性都揭示出来了。因为艺术要揭示事物的内在逻辑，所以比起记载事实的历史更逼真。[1]

此后在 1962 年 7 月 16 日发表于《光明日报》的《美感问题》一文中所言：“一切美都必须表现在内容与形式的统一以及理性与感性的统一上。”[2] 这句话，实际上仍然是对美感活动中“形象思维”特性的认识。在 20 世纪 70 年代末期撰写的《谈美书简》系列中，他再次明确强调了区别于科学抽象思维的形象思维概念，认为：“思维分为两个步骤：第一步是掌握具体事物的形象，如色、声、嗅、味、触之类感官所接触到的形式和运动都在头脑里产生一种映象。这是原始的感性认识，有种种名称，例如感觉、映象、观念或表象。把从感性认识所得来的各种映象加以整理和安排，来达到一定的目的，这就叫作形象思维。把许多感性形象加以分析和综合，求出每类事物的概念、原理或规律，这是从感性认识飞跃到理性认识，这种思维就是抽象思维或逻辑思维。”[3] 正是由于形象思维不同于抽象思想的特性，因而“形象思维就是想象”[4]，有想象就有创造，因而文艺作品阐释离不开作品的创造性因素。

其二，从文艺欣赏与文艺接受的角度看，“美是客观方面某些事物、性质和形状适合主观方面意识形态，可以交融在一起而成为一个完整形象的那种特质。这个定义实际上已包含内容与形式的统一在内：物的形象反映了现实或是表现了思想情感”[5]。也就是说，从文艺欣赏与文艺接受的角度说，美的欣赏、美的接受与美的本质是二而一的问题，它们都具有创造性，并同时

1 朱光潜:《朱光潜全集》第十卷，安徽教育出版社，1993 年，第 271 页。
2 朱光潜:《朱光潜全集》第十卷，安徽教育出版社，1993 年，第 361—362 页。
3 朱光潜:《朱光潜全集》第五卷，安徽教育出版社，1989 年，第 289 页。
4 朱光潜:《朱光潜全集》第五卷，安徽教育出版社，1989 年，第 291 页。
5 朱光潜:《朱光潜全集》第五卷，安徽教育出版社，1989 年，第 79 页。

发生，彼此只有逻辑的先后，而无事实的先后。在发表于 1950 年 1 月《文艺报》的《关于美感问题》一文中，朱光潜就将“美感”重新定义为“聚精会神去观照一个对象时的感觉”，将美感发生的条件溯及处于一定阶级状况的阶级个人：“说阶级性有决定性，道理就在某一阶级‘人’对于某种‘对象’有接受的条件，有聚精会神的可能。这里所谓‘条件’包括政治道德等观点和教育，天资以及艺术修养等等即整个人生在内。”[1] 在写于 1961 年 1 月的《莱辛的〈拉奥孔〉》一文中，朱光潜也指出：“读任何一部古典著作，我们要经常想到两个问题：第一，这部著作对作者本人的时代有什么意义？其次，它对我们现在还有什么意义？”[2] 这意味着，作品的接受包含了理解者的积极创造：“文艺不但在创作方面而且在欣赏方面都要有创造性和主观能动性，不是被动地抄袭自然或是被动地接受作品。”[3]

在文艺欣赏与文艺接受中的这种创造，不仅有赖于欣赏者与接受者的政治道德观点、个人教育、天资及艺术修养等要素，还端赖于欣赏者与接受者的移情与具身体验，后者对文艺作品的美与美感及其意义的发生同样起到了积极的作用。在 1957 年 1 月写给青年的《怎样学习中国古典诗词》一文中，朱光潜指出：

> 凡是诗词都是用有音乐性的语言，刻划出一个完整的具体的形象或境界（可能是景，可能是事，也可能是景与事融合在一起），传达出一种情致。读一首诗词就要抓住它的具体形象和情致。要做到这一点，单像读散文故事那样一眼看过去，还不济事。诗词往往是“言有尽而意无穷”的，须加以反复回味，设身处境地体验，才可以逐渐浸润到它的深

---

1 朱光潜：《朱光潜全集》第十卷，安徽教育出版社，1993 年，第 5 页。
2 朱光潜：《朱光潜全集》第十卷，安徽教育出版社，1993 年，第 244 页。
3 朱光潜：《朱光潜全集》第十卷，安徽教育出版社，1993 年，第 248 页。

> 微地方，领略到它的情感。诗词的情致是和它的有音乐性的语言分不开的，要抓住情致，必须抓住语言的音乐性（例如节奏的高低长短快慢，音色的明暗等等）。语言的音乐性在默读中见不出来，必须朗读，而且反复地朗读，有时低声吟哦，有时高声歌唱。比如读一首歌（例如《歌唱我们的祖国》），只像作报告式地读是不行的，必须拖着嗓子唱出它的调子来，才能领会到它里面的情感。诗词和我们唱的歌只有一点不同：歌有一定的调子，而多数诗词或是本有一定的调子而现在已经失传，或是根本没有一定的调子。读者只能凭自己体会到的情感，在反复吟诵中把它摸索出来，这也并不是很难的事，时时注意到吟诵的节奏和色调要符合诗的情调就行了。在这过程中读者会发现他原来所体会的那点情感还是浮面的，反复吟诵会使他逐渐进入深微的地方。[1]

回味、体验、朗读、吟诵等具身性理解与体验，对于文艺作品意义的创造与领会及美感的产生有着积极的作用。“艺术活动（包括形象思维在内）就必须发动和发展艺术家自己的和听众的全副意识、意志情感的力量和全身力量，做到马克思论生产劳动时所说的‘从劳动中感到运用身体和精神两方面各种力量的乐趣’。这样才不会对美、美感和形象思维之类范畴发生像过去那样片面孤立因而仍是抽象的观念。”[2]

其三，从文艺创作、欣赏、接受、阐释的客观社会条件来看，文艺的美感与意义的诞生需要一定的客观社会条件。在发表于1958年4月《新建设》的《“见物不见人”的美学——再答洪毅然先生》中，朱光潜指出，要了解艺术和审美活动，须要把握四种相关性因素：“一、作为有生物机能的有机体的人（生理基础）；二、作为有历史传统和社会意识形态的社会人（社会

1 朱光潜：《朱光潜全集》第十卷，安徽教育出版社，1993年，第61—62页。

2 朱光潜：《朱光潜全集》第五卷，安徽教育出版社，1989年，第480页。

基础）；三、作为单纯物质及其运动的自然事物（自然的自然性）；四、作为具有社会意义和功用的自然事物（自然的社会学）。”[1] 在1962年1月12日为《光明日报》撰写的《怎样理解艺术形式的相对独立性》一文中，朱光潜将这种从文艺创作、文艺欣赏、文艺本体等文艺内外要素来理解文艺的方法总结为一种关于美的本质的辩证观念：“艺术不但是内容与形式的辩证的统一，而且是内容与形式经过辩证发展后的提高。形式与内容的问题是艺术的基本问题，因而也是美学的基本问题。”[2]

通过上述三个角度的论证，朱光潜就发展了自己关于美的本质的“主客观统一”理论，并将这一理论贯穿于其后期关于美与艺术思考的全部问题当中。在1983年3月于香港讲学期间，他在香港电台接受香港中文大学英文系郑树森博士的访谈，重温了中华人民共和国成立后围绕美的本质问题展开的大讨论，重申了自己“美是主客观的统一”的马克思主义实践论观点：

> 五十年代的美学辩论是在当时三派美学家之中进行的。（一）机械唯物论；（二）纯粹唯心论和我所代表的主客观辩证统一论之间进行的，长达二三十年之久，涉及面广到专家学者和一些青年学生乃至工人无所不包，我是以孑然一身和左右两方面的论敌单枪匹马作战的。基本问题不外三种：①美是纯主观的；②美是纯客观的，还是纯主观的；③美不是纯主观的，也不是纯客观的，而是主客观的辩证统一，我坚持这种看法，因为美离不开审美的人，因为文艺反映的是自然，而自然不仅包括客观世界，也包括人。当时攻击我的都说我反对马克思主义，因此我晚年认真研究了马克思主义，仔细按马克思经典著作原文，发现译文有严重的错误，加上受到斯大林时代在日丹诺夫影响之下对马克思主义的歪

1　朱光潜：《朱光潜全集》第五卷，安徽教育出版社，1989年，第129页。
2　朱光潜：《朱光潜全集》第十卷，安徽教育出版社，1993年，第328页。

曲，因而单纯的客观反映论取得唯物独尊的地位，我根据《费尔巴哈论纲》《资本论》和《巴黎手稿》以及恩格斯的《从猿到人》等马克思主义经典著作，证明了马克思主义不但不否定人的主观因素，而且以人道主义为最高理想，自然科学和社会科学终于要统一成为“人学”，因此我力闯片面反映论，强调实践论，高呼要冲破人性论、人道主义、人情味、共同美感之类禁区。我高兴地向香港朋友们说，我的斗争已日渐赢得多数论者的同情，我对主客观统一的观点不但没有修改，而且日益加强了。[1]

从阐释学的角度看，朱光潜的上述从文艺活动的主客观要素与现实发生过程来论证“美的本质”问题之所以重要，原因在于它同时也构成了对文艺意义的来源问题的回答。根据朱光潜，必须从回答美的本质问题入手，必须将美的本质的问题作为文艺意义的知识学依据，才能找到美与艺术问题的真正钥匙。“美的问题之所以重要，因为对于美的看法就是文艺批评的根据。要承认美有客观标准，真正的文艺批评才有可能，否则就势必流于全凭主观印象，成为所谓‘印象主义’的批评。”[2]

第三，从文艺的现实根基来阐释文艺活动中的审美关系与实践本质，从而将文艺意义的最终来源归于文艺活动中的审美关系与现实实践。

在朱光潜看来，文艺欣赏与文艺阐释要具有历史性意识，要从时代性的背景与时代性主体生活来揭示文艺的意义与价值。在1956年11月24日为《光明日报》撰写的《新诗从旧诗能学习得些什么》一文中，朱光潜指出：

每个时代的好的文艺都是反映每个时代的现实生活。……现实生活

1 朱光潜:《朱光潜全集》第十卷，安徽教育出版社，1993年，第648—649页。
2 朱光潜:《朱光潜全集》第五卷，安徽教育出版社，1989年，第28页。

总是客观地存在着，文艺的功夫在于把它反映出来。有人会把它反映得好，有人不会，其中的关键在于对现实生活的体验，而体验是要凭诗人的整个的人生观与世界观，整个系统的思想情感，并整个的人格的。在这种客观世界与主观世界的统一中，诗才见出它的深度与广度，也才见出它的真实性。流传下来的成功的中国旧诗总是经得起拿这个深广与真实的标准来衡量的，诗人所写的总是他体验得很深刻的东西，渗透了他的思想感情，形成他的生活中紧要的不可分割的一部分。中国旧诗人的看法是：诗人的修养首先是人的修养，人的修养没有到家，修词便不能“立其诚”，这就是说，不可能真实地反映现实。[1]

在1960年4月发表于《新建设》的《生产劳动与人对世界的艺术把握——马克思主义美学的实践观点》一文中，他以“茶壶”设喻，运用马克思主义唯物主义历史观与实践观，从认识与实践双重角度来理解文艺问题：“这就是把茶壶摆在社会历史发展过程和具体历史条件的大轮廓里去看，不仅把它看作单纯的认识的对象，尤其重要的是把它看作实践的对象，而认识也不是孤立的，也是要与实践过程联系起来的。这样看来，美就不是孤立物的静止面的一种属性，而是人在生产实践过程中既改变世界又从而改变自己的一种结果。发现事物美是人对世界的一种关系，即审美的关系。”[2]“实践的观点就是唯物辩证观点，它要求把艺术摆在人类文化发展史的大轮廓里去看，要求把艺术看作人改造自然，也改造自己的这种生产实践活动中的一个必然的组成部分。”[3]也正是在该文中，朱光潜尝试将黑格尔的美学阐释学观念，巧妙地置换为马克思主义的实践阐释学观念：

1 朱光潜：《朱光潜全集》第十卷，安徽教育出版社，1993年，第49—50页。
2 朱光潜：《朱光潜全集》第十卷，安徽教育出版社，1993年，第190页。
3 朱光潜：《朱光潜全集》第十卷，安徽教育出版社，1993年，第213页。

对美学特别有意义的是人“在自己所创造的世界里观照自己”这句话。这正是“用艺术方式掌握世界”，说明了劳动创造正是一种艺术创造。无论是劳动创造，还是艺术创造，基本原则都只有一个：“自然的人化”或“人的本质力量的对象化”。基本的感受也只有一个：认识到对象是自己的“作品”，体现了人作为社会人的本质，见出了人的“本质力量”。因而感到喜悦和快慰。马克思把这种“在自己所创造的世界里观照自己”时的情感活动叫作“欣赏”，在著作中屡次提到它。这“欣赏”正是我们一般人所说的“美感”。从马克思主义的时间观点看，“美感”起于劳动生产中的喜悦，起于人从自己的产品中看出自己的本质力量的那种喜悦。劳动生产是人对世界的实践精神的掌握，同时也就是人对世界的艺术的掌握。在劳动生产中人对世界建立了实践的关系，同时也就建立了人对世界的审美的关系。一切创造性的劳动（包括物质生产与艺术创造）都可以使人起美感。人对世界的艺术掌握是从劳动生产开始的。[1]

通过上述分析可以看出，当进入20世纪60年代后，朱光潜就已学会熟练地运用马克思主义关于文艺的基本概念，特别是辩证唯物主义的“主观”与“客观”、“自然”与“社会”以及“实践”等概念，来替换其前期“心”与“物”、“情”与“景”等带有中国古代文学阐释学意味的概念，以此表明自己的马克思主义文学阐释学立场。在1980年出版的个人晚年论作集《美学拾穗集》中，朱光潜重申了文艺理解与阐释的社会性因素，提出“……要理解一个民族在一定时代的美学思想，就须对当时社会情况和文艺作品有些感性认识，决不应把文艺思想和当时社会实况与文艺实践割裂开来。美学虽

1 朱光潜：《朱光潜全集》第十卷，安徽教育出版社，1993年，第196—197页。

然号称研究美的科学，但只研究美学而不研究社会背景和文艺创作的实况，就决不可能搞通美学，那就会成为不懂文艺作品的文艺理论家或空头美学家”[1]。从而，对任何文艺作品的理解与阐释，无论从本体根基上还是现实活动上，均须溯及“主观与客观的统一”这一美的理念与现实形态。

总之，正是通过对“美是主客观的统一”的“美的本质”问题讨论，朱光潜才在后期逐渐形成了自己的马克思主义美学实践观与文艺阐释观，成为中国当代文学阐释学史上运用马克思主义美学与文艺阐释观念来统合中国古代文学阐释学观念与西方文学阐释学观念，并形成系统性的中国现代文学阐释学思想的第一人。

（二）宗白华：内容与形式相统一的诗学阐释学范式

宗白华（1897—1986）对中国古代文学阐释学思想的现代化阐释，主要表现在其立于中西思想的交汇点而对美与艺术本体及意义问题的探讨上。[2]与众多同期活跃在中国现代与当代文艺思想战线的知识分子一样，宗白华的诗学阐释学思想也经历了中华人民共和国成立前与成立后的明显转变。在成立前，宗白华坚持一种诗学意义的意境本体论；1949 年后，他接受马克思主义的熏陶与改造，同时吸收中西方关于美与艺术问题的公共性观念，坚持从作家、作品与读者多元视角，在内容与形式相统一的意义上探究文艺的意义。

1. 早期意境本体的诗学阐释观

文艺的意义有其时代基础，这是处于早期新文化运动浪潮中的宗白华，与众多文艺青年一样所坚持的普遍阐释学观点。在宗白华看来，文艺是时

1 朱光潜：《朱光潜全集》第五卷，安徽教育出版社，1989 年，第 351 页。

2 本部分主要内容，曾以武文宇、谷鹏飞署名形式发表。参阅武文宇、谷鹏飞：《论宗白华的文艺阐释学思想》，《西北大学学报》（哲学社会科学版）2022 年第 5 期。

代的产物，文艺的意义当从时代精神中去寻觅。在发表于1920年《时事新报·学灯》杂志《新文学底源泉》一文中，宗白华提出：“文学是时代的背景。新时代必有新文学。社会生活变动了，思想潮流迁易了，文学的形式与内容必将表现新式的色彩，以代表时代的精神。”[1]“我以为文学底实际，本是人类精神生活中流露喷射出的一种艺术工具，用以反映人类精神生命中真实的活动状态。简单言之，文学自体就是人类精神生命中一段的实现，用以表写世界人生全部的精神生命。所以诗人底文艺，当以诗人个性中真实的精神生命为出发点，以宇宙全部的精神生命为总对象。文学的实现，就是一个精神生活的实现。文学的内容，就是以一种精神生活为内容。”[2]宗白华的结论是：“中国新文学底源泉，就是新文学家所创造修养的新精神生活底内容。”[3]

文艺的意义也是作家主观创造的产物。在发表于1920年《时事新报·学灯》杂志《美学与艺术略谈》一文中，宗白华在承认文艺意义的客观性同时，强调了文艺意义的主观来源：“艺术就是艺术家底理想情感底具体化、客观化，所谓自己表现（Self-expression）。”[4]在1921年《少年中国》杂志刊发的《艺术生活》一文中，宗白华更是用西方心理学的移情说解读美与艺术的源泉，将艺术意义的发生归于审美主体与审美对象的同情同感过程：“美感的动机，起于同感。我们读一首诗，如不能设身处地，直感那诗中的境界，则不能了解那首诗的美。我们看一幅画，如不能神游其中，如历其境，则不能了解这幅画的美。”[5]这说明，文艺的意义并不客观存在于对象，它需要主体的同情与发现。在发表于1926至1928年关于“艺术学”的系列演讲中，宗白华就提出了文艺的意义虽由作者所创造，但唯有通过欣赏者的

1 宗白华：《宗白华全集》（第一卷），林同华主编，安徽教育出版社，2008年，第171页。
2 宗白华：《宗白华全集》（第一卷），林同华主编，安徽教育出版社，2008年，第172页。
3 宗白华：《宗白华全集》（第一卷），林同华主编，安徽教育出版社，2008年，第173页。
4 宗白华：《宗白华全集》（第一卷），林同华主编，安徽教育出版社，2008年，第189页。
5 宗白华：《宗白华全集》（第一卷），林同华主编，安徽教育出版社，2008年，第317页。

发现，其生命才能表现出来的观点：“艺术品为作者之表现个性、意境，给予欣赏者一种生命、境界。故作者方面与欣赏方面并占重要。”[1]艺术的欣赏过程，不仅是移情与同情体验的过程，更是一个意义的创造过程。“艺术的欣赏乃积极的工作，非消极的领受，乃创造意境，以符合作者心中的意境。故欣赏者则须以能了解作者的意境为根本条件。”[2]

基于20世纪20年代关于文艺意义的客观与主观来源的论述，宗白华于1930年代后，逐渐形成一种关于艺术意义的融通理论：文艺的意义源于作品内在的结构与精神。在1934年《创作与批评》杂志刊发的《略谈艺术的“价值结构”》一文中，宗白华提出艺术价值的三层次理论，认为艺术的意义就潜藏在艺术的“抽象的价值”“形式的价值”“启示的价值”的价值结构里，[3]因为正是这一价值结构，使我们获得了对艺术的真、美、善的意义启示。同年发表于《文艺丛刊》的《论中西画法的渊源与基础》一文，又将文艺的意义归于作品生命最深层的内涵：“所以美与美术的特点是在‘形式’、在‘节奏’，而它所表现的是生命的内核，是生命内部最深的动，是至动而有条理的生命情调。”[4]作品的生命，源于作品与世界异质同构所呈现的共相世界，表现为主观生命与客观自然融合而生的意境。意境，从而成为作品意义的本体存在与表现形式。在1943年3月《时事潮文艺》创刊号发表的《中国艺术意境之诞生》一文中，宗白华提出：意境是“一切艺术的中心之中心”，“意境是造化与心源的合一。就粗浅方面说，就是客观的自然景象和主观的生命情调的交融渗化”。[5]“艺术意境的诞生，归根结底，在于人的性灵中。”“这微妙的境地不是机械的学习和探试可以获得，而是在一切天机的培

1 宗白华：《宗白华全集》（第一卷），林同华主编，安徽教育出版社，2008年，第549页。
2 宗白华：《宗白华全集》（第一卷），林同华主编，安徽教育出版社，2008年，第551页。
3 宗白华：《宗白华全集》（第二卷），林同华主编，安徽教育出版社，2008年，第69—70页。
4 宗白华：《宗白华全集》（第二卷），林同华主编，安徽教育出版社，2008年，第98页。
5 宗白华：《宗白华全集》（第二卷），林同华主编，安徽教育出版社，2008年，第326—327页。

养，在活泼泼的天机飞跃而又凝神寂照的体验中突然涌现出来的。”[1] 在 1944 年《哲学评论》刊发的《中国艺术意境之诞生（增订稿）》一文中也说：“意境是‘情’与‘景’（意象）的结晶品”，“艺术境界主于美”；通过艺术境界，可以“窥见自我的最深心灵”。[2]“艺术的境界，既使心灵和宇宙净化，又使心灵和宇宙深化，使人在超脱的胸襟里体味到宇宙的深境。”[3] 1947 年《观察》杂志发表的《略论文艺与象征》又对如何进入意境作出阐释：“就是说艺术的意境要和吾人具相当距离，迷离惝恍，构成独立自足、刊落凡近的美的意象，才能象征那难以言传的深心里的情和境。”[4] 通过对意境本体与意境发生问题的逐层论述，意境就成了文艺意义的本体，文艺的意义就超越凿实的现实表征而指向形而上的凝神观照与寂然默会。

总之，1949 年之前的宗白华文艺阐释学思想，坚持由文艺所体现的时代精神入手，通过对作品所体现时代精神的同情体察与作品所承载情景结构的观照来体味作品的意境。作品的意义正深潜于作品的意境里。从阐释学的角度看，宗白华在作相关问题阐述时，置心平易，悬置前见，运用遮诠法，巧妙区分文艺意义的“诠不出”与“不诠出”，从而使其阐释学呈现出一种无心偶会而体合为一的境界。

2. 形式与内容相统一的诗学阐释观

1949 年之后，宗白华的美学思想由艺术本体学逐渐转向艺术社会学；与之相应，其阐释学思想也逐渐由意境本体转向内容与形式相统一的社会本体。在 1957 年发表于《新建设》的《美从何处寻》一文中，宗白华就将“诗”与“春”的意义既归于美的大千世界，又归于主体自身：“诗和春都是美的化身，一是艺术的美，一是自然的美。我们都是从目观耳听的世界里寻

1 宗白华：《宗白华全集》（第二卷），林同华主编，安徽教育出版社，2008 年，第 329 页。
2 宗白华：《宗白华全集》（第二卷），林同华主编，安徽教育出版社，2008 年，第 358 页。
3 宗白华：《宗白华全集》（第二卷），林同华主编，安徽教育出版社，2008 年，第 373 页。
4 宗白华：《宗白华全集》（第二卷），林同华主编，安徽教育出版社，2008 年，第 408 页。

得她的踪迹”[1]，“美的踪迹要到自然、人生、社会的具体形象里去找”[2]；同时，提醒我们不能忽略审美主体内心的陶冶与修养在美的发现与意义探求过程中的重要意义，因为“专在心内搜寻是达不到美的踪迹的”，“心得修养和锻炼是替美的发见和体验作准备”[3]。

艺术美既来源于外在客观的大千世界，又来源于艺术家心灵与情感的个性表现，艺术的意义自然也要在此中追寻。在《美从何处寻》一文中，宗白华从文艺创作的角度指出：“只有莎士比亚或巴尔扎克把它（美）形象化了，表现在文艺里，或是你自己手之舞之、足之蹈之，把你的欢乐表现在舞蹈的形象里，或把你的忧郁歌咏在有节奏的诗歌里，甚至于在你的平日的行动里，语言里，一句话说来，就是你的心要具体地表现在形象里，那时旁人会看见你的心灵的美，你自己也才真正地切实地具体地发现你的心里的美。”[4]又说：“我们的感情是要经过一番洗涤，克服了小己的私欲和厉害计较。矿石商人仅看到矿石的货币价值，而看不见矿石的美和特性。我们要把整个情绪和思想改造一下，移动了方向，才能面对美的形象，把美如实地和深入地反映到心里来。再把它放射出去，凭借物质创造形象给表达出来，才成为艺术。”[5]从文艺创作的结果或作品意义的来源角度看，“形象不是形式，而是形式和内容的统一，形式中每一个点、线、色、形、音、韵，都是表现着内容的意义、情感、价值”[6]。美的形象，由于综合了艺术形式与内容，包含了客观的艺术形式要素与主观的艺术情感内容，因而成为艺术意义的直接载体。

显然，在1949年后，伴随着马克思主义在意识形态领域指导地位的正式确立，宗白华在1949年前所持有的情景交融型的意境本体观念，正逐渐

1 宗白华：《宗白华全集》（第三卷），林同华主编，安徽教育出版社，2008年，第267页。
2 宗白华：《宗白华全集》（第三卷），林同华主编，安徽教育出版社，2008年，第271页。
3 宗白华：《宗白华全集》（第三卷），林同华主编，安徽教育出版社，2008年，第271页。
4 宗白华：《宗白华全集》（第三卷），林同华主编，安徽教育出版社，2008年，第268页。
5 宗白华：《宗白华全集》（第三卷），林同华主编，安徽教育出版社，2008年，第269页。
6 宗白华：《宗白华全集》（第三卷），林同华主编，安徽教育出版社，2008年，第270页。

转变为一种唯物主义的美学阐释观念。在《美从何处寻》一文的结尾处，宗白华移用马克思唯物主义哲学语式概括了自己的唯物主义美学阐释观念：“所以我们要回转头来说，我们现实生活里直接经验到，不以我们的意志为转移的、丰富多彩的、有声有色有形有相的世界就是真实存在的世界，这是我们生活和创造的园地。所以马克思很欣赏近代唯物论的第一个创始者培根的著作里所说的物质以其感觉的诗意的光辉向着整个的人微笑（见《神圣家族》），而不满意霍布士的唯物论里‘感觉失去了它的光辉而变为几何学家的抽象感觉，唯物论变成了厌世论’。在这里物的感性的质、光、色、声、热等不是物质所固有的了，光、色、声中的美更成了主观的东西，于是世界成了灰白色的骸骨，机械的死的过程。恩格斯也主张我们的思想要像面镜子，如实地反映这多彩的世界。美是存在着的！世界是美的，生活是美的。”[1]

由于多种原因，在艺术意义的来源问题上，宗白华有时甚至走得更远，一度滑向了客观唯物主义乃至机械论的美学观。在与高尔泰的主观论美学论争中，宗白华提出了“美在客观性”的独异性判断。在发表于《新建设》1957 年第 3 期《读〈论美〉后一些疑问》一文中，他反对高尔泰的“美在主观”说：

作者（指高尔泰。——引者注）说：“有没有客观的美呢？我的回答是否定的：客观的美并不存在。”我说，当我们欣赏一个美的对象的时候，譬如我们说“这朵花是美的”，这话的含义是肯定了这朵花具有美的特性和价值，和它具有红的颜色一样。这是对于一个客观事物的判断，并不是对于我的主观感觉或主观感情的判断。这判断表白了一个客观存在的事实。当我听说某一个歌舞场面很美时，我会不惜辛苦去排队

1 宗白华：《宗白华全集》（第三卷），林同华主编，安徽教育出版社，2008 年，第 273 页。

几小时，花了钱买票，目的是要去亲眼看见那客观存在的美的对象，这个客观存在的美的对象丰富了我的心灵，充实了我的生活，我把这个新获得的，原来我没有的东西——这次的美的认识——带回家来，可以夸耀于那些没有看到这歌舞的朋友，这美的对象对于我这鉴赏美的主观心灵是百分之百的客观事实，不以我的意志为转移，我要忘了自己才能充分占有它，否则我也不会费力费钱去获得它了（这个美可以让无数的人同时占有，不像一块面包，这是它的特点）。[1]

科学家（心理学家）先肯定了美的对象客观存在的事实，然后研究这美的对象被人们接受吸收时客观的和主观的条件，分析这“美的对象”的内容和结构（如和谐等），然后“美学”才建立了起来。如果没有客观存在着美，人们做梦也不想研究美学，国家也不能提倡美育，设立美术馆。提供美育就是培养人民对客观存在着的美的对象能够接受和正确地认识，像科学那样培养我们对自然和社会的真理有正确的认识。

至于人们欣赏美的事物时须具备着主观方面的心理条件，如感性认识、理性认识，想象力的活动和情绪活动，甚至于在看戏时还要带望远镜，这就同人们对物理现象做科学研究时也要具备着主观方面的心理条件，如感性认识、理性认识，想象力，情绪活动须收敛些，而求知意志须坚强些，有时也用显微镜望远镜等器械，但人们不能因此就说“物理现象”就是“感觉的复合”、“心理的过程”（马赫曾有此谬论，已被列宁据理驳斥掉了）。[2]

从后见之明来看，宗白华与高尔泰如上关于美的来源的争论，实际上已不单是关于美的知识学争论，它多少夹杂了一些意识形态的前置立场。也许

1 宗白华：《宗白华全集》（第三卷），林同华主编，安徽教育出版社，2008 年，第 275 页。
2 宗白华：《宗白华全集》（第三卷），林同华主编，安徽教育出版社，2008 年，第 276 页。

正是由于这种前置立场，妨碍了宗白华得出关于美的来源与艺术意义来源的正确答案；也许是由于对马克思辩证唯物主义与实践观缺乏全面理解，使他得出了一些类似于机械唯物主义美学观的片面结论。

这当然不是说宗白华在此后走向了一条机械唯物主义的美学道路。实际上，就在20世纪50年代中晚期后的一些其他美学研究中，他已不时表现出对美与艺术意义来源问题的辩证理解，甚至为了对机械唯物论进行反思，不惜矫枉过正，走向与客观论美学及阐释学的另一极端。在写于1960—1961年间的《建筑美学札记》一文中，他就透露出美表现个体心灵、艺术的意义在于个体心灵的主观性阐释的观念：“中国的毛笔及水墨，与西洋炭笔、油笔之差异，已决定和协助中国人的艺术倾向于‘表现自己’，流动不拘，活泼有生气。……气韵生动！”[1]“用笔中锋，为直接表达生命，透入骨肉，墨溢而为肉的线条，与西洋不同。因而书法成为艺术！”[2]对美在客观与美在主观的辩证思考，使他在20世纪60年代后对自己在20世纪50年代的美学观与阐释观进行了全面的矫正与反思。

在发表于1961年第5期《文艺报》的《中国艺术表现里的虚与实》一文中，宗白华借用荀子《乐论》中的“不全不粹不足以谓之美”判语指出：“艺术既要极丰富地全面地表现生活和自然，又要提炼地去粗存精，提高、集中，更典型、更具普遍性地表现生活和自然。”[3]这一判语矫正了客观论与主观论的偏颇，将艺术的意义归于“全”与“粹”、“虚”与“实”的辩证统一关系：

由于“粹”，由于去粗存精，艺术表现里有了“虚”，“洗尽尘滓，

1 宗白华:《宗白华全集》(第三卷)，林同华主编，安徽教育出版社，2008年，第380页。
2 宗白华:《宗白华全集》(第三卷)，林同华主编，安徽教育出版社，2008年，第381页。
3 宗白华:《宗白华全集》(第三卷)，林同华主编，安徽教育出版社，2008年，第386页。

独存孤迥”（恽南田语）。由于“全”，才能做到孟子所说的“充实之谓美，充实而有光辉之谓大”。“虚”和“实”辩证的统一，才能完成艺术的表现，形成艺术的美。

然而只讲“全”而不顾“粹”，这就是我们现在所说的自然主义；只讲“粹”而不能反映“全”，那又容易走上抽象的形式主义的道路；既粹且全，才能在艺术表现里做到真正的“典型化”，全和粹要辩证地结合、统一，才能谓之美，正如荀子在两千年前所正确地指出的。[1]

艺术意义的“全”与“粹”、“虚”与“实”辩证统一关系表明，艺术的意义不仅在于客观内容，也在于主观形式，只有二者的统一，才能创造出完美的艺术。在参加1961年11月由《光明日报》编辑部主办的“艺术形式美”座谈会上，宗白华总结说：“艺术品能够感动人，不但依靠新内容，也要依靠新形式……真正的艺术家是想通过完美的形式感动人，自然要有内容，要有饱满的情感，还要有思想。艺术的魅力是无穷无尽的，然而艺术家不是赤裸裸地表达，而是让人探索无穷，几百年以后还有影响。讲来讲去，一句话：在艺术创作中要有形式的创造，所谓形象就是内容和形式。”[2]

正因为艺术形式中蕴藏着艺术家的情感与思想，并通过与艺术内容的勾连而表现为美的艺术形象，艺术才能呈现出丰富的意义：

形式美没有固定的格式，这是一种创造。同一题材可以出现不同的作品，以形式给题材新的意义，又表现了作者人格个性。哪怕是旧题材。例如歌德的《浮士德》，故事本身不仅流传久远，英国作家马洛也早就写过，但歌德写起来就面貌一新；莎士比亚的许多作品也是这样。

1 宗白华:《宗白华全集》（第三卷），林同华主编，安徽教育出版社，2008年，第386页。
2 宗白华:《宗白华全集》（第三卷），林同华主编，安徽教育出版社，2008年，第399页。

《浮士德》、《红楼梦》的思想境界可以有不同的体会和解释。陶渊明的诗，历代诗人对他的评价和领会就不同，同一作品，年轻时和年老时体会就不同，我年轻时看王羲之的字，觉得很漂亮，但理解很肤浅，现在看来就不同，觉得很有骨力，幽深无际，而且体会到他表现了魏晋时代文人萧（潇）洒的风度。这些“秘密”都是依靠形式美来表达的。云冈、龙门石窟艺术的境界很深，我们的认识和古人不一样，但是我们尽可以有新的体会。这一切都是内容和形式完美结合所创造的形象的魅力。形象可以造成无穷的艺术魅力，可以给人以无穷的体会，探索不尽，又不是神秘莫测不可理解。音乐也是这样。音乐的语言如果可以翻译成为逻辑语言的话，音乐就没有存在的必要了。这就是形式美的“秘密”和奥妙所在。[1]

在 1963 年为北京大学哲学系与中文系高年级学生开设的中国美学史讲座讲稿《中国美学史中重要问题的初步探索》中，宗白华先生重申了他的这一思想：艺术的形式美要与思想内容统一起来，不能单从形式美追寻艺术的意义，艺术中包蕴着人类对真善美的追求。“在艺术中，要着重表现自己的思想，自己的人格，而不是追求文字的雕琢。”[2]“艺术的装饰性，是艺术中美的部分。但艺术不仅满足美的要求，而且满足思想的要求，要能从艺术中认识社会生活、社会阶级斗争和社会发展规律。艺术品中本来有这两个部分：思想性和艺术性。真、善、美，这是统一的要求。片面强调美，就走向唯美主义；片面强调真，就走向自然主义。”[3]艺术的意义因而正表现在人类对真善美的追求上，从而欣赏、理解并阐释艺术作品中所包蕴的真善美意义，便

1 宗白华：《宗白华全集》（第三卷），林同华主编，安徽教育出版社，2008 年，第 400 页。
2 宗白华：《宗白华全集》（第三卷），林同华主编，安徽教育出版社，2008 年，第 451 页。
3 宗白华：《宗白华全集》（第三卷），林同华主编，安徽教育出版社，2008 年，第 453—454 页。

成了宗白华阐释学的根本目标。

进入20世纪80年代，随着时代生活的剧变，宗白华的文艺阐释学思想更加突出了接受主体的积极作用，认为艺术的意义离不开欣赏者的接受。在写于1983年9月10日的《我和艺术》一文中，宗白华提出了带有接受美学意味的观点：“在我看来，美学就是一种欣赏。美学，一方面讲创造，一方面讲欣赏。创造和欣赏是相通的。创造是为了给别人欣赏，起码是为了自己欣赏。欣赏也是一种创造，没有创造，就无法欣赏。”[1]

总之，后期宗白华对中国古代文学阐释学思想的现代化阐释，虽然一度徘徊于主观论与客观论之间，但随着他对马克思辩证唯物主义观念与中西方美学内在精神相通性的认识日益加深，他转而坚持了一种较为辩证的内容与形式相统一阐释理论，从而为文艺意义的来源找到了较为科学的答案，也为中国古代文学阐释学的现代化阐释找到了一条恰切的道路。

（三）钱锺书：以循环阐释为方法的心—理阐释学范式

钱锺书（1910—1998）对中国古代文学阐释学的现代化阐释，主要表现在其《管锥编》对中国传统《周易正义》《毛诗正义》《左传正义》《史记会注考证》《老子王弼注》《列子张湛注》《焦氏易林》《楚辞洪兴祖注》《太平广记》《全上古三代秦汉三国六朝文》等10部经典的注释中。该注释范围涵盖了“经”“史”“子”“集”各部，其中属于现代纯“文学”的典籍有《毛诗正义》《楚辞洪兴祖注》《太平广记》《全上古三代秦汉三国六朝文》，以及归于现代历史学的《左传正义》《史记会注考证》典籍。在对这些典籍的阐释中，钱锺书形成了自己的文学阐释学原则（“心同理通”），提出了创新性的文学阐释学方法（“循环阐释”法），并将文学阐释学视为理解文学

---

1 宗白华：《宗白华全集》（第三卷），林同华主编，安徽教育出版社，2008年，第614页。

本质与此在人生的根本途径。由于这种文学阐释学在阐释理念、原则对象、方法等诸多方面构成了对中国古代文学阐释学的系统整体性承继，并体现出与西方文学阐释学的互鉴、互释与互补关系，因而成为中国古代文学阐释学走向现代化的根本方法津途。

1. 心同理同：钱锺书的文学阐释学原则

钱锺书对中国古代文学阐释学的现代化阐释以“心同理通”为基本原则。“心同理通”一词源系《周易·系辞下》所载“天下何思何虑？天下同归而殊途，一致而百虑”语义。[1] 为了详释“心同理通”，钱锺书援引众多史籍，如《史记·自序》论六家要旨，班固《幽通赋》“道混成而自然兮，术同原而分流”，陆象山《杂说》“千万世之前有圣人出焉，同此心，同此理也；千万世之后，有圣人出焉，同此心，同此理也；东、南、西、北海有圣人出焉，同此心，同此理也”，《淮南子·修务训》“若夫水之用舟，沙之用鸠，泥之用輴，山之用蔂，夏渎而冬陂，因高为田，因下为池，此非吾所谓为之。圣人之从事也，殊体而合于理，其所由异路而同归”，《列子·汤问》篇“九土所资，或农或商，或田或渔，如冬裘夏葛，水舟陆车，默而得之，性而成之”，以及斯宾诺莎、维柯等人的心理学阐释理论。他训释“心同理通”语义如下：“心之同然，本乎理之当然，而理之当然，本乎物之必然，亦即合乎物之本然也。”[2]

钱氏的这种训释，从阐释学角度看，是一种推己及物、反向外求的心理主义阐释，它以向外发现自然宇宙为终极根基，以向内探及人心惟微为本体依据，追求一种“比同”意义上的心理主义阐释，亦即一种古与今循环往复、人与己同情体察的心理主义阐释。在《管锥编·全晋文卷一六一》篇中，钱锺书曾引清钱谦益借晋慧远与陶潜之忠孝而自明衷曲的话，来说明这

1　高亨：《周易大传今注》，齐鲁书社，1998 年，第 221 页。
2　钱锺书：《管锥编》（一）上卷，生活·读书·新知三联书店，2001 年，第 96—97 页。

种原则：“盖后来者尚论前人往事，辄远取而近思，自本身之阅历着眼，于切己之情景会心，旷代相知，高举有契。”又引《鬼谷子·反应》篇的“以反求覆”之道来详解其辩证蕴含：“‘反以观往，覆以验来；反以知古，覆以知今；反以知彼，覆以知己。……故知之始，己自知而后知人也’；理可以推之读史。”[1]

心理学的循环阐释原则之所以重要，原因在于钱锺书认为，语言的意义与情感的起伏具有先天关联。《管锥编》“全三国文卷一〇”在训“哀”为“恩怜”而拒“爱”“悲戚”“爱好”义时就说：“盖情感之浑而至尽（sharp focus），悲异于爱，爱不即同于怜，甚至曰：‘哀而不伤’，哀且复判别差等。《邓析子·转辞篇》：‘在己为哀，在他为悲；在己为乐，在他为喜；在己为嗔，在他为怒；在己为愁，在他为忧’；则情感之动于中与形于外、觉于我与见于人，尚名称有别，姑舍是也可。情感之明而未融（soft focus），则悲与爱若怜可为无町畦，共性通名，皆‘哀’之族，甚至曰：‘欢乐极兮哀情多’，哀与乐且复胡越肝胆。训诂之游移乎？情绪之错综耳。殊情有贯通之绪，故同字涵分歧之义。语言之含糊浮泛（vagueness of expression，imprecision），每亦本情事之晦昧杂糅；兹含糊浮泛也，只其所以为亲切直白（expression of vagueness, exactitude）也欤。……朴学家明诏大号：‘既通其词，始求其心’，……主张诚是也。然复求心始得通词，会意方可知言，譬文武之道，并物而错，兼途而用，未许偏废尔。”[2] 不难看出，钱锺书这里所标举的“通词而求心”“求心以通词”之心理学阐释原则，是一种类同于狄尔泰的心理阐释与生命阐释原则，有其先天的心理与情感基础。

《管锥编》所提出的心理学阐释原则并非单纯假经设宜，而是有其内在的心理学与存在论基础。在初版于1948年的《谈艺录》中，钱锺书就表明

1 钱锺书：《管锥编》（四），生活·读书·新知三联书店，2001年，第94页。
2 钱锺书：《管锥编》（三），生活·读书·新知三联书店，2001年，第340—341页。

了自己的心理学阐释立场：“东海西海，心理攸同；南学北学，道术未裂。虽宣尼书不过拔提河，每同《七音略序》所慨；而西来意即名‘东土法’，堪譬《借根方说》之言。非作调人，稍通骑驿。”[1]而《管锥编》在承续这一立场的同时，又将其诉诸发生学根据：“心同理同，正缘物同理同。……思辨之当然（Laws of thought），出于事物之必然（Laws of things），物格知至，斯所以百虑一致、殊途同归耳。斯宾诺莎论思想之伦次、系连与事物之伦次、系连相符（ordo et connexio idearum idem est, ac ordo et connexio rerum），维果言思想之伦次当依随事物之伦次（L’ordine dell’idee dee procedere secondo l’ordine delle cose），皆言心之同然，本乎理之当然，而理之当然，本乎物之必然，亦即合乎物之本然也。”[2]

在《谈艺录》“黄山谷诗补注附”之“补订”中，钱锺书也说：“既貌同而心异，复理一而事分。故必辨察而不拘泥，会通而不混淆，庶乎可以考镜群言矣。”[3]同样，在《谈艺录》中论及古人论文时他说：“夫典分内外，而斯道则如程子说地舆所谓‘无处非中’；人有白黑，而此心则如阳明讲良知所谓‘其色正赤’。”[4]钱锺书这里所承认中西文学的心同理同，不是要冥合二者为一，而是要承认它们的差异。在写于1933年的《中国文学小史序论》中，钱锺书就谨识到：“吾国文学，体制繁多，界律精严，分茅设蕝，各自为政。《书》云：‘词尚体要’。得体与失体之辨，甚深微妙，间不容发，有待默悟。”因此，“谈艺者固当沿流溯源，要不可执着根本之同，而忽略枝叶之异”[5]。对于西方文学，由于其“传习既尔”，所以，“作史者断不可执西方文学之门类，卤莽灭裂，强为比附”。盖因中西文学概念与门类不同，因此

1 钱锺书：《谈艺录》（补订重排本）下，生活·读书·新知三联书店，2001年，“序”第1页。
2 钱锺书：《管锥编》（一）上卷，生活·读书·新知三联书店，2001年，第97页。
3 钱锺书：《谈艺录》（补订重排本）上，生活·读书·新知三联书店，2001年，第64页。
4 钱锺书：《谈艺录》（补订重排本）下，生活·读书·新知三联书店，2001年，第602页。
5 钱锺书：《写在人生边上·写在人生边上的边上·石语》，生活·读书·新知三联书店，2002年，第94页。

在作对比阐释时应格外注意分殊问题：“西方所谓 Poetry，非即吾国之诗；所谓 drama，非即吾国之曲；所谓 prose，非即吾国之文；苟本诸《揅经室三集·文言说》、《揅经室续集·文韵说》之义，则吾国昔者之所谓文，正西方之 verse 耳。文学随国风民俗而殊，须各还其本来面目，削足适履，以求统定于一尊，斯无谓矣。”[1]

心理学的阐释原则之所以重要，原因还在于人之心理共同性的经验事实存在。《管锥编》“全晋文卷一六一”篇“释慧远《答桓玄书》”时，就指出钱谦益通过“发明慧远‘心事’”，来实现“托古喻今，借浇块垒，自明衷曲也”的旨义：“慧远书晋纪元，陶潜不书宋年号，‘悠悠千载’，至钱氏而始‘比同’，此无他，生世多忧，望古遥集，云萍偶遇，针芥易亲。盖后来者尚论前人往事，辄远取而近思，自本身之阅历着眼，于切己之情景会心，旷代相知，高举有契。”[2] 今人之所以可以通过“心同理通”阐释原则理解古人，原因在于阐释者与作者因相近的人生际遇而形成了大致相同的心理，后者正是文本阐释的经验基础。

2. 循环阐释法：钱锺书的文学阐释学方法

钱锺书对中国古代文学阐释学的现代化阐释使用的是一种文本内部、文本外部以及文本内外部循环阐释的阐释学方法。

其一，文本内部的循环阐释。

钱锺书认为，在文本内部，文本阐释遵循“字—句—篇—章”的循环阐释逻辑。在《管锥编》“隐公元年”篇，他拈示出“朴学”由“字”得“义”的训诂方法，并作了由“义”解“字”的循环修正：

> 乾嘉“朴学”教人，必知字之诂，而后识句之意，识句之意，而

1 钱锺书：《写在人生边上·写在人生边上的边上·石语》，生活·读书·新知三联书店，2002年，第95页。
2 钱锺书：《管锥编》（四），生活·读书·新知三联书店，2001年，第93—94页。

后通全篇之义，进而窥全书之指。虽然，是特一边耳，亦衹初桄耳。复须解全篇之义乃至全书之指（“志”），庶得以定某句之意（“词”），解全句之意，庶得以定某字之诂（“文”）；或并须晓会作者立言之宗尚、当时流行之文风，以及修词异宜之著述体裁，方概知全篇或全书之指归。积小以明大，而又举大以贯小；推末以至本，而又探本以穷末；交互往复，庶几乎义解圆足而免于偏枯，所谓“阐释之循环”（der hemeneutische Zirkel）者是矣。[1]

这是钱氏对乾嘉学者戴东原解经方法的概述。戴氏在《与是仲明论学书》中曾说：“经之至者，道也。所以明道者，其词也。所以成词者，字也。由字以通其词，由词以通其道。必有渐。”[2] 在《沈学子文集序》中也说：“凡学始乎离词，中乎辨言，终乎闻道。”[3] 戴氏将“字”“词”“言”“道”的逻辑语义关联作为阐释的方法论，提出文本阐释中由语言文字上升至义理之道的形上等级阐释法。而钱锺书则援引《鬼谷子·反应》篇“以反求覆”的素朴辩证法，与戴震《毛诗补传》“词”“志”互通阐释观念，对文本阐释中内部意义关系做出重新梳证：

《鬼谷子·反应》篇不云乎：“以反求覆？”正如自省可以忖人，而观人亦资自知；鉴古足佐明今，而察今亦裨识古；鸟之两翼、剪之双刃，缺一孤行，未见其可。戴震《东原集》卷九《与是仲明论学书》：“经之至者，道也；所以明道者，其词也；所以成词者，字也。由字以通其词，由词以通其道，必有渐”，又卷一〇《〈古经解钩沉〉序》：“经

1 钱锺书：《管锥编》（一）下卷，生活·读书·新知三联书店，2001 年，第 327—328 页。
2（清）戴震：《戴震全书》第陆册，杨应芹等主编，黄山书社，2010 年，第 368 页。
3（清）戴震：《戴震全书》第陆册，杨应芹等主编，黄山书社，2010 年，第 391 页。

之至者，道也。所以明道者，其词也。所以成词者，未有能外小学文字者也。由文字以通乎语言，由语言以通乎古圣贤之心志，譬之适堂坛之必循其阶而不腊等。”[1]

然《东原集》卷一〇《〈毛诗补传〉序》：“余私谓《诗》之词不可知矣，得其志则可以通乎其词。作《诗》者之志愈不可知矣，断以‘思无邪’之一言，则可以通乎其志。”是《诗》破“古经”之例，不得由“文字语言”求“通”其“志”，如所谓“循阶”以升堂入室；须别据《论语》一言，以“蔽”全书之“志”，反而求“文字语言”之可“通”，毋乃类梁上君子之一跃而下乎！一卷之中，前篇谓解“文”通“志”，后篇谓得“志”通“文”，各堕边际，方凿圆枘。顾戴氏能分见两边，特以未通观一体，遂致自语相违。若师法戴氏、前邪后许之徒，东面不识西墙，南向未闻北方，犹锤折臂之新丰翁、偏枯臂之杜陵老，尚不办左右手矛盾自攻也。《华严经·初发心菩萨功德品》第一七之一曰：“一切解即是一解，一解即是一切解故。”其语初非为读书诵诗而发，然解会赏析之道所谓“阐释之循环”者，固亦不能外于是矣。[2]

在钱锺书看来，文本内部的阐释基于训诂学，亦离不开修辞学，否则可能产生讹误。《管锥编》“鲁仲连邹阳列传”篇就提出，训诂不足于解义，尚需辅以修辞理解。他对清代学者郝懿行在《晋宋书故·宁馨》中对沈约修订《宋书·前废帝纪》的批评进行反批评。沈约在《宋书·前废帝纪》中，将关键情感语词“宁馨”前加“如此”副词而作“如此宁馨”，使原句成为“太后怒，语侍者：‘将刀来剖我腹，那得生如此宁馨儿！’”郝氏认为这是沈约“不得其解，妄有增加，翻为重复”，而钱锺书则认为这是郝氏“知训

1 钱锺书：《管锥编》（一）下卷，生活·读书·新知三联书店，2001年，第329页。
2 钱锺书：《管锥编》（一）下卷，生活·读书·新知三联书店，2001年，第329—330页。

诂而未解词令”。实际上，沈约增加“如此”二字，是为修辞学需要，意在“稠迭其词，以表郑重”，而非窜改文义：“亦正累叠同义之词以增重语气，犹白话小说中之言‘如此这般’，或今语‘这种这样的人真是少见少有’。”[1]

其次，文本内部的训诂除了必要的修辞学限制外，还需注意“一字多义”之背出或歧出分训，要遵循语言阐释的辩证法：“心理事理，错综交纠：如冰炭相憎、胶漆相爱者，如珠玉辉映、笙磬和谐者，如鸡兔共笼、牛骥同槽者，盖无不有。赅众理而约为一字，并行或歧出之分训得以同时合训焉，使不倍者交协、相反者互成，如前所举‘易’、‘诗’、‘论’、‘王’等字之三、四、五义，黑格尔用‘奥伏赫变’之二义，是也。”[2]

最后，在训诂过程中，遵循文本自身的语义应是把握语言辩证法的关键。在《管锥编》之《毛诗正义》“狡童”篇中，钱锺书提出：“诗必取足于己，空诸依傍而词意相宣，庶几斐然成章；苟参之作者自陈，考之他人载笔，尚确有本事而寓微旨，则匹似名锦添花，宝器盛食，弥增佳致而滋美味。芜词庸响，语意不贯，而借口寄托遥深、关系重大，名之诗史，尊以诗教，毋乃类国家不克自立而依借外力以存济者乎？尽舍诗中所言而别求诗外之物，不屑眉睫之间而上穷碧落、下及黄泉，以冀弋获，此可以考史，可以说教，然而非谈艺之当务也。其在考史、说教，则如由指而见月也，方且笑谈艺之拘执本文，如指测以为尽海也，而不自知类西谚嘲犬之逐影而亡骨也。”[3]

其二，文本外部的循环阐释。

在文本外部，遵循“事物—知识—天地—人生”的循环阐释逻辑，先求“分殊”，再得“理一”，先“上贯”知识，再“下通”事理。但无论是知识、事理，还是人情，都应既“察其异而辨之”，又“观其同而通之”，从

1 钱锺书：《管锥编》（一）下卷，生活·读书·新知三联书店，2001年，第602页。
2 钱锺书：《管锥编》（一）上卷，生活·读书·新知三联书店，2001年，第4页。
3 钱锺书：《管锥编》（一）上卷，生活·读书·新知三联书店，2001年，第218—219页。

而实现事、理、情的圆融统一。

按照钱锺书，在文本外部的阐释学循环中，需要在文本与作者、文本与时代、文本与其他相近学科之间互释，实现通观圆览、共味交攻的阐释效果。具体来说：

一是在文本与作者互释方面，需要坚持孟子“知人论世”的传统阐释观念。《谈艺录》“陶渊明显晦”篇说：“不知其人之世，不究其书之全，专恃斟勘异文，安足以论定古人。”[1] 即，言要论其文，先要知其人。当然，与作者“之世”相比，文本意义似更为可靠。《谈艺录》“摘曹史句”篇指出：“论诗与子才一致同归，而作诗异趣分途，为子才所‘不慊’。谈艺不可凭闭宗明义之空言，亦必察裁文匠笔之实事……”[2] 言外之意，当文本意义与作者意图相乖违时，可凭借文本修辞以断其真义：“盖必精于修词，方足‘立诚’，非谓诚立之后，修词遂精，舍修词而外，何由窥作者之诚伪乎？且自文艺鉴赏之观点论之，言之与物，融合不分；言即是物，表即是里；舍言求物，物非故物。”[3] 当然，在这个过程中，由于语言修辞难以完全为作者所左右，因而作者意图也常常并不等同于作品意图：“同一意也，以两种作法写之，则读者所得印象，迥然不同。”[4] 加上心与物各有其性，这就使得心物并不时时配称。《管锥编》九则“列子张湛注”之“汤问”篇说：“盖心有志而物有性，造艺者强物以从心志，而亦必降心以就物性。自心言之，则发乎心者得乎手，出于手者形于物；而自物言之，则手以顺物，心以应手。一艺之成，内与心符，而复外与物契，匠心能运，而复因物得宜。心与手一气同根，犹或乖睽，况与外物乎？心物之每相失相左，无足怪也。”[5]

1 钱锺书：《谈艺录》（补订重排本）上卷，生活・读书・新知三联书店，2001 年，第 265 页。
2 钱锺书：《谈艺录》（补订重排本）下卷，生活・读书・新知三联书店，2001 年，第 728—729 页。
3 钱锺书：《写在人生边上・写在人生边上的边上・石语》，生活・读书・新知三联书店，2002 年，第 105 页。
4 钱锺书：《写在人生边上・写在人生边上的边上・石语》，生活・读书・新知三联书店，2002 年，第 105 页。
5 钱锺书：《管锥编》（二）上卷，生活・读书・新知三联书店，2001 年，第 175 页。

虽然文本意义并不直接源于作者，但文本却是观察作者的一面镜子。《谈艺录》之“文如其人”篇辩解说：“见于文者，往往为与我周旋之我；见于行事者，往往为随众俯仰之我。皆真我也。身心言动，可为平行各面，如明珠舍利，随转异色，无所谓此真彼伪；亦可为表里两层，如胡桃泥笋，去壳乃能得肉。古人多持后说，余则愿标前论。是以有自讳自污之士，有原心原迹之谈。”[1] 也就是说，我们可以赞同“文如其人”，但不能赞同“文本诸人”，因为二者存有阐释视角之不同：“‘文如其人’，乃读者由文以知人；‘文本诸人’，乃作者取诸己以成文。若人之在文中，不必肖其处世上、居众中也。罗马 Seneca（塞尼卡。——引者）尝云：‘如此生涯，即亦如此文词’，则庶几‘文如其人’之旨矣。”[2]

这样，对于文本意义而言，重要的就是语言修辞的艺术化表达，亦即“修辞（词）立诚”：“所谓‘不为无病呻吟’者即‘修词立诚’（sincerity）之说也，窃以为惟其能无病呻吟，呻吟而能使读者信以为有病，方为文艺之佳作耳。文艺上之所谓‘病’，非可以诊断得；作者之真有病与否，读者无从知也，亦取决于呻吟之似有病与否而已。故文艺之不足以取信于人者，非必作者之无病也，实由其不善于呻吟；非必‘诚’而后能使人信也，能使人信，则为‘诚’矣。”[3]

正是凭借修辞学的襄助，钱锺书反对“诗无达诂”的阐释学理解，认为宋人那种“作者未必然，读者何必不然”的“参活句”法，是一种“赋诗断章”的自由主义解释，不逮文本真义。在《谈艺录》“补订”篇，他指出：“诗之‘义’不显露（inexplicit），故非到眼即晓、出指能拈；顾诗之义亦不游移（not indeterminate），故非随人异解、逐事更端。诗‘故’非一见便

---

1 钱锺书：《谈艺录》（补订重排本）下卷，生活·读书·新知三联书店，2001 年，第 502 页。
2 钱锺书：《谈艺录》（补订重排本）下卷，生活·读书·新知三联书店，2001 年，第 503—504 页。
3 钱锺书：《写在人生边上·写在人生边上的边上·石语》，生活·读书·新知三联书店，2002年，第105页。

能豁露畅‘通’，必索乎隐；复非各说均可迁就变‘通’，必主于一。既通（dis-closure）正解，余解杜绝（closure）。”[1] 正确的态度是，在尊重作者与作品原义基础上，适当“引而申之，以竟厥绪”。之所以可以这样做，原因在于：“古人立言，往往于言中应有之义，蕴而不发，发而不尽。康德评柏拉图倡理念，至谓：作者于己所言，每自知不透；他人参稽汇通，知之胜其自知，可为之钩玄抉微。谈艺者亦足以发也。”[2] 也就是说，古人文本之义已经蕴含在文本里，只是由于其“蕴而不发，发而不尽”，因而才需要阐释者“参稽汇通”，以使文本之义澄明。

如何做到对文本之义的“参稽汇通”？方法有二：一要排除“理障”“事障”而作“遍见”。在考释历史上对曹丕《典论》的义解时，钱锺书指出：“《荀》曰‘周道’，《经》曰‘圆觉’，与《典论》之标‘备善’，比物此志，皆以戒拘守一隅、一偏、一边、一体之弊。歌德称谈艺者之‘见’曰：‘能入，能遍，能透’（die Einsicht, Umsicht und Durchsicht）；遍则不偏，透则无障，入而能出，庶几免乎见之为蔽矣。”[3] 二要讲求“文德”。在《管锥编》“全北齐文卷二”考释“文德”，钱锺书将荀子所提倡的“不动乎众人之非誉，不冶观者之耳目，不赂贵者之权势，不利传僻者之辞”立场，视为阐释的道德态度，提出：“一切义理、考据，发为‘文’章，莫不判有‘德’、无‘德’。寡闻匿陋而架空为高，成见恐破而诡辩护前，阿世哗众而曲学违心，均‘文’之不‘德’、败‘德’；巧偷豪夺、粗作大卖、弄虚造伪之类，更郐下无讥尔。黑格尔教生徒屡口：‘治学必先有真理之勇气’（der Mut der Wahrheit）；每叹兹言，堪笺‘文德’。穷理尽事，引绳披根，逢怒不恤，改过勿惮，庶可语于真理之勇、文章之德已。苟达心而懦，则不违心而罔者几

1 钱锺书：《谈艺录》（补订重排本）下卷，生活·读书·新知三联书店，2001 年，第 839 页。
2 钱锺书：《谈艺录》（补订重排本）上卷，生活·读书·新知三联书店，2001 年，第 50 页。
3 钱锺书：《管锥编》（三），生活·读书·新知三联书店，2001 年，第 333 页。

希。”[1]在钱锺书看来，通过“遍见”的“知识学”途径与“文德”的“工夫论”途径，文本阐释就可以实现“道问学”与“尊德性”、“体”与“用”的统一。个中缘由，在于：“知识学途径是通过向外的‘道问学’来扩大视野，见出偏见；工夫论途径则是通过向内的‘尊德性’而提升存在境界，转化偏见。因此，在最终的结果上二者是可以相通的，都走向一种圆融圆通的存在方式与阐释态度。”[2]

二是在文本与其所处时代的互释方面，钱锺书认为文本的阐释不能“昧于风气”。《七缀集》“中国诗与中国画”篇提出：“风气是创作里的潜势力，是作品的背景，而从作品本身不一定看得清楚。我们阅读当时人所信奉的理论，看他们对具体作品的褒贬好恶，树立什么标准，提出什么要求，就容易了解作者周遭的风气究竟是怎么一回事，好比从飞沙、麦浪、波纹里看出了风的姿态。”[3]时代既包括时代性的文学传统，还包括时代性的语言风气。《七缀集》“中国诗与中国画”篇也指出：“一个社会、一个时代各有语言天地，各行各业以至一家一户也都有它的语言田地，所谓‘此中人语’。譬如乡亲叙旧、老友谈往、两口子讲体己、同业公议、专家讨论等等，圈外人或外行人听来，往往不甚了了。缘故是：在这种谈话里，不仅有术语、私房话以至‘黑话’，而且由于同伙们相知深切，还隐伏着许多中世纪经院哲学所谓彼此不言而喻的‘假定’（Suppositio），旁人难于意会。释株宏《竹窗随笔》论禅宗问答：‘譬之二同邑人，千里久别，忽然邂逅，相对作乡语隐语，旁人听之，无义无味。’这其实是生活中的平常情况，只是‘听之无义无味’的程度随人随事不同。批评家对旧传统或风气不很认识，就可能‘说外行话’，曲解附会。”[4]文本语义因而受制于时代性的文学传统与语言风气，后者构成

1 钱锺书：《管锥编》（四），生活·读书·新知三联书店，2001 年，第 502—503 页。
2 李清良：《熊十力陈寅恪钱锺书阐释思想研究》，中华书局，2007 年，第 176 页。
3 钱锺书：《七缀集》，生活·读书·新知三联书店，2002 年，第 2 页。
4 钱锺书：《七缀集》，生活·读书·新知三联书店，2002 年，第 4 页。

了文本阐释的前提，这正如伽达默尔所指出，“时间距离并不是某种必须克服的东西。这种看法其实是历史主义的幼稚假定，即我们必须置身于时代的精神中，我们应当以它的概念和观念，而不是以我们自己的概念和观念来进行思考，从而能够确保历史的客观性。事实上，重要的问题在于把时间距离看成是理解的一种积极的创造性的可能性。时间距离不是一个张着大口的鸿沟，而是由习俗和传统的连续性所填满，正是由于这种连续性，一切流传物才向我们呈现了出来”[1]。

文本意义受制于文本的时代背景，但时代背景不必然就是文本意义的来源。在《写在人生边上的边上》中，钱锺书格外强调了文学文本意义来源于文本自身，而非文本背后的单一现实。在他看来，文学真实不同于现实真实。“文艺取材有虚实之分，而无真妄之别”；文艺作品则有“真妄”之分，无“虚实”之别。文学作品之“真妄”，不能由其源出的文学材料来鉴别，而只能由文学作品自身来判定。“使取决于文艺自身，则所言之真妄，须视言之美恶为断，不得复如充所云，以言之美恶取决于所言之真妄。”[2]

正是基于如上认识，在阐释时代性的“前见”问题上，钱锺书一方面强调阐释“应具了解之同情”，对文本做基于文本时代内容的还原解读。在发表于 1932 年《大公报》的《休谟的哲学》一文时，钱锺书说：“莱尔德教授提到近人对休谟的问题有什么解决的时候，从来没有露出后来居上，今是昨非的态度。在‘一切价值都重新估定’的中国，这一点颇可取法。假使一个古代思想家值得我们的研究，我们应当尊敬他为他的时代的先驱者，而不宜奚落他为我们的时代的落伍者，换句话讲，我们应当看他怎样赶在他同时人之先，而不应当怪他落在我们之后，古人不作，逝者如斯，打死老虎够得上什么好汉？”[3] 在《宋诗选注・序》里，他也认为了解当时的历史对于理解诗

1〔德〕伽达默尔：《诠释学 I：真理与方法》（上卷），洪汉鼎译，上海译文出版社，1999 年，第 381 页。
2 钱锺书：《写在人生边上・写在人生边上的边上・石语》，生活・读书・新知三联书店，2002 年，第 104 页。
3 钱锺书：《写在人生边上・写在人生边上的边上・石语》，生活・读书・新知三联书店，2002 年，第 258 页。

歌具有一定的参考价值：“作品在作者所处的历史环境里产生，在他生活的现实里生根立脚。”[1]在《管锥编》“钱谦益尊慧远”篇中，他也陈明了历史与文学交互阐释的重要性：“古事时事，相影射复相映发（actualization），厥例甚众。”[2]《谈艺录》“荆公诗注”篇批评李雁湖对王安石的诗注：“仅注字句来历，固宜征之作者以前著述，然倘前载无得而征，则同时或后人语自可引为参印。若虽求得词之来历，而词意仍不明了，须合观同时及后人语，方能解会，则亦不宜沟而外之”[3]，也强调对诗文文义应援引前人、同时代人与后人来参解。另一方面，钱锺书又承认文本流传历史中出现的一些“创造性误解”，对于理解文本原义具有启示性。如评价郑玄笺注《诗经》，钱锺书认为它虽然“按注与本文羌无系属，却曲体人情”，“就解《诗》而论，固属妄凿，然观物态、考风俗者有所取材焉”，“然郑义以之解《诗》，虽不免贻讥深文，而作体会物色语观，则颇饶韵味”。[4]

三是在文本与邻近学科互释方面，钱锺书认为文学与其他学科不是“源”与“流”的关系，而是“平行四出，异辙同源”关系，因而对其他学科的理解有助于对文学文本的理解。《写在人生边上的边上》“旁观者”篇提出：“政治、社会、文学、哲学至多不过是平行着的各方面，共同表示出一种心理状态，至于心理状态之所以变易，是依照着它本身的辩证韵节（dialectical rhythm），相反相成，相消相合，政治、社会、文学、哲学跟随这种韵节而改变方式。从前讲‘时代精神’，总把时代来决定精神，若照以上所说的观点看来，其实是精神决定时代的——spirit taking its time，结果未必不同，重心点是换了位置了。这虽是我的偏见，而与加赛德教授的议论并无抵牾的地方。加赛德教授又说可以预决将来，我以为史学的难关不在将

1 钱锺书：《宋诗选注》，生活·读书·新知三联书店，2002 年，第 3 页。
2 钱锺书：《管锥编》（四），生活·读书·新知三联书店，2001 年，第 94 页。
3 钱锺书：《谈艺录》（补订重排本）上卷，生活·读书·新知三联书店，2001 年，第 219 页。
4 钱锺书：《管锥编》（一）上卷，生活·读书·新知三联书店，2001 年，第 169、223 页。

来而在过去，因为，说句离奇的话，过去也时时刻刻在变换的。我们不仅把将来理想化了来满足现在的需要，我们也把过去理想化了来满足现在的需要。”[1]《管锥编》“秦始皇本纪”篇在谈到信史援据时，也认为即使是稗官野史，亦可见出时代人情人心：“夫稗史小说、野语街谈，即未可凭以考信人事，亦每足据以觇人情而征人心。”[2] 钱锺书对文本与邻近学科关系的强调，正表明了现代哲学阐释学的开放性立场。伽达默尔在谈论理解的“效果历史意识”时也曾指出：“真正的历史对象根本就不是对象，而是自己和他者的统一体，或一种关系，在这种关系中同时存在着历史实在以及历史理解的实在。一种名副其实的诠释学必须在理解本身中显示历史的实在性。因此我就把所需要的这样一种东西称之为‘效果历史’。理解按其本性乃是一种效果历史事件。”[3] 在伽达默尔哲学阐释学看来，一方面，文本真正的意义需要时间间距来突显：“一件事情所包含的东西，即居于事情本身中的内容，只有当它脱离了那种由当时环境而产生的现实性时才显现出来。”另一方面，文本意义的准确理解又需关联于曾经的文本现场关系：“历史方法的潜在前提就是，只有当某物归属于某种封闭的关系时，它的永存的意义才可客观地被认识。”[4] 与伽达默尔不同的是，钱锺书虽然强调文本现场的重要性，但有时亦作激愤语。在为香港版《宋诗选注》作“序”时，他出于对20世纪70年代个人人生的非常遭际而厉言：“不论一个时代或一个人，过去的形象经常适应现在的情况而被加工改造。历史的过程里，过去支配了现在，而历史的写作里，现在支配着过去；史书和回忆录等随时应变而改头换面，有不少好范例。”[5]

---

1 钱锺书：《写在人生边上·写在人生边上的边上·石语》，生活·读书·新知三联书店，2002年，第281—282页。

2 钱锺书：《管锥编》（一）下卷，生活·读书·新知三联书店，2001年，第510页。

3〔德〕伽达默尔：《诠释学Ⅰ：真理与方法》（上卷），洪汉鼎译，上海译文出版社，1999年，“译者序言”第8页。

4〔德〕伽达默尔：《诠释学Ⅰ：真理与方法》（上卷），洪汉鼎译，上海译文出版社，1999年，第382页。

5 钱锺书：“模糊的铜镜”，见《〈宋诗选注〉前言》，香港天地图书出版公司，1988年，第59页。

因此，时代风气与不同学科之间具有相互濡染关系。钱锺书在《管锥编》“全汉文卷二〇”篇总结说：“一代于心性之结习成见，风气扇被，当时义理之书熟而相忘、忽而不著者，往往流露于文词语言，相如之赋可以通郑玄、赵岐之注焉。”[1]不同学科之所以可以互参互释互证，其本体性依据在于不同学科“同出心源”。在《管锥编》“全齐文卷二五”篇谈及六朝诗文、绘画为平行而非先后影响关系时，钱锺书对此加以例证：“风扇波靡，诗品与画品归于一律。然二者顾名按迹，若先后影响，而析理探本，正复同出心源。诗文评所谓‘神韵说’匪仅依傍绘画之品目而立文章之品目，实亦径视诗文若活泼剌之人。”[2]

值得注意的是，钱锺书重视不同学科之间的相互濡染，认同作品时代背景对于作品意义的理解作用，但同时反对单一决定论。在《中国文学小史序论》中，他说：“鄙见以为不如以文学之风格、思想之型式，与夫政治制度、社会状态，皆视为某种时代精神之表现，平行四出，异辙同源，彼此之间，初无先因后果之连谊，而相为映射阐发，正可由以窥见此种时代精神之特征；较之社会造因之说，似稍谨慎（略见拙作《旁观者》），又有进者，时势身世不过能解释何以而有某种作品，至某种作品之何以为佳为劣，则非时势身世之所能解答，作品之发生，与作品之价值，绝然两事；感遇发为文章，才力定其造诣，文章之造作，系乎感遇也，文章之造诣，不系乎感遇也，此所以同一题目之作而美恶时复相径庭也。社会背景充量能与以机会，而不能定价值；文学史家往往笼统立说，一若诗文之佳劣，亦由于身世，则是下蚕室者皆可为司马迁，居马厩者皆可为苏颋，而王世贞《文章九命》之作推之于普天下可也。至于本书指归，乃在考论行文之美，与夫立言之妙，

1　钱锺书：《管锥编》（三），生活·读书·新知三联书店，2001 年，第 94 页。

2　钱锺书：《管锥编》（四），生活·读书·新知三联书店，2001 年，第 238 页。

题材之大小新陈，非所思存。”[1]

3. 中西文学阐释学的互补与互鉴：钱锺书文学阐释学的价值

钱锺书对中国古代文学阐释学的现代化阐释价值何在？回答这个问题，首先需要我们厘清钱锺书的文学阐释学思想与中西文学阐释的关系。

汤一介先生曾基于先秦典籍的整体性考察，将“中国阐释（解释）学”分为历史解释、哲学解释、政治解释三种模式：“第一种我们把它称为历史事件的解释，如《左传》对《春秋经》的解释”，“裴（裴松之）注之于陈寿《三国志》和《左传》之于《春秋》虽不尽相同，但是都属于同一类型，即是对原典或原著的历史事件的叙述式解释”；“第二种是《系辞》对《易经》的解释，我们可以把它叫作整体性的哲学解释”；“第三种是《韩非子》的《解老》《喻老》，我们可以把它叫作实际（社会政治）运作型的解释”。[2]这三种阐释模式中，历史阐释惯于将文本的连续性与历史的连续性、将文本的价值性与历史的目的性联系起来，作抉幽阐发。而钱锺书虽然也重视历史阐释学的真实还原，但常就此引申开来，做联类附义的感性抉发，这便将历史阐释转化为一种审美创造性阐释。这种阐释，从整体上讲是对中国文学阐释学的系统整体性承继，是中国文学阐释学走向现代性的产物，它在理念、方法、对象、原则等诸多方面体现出与西方文学阐释学的互鉴互补关系，因而从中西文学阐释学各自的立场与方法来看，钱锺书的文学阐释学可视为中国传统文学阐释学在与西方文学阐释学大规模交遇当口所做出的姿态调整与价值互认。在这个过程中，西方文学阐释学之于钱锺书的价值，“也许还是在于使他具有了更为自觉的阐释学意识，而不是某种具体的观点与方法”。正是经由西方文学阐释学所触发的自觉方法论意识，“使钱锺书非常明确地注意到了

1 钱锺书:《写在人生边上·写在人生边上的边上·石语》，生活·读书·新知三联书店，2002 年，第 99—100 页。

2 汤一介:《和而不同》，辽宁人民出版社，2001 年，第 6—24 页。

中国古代的阐释观念。这包括两个方面，其一，自觉挖掘中国古代具有阐释学意蕴的观点，……其二，自觉从阐释学角度来看待诸家不同的阐释”。[1]

我们以钱锺书格外推崇的文学阐释学之“学案研究”（文献发生学）为例，这种阐释模式实质上是基于中西文学阐释学互补观念而作的文本意义与作者意图互文解读，它使文学阐释由原来的“作品 / 文本”中心扩展至“作品 / 文本 / 事件”中心，从而将文本意义论与作者意图论统一起来，实现了文本阐释历史考据与审美论证的统一。根据钱锺书，在“以文证史”或“以史论文”的“学案”式阐释活动中，应区别文学的真实与历史的真实：“文学创作的真实不等于历史考订的真实，因此不能机械地把考据来测验文学作品的真实，恰像不能天真地靠文学作品来供给历史的事实。历史考据只扣住表面的迹象，这正是它的克己的美德，要不然它就丧失了谨严，算不得考据，或者变成不安本分、遇事生风的考据，所谓穿凿附会；而文学创作可以深挖事物的隐藏的本质，曲传人物未吐露的心理，否则它就没有尽它的艺术的责任，抛弃了它的创造的职权。考订只断定已然，而艺术可以想象当然和测度所以然。在这个意义上，我们不妨说诗歌、小说、戏剧比史书来得高明。”[2] 可见，“史必征实，诗可凿空”，虽然文学文本与历史文本存有相通之处（“史蕴诗心”），但二者文体界域分明，文学文本的阐释不应脱离其审美拟构本性而求证于历史的真实。这样，在文学文本阐释中，先文本细读，再连类比较，后阐幽抉发，终归于中西诗文共通审美本性的互鉴、互证与互释，是文学阐释所应遵循的基本理路。就文学的审美性而言，阐释的目的在于揭橥文学之审美本性，“考论行文之美，与夫立言之妙”，“以能文为本”，那种历史性的“题材之大小新陈”与哲学性的“辨镜思想之是非”[3]，因非文

---

1 李清良：《熊十力陈寅恪钱锺书阐释思想研究》，中华书局，2007 年，第 179 页。

2 钱锺书：《宋诗选注》，生活 · 读书 · 新知三联书店，2002 年，“序”第 3—4 页。

3 钱锺书：《写在人生边上 · 写在人生边上的边上 · 石语》，生活 · 读书 · 新知三联书店，2002 年，第 100 页。

学之宗归，难以成为阐释之目的。

第二，钱锺书文学阐释学循环阐释方法的创造性问题，亦是评价其文学阐释学价值的一大关键。

钱锺书《管锥编》所陈述的循环阐释方法及其辩证圆融阐释思路，其基本特性是：“圆览而不偏枯”，“圆融而不执着”，“指同而旨异”，“异趣而同调”，“异辙而同源”，“二诠一遮一表，亦离亦即”，“通多方而不守一隅”。它以“事—理—情”为阐释逻辑，以“心同理同”“理一分殊”为阐释原则，以“旷世冥契”“通观明辨”“映射阐发”为阐释方法，力求实现对中西文学阐释学的融通与创造。

这种中西融通的阐释方法表现在文本阐释上，就是，第一步，以中国某一文本片段为始点，用西方类似的材料或观点先作比照（“比勘”“参印”），找出其同与异。第二步，用中国类似的材料来看这一文本片段与西方文本片段（“合观”“连类”），三相比较，找出其同与异。第三步，根据自己的循环阐释学立场，对经由“比堪”“连类”后的文本片段的公共义与独出义作阐释学义解，由此窥得文本之原义。这种“自西视中”与“自中视中”的往复循环阐释，便于增进文本理解，增添文本新义，疏通中西方文本之“文心”。从中西文学阐释学融通与文本语义多视角融通角度看，这种阐释方法的便宜之处不言而喻：“（钱锺书）讨论的起点固然是中国文本，但讨论的目的却往往并不只是为了‘澄清某些中国范式’，而是试图显示出蕴含在中西文化尤其是文学中的共同‘诗心’与‘文心’，因此他不仅要从西方理论‘回过头来另眼相看’中国文本，也必然要从中国文本来‘回过头来另眼相看’西方理论。”[1]“钱锺书所说的‘阐释循环’，就其范围而言，不只是指某一特定文本内部的循环，更包括不断推进的多层循环，以简表示之即是：特

1　李清良：《熊十力陈寅恪钱锺书阐释思想研究》，中华书局，2007年，第149页。

定文本局部（字句）⟷文本整体（篇）⟷作者的全部文本⟷时代风尚（包括各个学科）与历史传统⟷全人类文化传统。”[1] 盖因钱锺书的这种阐释方法路径并不是一种勠力于语言学的专门阐释学，而是探求文本及阐释共同规则的一般阐释学，加上其对“文心”的落脚体察并不构成与“言”“义”的“形上等级制”关系，而只是透露出其走向哲学阐释学的趋向，因而它才能最后走向文理、事理、心理（性情）的贯通，并催生出新的贯通阐释逻辑：其一，“通文理”即“晓词令”、“通文义”，只有“通文理”，才能把握文本本义；其二，“通事理”，即“通格致”，只有通事理，才能“钩深致远”；其三，“通心理”，即“通性情”，只有通心理，才能修辞立诚。三者兼通，才能实现“通观明辨”“义解圆足”的阐释学效果。

由于这种循环阐释生发于文本内外广大生活与生命世界，因而也可以将其理解为一种对宇宙人生的别样阐释。“《管锥编》对古代典籍的诠释实际就是对人生的诠释，是通过诠释古代典籍中有关人生内容的方方面面来解读人生之谜；因而它诠释古代典籍的方法，也因为人生的复杂多变而是辩证的、循环的。《管锥编》通过解读人生之谜所体现出的循环诠释方法表现在以下几个方面：人自我表达的有限性——语言的意义张力形成的诠释循环；人与人之间的沟通理解——主体的多元对话形成的诠释循环；人的发展变化——历史的古今融合形成的诠释循环。”[2] “《管锥编》诠释循环的方法是它以解读人生为内容的结果，体现《管锥编》诠释循环方法的三个方面都是因为解读人生而产生的，它们包括了作为此在存在的人的存在方式的主要内容：主体的多元对话是人与人的沟通理解，是此在的共时的存在方式（主体间性）；历史的古今融合是人自身的变化发展，是此在历时的存在方式（效果历史原则）；而语言的意义张力对语言的认识则涉及此在基本的存在方式（语言是

1 李清良：《熊十力陈寅恪钱锺书阐释思想研究》，中华书局，2007 年，第 140 页。
2 何明星：《〈管锥编〉诠释方法研究》，华中师范大学出版社，2006 年，第 124 页。

存在的家园）。”[1]

（四）李泽厚：以实践本体为中心的修辞学阐释范式

李泽厚（1930—2021）对中国古代文学（文艺）阐释学的现代化阐释，是其人类学本体论哲学或实践哲学的内在组成部分，也是其用马克思实践论改造康德美学本体论的自然产物。从阐释学的角度看，李泽厚的人类学本体论哲学或实践哲学，并不专门回答阐释学问题，它只是从实践本体立场对美与艺术的终极来源进行哲学阐释学的回答，在此基础上，才对具体的美与艺术意义作经验感悟与理性阐发，并且后者只具备研究方法的经验例证意义。李泽厚回答人类学本体论哲学或实践哲学，并非完全凭靠哲学思辨或美学演绎，而是援引了一种“人类学本体论语境阐释＋图像学研究”的新的阐释方法，这种阐释方法的基本思路是：首先，对美与艺术作品诞生的本体性语境加以探究；其次，运用类似于潘诺夫斯基的图像学研究方法，对美与艺术作品的不同层次逐一加以阐释；最后，对美与艺术作品的本体性语境与本体性意义加以互文阐发，揭示美与艺术作品的人类学本体论或实践哲学意义。李泽厚的这种综合本体阐释与作品阐释的方法，从阐释学方法的角度看，可规约为阐释学领域中的“修辞学的阐释学”方法。

修辞学的阐释学方法视文本阐释为情境阐释、作品阐释与观念阐释三位一体的实践性与创造性理解活动，将“情境阐释”视为对文本上下文及其外在语境的关联性阐释，将“作品阐释”视为对文本形式与内容的关联性阐释，将“观念阐释”视为对文本所源出的观念精神及其所暗含的象征意义的阐释，认为通过这种三位一体的阐释，美与艺术作品的终极意义与当下意义均可以显露出来。

1　何明星：《〈管锥编〉诠释方法研究》，华中师范大学出版社，2006 年，第 125—126 页。

1. 实践活动：美与艺术作品的本体性阐释情境

从阐释学的角度看，李泽厚用人类学本体论或实践哲学作为解释美与艺术的最终依据，强调客观性的社会存在（工艺—社会结构）与主观性的社会意识（文化—心理结构）在解释美与艺术的终极发生根据时所具有的积极价值。在完成于1976年的《批判哲学的批判：康德述评》一书中，他用马克思实践哲学改造康德先验论哲学，并且明确地提出了“人类学本体论”的概念：

> 本书所讲的“人类的”“人类学”“人类学本体论”，不是西方的哲学人类学那种离开历史社会行程的生物学的含义，恰恰相反，这里强调的正是作为社会实践的历史总体的人类发展的具体行程。它是超生物族类的社会存在。所谓“主体性”，也是这个意思。人类主体性既展现为物质现实的社会实践活动（物质生产活动是核心），这是主体性的客观方面即工艺—社会结构亦即社会存在方面，基础的方面。同时，主体性也包括社会意识亦即文化—心理结构的主观方面。从而这里讲的主体性心理结构，首先是指作为人类集体的历史成果的精神文化：智力结构、伦理意识、审美愉快，概言之即人性能力。[1]

站在人类学本体论立场阐释美与艺术作品，可以发现，“语言不是存在之家，历史—心理才是”[2]，从而美与艺术作品便会呈现出迥异于一般阐释学的意义主题：“由这个角度谈美，主题便不是审美对象的精细描述，而将是美的本质的直观把握；由这个角度去谈美感，主题便不是审美经验的科学剖解，而将是提出陶冶性情、塑造人性，建立新感性；由这个角度去谈艺术，主题便不是语词分析、批评原理或艺术历史，而将是使艺术本体归结为心

1 李泽厚：《批判哲学的批判：康德述评》，生活·读书·新知三联书店，2007年，第89页。
2 李泽厚：《李泽厚近年答问录》，天津社会科学院出版社，2006年，第234页。

理本体，艺术本体论变而为人性情感作为本体的生成扩展的哲学。”[1] 易言之，对美与艺术作品意义的本体性阐释，首先要求透过其感性外观与理念表达而对产生美与艺术作品的物质性工艺—社会结构与精神性文化—心理结构作观照与省思，在人类学本体论与主体性实践哲学意义上理解美与艺术作品意义的终极根源，使主体性的实践活动成为美与艺术作品阐释的逻辑依据与本体语境。李泽厚说：

> 人类学本体论……与以经验、语言或逻辑为本体是有重大区别的，它强调人类作为本体对世界的现实实践关系。人类学本体论即是主体性哲学……它分成两个方面，第一个方面即以社会生产方式的发展为标记，以科技工艺的前进为特征的人类主体的外在客观进程，亦即物质文明的发展史程。另一个方面即以构建和发展各种心理功能（如智力、意志、审美三大心灵结构）以及其物态化形式（如艺术、哲学）为成果的人类主体的内在主观进展。……人类本体（主体性）这种双向进展，标志着“自然向人生成”即自然的人化的两大方面……亦即外在自然界和内在自然（人体本身的身心）的改造变化。[2]

正是由于所有美与艺术作品的意义都基于这种本体论的阐释语境，因而对美与艺术作品的阐释就不只是一个艺术欣赏问题，而是“自然的人化”这样一个根本“哲学—历史学”问题[3]。“自然的人化说是马克思主义实践哲学在美学上（实际也不只是在美学上）的一种具体的表达或落实。就是说，美的本质、根源来于实践，因此才使得一些客观事物的性能、形式具有审美性

1　李泽厚：《华夏美学·美学四讲》（增订本），生活·读书·新知三联书店，2008 年，第 266 页。
2　李泽厚：《批判哲学的批判：康德述评》，生活·读书·新知三联书店，2007 年，第 266—267 页。
3　李泽厚：《批判哲学的批判：康德述评》，生活·读书·新知三联书店，2007 年，第 427 页。

质，而最终成为审美对象。这就是主体论实践哲学（人类学本体论）的美学观。”[1] 也正是在这个意义上，李泽厚在写于1980年的“关于主体性的哲学提纲”中才反复申说：“美作为自由的形式，是合规律和合目的性的统一，是外在的自然的人化或人化的自然。审美作为与这自由形式相对应的心理结构，是感性与理性的交融统一，是人类内在的自然的人化或人化的自然。它是人的主体性的最终成果，是人性最鲜明突出的表现。在这里，人类（历史总体）的东西积淀为个体的，理性的东西积淀为感性的，社会的东西积淀为自然的。原来是动物性的感官自然人化了，自然的心理结构和素质化成为人类性的东西。”[2] 对于具体的美与艺术作品而言，这种阐释当然还只是一种宏大的发生学意义上的语境阐释，要将这种宏大阐释内化为个体性的当下审美愉悦并由此产生意义感，还需要进一步对美与艺术作品作对象化的阐释，以此完成修辞学的阐释学的第二步：人类学本体论基础上的“图像学阐释”。

2. 形式层、形象层与意味层：美与艺术作品的修辞学阐释

在 1987 年为《中国大百科全书·哲学卷》所撰写的“美学”条目中，李泽厚提出了以对艺术作品本身的阐释为主，兼及作者意图与读者意图的综合性阐释方法。[3] 随后在 1988 年结集出版的《美学四讲》论“艺术”一文中，李泽厚又从艺术作品的“形式层与原始积淀”“形象层与艺术积淀”“意味层与生活积淀”等主体性哲学的三个层次来揭示艺术作品的意义。按照李泽厚，“形式层与原始积淀”包括艺术作品的物质材料及其表现形式本身，比如质量、体积、颜色、声音、硬度、光滑度，以及由这些自然形式组合而成的构图、线条、色彩、韵律、比例、虚实等感知形式。当这些感知形式因漫长的原始积淀而激发出主体的节奏感、速度感、韵律感时，它便成为艺术

1 李泽厚：《华夏美学·美学四讲》（增订本），生活·读书·新知三联书店，2008 年，第 277 页。
2 李泽厚：《实用理性与乐感文化》，生活·读书·新知三联书店，2008 年，第 214 页。
3 李泽厚：《美学旧作集》，天津社会科学院出版社，2002 年，第 443 页。

的基础性构成要素。从艺术作品意义构成角度看，在这一层次，艺术向上反映的是自然，体现的是艺术形式与自然的同构关系；向下反映的是心灵，体现的是艺术形式与社会生活的影响关系；二者共同凝聚为人类心理—情感本体，表现为物态化的形式存在。[1]

“形象层与艺术积淀”构成了艺术作品阐释的第二层次，它是“指艺术作品所呈现如人体、姿态、行为、动作、事件、物品、符号（十字架、卍等）图景等可以以语言指称的具象或具象世界”[2]，包括艺术作品的题材、主题或内容，它们是可以诉诸情感的形象世界或包含内容的形式表现。当这些形象世界或形式表现因漫长的艺术积淀而成为宣导并规范主体的心理—情感时，它便成为艺术的又一基础性构成要素。从艺术作品意义构成角度看，在这一层次，艺术向外指向的是社会生活的类型，向内指向的是情感欲望的结构，二者共同凝聚为人类的新感性，表现为社会化的形象存在。

“意味层与生活积淀”是艺术作品阐释的最高层次，“它是指艺术作品的形象层、感知层的‘意味’和‘有意味的形式’中的‘意味’”，即建立在形式与形象之上的意味。它是一种通过形式层与形象层所唤醒和领悟的人生意味、生命存在与命运感喟，并在长期的生活积淀中“包含有与宇宙普遍性形式的情感同构感应”，表现为“艺术作品所传达出的命运感、使命感、历史感、人生境界感等等”神秘的伟大力量。[3]这种力量因在审美活动中具有持久性、永恒性特征而标志着艺术作品阐释心理—情感本体的真正建立。

如果我们把上述李泽厚对于艺术作品阐释的三个层次，与潘诺夫斯基关于艺术作品分析的“图像学研究”三个层次加以对照，便可以发现其相通

1 李泽厚:《华夏美学·美学四讲》(增订本)，生活·读书·新知三联书店，2008年，第366—374页。
2 李泽厚:《华夏美学·美学四讲》(增订本)，生活·读书·新知三联书店，2008年，第375页。
3 李泽厚:《华夏美学·美学四讲》(增订本)，生活·读书·新知三联书店，2008年，第397—402页。

之处。在出版于1939年的《图像学研究：文艺复兴时期艺术的人文主题》一书中，潘诺夫斯基详述了“图像学研究”的三个层次，即“前图像志描述”“图像志分析”与“图像学分析”。根据潘诺夫斯基：在进行第一层次前图像志的分析时，我们用我们的实际经验来观察“由线条、色彩与体积来表现并构成的母题世界的对象与事件”[1]。当实际经验与原典记载不符时，可以通过“风格史”的探究，即“通过探究各种不同历史条件中艺术家表现对象和事件的不同方式”[2]，来补充和修正我们的实际经验；换句话说，“我们是依据在不同历史条件中采用各种形式表现对象和事件的方式来读解‘我们的所见’。在这样做时，我们实际上使经验从属于一种可称为风格史的控制原则之下”[3]。

在第二层次，“图像志分析涉及图像、故事和寓意，而不是母题，因此，除了根据实际经验获得对事件与物体的熟悉之外，当然还需要更多知识作为前提。在这种分析中，通过有目的的阅读和对口头传说的掌握，熟悉原典中记载的各种特定主题和概念”[4]。当表现主题或概念与文献记载不符时，可以通过“类型史”的探究，即“通过探究不同历史条件中艺术家使用物体和事件表现特定主题和概念的不同方式”[5]，来补充和修正我们从文献中获得的知识。

第三层次的图像学阐释需要阐释者具备一种“心智能力”或“综合直

1〔美〕欧文·潘诺夫斯基:《图像学研究：文艺复兴时期艺术的人文主题》，戚印平、范景中译，生活·读书·新知三联书店，2011年，第7页。

2〔美〕欧文·潘诺夫斯基:《图像学研究：文艺复兴时期艺术的人文主题》，戚印平、范景中译，生活·读书·新知三联书店，2011年，第10页。

3〔美〕欧文·潘诺夫斯基:《图像学研究：文艺复兴时期艺术的人文主题》，戚印平、范景中译，生活·读书·新知三联书店，2011年，第9页。

4〔美〕欧文·潘诺夫斯基:《图像学研究：文艺复兴时期艺术的人文主题》，戚印平、范景中译，生活·读书·新知三联书店，2011年，第9页。

5〔美〕欧文·潘诺夫斯基:《图像学研究：文艺复兴时期艺术的人文主题》，戚印平、范景中译，生活·读书·新知三联书店，2011年，第10页。

觉”能力来把握图像的意义。在这个过程中，为了避免“综合直觉”的主观性与非理性，需要我们通过“文化象征史”知识来补充与修正，即需要通过“洞察人类心灵的一般倾向和本质倾向在不同历史条件中被特定主题和概念所表现的方式来加以矫正”[1]，也即需要通过作品所处时代的一般性政治、哲学、宗教、文学等文化史料加以印证，才能获得艺术作品的内在意义。

李泽厚提出的美与艺术作品阐释的三个层次，即“形式层与原始积淀”“形象层与艺术积淀”“意味层与生活积淀”，实际上是对潘诺夫斯基“图像学研究”的“前图像志描述”“图像志分析”“图像学分析”三层次分析的人类学本体论扩展。这种扩展表现在具体的美与艺术作品阐释上，就是对美与艺术作品的“感知层”“情感层”“意味层”[2]进行人类学本体论的审美理解，或言进行“结构主义＋生成主义”的修辞学阐释，其意义建构功能表现在：一是从理解主体自身须具备的条件或处于审美理解活动中理解者的理解状态来讲，它具有具身性与超越性，即忘我地沉潜于对象又超越于对象而作理性认识；二是从理解对象来看，理解者要对理解对象的内容与形式，比如题材、人物、故事、情节、技法、技巧等，有知识性的把握；三是理解主体能够对理解对象的形式与内容，进行审美性的判断；四是理解主体能够将整个理解活动中的感知、认识、想象、判断等不同认识能力综合为一，继而产生一种包蕴感性内涵与历史意蕴的审美理性，以获得理解对象意义的非确定性与确定性。[3]按照李泽厚，这种四重意义的审美理解，并不导向美与艺术作品的肯断性意义，相反，由于“任何理解都是历史的理解，即通过理解历史，理解自己的现在”[4]，加上美与艺术作品本身积淀了主体性实践哲学的

1〔美〕欧文·潘诺夫斯基：《图像学研究：文艺复兴时期艺术的人文主题》，戚印平、范景中译，生活·读书·新知三联书店，2011年，第12页。

2 李泽厚：《华夏美学·美学四讲》（增订本），生活·读书·新知三联书店，2008年，第197页。

3 李泽厚：《美学四讲》，收入《美学三书》，天津社会科学院出版社，2003年，第480—482页。

4 李泽厚：《美学四讲》，收入《美学三书》，天津社会科学院出版社，2003年，第412页。

情感内涵[1]，从而决定了美与艺术作品意义的历史性与开放性：

成功的艺术作品不仅具有历史性，同时也具有开放性。它随着时代、随着读者观众而不断更新，不断展示出它的新的意味。这种历史性和开放性恰好是同一的，艺术意义的联系性正在于它们是心理本体的不断创造和丰富，从而它才不是主观的，也不只是经验的，而具有整体生活的和总体历史的本体性质，对艺术的个人体验是从属于又构造着这本体。艺术作为与此本体相对应的物态化，通过与情欲层的联系而使此本体具有潜在的行动性（“以美储善”），通过与感知层联系使此本体具有潜在的可理解性（“以美启真”）。它直接培育着人性亦即人类特有的文化—心理结构。可见，这个结构并不只是经验科学的个体主观心理状况，而是具有历史性的超越的哲学本体存在。艺术正是人类这种作为精神生命和本体在不断伸延着的物态化的确证。人们在这物态化的对象中，直观到自己的生存和变化而获得培养、增添自我生命的力量。因此所谓生命力就不只是生物性的原始力量，而是积淀了社会历史的情感，这也就是人类的心理本体的情感部分。……所以，艺术及其意味作为历史性与开放性之同一，不只是回首过去，也不只是现时体验，它同时是指向未来的。[2]

李泽厚的这段话表达了三层意思：一是艺术作品意义的萌发，离不开艺术作品感知层的个人体验。“审美对象之所以能够出现或存在，亦即某些事

1 所谓“积淀”，本有广狭二义。广义的积淀指所有由理性化为感性，由社会化为个体，由历史化为心理的建构行程。它可以包括理性的内化（智力结构）、凝聚（意志结构）等等。狭义的积淀则是指审美的心理情感的构造。参见李泽厚：《华夏美学·美学四讲》（增订本），生活·读书·新知三联书店，2008年，第406页。

2 李泽厚：《华夏美学·美学四讲》（增订本），生活·读书·新知三联书店，2008年，第401页。

物之所以能成为美学客体，它们之所以能使人感受到美，确乎需要一定的主观条件，包括具备一定的审美态度、人生经验、文化教养等等，在这里，审美对象（美学客体）与审美经验经常难以分割。”[1] 二是在对艺术作品的审美理解中，只有首先理解了作为理解者的主体自身，理解活动才能得以发生。“人如果不盲目地作为生物的自然族类存在，便该存在在自我意识中，也就是存在在对自己的理解和解释之中。只有理解和解释了自己的存在，自己也才真正存在。”[2] 三是对艺术作品的感知体验与审美理解本身既是历史积淀的结果，也是当下的现时感受，还是未来的意义开启，它们统一于对美与艺术作品的感性形式、主观内容与艺术意味的修辞学的阐释过程中。

首先，对美与艺术作品的感性形式的阐释。

根据李泽厚：“一个事物能不能成为审美对象，光有主观条件或以主观条件为决定因素（充分条件和必要条件）还不行，总需要对象上的某些东西，即审美性质（或素质）。即使艺术家可以在一般人看不到美的地方发现美、创造美，甚至把现实丑变成艺术美，但是无论人的主观条件起多大作用，总还要有一定的客观根据或资料，而且其艺术作品又总和一定审美性质相联系，即最终还是不能脱离客体一定的审美性质。所以，如果说，‘美’这个词的第一种含义是指‘审美对象’；那么它的第二种含义就是指‘审美性质’（或‘审美素质’）。”[3]

正是基于这样一种感性形式的阐释观，在对汉代艺术进行阐释时，李泽厚才说：“这里统统没有细节，没有修饰，没有个性表达，也没有主观抒情。相反，突出的是高度夸张的形体姿态，是手舞足蹈的大动作，是异常单纯简洁的整体形象。这是一种粗线条粗轮廓的图景形象，然而，整个汉代艺术生

1 李泽厚：《华夏美学·美学四讲》（增订本），生活·读书·新知三联书店，2008年，第272—273页。
2 李泽厚：《美学四讲》，收入《美学三书》，天津社会科学院出版社，2003年，第412页。
3 李泽厚：《华夏美学·美学四讲》（增订本），生活·读书·新知三联书店，2008年，第271页。

命也就在这里。就在这不事细节修饰的夸张姿态和大型动作中，就在这种粗轮廓的整体形象的飞扬流动中，表现出力量、运动以及由之而形成的‘气势’的美。在汉代艺术中，运动、力量、‘气势’就是它的本质。”[1] 在对隋唐佛教壁画作阐释时，他又说：“于是在壁画中，举目便是金楼玉宇，仙山琼阁，满堂丝竹，尽日笙箫；佛坐莲花中央，环绕着圣众；座前乐队，钟鼓齐鸣；座后彩云缭绕，飞天散花；地下是异草奇花，花团锦簇。这里没有流血牺牲，没有山林荒野，没有老虎野鹿。有的是华贵绚烂的色调，圆润流利的线条，丰满柔和的构图，闹热欢乐的氛围。衣襟飘动的舞蹈美替代了动作强烈的运动美，丰满圆润的女使替代了瘦削超脱的士夫，绚烂华丽代替了粗犷狂放。马也由瘦劲而丰肥，飞天也由男而女……整个场景、气氛、旋律、情调，连服饰衣装也完全不同于上一时期了。”[2]

对艺术作品感性形式的阐释为主体形式感（“度”）的诞生准备了物质条件，因为感性形式正是艺术作品意义发生的重要媒介。在这个过程中，“以‘度’为基石的形式力量（美）和形式感（美感）不同于理性内化，它不是……思维规则或辩证范畴。它是理性渗透、积淀、融合、交会在人的感性行动或多种其他心理功能、因素之中，而与人的全部身心包括个体的体力、气质、性格、欲望、无意识等非理性因素相渗透相纠缠”[3]。人的形式感从而不同于人的具体形象的感知，它超出了形象的经验性限制而渗入了理解性因素。正是后者，“使‘抽象的感性’的范围、对象更可能远为广阔、多样和奇异。人的这种‘抽象的感性’即形式感的人性能力由于文化的积淀、理解力的发展，在不断加强”[4]。而经由理解活动中“抽象的感性”而诞生的文本意义，正是理解主体形式感积淀的结果。

---

1 李泽厚：《美的历程》，生活・读书・新知三联书店，2009 年，第 84 页。
2 李泽厚：《美的历程》，生活・读书・新知三联书店，2009 年，第 120—121 页。
3 李泽厚：《实用理性与乐感文化》，生活・读书・新知三联书店，2008 年，第 43 页。
4 李泽厚：《实用理性与乐感文化》，生活・读书・新知三联书店，2008 年，第 47 页。

其次，对美与艺术作品主观内容的阐释。

在修辞学的阐释学看来，如若没有对美与艺术作品主观内容的阐发，它们就难以成为意向性对象，难以成为有意义的载体，即美与艺术作品的意义脱离不了其表现的内容。在讨论中国古代艺术时，李泽厚指出：“如可说汉代文艺反映了事功、行动，魏晋风度、北朝雕塑表现了精神、思辨，唐诗宋词、宋元山水展示了襟怀、意绪，那末，以小说戏曲为代表的明清文艺所描绘的却是世俗人情。这是又一个广阔的对象世界，但已不是汉代艺术中的自然征服，不是那古代蛮勇力量的凯旋，而完全是近代市井的生活散文，是一幅幅平淡无奇却五花八门、多彩多姿的社会风习图画。”[1] 在阐释《红楼梦》时，李泽厚也说：“笼罩在宝黛爱情的欢乐、元妃省亲的豪华、暗示政治变故带来巨大惨痛之上的，不正是那如轻烟如梦幻、时而又如急管繁弦似的沉重哀伤和喟叹么？……一切在富丽堂皇中，在笑语歌声中，在钟鸣鼎食、金玉装潢中，无声无息而不可救药地垮下来、烂下去，所能看到的正是这种种金玉其外败絮其中的糜烂、卑劣和腐朽，它的不可避免的没落败亡。严峻的批判现实主义于是成熟了。”[2]

李泽厚对艺术作品主观内容的修辞学阐释实源于其人类学本体论对人与宇宙物质性协同共在的强调，以及其主体性实践哲学对实践性工艺—社会结构基础地位的肯认，这种强调与肯认贯穿李泽厚分析美与艺术作品的全部过程。在完成于 1979 年《美的历程》一书中，其对远古图腾歌舞巫术礼仪内容的寻思，对原始彩陶中所隐含的原始部族社会生产与自身生产内容的想象，对青铜饕餮中原始威怖力量与社会暴力的展示，对先秦诸子经籍中潜蕴的理性生活内涵的抽绎，对楚汉文章中世俗性生活内容的描摹，对魏晋风度中人的自觉与文的自觉的开掘，对南北朝佛教中信仰生活的呈露，对唐代诗

1 李泽厚：《美的历程》，生活·读书·新知三联书店，2009 年，第 191 页。
2 李泽厚：《美的历程》，生活·读书·新知三联书店，2009 年，第 209—210 页。

文艺术中生活万象的渲染，对宋元诗文书画中内心生活的反思，对明清文艺中市民生活的铺陈……乃至在作于1988年《华夏美学》开篇即对“羊大则美”实用性内容的阐释等等，无不反映了艺术主观内容的阐发之于作品意义形成的重要作用。

可以说，站在李泽厚修辞学的阐释学立场上，艺术作品只有经由主观内容的阐释而成为体现人的情感本体时，才能成为艺术，才能成为有意义的形式。“何谓艺术品？只有当某种人工制作的物质对象以其形体存在诉诸人的此种情感本体时，亦即此物质形体成为审美对象时，艺术品才现实地出现和存在。”[1] 艺术的意义与艺术的阐释从而成为二而一的过程。

第三，对美与艺术作品的观念阐释。

李泽厚人类学本体论意义上的修辞学阐释，最终指向一种超越感性形式与生活内容的观念阐释，后者经由感性形式与生活内容而积淀内化为人的精神与心灵，并最终成为对人的本质的阐释。在李泽厚看来，我们对艺术作品的观念阐释过程，也是对对象感性形式、生活内容与主体审美感受的发现与体验。“在对象一方，自然形式（红的色彩）里已经积淀了社会内容；在主体一方，官能感受（对红色的感觉愉快）中已经积淀了观念性的想象、理解。”[2] 换句话说，发现对象由内容到形式的积淀过程，说明想象、观念积淀为感受的过程，阐明其作为“有意味的形式”的原始形成过程，最终发现历史进程中主体性的心理结构或人性，构成了修辞学的观念阐释的基本内容。因为：

心理结构创造艺术的永恒，永恒的艺术也创造、体现人类流传下来的社会性的共同心理结构。……心理结构是浓缩了的人类历史文明，

1 李泽厚:《华夏美学·美学四讲》(增订本)，生活·读书·新知三联书店，2008年，第357页。
2 李泽厚:《美的历程》，生活·读书·新知三联书店，2009年，第3页。

> 艺术作品则是打开了的时代魂灵的心理学。而这，也就是所谓“人性”吧？
>
> 人性不应是先验主宰的神性，也不能是官能满足的兽性，它是感性中有理性，个体中有社会，知觉情感中有想象和理解，也可以说，它是积淀了理性的感性，积淀了想象、理解的感情和知觉，也就是积淀了内容的形式，它在审美心理上是某种待发现的数学结构方程，它的对象化的成果是本书第一章讲原始艺术时就提到的“有意味的形式”（significant form）。这也就是积淀的自由形式，美的形式。[1]

正是由于艺术作品的阐释与主体的意义发现处于同一历史过程，李泽厚才认为中国古典文艺与美学既不是“再现”，也不是“表现”，而是“陶冶性情”[2]，即塑造情感，并且它有着悠久的礼乐文化根源，并衍生出后世文学艺术的政治性与伦理性传统：“我们说华夏美学的特征和矛盾主要不在模拟是否真实、反映是否正确，即不是美与真的问题，而在情感的形式（艺术）与伦理教化的要求（政治）的矛盾或统一即美与善的问题……”[3]在具体解释“羊大为美”时，他才一方面从社会性的规范建立与自然感性沉积的角度，释“美”为图腾舞蹈；另一方面又从自然性的塑造陶冶和它向人的生成角度，释“美”为味甘好吃。[4]从而在艺术中，“寻找、发现由历史所形成的人类文化—心理结构，如何从工具本体到心理本体，自觉地塑造能与异常发达了的外在物质文化相对应的人类内在的心理—精神文明，将教育学、美学推向前沿”[5]，既是美学研究的任务，也是修辞学的观念阐释的任务：

---

1 李泽厚：《美的历程》，生活·读书·新知三联书店，2009年，第217页。

2 李泽厚：《华夏美学·美学四讲》（增订本），生活·读书·新知三联书店，2008年，第34页。

3 李泽厚：《华夏美学·美学四讲》（增订本），生活·读书·新知三联书店，2008年，第42页。

4 李泽厚：《华夏美学·美学四讲》（增订本），生活·读书·新知三联书店，2008年，第13页。

5 李泽厚：《华夏美学·美学四讲》（增订本），生活·读书·新知三联书店，2008年，第263—264页。

只有“以美启真”、“以美储善”的情感的陶冶塑造，才有真正的心灵成长，才是真实的人性出路。它必然是个体的，个性的，自然与社会相合一的。……人总得活着，唯一真实的是积淀下来的你的心理和情感。[1]

在李泽厚看来，人类学历史本体论无论是“理知认知的形式”，还是“情感信仰的形式”，都以人和宇宙物质性协同共在为归宿。“它以审美始（发明发现），以审美终（天地境界）。它肯定理性是人性形成的关键，展望理性更为广阔的未来。……反对理性作为‘本体’吞并认知和情感，……强调深入探究复杂多端的情理结构，因为这与人的个性潜能的健康发展和精神生命的情感真实有关。”[2]

通过上述分析可以看出，李泽厚的修辞学的阐释学并不倾力于对单一美与艺术作品意义的阐释，而是注重对作为历史地积淀而成的美与艺术作品整体作意义的阐释，它将整个人类学本体论或主体性实践哲学作为艺术意义的最终源泉。这样的修辞学阐释学最终将走向生存哲学，成为美学—教育学、美学—心理学。因为只有后者，才能揭示“度”本体的秘密，阐明工艺—社会结构与文化—心理结构的互动及其历史形成，揭示美与艺术形成的真正秘密。在这个过程中，“不是必然、总体来主宰、控制或排斥偶然、个体，而是偶然、个体去主动寻找、建立、确定必然、总体。这样，偶然和个体就避免了荒谬和焦虑，在对超越的追求中，获得了历史性，正是这历史赋予偶然和个体以意义和结构（亦即总体和必然）”[3]。我们在这个过程中最终所获得的，不是“经验的因果”，而是“超感性的自由”。

3. 对语言性文本的“哲学性阐释”：李泽厚修辞学的阐释学的别样范式

除了对美与艺术作品运用“修辞学的阐释学”方法外，对于语言性文

1 李泽厚:《历史本体论・己卯五说》，生活・读书・新知三联书店，2008 年，第 122 页。
2 李泽厚:《实用理性与乐感文化》，生活・读书・新知三联书店，2008 年，第 113 页。
3 李泽厚:《实用理性与乐感文化》，生活・读书・新知三联书店，2008 年，第 230—231 页。

本的阐释，李泽厚也遵循了这一基本阐释学方法。在1998年出版的《论语今读》“后记”中，李泽厚提出了语言性文本的“哲学性阐释”方法。所谓“哲学性阐释”，就是通过还原文本在历史发展中的“具体情境性”而发掘原文本的“意义普遍性”[1]；或言，面向时代现实，关注文本本身在历史流传过程中所形成的普遍性认同情境，以及在此情境中所滋生的普遍性意义，构成了“哲学性阐释”的根本目的。“《今读》不重《论语》章句的特殊的历史内容，虽然讲话均有其具体的历史背景、情境、条件、人事和对象，有些也许能考证明白，但大多数无法确定或讲不清楚，过去大量的注疏、争辩已说明这点。因此这些历史性的解说和考证对本读意义不大。本读重视的恰好是超一时一地的长久价值，这才是真正我所要强调的历史性（积淀性）。”[2]

“哲学性阐释”表现在具体的阐释思路上，就是在“章”（原文）的基础上附以“译＋注＋记”的三层次修辞学的阐释。其中：

“译”是运用现代语言而对原文语法构造所作的“直译”，其特点是“不附加解说，以尽可能保存原文的本来面目”[3]；对于部分“文理不通、文意不明、文气不贯”的原文字句，译时遵循“不扬高凿深，以求甚解，不刻板阐释，强作解人”的原则[4]。

“注”是对历史上流传的不同《论语》注本中那些“有助于了解原文，或有利于自己的论记”加以引证，而非对原文作名物考证、史实讲疏、注家争辩。[5]

“记”是李泽厚用平易鲜活的语言对《论语》所作的“评论、札记和解说”，它们“或讲本文，或谈哲学；或发议论，或表牢骚；或就事论理，或

1 李泽厚：《论语今读》，生活·读书·新知三联书店，2004年，第539页。
2 李泽厚：《论语今读》，生活·读书·新知三联书店，2004年，第12页。
3 李泽厚：《论语今读》，生活·读书·新知三联书店，2004年，第12页。
4 李泽厚：《论语今读》，生活·读书·新知三联书店，2004年，第12页。
5 李泽厚：《论语今读》，生活·读书·新知三联书店，2004年，第13页。

借题发挥”[1]，构成了阐释者对《论语》的真正创造性阐释。通过“记”的阐释，原文本所蕴含的“情”（“情本体”）、“政”（“社会性公德”）、“命”（“偶然性”）等重要因素才得到当代性的敷陈与阐扬。

以李泽厚对《论语·学而第一》的修辞学的阐释为例：

开首“译”原章“子曰：‘学而时习之，不亦说乎？有朋自远方来，不亦乐乎？人不知而不愠，不亦君子乎？’”如下：“孔子说：‘学习而经常实践，不是很愉快吗？有朋友从远方来相聚，不是很快乐吗？没有人了解自己，并不烦恼怨怒，这不才是君子吗？’”译语浅近直白，不啻高深。

其次，在作“注”时，李泽厚只摘取刘宝楠《论语正义》，对论语二十篇之名及第次做出考辨；摘取程树德《论语集释》对“子”义为“男子之通称”的解释，对之做出肯断；摘取朱熹《四书章句集注》对“习”之“鸟数飞”的隐喻义的注文，对其做出疏解。

最后，撰“记”。“记”是真正的观念性阐发，它由原章“悦”“乐”二字引出以“实用理性”与“情感本体”为根基的华夏“乐感文化”传统，并将其与西方“罪感文化”和日本“耻感文化”加以对照，阐扬这种“乐感文化”传统的独特性及其在后世的深远影响，即一种积淀了群体性情感心理与人性根基的生存本体。同时，它将“学”释义为学而成人（仁），认为只有“学为人”才可能成为“悦者”，这便将人的现世生存与本体立命问题合二为一，体现了原典儒学的基本义理精神。[2]

显然，从阐释学观念与方法看，李泽厚上述所谓的“哲学性阐释”实为一种区别于“考据性阐释”的“修辞学的阐释学”，它包含了文本阐释（“译”）、文化阐释（“注”）、历史阐释（“记”）的全部修辞学阐释要素，其最终目的，是对“半宗教半哲学”的《论语》作“既解构又重建的

1 李泽厚：《论语今读》，生活·读书·新知三联书店，2004年，第15页。
2 李泽厚：《论语今读》，生活·读书·新知三联书店，2004年，第24—27页。

工作”[1]。鉴于“《论语》本就生存在解释学之中”[2]，因而返经汲古式的还原主义阐释似应谨慎。因为一方面，“今读”以文本“批判的继承”和“转化性的创造”为鹄的，对原典儒学的宗教性与哲学性加以解构分梳，将“政”与“教”，即社会性公德与宗教性私德、公共政治与人格理想加以区分：“宗教性道德（‘内圣’）可以经由转化性的创造，而成为个体对生活意义和人生境界的追求，它可以是宗教、哲学、诗、艺术。社会性道德（‘外王’）可以经由转化性创造，而成为现代政治体系的中国形式：将重视人际和谐、群体关系、社会理想以及情理统一、教育感化、协商解决等特色，融入现代政治的民主体制建构中，而开辟某种独创性的未来途路。”[3]

另一方面，经由对儒学“教”与“学”的意义重建，“教”成为一种松散而灵活，兼具含糊性和开放性的“天地国亲师”儒学“宗教”，“成为中国人对宇宙自然、家园乡土、父母夫妻、兄弟朋友、师长同学以及文化传统的某种道德和超道德的情感认同和精神皈依”[4]；“学”成为“可以把握、体认、领悟当下的和艺术中的真情和‘天人交会’为依归”的“情本体”[5]。通过这两方面的阐释，李泽厚才完成了对《论语》文本意义的创造性阐发，使“哲学性阐释”本身成为“修辞学的阐释学”的别样现代范式。

（五）成中英：中、西、马融通的本体诠释学范式

美籍华裔哲学家成中英（1935—2024）对中国古代文学阐释学的现代化阐释，主要表现在其基于中西哲学的会通观照而发展出的“本体诠释学”思想中。成中英所提出的“本体诠释学”，是一种以现代自然科学与精神科

1 李泽厚：《论语今读》，生活·读书·新知三联书店，2004 年，第 4 页。
2 李泽厚：《论语今读》，生活·读书·新知三联书店，2004 年，第 14 页。
3 李泽厚：《论语今读》，生活·读书·新知三联书店，2004 年，第 6—7 页。
4 李泽厚：《论语今读》，生活·读书·新知三联书店，2004 年，第 7 页。
5 李泽厚：《论语今读》，生活·读书·新知三联书店，2004 年，第 8 页。

学的统合为阐释语境，以中国诠释学、西方诠释学、马克思主义诠释学为理论资源，以阐释者、阐释语境、阐释方法、阐释文本的融合体为阐释对象，以阐释活动的经验反思、理性抽绎与价值建构为阐释方法，通过分析阐释对象的知识层次、价值层次和审美层次，实现向外拓展宇宙、向内深化自我，内外融通而催生知识、道德与审美意义的综通型阐释学。[1]

1. 本体与诠释的融通：“本体诠释学”的生成

成中英认为，人类基于外在感知与内在经验而作综合判断，是一切知识的基础，也是审美理解的基础。因此，“本体诠释学”包含“本体学”与“诠释学”两方面意涵：

> 本体学。直接面对“本”“体”之整体结构。完全从经验的反思、经验的观察、经验的自我认知及经验的不断整合，形成一有丰富经验之内涵，其至少应包含本、体、知、用、行五种活动。吾人可以把“性情”当作人的本体，把“心智”当作知之活动所致，然后再以“用行”来表达本体的实践。
>
> 本体诠释学。夫诠释学，即在反思当中寻找意义，在整体中找寻部分的意义，在部分中整合整体的意义。它运用概念、理念，并讲究逻辑之一贯，以归纳、演绎、组合、建造。斯是一种理解、表达，故当然重视语言之结构、寻求语言之意义。其目标是：使我能自我认知，使他人亦能认知——兹体现了一种沟通性、共通性之需要。在此意义上，诠释学即知识学，是知识的一种展开。而我将其整合称为本体诠释学。简单地说，本体诠释学包含自然主义外在化之科学知识论——这是诠释之基层。因为宇宙开放、发展、具多层次。故可据之而有生命哲学的语

1 成中英对“阐释学”概念，习用“诠释学”一词来指称。为忠于原文表述，本书在行文过程中沿用了“诠释学”一词，但读者应注意“阐释学”“诠释学”“解释学”三词之间的联系与细微差异。

> 言，以表达一种生命的体验——生之为生，生生之为生生的体验。对于此“生生”精神，我们有心灵、心理、心性之经验，以保证欲望、欲念和意志都在人的整体里面实现，这是一个心性结构，也在诠释学之范围里面。若谓之前所言关乎如何组成宇宙，此处则关乎如何组成自我。再一个层次：这些心灵、心性、心理活动怎样创造出一个价值活动，产生对真实、道德价值、审美、和谐、正义的认识？这样就变成了一种价值哲学。[1]

在成中英看来，所谓“本体诠释学”（onto-hermeneutics），即方法论与本体论的融合，用方法来批评本体，同时也用本体来批评方法。在方法与本体的相互批评中，真理就逐渐显露了。[2]“本体诠释学以建立一个本体的意识与本体论的系统作为诠释学的基础对象，……以中国哲学传统中的本体宇宙论、本体知识论、本体伦理学与本体美学为基本内涵”，它区别于伽达默尔哲学诠释学的人文理解基础与存在体验内涵[3]，并包含了“成己”与“成物”的互动过程：“我的本体是基于我对世界的认识所产生的一种对世界整体发展的一个具有生命力或者创造力的实体的认识，是基于我对世界的经验所产生的一个和我相关的整体世界的认识。世界在我中，也通过我对自我的认识来实现。所以我的本体里面包含了世界和自我的两个整合。”[4]具体来讲：

第一，本体问题。

“本体”兼有“本”与“体”二义。“本”是根源，是一种动态力量，具有历史性、时间性、内在性；“体”是目的，是“本”发展的结果，可分为“物体”（physical object）和“身体”（人和动物的body），具有体系性、空

1 成中英：《本体诠释学（一）》，中国人民大学出版社，2017 年，“总序”第 9—10 页。
2 成中英：《本体诠释学（一）》，中国人民大学出版社，2017 年，第 14 页。
3 成中英：《本体诠释学（一）》，中国人民大学出版社，2017 年，第 64 页。
4 成中英：《本体诠释学（二）》，中国人民大学出版社，2017 年，第 244 页。

间性、外在性。从空间上讲，“体立而本显”；从时间上或逻辑上讲，“本立而体生”。[1]“本体”（generative being）不是一个对象，而是一个创造性的活动，它“包含一切事物及其发生的宇宙系统”，“体现在事物发生转化的整体过程之中”；[2]“本体为有本有源、能够发育万物、显示生命与精神的实体存在，涵括天地宇宙万物与人的生命，并有持续不断生生不已的生命力，实现为阴阳互补、有无相需的动态创发过程。”[3]“本体”作为一种存在发生物，“不是一般意义的存有，乃是存有的发生，离开存有的发生不能有存有”[4]。“本体”不仅是道德的、实践的，也是认知的、理论的，既是宇宙的本体，也是个体的人的本体。[5]

在《本体诠释学的本体结构与诠释结构》（2005）一文中，成中英又说：“本体的概念有两重含义：一是纯粹的经验层次的概念，一是哲学或思想系统层次的概念。两个层次都涉及终极真实的理解，但一是实质的存有，一是语言的表述，因之本体一词也可说具有内外或主客两个方面的意义。所谓内即内在的意义，指人的心灵的真实或实际体验，是与心灵在对外经验的基础上对内在的自我反思的质感分不开的，此亦可看成心的智性的行为。所谓外即外在的意义，指对此自我内在或外在的经验与体验所做的理性与概念的思考。”[6]这样，本体既是原始的存在，又是自我与世界的存在。“本体可以是创化天地万物的太极，也可以是总合一切的道过程或理结构，更可以是实现原极与大全统一或主客统一的理智合一的精神，或曰天人合一、德道合一、情境合一、心理合一、理性合一的精神。”[7]

---

1 成中英：《本体诠释学（二）》，中国人民大学出版社，2017 年，第 231 页。
2 成中英：《本体诠释学（一）》，中国人民大学出版社，2017 年，第 59 页。
3 成中英：《本体诠释学（一）》，中国人民大学出版社，2017 年，第 70 页。
4 成中英：《本体诠释学（一）》，中国人民大学出版社，2017 年，第 98 页。
5 成中英：《本体诠释学（一）》，中国人民大学出版社，2017 年，第 74 页。
6 成中英：《本体诠释学（一）》，中国人民大学出版社，2017 年，第 159 页。
7 成中英：《本体诠释学（一）》，中国人民大学出版社，2017 年，第 160 页。

与西方诠释学语言本体不同的是，成中英的诠释学“本体”是一种非语言的意表默会。成中英说：“在‘本体诠释学’中，诠释所寄存的本体或其所达致的本体不必表明为一套逻辑性的或文法性的语言，若为语言也可隐蔽而不必兑现为特定的语言。也可以说，诠释所寄存的本体往往被看成非语言的（孔子所谓‘吾欲无言’）心灵观照与意境而不必予以一般性的语言表达。”[1]

第二，诠释问题。

“诠释”是意义的理解与实现。“‘诠释’是就已有的文化与语言的意义系统做出具有新义新境的说明与理解，它是意义的推陈出新，是以人为中心，结合新的时空环境与主观感知展现出来的理解、认知与评价。它可以面对历史、面对现在、面对未来，做出陈述与发言，表现诠释者心灵的创造力，并启发他人的想象力，体会新义，此即为理解。事实上，诠释自身即可被看为宇宙不息创造的实现。”[2] 由于“诠释是语言的道的活动，因而‘本体诠释学’也可以看成‘道的语言学’或‘道的道说学’”[3]。故而“本体诠释学”中的“诠释”，既有方法意义，也有本体意义。

在具体的“诠释”过程中，我们可根据方法与本体的不同定位而将其分为“解释”与“理解”。“诠释兼含解释与理解两意：呈现为方法即为解释，是相对于一个既存的意义空间而言的；呈现为本体即为理解，是一个整体的意义空间的创造。如以整体形象知觉（Gestalt perception）为例，一个圆形之头或显（视）为兔或显（视）为鸟以背景知识为选择的因素，这就是解释的典型。而一个艺术家经过运思创造出一幅具有创意的画，并不相应于任何先行的意识印象，这就是理解的典型。”[4]

1 成中英：《本体诠释学（一）》，中国人民大学出版社，2017 年，第 73 页。
2 成中英：《本体诠释学（一）》，中国人民大学出版社，2017 年，第 60 页。
3 成中英：《本体诠释学（一）》，中国人民大学出版社，2017 年，第 60 页。
4 成中英：《本体诠释学（二）》，中国人民大学出版社，2017 年，第 219 页。

因此，诠释不同于理解。“‘理解’是人的一个有意识的状态或心态，它上承人的原始的经验，下接一些未来的可能性的经验，展开成为一个语言的系统。……本体和诠释有着循环沟通，可以通过本体来掌握语言，也可以通过语言来掌握本体。”[1] 而“诠释”，在本体诠释学中承担着通达本体的使命。本体诠释学是由本体来进行诠释，透过诠释来了解本体，因此它不以理解为中心，而以诠释为中心，诠释是一种理性语言的表达方式，而不是脱离语言的内心顿悟或理解。“理解”则是“对一个用以阐明或揭示真实的陈述、观念或思想的体系的需求”[2]，它与语言关系异常紧密。理解是语言的，语言在有限中创造无限的意义。“语言概念可以是一个宇宙符号，然而它却不可能在有限的时空里穷尽表达宇宙的一切。因之，我们一方面应该挖掘语言的历史意义和历史的意义，另一方面则应不局限在历史之中，开创语言的意义空间和走出历史之外，创造人类文化与价值的空间。语言在此一理解下是时间和文化的连续体，又是时间与文化的超越者，是与语言的主体使用者的体验感受认知理解密切地结合在一起的。”[3] 虽然语言表义有限，然而其自身的历史性特征与使用者感受体验的无限性特征，又使语言的意义呈现出开放性与无限性。

这意味着，无论是理解，还是诠释，都需要在语言活动中发生。为了证明理解与诠释的语言特性，成中英根据奎因在《真理的追求》中厘定的“真理”要素，运用现代逻辑哲学的方法，将理解与诠释活动分解为五个方面：一是意象性或意欲性（intentionality），二是意义性或概念性（meaningfulness），三是指物性或对象性（reference），四是证据性或启示性（evidence），五是真理性或本体性（truth）。[4] 五个方面的细分使得理解

1 成中英:《本体诠释学（二）》，中国人民大学出版社，2017 年，第 199 页。
2 成中英:《本体诠释学（一）》，中国人民大学出版社，2017 年，第 1 页。
3 成中英:《本体诠释学（一）》，中国人民大学出版社，2017 年，第 62 页。
4 成中英:《本体诠释学（一）》，中国人民大学出版社，2017 年，第 33 页。

与诠释不再停留于内心的证悟与体验，不再停留于外在的说明与注释，而是关联于语言通向真理的路途中。

这样，渗透在哈贝马斯与伽达默尔之间的根本诠释学分歧——科学有其客观知识条件而必须杜绝诠释学的理解意识，与科学知识仍服膺于历史诠释——就在成中英对理解与解释中心定义中得以化解。成中英援引奎因的知识不确定理论，一方面降低科学知识的客观性基础，另一方面提升历史知识的客观性水准，将自然科学的理解与人文科学的理解植根于人类共同的语言与对实在的共同历史经验：理解必得在共通的语言中进行；人类内心需要一种关于世界与关于理解的整体论，以获得一种关于世界与自我的整体经验与共通理解。理解的共通性源于更为深层的人与宇宙的共在共感。“人与自然宇宙的共通性是任何诠释的前提。人之理解宇宙是在变动不居的宇宙事件流行中进行的，也就必须日日更新，与时俱行，此即为本体的更新及本体意识的更新。”[1]“本体性与历史性同为诠释的基本面向，却相互具有张力，本体要超越历史而包含历史，历史要涵摄本体使其成为历史的内在。两者相互激荡，也相互补充，构成了诠释必须不断发展的创造机缘。”[2]

理解与诠解的共同语言基础、共同性先天结构表明，理解与解释的区分只是相对的，二者的相互转化才是绝对的。理解与解释的转化是一种主客观知识的融通与转化、方法与本体的涵摄与转化。“把理解结构化为知觉的对象，就是理解的解释化；相反，如果把解释过程化为主观知觉的形式，就是解释的理解化。故理解与解释可以看成一体的两面（此处本体有两义，即与方法相对应的本体，以及包含方法的整体的本体），诠释本体必须借助理解及解释的两性，既以之为方法的理性意识，又以之为本体的直觉观感，表现为知识的连续延伸，同时还表现为价值体验的超越突出。”[3]因此，理解与诠

1 成中英：《本体诠释学（一）》，中国人民大学出版社，2017 年，第 74 页。
2 成中英：《本体诠释学（一）》，中国人民大学出版社，2017 年，第 72 页。
3 成中英：《本体诠释学（二）》，中国人民大学出版社，2017 年，第 219 页。

释的关系是：“理解是心灵的行为，诠释是语言的行为，两者是互为表里的，故有此必有彼，有彼必有此。”[1] 具体来说：“理解是用自身的语言说明、表述、解释或论证对话对方的语言及相关因素，以求得自身系统的思路的合理性、相关真实的明白性与系统陈述的条贯与统合性。此一思想的努力就是诠释。”[2] 而“诠释”即“把理解诉诸语言文字，理解就是诠释。诠释因之可以规定为理解的文字化与语言化，或可谓求得理解在文字上的整全表达”[3]。

在2000年与伽达默尔的一场思想对话中，成中英再次表达了此一“诠释”观念，认为“诠释”是将“理解”明朗化并用语言重建历史的过程，它超越对象自身而包含了作者的创作与读者的阅读双向经验过程：“就艺术、文学来说，一个艺术家重建他对自然、人生和艺术的感受，又成为一种艺术的诠释。一个小说家把事件用文学语言表达出来，就成为文学诠释。一部戏剧也是一种诠释。如何看戏剧、读诗歌又是一种诠释。”[4] 经验，从而成为诠释活动的重要源泉。在《融通古今：本体诠释学的理论建构》（2013）一文中，成中英将诠释的“经验”属性扩展为诠释活动的基本特性，将诠释的根源认定为“我们有什么样的经验资源，我们对这个文本的认识有什么样的了解，我们有一套什么样的语言，我们怎么掌握文化的符号来认识这个本体”[5]，以此阐扬“诠释”的经验根源与价值属性。

为了突出“诠释”的经验根源与价值属性，成中英又区分了“诠释”（hermeneutics）与“解释”（interpretation）的不同。“诠释”意味着双向的沟通、理解，而“解释”则意味着单方面的理解。在《本体诠释学与中国哲学的现代化和世界化》（1992）一文中，成中英说：“解释是用科学法则来解

---

1 成中英：《本体诠释学（一）》，中国人民大学出版社，2017年，第158页。
2 成中英：《本体诠释学（一）》，中国人民大学出版社，2017年，第158页。
3 成中英：《本体诠释学（一）》，中国人民大学出版社，2017年，第167页。
4 成中英：《本体诠释学（一）》，中国人民大学出版社，2017年，第171页。
5 成中英：《本体诠释学（二）》，中国人民大学出版社，2017年，第233页。

释某种现象，诠释则是基于一个本体意识来了解一种现象。解释导向知识，诠释则导向价值。因此，本体诠释学既是一种方法哲学，也是一种本体哲学，它能够通过方法与本体的结合、统一来探求意义与价值。”[1]

正是在方法与本体相统合的意义上，成中英表达了一种类似于狄尔泰的看法，认为“诠释”的目的在于“更好地说明、表达各种意见”，在于“澄清、显露、修订、改变什么”，而“诠释”（interpretation）不同于“解释”（explanation），这是因为：“在诠释里，我们并没有可以坚持的law的概念，我们只能追求一种圆融的理解。”“诠释不应该有一个固定的模型，其意义关键在于呈现一个本体的系统。”[2]诠释活动需在语言中进行表明了诠释的理性认识与批判反思特征，并且诠释活动在理性认识与批判反思中允许新的经验、新的意义的诞生：“诠释就是在观察事物与体会内在心灵的感应的基础上创发意义，然后用语言表述出来的过程。”[3]在这个过程中，一方面，诠释者要“消解文本原意（dissolve）再进行意义的重组与再决（resolve）”；另一方面，诠释者要将这种意义“形之于新的话语”。[4]诠释因而也就是“在一个整体的或接近整体的意义意境感受之下激活原有文本的意义，重组意义，减除旧义，增加新义，促其涌现为一个新的意义格局，而最后落实为句词之意指与意义”[5]。

总之，成中英本体诠释学之“本体”与“诠释”，并非施与受的对偶关系，亦非我与它的主谓关系，而是相互发明、彼此激引、互为对象性的存在论关系。在这种关系中，本体即诠释，诠释即本体，本体诠释学由此形成。

2. 本体诠释学的六原则

不同的诠释学常有其不同的阐释原则。为了建构与本体论诠释相适应的

1 成中英:《本体诠释学（二）》，中国人民大学出版社，2017年，第283页。
2 成中英:《本体诠释学（一）》，中国人民大学出版社，2017年，第49页。
3 成中英:《本体诠释学（一）》，中国人民大学出版社，2017年，第69页。
4 成中英:《本体诠释学（一）》，中国人民大学出版社，2017年，第69页。
5 成中英:《本体诠释学·（一）》，中国人民大学出版社，2017年，第69—70页。

诠释学原则，成中英首先根据贝蒂在《论诠释学为人文科学一般方法学》一书所提出的诠释原则，从客体与主体两个方面，概述了贝蒂诠释学的四条原则：

第一条：“主体的独立原则”（autonomy of subject），即我们研究的主体是否清楚、独立。

第二条：“全体意义的圆融原则”（coherence and totality of meaning），即部分与全体之意义圆环原则。

第三条：“理解的实现原则”（actuality of understanding），即理解是否能在意识中真正重建，真正达成有机的组合。

第四条：“意义的和谐化原则”（harmonization of meaning），即我们个人了解的观点与他人的观点是否能尽量接近。[1]

根据成中英，“诠释经典要寻求作者、文义、文本、背景的统一性，在此过程中就必须诉诸包含原则（the charity principle）以及简单原则（the simplicity principle），两者并不冲突，可以先开放多样性，然后进行简化与规范”[2]。结合贝蒂方法论诠释学四原则，可以得出经典诠释的基本精神应为：“（1）要保持经典的真实性与完美性。（2）不但求其部分的真，尚要维护其整体或大体的真，故诠释经典或注释经典都有一个潜在的目的即维护或创发或昌明其已具有的 noble spirit。（3）事实上如有偏离，则要尽力维护其合法性或合理性，或在事实的基础上，发明或厘定新的典范，导向新的本体之知。”[3] 即本体诠释学既要维护经典之精神本义，保持其思想的完整性，又要昌明其久已尘封的经典精神，在新的经验基础上创新经典。基于这一认识，建构与本体诠释学相适应的诠释学原则，需要我们将上述贝蒂基于“客体”

---

1 成中英:《本体诠释学（一）》，中国人民大学出版社，2017 年，第 14—15 页。
2 成中英:《本体诠释学（一）》，中国人民大学出版社，2017 年，第 220—221 页。
3 成中英:《本体诠释学（一）》，中国人民大学出版社，2017 年，第 220 页。

与“主体”二分所作的诠释学四原则，拓展为基于“本体”“形式”“经验”三分的六原则。它们是：

第一条：“本体的先识原则”（pre-understanding of ontological circle），即本体本身的基本假设必须清楚化。

第二条：“意义终极概念化原则”（ultimate categorization of meaning），即意义的来源、概念的范畴等必须清楚界定。

第三条：“逻辑结构秩序化原则”（ordering of structure），即语言所指涉的具体事务和抽象事物必须有它清晰的层次，不能混淆不清。

第四条：“语言指涉定值原则”（formulation of referentiality in language），即利用现代逻辑中之量化法以规范指涉对象。

第五条：“历史发生原则”（analysis of historical genesis），即历史发生的基本条件在于有事件发生了，事件与事件之间组成历史的序列，但这种序列的意义并不限于我们对历史的理解。

第六条：“效果影响原则”（analysis of efficacy），即各种思想间如何相互影响、意义本身经历了什么样的演变等问题。[1]

成中英提出的上述诠释原则，实为对贝蒂的客观性诠释原则与伽达默尔的主观性诠释原则的调和。贝蒂所主张的基本诠释原则是：文本的自主性原则→文本的圆融原则→文本的实现原则→文本的和谐原则。伽达默尔哲学诠释所遵循的基本诠释原则是：理解的本体性→理解的时间性→理解的历史性→理解的语言性→理解的现实性。在成中英看来，只有这两种诠释原则的融合，才能形成本体诠释的有效诠释。

根据本体诠释学，一种有效的诠释必须包含三个层次：一是在语言层次上，文本语言需遵循“内在的常识意义以及人们接受的语法规则”。二

1 成中英：《本体诠释学（一）》，中国人民大学出版社，2017 年，第 15 页。

是在概念或理论层次上，“文本的任何一个术语、一个短语、一个句子、一个段落的意义都是基于独立理性基础上形成的理论或原则的内容和结果”。三是在本体论层次上，有效的诠释要求一个终极标准，那就是本体论的真理。[1]在成中英看来，这三个层次实际上就是本体诠释学的“语言连续性原则”“理论连续性原则”“本体真实性原则”，它们互为支撑，并通过“语言层次上的文本一致性 / 连续性”“理论层次上的理论说服力”“本体论层次上的本体论真理”的诠释学循环[2]，最终形成文本意义的有效诠释。

遵循本体诠释原则，“‘文本诠释’可名为语义与意向诠释（以寓意为基础以达到新意义），进而可谓‘概念诠释’（以概念为基础以达到新概念），再进而为‘本体诠释’（以本体为基础以达到本体的认知与经验的整合）”[3]。而从本体到诠释活动的基本逻辑是：宇宙本体→人的本体 / 人类心灵的本体活动→语言活动→理解活动。按照成中英，“诠释一定建立在对本体的深刻认识基础上。在宇宙本体基础上产生人的本体、人类心灵的本体活动，而人类心灵活动就会产生语言活动。语言活动是一种沟通的工具，通过语言产生对彼此的理解。它可以把人内在的理解推广到其他人的心中。每个人的语言可能都不是统一的，只能通过彼此的交互了解，或者交互的对话，产生一种共同理解。这样诠释就会发生作用。诠释首先是自觉的理解，就是推广的理解、交互的理解、沟通的理解”[4]。

3. 本体诠释学的方法：本体诠释学循环

在本体诠释学看来，意义的把握是一个“诠释圆环”的过程：“即当我们要了解一些‘部分’的事物时，我们同时要理解‘部分’所隶属的‘全体’，也就是说在‘部分’与‘全体’的关系中，‘部分’决定‘全体’，

1 成中英：《本体诠释学（一）》，中国人民大学出版社，2017 年，第 110—111 页。
2 成中英：《本体诠释学（一）》，中国人民大学出版社，2017 年，第 112 页。
3 成中英：《本体诠释学（一）》，中国人民大学出版社，2017 年，第 222 页。
4 成中英：《本体诠释学（一）》，中国人民大学出版社，2017 年，第 91 页。

‘全体’也同时决定‘部分’。”[1]“圆环”具有丰富的指称意义：“此一圆环代表人的存在的内在性与外在性的相合之道，也代表人与人、社群与社群、文化传统与文化传统或文化系统与文化系统之间的对话与沟通，甚至也代表人与天地万物，宇宙历史与未来的互动与交融。”[2]作为“方法”的“圆环”，因而同时也是“本体”。因此，本体诠释学的基本诠释方法“本体诠释学的循环”，是指理解过程中方法论与本体论互为前提与互为结果，理解活动是一个由知识而价值、由价值而知识的循环往复过程。

本体诠释学的圆环中，本体与方法具有同一性。“‘本体诠释学’意味着根据本体论的观点或者本体宇宙论的理解或者世界中的存在的理解来进行解释。它也是一种对本体论理解或者本体宇宙论理解所做的解释，也是朝着本体论理解或者本体宇宙论理解所做的解释。因此，它既属于本体论的理解或本体宇宙论的理解，同时也是为了本体论或本体宇宙论的理解，也是通过本体论或本体宇宙论来理解。”[3]

“本体诠释学循环”方法决定了诠释活动是“存在的接受性”与“意义的创造性”的双向过程。

> 在诠释学的思考中，我们必须认识到与诠释理解攸关的两个面向：存在的接受性（receptivity of existence）与意义的创造性（creativity of meaning）。诠释活动的“存在接受性”见之于对已有事实的知觉与认知，对历史效果的观察，对基于未来可能性的投射的预期，以及对人的

1 成中英：《本体诠释学（一）》，中国人民大学出版社，2017 年，第 14 页。成中英更倾向于用“诠释圆环”（Hermeneutic Circle）代替俗称的“诠释循环”，因为“圆环”一词“能更好地表明诠释学具有结构性与过程性”，揭示诠释的“整体和部分是在一个动态过程中相互弥补和相互决定的”：“部分和整体相互决定，并逐渐走向一个整体结构系统”。“‘诠释圆环’乃是从部分寻找整体、决定整体；又从整体寻找部分，决定部分。由部分和整体的关系来决定‘诠释圆环’，这中间没有任何真正的起点。”参见成中英：《论中西哲学精神》，东方出版社，1991 年，第 64—65 页。

2 成中英：《本体诠释学（一）》，中国人民大学出版社，2017 年，第 17 页。

3 成中英：《本体诠释学（二）》，中国人民大学出版社，2017 年，第 7 页。

> 理解先设或先验条件与已定结构的发现或揭露；诠释活动的“意义创造性”见之于对人的知觉与感受能力与经验的实现与显示，建立在人的认知与意志活动形成的观念思考，对行为规范理想的追求，以及对达到个人或社群的价值目标最佳方式与方法的探索与开发。只有如此，才能彰显人的自主的存在，以及作为道德主体的存在。[1]

显然，在成中英看来，前者与知识相关，具有客观性与被动性；后者与价值相关，具有实践性与创造性。前者的代表是现代诠释学的发轫者阿斯特、施莱尔马赫以及后来的狄尔泰与贝蒂；后者的代表是现代诠释学本体论转向后的海德格尔与伽达默尔。而以《易经》为代表的本体诠释学，则可以把二者统一起来。但鉴于《易经》本体诠释学的浑朴性，我们应该借用现代分析哲学家奎因的自然主义知识论与本体论，将《易经》本体诠释学推进为一种更具普遍性与基础性的“后设或先设本体诠释学”（meta-onto-hermeneutics），以便在理论与实践两个方面发挥它的诠释学的效用。这种诠释学，“让我们更好地认清诠释学的多元本体与文化内涵，同时探其异同，更好地发挥诠释学之用，不但用之于社会科学、法律学、美学，且能用之于伦理学与人的本体的实现”；同时提醒我们，本体学与知识学循环、存在的接受性与意义的创造性的融通在本体诠释学中的重要性。[2]

在本体诠释学循环中，首先需要解决的是理解的接受性与创造性二分的问题。“它是接受性的，因为效果历史意识是历史效果性或我们须认识到的效果历史的结果。另一方面，我们必须以这样一种方面锻炼我们的理解，即我们要通过一种可能的诠释看到历史差异的统一性和未来差异的统一性，人

1 成中英：《诠释学中的存在接受性与意义创造性：从伽达默尔到本体诠释学（上）》，《安徽师范大学学报》（人文社会科学版）2014 年第 5 期。

2 成中英：《诠释学中的存在接受性与意义创造性：从伽达默尔到本体诠释学（上）》，《安徽师范大学学报》（人文社会科学版）2014 年第 5 期。

们将因为实践理性而引领。伽达默尔强调了实践理性的重要性：它为我们产生的不是过去的统一性，而是未来的统一性。这意味着，实践理性使我们在诠释中变得有创造性，反之亦然。正是我们的创造性使我们能够保护我们的实践智慧以及发展我们的实践知识。这进一步意味着，我们不能只是坐等历史对我们产生其影响，而是可以思考和追求知识。这导致了我们的行动的自我调节性规范，不管是按照作为共同体的我们的实际利益，还是作为从我们的理性和经验的投射的可能的共同体。这会使得我们的诠释学经验成为可能，因为我们总是能够提出属于我们的过去的问题以及属于我们的未来的问题。”[1]

如何解决？《易经》的循环解释方法为我们提供了启示。《易经》之所以具有沟通理解的接受性与创造性，原因在于其所建立的“天—地—人”本体诠释学循环中，人不仅接受性地经验世界，而且创造性地经验世界：“存在的接受性和人的创造性总是在相互作用，接受性是预设的或给予的，而创造性则是通过学习和反思来培养与建构的。反思既扮演接受的角色，也扮演创造的角色。以这种方式，产生人之实在性的世界的实在性成为理解人的原始模型，因为它被看作是接受性与创造性（可分别命名为艮和乾）相互作用的开放过程。”[2]

可以看出，正是通过《易经》的“天—地—人”本体诠释学循环，成中英才巧妙地解决了诠释学中接受性（决定性）如何导向创造性的问题，调和了方法与本体、客观性与主观性的统一问题。在成中英看来，为了实现这一目标：（1）“我们必须把人性看作是出自一个我们将之视为有意义的世界即意义世界”；（2）“我们必须承认，诠释中的主观性与知识中的客观性须被理

1　成中英：《诠释学中的存在接受性与意义创造性：从伽达默尔到本体诠释学（上）》，《安徽师范大学学报》（人文社会科学版）2014 年第 5 期。

2　成中英：《诠释学中的存在接受性与意义创造性：从伽达默尔到本体诠释学（上）》，《安徽师范大学学报》（人文社会科学版）2014 年第 5 期。

解为一种在我们关于世界的知识的指导下追求和实现世界中的人的目的或目标”；（3）“我们必须把自我和世界看作是在自然的语言以及文化的语言中被给予的，而它们又必须由我们的理解来建构”。[1] 一言以蔽之，我们必须有一个作为功能的本体生成性来源，以此获得道德与认识的建构，“完成我们存在的完整性”，“追求生命整体的知识—价值体系”。

总之，本体诠释学循环，意味着“在接受性和创造性两种意义上理解诠释”，意味着“发展和确立与作者和读者或诠释者和翻译者相关的理解的意义”。在此基础上，“我们将看到，意义的诠释学循环可以被看作是一种语境化的自然现象或一种积极的理解方法，这种方法探究的是和一个文本有关的我们的实在经验。伴随着这种理解，我们必须还要在三种层次上看待诠释学循环：语言性—语义学层次、宇宙论—本体论层次，以及诠释—建构层次，最后一种就是诠释学的创造性层次”[2]。这三种层次表明，本体诠释学循环“并不是语言或语法的诠释循环，而是产生天—地—人三者互生互存的本体发展的循环”[3]。正是后者，赋予了诠释学以强烈的实践指向：“世界不只是接受性地被经验到的，而是创造性地被经验到的，这将导致在人这一方面的创造性行动。正如我们所知，正是基于这些本体—诠释学的理解，人性才被激起并得到培养，这样才有可能构造一种世界的宇宙论，它会为人的行动的道德抉择以及道德德性的培养提供激励和动机。这就是我所说的诠释学理解的创造性方面，它不仅可以用于道德行动，而且也可以用于朝向目的价值的政治行动……与人的情感有关的创造性。”[4]

1 成中英：《诠释学中的存在接受性与意义创造性：从伽达默尔到本体诠释学（下）》，《安徽师范大学学报》（人文社会科学版）2014 年第 6 期。

2 成中英：《诠释学中的存在接受性与意义创造性：从伽达默尔到本体诠释学（上）》，《安徽师范大学学报》（人文社会科学版）2014 年第 5 期。

3 成中英：《诠释学中的存在接受性与意义创造性：从伽达默尔到本体诠释学（下）》，《安徽师范大学学报》（人文社会科学版）2014 年第 6 期。

4 成中英：《诠释学中的存在接受性与意义创造性：从伽达默尔到本体诠释学（下）》，《安徽师范大学学报》（人文社会科学版）2014 年第 6 期。

当然，本体诠释学或诠释学的本体论并不反对现代科学的知识论，而是以克服知识论的偏狭为路径，运用辩证发展的观点，使其成为一种包融知识论与价值论的辩证发展。成中英将这种辩证发展命名为“对本体”与“自本体”的循环发展，它们各自的路径是：科学知识→认知知识→理解、体会、体验、感受→真理→本体真实，本体真实→真理→感受、体验、体会、理解→认知知识→科学知识。[1]

4. 本体诠释学与文学诠释学及本体美学的施用关系

成中英的本体诠释学应用于对文学艺术现象的诠释，就成为文学诠释学或本体美学。

在成中英看来，既然文学的感受来源于生活的“实在”，亦即生活的“真理内涵”，那么文学必然要通过某种形式来表达这种“真理内涵”。[2]“文学的一个功用可以说是透过形式对自我与世界做了解。表现这个性质的特征，我称之为生命的主观性。”[3]对“生命的主观性”表达的结果，就是某种“生命情态”（life mood）。文学的源泉就在于我们于具体的生活情境（context of life）中体验到某些独特的生命情态，这种情态永远具有“活泼（vividness）”与“独特性（uniqueness）”，它构成了文学的无限源泉，并幻化出无限的文学内容与形式。[4]

成中英的这种修辞学文学诠释观，是其本体诠释学的自然推衍。早在20世纪60年代于台湾大学所作的“联合讲演”讲座中，成中英就表达了这样一种文学诠释学观念：文学是对自己感受情意或情绪欲望的美的表达，人总是“希望能把美的东西表达出来，或是把所希望表达的东西表达得很美”，

1 成中英：《21世纪中国哲学走向：诠释、整合与创新》，《中国社会科学院研究生院学报》2001年第6期。

2 成中英：《本体诠释学（一）》，中国人民大学出版社，2017年，第256页。

3 成中英：《本体诠释学（一）》，中国人民大学出版社，2017年，第257页。

4 成中英：《本体诠释学（一）》，中国人民大学出版社，2017年，第255—256页。

人通过美的表达来见证自己所创造的东西，从而“把自己客观化或把自己推广到世界，让自己变成世界的一部分”[1]。而写于20世纪六七十年代之交的《论现代文学理论的适当条件——一项哲学性探讨》与《从哲学看文学——论文学四义与文学十大功能》，则集中表现了成中英的文学诠释学思想。

在这两篇文章中，成中英表达了一个共同的观点：文学诠释的原则基于文学活动与文学作品的本质。“无论何种形式的文学活动，都是一项在人类境况中了解及实现人性的具体努力。……文学活动亦为反映及表现人性和人类境况的丰富及一致的方法之一。”[2]“文学作品”可以定义为：“一项为传达人性整体而做的努力，而其目的在于分享及表达人性的深切期望。……文学活动在本质上采用具体的语言，乃为和谐及人性的最终想象力，及借由文学活动本身传达对此想象力的需要。……文学固而为人类本质的观念及人类境况的实在之结合与对证。”[3]与文学活动的本质紧密相关的“人性”，按照成中英的看法，是指“哲学家及诗人一致公认的一系列持续的人类情感、理智、欲望”[4]，从而文学的本质就在于：“文学是用直接而具体的方式来表达人对自然世界、社会世界和精神活动之感兴。”“感兴就是生活在这世界上的人对其周遭环境的一种以情意为主的效应。”[5]

基于这种修辞学文学诠释观，成中英提出了现代文学理论的八条文学批评原则：

其一，“人性及人类境况中的个体发生原则”。这是指文学批评需植根于个体性的文学经验，而个体性的文学经验正是了解人性及人的生存境况的端口，从而它构成了文学批评的基本内容。

1 成中英：《本体诠释学（一）》，中国人民大学出版社，2017年，第255页。
2 成中英主编：《本体与诠释：美学、文学与艺术（第七辑）》，浙江大学出版社，2011年，第260页。
3 成中英主编：《本体与诠释：美学、文学与艺术（第七辑）》，浙江大学出版社，2011年，第260页。
4 成中英主编：《本体与诠释：美学、文学与艺术（第七辑）》，浙江大学出版社，2011年，第257页。
5 成中英主编：《本体与诠释：美学、文学与艺术（第七辑）》，浙江大学出版社，2011年，第283页。

其二，“说明及自我表达原则”。这是指文学批评需将文学的自我表达形式关联于其他艺术表达形式来说明其独特性，从而揭示出其表达形式的优长与不足。

其三，“哲学及文化相关的原则”。这是指文学批评必须揭示文学作品的哲学及文化内涵。

其四，“语言用法的独特及创作原则”。这是指文学批评必须揭示其独特的语言特性与语言结构，说明该语言特性及语言结构在表达作品内容方面的意义。

其五，“特殊呈现的原则”。这是指文学作品必须通过独特、丰富的形式与内容来呈现普遍性的文学形式与内容。

其六，“想象力及其经验、真相的深奥普遍性原则”。这是指文学作品必须体现出对人性、人类境况、人的想象力之极致表达。

其七，“全体性综合及组织的原则”。这是指文学作品必须具有一种有机整体的形式和结构，从而最利于揭示人性及人类境况的复杂。

其八，“反身自我批评的原则”。这是指文学批评诸原则应与文学创作实践互动关联，从而推动文学理论与文学创作的发展。[1]

这八条文学批评原则，由于均是作者将本体诠释学思想应用于文学活动的结果，因而实际上也是其文学诠释学的八条原则。

在成中英看来，文学作品的阐释目的指向美感经验，而这种美感经验是阐释学循环的结果。“一个美感经验也是部分与整体相互影响和扩大的结果，是读者和作者心灵交流的结果，是一种移情感化的作用。”[2] 按照成中英，文学作品的这种“诠释圆环”因其同样是文本部分与整体、作者与读者相互

1 成中英主编：《本体与诠释：美学、文学与艺术（第七辑）》，浙江大学出版社，2011 年，第 277—278 页。

2 成中英：《论中西哲学精神》，东方出版社，1991 年，第 67 页。

交流的结果，因而具有本体性。“创造一个对象与诠释一个对象之间，是有重要联系的，对创造性本身的了解可以被看作是对主观心灵的客体化的诠释过程。”[1] 因而，诠释者站在作者的立场上，像作者那样去理解创作及其作品，就成了把握文本意义的重要方式。

而读者之所以可以像作者那样理解创作及其作品，原因就在于世界与文学同质同构，同具有真善美之性。在写于晚近的《世界的文学性与文学的世界性》（2020）一文中，成中英使用互文阐释的方法，指出：“文就是事物的纹理，文学代表一种具体表达内部状态的形式。文学和人性有内在关联。无论从自身来讲，还是从社会功能来讲，文学都是用语言表现和传达具体事实、事态，包括人性事实、状态，即人性之真。而人性之真本身就有追求善的能力。文学的目的，就在于经过感性的经验把人生的问题表达出来。文学不仅是透过人对世界的表达，也是通过这种表达显现为文学作品之后，成为人生与世界的一部分。……世界有文学性，而文学也构成了一个世界性。这个世界是以虚构的方式，或者把真实故事进行改造，直接影响人的感受和对世界的认识。”[2] 这种文学与世界的同构关系，最终指向的是一种本体美学的建构。

按照成中英，“本体美学就是说我们要维护我们在本体体验中的整体性、自然性，让它能呈现出一种自然的快乐。一切美好的东西都可能具有这样的特性，一个真实的美便反映出一种本体的存在，而本体的存在又同样反映出真实的美”[3]。而所谓“本体的存在”，就是能贯通外在与自我，融通知识、价值与审美的生命存在。

因此，本体美学有其本体存在根基。因为既然当代人类的生存现实指向审美，当代哲学精神是一种审美精神，那么以人类生存现实与哲学关怀为根

1 成中英：《论中西哲学精神》，东方出版社，1991 年，第 74 页。
2 成中英：《世界的文学性与文学的世界性》，《深圳大学学报》（人文社会科学版）2020 年第 4 期。
3 成中英：《本体诠释学（一）》，中国人民大学出版社，2017 年，“总序”第 11 页。

基的本体诠释学，其本质也应为本体美学，它应是本体论、诠释学与美学相互贯通的结果，并最终表现为真理性的艺术经验与美感。在这个过程中，艺术作品、阐释理解、审美经验互为本体与功夫；而审美不仅是体验，更是深入艺术作品的真境，是发现、创造艺术作品时那颗敏感的心灵和那颗心灵与万物照应时刹那敞亮的生命世界。因此，所谓“本体诠释”的说法已然合知、情、意为一。艺术作品的意义正生发于三者的相互抉取之中。

在为《本体与诠释：美学、文学与艺术》（第七辑，2011 年）所撰写的“前言”，即《“本体美学”的重要启示》一文中，成中英也指出，“美作为本体的体验显然是属于本体的，也是属于诠释学的，它同时包含了体验与理解，具有个体性也具有人与人之间的共通性”[1]。“本体美学”（onto-aesthetics）作为真善美的统一，包含了六大原则：其一，美在感之中原则。即美既是表象的感觉经验，又是感觉经验的精神升华。其二，多重关系决定原则，即美是由其所处的具体环境决定的，美在关系。其三，美在凝聚生气与开发生气，即美在生命情态的饱满充实与美感经验的灵性快乐。其四，美在现实化与理想化的并行，即美可提升现实、超越现实而又回归现实。其五，美在观中原则，即美具有主体因情生境与客体因境生情的双向特性，主体与客体在互“观”中才成为美的生命体。其六，美感与美因人与世界共享本体的根源产生永恒的生命意义，亦即美感与美相系于人与世界而获得永恒的生命意义；反之亦然。[2]

在本体美学中，真善美相通并相互作用。“真善美之间以及各种境界之间是能相互沟通的。……美是透过我的直接感受实现的，这种美是无私的，不带功利的。当它呈现于文字或图像中，这样一个无私的东西正好作为道德

1 成中英主编：《本体与诠释：美学、文学与艺术（第七辑）》，浙江大学出版社，2011 年，“前言”第 2 页。

2 成中英主编：《本体与诠释：美学、文学与艺术（第七辑）》，浙江大学出版社，2011 年，“前言”第 1—3 页。

的标准，这样从美转化为善就是可能的了。美启发善，美象征善，这是一方面；另一方面，善之为善，是因为善能带来快乐，这样善也就是美的了。善本身是一个开放的世界。”[1]“我们可以将美当作真理追求的对象，这样，美就变成了真理。……真具有象征的层面，故真也可以成为美。真只有隔离才成为美，隔离就产生了距离感，用距离感去看真，去掉自我利益的束缚，真也就可能成为美了。真也可以转化为美，需要距离；美也可以转化为真，需要理解美构成的内涵。这样看来，真、善、美是可以相互转化的。”[2]而这样的融合了真善美的本体美学堪称是一种包容性的世界美学，是一种扎根于中国美学并融合了东西方美学的新的现代美学形式。这种美学形式的变革意味着我们需要对传统美学中的美感活动与美的本质做出重新诠释。

在历史上，由审美对象所产生的美感到底属于自然抑或人类心灵，曾经是近代西方美学的核心问题，成中英将这个问题转述为：

> 美和崇高同样是人类在情感和感觉上对自然和外界事物作出的反应。这些反应并不能脱离人类的情感以及激发它们的各种形状、大小和颜色。人类情感是特定的、有明确区别的，因此相应的美的（或与审美相关的）物体和事件也是特殊的、有分别的，它们引起的体验可能包括心灵/精神/身体上的愉悦、情感的自由游戏、精神上的自由、痛苦的解脱免除、冲突的消弥解脱、自我意识的丰富、超脱俗务困扰等等。我们可将这种独特的对美和崇高的审美情感看作是一种精神发现和人类对自身的一种欣赏，而它们则可以作为判断或辨别美与崇高及其价值的标志或准则。[3]

1 成中英:《本体诠释学（二）》，中国人民大学出版社，2017 年，第 211 页。
2 成中英:《本体诠释学（二）》，中国人民大学出版社，2017 年，第 211 页。
3 成中英:《中国美学中美的动态化过程：诗画交融的创造性和谐》，《世界哲学》2004 年第 2 期。

作为对外界自然精神的发现与人类对自身的欣赏，美就是主客体交融统一的事件，美感就是主客体处于交融统一的和谐状态时的情感，是主客体之间创造性的互相作用所产生的一种直观性、直觉性的和谐体验。

……美是当主体敞开心胸去观赏自然，同时自然也敞开怀抱等待着主体来观赏时，主客体之间发生的一种富有创造性的过程。美是将主客体统一起来的事件。换言之，当一个人眼中看出的是和谐的自然时，他就会体验到自然之美。这也意味着主体必须处于某种特定的心态之中，而客体也必须处于我们称之为“和谐”的状态中。唯有这样主体遇到客体时才会产生美……

由此我们可以看出只有在主体心灵和客体自然均处于一种适合的状态时，两者才能互相作用从而产生美感。在此意义上美无疑是一个结果、一个事件、一种互动，它以主客体之间的统一和谐为前提，因此可以称之为主体（心灵与客体）自然的创造性统一与动态化和谐。[1]

正是在“主体（心灵与客体）自然创造性统一与动态化和谐”的意义上，本体诠释学与本体美学实现了统一：“本体美学是基于本体诠释学的”，本体诠释学的作用“就在于更深地拓展了美的深度、广度及变化度和各种层次”，以使美成为一种充满活力的生命之美，美学研究成为对美的生命的丰富体验与说明。[2] 在这个过程中，本体美学一方面通过“本体性的体验”，说明美的真实的基础，促进自身的发展；另一方面又通过“本体性的诠释”，阐明本体美的源头与生成机制，揭示美作为认识与伦理的双重价值，说明美

1 成中英：《中国美学中美的动态化过程：诗画交融的创造性和谐》，《世界哲学》2004 年第 2 期。
2 成中英：《本体美学的研究方法》，《艺术百家》2012 年第 5 期。

在心灵的感受与体验领悟中的重要意义。[1]

5. 语言在本体诠释学中的基础性地位

按照本体诠释学的逻辑，在诠释活动中丰富语言的意义，就是丰富事物与我们生命的意义。“我们需要集中关注如何使用我们的语言来描述一个特定的有待理解的现象，这种理解超越了语言的当下形式和意义。然而这种新的理解可以反过来丰富特定形式的语言的意义。换句话说，当我们的思想具有创造力并由于碰到的文本语言和我们世界的经验而变得活跃时，语言就变得具有创造力了。”[2] 由于不同语言影响不同思维与表意，因而选择何种语言作为本体诠释学的工具，就显得异常重要。与西方语言相比，汉语语言的功能有二：一是表意，它不指谓世界，而是显示世界，一得真实，即弃语言；二是做审美对象，是表达形象和声音的图像，而不是直接掌握世界、传达意义的工具。[3] 因而汉语在丰富语言意义方面具有独特优势，以“汉语”为阐释筌蹄，可以推动本体诠释学的创新：

> 中西方两个文化系统，其语言的出发点是不同的，中国的是形象语言，西方的是声音语言。中国的形象语言一是象形；二是象声，都是模仿自然；三是指示，也以形象—符号模拟自然；四是会意，即显示复杂事物的关系。此四原则决定中国文字的形象性。假借和转注是意义的延伸，事实上也是形象性的延伸。西方的声音语言就不是对自然的模拟，而是比较纯粹的信号，但不是符号。符号有模拟性，信号则是约定俗成的，是一种出自理性的带规则性的规定。形象语言是空间性的，从展开的空间中去模拟或掌握对象世界。声音语言则是时间性的，通过时间的

1 成中英：《本体美学的研究方法》，《艺术百家》2012 年第 5 期。
2 成中英：《本体诠释学（二）》，中国人民大学出版社，2017 年，第 28 页。
3 成中英：《中国语言与中国传统哲学思维方式》，《哲学动态》1988 年第 10 期。

延续来显示外界事物。因重视时间，所以声音有高低大小，而长短更为重要，一个字由数目不等的音节组成。[1]

这并不是说语言决定思维，而是说语言制约思维，“整个人类对自然和生活的认识及其生活经验决定他的表达工具”[2]；思维的不同，最后决定语言形式结构与表意内容的不同。成中英说：

与同声音语言相联系的西方思维的两极分化相反，同形象语言相联的中国思维则走向两极融合。两极融合是主客体之间未割断的近距离关系，主客之间要求“不隔”，去掉主客之间的“隔”，可以成为象，成为言，成为意，也可忘其象，忘其言，忘其意。形象语言所表现的，实际上是文法学、语义学和语用学的三合一。文法是约定俗成的，在用上表现出来；语用则有外在的法和内在的意，法是形式的东西，意是主客交融中所显露出来的形象；所以意可变成象，变成形，变成言，也可以变成没有象，没有形，没有言。这是中国语言在语法、语义和语用上的同一性。所以中国语言没有谓格、动词形态、助词形态或名词形态之别。一种语言必须用明显的语法结构表达差异，使其固定化。动词时态等等能明确地表达对象，确定地把握世界，这对生存有帮助。中国语言却没有这种分别，因为主客是一体，分辨已在你的体验之中，已在既定的网络之中。Text（本文）同 context（上下文）不要做严格的分开，把 text 永远看作 context 的一部分，context 则包含了主客体。context 也可说是当前语用环境、语用条件的差异，听话人可以知道。一个字、一句话足够一个人去体会一番。体会能力高，则可领会多些；体会不

1 成中英：《中国语言与中国传统哲学思维方式》，《哲学动态》1988 年第 10 期。
2 成中英：《中国语言与中国传统哲学思维方式》，《哲学动态》1988 年第 10 期。

到，问题不在说话人，而在听话人。西方则不同，话听不懂，说话人负责。[1]

不仅如此，中西方语言在意义的诞生途径上亦存有重要差别，西方是“因果线型论”，中国则是“因果相生论”；前者谨守语言决定论的释义原则，后者则遵守“诠释圆环”的释义原则。成中英指出：

西方语言是用词的变化来规定对象的，中国语言则是整体定位，其意义是在网络中决定。Context就是网络问题。中国诗无标点，古文不分段，条理是隐性的。诗文意义是由整体来解决，你知道的整体越多，你了解的个体就越多。整体与个体相互决定，没有哪一个是开端。西方语言则是由单音组成词，由词组成句，由句组成整文，个体决定整体，是显型推理。这种语言原子论把一切还原为元素，用元素来建构。中国则无元素观念，要反复思辨，从整体到个体，又从个体到整体，然后形成一个整体与个体相互融合的境界，一个主客融合的关系网。中国是通过宇宙来掌握语言，走向整体思考；西方则是通过语言来掌握宇宙，走向理性思考。[2]

当然，中西方语言意义生成的差异并不意味着以语言为基础的本体诠释学无法融通中西诠释学，而只是需要我们对二者的内容加以剥离，将中国诠释学的部分内容（训诂学）与西方诠释学的整体加以融通。在写于2018年的《训诂、语义与诠释》一文中，成中英就将中国传统的训诂学与西方的诠释学互训，指出训诂学就其内容而言可比同于西方的诠释学。

1 成中英：《中国语言与中国传统哲学思维方式》，《哲学动态》1988年第10期。
2 成中英：《中国语言与中国传统哲学思维方式》，《哲学动态》1988年第10期。

> 传统的训诂学（相当于英语中的 Textual Criticism），是对语言形音义三方面关系的认识，目的在确定一个字或字句的语义，因此可以纳入语义学；透过语义学，我们能更全面地掌握古代文本的意义，进而又能导向对该文本整体的诠释，进入诠释学的领域。以是故，乃有“训诂—语义—诠释”这样的三个层次。我们可以据这三个层次来探讨训诂学如何被纳入到语义学的范围内、语义学又如何被纳入到诠释学的范围内。[1]

这样，训诂学作为“一种寻求文本原始意义以确定现实可用意义的研究”，因其涉及“文字训诂”“语义说解”“概念诠释”三大内容，其所遵循的三大原则——意义的分层原则、历史与现实相互支持原则、整体循环原则——也堪称中国诠释学的三个原则。[2]在具体的文本训诂过程中，由于“文字必须向语言开放，语言必须向概念开放，概念又必须向诠释开放，诠释又必须向人与世界的本体开放”[3]，因而文字训诂，实际上构成了诠释过程的一个重要起点，即由文字训诂达致语言释义，由语言释义达致概念诠解，构成了训诂诠释学所遵循的基本原则。“训诂是语义确定的一部分，语义确定是诠释的一部分，而诠释通过语义的确定乃能形成文字的含义。”“训诂的作用，就在于其能注释及建立古典文字的一种历史、表征其含义。不过，文字含义的确定，一方面依赖历史的考证，另一方面也借重其在整体文字体系中所凸显出的意义。而要掌握这里所说的意义，又必须要以现今对世界上相关事物的认识为凭依。”[4]这样，经由训诂而生发的诠释活动就须向人与世界的本体开放，以获得历史与现实的意义；文本诠释最终也要脱离文本的文字、语义、概念而进入更为深广的本体世界，上升为本体诠释，再由本体诠释回

---

1 成中英：《训诂、语义与诠释》，《中国训诂学报》2018 年第 3 辑。
2 成中英：《训诂、语义与诠释》，《中国训诂学报》2018 年第 3 辑。
3 成中英：《训诂、语义与诠释》，《中国训诂学报》2018 年第 3 辑。
4 成中英：《训诂、语义与诠释》，《中国训诂学报》2018 年第 3 辑。

归到概念、语义与文字的意义确证，完成一个诠释循环。而为了完成诠释循环，获得对文本语义的整体性与历史性理解，我们一方面需要将“训诂—语义”层次的诠释递升为“训诂—语义—诠释”，使训诂诠释成为哲学诠释与本体诠释，完成诠释学的循环；另一方面也需要扩展诠释活动至生活与生存世界，使诠释学本身成为“语言文字化的追迹”“文本意义的语义表达”“文本意义的诠释性展开”意义逐层递升过程。[1]

6. 本体诠释学的目标：中、西、马诠释学的会通

本体诠释学的意义，内外生成方式决定了其并不以单纯的文本诠释为目标，而是以文本及其背后的存在万象与生命观照为目标。为了实现这一目标，本体诠释学必须将理解与解释的普遍性推向艺术、历史、语言，一如伽达默尔哲学解释学沟通历史、真理与语言那样；同时，又必须借鉴中国诠释学智慧，将诠释学推向科学、宗教、伦理、社会等更为广阔的领域，使其成为人类一切经验与知识的典范。为此，我们首先必须在诠释立场上走出一切狭隘的科学主义、现代主义与传统主义，“把科学、文化、现代与传统熔于理解的洪炉而陶铸出人类走向更高境界的新眼光和新智慧”，“把中国的文化与哲学提炼为人类走向理解与融合的一条重要通道”，并具体思考如下问题：（1）如何跨越异质的中西或东西文化而不物化于独一的科学主义？（2）如何从人类文化中建立理解的典例与范型来作为理解的方法？（3）作为理解文化与融通文化的中国文化又如何开拓出整体普遍的理解典例与范型？中国文化同时又如何吸取科学方法而不为科学方法所役使？（4）我们能否在理解的基础上建立方法的自然科学，也在方法的基础上建立理解的人文科学，更在一个根植于生命体验与宇宙宏观的基础上兼取真理与方法、知识与价值，而不必限定在一种方法学的模式之上？[2] 在成中英看来，通过对上述四大问题

1 成中英：《训诂、语义与诠释》，《中国训诂学报》2018 年第 3 辑。

2 成中英：《本体诠释学（一）》，中国人民大学出版社，2017 年，第 59 页。

的思考，我们就可以确立本体诠释学的最终目标：会通中西哲学，融合自然科学与人文科学，最终实现本体性诠释学作为一般性与普适性哲学的建构目标。

在这个过程中，首先要注重诠释者的内在修持，“强调自我反思，结合文本的含义、生活的事物的考察与实际行为的经验，力求扩大自我的眼光与心灵的境界及生命的价值以达到与人、与物共通的境界”，实现己与物通、己与人同、己与天地万物为一体、己与天地精神相往来的本体诠释学的宏阔目标。“我们必须认识到，只有在一个更深沉及更高远的人与世界的本体思考中，东西方才能找到一条通向人之所同本及人之所同体的本体宇宙与本体真理之路。这就是沟通中西、借诠释以求同释异的本体致用的意涵，也就是本体诠释学兼具诠释本体与本体诠释的双重思考的功能之所在。”[1] 毕竟，“诠释学的发展是人们建立一个新的时代、新的文明的开始”[2]，只有在本体诠释学的平台上，人类才能建立和而不同、共享共用的思想交流平台；也只有通过这一平台，才可以阐明人类共同的经验与共同的语言，进而形成一个和融的生活世界。[3] 在全球化与本土化相互激荡日益炽盛的今天，本体诠释学将日益体现出其积极的价值：

> 面对当代全球化与本土化的激荡中创造新宇宙与人类生活世界的体认，现代人不能不尽快建立一个新的思维认知方式，一个新的宇宙观，一个新的自我心性哲学和一个新的行为判断标准。新的思维认知方式意涵着天人互通、互动与互融；新的宇宙观意涵着本体宇宙论的体验与观察；新的自我心性哲学意涵着主体自我提升、转化与主客的相互超越与

1 成中英：《本体诠释学（一）》，中国人民大学出版社，2017 年，第 37 页。
2 成中英：《本体诠释学（一）》，中国人民大学出版社，2017 年，第 50 页。
3 成中英：《本体诠释学（一）》，中国人民大学出版社，2017 年，“总序”第 6 页。

创造；新的行为判断标准则意涵着知行的整体与动态的合一。这三者又是相互激荡、相互制衡的。三者都必须在差异中以求整合，在整合中以求创新。诠释是个别中求全体，也是在全体中求差异。整合则是为了提供平衡和开放的创造空间，而创新则是求存在价值的提升与生活世界的丰富。其最终目的在实现生命的整体和谐与持续创化。[1]

为了实现本体诠释学的价值，还必须寻求一个更加一般性的诠释学体系，此即本体诠释的体系。“只有在一个更具深度的或更有高度的人与世界的本体思考中，东西方才能找到一条通向人之所同本、人之所同具的本体宇宙与本体真理的道路。这就是沟通中西、借诠释以求同释异的本体意涵，也就是本体诠释学兼具诠释本体与本体诠释的双重思考功能之所在。必须说，中西诠释学的主流同属于一个一般性的本体诠释的网状体系之中。”[2] 当然，成中英在此并未言明的是，在这个一般性的诠释学体系中，中西传统诠释学各有其位置，中西现代诠释各有其存在价值，它们都会在不同的诠释领域发挥其效用，同时共享一些基础性的诠释学观念。这样的诠释学体系所建立的不单是对象的知识，同时也是自我的知识，它不唯是客观性的知识，同时也是价值性与审美性的知识。

在实现中西诠释学融通目标过程中，一方面必须正视中西诠释学思路的内在差异，承认二者存有“自本体的诠释”与“对本体的诠释”思路的不同。在成中英看来，这种思路的不同，类似于中国哲学诠释学的“本体诠释”（interpretation from ontology）与西方哲学诠释学的“诠释本体”（interpretation of ontology）之不同。“在本体诠释中，诠释的主体持本体的

1　成中英：《21 世纪中国哲学走向：诠释、整合与创新》，《中国社会科学院研究生院学报》2001 年第 6 期。

2　成中英：《21 世纪中国哲学走向：诠释、整合与创新》，《中国社会科学院研究生院学报》2001 年第 6 期。

立场，所诠释的是人所面临或经验到的现象，可说是以人为中心，而把外在的事物视为对主体的人的事件发生，不一定具备本质性与永久性，因之很看重事物的变化性，甚至以变化为事物的本性。”[1] 而诠释本体则与之相反，它以恒常静态对象的本体，看重的是事物意义的恒定性。

另一方面，还必须寻求通过超越中西诠释学的内在视野来实现多样诠释学的会通，即言，我们不仅要援引中国诠释学与西方诠释学资源，还要引借马克思主义诠释学资源，实现中、西、马诠释的会通。中、西、马诠释学会通的方法有二：“一是彼此承认，相对地维持彼此承认的差异，进行对话，维持各行其道、相互尊重的平衡关系，但这不是最终意义的会通；二是一种理想的会通状态，即我们承认差异、认识差异，经过差异之间的认识，产生一种新的力量、新的意识，将差异融化在这种新的意识之中。这种融化并不是把差异消失掉，而是在更大的体系中发挥各自的作用，产生新的力量。但要注意的是，这个更大的体系发自差异者的内在的同一性，而非外加或强加的同一性。但也不是说系统的同一性不可能，而是说同一性必须建立或导源于内在的同一性。”[2]

也就是说，在中、西、马会通的过程中，应首先确立会通的前提：“以中国哲学为本，产生中西哲学会通之体。”同时，应树立会通的目标：“建立了一种和而不同、不同而和的融合。”[3] 在具体的方法路径上，一方面，要将中国哲学作为会通之“本”，这是因为：“中国哲学具有一种生活世界的基本价值和对生活的基本动力的导向。基于对生命及其创造力十分尊重的宇宙观，不是追求抽象的世界，不是追求身后超越的信仰，而是要在生活中体现与实践出世界的真实性与价值性。这个基本的精神，从古到今中国人没有放

1 成中英：《本体诠释学（一）》，中国人民大学出版社，2017 年，第 19 页。
2 成中英：《寻求保留差异的中西马哲学会通之路》，《社会科学战线》2012 年第 2 期。
3 成中英：《寻求保留差异的中西马哲学会通之路》，《社会科学战线》2012 年第 2 期。

弃过，现在，在人类全球化的文化发展中，当然占据一个非常重要的地位，因为它既可以作为人的精神生活的起点，也可以作为人的精神生活的理想目标。”[1] 而以之为方法来诠释文学艺术，就是要揭示文学艺术中所体现并彰明的世界的真实性与价值性，使后者成为一种文学的观念与态度。

另一方面，也要积极阐扬马克思主义思想的现实性与理想性，因为这种现实性与理想性较容易与具有“两希”精神的西方哲学，以及具有本、体、知、用、行传统的中国哲学相融通。在这一过程中，马克思主义的重要性就在于：“它是中西文化会通来改善现状的一个‘用’，一个‘行’。”[2]“马克思的超越与理想精神，只有在结合中国文化的实际中，形成了中国人的新实践主义与新实用主义。中国人的存有与创发思想和认知变化（通变）与变通的能力也给予马克思主义一种新的活力与主导力。这样，马克思主义中国化的作用，已经变成中国文化现代化发展的重要部分。在中西文化会通的基础上，马克思主义也成为中国人实现现代性的基本手段。”[3]

通过中、西、马的会通，最终实现本体诠释学的本、体、知、用、行五大辩证范畴的圆融统一。在其中，“本”是根源，“体”是外化，“知”是对“本”与“体”的认识，“用”是用“知”来充实自己的本体，“行”是行为方式与目标实现。“中西马的会通就是要看中西马之间的本、体、知、用、行的关系，达到一种整体的了解，使三者的差异具有一定的定位和关系，产生一种有利于全体发展的生命体整体发展的动力与推进过程，进而产生一个更高的目的和实现这个目的的动力与推进过程。”[4]

在成中英看来，中、西、马诠释学的最终会通，有助于解决全球性或后全球性所面临的诸多问题，并对人类文化整体的未来发展具有启示意义。

---

1 成中英：《寻求保留差异的中西马哲学会通之路》，《社会科学战线》2012 年第 2 期。
2 成中英：《寻求保留差异的中西马哲学会通之路》，《社会科学战线》2012 年第 2 期。
3 成中英：《寻求保留差异的中西马哲学会通之路》，《社会科学战线》2012 年第 2 期。
4 成中英：《寻求保留差异的中西马哲学会通之路》，《社会科学战线》2012 年第 2 期。

“中西马的会通可以看作中国文化走向现代化与世界化，走出前全球化或贡献后全球化，找寻新的世界架构的一个新的思维与行为方式。”其中，“中国传统哲学发展、中西互融、中西马会通分别扮演着本、体、用的角色，中国哲学的发展是本，中西会通是体，中西马会通是本与体的用。由于本体的用，行之使其一以贯之，形成周游循环的动态力学体系。因之我们可以把中西马的会通看成是一个不断循环、发展与创发的更新过程，也就是生生不已之道”[1]。为了实现这样的目标，我们必须以我为主，“站在中国文化的本体立场，来寻求人的基本价值的发用，来建立一个仁爱、正义和和谐友善的社会，并创造出一个全球化的道德发展的环境，以一种融合的方式，来同时达到伦理化或管理化的目标。要做到这点，脱离不了中西会通之体，也就是以仁爱、正义、和谐作为基础来实现现代化中的自由、平等与繁荣。这些基本价值不能违反终极的社会价值，也就是中国哲学启发出来的仁爱、正义与和谐的德行伦理”[2]。

总之，成中英的“本体诠释学”圆览周照，淹贯中西，不仅是对中西诠释学中作者中心论、文本中心论、读者中心论的批判，更是以此为基点，实现对文本意义、世界意义与自我意义的新的理解。其最终的知识学结果，“必然导向建立中国诠释学”[3]。中国古代文学阐释学的现代化阐释，发展至成中英的“本体诠释学”，跃升为一种较为成熟的中国当代文学阐释学范式。

1 成中英：《寻求保留差异的中西马哲学会通之路》，《社会科学战线》2012 年第 2 期。
2 成中英：《寻求保留差异的中西马哲学会通之路》，《社会科学战线》2012 年第 2 期。
3 成中英：《本体诠释学（一）》，中国人民大学出版社，2017 年，第 177 页。

第二章
西方文学阐释学本土化阐释中的“中国范式”

西方文学阐释学的本土化过程，是一种将西方阐释学理论、西方文学理论、西方哲学及西方社会学等诸多理论综合为一，以探求能够有效理解并阐释中国当代文学与文化现象的阐释学努力。从身份转化的角度看，它并未局限于西方文学阐释学文本的单纯“中国化”阐释，而是因宜适变，绾合众多中西方文学阐释思潮而探求一种具有质变性的新的文学阐释学范式。

本章在内容上将讨论西方文学阐释学的四大流派，即西方文学心理学阐释学、西方文学语言学阐释学、西方哲学阐释学、西方文学社会学阐释学，如何经由在地化的“新格义”阐释而走向本土化，实现自身从“西方性”向“本土性”的身份转化过程；同时，对于那些已经初步实现本土化阐释的西方文学阐释学范例，即“公共阐释”“审美阐释”与“实践阐释”，讨论其如何通过观念与应用的互文阐释，实现自身的“本土性”与“世界性”身份认同。

第一节　阐释语境：本土化阐释范式的出现与西方文学阐释学的身份转化

西方文学阐释学在中国当代的接受与理解，源于中国当代独特的阐释学语境，特别是进入20世纪80年代后，中国思想文化界的整体现代性的诉求为西方多样文化思潮的接受创造了条件。

从西方文学阐释学东渐的具体条件来看，20 世纪 80 年代初中国文学理论界整体性的“别求新声于异邦”吁求，虽存在着新概念盛装旧思想的弊病，但那种充满活力与张力的现代主义、后现代主义及其阐释观念在文学理论界的整体性接受，则是一个划时代的文学阐释学事件。虽然对现代主义的接受主要限于其睽违意识形态与形式技巧层面，对后现代主义的接受也多泥于其总体性的颠覆潮流，二者还只是构成了诊断和解决本土问题的理论资源而非观念心理，但由此启示出的，却是中国当代文学阐释学抛开过往传统，通过寻找“他山之石”以重建当代中国文学阐释范式的努力。正是这一努力，为西方文学阐释学的东渐奠定了坚实的方法与观念基础。

首先，推动西方文学阐释学东渐并转型的，是发生在文学阐释学之外的一桩大型学术迻译事件。从 20 世纪 50 年代起，商务印书馆连续翻译出版西方古典学术名著 300 余种，至 1981 年起正式命名其为“汉译世界学术名著丛书”翻译计划，这不仅标志着 20 世纪中国学术史第二次大规模西学东渐浪潮的开启，更为西方文学阐释学的东渐提供了资源保障。从翻译范围来看，该计划既有空间上的“传四方之语”，又有时间上的“通千年之言”。从翻译方法来看，它既有类似于佛典汉译中的“滞文格义”意译法，也有“依慧不文”的直译法。虽然该翻译计划中个别文本的翻译效果值得重思——比如意译中存在故意改写和不合原典文轨的译法现象，即为增益接受的程度，故意“译胡为秦”，连类格义，随宜方便，而疏忽了原典形式文法常为文义本体之事实，因而减损原典形式文法之“筌罔”客观上就会造成难以“得鱼”的后果；再比如直译中的“援西入中”的翻译誊录或思想借援，也远未达到“互文化”（inter-culture）翻译与对话的效果，毕竟，理想的翻译，当为一个语言与文化的移植与创化，其过程如翻锦绮，移橘为橘，最终流为文化的对话与激赏，而非迻译改写或传移摹写——但是，这种敞开大门学习借鉴的翻译姿态，却为西方文学阐释学的顺利进入打下最为坚实的方法与资源基础。

其次，发生于20世纪下半叶中国文艺美学界的系列重要问题讨论以及由此形成的现代性知识观念，为西方文学阐释学的东渐与转化准备了观念基础。揭开这一讨论序幕的，是20世纪50年代至60年代的“美学大讨论”与“形象思维”讨论。这些讨论围绕美的本质与文艺创造的本质问题，追问美与文艺作品的意义来源问题，形成了一种在不同立场与观念方法指引下的共通性意义追问取向。从讨论范式来看，作为一种时代性的知识运动，它们都致力于寻找一种统一性的时代性美学与文学观念，认为凭此观念，社会主义文艺知识的同一性便可通达时代的统一性。进入20世纪80年代至90年代后“人道主义”与“异化”问题、主体性问题与人文精神讨论及文化研究等思潮，又共同催生了一种新的时代性知识潮流，即：向外寻找代表现代性进步主义的思想观念，向内寻找支持现代性与历史进步主义的深层动力。结果是：现代性的同一性与历史进步主义观念在文艺美学领域普遍形成，追问文本及其创造的意义问题成为文学研究的根柢。与西方社会在20世纪60年代起就开始由现代性转向后现代性不同，现代性的同一性与进步主义的历史观一直是支配其时直至此后很长一段时间内支配中国社会话语讨论的思想根基；人、存在、社会的意义等现代性问题始终是这种讨论的深层动力。正是基于这样一种总体性的时代语境，20世纪80年代后“人道主义”与“异化”问题讨论所引发的从世界关怀到个体关怀的转变，人文精神讨论与主体性问题讨论所经历的从自由创造性到实践创造性的转变，文化研究出现所激发的从纯文学到大文学的转变，才成为该期西方文学阐释学本土化转化的观念动力。一种符合时代与社会发展潮流的现代性问题阐释与深层意义追问，由此成为时代潮流。

从阐释方法角度看，文学现代性的阐释范式需要将地理意义上的空间文学转捩为哲学意义上的时间文学，以此进入现代性的时间轴线，接续并追赶已遥遥领先的西方现代性时间与知识观念。从阐释实践角度看，20 世纪 80 年代以来，围绕现代主义问题而发生于中国文学理论领域的现代性、主体性、民族性的胶着与建构思潮，实际上正是理论界重新认识文学、重新寻找文学意义来源的阐释学运动。毕竟，现代主义并非是一种杜绝普遍主义的原子个体主义，它只是“透过自己的特殊性来感知自己为普遍性的代表”[1]。从实际的文学现场来看，其时张扬现代性的“欲望化”写作将个体的爱欲与文明提高到永恒生命本体的高度，在灵与肉的激荡中探寻个体生命存在的意义，也正是要为此一文学观念提供感性支援。而 20 世纪 90 年代后的“文化研究”将文学意义的阐释导向“文化”方向，一方面是为现实生活提供文化与审美支援，提升个体感性现实生活的质地；另一方面也是文艺理论向更大知识领域拓展边界，丰富自我意义，希求自身适应宏阔时代的现实需要，它们共同反映了中国当代文学阐释学从工具本体到审美本体与知识本体，再到功用本体的意义转变。当文化研究通过关键词“阶级”“种族”“身份”“性别”“地域”“民族”的突显，将现代性的时间先后（“古”“今”）置换为空间性的左右（“东”“西”），抹除现代性内含的历史与价值维度时，它就为文本的政治性与社会学意义的凸显打开了空间，使文本的意义由审美与知识表达转变为政治与社会追求。文化研究所完成的这种阐释学“体”“用”关系转变，实质上也是文本身份问题的转变。当文学的外在功用明显压倒文学的内在属性并成为文学研究的时代主潮时，“文学经典”就不再是历史事实，而是文化建构，而横亘在西方文学阐释学与中国文学阐释学之间的“夷夏之辨”，由此便得以消解。这些都为西方文学阐释学的本土化奠定了观念基础。

最后，文学知识体制于 20 世纪 80 年代后的整体性转变，也为西方文学阐释学的接受与转化提供了制度支持。20 世纪 80 年代起，以欧美《文学

1〔德〕彼得·毕尔格：《主体的隐退：从蒙田到巴特间的主体性历史》，陈良梅等译，南京大学出版社，2004 年，第 58 页。

理论》（主要是韦勒克、沃仑合著的《文学理论》）为知识结构的教材，取代苏联《文学概论》教材（主要是季摩菲耶夫《文学原理》、毕达可夫《文艺学引论》、柯尔尊《文艺学概论》等）成为大学文学理论教学主流。从内容上讲，尽管其时的文学理论教材还主要是一种对欧美文学理论的模仿与复制，但它在客观上为其时的文艺政治松绑与文化转型提供了知识动力。从动力上讲，由于这一时期的文学理论家们太半参与了往昔教化主义文学陈规的解构与现代性重构，并且，作为“中国文学理论”代表性身份的中国古代文学理论的存续与转化也离不开他们的主动参与，因而其知识的现代性与理论家们的现代性舵手身份便双双获得了文艺体制的支持。从对象上讲，对大学里“西方”文学理论与文学思潮的火热学习成了学生配享现代化“四有新人”的身份戳记。因此，虽然这一时期以欧美为原型的文学理论教材编纂与西方文学理论的繁荣，在主观上得益于知识分子“开眼重看世界”的全球视野与启蒙的公共担当，在客观上却与意识形态的渐趋宽松与商业经济的日益开放密不可分。在这样一种总体性的氛围下，“天下”早已不再是政治意义上的“中国”，而是地理意义上的“世界”；“汉语学术”已不再是民族意义上的“中国学术”，而是知识意义上的“汉语文化圈”；“启蒙”也不再是精神意义上的“思想觉醒”，而是社会意义上的“身份认同”。

总之，上述三重变化所引发的对西方文学阐释学的接受与中国当代文学阐释学范式的转变，虽在总体上脱离文学创作的发展，但它并非纯粹的观念演绎或思潮嬗变，而是不同工艺—社会结构与文化—心理结构折射下时代精神与个体情感相互辉映的产物。在这一过程中，中国当代文学阐释学接纳西方文学阐释学并建立起了“社会主义现实主义”“形象思维”“主体性”“典型”等一系列含义明确的阐释话语，成为人们理解这一时期的物质生产、政治结构、文化观念与个体情感的一面镜子，它带动西方文学阐释学初步完成本土化转化；而西方文学阐释学则在本土化转化过程中参与中国社会秩序的重构与价值观念的移转，推动中国社会及其价值观念加速走向现代化。西方文学阐释学本土化过程中的这种双向互动性，提醒我们对西方文学阐释学本土化的理解必须超越单纯的阐释学视野而追问其背后的复杂背景，将西方文学阐释学从其原有位置解缚开来，从其所处的复杂谱系及传播角度，分析其原本意义及东渐意义。

从西方文学阐释学原有位置来看，它在20世纪60年代之前的现代发展可概括为六条进路：《圣经》注释的诠释学、一般语文学方法论的诠释学、施莱尔马赫的语言理解之科学的诠释学、狄尔泰的精神科学的诠释学、海德格尔与伽达默尔的存在论的诠释学，与以符号诠释为中心的更为多样的文化诠释学。[1] 如果从意义的生成逻辑来看，西方阐释学实际上经历了由“局部阐释学”到“一般阐释学”再到“哲学阐释学”的发展转变。其中，“局部阐释学”将文本阐释理解为是对其特定语法、结构、语义的分析技巧，如神学阐释学、历史阐释学、法律阐释学等就认为，文本的意义应局限于文本之内。“一般阐释学”将文本阐释理解为对文本意义发生过程中意义一般原则与方法的探寻，如施莱尔马赫与狄尔泰的阐释学所坚持的意义源于文本创造者的本意的阐释原则，认为文本的意义既来源于文本之义，也来源于文本作者之意，特别是来源于作者个人心理（施莱尔马赫）、时代社会、文化背景与生命意义整体（狄尔泰），即意义是文本与作者协商的结果。“哲学阐释学”将文本阐释理解为阐释者与阐释文本意义互相生发、互相建构的过程。在这个过程中，阐释既是意义存在的本体，也是阐释者存在的本体，文本的意义就生成于阐释者与文本视域融合的理解过程中，意义来源于文本之义、作者之意与读者之臆的融合搭建，因而对文本意义的阐释也正是阐释者对自我意义的阐释，是阐释者本身的意义存在方式。

1〔美〕理查德·E. 帕尔默：《诠释学》，潘德荣译，商务印书馆，2012年，第50—51页。

从西方文学阐释学东渐转化的角度看，上述西方文学阐释学的发展演变及其东渐传播，在理论精神上契合中国古代文学阐释学传统，在价值指向上符合中国当代文学阐释学与中国当代思想文化的整体诉求，这就为其顺利进入中国并获得接受、传播与转化提供了内在条件。反过来讲，西方文学阐释学从 20 世纪 80 年代起大规模东渐至今，始终走了一条立足中国文学阐释学语境，因应中国文学与文化现代性的需求，通过自身的积极转化来创新中国当代文学阐释学话语与世界文学阐释学话语，参与中国当代文学阐释学建构之路。[1] 从而参与并建构“中国当代文学阐释学”或当代文学阐释学的“中国范式”，就在事实上成为西方文学阐释学本土化阐释的最终目标。

第二节　怎样阐释：还原西方性，抑或走向中国性

（一）阐释原则：意义外求与含义变异

在西方文学阐释学本土化过程中，如何确立阐释的原则以完成外来资源的本土转化，是首先需要解决的问题。而回答这个问题，需要我们将作为阐释对象的西方文学阐释学置于中国当代文学阐释学的整体性身份叙事与话语逻辑中来审理。从身份叙事与话语逻辑的角度看，中国文学阐释学进入当代后，在知识社会学的意义上经历了一个近似于政治学意义上的身份归附过程，即由“脱亚入欧”到“脱欧归亚”，再到“汇通欧亚”。由于此一转变，作为传统阐释原则的“知人论世”与作为外来阐释原则的“知人论地”，就同时成为中国当代文学阐释学的阐释逻辑。换句话说，中国当代文学阐释学

1　对外来理论的接受及其自身的内在转化都是时代社会需求的产物：“一个时代的理论立场必然影响到该时代的人的理论视野，因此，一切外来影响之所以能够实现都是由于当时当地的自身文化需要这种影响，一切对古代的和过去的文化的看法，都是从当代的理论观点出发的，是当代文化的延伸。”参见高建平主编：《当代中国文艺理论研究（1949—2009）》，中国社会科学出版社，2011 年，“代序”第 16 页。

的阐释逻辑，不是以阐释者的国族或专业身份来判分，而是以阐释活动本身为依据，将阐释活动依其内外性质的不同而区分为审美的阐释、政治的阐释、知识的阐释三种范式，认为三种阐释范式彼此渗透、相互熏染，在此基础上，才又将具体的阐释活动划分为民族性阐释、西方性阐释、世界性阐释等不同身份类型。基于这一事实，我们对不同阐释活动阐释逻辑的厘定，就须在总体上讨论不同阐释活动所共同依凭的阐释逻辑或元叙事，到底是科学叙事、政治叙事、历史叙事，抑或文化叙事？只有回答了这个问题，我们才可以确定西方文学阐释学本土化阐释的原则依据。

首先，中国当代文学阐释学的基本立场，不是从中国文学的价值观、历史观出发的，而是从 19 世纪以来西方的科学观与文化价值观出发的。正是中国当代文学阐释学所依凭的西方历史主义、科学主义与实用主义价值观或阐释逻辑，才为西方文学阐释学的本土化阐释提供了合法性来源。反过来讲，以历史主义、科学主义与实用主义为阐释基础的西方文学阐释学本土化阐释，其直接目的就是为阐释活动的科学性奠基。这样，历史主义、科学主义与实用主义就成了中国当代文学阐释知识合法性的源泉。这一合法性源泉使得我们对西方文学阐释学本土化过程中发生的一系列阐释学问题，如概念和范畴的存留、转译与变革的问题等，必须站在更高的中国现代知识体系的元叙事、元理论层面来理解，而不能限于单纯的文学经验与阐释方法层面；必须从阐释学概念与范畴所关联的文学阐释学知识与理论的结构性持存与变革，而非经验层面对文学意义的瞬时顿悟或记忆理解来理解。

其次，从更广阔的背景来看，20 世纪初至今的中国文学概念、范畴与命题的接受、传播与演变，多是在科学 / 文学、政治 / 文学、文化 / 文学的二元叙事中提出并论证的，这一事实表明现代以来中国文学与中国文学阐释学的概念与命题意义，实由它的科学母体、政治功用与文化使命所赋予。以最为讲求文学知识体系与阐释立场的“文学理论”教材为例，20 世纪上半叶与 1980 年后的中国《文学概论》教材，太半套用了被认为是具有科学性的西方《文学理论》一般课程结构——文学本质、文学作品、文学批评、文学功用——并用中国文学理论举隅以为西方文学理论提供科学性证明的方式，绕开了从原理层面为西方文学理论提供合法性证明的规范途径。从文学阐释学原则确立所依据的元叙事角度看，它实为西方文学理论科学主义元叙事的产物。抛开其合理性与否不论，这种用西方文学的科学叙事吸纳中国文学的历史叙事来为中国文学阐释学提供合法性证明的方法，巧妙地将中西文学阐释学地域上的并列改写为时间上的先后，将文化上的不同改写为知识上的不同，从而为以进化论历史观为基础的中国当代文学阐释学逻辑依据的确立提供科学证明，并使中国当代文学阐释学引借西方文学阐释学获得了合法性依据。从而沿袭中国现代文学理论发轫之际所遵循的科学 / 文学、政治 / 文学、文化 / 文学的西方文学阐释学逻辑，必然成为中国文学阐释学进入当代发展新阶段后的重要原则。

最后，西方文学阐释学内部的深层差异，决定了其在科学主义的元叙事接受框架下，依然存在着阐释目标的不同。就西方文学阐释学的一般阐释立场来讲，尽管其多指向意义的追问，但对于意义来源于哪里、怎样获得意义的问题，却历来存有争议。意图论者认为文本意义来源于作者，因而探求作者本意就成了阐释的目的；文本中心论者坚持意义来源于文本自身，分析文本本义便成了阐释的目的；读者接受论者认为文本意义来源于读者的接受活动，理解读者本臆因而便成了阐释的目的。西方文学阐释学内部的这种深层差异，要求我们在将不同的阐释立场归结为一个统一的立场时，尽可能保持西方文学阐释学内在的丰富性，通过采取一种超越“多元文化（multi-culture）”“跨文化（cross-culture）”阐释的“互文化（inter-culture）”阐释——“多元文化阐释”强调不同文化的独立性与文化特质，“跨文化阐释”强调边缘文化对主流文化的认同与追慕，而“互文化阐释”突出不同文化间相互的吸收、融合与互动发展，并根据文学阐释学的实际“应用”语境锚准文学阐释的不同目标——来确定西方文学阐释学的元叙事与具体阐释原则。

以对西方文学阐释学的重要代表人物施莱尔马赫的文学阐释学作“互文化阐释”为例，当某一文学语境中人们普遍认为文本意义源于文本自身，普遍认为施莱尔马赫基于神学文本而提出的一般阐释学的两大基本原则，即语法学原则与心理学原则，具有相当的阐释效力，但又不完全适应于中国当代文学文本的意义阐释时，我们就需要对这一理论进行适合本土的“互文化阐释”，即根据当代中国文学文本的“文学性”属性，将施莱尔马赫的语法学原则与心理学原则修改为审美性原则（文学文本的审美层次）与心理学原则（文学文本的结构层次），同时注意同一概念（“心理学”）的不同内涵，将能够揭示中国文学意义的心理学内涵阐扬出来。因为施莱尔马赫所谓的“心理学原则”，本质上是“心理移情”，即将阐释者心理移置入想象性重构的文本语境中，以己心推揣作者之心，悬作者之心为文本意义来源，其基本依据在于它认为作者在文本写作的那一独特生命时刻所具有的情感、心理对文本意义具有决定性影响。因而它不同于中国文学阐释学所遵循的心理学原则，比如朱熹的心理体验原则（“应用切身处体察”），它是一种排除阐释者已有的观念、知识与情感，让自我的心灵一片澄明，继而体验玩味文本本义、领悟作者原意的阐释学原则。这个例子表明，在阐释逻辑确定的情况下，到底采取何种阐释原则，需要根据如何发挥文本意义的最大公约数以求得最大多数意义的共识来取舍。

通过分析西方文学阐释学本土化过程中以科学主义为基础的多重二元叙事及其差异逻辑，我们便可以确立西方文学阐释学本土化阐释的基本原则：意义外求与含义变异原则。

所谓“意义外求原则”，是指在文学阐释活动中，以文本之外的阐释学要素作为文本意义来源的阐释学原则。

意义外求的阐释学原则主导文本意义的理解，端赖于西方文学阐释学本土化阐释过程中的外源性阐释结构。在这个结构中，阐释学的“前见”、阐释的思想动力与文本的外在现实语境共同发挥了对文本意义的建构作用。

就阐释学的“前见”言，一方面，阐释学的前见胥可往推，难以抉弃，因为文学文本阐释中的“前见”常为历史传统、文学经典、文化记忆与情感积淀，它超越阐释者的主观性而成文学文本阐释中隐匿的价值精神与共同人性（人性共通感）。另一方面，阐释学的“前见”也并非先验结构，而是后天教育与学习（广义而言的阐释与讲解、习得与领会）的结果，正是通过常态化的后天“教”与“学”（教育与学校是传承这种精神与人性的基本手段），它才获得了历史的连续性，成为可作用于当下文本意义理解的重要因素。

就阐释的思想动力言，作为中国当代主流话语的马克思主义，助力了西方文学阐释学本土化过程中意义外求阐释原则的形成。马克思主义的唯物史观与中国传统的“实用理性”精神的长期交互熏染，形成了文学领域新的现实主义文学阐释思想与实践阐释学观念，并经由国家意识形态加冕而成了权威话语，使通过文本之外的社会、政治、经济因素与文本内在的结构性关联来求得文本意义的阐释学思路深入人心。历史地来看，1942年毛泽东《在延安文艺座谈会上的讲话》发表之前，马克思主义文艺理论还只是一种革命文艺话语，常需依傍民族革命的社会主体而存在。中华人民共和国成立后，马克思主义文艺理论上升为国家审美意识形态，其影响逐渐越出政治哲学领域而成为文学界一体遵从的规范。作为文学阐释的“强形式”，它已无须再借助民族性的本土阐释话语而播布流传。个中缘由，不外乎国事更替，厥初因用而施理，今遂用移而理存。马克思主义文艺理论及其衍生的文学阐释学观念，遂在事实上成为今日影响并制约西方文学阐释学意义外求阐释原则的深层动力机制。

就文本的外在现实语境言，中国当代文学与文学理论的整体性启蒙语境，为西方文学阐释学本土化阐释的意义外求原则提供了直接的现实依据。20 世纪 80 年代后中国社会启蒙主义思潮的复兴及其所形塑的实用主义文学阐释观念，使文学阐释中文本的原义问题退居次要地位，文学文本所具有的历史与社会意义（如探究伤痕文学、反思文学、改革文学之社会功用）转而成为枢轴。其所遵循的基本逻辑是：通过语言世界，解构政治世界，变革现实世界，追慕理想世界，即通过假文设宜、依托象类来实现文学作为现实社会政治启蒙的工具，由此使得文学阐释学与文学社会学及文学政治学关联一体，而现实世界、语言世界、政治世界与理想世界成为线性递进的阐释学关系，作为主导启蒙的现代主义思想观念则成为这一文学阐释学的逻辑引擎。在此种逻辑下，文学文本的社会内容，便格外受到重视，而那些符合时代现实的社会内容，自然也成了重点阐释的对象。作为逻辑后果，文学文本的阐释常常超越其审美旨趣而成为政治的讽喻、时代的记录、心灵的表象、情感的反映与价值的表达；言以足志，文以足言，文学的社会学阐释、政治学阐释与意义外求原则，成为阐释的主潮；“阐释什么”不再依文本内容而定，而据阐释语境而定；“怎样阐释”亦依时代社会对文学文本的期许而定，而非自文学文本自身的审美属性生出。

需要注意的是，支配意义外求阐释原则的这一启蒙主义阐释观念，并非完全是其时西学靡渐的产物——“五四”新文化运动早已开启的西学东渐大潮，去日未远，学者接续转化，推阐论说，亦为依傍。并非偶然，文学社会学阐释方法与意义外求原则成为此一时期文学研究的主导方法，它只是早期“文学革命”与“革命文学”时代变奏下通文致用的理论音符而已。而启蒙主义理论话语的“崇西”与审美根柢的“贵中”，虽有抵牾，但常有效地结合在一起。个中原因，不仅在于“贵中”的审美领悟实为“崇西”的话语阐释在遭遇理解困境时的有效纾解方案，而且在于它调和了文学阐释中文本外在社会功用与内在审美价值的冲突，为意义的无限阐释设置了理解边界，表明文学的意义不在于其形式美感，而在于主体性的沉潜及其实践功用的发挥。

当然，意义外求的阐释原则也潜存着阐释学难题：多样的文本外在因素及其结构性关联如何保证不裂解文学阐释所追求的意义确定性与伦理一致性？显然，单一意义外求的文学阐释学原则无法解决这个难题。要解决这个难题，需要关联文本自身的理论逻辑与外在阐释逻辑的关系，汇通含义变异的阐释原则，实现文本意义的确定性与丰富性的统一。

所谓“含义变异”原则，是指在文学阐释活动中，要在遵循源文本的基本理论逻辑基础上，因应阐释者的阐释目的与阐释逻辑而对源文本意义作相应变革的阐释原则。

从西方文学阐释学理论自身的逻辑来看，无论是作者原意说，还是文本原义说，抑或读者原臆说，无不关涉文学文本语境与阐释语境的双向影响关系。一方面，已经上升为哲学阐释学的文学阐释可以确证文本意义的合理性，体现阐释语境对文本语境的规范性作用；另一方面，已经确立意义的文本语境则将新的阐释规范输出到阐释语境，体现文本语境对阐释语境的再规范性作用。结果是，阐释文本意义的同时必然也会向阐释语境提出阐释规范。阐释活动的这种双向规范性表明，在整个阐释活动中，需要重视的并非阐释规范本身是否具有普遍性，而是阐释规范因应阐释语境的必要性与合理性。易言之，只要阐释意义的特殊性具有足够的语境必要性与合理性，它就享有与阐释的普遍性同等的效力。正是基于阐释语境的意义特殊性允许上升为意义的普遍性逻辑，西方文学阐释学本土化阐释的含义变异原则才获得了合法性。

从西方文学阐释学本土化的阐释目的与阐释逻辑来看，受新时期以来整个西学东渐现代性大潮的影响，西方文学阐释学文本整体所代表的现代性图景，常被视为将至之鸿鹄；与之相应，对西方文学阐释学文本的迻译理解，便常多了一层玄想揣疑的理想因素，理解者常跳出文本的原有意义，在本土化的想象性理解中涵泳体察，切己致用。结果是，对西方文学阐释学文本的本土化阐释，虽始于立意本末，然最终结果则是返本开新。迻译与理解过程中对源始文本的语义还原，也不是为了知人论世，而在于明其文、晓其义、通其理，并遵循如下的理解逻辑：其一，通过探究作品的“本事”背景，获得作者的本意；其二，通过作者的本意，明晓文本的本义；其三，通过文本的本义与阐释的目的，推衍发明文理。在这个过程中，当下的文本审美经验与阐释目的，而非文本的文辞语义，才是“文理”发明的关键。这就要求在对西方文学阐释学作本土化阐释时，要注意切己体认、格物亲证、推衍时义，学会用文本世界之义征实物象世界之理，用物象世界之理佐证文本世界之义，用亲证体验之臆寻绎文本世界之微——盖因西方文学阐释学并未悬设超越于某一具体阐释原则之上的普遍哲学诉求，亦即普遍主义的哲学观念并未成为制约文本阐释原则与阐释方法的理念，因而它区别于儒家阐释学所要求的所有文本阐释均合天地人伦的基本秩序与“万物并育而不相害，道并行而不相悖”的和合理念——以此作为西方文学阐释学本土化阐释过程中含义变异阐释原则的观念基础。

综合西方文学阐释学本土化阐释的意义外求与含义变异原则，可以得出一个基本结论：对处于中国现代性语境中的西方文学阐释学本土化问题的讨论，不应首先追问问题是什么，而应先行追问问题是如何成为“问题”的，亦即追问问题是如何可能的，问题出现所遵循的逻辑是什么。盖因西方文学阐释学在本土化阐释过程中本身超出单一的概念因果关联与意义移植关系而呈现出复杂的“事件”属性，因而就必须将其置入具体的中国阐释语境中来加以审理，即必须首先立足于中国现实的文学语境、阐释经验与理解结构，通过对中、西方文学阐释学共有资源的比堪，发展出以西方文学阐释学的普遍性阐释概念、阐释命题为框架，通过融通中国文学阐释学的现实经验与理解结构，创造出具有中国内涵与西方形式的新的文学阐释学概念与命题来。在这个过程中，无论是中国独特的文学阐释学传统，还是西方普遍的文学阐释学资源，都必须以否定自身的方式来发展自身。

（二）阐释方法：“新格义”阐释及其本土化阐释范式

当代文学阐释学研究认为，文学的意义与文学阐释方法具有交互影响关系。

从阐释方法的使用来看，文学的意义制约阐释的方法。当我们把文学看作是现实的反映时，“知人论世”“以意逆志”常成为阐释的方法；当我们把文学看作是情感的抒发时，“诗无达诂”“自由体验”易成为阐释的方法；当我们把文学看作是心理的象征时，“象喻比附”“抉隐发藏”就成为阐释的方法。

从文学意义的生成来看，阐释的方法也影响文学意义的判定与获得。当使用社会学阐释方法，阐释者就常会关注文本与社会的反映和揭示关系，文本的社会意义由此被突出；当使用美学阐释学的方法，阐释者就常会关注文本内容与形式的美学关系，文本自身的意义由此被突出；当使用心理学阐释的方法时，就常会关注文本背后作者的创作意图，文本中所体现的作者心理由此被突出；当使用哲学阐释学的方法，阐释者就常会关注文本的效果历史意识，文本与阐释者的互文性意义由此被突出；当使用语言学阐释的方法，阐释者就常会关注文本语言自身的结构，文本语言的特殊性及其意义由此被突出；当使用科学主义阐释方法，阐释者就常会关注文本作为客观对象的稳固意义，文本的客观结构及其意义由此被突出。

早期西方文学阐释学作为一门对神圣之言的确定性探寻的学科，在经过了方法论阐释学与哲学阐释学的现代奠基后，逐渐走向弥散状态，并在20

世纪七八十年代正式进入中国后[1]，逐渐产生复杂的变体，至如今已初步走向本土化。单从作为方法的西方文学阐释学来说，以“作者原意说”为中心的文学心理学阐释方法，以“文本原义说”为中心的文学语言学阐释方法，以“读者意图论”为中心的文学哲学阐释方法，以“文本语境说”为中心的文学社会学阐释方法，与以“多元要素论”为中心的科学主义阐释方法，逐渐成为西方文学阐释学本土化过程中影响较大的五种方法，它们在各自的本土化阐释过程中对中国当代文学阐释学的发展产生了深远的影响。

西方文学阐释学在初步走向本土化的过程中，已经表现出的宏观性阐释思路是：在哲学层面寻求中西方文学阐释学的共通性文学本体观念，在话语层面采用中西方文学阐释学的公共性话语形式，在方法论层面袭用影响研究的一般性比堪互释法（“以中释西”“以西释中”“中西互释”）。

但这一宏观思路尚需具体而微的阐释方法来落实，特别是在今日中国古代文学阐释学的现代化与西方文学阐释学的本土化双重语境中，如何通过具体而微的方法来将中西文学阐释学的本体问题、话语问题、方法问题融为一体，以此推进西方文学阐释学与中国文学阐释学的交融发展，理应成为西方文学阐释学本土化的核心问题。本书的一个基本看法是：以美籍华裔学者傅

---

1 据邓新华考证，国内学术界从20世纪80年代中期开始系统引进和绍介西方解释学。1984年张隆溪在《读书》杂志第2、3期上连续发表《神·上帝·作者——评传统的阐释学》《仁者见仁，智者见智——关于阐释学与接受美学》和张汝伦同年发表在《复旦学报》第6期的《理解：历史性和语言性——哲学释义学简述》等论文，是国内最早对西方解释学进行介绍和评述的文章。1988年分别由生活·读书·新知三联书店和辽宁人民出版社出版的殷鼎的《理解的命运》和张汝伦的《意义的探究——当代西方释义学》，进一步对西方从施莱尔马赫、狄尔泰一直到海德格尔、伽达默尔、利科尔（殷译“吕格尔”）的解释学理论作了全面详尽的分析和阐述。而1994年洪汉鼎翻译的伽达默尔《真理与方法》全译本和夏镇平、宋建平合译的伽达默尔《哲学解释学》由上海文艺出版社出版，则可以视为此期对西方解释学进行引进和绍介的一个阶段性的总结。参见邓新华：《发展中的中国文学解释学》，《文艺报》2006年9月19日。事实上，钱锺书在完成于1975年的《管锥编》第一卷《左传正义·隐公元年》中，就已对阿斯特的“解释学之循环”与清代乾嘉“朴学”解释学理论——“积小以名大，而又举大以贯小；推末以至本，而又探本以穷末”——作互照互释，并将《华严经》“一切解即是一解，一解即是一切解故”与“阐解之循环”互释，这可谓20世纪引借西方阐释学理论的开山之作。参见钱锺书：《管锥编（一）》，生活·读书·新知三联书店，2007年，第281、283页。

伟勋提出的“创造的诠释学”为方法论基础，以佛教中国化过程中所形成的“格义”阐释法为方法路径，形成一种西方文学阐释学的“新格义”阐释法，这种阐释法，可以作为西方文学阐释学本土化所遵循的基本方法。

首先，以“创造的诠释学”为方法论基础，为西方文学阐释学的本土化阐释奠定文本基础。所谓“创造的诠释学”（creative hermeneutics），按照傅伟勋的看法，就是“如何站在‘中西互为体用’的开放立场，吸纳西方解释学的精华，而建立我们中国本位的新解释学传统”所应遵循的方法立场。[1]具体而言：

> 作为一般方法论的创造的诠释学共分五个辩证的层次，不得随意越等跳级。这五个层次是：（1）“实谓”层次——“原思想家（或原典）实际上说了什么？”（2）“意谓”层次——“原思想家想要表达什么？”或“他所说的意思到底是什么？”（3）“蕴谓”层次——“原思想家可能要说什么？”或“原思想家所说的可能蕴涵是什么？”（4）“当谓”层次——“原思想家（本来）应当说出什么？”，或“创造的诠释学者应当为原思想家说出什么？”（5）“必谓”层次——“原思想家现在必须说出什么？”或“为了解决原思想家未能完成的思想课题，创造的诠释学者现在必须践行什么？”[2]

“创造的诠释学”的上述五个辩证层次，第一层“实谓”层主要考察原典校勘、版本考证与比较等基本问题，旨在还原原文本的原始面貌，因而是阐释的起点。第二层“意谓”层致力于澄清原文本语意，解析原文本内在义理，消解原文本前后语义的表面矛盾，还原原文本的时代背景，力求较为客

1 傅伟勋：《从西方哲学到禅佛教》，生活·读书·新知三联书店，1989 年，第 427 页。
2 傅伟勋：《创造的诠释学及其应用》，《时代与思潮》1990 年第 2 期。

观忠实地再现原文本的真实意图。第三层“蕴谓”层主要分析原文本自身的谱系传承与后世发展关系，通过梳理原文本在后世的多重历史阐释，以敞开原文本可能具有的种种丰富意涵。第四层“当谓”层主要致力于发掘原文本表层结构下的深层结构，批判地考察在“蕴谓”层所敞开的文本诸多可能意涵中，何种才是最为合理的意涵。第五层“必谓”层是“创造的解释学”的真正用力所在：它要站在全新的时代立场上批判地考察原文本意涵的局限性或内在难题，并对其做出创造性的发展，以解决原文本未竟的思想任务。

根据傅伟勋，上述五个层次的诠释学关联是：“‘实谓’层次属于前诠释学的原典考证；‘意谓’层次属于依之解义的析文诠释学；‘蕴谓’层次乃属历史诠释学；‘当谓’层次则属批判诠释学；‘必谓’层次才真正算是狭义的创造的诠释学。”[1] 从文本阐释的意义结构来看，这五个层次，第一层“实谓”义类似于文本的字面义（原始义），第二层“意谓”义相当于文本的深层义，第三层“蕴谓”义雷同于文本的发展义，第四层“当谓”义比附于文本的核心义（合理义），第五层“必谓”义几近于文本的应然义。通过这五个层次的意义阐释，中、西方文学阐释学文本的意义脉络就可以清晰地呈现出来。

其次，根据“创造的诠释学”所呈现的西方文学阐释学文本意义脉络，比照中国文学阐释学的文本意义脉络，对西方文学阐释学文本进行“格义”阐发。所谓“格义”阐释，根据高僧竺法雅的解释，是“以经中事数，拟配外书，为生解之例，谓之格义”[2]。汤用彤在《论“格义”》一文中对此的解释是：“‘格义’是用原本中国的观念对比〔外来〕佛教的观念、让弟子们以熟悉的中国〔固有的〕概念去达到充分理解〔外来〕印度的学说〔的一种方法〕。”[3] 在《汉魏两晋南北朝佛教史》中也解释说：“格义者何？格，量也。盖

1 傅伟勋：《创造的诠释学及其应用》，《时代与思潮》1990 年第 2 期。
2（梁）释慧皎撰，汤用彤校注：《高僧传》，中华书局，1992 年，第 152 页。
3 汤用彤：《理学·佛学·玄学》，北京大学出版社，1991 年，第 283 页。

以中国思想比拟配合，以使人易于了解佛书之方法也。”[1]“格义”阐释作为佛教早期本土化的基本方法，已被证明是异质文明之间在早期交流融合中极易发生的一种文明交往现象，但随着文明交往的深入，这种方法的局限性也便暴露了出来。因此，为了推进异质文明之间的持续深入交流，还需要对“格义”阐释作创新发展，形成一种“新格义”阐释法。所谓“新格义”阐释法，就是以“格义”阐释为基础，根据“创造的诠释学”所获得的异质文明文本的“实谓”“意谓”“蕴谓”“当谓”“必谓”不同意涵，对它们分别作“共现”“分梳”“比堪”“融通”的“对位阐释”，最终形成异质文明文本的本土化阐释的新方法与新范式。具体来讲，“新格义”阐释的路径是：第一步，对中西不同的阐释观念作意义“共现”，发现二者相同的意义因子；第二步，对中西不同阐释观念作意义“分梳”，发现其相异的意义因子；第三步，保留相同的意义因子，对相异的意义因子作基于文学本体的意义“比堪”，提取各自合理的成分；第四步，根据本土文学现实，融合“中西相同的因子”与“中西相异的合理成分”，对其作意义“融通”，创新西方文学阐释学概念的意义内涵，或创造新的本土化概念。

通过上述四个步骤，我们就形成了一种西方文学阐释学本土化的“新格义”法。这种“新格义”法，需要在阐释方法论上遵循“创造的诠释学”的文本阐释步骤，获得待阐释文本的“实谓”“意谓”“蕴谓”“当谓”“必谓”五层次的文本意涵；在此基础上，运用佛教中国化过程中形成的“格义”阐释法，经过“共现”“分梳”“比堪”“融通”四个步骤的阐释，最终形成西方文学阐释学本土化阐释的新方法与新范式——一种融合“创造的诠释学”与“格义”阐释的“新格义”阐释法。

运用“新格义”阐释法推进西方文学阐释学的本土化，从方法论的角

1　汤用彤：《汉魏两晋南北朝佛教史》，北京大学出版社，2011年，第133页。

度讲，不是将西方的思想“化入”中国本土而使自己归于无，而是将西方的思想经与中国本土的思想作“共现”与“分梳”，使其成为与中国本土的思想不再冲突的全新的思想，亦即成为一种既包括中西共有思想内核，又在一定程度上包括二者相异性思想观念的全新观念范式。历史上比较成功的例子便是佛教中国化过程中所形成的义学“疏”“论”阐释范式，即佛经阐释的“疏”“论”法。该方法既以求得原典本义为指归，又在阐释过程中融入了阐释者自己的思虑而随宜说法，从而成功完成了外来佛教的本土化。其具体阐释路径中的“弃文尚质”与“滞文格义”阐释，原本是一对矛盾：前者执于义理，后者讲求文辞；但是，通过区分经典原义探求与实践应用的不同——文字阐释时，严守本义；口语讲授时，因时所演——而得以有效化解。

因此，西方文学阐释学本土化的过程，就是一个本土阐释思想与外来阐释思想均发生损益与增补的过程。本土化的目的，并非本土阐释思想对外来阐释思想的征服（“化西”）或臣服（“西化”），也并非中国与西方的文化认同问题，而是现代性时间轴上不同语言主体的文化等级攀升问题；外来阐释思想有益于本土阐释思想，实为本土化的动因与前提。这样，所谓“本土化”阐释，就是本土思想站在文明互鉴立场上引借外来思想有益因子以创新自我，实现本土思想融合外来思想的创新发展过程。本土化阐释的结果，是本土阐释思想与外来阐释思想的荟萃熔铸与转化创造。

1. 以“作者原意说”为中心的西方文学心理学阐释及其本土化范式

文学心理学阐释方法是一种通过主观阐释以达到客观意义的确定性阐释，它回答的是文本从主观到客观的确定性意义生发问题。

第一，西方文学心理学阐释方法及其“创造的诠释学”范式。

如果我们运用“创造的诠释学”来分析西方文学心理学阐释的“实谓”“意谓”“蕴谓”“当谓”“必谓”五层次意涵，就会发现其不同的意义结构。

其一，在“实谓”层次上，西方文学心理学阐释方法认为，文本的意义取决于作者意图，而作者意图就隐藏于文本意义中，因而通过重新追索作者意图，可以洞晓文本意义。这一阐释方法所依凭的基本心理学依据在于：文学文本是自然生命个体心理活动的产物，因此，经由个体心理活动的阐释可以再次通达文学文本意义；或言，文学心理学的意义阐释为作者自然与社会生命通向文本内在生命提供了想象通道。在这个过程中，阐释活动一方面通过文本理解而回溯至作者个体生命与文学经验世界；另一方面，又通过文学文本的符码想象而前行至作者个体生命的情感与意义世界。文本的意义就生发于这二重性的回环意义阐释当中。

文学心理学阐释方法的“实谓”义，最鲜明地体现在文学心理学方法的重要开创者、德国哲学家施莱尔马赫（Friedrich Schleiermacher，1768—1834）的主观性阐释上。根据施莱尔马赫，理解文本即是像作者那样去理解文本，理解过程也就是对作者创作过程的逆向重建与心灵再体验。“解释的首要任务不是按照现代思想去理解古代文本，而是要重新认识作者和他的听众之间的原始关系。”[1]“解释的重要前提是，我们必须自觉地脱离自己的意识（Gesinnung）而进入作者的意识。”[2]“通过联结客观元素和主观元素，我们使自己置身于作者之内”，实现“比作者自己更好地认识作者”的目的。[3]阐释的“主观元素”以及由此获得的“比作者自己更好地认识作者”表明施莱尔马赫的心理学阐释不限于单纯的还原阐释，它同时也是一种创造性阐释，阐释的目标在于重建文本语境与作者心灵体验，解决文本阐释循环带来的理解

1〔德〕施莱尔马赫：《诠释学讲演》，收入洪汉鼎主编：《理解与解释——诠释学经典文选》，东方出版社，2001年，第56页。

2〔德〕施莱尔马赫：《诠释学箴言》，收入洪汉鼎主编：《理解与解释——诠释学经典文选》，东方出版社，2001年，第23页。

3〔德〕施莱尔马赫：《诠释学箴言》，收入洪汉鼎主编：《理解与解释——诠释学经典文选》，东方出版社，2001年，第45页。

困难问题，把握作品的真正意义。可以说，经由施莱尔马赫的心理学阐释奠基，文学阐释学才确定了以主体体验为阐释基点的理解基础，阐释学才从单纯的方法技艺上升为回答任何一门语言表达的理解艺术和超越所有精神科学的一般方法。

其二，在“意谓”层次上，西方文学心理学阐释方法本质上是一种还原主义阐释，但这种还原主义不是简单的回归过往，而是通过折返过往以重启未来，打通过往与未来的语义通道。在文学心理学阐释看来，昔日意义往而未去，将来意义未至已启。表现在具体的文学作品阐释中，就是它认为作者风格决定了作品风格，而作者风格又是作者个体心理的反映，故而通过作品风格探求作者风格，由作者风格窥测作者心理，由作者心理推知作品意义，便成为文学心理学阐释方法“像作者那样去理解文本”的津途。因此，在“意谓”层次上，文学心理学阐释方法实为一种带有浓厚还原主义色彩的风格—人格阐释学，这种阐释学，在狄尔泰的客观主义心理学阐释学中得到了最充分的体现。

为了突出心理学阐释中“心理”的客观性，狄尔泰首先区分了自然科学与精神科学的不同，认为自然科学是通过“说明”的方法来达到自然—客观世界，精神科学则通过“理解”的方法来达到社会—历史世界。精神科学虽然通过“理解”来认识，但由于“理解”的经验具有历史性，因而便可克服完全的主观性，成为一种“主观的客观”。这种“主观的客观”，奠基于狄尔泰所提倡的非客观化的历史观，即（1）人是构成历史的主体，历史因人的生命参与、体验与客观化而成为自身，它唯有在人的生命体验与自我理解中才成为自身；（2）人在历史的过程中成为他自己，历史性及人对历史性的阐释是完成人的历史性存在本质的必要条件。

这样，狄尔泰的心理学阐释便由于历史性因素的渗入而成为一种“主观的客观”阐释。这种阐释观认为，阐释对象只有通过历史性的人的生命体验

（个体与集体的历史性体验的集聚）才能获得理解。不同在于，对于同一阐释客体，自然科学关注的是其客观性表达，精神科学却关注其客观属性中与人的经验相关的东西。“体验”“表达”“理解”因而成为狄尔泰“主观的客观”体验阐释学的基本逻辑。“体验”突出的是对象在过去、现在、未来的时间之流中带给主体的生命感受，强调了“客观的”对象与“体验的”对象的同一性。“表达”是对与人相关的一切精神与物质东西的显现，它并非私己性的主观陈述，而是对象的社会历史之实在性与客观性揭示，伟大的艺术都具有内在的表达性，而非作者精神的单纯传达，这即是明证。“理解”则是站在每个别人的立场上同情地体验，它是我们借以领会人类生命的心理过程，因为在理解中，理解者将自身投入世界，实现自身与他人、世界的相互观照，并在观照中体察自己。总之，文本的意义内在于生命体验、表达与理解之中：“如果从对理解任务的态度中产生了自己体验到的精神关系，那么，人们也将此称为从本己的自我向某种生命表现之总体的转移。”[1]狄尔泰由此将历史与文学艺术视为一种作者自我生命的表达方式，认为阐释的任务就是通过心理的同情来发现作者置放于作品中的作者自我，最终实现“比作者理解他自己还更好地理解作者”[2]。文学心理学阐释由此便超越一般的文本意义理解理论，成为作品内在生命展现自我自足性的深层意义理论。

其三，在“蕴谓”层次上，西方文学心理学阐释方法经由海德格尔的发展，成为一种本体论的阐释学。不同于狄尔泰将理解视为对对象与自我生命之领会，也区别于施莱尔马赫视理解为理解者与对象之本质和意义的共鸣行为，海德格尔将理解视为人在世存在的一种基本结构，有着超越方法论意

1〔德〕狄尔泰：《对他人及其生命表现的理解》，收入洪汉鼎主编：《理解与解释——诠释学经典文选》，东方出版社，2001 年，第 103 页。

2〔德〕狄尔泰：《诠释学的起源》，收入洪汉鼎主编：《理解与解释——诠释学经典文选》，东方出版社，2001 年，第 91 页。

义的生存境遇与存在本体论内涵：理解成为个体存在的方式与文本阐释的前提。正是在存在论与本体论交相为用的意义上，以“理解”活动为中心的心理学阐释方法，才克服了长期困扰心理学阐释中的自然的“说明”与历史的“理解”之对立，为文本意义的客观性与主观性、理解活动的方法论与本体论，乃至自然科学与精神科学重新走向统一提供了可能。

其四，在“当谓”层次上，西方文学心理学阐释方法在经历了主观性“作者原意”论、客观性的“文本体验”论与本体性的“存在意义”论发展后，至20世纪60年代，复归于赫施倡导的“作者原意”论。与施莱尔马赫、狄尔泰等人通过重建作者心理来讨论作者意图不同，赫施通过讨论文本意义来寻找作者意义。作为作者意图论（“保卫作者”）的支持者，赫施坚持阐释学的目的在于找到文本的字面意义，而非文本对我们的意蕴。而寻找文本字面意义之前提，在于找到作者意图，因为既然作者创作文本必有其客观意图，那么，“解释者的首要任务就是在自身去重建作者的‘逻辑’、他的态度、他的文化给定性，简言之，也就是去重建作者的世界”[1]。在赫施看来，文本的意义在作者意图之中，理解文本即重建作者意图，作者意图是衡量一切阐释是否有效的标准，有效的阐释就是符合作者原意的阐释，因此阐释的基本任务就是再现作者的整个世界，通过作者的世界确定作者意图，发现文本字面意义。而文本在理解中的作用，就在于其以语言形式为我们追索作者意图提供了依据，它本身并没有意义。由于文本的此一定位极有可能造成作者创作意图与读者阅读意图的裂隙，因此，为了弥补这一裂隙，赫施又不得不区分两种不同的“意义”：一种是文本的“含义”(meaning)，另一种是文本的“意义”(significance)。“含义”源于文本，是作者意图的表现，而“意义”则源于读者与文本的相互理解，是文本意图与读者意图的叠

1〔美〕赫施:《解释的有效性》，王才勇译，生活·读书·新知三联书店，1991年，第279页。

加表现[1]；前者具有恒定性，而后者则是变化的。最终有效的文本阐释，就是确定文本“含义”的阐释，或言符合作者意图的阐释。而读者根据文本所作的“意义”阐释，只是对文本的“批评”，它不属于阐释学的“理解”问题。结果是：阐释学区别文学批评而成悬置价值判断的阐释，阐释学原本内在的“应用”问题（“好的阐释”）溢出了阐释学的范围，由此使自身走上了一条背离阐释伦理的客观主义路途。

其五，在“必谓”层次上，西方文学心理学阐释方法既致力于捍卫作为主体的人（“作者”）的尊严，又积极解决作者意图与文本意图的错位乃至抵牾问题。在其积极意义上，以“作者意图论”为核心的心理学阐释，捍卫了精神科学中人的主体性地位。因为我们一旦否定作者，就可能会否定文本的确定意义，极易造成以“意义”追求为鹄的的人文学术的意义危机。赫施自己对此也有清晰的认识：“这种学术上的怀疑主义与混乱状况很大程度上是由‘作者无足轻重’论造成的，这是我们近来理性历史的一个事实。因为，一旦作者被无情地取消了他作为其本文意义的决定者，就会逐渐显示出，恰当的判断解释获得有效性的原则也不存在了。”[2] 赫施保卫作者的目的，正在于捍卫文本意义的确定性，捍卫建立在主体性之上的文学创造观念，后者正是近代以来启蒙观念的核心内涵。

与此同时，通过对赫施的作者意图论的考察，我们也不难看出，作者意图论实际上预设了两个逻辑前提：一是作者表达的意图具有单一性，作者的意图应该而且可以通过语言文字恰当地表达出来；二是一部作品有且只有一个正确阐释，而正确阐释就是根据作者意图的阐释。但是，由于作者在创作时常存有“意图谬误”问题，而作者的“意图谬误”会影响文本意义的确切

1〔美〕赫施：《解释的有效性》，王才勇译，生活·读书·新知三联书店，1991 年，第 16 页。

2〔美〕E. D. 赫施：《为作者辩护》，收入朱立元编：《二十世纪西方美学经典文本（三）》，复旦大学出版社，2001 年，第 704 页。

解读，这样，对作品创作过程与接受的心理学描绘，并不能简单地归于“作者原意”论。而强调作者意图的重要性，也并不意味着文本与作者、读者处于同一重要地位，事实上，稍有阅读经验的人无不知道，文本意义的复杂性乃是一自明的事实。这样，我们便很难将“文本自解”原则还原为“作者自解”，这是以“作者原意”论为中心的文学心理学阐释方法在“必谓”层次所必然要解决的问题。这一问题的解决，需要中国传统文学心理学阐释方法的参照。

第二，中国文学心理学阐释方法及其“创造的诠释学”范式。

与西方文学心理学阐释方法不同，中国传统文学心理学阐释习惯于从作者的文学观念、创作心理、创作风格的变化探寻文学文本的意义，关注文人心态、社会情感结构变化与文本意义变迁的关系，从而为文本意义的探究打开了另一条重要通道。如果我们运用“创造的诠释学”简要分析中国传统文学心理学阐释的复杂意涵，同样会发现其区别于西方文学心理学阐释的合理内核与潜在痹症。

其一，在“实谓”层次上，中国传统文学心理学阐释方法讲求“诗言志”“以意逆志”。根据《尚书·尧典》提出的“诗言志”，《诗大序》对“诗”与“志”关系作了解释：“诗者，志之所之也。在心为志，发言为诗。”[1] 意思是，文学就是用语言来表达人内心情志的载体。《孟子·万章上》也说：“故说诗者，不以文害辞，不以辞害志。以意逆志，是为得之。”[2] 孟子的意思是：通过读者之意来测度、钩考作者之意，可以知文本之义。这样，“诗言志”与“以意逆志”命题在早期的提出使用与互文现义，实际上道出了中国传统文学心理学阐释方法的原始本意：读者之意 = 作者之意 = 文本

1（汉）毛亨传，郑玄笺，（唐）孔颖达疏，陆德明音释：《毛诗注疏（上）》，上海古籍出版社，2013年，第6页。

2 杨伯峻译注：《孟子译注》，中华书局，2008年，第166页。

之义。

其二，在“意谓”层次上，中国传统文学心理学阐释方法暗含了一种还原主义的方法论取向，其突出表现是在宋代形成的一种“亲证其事然后知其义”的语境论、义理论阐释方法，即一方面通过亲历作者的创作语境而悉查作者本义，实现“以意逆志”与通达诗人辞旨的目的；另一方面通过探究“理义大本”[1]的阐释原则而要求阐释者跳出文本音韵训诂、章句注疏的知识主义取向，向文本义理宗旨靠拢。“理义大本”作为一种意义“整体”，是儒家经典或经典谱系所共同体现出的思想宗旨，是判断个体性阐释或局部阐释真伪的基本依据，它直接影响并制约了中国传统文学心理学阐释通过“文本意图”确立“作者意图”的最终标准，即“文本意图”确立的依据，不在于章句训诂的精准，而在于文本“理义大本”的贯通。

其三，在“蕴谓”层次上，中国传统文学心理学阐释方法的“知人论世”（《孟子·万章下》）阐释在后世衍生为“知人＝论世”与“先知其人，再论其世”两大不同进路，即：一方面，通过作者年谱辑撰与考述来确定作者创作背景，进而推及创作意图与作品意图，实现论其世、知其人、明其意的阐释目的。但由于年谱编纂遵循严格的时间序列而弃用有晋一代至宋之前的主题、体裁编纂次第，从而使“知人＝论世”的阐释表现出语境决定论的还原主义与科学主义倾向。另一方面，通过寻绎作者创作作品的原始本末究竟（“本事”），来确证作者的“本意”，继而明晓作品的本义，结果是：“知人论世”的语境论阐释便在有宋一代被进一步明确为“本事→本意→本义”的阐释方法，在其中，“本事”对于作品“本义”起决定性作用。这样，作品的历史语境，就不再是像伽达默尔哲学阐释学中的“历史性”原则那样，发挥阐释语境与意义因时适变的影响作用，而是本身成为决定意义的直接

1（宋）朱熹著，（宋）黎靖德编，王星贤点校：《朱子语类》卷八十，中华书局，1986 年，第 2089 页。

因素（“本事”=“本义”），就如赫施后来提出的阐释“历史性”原则那样：“一个历史事件可以传达一个意图，并由此一劳永逸地决定稳固的意义。”[1]

其四，在“当谓”层次上，“以意逆志”的阐释方法预设了共通性的心理学与伦理学前提（“人同此心，心同此理”），预设了作者之意、文本之言、文本之义的统一性（“言以足志，文以足言”），预设了一种超越时空的可复现或再现的阐释环境的存在（“亲证其事然后知其义”）。因为历史地来看，无论是《尚书·尧典》提出的“诗言志”，还是《左传·襄公二十七年》承继的“诗以言志”，抑或是《荀子·儒效》所解释的“诗言是其志也”，甚至道家《庄子·天下篇》类似的“诗以道志”，无不是对上述三大预设的肯认。但三大预设内在的可贯通性与可征实性，却是一个阐释学难题，特别是当我们试图通过情感心理通达道德伦理，实现作品伦理衔配作者心理，会对作者身份与文本地位提出极大挑战：“言不能达其心，书不能达其言；难矣哉！惟圣人得言之解，得书之体。……故言，心声也；书，心画也。”（《法言·问神》）“惟圣人”的单称肯定判断排除了日常语言与普通作家“诗言志”的可能。因此，尽管早在西汉末年扬雄就曾坚持文本意义与作者意义的统一，但日常的言与心能否像经书与圣人之言那样实现内在统一，是否所有阐释者与作者均具有共同的自然心理结构与公共性的伦理价值结构，却一直是中国心理学阐释言之未详的问题。

其五，在“必谓”层次上，中国传统文学心理学阐释方法亦有其厘清意义的理论困难：作者意图与文本意义并非一一对应关系，“意图论者总是把‘此言’（故实）与‘彼意’（心曲）之间的关系看成是两点之间的关系，但在实际的阐释活动中，二者的关系倒更像圆心和圆周，‘此言’的圆心可以和‘彼意’的圆周上的若干点相连接，只要不超出语言指涉的有效半径，不

1 E. D. Hirch, Meaning and Significance Reinterpreted, *Critical Inquiry*, 1984(11), p. 216.

同的解释都可能是合理的”[1]。因此，仅仅枚列胪示文本的可能意义，无法穷尽文本背后作者复杂的创作意图。从中国传统文学心理学阐释后来的发展来看，那些诸如“断章取义”“以意逆志”“知人论世”“见仁见智”“得意忘言”“诗无达诂”“以史证诗”“涵咏体认”“通诂明道”等关于文本理解的道、象、意、言、论关系理论，也可以约归为文学心理学阐释的家族谱系，并共同构成了中国古代文本阅读与批评的基本原则。[2]但由此意味着，“以意逆志”之“意”，就既有作者之“意”，也有读者之“意”双重意涵，因而不同于早期西方文学心理学阐释偏重作者“心理”的主观性阐释，也区别于后来现象学阐释学基于文本客观意向性而作的还原主义阐释，更相异于当代哲学阐释学以理解“偏见”为基础的本体阐释。中国传统文学心理学阐释，是一种复杂而精微的阐释，它要求在阐释立场上能够统摄作者之意与读者之意，在阐释方法上能够弥合心理学与伦理学，在阐释目标上能够融通主观主义与客观主义，成为一种开放发展的文学阐释方法。

第三，西方心理学阐释方法的“新格义”阐释及其本土化范式。

根据“新格义”阐释法，西方文学心理学阐释的本土化阐释本质上就是与中国传统文学心理学阐释方法的融通。从方法论的角度看，这就要求我们基于“创造的诠释学”而对西方文学心理学阐释方法作进一步的“格义”阐释，通过对西方文学心理学阐释与中国传统文学心理学阐释的“共现”“分梳”“比堪”“融通”，最终形成西方文学心理学阐释本土化阐释的新范式。

第一步：对中西文学心理学阐释观念作意义“共现”，发现二者相同的意义因子。通过对西方文学心理学阐释与中国传统文学心理学阐释的“创造的诠释学”分析，发现二者均认可“读者之意 = 作者之意 = 文本之义”的阐释逻辑。因此，“读者之意 = 作者之意 = 文本之义”，应是西方文学心理学阐

1 周裕锴：《中国古代阐释学研究》，复旦大学出版社，2019 年，第 391 页。
2 周裕锴：《中国古代阐释学研究》，复旦大学出版社，2019 年，第 4 页。

释本土化过程中首先予以保留的合理内涵。

第二步：对中西文学心理学阐释观念作意义“分梳”，发现彼此相异的意义因子。通过比较发现：西方文学心理学阐释暗含有通过还原阐释来实现创造性阐释之意，其目的在于解决文学心理学阐释循环带来的理解困难问题，把握作品的真正意义；而中国传统文学心理学阐释以求得文本本义的复归为宗旨，创造性阐释并非题中之义。更进一步来讲，西方文学心理学阐释偏于纯粹的心理阐释，而中国传统文学心理学阐释则既有心理学又有伦理学内涵；西方文学心理学阐释通过阐释既发现并创造了文本意义，又同时证成了阐释者的本体性的地位，而中国传统文学心理学阐释则常在此题域之外。

第三步：保留相同的意义因子，对相异的意义因子作基于文学本体的意义“比堪”，提取各自合理的成分。盖因中西文学心理学阐释基于不同的文学本体或文本属性，由此决定了中西文学心理学阐释路径与目标的不同。在阐释路径上，中国传统文学心理学阐释基于叙事性文本，亦即基于以《诗经》为核心的经学文本阐释，从而援引心理还原主义的阐释方法能够表现出较强的阐释效力；而西方文学心理学阐释基于叙事性与抒情性两类不同的文学阐释文本，因而需要超越单纯的心理还原阐释而向创造性阐释提升。在阐释目标上，中国传统文学心理学阐释的教化目的决定了其必然以获得文本伦理学意涵为最终目标；而西方文学心理学阐释的宗经与启蒙双重目的决定了其必然指向主观或客观的还原阐释及创造阐释。这样，以文学心理学阐释的对象属性为依据，同时启用宗经教化的客观还原阐释与启蒙理性的主观性创造阐释方法，以此实现阐释的教化与启蒙双重目的，就成为西方文学心理学阐释本土化的基本路径与目标。

第四步：根据本土文学现实，融合“中西相同的因子”与“中西相异的合理成分”，创新西方文学心理学阐释原有概念的意义内涵，或创造新的本土化概念。面对今日文学全球化与传统文学及数字人文文学折叠并存的现实，阐释文本呈现出复杂而弥散的形态，其功能亦日趋复杂，因而一种具有阐释效力的文学心理学阐释在承认“读者之意 = 作者之意 = 文本之义”基础上，必须同时具备还原性与创造性阐释双重内涵，必须同时具备自然心理主义与公共伦理主义价值取向，必须同时体现出阐释的整体性与“理义大本”目标。面对当下数字文学文本的数字物质性与无限开放文本特征，还需要有意阐扬西方文学心理学阐释的客观主义征候，有意突显数字文学文本的数据性与算法逻辑在文本意义生成中的基础性作用，将文本意义阐释奠基于客观知识论证与多媒介交互逻辑之上，以此完成西方文学心理学阐释经由客观性而走向创造性的阐释目标。

综合以上四个步骤，我们便可以得出“西方文学心理学阐释的本土化”的最终范式：它是一种以文学文本的客观知识结构与语言表达逻辑为基础，通过勾连“读者之意”“作者之意”与“文本之义”的内在情感逻辑、伦理逻辑与知识逻辑，阐明文本的本然义与应然义，实现以读者与作者的自然心理、社会心理与文化心理为端口，最终通达文本整体意义，实现文本阐释的教化与启蒙双重目的的全新阐释学范式。

2. 以“文本原义说”为中心的西方文学语言学阐释及其本土化范式

文学语言学阐释是通过对文本的语言、语法及结构作共时与历时的分析来探求文本意义及其经验世界的一种阐释学方法。

第一，西方文学语言学阐释及其“创造的诠释学”范式。

我们如果运用“创造的诠释学”来分析西方文学语言学阐释的“实谓”“意谓”“蕴谓”“当谓”“必谓”五层次意涵，就会发现其不同的意义结构。

其一，在“实谓”层次上，西方文学语言学阐释源于早期对《荷马史诗》与《圣经·旧约》等神圣文本的理解。人们在长期翻译、修订这些文本的过程中，积累了丰富的语言知识。到了希腊化时代，通过具体的文本理解而形成一般性的语言学知识，逐渐成为一种普遍的知识学需求。[1] 亚里士多德《解释篇》正是通过对语词类比、定义、命题、逻辑的知识学规定而为文学语言学阐释奠定初步基础。因此，在早期的文本理解中，通过语言阐释以确定文本意义，恢复文本与过往世界的精神联系，是语言学阐释的根本目的。随后在漫长的《圣经》文本阐释中，由于一贯遵循“因信称义”的阐释逻辑，语言学与语文学及修辞学便逐渐融合，语言学阐释也逐渐发展为一种理解神圣文本的字面义、隐含义与至上义的解经法[2]，并包含了探求文本事据、理据、义据的阐释学内涵。这样，“实谓”意义上的西方文学语言学阐释，就既是一种通过语言来还原文学文本原义的理解方法，也是一种通过语言来重新编织文本意义、探求语言观念与语言结构变迁如何影响文本意义的阐释学方法。

其二，在“意谓”层次上，西方文学语言学阐释既是叩求文本意义的方式，也是证成阐释者本体性存在的方式。

西方文学语言学阐释在经历了宗教阐释学之后，在近代随着现代学科体系的细化与文学观念的变革而逐渐淡出文学阐释的主流。进入 20 世纪上半叶后，由于文学观念领域的俄国形式主义与英美新批评共同张举文学审美自律性观念，反对作者对文本意义的浸染，加上文学阐释学领域发生的由方法到本体的根本性变革，使得语言学阐释在此一时期重新成为文学理解的主潮。文本的意义正在于文本语言形式与语义结构之内，它无关乎文本的历史（历史批评）与作家的传记（传记批评），通过对文本语言形式与语义结构的阐释，可以明晓阐释者的心理与精神世界，这种阐释观念逐渐成为语言学阐释的深层观念。而完成此一阐释观念的，正是其时文学语言学阐释的两位代表人物海德格尔与伽达默尔。

---

1 潘德荣：《西方诠释学史》，北京大学出版社，2016 年，第 39 页。

2〔美〕罗杰·奥尔森：《基督教神学思想史》，吴瑞诚等译，北京大学出版社，2003 年，第 99 页。

海德格尔赋予语言以本体存在地位，认为语言有其生存论基础。在《存在与时间》中，海德格尔指出，“语言向来已经包含着一种成形的概念方式于自身中”[1]，因而对语言的阐释终归于对人之存在的阐释，能够被理解的存在就是语言，文本的理解不是理解语言，而是在语言中理解。语言与理解的关系是：“语言规定着解释学关联”[2]，语言就是存在之本质的揭示，理解就是聆听语言之自行道说。因为一方面，语言是意义发生的根本条件，“惟语言才使存在者作为存在者进入敞开领域之中。在没有语言的地方，比如，在石头、植物和动物的存在中，便没有存在者的任何敞开性”[3]。另一方面，语言也是意义的本已性存在方式，“语言之本质并不只是在于成为理解的工具。……语言不只是人所拥有的许多工具中的一种工具；唯语言才提供出一种置身于存在者之敞开状态中间的可能性。唯有语言之处，才有世界”[4]。因而语言不是阐释的工具或对象，相反，“语言说”与“语言作为寂静之音说”是语言成其本质的根本方式[5]，理解语言就是在聆听“语言说”而非人说语言。

同海德格尔相似，伽达默尔亦持有一种本体论的语言阐释观，认为语言是阐释学经验之媒介，“诠释学问题并不是正确地掌握语言的问题，而是对于在语言媒介中所发生的事情正当地相互了解的问题”[6]。一方面，语言是阐释对象证成自我的媒介，“语言能让某种东西‘显露出来’（entbirgen）和涌

1〔德〕海德格尔：《存在与时间》，陈嘉映、王庆节译，生活·读书·新知三联书店，1999年，第184页。

2〔德〕海德格尔：《从一次关于语言的对话而来》，《海德格尔选集（下）》，孙周兴选编，上海三联书店，1996年，第1034页。

3〔德〕海德格尔：《艺术作品的本源》，《林中路》（修订本），孙周兴译，上海译文出版社，2008年，第52—53页。

4〔德〕海德格尔：《荷尔德林和诗的本质》，《海德格尔选集（上）》，孙周兴选编，上海三联书店，1996年，第314页。

5〔德〕海德格尔：《语言》，《海德格尔选集（下）》，孙周兴选编，上海三联书店，1996年，第983、1001页。

6〔德〕伽达默尔：《真理与方法（下卷）》，洪汉鼎译，上海译文出版社，1999年，第491页。

现出来，而这种东西自此才有存在”[1]，“语言作为世界经验”，贯穿于阐释过程中[2]，“世界本身是在语言中得到表现”[3]，反过来，语言也唯有“在相互的理解的实行中才有其根本的存在”[4]，“能被理解的东西只是语言”[5]。因此，语言对于阐释主体、阐释对象与阐释过程普遍发挥作用。与海德格尔不同的是，伽达默尔将本体性的语言阐释观进一步发展为一种辩证的语言阐释观，坚持语言理解的过程就是“效果历史意识的现实性”发生过程[6]，或言就是文本意义克服其固定性而向自我否定与意义无限敞开的辩证发展过程。“语言的思辨结构都并不表现为对一种固定既存物的模仿，而是一种使意义整体得以说明的语言表述。”[7]“解释的运动之所以是辩证的并不在于每种陈述的片面性都可以从另外一面来补充……而首先在于，适合于解释文本意义的语词把这种意义的整体表达了出来，从而使意义的无限性以有限的方式在语词中得以表现。”[8]

正是通过对语言思辨结构的考察，伽达默尔才证明了以语言为本体的理解不是语义还原，而是历史性的语言事件。阐释者对文本的经验与理解使得文本成为本真性的存在。文本的自主性虽在于自身，但却需要阐释者的历史经验来开启。对文本历史性的理解，就是以现在为基点延展回到过去的辩证运动，就是发现文本在时间性结构中所蕴藏的东西。这样，在“意谓”意义上的语言学阐释的目的，就既非作者原意，亦非文本原义，更非读者之臆，而是文本在语言的时间性结构中本身所预期的东西。文本的意义生成因而并非对象化的，而是主体性的。正是在主体语言阐释的“问—答”结构中，文

1〔德〕伽达默尔：《真理与方法（下卷）》，洪汉鼎译，上海译文出版社，1999年，第489页。
2〔德〕伽达默尔：《真理与方法（下卷）》，洪汉鼎译，上海译文出版社，1999年，第560页。
3〔德〕伽达默尔：《真理与方法（下卷）》，洪汉鼎译，上海译文出版社，1999年，第575页。
4〔德〕伽达默尔：《真理与方法（下卷）》，洪汉鼎译，上海译文出版社，1999年，第570页。
5〔德〕伽达默尔：《真理与方法（下卷）》，洪汉鼎译，上海译文出版社，1999年，第606页。
6〔德〕伽达默尔：《真理与方法（下卷）》，洪汉鼎译，上海译文出版社，1999年，第605页。
7〔德〕伽达默尔：《真理与方法（下卷）》，洪汉鼎译，上海译文出版社，1999年，第605页。
8〔德〕伽达默尔：《真理与方法（下卷）》，洪汉鼎译，上海译文出版社，1999年，第594页。

本与阐释者互相提出问题，构成交互主体性；阐释者与文本语言开展对话，形成文本理解的对话语境。文本的意义从而不再是一个单纯的语言经验世界，而是一个主体阐释与文本语言交融建构的丰富意义世界。在这个世界中，文本的语言性与阐释的经验性、历史性融为一体，文本语言成为存在之经验的聚合体，阐释者通过存在之经验成为生命意义的聚合体。

其三，在“蕴谓”层次上，西方文学语言学阐释发展到美国阐释学家帕尔默，成为一种经由文本语言理解的本体性存在事件。

虽然以伽达默尔为代表的哲学阐释学也将语言理解为人类本体性存在方式，但其并未言明语言本身的意义发生方式。然而在以帕尔默为代表的文学语言学阐释学看来，语言作为人类思维、理解与交流的基本方式，不仅决定了作为生存活动的阐释行为需要通过语言进行，而且决定了通过语言所勾连的实践事件与历史事件，也需要通过语言来证成。正是语言及其实践性与历史性应用，才为人类准确理解文本与自我意义提供了津途。

帕尔默认为，文学阐释的典型方式是法学诠释学与神学诠释学的结合，因为它们都将阐释文本本义与当下应用结合起来，并以应用为导向，让文本本义与隐含义一并现身，让阐释者通过聆听语言、经验世界而成为文本与自我意义的创造者：“文学作品并不是一个我们通过将其概念化或分析就可以理解的客体；它是我们必须倾听的声音，并通过‘倾听’（而非观看）来理解。……文学理解必须植根于更为原初、更具包容性的理解模式中，此模式必须与我们的‘在世之在’相关。因而，理解文学作品不是一种逃避生存而遁入概念世界的科学一类的认识，而是一场历史的际会，它唤起了在这个世界中于此处存在的个人经验。”[1] 在帕尔默看来，理解文学作品不是技艺性的客观意义切近，而是进入作品语言所开启的世界，在作品语言敞开的世界中

1〔美〕理查德·E. 帕尔默：《诠释学》，潘德荣译，商务印书馆，2012 年，第 21 页。

体验、反思、理解自我与世界。为了进入作品所开启的世界，阐释者必须克服文本的时空间距，“诠释的任务是必须使某些在意义上陌生、遥远、晦涩的东西，成为真实的、切近的和可理解的东西”[1]，“理解一个作品就是去经验作品。……经验是发生在富有生气的、历史的人类存在中的某种东西”[2]。从阐释主体的角度看，理解是人生存在于世的基本模式，是世界呈现自身的方式与中介。“理解是世界借以在人面前持存的中介；理解是本体论之显现的中介。”[3]从语言文本的角度看，“语言乃是过去的贮藏室和我们理解的中介方式。语言与理解是同样原初的，因为理解是语言性的；正是通过语言，像世界这样的东西才能够向我们显现”[4]。语言与理解的不可分性决定了语言必然也是世界呈现自身与人理解自我之中介。因此，“理解是语言的、历史的和本体论的”[5]。由于理解的经验具有如下特征：它是历史的、语言性的、辩证的、本体论的、事件的，具有主观的客观性，为文本理解所引导，并在对文本的当下理解中成为真理之显现。[6]因而，理解实为一种经验性的事件，它不是审美的静观，不是形式的自律，不是感官的愉悦，而是阐释学境遇中的存在事件。而语言在理解的经验性事件过程中所发挥的作用就在于：语言的阐释用实践的事实检验语法阐释与历史阐释的确当性，从而达到对文本的经验性理解。

语言的经验性阐释本质表明，文学语言学阐释实为一种辩证的阐释，处于文学语言学阐释经验中的理解，常常是对过往理解的重思乃至辩证否定。文学语言学阐释的辩证否定是指，“在文学诠释中，所需要的是一种辩证的探问，此一探问并非单单在审视文本，而是允许文本中所说的东西向诠释者

1〔美〕理查德·E. 帕尔默：《诠释学》，潘德荣译，商务印书馆，2012 年，第 27 页。
2〔美〕理查德·E. 帕尔默：《诠释学》，潘德荣译，商务印书馆，2012 年，第 299 页。
3〔美〕理查德·E. 帕尔默：《诠释学》，潘德荣译，商务印书馆，2012 年，第 294 页。
4〔美〕理查德·E. 帕尔默：《诠释学》，潘德荣译，商务印书馆，2012 年，第 295 页。
5〔美〕理查德·E. 帕尔默：《诠释学》，潘德荣译，商务印书馆，2012 年，第 295 页。
6〔美〕理查德·E. 帕尔默：《诠释学》，潘德荣译，商务印书馆，2012 年，第 314—316 页。

提出反问，允许质疑诠释者自己的视域，并且从根本上改变一个人对主题的理解。……在真正的经验中存在着一种对个人自己视域的部分否定，并由此而产生了一种更具有涵盖性的理解”[1]。质言之，语言学阐释的辩证否定是指在语言阐释过程中，读者一方面通过语言探寻文本意义，另一方面通过文本意义质询读者的语言理解。

基于文学语言阐释学的经验性与辩证结构特征，理解文本的过程就是揭示文本未曾说出的东西。在帕尔默看来，此未曾说出的东西往往决定并暗示已说出东西的意义。“文学诠释的起点，必须是经验作品本身的语言事件——即作品‘言说’的东西。是文学作品的言说力量，而非它的形式，才是我们富有意义地与它相遇的基础，而这种言说力量并不是某种与形式相分离的东西，而是在形式中并通过形式在言谈。形式与被言说的东西的内在统一，是真理和审美经验之内在统一的基础。文学作品所作的言说正是对存在的一种揭示；它闪现的正是存在之真理的力量。”[2]语言学阐释所揭示的文本未曾说出的东西，正是文本意义的真理性力量。

其四，在“当谓”层次上，西方文学语言学阐释经由语言阐释与主体阐释而走向实践阐释。

根据当代法国语言学阐释学家利科（Paul Ricoeur）的观点，文本是具有特定意指与述行功能的话语，而非普泛的语言符号；文本不言而喻地具有主体性，表达了话语主体的意图，文本的意义就在于文本话语主体的意指与述行结构之中。基于此一观点，利科强调阐释者及其阐释文本的述行功能与生存性特征，并将此种述行功能溯及生命与其表现间的关系，认为“生命与其表现间的关系是人与自然以及人与历史这双重关系的共同根源”[3]，这就将

1〔美〕理查德·E. 帕尔默：《诠释学》，潘德荣译，商务印书馆，2012年，第302页。
2〔美〕理查德·E. 帕尔默：《诠释学》，潘德荣译，商务印书馆，2012年，第319页。
3〔法〕保罗·利科：《解释的冲突：解释学文集》，莫伟民译，商务印书馆，2017年，第6页。

传统语言学阐释关于文本的语言理解扩展到对阐释者生存的理解，将传统语言学阐释关于“认识主体在什么条件下才能理解文本或历史”的认识论问题，转化为“一个其存在在于理解的存在者是什么样的存在者”的存在论问题，既突显了语言学阐释的认识论基础，又强化了其存在论意义。特别是后者，构成了语言学阐释在“当谓”层次的根本性意义。因为，虽然“任何存在者的（ontique）或存在论的（ontologique）理解首先并且总是在语言中得到表现的”，但是，存在论的阐释却具有反思性意义：“只有到我们已表明对那些多义的或象征的表达式的理解正是对于自身（soi）之理解的时刻，一种纯粹的语义学的澄清才不至于‘被悬于空中’”[1]，阐释者才在符号理解与自我理解之间建立起纽带，文本阐释才成为一种以“我思”为中心、以语言为中介的“反思解释学”或“实践阐释学”。因此，与经典的现象学—阐释学的“向外”阐释不同，这种“反思解释学”或“实践阐释学”是一种“向内”阐释，它探求的是文本与阐释者相遇时通过语言符号建构意义的内在方式。盖因人的所有实践活动都是生存性的符号创造活动，人的生存意义就潜隐于这些符号中，因此通过对这些符号的阐释，可以窥探到人对生存意义的追求。从文本意义的来源来看，正像语言的生产与指称一样，人类也通过文本生产来生产自身，指称外在对象，确证自我意义。自我的意义，就来源于自我客观化或者自我对象化后的反思性理解，而文本作为自我客观化后的重要表征，成为认识自我、理解自我的基本媒介。这样，自我的意义通过自我客观化的文本来理解，文本的意义须参照自我客观化的原初事件来理解，自我与文本由此成为一种阐释学循环。在这一过程中，文本的语言生产与语言反思这两方面的相互作用使得文本成为一种包蕴复杂意义的存在体：“文本意味着一种神韵，也即作文的复杂性。文本也意味着创作，也即形成语言的

1〔法〕保罗·利科：《解释的冲突：解释学文集》，莫伟民译，商务印书馆，2017年，第10页。

劳作。最后，文本意味着一种持续性的语言纪念碑式的刻写，它刻写了见证的经验。”[1] 利科由此表达了文本的结构性、实践性与历史性的统一观念：通过语言的语境还原，可确定文本的独特意义与理解者的独特意义；通过语言的实践创作，可扩展文本的多重意义与理解者的多重意义；通过语言的经验反思，可批判反省文本的可能意义与合理意涵。文学语言学阐释因而成为一种以符号意义的阐释为中心的生存本体论阐释学。

不仅如此，文本是由书写话语构成的具有总体性结构与独特指称对象的事实，也决定了理解文本不单是理解文本的意涵，更是理解文本的指称对象。文本作为精神性结构所具有的意向性特征，保证了我们可以通过其意象性指称对象而理解文本的复杂意义。这样，阐释活动就不再是单纯的语言行为，而是理解的行动事件。后来的哈贝马斯也坚持类似的语言语用与行动观，认为语言本质上不是符号与指意的表达，不是经验的表达，而是指向言语行动，并在实践生活与行动语境中确证自身并“有所作为”，阐释学因其“关注的是各种实际生活方式的先验结构”而与语言关联一体：“解释学科学不是用另一种先验观点揭示现实，确切地说，它关注的是各种实际生活方式的先验结构；在这些生活方式中，人们根据把握世界和进行活动的规则以各自的方式解释现实；因此，对这类结构所作的解释学陈述，按照其内在含义，旨在阐明相应的运用联系；解释学的陈述是根据给定的解释学的基本状况可能具有的、确定行为导向的相互理解的主体通性，来理解对现实的诸种解释。”[2] 因而在“当谓”层次上，文学语言学阐释将阐释的使命铆钉于文本实践意义与象征意义的恢复，力图通过语言阐释的辩证法来调和方法论阐释学与本体论阐释学的冲突，实现文本阐释的意义多元化与理解活动的意义多

1〔法〕保罗·利科：《诠释学与人文科学——语言、行为、解释文集》，〔英〕J. B. 汤普森编译，孔明安等译，中国人民大学出版社，2012 年，“利科的回应”第 6 页。

2〔德〕哈贝马斯：《认识与兴趣》，郭官义、李黎译，学林出版社，1999 年，第 198—199 页。

元化，使文学文本经由语言阐释而成行动事件。

其五，在“必谓”层次上，西方文学语言学阐释以文本语言的确定性意义为圆心，探求文本适应新的变化了的语境的意义开放性问题。

德里达曾指出，文本是流动变化的语言“踪迹”，文本阐释即是对这种时隐时现“踪迹”的阐释。当代意大利学者安贝托·艾柯（Umberto Eco）则通过提倡一种有保留的“开放性阅读”来突显文本的稳固意义，坚持所有的阐释必须从文本出发，认为对文本的“无限衍义”（unlimitied semiosis）实为“过度阐释”（overinterpretation）。在1990年剑桥大学“丹纳讲座”的《诠释与历史》一文中，艾柯指出：“我所提倡的开放性阅读必须从作品文本出发（其目的是对作品进行诠释），因此它会受到文本的制约。换言之，我所研究的实际上是文本的权利与诠释者的权利之间的辩证关系。”[1] 在艾柯看来，对于某一固定文本，虽然我们很难找到一个令人完全满意的阐释，但这并不意味着所有阐释都是合理的阐释，或者说，文本可以无限衍义；相反，文本阐释总是存在着一些共同标准，这个标准，就是文本意义的圆心。

为了对阐释的无限衍义性进行证伪，艾柯在“作者意图”与“读者意图”之外，引入了一个关键词：“文本的意图。”所谓“文本的意图”，是指“读者站在自己的位置上推测出来”文本所要表达的东西。“读者的积极作用主要就在于对文本的意图进行推测。”[2] 为了准确把握“文本意图”，“唯一的方法是将其验之于文本的连贯性整体”[3]。在艾柯看来，当“标准读者”（the Model Reader），亦即那些“按照文本的要求，以文本应该被阅读的方式去阅读文本的读者”，根据文本的连贯性及其原初意义生成系统来判断，那么

1〔意〕安贝托·艾柯等：《诠释与过度诠释》，〔英〕斯特凡·柯里尼编，王宇根译，生活·读书·新知三联书店，2005年，第24页。

2〔意〕安贝托·艾柯等：《诠释与过度诠释》，〔英〕斯特凡·柯里尼编，王宇根译，生活·读书·新知三联书店，2005年，第68页。

3〔意〕安贝托·艾柯等：《诠释与过度诠释》，〔英〕斯特凡·柯里尼编，王宇根译，生活·读书·新知三联书店，2005年，第69页。

在文本中所发现的东西应该就是文本所要表达的东西，或者说，所发现的东西就应该是文本的接受者根据自身的期待系统而发现的东西，此即“文本的意图”。[1]换句话说，区别于“隐含读者”（the Emplied Reader）与“经验读者”（the Empirical Reader）的“标准读者”在阅读中发现的文本语义之前后连贯性，就是判定阐释合理性之依据。如果文本阅读中个别语义与全文语义连贯一致，那么他对个别语义的释读就是有效的，而基于个别语义而生成的文本整体语义也是有效的。

当然，在“必谓”层面强调文本意义的连贯性与文本阐释的有效性，并不意味着否定文本意义的开放性；相反，只有既着眼于“文本的权力与阐释者的权力之间的辩证关系”，强调文本的开放性与阐释者在文学意义生成中的重要作用，又突出“从文本出发”在阐释活动中的基础性地位[2]，真正的文本阐释活动才能完成。“我们必须尊重文本，而不是实际生活中的作者本人”[3]这一阐释判断所表述的，正是文本与阐释者的辩证关系：文本始终是阐释者的出发点与归宿，文本可以有许多合理的阐释，但并非任何阐释都为合理阐释，只有有其确定边界与确定意义的阐释，才是合理的阐释。因此，应当区分文本意义与对文本理解的意义，区分文本解释与对文本的意义赋予，因为前者是客观性理解，而后者是主观性理解。文本意义就生成于文本意义的客观性展示与主观性理解之中。

第二，中国文学语言学阐释及其“创造的诠释学”范式。

与西方文学语言学阐释方法类似，中国传统文学语言学阐释也是通过文本语言来探求文本意义的一种阐释法。如果从“创造的诠释学”五层次意涵

1〔意〕安贝托·艾柯等:《诠释与过度诠释》,〔英〕斯特凡·柯里尼编，王宇根译，生活·读书·新知三联书店，2005年，第11、67页。

2〔意〕安贝托·艾柯等:《诠释与过度诠释》,〔英〕斯特凡·柯里尼编，王宇根译，生活·读书·新知三联书店，2005年，第24页。

3〔意〕安贝托·艾柯等:《诠释与过度诠释》,〔英〕斯特凡·柯里尼编，王宇根译，生活·读书·新知三联书店，2005年，第69—70页。

来分析，同样会发现：

其一，在“实谓”层次上，中国传统文学语言学阐释持有一个基本观念，就是事实世界与语言世界、符号世界、观念世界、伦理世界、神圣世界、情感世界存在着一一对应关系。不管是相信语言能够表述世界的儒家文学语言学阐释，还是质疑语言能够表达世界的道家与禅宗文学语言学阐释，无不坚持此种对应关系，区别只在于，前者对语言的相信所表达的实为对世界的相信，后者对语言的质疑所表达的实为对世界的质疑。从孔子的“名正言顺”“言顺事成”，到荀子的“制名以指实”，法家的“循名以责实”，墨家“以名举实，以辞抒意”，名家“控名责实”，乃至更广泛意义上的春秋时期“言以足志，文以足言”，汉代“比兴”阐释与“天人相符”象征性阐释系统，明清的“兴寄讽喻”“引譬连类”联想阐释法与乾嘉考据训诂阐释，清代桐城派“注”（字面义）“意”（隐含义）二分，讲的都是一点：语言可以反映文本的意义；通过语言学阐释，可以达到借觇文义、轩轾褒贬、具大见识、鸿乙无误的理解效果。即使是作为反题出现的老子“道常无名”“道隐无名”与庄子“有名有实，是物之居；无名无实，在物之虚”（《庄子·则阳》），其阐释学意义也可借用海德格尔的一句现代语言来表达：“语言是存在的家园”，只是它处于静想默会的深渊，难以于用辞令言说来表达。

其二，在“意谓”层次上，中国传统文学语言学阐释不仅是探求文本本义的方式，更是叩寻世界意义的方式。魏晋时期“寄言出意”与“言不尽意”的语言阐释有效性问题争论，正是通过对汉儒确立的语言世界与事实世界、名与实指称关系的质疑，来确立意义的两种生发路径：由言及意与得意忘言。前者是对语言世界所规范的事实世界的认可，后者则是对语言世界所关联的价值世界的否弃。两种不同的语言学阐释路径，虽然目标各异，但都将文本阐释的本体论、认识论与价值论统一起来，使文本阐释的语言逻辑统一于文本所对应的事实逻辑与观念逻辑，为文本阐释向上通向作者（意义有限）、向下延及读者（意义无限）打开了方便之门，使语言学阐释超越单纯文字训诂与滞文格义的科学问题（“实”）而向大道本体（“名”）与人生哲学（“理”）的价值问题（“辩名析理”）跃升。

其三，在“蕴谓”层次上，中国传统文学语言学阐释在后世的发展中，逐渐形成一种超越单纯语言语义索解而追寻语言上下文整体意义或文本基本义理来确定文本意义的阐释方法。其典型代表是宋元时期诗文评点中区分“奇文”与“疑义”的做法。与西方文学语言学阐释区分“含义”（meaning）与“意义”（significance）相似，宋代诗文阐释学区分“文内之义”与“言外之意”，区别“证事释文”的“作者意图”“读者意图”与“增字为训”的“文本意图”，将前者归结为还原主义，将后者归结为建构主义，认为文本的最终意义，并非单纯的文本语言之语内意义，而是“作者之意 + 文本之义 + 读者之臆”的叠加融合。中国传统语言学阐释在“蕴谓”层次所发展出的此一意涵，有效解决了一些文义难解乃至前后矛盾的文本理解问题，比如《诗经》文本的理解难以用知识性的注解或历史性的考据来索解，而只能运用阐释学整体与部分的循环，或篇章整体义理（“诗无邪”）来求解的问题。

其四，在“当谓”层次上，中国传统文学语言学阐释虽以文本语义训释为根基，但汉语语言的音、形、义三分结构决定了文本语义的复杂内涵。一方面，由两汉经学训诂笺注法所衍生的语义学阐释学，成为后世主导中国经典文本阐释的主要方法，其所包蕴的“义训”与“声训”法，实基于中国经典文本的语言文字、语音语义发生历史性变迁的事实。加上中国语言文字（依类象形）与语音（记录口语）独立起源特性[1]，决定了语音训释享有与文字训释同等的重要性。而文字的“载道”与语音的“记事”功能，又将文本阐释带向析形解义、辨读训音的客观主义阐释系统。另一方面，魏晋时期玄

1 周裕锴:《中国古代阐释学研究》，复旦大学出版社，2019 年，第 97 页。

学略训诂而重名理、略文句而贵意旨的尚意阐释法，也改变了语言学阐释的单一还原主义与客观主义取向，使向外延宕文外之意、向内叩求主体心灵的主观主义阐释成为传统语言学阐释的又一潮流。

其五，在“必谓”层次上，中国传统文学语言学阐释探寻因语言理解的确定性与非确定分歧所催生的意义客观主义与主观主义裂隙问题，扩展语言学阐释的效力，实现文本意图、作者意图与读者意图的融通。这一努力较早由清代桐城派的语言学阐释所发起，他们为了在考据学与科学主义思潮弥漫下对语言阐释的外在功能作限制性保留，有意区别了文本“注”与“意”的差异，将文本的字面义与隐含义区别开来，认为字面义指向文本本义，隐含义指向作者本意，二者虽相通却也显示出明显差异。桐城派主将张英为陈式《问斋杜意》所作的序言中就明言：“注者，征引事实，考究掌故，上自经史，以下逮于稗官杂说，靡不旁搜博取，以备注脚，使作者一字一句皆有根据，是之谓注；意者，古人作诗之微旨，有时隐见于诗之中，有时侧出于诗之外，古人不能自言其意，而以诗言之。古人之诗，亦有不能自言其意，而以说诗者言之。是必积数十年之心思，微气深息，以与古人相遇。”[1] 在桐城派看来，真正的语言学阐释，是经由字面义而通向隐含义，经由文本本义而通向作者本意的阐释。这种阐释，不单是在文本之内求得文义，更在文本与文本之间、文本与文本之外求得文本意义，使文本阐释不仅成为文内的互文性理解，而且成为文外的互文性理解——后者源于中国哲学天地人相副相衬的集体无意识原型象征观念：正是这种强大的原型象征观念，模糊了诗与史、文学与历史在叙事与言情、征实与达意方面的巨大差异，使文学的语言阐释成为一种统合实然与应然的历史—伦理—情感哲学。

1　张英：《陈问斋杜意序》，收入周采泉：《杜集书录・内编卷四》，上海古籍出版社，1986 年，第 185 页。

第三，西方文学语言学阐释的“新格义”阐释及其本土化范式。

根据前述“新格义”阐释法，西方文学语言学阐释的本土化阐释本质上就是与中国传统文学语言学阐释方法的融通问题。让我们遵循“新格义”法的阐释步骤，对西方文学语言学阐释与中国传统文学语言学阐释作“共现”“分梳”“比堪”“融通”，尝试建构西方文学语言学阐释的本土化阐释新范式。

第一步：对中西文学语言学阐释观念作意义“共现”，发现二者相同的意义因子。

通过中西文学语言学阐释的“共现”阐释，可以发现，二者都试图通过文本语言的阐释来建构文本的意义，都试图说明文本的语言世界与外在世界及阐释者内心世界的同构关系，都试图说明它们是凭借什么样的阐释原则而实现同构对应的关系。由此抽绎出的共同问题是：文学语言学阐释以语言为文本意义生发的本体，以语言阐释的社会功用为价值指向，认为语言不仅具有指称世界的作用，而且具有规范世界的功能，此即西方文学语言学阐释本土化范式的基础含义。

第二步：对中西文学语言学阐释观念作意义“分梳”，发现彼此相异的意义因子。

中国文学语言学阐释讲究原始要终、返经汲古，通过维护经典的原始意义来捍卫经典所指向的政治秩序与伦常规范，杜绝束书游谈、自逞私臆，从而阐释过程中的依经讲道而非离经讲道，就成了文学语言学阐释的基本公共价值取向。而西方文学语言学阐释并无一个明显的高悬于阐释文本之上的原始经典文本可供依循，阐释过程中更主要的是遵循阐释文本的基本语言语法规则与阐释伦理，私人阐释因而常常可以代表公共阐释探求普遍意义。这一根本性的阐释原点分梳决定了在中国，阐释不是单纯的知识学问题，更是社会学及伦理学问题，即阐释是由文字音韵训诂而得文本义理之真，由文本义理之真而得政教伦常之序，“字→词→言→义→道→用”的阐释逻辑，因而便成了中国文学语言学阐释的基本范式；而在西方，语言阐释主要是知识性的文义探求，较少涉及伦理性问题，阐释遵循单纯的语言语法与整体文义循环阐释逻辑。

第三步：保留相同的意义因子，对相异的意义因子作基于文学本体的意义“比堪”，提取各自合理的成分。

综合中西文学语言学阐释观念的相同性与相异性，可以看出，一方面，二者所共同擎举的阐释观念，实际上所反映的是共同的文学与价值观念；阐释观念的变迁，正是文学观念与价值观念变迁在理解领域的反映。另一方面，中国传统文学语言学阐释自古就与社会秩序的建立、伦常纲纪的稳固密切相关，因而一直发挥着伦理政治功能；而西方文学语言学阐释的此一功能虽相对弱化，但其严守文内文外语言规范阐释的方法，也避免了阐释过程中的无限衍义与阐释泛化乃至强制阐释问题。因而，一种更加积极有效的文学语言学阐释应是既追求文本本义的“本质还原”、文本领悟的“存在还原”、文本表达的“语言还原”的统一阐释[1]，还应追求文本使用的“价值还原”，并将四者统一起来，由此实现西方文学语言学阐释本土化过程中的本体论、知识论与价值论的统一。

第四步：根据本土文学现实，融合“中西相同的因子”与“中西相异的合理成分”，创新西方文学语言学阐释原有概念的意义内涵，或创造新的本土化概念。

综合“新格义”阐释的上述三步骤，对中西文学语言学阐释作“共现”“比堪”“分梳”后的“融通”阐释，可以发现，西方文学语言学阐释的本土化范式，是一种以语言为文本意义本体，通过探究语言的公共性与私己性意涵，发掘文本所蕴含的审美功能、伦理功能与政治功能，实现文本阐

1　周裕锴：《中国古代阐释学研究》，复旦大学出版社，2019年，第353页。

释的本体论、知识论与价值论统一的阐释学范式。在确认这一基本的本土化范式基础上，我们还需进一步因应时代现实，对西方文学语言学阐释中作为阐释对象的文本语言内涵及目标变化做出新的辨析。从语言内涵变化的角度看，西方文学语言学阐释必须注意当代滋生的语言政治问题。盖因西方文学语言学阐释虽倾向于文本意义的客观化阐释，但其中国化过程中所面临的语境化阐释前提，决定了我们必须回到不同时期、不同语境下文本语言的历史性逻辑，以探求不同语言潜蕴的“审美性”“政治性”在不同历史语境中的不同内涵，从而跳出简单的“中国化”或“西方化”的定言判断逻辑，辨析出语词概念表面相同背后掩盖的本质差异，思考理论在语词外壳遮蔽下的曲折内涵发展，注意旧概念中所注入的新的时代生活内容。比如，当下的语言学阐释虽然仍然关注“政治”，但“政治”的内涵已从早期的“国家政治”转变为今天的“生活政治”，当初人们强调文学阐释的“审美性”也由“自律性的审美”转变为泛生活意义上的“日常审美”。再从语言阐释的目标来看，西方文学语言学阐释的本土化还应与共同体的神圣性建构与现实行动联系在一起，重建现代性以来语言阐释弃逐信仰与神圣的历史，将语言学阐释视为重拾神圣性的基本治疗与行动方案：“为相信，就必须去理解，而为理解，也必须去相信。”[1] 因为一种具有现实品格的语言学阐释，“也是与文本如何被撰写，与文本‘为了什么’而被撰写联系在一起，这样的阅读都总是发生在一个共同体、一个传统，或一股现行的思潮里，一个共同体、一个传统，或一股现行的思潮都显示出种种先决条件和依赖于情形的需要”[2]。而通过语言现实行动的阐释，就可以尝试解决梵语嘉言、无相格义的语言学阐释难题，实现由理论的“本土化”，到形成理论的“本土范式”，再到理论转化为“本土行动”的真正阐释学循环。

1〔法〕保罗・利科:《解释的冲突：解释学文集》，莫伟民译，商务印书馆，2017 年，第 369 页。
2〔法〕保罗・利科:《解释的冲突：解释学文集》，莫伟民译，商务印书馆，2017 年，第 1—2 页。

3. 以“读者意图论”为中心的西方文学哲学阐释及其本土化范式

西方文学哲学阐释方法是诞生于20世纪上半叶的一种以理解活动为中心、对文本意义与理解者意义加以证验的学说，它在广义上包括海德格尔的现象学阐释学、伽达默尔的哲学阐释学、尧斯（原译“耀斯”）的接受美学、杜夫海纳的审美经验现象学以及费什的阐释哲学等。这些不同的文学哲学阐释支流在20世纪70年代中晚期后，随着中国思想文化的现代性而一同进入中国，开启了自身的本土化进程。

西方文学哲学阐释的本土化不是哲学普遍的具体化，而是具体哲学的有差别的展开。通过有差别的展开，来体现思想的普遍性与个别性的统一。这种统一，只有经由对西方哲学阐释学本身的“新格义”阐释，才能完成。

让我们遵循“新格义”阐释的步骤，首先对西方文学哲学阐释方法作“创造的诠释学”阐释，以探索其本土化后的普遍性的实体性内容。

第一，西方文学哲学阐释及其“创造的诠释学”范式。

如果我们运用“创造的诠释学”来分析西方文学哲学阐释的“实谓”“意谓”“蕴谓”“当谓”“必谓”五层次意涵，便会发现其复杂的意义结构。

其一，在“实谓”层次上，西方文学哲学阐释的一个基本观点，就是每一种文本，都代表了理解世界的一种方式；同样，每一种文本的阐释，也都代表了理解文本的独特方式，进而构成理解世界的独特方式。基于此一观点，西方哲学阐释学认为：第一，读者原臆是文本意义的来源，读者通过对文本的理解、解释与应用，可以推定文本原义。第二，文本意义发生的过程，包含着一个由读者开启的阐释学循环，即文本理解中部分意义与整体意义的循环证解问题。第三，文本意义的确证过程，也是一个读者与文本视域融合的过程，在这个过程中，读者的现实视域与文本的历史视域实现了融合。第四，读者的理解视域与文本的历史视域的融合，也是一个无限开放的过程，它决定了文本意义的无限完成性。

其二，在“意谓”层次上，西方文学哲学阐释认为文本的阐释也是对阐释者存在意义的阐释。海德格尔所发展出的哲学阐释学坚持一个基本观点：“此在的现象学就是诠释学。”[1] 从“此在”入手切入阐释学表明，理解作为此在的前结构内在于此在的生存论领会，理解对于此在而言是本体论的，它内在于此在，是此在生存的基本方式与现身情态，而非依附于此在的后天行为方式。“把某某东西作为某某东西加以解释，这在本质上是通过先行具有、先行视见与先行掌握来起作用的。解释从来不是对先行给定的东西所做的无前提的把握。”[2] 这意味着，以理解为媒介的阐释活动，亦为阐释者的本体存在方式，阐释活动因而也就是阐释者的生存本体论。

以此为基础，阐释者的生存本体论认为，理解不是去发现文本的或隐或显的意义，而是去发现文本与理解者在“去存在”（being-in）过程中所指示出的存在可能性。“此在就其存在方式而言原就‘是’它的过去，此在通过它当下去存在的方式，因而也就是随着隶属于它的存在之领会，生长到一种承袭下来的此在解释中去并在这种解释中成长。此在当下就是而且在一定范围之内总是从这种此在解释中来领会自身。”[3] 理解因而不是认识论，而是存在论。理解不是对文本的科学性说明，而是理解者的基本存在方式，是理解者在与文本构成的原初情境关系中的意义领悟。正是理解者在“去存在”的过程中展露出的原初感受与体验，而非单纯对文本的语言理解，对于文本的意义发生才具有基础性作用。文本的存在论因而取代知识论成为西方文学哲学阐释的前提。

从理解发生的方式来看，理解活动中的理解者不是在聚光灯式的凝视中

1〔德〕海德格尔：《存在与时间》，陈嘉映、王庆节译，商务印书馆，2016 年，第 53 页。
2〔德〕海德格尔：《存在与时间》，陈嘉映、王庆节译，商务印书馆，2016 年，第 215 页。
3〔德〕海德格尔：《存在与时间》，陈嘉映、王庆节译，商务印书馆，2016 年，第 30 页。

来理解事物，而是在对象的整体语境关联中，揭示不被人所注意的隐秘的东西之于对象的意义。当且仅当理解遇到障碍时，理解的本性才显露出来。比如，路边一块石头的存在意义可能是由于其绊倒了我们，或者说原本与其共在一体的他物突然被移走而变得显豁起来。在这一过程中，理解即“让……成为……”，它让语言、文本、存在破除日常遮蔽而显示自身并成为自身。在《形而上学导论》中，海德格尔借用索福克勒斯的《安提戈涅》合唱曲《人颂》，阐明了诗歌文本阐释的三个阶段：第一阶段，诗的意义的开显；第二阶段，我们理解诗的世界；第三阶段，诗的世界开启我们的意义，亦即通过倾听诗歌的声音，跟随诗歌所揭示的存在世界，开启自我的意义与生存世界。

从理解的过程来看，一方面，阐释者在“去理解”的过程中，也正是其通向文本本体意义的过程。在这个过程中，理解主体既是理解活动的发起者，也是理解活动的结果。理解活动作为文本意义的生发场所，也是主体意义的生发场域，理解过程同时也是文本意义显露与主体自我成长的过程。另一方面，理解既是前见视域下的文本意义发现，也是当下视域下的文本意义创造，文本的最终意义就在此二者的视域融合中显豁出来。当且仅当文本语义要素消隐不现，诸义趋暗归无，文本存在的本相才浮现出来，理解才算完成，意义才能实现。

理解活动的上述两方面过程揭示出，西方文学哲学阐释暗含着一种以存在为原点的现象学—阐释学思路，它将存在的事实性，而非先验主体的意向性，视为现象学—阐释学的根本特征。在《存在与时间》中，海德格尔曾表露了此在的现象学作为阐释学的根本特点的观点，认为本体即为现象，存在即为阐释。以此种现象学—阐释学来看，文本不是对象，不是物，而是一个有着自己世界的事件。世界不是空无与充满，而是由事件构建起来的存在。后期的海德格尔进一步否定了阐释的主体性与能动性，将现象学—阐释学发展成为一种遵循阐释对象的自然澄明与意义照亮，认为意义不再是人的赋予，而是客体给予人的东西，意义的赋予就是客体澄明化的过程。语言在这个过程中具有独特的地位：语言的作用不在于概念陈述，而是言谈现象与言谈事件；与语言相关的理解不是对语言的理解，而是在语言中理解。理解的语言性本质在于：理解者以语言性的方式展现自身，存在者亦以语言性的方式展现自身。这样，理解者与语言一道，超越阐释对象而成为一种本体存在。

其三，在“蕴谓”层次上，理解与阐释活动是文本意义的发生场所，也是主体意义的发生场所，文本与理解者的意义就完成于理解活动的辩证结构中。

海德格尔之后的伽达默尔哲学阐释学认为，理解与阐释不仅是理解者否定自我与扩展自我的过程，同时也是文本意义展露自身与开显自身的过程。理解与阐释必须向上提升为艺术真理，反对将自身向下沉沦为修辞技艺，因而需要把认识论的真理观排除出理解与阐释之外。一方面，理解与阐释活动遵循现象学直观，它通过回到文本自身来显现对象生命的本然世界。另一方面，理解与阐释活动又是一种意识哲学或精神哲学，它经由文本而对自我作观念反思，寄望一种终极自我。理解与阐释活动由此表现为一种特殊的辩证结构，这种辩证结构，既非近代哲学的主体性立场，也非现代哲学的去主体化立场，而是主体基于特定时空的特定工艺社会结构与文化心理结构而对文本意义与自我意义的反思建构。在这个过程中，理解与阐释主体既是自我意义的创造者，也是文本阐释的自然结果，它在“分有”文本本体意义的同时，也“建构”了文本的本体意义；作为阐释对象的文本，它不但赋予了阐释者以本体意义，也建构了阐释者的本体意义。阐释活动因而表现为一种特殊的辩证结构：阐释者对阐释对象做出理解的同时也包含了对阐释活动本身的理解，这种双重理解要求阐释主体突破阐释的同一性原则，同时对阐释主体做出具身性与反思性理解。当伽达默尔通过对游戏与艺术作品具有类似的审美表现方式来说明读者的“接受”是一种内在于作品本身的存在时，他所表白的正是这一点：“任何作品几乎为每一个接受它的人让出了一个他必须去填充的游戏空间。”[1] 这样，文本阐释就是以文本的辩证理解活动为中心，对文本与阐释者的意义加以确定。这种“确定”，并非破坏文本或阐释者的意义“本体”，只是说，二者均以限制自身的方式得到了理解；或者说，二者均以特定形式得以显现。

文本理解的辩证结构表明，文本的意义不在于作者，也不在于文本，而在于读者在阅读过程中所开启的效果历史意识与效果历史结构中，“因为这种意义总是同时由解释者的历史处境所规定的，因而也是由整个客观的历史进程所规定的”[2]。阐释活动就是历史视野与当代视野的不断的视域融合过程。“历史视域的筹划活动只是理解过程中的一个阶段，而且不会使自己凝固成为某种过去意识的自我异化，而是被自己现在的理解视域所替代。在理解过程中产生一种真正的视域融合（Horizontverschmelzung），这种视域融合随着历史视域的筹划而同时消除了这视域。我们把这种融合的被控制的过程称之为效果历史意识的任务。”[3] 由历史视域与当代视域辩证结构所决定的效果历史意识是一种开放的意识，它可以使阐释者不断地革新旧的“前见”，形成新的“前见”，阐释活动从而能在效果历史意识驱动下不断走向新阶段。

在伽达默尔看来，哲学阐释学的视域融合不仅是文本古今之间的线性时间性互看，也是不同地域空间的当下互鉴，由此组成理解的效果历史辩证结构。区别于传统历史哲学与浪漫主义肯定理解的“前见”，并视其为阐释的基础，批判哲学与启蒙哲学则否定理解的“前见”，并将客观性与理性作为理解的前提，伽达默尔哲学阐释学则认为，文本的历史先于理解与反思，在

1〔德〕伽达默尔：《美的现实性》，张志扬等译，生活·读书·新知三联书店，1991年，第42页。
2〔德〕伽达默尔：《诠释学Ⅰ：真理与方法》，洪汉鼎译，商务印书馆，2010年，第419页。
3〔德〕伽达默尔：《诠释学Ⅰ：真理与方法》，洪汉鼎译，商务印书馆，2010年，第434页。

理解与反思之前文本已经属于历史，因此，历史比理解与反思更为源始，历史理应成为阐释的出发点。这样，阐释学便与历史科学具有某些共通性，它们都具有同样的理解基础与前理解结构，它们都必须在理解的事件与存在的语境中才能成为自身，都必须接受意识形态的反思批判。后来的利科发展了这一思想，在利科看来，由于历史上的“前见”“偏见”常与传统、权威、统治和暴力联系在一起，因而对“前见”“偏见”概念的反思自然进入意识形态批判的核心。[1]

其四，在“当谓”层次上，西方文学哲学阐释强调文本意义的层累性，突出文本意义的不断生成与阐释者意义的经验获得在阐释活动中的基础性地位。不同于存在论现象学突出哲学阐释学在“意谓”层面的剥离性，“当谓”层面的哲学阐释学既强调文本在其原初语境中的原始意义乃至前原始意义，认为阐释的目的在于悉其本心、知其本义，又强调文本阐释的意义层累性，认为通过剖析后来意义的叠加，阐明每一个前在意义之于文本新意义的意义，还强调文本意义的层累性对于阐释者进入历史性的理解与意义的当下证成之重要性。

在接受美学的代表人物尧斯看来，阐释学并非理解的原意哲学，它毋宁有着直接的应用性：“为了使一部过去曾经有过权威的文本满足始终变化的现实的需要，就必须不断地通过解释和再解释来更新其意义。”[2]这样，“每一代人都必须以新的方式阅读文本，都必须从自己的角度来质询文本，并以自己的方式通过作品提出的问题来发现与自己有关的东西”[3]。这样的阐释学便具有双重任务：“一方面，它必须说明文本的效果和意义所赖以具体呈现

1〔法〕保罗·利科：《诠释学与人文科学——语言、行为、解释文集》，〔英〕J. B. 汤普森编，孔明安等译，中国人民大学出版社，2012 年，第 31 页。

2〔德〕汉斯·罗伯特·耀斯：《审美经验与文学解释学》，顾建光等译，上海译文出版社，1997 年，“作者中文版前言”第 4 页。

3〔德〕汉斯·罗伯特·耀斯：《审美经验与文学解释学》，顾建光等译，上海译文出版社，1997 年，“英译本导言”第 9 页。

在当代读者面前的实际过程；另一方面，它要重新构造读者在不同时代以不同方式接受和解释同一文本的历史过程。这就要求在衡量一部艺术作品的现时效果时，必须参照早先人们对该作品的经验史，并且在效果和接受的基础上形成审美判断。”[1] 尧斯的接受美学反对康德关于审美判断勾连经验与先验的居间属性，通过诉诸西方艺术鉴赏而得出审美经验是一种“秘而不宣的、反形而上学的”主观性经验的判断，[2] 实际上揭示了文学艺术文本阐释的审美经验属性，此一属性也为随后的英伽登、帕尔默等人的文学哲学阐释所承继。

作为现象学阐释学的重要代表人物，英伽登悬置文学文本的独立客体属性而突显其审美“意向性客体”属性，为文学文本意义的空白与读者的积极填充留下了余地。在英伽登看来，文学文本存有“不确定性的点”，它对应于文学文本意义的不确定性，读者在文本召唤结构吁请下，填充文本意义空白，生发特定的文本意义与当下的审美经验。我们可以用哲学阐释学的另一位代表人物艾柯的话来为英伽登的此一观念作注解：“一件艺术品，其形式是完成了的，在他的完整的、经过周密考虑的组织形式上是封闭的，尽管这样，它同时又是开放的，是可能以千百种不同的方式来看待和解释的，不可能是只有一种解读，不可能没有替代变换。这样一来，对作品的每一次欣赏都是一种解释，都是一种演绎，因为每次欣赏它时，它都以一种特殊的前景再生了。”[3]

文学哲学阐释的另一位代表人物帕尔默也借助现象学方法来为当代哲学阐释学夯实基础。在1969年出版的《诠释学》一书中，帕尔默批评美国阐

1〔德〕汉斯·罗伯特·耀斯：《审美经验与文学解释学》，顾建光等译，上海译文出版社，1997年，“作者序言”第4页。

2〔德〕汉斯·罗伯特·耀斯：《审美经验与文学解释学》，顾建光等译，上海译文出版社，1997年，“作者中文版前言”第3页。

3〔意〕安伯托·艾柯：《开放的作品》，刘儒庭译，新星出版社，2005年，第4页。

释学长期拘泥于新批评与结构主义的实在论歧途——后者认为，文本之所以需要阐释，是因为其疏离于我们而客观存在，因此为了消解这种疏异性，接近文本的自主性，就需要理解主体的阐释——但文本却有其现象学本质，实在论的方法难以切近文本的非对象化存在，唯有以现象学方法切入对文学问题的思考，让文本阐释走向现象学，成为理解者的一种存在，才能真正获得阐释学的反思性哲学根基。“文学作品并不是一件我们能够完全任意操纵的客体；它是过去的人类所发出的声音，一种人们必须想办法恢复其生命的声音。是对话而非解剖，开启着文学作品的世界。冷漠的客观性对于理解文学作品并不适宜。”[1] 帕尔默的意思是，文学作品的阐释不是科学阐释，它要摒弃实在论的客观性理解，走向现象学的文本理解与理解者的自我理解。为了达到这种理解效果，必须反对技术阐释学视文本为实在性客体的阐释逻辑，即企图发明出一套理解文本客观意义的规则，以保证文本意义的客观性；相反，应标举一种“诠释哲学”与“哲学阐释学”，并将之视为一切阐释活动的“双焦点”[2]，以此寻求理解的条件及理解的意义。我们唯有同时从文本的客观性与主观性入手，才可能实现对文本与自我的存在性理解，因为艺术作品的意义并不孤立于审美经验之外，相反，它就在阐释者的审美经验之中：“艺术作品的存在方式即揭示——揭示存在得以持存于其中的世界和事件。艺术的合法性在于它向我们的自我理解揭示了存在，以至于我们自己的世界、我们在其中生活与活动并拥有我们整个存在的视域，都得以拓展并得到更恰当的界定。”[3]

其五，在“必谓”层次上，西方文学哲学阐释最终经由阐释的审美经验而走向文本诸要素的共同阐释与阐释者共同阐释的“共同体阐释”。

1〔美〕理查德 · E. 帕尔默:《诠释学》，潘德荣译，商务印书馆，2012 年，第 18 页。
2〔美〕理查德 · E. 帕尔默:《诠释学》，潘德荣译，商务印书馆，2012 年，第 19 页。
3〔美〕理查德 · E. 帕尔默:《诠释学》，潘德荣译，商务印书馆，2012 年，第 310 页。

文学哲学阐释的又一位代表人物费什认为，文本的意义萌发于阐释共同体内多种阐释学要素（文本、读者与阐释传统等）的对话与理解当中。“文学批评史不会成为一种旨在对某一稳固的文本进行精确阅读的发展史，而会成为一种由团体/体制所制约的参与者为把某一文本置于其观照视野之内而不断努力的历史。”[1] 费什对文学史本质所作的阐释观照表明，文学史不会成为一种旨在对某一经典作品进行鉴赏与批评的发展史，而是会成为一种由阐释共同体所制约的鉴赏者或批评家为了把某一作品置于其理解与观照的视野内而不断修改旧有文学规范、创新作品意义的理解历史。表现在具体的阐释活动中，“作为一种技巧，解释并不是要逐字逐句去分析释义，相反，解释作为一种艺术意味着重新去构建意义。解释者并不将诗歌视为代码，并将其破译；解释者制造了诗歌本身”[2]。费什这里要解决的问题是：阐释活动中的阐释行为本身之于阐释对象的逻辑关系何在？费什给出的答案是：“诗歌特点本身并不足以能够使它具有某种吸引力；对于（诗歌）给予某种关注反倒可以最终发现诗歌特点本身。一旦我的学生意识到，他们所阅读（看到）的是诗，他们就会用理解——观察诗歌的目光，也就是说，以他们所知道的与诗歌所具有的一切特点相关的那种眼光去对待它。”[3] 即言：“识别在先，作品在后，理解再其后”，是读者阐释活动所遵循的基本逻辑。

之所以这样，是因为语言是经验事件的表达，而非意义的储藏库。“话语的意义就是其经验”，“作为对意义的一种解释，……（它）没有终点，而是一个过程；它不回避谈及经验，因为它本身便是经验；它关注的中心是效

1〔美〕斯坦利·费什：《读者反应批评：理论与实践》，文楚安译，中国社会科学出版社，1998年，“作者序”第3页。

2〔美〕斯坦利·费什：《读者反应批评：理论与实践》，文楚安译，中国社会科学出版社，1998年，第52页。

3〔美〕斯坦利·费什：《读者反应批评：理论与实践》，文楚安译，中国社会科学出版社，1998年，第50页。

果，而其结果也是一种效果”。[1] 从文本意义生发的逻辑来看，文本意义的生成是一个过程，是理解者在阅读的时间流中经验的凝聚，而非客观事实或客观后果。费什将文本视为在阅读的时间流中渐次展开的事件，而非一种封闭的客观事件，认为阅读行为本身是一种审美经验的流动性，文本的意义就萌生于这种流动性中。正是阅读中的审美经验，催生了文本的意义，使意义本身成为审美经验的组成部分。反过来说，正是意义，才激发了我们的审美经验，使审美经验本身成为意义的组成部分。

基于上述观点，费什虽将文本意义归结为“作者”而溢出了以读者意义为中心的哲学阐释学本身，但其所谓的“作者”是一种阐释共同体或言“解释性的社会本身”。因为正是解释性的社会，而不是作品或读者，创造了作品意义以及对作品特征的产生负有责任；也正是“解释性的社会”内部诸要素的复杂关联所组成的阐释共同体，才构成了文本意义的最终来源。

第二，中国文学哲学阐释及其“创造的诠释学”范式。

与西方文学哲学阐释方法类似，中国传统文学哲学阐释也强调读者阅读对于文本意义与个体存在意义的重要作用。如果从“创造的诠释学”五层次意涵来分析，同样会发现：

其一，在“实谓”层次上，中国传统文学哲学阐释持有一个基本观念，就是在言与意、象与境、虚与实、静与动、形与神、理与气、未发与已发、既济与未济等对偶性观念的相互激荡、相互超越与相互生成中，衍生文学作品的审美意义与阐释者的美感经验，此即传统文学哲学阐释的原始本义。

其二，在“意谓”层次上，文本的意义常常超越语言文字而居文本义理之中，因此需要阐释者以超言得义的非知识化方式来求解。魏晋时期由“言意之辨”所推衍出的“略训诂而重名理，略文句而贵意旨”的尚义阐释趋

1〔美〕斯坦利·费什:《读者反应批评：理论与实践》，文楚安译，中国社会科学出版社，1998 年，第 188、190 页。

向，将“寄言出意”“辨名析理”作为阐释旨趣，追寻文本之后的精微大道与宇宙本体。但此一本体并不高悬于空渺之域，而就在阐释者的文本理解之途。因此，虽然“寄言出意”“意在言外”的阐释学主张解构了汉儒所标举的语言与世界相符关系，但它却为阐释者面对文本意义时的自由发挥留出了巨大空间。“隐之为体”的本体性文本观念也只有通过阐释者超出言表的领悟证验才能实现“义生文外”（《文心雕龙·隐秀》）的理解效果，阐释者也只有通过一种忘言体道的终极意义追求与去主体性的审美生存，才能证成自我的意义。

其三，在“蕴谓”层次上，唐以后禅宗所发展出的顿悟默解式文本阐释意味着文本意义的因时而变与自由开放。文本的阐释是一种俱道适往、真与不夺的意义自然敞开过程，而非阐释者私逞己意的意义赋予过程。此种观点发展至宋代禅宗，成为一种拈花指月式的“不说破”原则，阐释语言可远离文本语义而作自由悟解。包括此后南宋严羽等人的诗歌“兴趣”理论、明代李梦阳等人的“水月镜花”鉴赏理论等，无不是对语言文字承载意义的否定（“不可解”“不必解”），通过否定，指向文本理义大本之原始体悟还原。后者在观念上遥接汉代经学“《诗》无达诂，《易》无达占，《春秋》无达辞”[1]的假经设宜阐释原则，并与20世纪西方当代“激进诠释学”[2]构成同构呼应关系。

其四，在“当谓”层次上，中国传统文学哲学阐释强调阐释者的个体性的涵咏体验对于文本意义的建构作用，突出阐释活动本身对于阐释者存在意义的生成作用。南宋时期的罗大经通过突出读者的积极作用而矫正传统

1（汉）董仲舒撰，（清）凌曙注：《春秋繁露》卷三，中华书局，1975年，第106页。

2 区别于一般阐释学的“激进诠释学”站在边缘立场，主张用冰冷的解构或沉思方式浇灭形而上学与一切阐释学赋予文本与存在的权威稳固意义，揭示文本表层意义之下的深层意义，让文本在现象学视域中自由敞开自己，释放意义的未定性与理解的可能效果，此即卡普托（John Caputo）所谓的“冷诠释学”。参见〔美〕约翰·卡普托：《激进诠释学》，李建盛译，北京大学出版社，2021年，第5、271、273页。

的“诗无达诂”理论，认为文本意义的不确定性并非文本局限，而是在读者“胸次玲珑活络”[1]审美观照下的不同意义显露，读者审美涵咏与自由活观对于文本意义的生发与读者审美化生存具有根本性作用。文本的意义是经由审美观照所萌生的审美意义或义理大道，而非简单的字面意义或知识意义。这样，对文本的“切己体验”（朱熹）、“躬行亲证”（陆游）便成为读者还原文本创作心境与创作语境，体悟文本义理大道的基本方式。

其五，在“必谓”层次上，中国传统文学哲学阐释一直持有一种形而上的超言得义的审美追求，文本阐释不仅旨在透过文本言外之意以求得文本内蕴的真理性世界，更在于通过文本言外之意以证得阐释者的本体性生存与永恒福慧。广泛流传于元明时期以读者为中心的“尚趣”阐释学所强调的读者情感、趣味而非理性、伦理对于文本意义的建构作用，正是其典型代表。当然，从文学哲学阐释的应然意义来看，一种真正具有包容性的文学哲学阐释，应该强调阐释者的审美情感、伦理取向乃至哲学观念等知情意复杂心理情感结构对于文本意义的生发作用，应该突显阐释者在这多层次的审美阐释中发现自我生存与生命意义的重要性，但这是中国传统文学哲学阐释已经内蕴却并未充分展开的东西，因而需要我们立足今天的阐释语境加以阐扬。

第三，西方文学哲学阐释的“新格义”阐释及其本土化范式。

根据前述“新格义”阐释法，西方文学哲学阐释的本土化阐释本质上就是与中国传统文学哲学阐释方法的融通问题。让我们遵循“新格义”阐释的方法步骤，对西方文学哲学阐释与中国传统文学哲学阐释作“共现”“分梳”“比堪”“融通”，尝试建构西方文学哲学阐释的本土化阐释新范式。

第一步：对中西文学哲学阐释观念作意义“共现”，发现二者相同的意义因子。

1（宋）罗大经：《鹤林玉露》乙编卷二《春风花草》，中华书局，1983 年，第 149 页。

通过比较发现，中西文学哲学阐释均强调读者之于文本意义的建构作用，均认为读者对文本意义的理解，本质上是对文本所代表的生存世界与意义世界的理解，均认为读者对文本意义的理解即为文本意义本身，且这种意义具有开放性，均认为对文本的阐释也是对阐释者存在意义的阐释。

第二步：对中西文学哲学阐释观念作意义“分梳”，发现彼此相异的意义因子。

西方文学哲学阐释认为理解不是去发现文本或隐或显的意义，而是去发现文本与理解者在“去存在”的过程中所指示出的存在可能性，即文本理解不是特定时刻的当下证解，而是在阐释者与文本的整体语境关联中，揭示文本的可能意义，强调每一次阐释活动过程中文本意义的层累性，突出文本意义的生成与阐释者意义的获得在阐释活动中的同等重要性。而中国传统文学哲学阐释强调阐释的当下顿悟与个体性意义的重要性，认为阐释活动中每一次意义揭示都是不可重复的，都是阐释者审美经验与本体性存在的表达。

第三步：保留相同的意义因子，对相异的意义因子作基于文学本体的意义“比堪”，提取各自合理的成分。

综合中西文学哲学阐释的相同性与相异性，可以发现，一方面，它们都强调读者在文本意义探究中的积极建构作用，都突出了对文本意义的理解也是对文本所代表的整个世界与阐释者自身的理解。另一方面，中国传统文学哲学阐释格外强调阐释者与物周游、同于大道的阐释立场对于文本本真意义的建构作用，否弃语言在文本阐释中的积极作用；而西方文学哲学阐释虽也通过现象学与存在主义的眼光探究文本存在之真理，但并未否弃语言在文本意义生成中的重要作用，相反，一直突出阐释活动本身的语言性，认为语言是存在与意义的家园，语言的阐释是一种行动事件，具有鲜明的应用指向与社会价值功能。

第四步：根据本土文学现实，融合“中西相同的因子”与“中西相异的合理成分”，创新西方文学哲学阐释原有概念的意义内涵，或创造新的本土化概念。

综合“新格义”阐释的上述三个步骤，对中西文学哲学阐释作“共现”“比堪”“分梳”后的“融通”阐释，可以发现，西方文学哲学阐释的本土化范式，应该是一种以文本与阐释者意义建构为“双焦点”，以文本的言内之义与言外之意为双向阐释路径，以文本的真理性意义生发与阐释者生存意义的获得为双向阐释目标，通过文本诸要素与阐释者诸要素的相互感发，最终形成的一种文本阐释的共同体。在此阐释共同体内，每一个文本都可以滋生无限意涵，每一次阐释都是文本意义的新发现，每一次阐释活动都是阐释者创新自我并理解自我的新方式。这样的文本阐释，将最终成为一种行动事件，文本的意义将最终成为一种开放形态。[1] 此即西方文学哲学阐释本土化的理想范式。

4. 以“文本语境说”为中心的西方文学社会学阐释及其本土化范式

文学社会学阐释是一种通过文本外在因素来确定文本内在意义的阐释学方法，它在本土化的过程中经历了由重视文本外在因素到重视文本内外综合因素意义探求的思路转变过程。

让我们遵循“新格义”阐释的步骤，首先对西方文学社会学阐释作“创造的诠释学”解析，以探索其本有的实体性内涵。

第一，西方文学社会学阐释及其“创造的诠释学”范式。

如果我们运用“创造的诠释学”来分析西方社会学阐释的“实谓”“意谓”“蕴谓”“当谓”“必谓”五层次意涵，便会发现其丰富的意义结构。

其一，在“实谓”层次上，西方文学社会学阐释认为文本的意义取决于

1　如艾柯所指出，这里的“‘开放性’并不意味着交流的‘不确定性’，并不意味着有‘无限的’可能形式，并不意味着欣赏的完全自由；这里只有一定的欣赏可能，这是预先严格确定的、严格限定的自由，以便使读者的理解反映永远不摆脱作者的控制”。参见〔意〕安伯托·艾柯：《开放的作品》，刘儒庭译，新星出版社，2005 年，第 6 页。

文本外在的创作与阐释社会语境，正是这一复杂的社会语境，决定了文本意义的最终来源。从古希腊开始长期处于西方文学理论核心地位的模仿理论，正是文学社会学阐释的滥觞范式，它在后世的发展中，又先后衍生出以再现为核心的各类现实主义文学理论与多样文学社会学理论。作为一种专门的文学阐释学方法，文学社会学阐释隆盛于20世纪80年代，并经由艾柯与罗蒂、卡勒与罗斯之间关于“诠释与过度诠释”争论所铆定的文本意义内生与外铄问题而成为当代阐释学的突出范式。[1]

其二，在“意谓”层次上，文本意义既取决于文本设定的外在目的，又取决于文本的内外运作机制，还取决于文本内外乃至文本与文本之间的复杂关联。

基于文本的外在使用目的，实用主义哲学家理查德·罗蒂否定了文本意义的连贯性以及由此推衍出的文本意义中心说，提出了以文本使用目的为文本意义来源的实用主义阐释理论。在罗蒂看来，文本意义中心说所持有的文本的语义连贯性及其意义的获得发生在读者阐释文本之后，并且它也非作者或文本的先验建构，“文本的连贯性（不管这种连贯性到底是什么）是在诠释车轮最后一圈的转动中突然获得的”[2]，因此，那种认为文本内含有某种稳定意义，不过是本质主义者的幻想而已。文本的意义，实由阐释者的“使用目的”而决定。这样，为了获得文本的意义，就必须“打碎‘使用文本’与‘诠释文本’之间的界限”[3]，瞄准文本的外在使用目的，使用目的的获知即文本意义的获得。

文本的深层意义亦受制于文本的内外运作机制。持“过度阐释”合法

1 相关争论内容，参阅〔英〕斯特凡·柯里尼编:《诠释与过度诠释》，王宇根译，生活·读书·新知三联书店，2005年。

2〔美〕理查德·罗蒂:《实用主义之进程》，收入〔英〕斯特凡·柯里尼编:《诠释与过度诠释》，王宇根译，生活·读书·新知三联书店，2005年，第105页。

3〔美〕理查德·罗蒂:《实用主义之进程》，收入〔英〕斯特凡·柯里尼编:《诠释与过度诠释》，王宇根译，生活·读书·新知三联书店，2005年，第114页。

论的乔纳森·卡勒认为，文学阐释不仅在于要理解文本的意义，而且在于要理解文本意义的运作机制。“作为一个学科的文学研究的目的正在于努力去理解文学的符号机制，去理解文学形式所包含着的诸种策略。”[1]在卡勒看来，罗蒂的实用主义阐释学强调了文学文本的内容，但文学文本的形式（语言及其结构要素）及其内外作用机制，更应成为文学阐释关注的对象：“文学研究的目的正是获取关于其运行机制的知识”，这些“知识”包括“在社会生活的不同领域”中存在的“叙事、修辞、意识形态等一般机制”。[2]为了避免因援引文本的外在机制而跌入意义的无边界过度阐释陷阱，卡勒援引罗兰·巴特的文本理论来为自己所认可的“过度阐释”辩护，认为过度阐释就是一种意义的“发现”，即“对文本、符号以及符号实际运作机制的发现”，其具体方法是：“任意地将文本分成许多序列，对每一序列都进行仔细的考察并将考察的结果显示出来，即使这也许与诠释问题无关。”[3]通过对文本实际运作机制的考察，文本隐含的深层意义便得以发现。

文本的深层意义还受制于文本内外乃至文本与文本之间的复杂关联。当代批评家兼小说家克里斯蒂娜·布鲁克-罗斯（Christine Brooke-Rose），以小说为例来陈述文本的意义在于众多相似文本之间意义互文关联的事实，认为小说文本作为“替代性的历史”或“写在羊皮纸上的历史”[4]，因其与真实历史的重构性关系而生发出全新的意义。在罗斯看来，意义既产生于不同文本之间的历史性关联，也产生于同一文本与其背后历史的现实关联，最终来

1〔美〕乔纳森·卡勒：《为“过度阐释”一辩》，收入〔英〕斯特凡·柯里尼编：《诠释与过度诠释》，王宇根译，生活·读书·新知三联书店，2005年，第127页。

2〔美〕乔纳森·卡勒：《为“过度阐释”一辩》，收入〔英〕斯特凡·柯里尼编：《诠释与过度诠释》，王宇根译，生活·读书·新知三联书店，2005年，第129、125页。

3〔美〕乔纳森·卡勒：《为“过度阐释”一辩》，收入〔英〕斯特凡·柯里尼编：《诠释与过度诠释》，王宇根译，生活·读书·新知三联书店，2005年，第132、131页。

4〔英〕克里斯蒂娜·布鲁克-罗斯：《“写在羊皮纸上的历史”》，收入〔英〕斯特凡·柯里尼编：《诠释与过度诠释》，王宇根译，生活·读书·新知三联书店，2005年，第141页。

源于“不断地游移和漂浮”的知识链之中。[1]

其三，在“蕴谓”层次上，文本的内在形式结构与现实世界社会结构的对应关系，决定了文本的本真意义。在以保罗·利科为代表的批判阐释学看来，文本阐释的重心在于文本与世界的结构性关系，而非局部阐释学或一般阐释学所勠力的文本内部语义关系或者文本与作者、文本与读者等诸多文本要素关系。按照批判阐释学的一般思路，“理解不是将自身投射于文本，而是将自身展示给文本；就是说，接受一个自我，这个自我是被阐释所展开的意指世界的占有所扩大的”[2]。即言，理解不是主体所支配的意义建构，而是被文本所扩展了的自我想象性、反思性活动；文本也不是对现实的镜像再现，而是对现实的诗意表现。正是通过理解活动中自我的想象性扩充与文本的间距化疏离，批判阐释学才一方面发现了文本与世界的隐秘对应关联，为文本意义找到了真正来源；另一方面，也发现了那些因阶级、暴力等压制性力量而对文本与真实现实关系的扭曲，为批判并矫正这种被扭曲的关系，实现在文本阐释的同时完成对这种扭曲的世界关系的想象性变革提供了可能。

其四，在“当谓”层次上，西方文学社会学阐释必须进入批判哲学的视野，一方面获得阐释观念的合理内涵，另一方面，使文学阐释本身成为一种超越观念想象的社会行动力量。

哈贝马斯所建立的以交往行动为基础的批判阐释学，正是要发挥文本阐释所可能具有的社会行动力量。在他看来，“意义理解是一种生活世界的成员的特有的经验模式”[3]。经验离不开语言，而语言具有社会交往功能，因此，考察意义的理解，就是要立足于语言的社会交往来发现语言背后的意义。盖

1〔英〕克里斯蒂娜·布鲁克-罗斯：《“写在羊皮纸上的历史”》，收入〔英〕斯特凡·柯里尼编：《诠释与过度诠释》，王宇根译，生活·读书·新知三联书店，2005年，第148页。

2〔法〕保罗·利科：《诠释学与人文科学——语言、行为、解释文集》，J. B. 汤普森编，孔明安等译，中国人民大学出版社，2012年，第53页。

3〔德〕尤尔根·哈贝马斯：《交往行动理论》第一卷，洪佩郁等译，重庆出版社，1994年，第167页。

因语言同时也是社会交往及其权力关系的媒介，即语言紧密关联于意识形态，故而对文本意义的语言阐释同时意味着对其展开意识形态批判。批判的目的，在于反思语言的意识形态性以及由此催生的各种“伪交往”，释放文本意义的解放力量，确保语言理解与交往行动中的主体间性。为了发挥进入主体间性的主体行动力量，哈贝马斯又提出“元解释学”概念并赋予其以行动义务。这一义务要求我们对伽达默尔哲学阐释学引以为基础的阐释学“前见”展开批判，发现“前见”所可能包蕴的各种意识形态乃至暴力内涵，在一种新的阐释者交往对话与自我反思基础上形成新的“前见”，通过新的主体间性的对话与阐释共同体的建构来祛除各种伪交往与假“前见”业已达成的“意义共识”，发现真正的文本意义真理与行动力量。盖因“前见”归于传统，而传统是一种强制语境，该语境常为造成“伪交往”的根源，故而不能通过还原阐释的“前见”来获取文本的本真意义，而只能通过超越“前见”的理性“期待”，亦即一种指向未来的、受理性引导的自由期待来获取，后者作为由理想的交往共同体所塑造的结果与一种在自由交往中获得的一致意见，正是文本行动力量发生的前提。因此，拒斥理解的“前见”而诉诸理解得以形成的条件，亦即作为理解工具的语言与作为理解主体的理解者形成的条件，正是哈贝马斯所谓“元解释学”的使命。它意味着，“元解释学”要通过理解文本语言形成的条件与文本理解者形成的条件，亦即主体间性的交往行动，来确定文本的意义。[1] 而之所以如此，一方面是因为：“理解是有语言能力和行动能力的主体统一起来的一个过程。”“根据这种语言结构，意见一致是不能只通过外部的影响就能达到的，意见一致必须由参与者同意接受。……意见一致是以共同信任为基础的。一种语言活动，只有当其他人接受了语言活动内部所提供的内容，它才能达到目的，只有当他（往往是隐含

1〔德〕尤尔根・哈贝马斯：《哈贝马斯精粹》，曹卫东选译，南京大学出版社，2004 年，第 157 页。

地）对一种基本原理上是可以批判的运用要求采取肯定或否定的态度时，这种语言活动才算达到了目的。"[1] 另一方面也因为，"进行交往行动的主体始终是在生活世界范围内相互理解的。他们的生活世界是由或多或少分散的，但总是固定的确实的背景构成的"[2]，这样，阐释的任务就应该是"解释者……要从作者的生活世界以及作者的具体情况，去推论出文章作为前提而提供的状况规定"[3]。

基于这种"元解释学"，对文本的批判阐释将既是"指导和训练交往能力的"方法艺术，也是"对日常交往的结构进行哲学上的"批判反思活动。[4] 其最终目的，在于形成合理的交往行动与理解结构，实现对文本意义的真理性理解；而这种理解，也会反过来成为促进合理交往与意义再生产的力量，因为，"从为理解所进行的行动的概念展望中，合理化首先表现为生活世界的一种改变结构，表现为一种通过知识体系的区分而对日常交往发生作用的过程，从而包含文化再生产的形式、社会统一的形式和社会化的形式"[5]。这也意味着，文本意义实际生发于理解者进入交往行动的过程之中。

其五，在"必谓"层次上，西方文学社会学阐释以探究理想的意义阐释模式为己任，分析以外在语境为视角的文本意义阐释，与以作者、作品、读者为中心的文本意义阐释之关系，讨论它们如何经由批判阐释学而成为一种可以整合不同阐释视角的理想文本意义阐释的可能。

在文本阐释的理想意义上，西方文学社会学阐释要通过文本形式与内容的分析来揭示文本背后隐含的复杂社会与政治问题，将文本意义铆定在文本背后多重的政治、社会、历史框架及其与文本形式内容的复杂关联中。当

1〔德〕尤尔根·哈贝马斯:《交往行动理论》第一卷，洪佩郁等译，重庆出版社，1994 年，第 363—364 页。

2〔德〕尤尔根·哈贝马斯:《交往行动理论》第一卷，洪佩郁等译，重庆出版社，1994 年，第 101 页。

3〔德〕尤尔根·哈贝马斯:《交往行动理论》第一卷，洪佩郁等译，重庆出版社，1994 年，第 180 页。

4〔德〕尤尔根·哈贝马斯:《哈贝马斯精粹》，曹卫东选译，南京大学出版社，2004 年，第 134 页。

5〔德〕尤尔根·哈贝马斯:《交往行动理论》第一卷，洪佩郁等译，重庆出版社，1994 年，第 431 页。

代西方马克思主义代表人物詹姆逊所标举的文本审美政治学分析，所探索的正是由审美形式问题入手，通过对审美形式的社会与政治分析，发现其所潜藏的社会与政治意涵的文学社会学阐释方法。在詹姆逊看来，社会政治阐释“作为一切阅读和一切阐释的绝对视域”，超越于心理学、语言学等一般方法论之上，是一切文本阐释的本体。因为站在马克思主义立场看，真正历史哲学意义上的文本释读及其意义形式，“都与今天的社会和文化休戚相关”[1]；反过来说，文本的终极语义，必须通过社会和文化的视角来揭示，而不能单纯通过文本与现实之反映与被反映的符指关系来揭示。这也意味着，文本意义的阐释必须同时进行三个“同心框架”的分析：“政治历史观”框架、“社会观”框架、“历史观”框架，亦即分析作为个别文本的象征性意义、作为集体或阶级话语的意识形态表达、作为人类历史与生产方式的痕迹或预示的三个框架分析。[2] 在第一个框架中，文本本身的叙事及其意义正好等同于意识形态行为，后者的作用在于为文本内在的意义张力提供想象性的解决办法；在第二个框架中，文本作为集体的文化制品，其意义依赖于集体社会的意识形态，后者的作用正在于为前者提供从意识形态层面解决社会与阶级冲突的现实对话策略；在第三个框架中，文本作为特定生产方式的外化，其意义依赖于总体性的生产系统，后者作为文本阐释的最可靠基础，其作用正在于为文本提供其所植根的不同生产方式及其内在矛盾空间。

上述三种“框架”也叫三种“视域”，它们分别对应于：（1）狭隘的政治视域——认为文本是一种以审美形式所表达的个体性社会象征行为；（2）扩大的社会视域——认为文本是一种集体的意识形态话语表述（“意识形态

1〔美〕詹姆逊：《论阐释：文学作为一种社会的象征行为》，收入王逢振主编：《詹姆逊文集》第二卷，中国人民大学出版社，2016 年，第 143—144 页。

2〔美〕詹姆逊：《论阐释：文学作为一种社会的象征行为》，收入王逢振主编：《詹姆逊文集》第二卷，中国人民大学出版社，2016 年，第 197—198 页。

素”）；（3）整个的人类历史视域——认为文本是人类历史性生产形式与历史进程的表征。[1] 詹姆逊认为，文本阐释的过程，就是揭示文本从“政治视域”到“社会视域”再到“历史视域”三个环节的辩证运动过程。此三重“同心框架”或“视域”的阐释，本质上是对文本的一种强力重写[2]；重写的过程，就是通过文本内部意义矛盾关系的揭示来揭示外在的社会矛盾，或者说通过外在的社会矛盾激活潜藏于文本内部的意义矛盾，使文本成为挑战其外在环境的武器[3]。故而文本内外关系的辩证逆转，将成为文本意义的最终来源。

第二，中国传统文学社会学阐释及其“创造的诠释学”范式。

与西方文学社会学阐释相通，中国传统文学社会学阐释也强调文本外在因素对于文本意义的影响乃至决定性作用。如果从“创造的诠释学”五层次意涵来分析，同样会发现其复杂内涵。

其一，在“实谓”层次上，中国传统文学社会学阐释具有深广的阐释学渊源。历史地来看，文学文本反映社会生活与作家思想，作家思想经由文学文本作用于社会生活，这种古老的“言”“志”“用”“事”之“互逆”与同一性逻辑关系，一直以来都构成了整个中国传统文学阐释学的主线。而文学社会学阐释所具有的基础性地位，就在于它要悬置阐释“言”与“志”之“前见”而体现经典文本原始语境与立言本义，并基于文本理义精神而为其注入不同的时代性与社会性意涵，实现因指见月、遗经得道的理解效果。

其二，在“意谓”层次上，中国传统文学社会学阐释坚持文本的内在形式结构与外在社会结构之符应关系，认为外在社会结构及其迁延，既是文

1〔美〕詹姆逊：《论阐释：文学作为一种社会的象征行为》，收入王逢振主编：《詹姆逊文集》第二卷，中国人民大学出版社，2004 年，第 198 页。

2〔美〕詹姆逊：《论阐释：文学作为一种社会的象征行为》，收入王逢振主编：《詹姆逊文集》第二卷，中国人民大学出版社，2016 年，第 183 页。

3〔美〕詹姆逊：《论阐释：文学作为一种社会的象征行为》，收入王逢振主编：《詹姆逊文集》第二卷，中国人民大学出版社，2016 年，第 182、202—203 页。

本意义及其变革的根据，也是阐释主体意义及其衍转的源泉。从汉代邹衍的“五德始终”到董仲舒的“阴阳五行说”，经学文本意义的背后，始终藏有社会学因素，并延及自然本体论依据。由此推及文本意义阐释中的社会政治讽喻与褒贬，也常常通过溯及文本意义的社会因素及其终极自然客观依据来加强阐释的效力，实现“主文而谲谏”的文本含蓄表意原则之客观外化，成为此后中国传统文学社会学阐释学的一股潜流。

其三，在“蕴谓”层次上，中国传统文学社会学阐释在演变过程中，或将文学文本理解为诗学文本——它旨在通过语境还原以求得文学文本之原始义（“以史证诗”）；或将文学文本理解为史学文本——它旨在通过语境转化以求得文学文本之客观义（“以诗证史”）。在前者，历史性背景凸显为艺术化前景，成为制约文学文本复杂意义的基本因素；在后者，历史性背景彰明为现实化前景，成为主导文学文本客观意义的关键要素。这两种“以史证诗”“以诗证史”传统，乃至后来推衍而生的“史诗互证”“与经史相发明”等“互文性阐释”阐释观念，无不是在文学文本的阐释中搜求文本的“出处”“故实”“时事”“本末”“实事”“掌故”等，无不是以求得文本原始义或客观义为己任。[1] 从文本意义的阐释效果来看，当且仅当上述语境化的阐释观念与方法得以整全运用，文本之“已然”义与“当然”义才获界域。但由此可能催生的相反问题是：一旦以追寻文学文本或历史文本之出处、故实、典故乃至立意、修辞、风格为要旨，那么文本意义势必就会关联于文本与文本之间乃至文本与文本之外的无限意义指涉链条，文本的恒常意义由此便可能被解构，文本阐释原义探寻的原初目的便可能落空。解决这个悖论，需要在文本意义的规范性与阐释视野的差异性之间做出区分。

其四，在“当谓”层次上，中国传统文学社会学阐释注意到了同一阐释

1　周裕锴：《中国古代阐释学研究》，复旦大学出版社，2019 年，第 377 页。

观念在不同的阐释视野中因其内涵不同所带来的文本意义理解不同的问题。“一代有一代之文学”的历史性阐释“视野”表明：（1）不同的理解视野对于文本意义具有决定性意义。（2）处于同一视野中的不同文本彼此之间具有意义的关联。（3）同一理解视野中的文本要素，有些通过阐释得以凸显，有些则受到遮蔽，而意义取决于受到凸显的文本要素及其关联。上述三重不同的阐释视野决定了不同阐释语境的出现，而不同阐释语境的出现又影响到阐释对象不同要素的凸显，从而使得阐释活动不仅表现为“因文以知世”的背景索解过程，也表现为“因世以求文”的意义建构过程。这样，处于语境化阐释过程中的文本理解，将不仅表现为一种客观的语境还原过程，而且表现为一种文本意义的求真过程。换句话说，处于社会学阐释视野中的文本理解，不仅在于知晓文本的原始意义，而且在于通过这种意义而获得文本最大范围的意义普遍性，最终实现在特定视野与语境下文本阐释的规范性与文本意义的丰赡性的统一。

其五，在“必谓”层次上，中国传统文学社会学阐释追求文本内外意义与价值相统一的观念，力图将文本的理解视为理解社会与宇宙人生的一种通道，并通过此一通道来实现顺应或变革社会的目的。中国传统文学社会学阐释一直遵循文学文本与现实政治的双重运作逻辑，即文学与社会遵循一体性的社会政治与文化价值观念。为建立一种规范意义上的文学社会学阐释观念，必须首先在逻辑上挪用中国的社会政治与文化价值逻辑，以此形成知识社会学的阐释框架，作为探寻文本意义来源的根本性阐释观念。从孔子的“兴观群怨”到白居易的“文章合为时而著，歌诗合为事而作”“救济人病，裨补时阙”（《与元九书》）、“圣人之致理也，在乎酌人言，察人情，而后行为政，顺为教也”（《策林》）等漫长历史中的社会学阐释观念所表白的，既不是以单一价值认同为取向的本体论阐释，又不是以单一知识探求为旨归的认识论阐释，也不是以单一社会实践为鹄的的功用论阐释，而是一种以实践论统摄认识论与本体论的更高阐释学范式，正是这种范式，成为一种统一文本内容、意义与功用的理想型阐释范式。

第三，西方文学社会学阐释的“新格义”阐释及其本土化范式。

根据前述“新格义”阐释法，西方文学社会学阐释的本土化阐释本质上就是与中国传统文学社会学阐释方法的融通问题。让我们遵循“新格义”阐释的方法步骤，对西方文学社会学阐释与中国传统文学社会学阐释作“共现”“分梳”“比堪”“融通”，尝试建构西方社会学阐释的本土化阐释新范式。

第一步：对中西文学社会学阐释观念作意义“共现”，发现二者相同的意义因子。

通过比较发现，中西文学社会学阐释都强调文本之外的历史与社会因素对于文本意义的决定性意义，都认同一种强有力的文本意义外缘理论，都认为通过文本背后深广的现实社会生活，能够编织起一个合法化的文学文本阐释框架，凭此框架，一切文学文本都能够得到完美的解释，一切文学阐释理论都能够找到其学理依据，此即西方文学社会学阐释本土化过程中赖以立足的理论基石。

第二步：对中西文学社会学阐释观念作意义“分梳”，发现彼此相异的意义因子。

西方文学社会学阐释格外突出了文本阐释的批判意义，强调通过文本的审美形式与结构分析来彰显其所隐含的各种不平等乃至扭曲的权力关系，进而通过文本的批判阐释实现推动社会变革的实用目的。中国文学传统社会学阐释，虽然也曲折隐晦地阐发文本所隐含的比兴美刺与社会教化意义，突显文本阐释“主文谲谏”与“立言垂教”的效果，但它格外突出了文本阐释的伦理性规范与社会引导作用，批判并非其主要目的。因此，在西方文学社会学阐释本土化过程中，应吸收中国传统文学社会学阐释的此一教化功能，通过揭示文本的隐喻意义，体验文本的原始教义，阐发文本内容与现实世界的隐喻关系，领悟文本所蕴含的伦理道德意义，使文学文本成为社会行为与人生价值之规范，并将“生活内容—文学本义—社会秩序—价值心理—行为规范融通互渗”“文学世界与生活世界、事实世界与价值世界的同一性”“寄言出意与寄旨忘言”作为西方传统文学社会学阐释本土化的基本名理逻辑。

第三步：保留相同的意义因子，对相异的意义因子作基于文学本体的意义“比堪”，提取各自合理的成分。

综合中西文学社会学阐释的相同性与相异性，可以发现，处于文学社会学阐释活动中的文本阐释，不仅仅是一项迫近文本意义的社会学行为，更是通过文本阐释来重塑人类的价值与行为方式的观念活动。在此意义上，我们可以将这种偏于文本外在关系讨论的文学社会学阐释，名之为“强形式”的文学阐释理论，因为它不是单单探讨“文学的意义从哪里来”的问题，而是也通过探求文本语境印识文本意义，并将这种意义因应时势而敷陈为政治意义、社会意义、教化意义与实践意义，使中西社会学阐释始终都葆有一个崇高目的，那就是：通过对文学文本意义的阐释来实现对人的文学行为的意义与阐释行为本身的意义的再阐释，并经由这种再阐释，最终实现文学的变革与社会的变革双重目的。

第四步：根据本土文学现实，融合“中西相同的因子”与“中西相异的合理成分”，创新西方文学社会学阐释原有概念的意义内涵，或创造新的本土化概念。

综合“新格义”阐释的上述三个步骤，对中西文学社会学阐释作“共现”“比堪”“分梳”后的“融通”阐释，可以发现，西方文学社会学阐释的本土化范式，应该首先是一种植根于中国社会文化与全球文化双重语境的社会文化批判性阐释。这就要求西方文学文本的阐释在重视文本审美形式与结构阐释的同时，还要重视文本所反映的现实内容的阐释，通过文本形式与内容所体现的人的情感心理结构与文化社会结构的深入分析，实现阐释者对文本背后现实世界的理解批判乃至催生相应的主体性变革行动。即言，探寻新的历史社会文化语境中中国人独特的情感心理与公共性文化心理结构，并因应这种心理结构发现与之相应的文学阐释范式，形成对文学文本的“社会生活样态—情感心理结构—文学表征形式—文学阐释形式”的贯通理解，这将成为西方文学社会学阐释本土化的重要阐释学取向。

同时，中西文学社会学阐释不同视野与语境对文本意义产生决定性影响的事实也提醒我们，西方文学社会学阐释的本土化必须因应新的现代性整体语境做出自己的变革，特别是面对当前全球消费文化时代的文学现代性已经走出对抗社会现代性的传统老路，并与社会现代性共享价值逻辑与精神取向的事实，需要我们对社会学阐释在整体上做出相应的调整，使其像文学现代性那样关联于更为广阔的非文学因素，并在众多的文学张力关系中寻求阐释效力。加上当前全球文学现代性与社会现代性的通约发展已从更深层次表明，文学正以他律的形式助力自律性的发展，社会正以非功利的形式实现功利性的发展，异己者已不再是排斥性力量，而是自我发展的内在要素，文学阐释的语境成了折叠性语境，文本本身成了折叠性文本。这些变化要求西方文学社会学阐释在本土化过程中，必须超越单纯的文本语境阐释而走向复叠的社会文化综合阐释。

细言之，在西方文学社会学阐释的本土化范式创造过程中，我们首先通过中西文学社会学阐释的“共现”阐释，发现二者均强调文本外部因素对于文本意义的制约作用。其次，我们通过中西文学社会学阐释的理论“分梳”，发现西方文学社会学阐释强调文本外在的社会政治制度、意识形态观念以及种族与时代环境等要素对文本意义的影响；而中国传统文学社会学阐释以“宗经正纬”为核心，主要突出了文本所处的外在社会制度、知识结构与社会生活对文本意义的重要影响。再次，我们通过中西文学社会学阐释的理论“比堪”，发现如果以文本本体为阐释基点，那么西方文学社会学阐释主要通过政治本体表现审美本体，追求的是文本背后的审美意义；而中国文学社会学阐释则主要通过审美本体表现伦理本体，指向的是文本背后的伦理意义。最后，我们通过中西文学社会学阐释的理论“融通”，发现如果基于当下中国文学地方性与全球性并存的复杂语境，那么一种可行的西方文学社会学阐释的“本土化”阐释，就是要通过当下中国文学社会学阐释的不同影响要素来体现西方文学社会学阐释的不同影响要素。具体来讲，就是要将构成西方文学社会学阐释中文本意义决定性因素的社会政治制度、意识形态观念与时代环境，建基于构成影响中国文学社会学阐释决定因素的社会制度、知识结构与社会生活之上，通过后者来涵摄并体现前者，从而形成一种文学社会学阐释本土化逻辑，即：“新的文本现实语境—新的感知经验结构—新的文化心理结构—新的文本表现形式—新的文本阐释形式—新的文本理解形式—新的文本行动方案。”这使西方文学社会学阐释的本土化范式最终表现为一种以中国社会文化与全球文化双重语境为阐释前提，以文本的形式、内容、结构与价值为阐释对象，通过将文本内外要素置于现代性的折叠视野，使文本的社会学阐释最终成为一种兼具批判性、伦理性与实践性的文本理解与社会行动方案。

当然，在这个过程中，为了彻底实现西方文学社会学阐释观念的在地化转变，还需要对影响文本意义理解的相关因素作进一步的双向互逆阐释。以影响文本意义的西方“社会政治制度”因素为例，“双向互逆”阐释就是既通过中国传统与当下的政治制度、社会生活与知识结构等因素的互文阐释来揭示其所蕴含的类似于西方社会政治制度的含义，又通过对西方传统与当下的社会环境、政治制度与知识结构等因素的互文阐释来分析其与中国社会政治制度相区别的积极含义。比如广义而言的“社会生活”，就有偏“个体性的社会生活”和偏“群体性的社会生活”的西方与中方之分，这就需要在西方文学社会学阐释本土化的“融通”过程中，对作为“个体性的社会生活”的西方文学社会学阐释的积极因素作细致的辨析与保留。此外，在这个本土化过程中，也要直面当下中国流行的文学社会学阐释的痹症并对之加以矫正。因为当下中国的文学社会学阐释程度不同地存在着轻忽现实的文学经验，对文学文本中感性的审美经验与理性的智性经验（“智的直觉”）习惯于用概念演绎与范畴体系的方式来阐释其意义，文学文本的血肉肌理常被易以风神思辨，致使文学文本阐释常常难逮其文学真义的问题；存在着文本阐释过多地局限于文本透露的观念形式与意识形态，使得“思想正确”的阐释竟至逾越文艺形式与内容完美统一的基本文学常识，外在的文学社会学阐释完全遮蔽内在的文本自律性意义探求等问题。解决这些问题，需要我们高扬西方文学社会学阐释的批判功能，重建一种符合当下中国文学现实与文学内在规律的批判性文学社会学阐释方法。

5. 科学主义与西方文学阐释学方法的晚近范式

晚近以来，西方出现了一种以文学文本的“多元要素论”为中心的科学主义阐释学方法，该方法试图通过对文学诸要素相互关系的阐释而达到对文本意义的客观性理解，它将理解的真实性等同于意义的客观性，建构起从文本到世界的普遍主义意义阐释框架。

第一，科学主义文学阐释学的本质。

科学主义文学阐释学的本质是通过对文学文本诸要素的阐释而达到对文本意义的“真实性”理解。从文本意义建构的路径来看，它是时代社会“大文本”与文学艺术“小文本”如何形成一种真实的反映与被反映的关系问题。什么样的“真实”才是“文学的真实”？什么样的“意义”才是“文学的意义”？西方当代以来由自然科学与精神科学分野讨论所逐渐形成的一个根本看法是：符合时代精神而非符合时代现实的东西，才是文本表现的真实。对于文学阐释学而言，它意味着：文学文本必须穿透时代现实的浅表而反映深层的时代精神，文学阐释必须逃离时代现实的表象而揭示文本所反映的时代精神与历史意识，这样才能形成一种科学主义的客观性阐释范式。

作为科学主义阐释学的早期代表与当代发生论结构主义的代表，法国哲学家戈德曼（Lucien Goldmann）从文学结构与社会结构的动态呼应关系入手解读文学文本的真实意义。在他看来，文学文本的真实意义存在于文学文本的整体性结构当中，通过探究文学要素之间的结构性关联及其在特定社会结构中的具体发生与表现方式，即可知晓文学文本的确定意义。需要注意的是，戈德曼所谓的“社会结构”，主要是指某一社会特定集团的“精神结构”，亦即“可能被称为构成了某个社会集团的经验意识和由作家创造出的想象世界的范畴”；作为一种观念类型，它是“一群相当数量的、存在于同样环境下的个人的联合行动的结果，也就是说构成有特殊地位的社会集团的、长时间地集中地经历了共同问题的，并力图为此寻找一个有意指的解决方法的一群个人的行动的结果”。[1] 根据戈德曼，好的作品，就是其文本结构恰好呼应了某一时期特定的社会结构的作品；好的意义理解，就是恰好揭示了文本结构与社会结构呼应关系的理解，特别是那种准确揭示了文本背后社会结构的理解。因此，科学主义文学阐释学的关键就在于：如何了解文本背后特定的社会结构？戈德曼给出的方法是通过作家的创作心理、作家的精神分析以及对作家进行传记研究，因为在他看来，了解作家正是了解文学文本主观意义的最主要方式：“作品就是创作它的某个人的思想或直觉的直接表现形式。……从原则上说，我们通过研究作者的特点，就可以了解他的著作中某些组成部分的产生和意义。”[2] 戈德曼区分了作品的主观意义（作者意图）与客观意义（文本意图），指出“一个作家的意图和他认为他的作品所具有的主观意义，并不总是和作品的客观意义相吻合”[3]。这种区分意味着，通过

1〔法〕吕西安·戈德曼：《马克思主义与人文科学》，罗国祥译，安徽文艺出版社，1989年，第65页。
2〔法〕吕西安·戈德曼：《隐蔽的上帝》，蔡鸿滨译，百花文艺出版社，1998年，第460页。
3〔法〕吕西安·戈德曼：《隐蔽的上帝》，蔡鸿滨译，百花文艺出版社，1998年，第8页。

对作者精神结构的研究，接近的很可能是作品的主观意义，而其客观意义却仍然隐藏在作品客观的文本意图中，因而还需要对作品真正赖以产生的客观现实社会结构进行考察。当然，戈德曼对于这一点并未详言。除此之外他通过发生结构论的“科学主义”立场来探究文本的客观意义，也存在着方法论上的内在困境。解决这个困境，需要一种阐释学本体立场的转变。

20 世纪 90 年代后，随着全球媒介时代的到来所引发的媒介决定论及其相关问题讨论，为解决文本意义的科学主义阐释困境提供了本体性变革基础。“媒介即信息”“媒介即文化”“媒介即主体”观念所透露的，是“媒介阐释即文本阐释”“媒介阐释即科学阐释”“媒介阐释即意义阐释”的阐释学基础性变革事实，它使文本阐释由结构主义的“准科学阐释”走向复杂要素综合关联的科学主义阐释——后者与其时蓬勃发展的数字人文阐释一道，成为此后的时代性阐释洪流。

数字人文阐释是一种从文本到世界的综合性科学主义阐释。[1] 作为一种阐释学方法，它源起于阐释文本本身的数字化变革，并在随后的发展中，成为一种关联“文学”文本所有要素的新型阐释学方法。“数字人文阐释”的关键概念“数字人文”，从狭义上讲，是指从人文精神的角度研究数字技术，并冀望从遵循理性工具法则的数字技术中，寻求催生具有价值理性与自由创造的人文精神的研究方法。[2] 从广义上讲，数字人文则是指人类进入数字时代的一种全新生存形态，它以“人类—机器”交互共生、“虚拟—现实”融合跨越、“物质—智能”感通渗透为本质存在特征。“数字人文”的广狭义内涵，实际上构成了数字时代物质智能与人类精神在本体与方法两个方面的互

1 关于“数字人文阐释”的详细研究，可参阅谷鹏飞主编：《文学理论与经典阅读》，高等教育出版社，2020 年，第 203—219 页。

2 Steven E. Jones, “New Media and Modeling: Games and the Digital Humanities”, in Susan Schreibman, Ray Siemens, and John Unsworth, eds., *A New Companion to Digital Humanities*, Malden: John Wiley & Aons, Ltd., 2016, p. 96.

文性存在，二者共同指向数字时代人—机、技术—艺术、物质—思维的协同共在与价值允诺。

作为一种沟通自然科学与人文科学（精神科学）的价值允诺与方法形态，数字人文并非当代现象，它在人类文明史上有其深刻根源：古希腊人就曾以自由为人性本质，以科学为人文教化手段，从科学的确定性中探求人性的自由，认为自由的科学为着自身而存在，人性的人文为着人而存在，二者彼此独立而又相互支撑。而现代数字人文通过数字运算法则与确定性知识来探寻技术表达的自由与人的自由，虽为古希腊“科学即人文”的有力现代回声，但其创造性却远远超出科学与人文的解释学边界：现代数字人文的本质虽仍在于解释性，但其意义世界并不完全借由人类解释而创造，它毋宁是“人—机”自我解释、自我创造、自我生成的结构性呈现。正是基于“人—机”共在的“0—1”元语言组合与解释者交感经验的累积升华，人才能在一种“虚拟—现实”的全新生存论上，发现并创造新的自我；数字世界才能在“人—机”共在的全新解释创造中，成为新的人文世界。

但数字媒介 0 与 1 元素的极简逻辑组合，不能仅被看作是“技”与“道”关系的现代操演，它更关乎技术超越其物质无机性而向智慧生命跃升的现实。当谷歌阿尔法狗（AlphaGo）利用机器深度思维（Deepmind）战胜神级棋手时，“技”与“道”的古老“工具—本体”关系便被重新扭转为“工具＝本体”关系，且中间无须无限性逻辑转化环节，如同德里达试图以“原语言”取代语言的本体性地位而消解语音中心与意义中心的反人文主义解释路径一样，数字人文的技术路径，其逻辑仍在于通过去除语言与语音的逻格斯中心主义与工具本体地位，在表达“媒介”（元语言 0 与 1）而非“工具”（书写语言）意义上，消除附着于特定语言之上的特定书写与发音样式，抹除由于主体认同特定书写与发音样式而带来的语言优劣贵贱及其衍生形态——泛文学作品——身份的不平等，最终实现数字通约文字、技术回返人文的目的。

数字人文的这一价值规约同时表明，数字人文阐释的元语言 0 与 1 并非客观信息或信息描述，而是特定时空内的物质性建构。数字的物质性不是造物的实存特性，而人与造物相互作用的存有特性，可感性、实践性、生成性是其典型特征。[1] 作为数字存在的事实前提，数字的物质性简要反映一种意义制造过程与知识生产特质，后者强调技术的实践生成性而非技术化的艺术产品。数字的这一过程特性，要求数字人文研究超越现代科学以事物存在是否达到纳米级作为界分物质与非物质界限的标准，而在人类思维与身体的自然延伸意义上，认可数字信息所拥有的不可触摸却可感可知的非虚拟存有本质。数字的物质性因而不是先验自然的，而是社会建构的，其现象学存在离不开媒介信息的符号学阐释：机器超越自然存在话语（utterance）攫取人类语言（language）的特权，印证“语言言说”而非“人说语言”的存在主义判断。作家的任务在于撕开现实加封于语言的层层障碍，让语言承载的各种信息通过数字媒介而自然释放出来。唯当作家抛弃非灵即物的二元对立思维，谦逊面对万物并静默沉潜于人—机共筑的文学世界，数字文学的“物质性”才会豁然敞开，数字文学的“文学性”，才会不期而至。

因此可以说，数字人文阐释本质上是对数字文学文本的情境主义还原解释。这种还原解释，对于经典的数字文学文本而言，要求我们将数字流传物及其文本衍生问题，还原至其生发的源初语境，通过与现时代的文学比堪对照，凸显其真正的人文意义。比照的目的，当然不止于获得文学问题深邃的解释学意义，它更是为激活那曾经孕育并催生文学问题的历史情境，在此情境中，今天我们作如是理解的文学问题，就可能以完全不同的面貌存在并照亮文学史的天空。

对于“人—机”共创的数字文学而言，数字人文阐释要求我们进行

---

1 Sydney J. Shep, “Digital Materiality”, in Susan Schreibman, Ray Siemens, and John Unsworth, eds., *A New Companion to Digital Humanities*, Malden: John Wiley & Aons, Ltd., 2016, pp. 325–326.

“人—机”语言与符码意义的互文解释，后者作为人与智能程序协同创作的形式化符号语言系统，经由数字文学的创作—阅读—批评实践，而形成文本的符码意义增殖。这种增殖不仅关联于解释对象的符码意义，而且更为深刻地指向人性本质，因为人性的结构决定了解释的结构，解释意义的增殖引发了人性结构的延伸。人性的结构、数字智能的程序规则与解释对象的形式结构，从而一同构成了解释学的“前见”。这种“前见”，作为本体与方法，在数字文学阐释中贯穿始终，其最终效果，取决于人—机对话的密切度及其创造性解释内涵。只要数字程序的原型叙事结构能够与解释学的效果历史辩证结构协同互动，基于数字语言逻辑分析的数字文学批评，就不会背离其人文内涵；而数字文学的意义，仍会在解释还原中生成。

所以，数字人文阐释，并不是科学主义的还原主义，也不是人文主义的结构主义，它在本质上是超越物质—思维、无机—有机、记号—意义二元对立的建构主义与生成主义。后者借“后运算法则的螺旋解释学”（post-algorithmic screwmeneutics）而打破数字运算法则的规范程序[1]，将人文解释学的多元视角、混杂生成语境、个体性思维与审美化创造融入数字技术中，实现数字文学的人文意义创造。

总之，由于数字人文阐释活动中文本要素内涵发生了较大的变化，故而以“数字文学”为中心的科学主义阐释，必须首先对“作家”“作品”“读者”“批评家”“环境”等文学活动要素的含义做出新的阐释，说明其在新的语境中“是什么”以及如何成为“是什么”的问题。其次，数字文学阐释不仅是要使作为“半成品”的数字“文本”成为“文学作品”，而且要使“文学作品”成为“美”的文学作品，正是在美的文学作品里，文学作品的意义与读者阅读的意义才双双显现出来。

---

1 Joris J. van Zundert, Screwmeneutics and Hermenumericals: The Computationality of Hermeneutics, in Susan Schreibman, Ray Siemens, and John Unsworth, eds., *A New Companion to Digital Humanities*, Malden: John Wiley & Aons, Ltd., 2016, p. 344.

第二，科学主义阐释学方法的中国语境及其展开范式。

从阐释源头上讲，科学主义阐释学在中国古老的图文互证阐释中早有其源头。“古之学者为学有要，置图于左，置书于右，索象于图，索理于书。”[1]图文阐释从主流叙事（理论史）与边缘纪录（图像史）双重视角，撷取各类文献、文档、图片、影音中留存的“文学阐释”纪录，通过对其进行考释与编目，以求达到意图的重建与真理的体验。图文阐释合理性的依据在于：上古史书，“左图右史”，这表明“图”与“文”互证的历史书写的重要性，也佐证无图之史乃虚妄之学的古见。“无图便无真相”，“有图便有真相”，“图画天地，品类群生，写载其状，曲得其情”，“图”与“文”互释互证，遂成后世史学的书写规范，也是图文互释所遵循的义理逻辑。

就阐释学本身而言，意义探究原本归于语言表意专长；但就理解而言，图像通过直观表象发挥“心存目想”（张怀瓘《书断序》）功能，实可增添语义重量，即图像以“可观”形式挽结“可想”语言而缔造意义，起到“技由心付，暗以目成”（张怀瓘《书断序》）的理解效果。因而区别于史书的“以文运事”与小说的“因文生事”，阐释乃“明文证理”“格物究理”，通过夹插图符，或托图摭理，或借图解义——摭理以解文本之义，达万物之理为归趋；解义以通作者之意，开览者之心为归趋。具体来说：

从阐释方法角度讲，“语言”与“图像”的互释互注，易于绘制一幅真实反映中国人心灵与情感的历史地图，展现中国古代文学文本的形象历程，为构建中国当代科学主义阐释体系提供真实的史料基础。在这个过程中，比对“文字”文献与“图像”文献，摘取“文字”与“图像”能够互证互释的典范，以此作为当代文学文本阐释的可靠史料，以图出史，由史带图，图文互释，意义互诠，厘清主流“文学阐释史”（“大传统”）外的“亚文学阐释史”（“小传统”），探索文学文本的理论史（观念史）、图像史（风格史）、

1（宋）郑樵：《通志图谱略》，载王树民点校：《通志二十略》下册，中华书局，1995年，第1825页。

阐释史(心灵史)融会贯通的方法路径，成为当代文学阐释学走向科学主义阐释的一条重要路途。

从阐释价值的角度看，图文互释互证的阐释思路便于运用文化记忆理论与身份认同方法，在“有形的”图像史谱系编排与“无形的”观念史演绎基础上，根据“有图有文献”的史料求真原则(对于那些“有图无文献”或“无图有文献”史料存疑)，进行图像史与观念史的互证，还原中国文学阐释学现场，探寻中国人最真实的心灵与情感历程，厘清中国古代文学阐释学乃至中国当代文学阐释学的内在转嬗机制，辑撰出尽可能接近历史原貌的中国文学阐释学史。

从阐释目标的角度看，图文阐释可重绘中国文学阐释学地图，廓清各种理论思潮与意识形态迷障，探寻文学阐释学原貌，在图像与文字之间建立令人信服的联系，重建文学阐释的历史情境，揭示中国文学观念中所反映的人的精神与心灵变迁历程，在古与今、中与西的复杂语境中为重构中国文学阐释学体系提供“物质史”与“观念史”的文献支撑。

进入当代后，科学主义阐释思潮的兴起与20世纪80年代后受“老三论”“新三论”影响所形成的实证主义客观阐释法攸关，后者所反映的正是文学阐释学对科学主义世界观的悦服与对新的普遍性文学话语秩序的认同建构。科学主义文学阐释方法所擎持的以文本意义的真实性为宗旨，将价值论让渡为方法论，通过方法论溯及本体论的方法，虽与20世纪初期科学主义思潮的兴盛背景与宗旨如出一辙，但却有着新的时代内涵。如若我们放大范围，约略分析这一时期流行于美学、艺术、文学、哲学、史学等不同领域的阐释观念，便大致可以看到这样的图景：这一时期中国的很多知识精英们都在不同的领域，不谋而合地通过消解阐释的主观性而主动建构一种客观主义的阐释愿景。历史地来看，虽然1985年文学研究的“方法论年”力图追求文本意义的客观性与对文本意义作科学主义的阐释背离了人文学科的本质，但它也是其时人文研究力图通过靠拢科学主义而摆脱意识形态干扰的技术性策略，是人文知识分子在其时能够找到摆脱个体研究的时代性困局，并一劳永逸地解决研究合法性的较好方法：科学主义方法作为现代学术无争议的问题在文学领域的运用，有利于突破文学研究中对象“姓资姓社”的意识形态争论，推进对文学自身的探索，同时也为中国当代文学阐释学积极借鉴并融入世界文学阐释潮流扫清障碍。

第三节　“好的阐释”：文学阐释学作为在地化与世界性的身份认同

西方文学阐释学本土化阐释过程，一方面是西方现有的文学阐释学流派各自通过“新格义”阐释而获得本土化阐释形态的过程；另一方面也是它们不断因应变化着的中国与世界阐释语境、阐释对象与阐释目标而作自我革命，以期建构一种更具包容性与适应性的“好的阐释”的过程。由此启示出：西方文学阐释学的本土化阐释，可以“公共阐释”为基础，以“审美阐释”为进路，以“实践阐释”为目标，最终建立起一种兼具西方性与中国性的世界性文学阐释学。

（一）公共阐释

区别于“强制阐释”的“公共阐释”，并非是理解文本的单纯技艺，它毋宁说本身就是文本与阐释者自身的存在方式，因而仍应归于本土阐释学题域。“公共阐释”擎持主体间性的阐释立场，绾合历史、现在与未来的效果历史意识，超越生活世界与文本世界的互文性阐释路径，共同铆定“公共阐释”为“判断力阐释”而非理性或科学阐释。“公共阐释”对当代哲学解释学的贡献在于：它既为经典文本的阐释提供新的意义生成路径，从而为理性科学真理观之外的文本真理及其意义作了辩护；同时，也使解释学的理解视域，扩展到当代数字文本领域，从而为人在数字领域的精神自由与意义创造提供了可能。

由当代中国学术话语“失语”所引发的“强制阐释”批评，并非现代问题，而是与人类理解史一样久远。当奥林匹斯上的信使赫尔墨斯（Hermes）脚蹬飞翼，手持权杖，向人们传递诸神的谕旨时，人类便已经踏上了“强制阐释”（Hermeneuein）的歧途。后世西方神学也惯于在权威与正确的意义上理解“阐释”，阐释遂成“强制阐释”，其权威与代表资格，成为神权与王权反复争夺的对象。但文艺复兴后，西方人文主义却不断消解“阐释”的独断论意涵，提升“阐释”的公共性价值。当代文学解释学实践也一再表明，“阐释”首先要成为“公共阐释”[1]，而后才能成为个体对世界及自我的理解。

因而通过对“公共阐释”概念要素的进一步辨析，厘清“公共阐释”的基本理论定位、知识特征与理论本质，可以为西方文学阐释学的本土化阐释提供理论基础。

1. 公共阐释的定位

“公共阐释”的基本理论定位仍应归于本体性的“哲学解释学”，而非文本理解与解释的单纯技艺。凝聚为“公共阐释”本质的哲学解释学，其首要特征在于：它超越神学解释学与古典解释学而使自身由认识论与方法论上升

---

1 “公共阐释”（common interpretation）一词，是中国学者张江针对西方学术界的“强制阐释”立场而提出的诊断性概念。在张江先生看来，西方学术界基于特定立场而对中国范式进行独断论的理解，本质上是一种对中国范式的“强制阐释”，这种阐释，不仅误解了中国范式，而且误解了阐释的本义。如何解决这一问题？张江提出了应从“强制阐释”走向“公共阐释”。关于“强制阐释”问题，参见张江：《作者能不能死》，中国社会科学出版社，2007 年，第 162 页；关于“公共阐释”概念，可参阅张江：《公共阐释论纲》，《学术研究》2017 年第 6 期。本书赞同张江对“公共阐释”概念做出的六个基本规定，认为它切中了西方解释学的本质特征，抓住了西方解释学从神学解释学、技术解释学、哲学解释学到解释哲学发展的最根本内核。本书所要做的工作是：以张江对“公共阐释”的基本规定为基础，进一步讨论处于阐释活动中的阐释主体，其对自我与文本的理解，何以“成为”公共的？正是在“成为”而非“是”的意义上，本书强调了公共阐释不仅是阐释主体对文本理解的根本特征，更是阐释主体自我证成与自我存在的根本方式，也正是在后一种意义上，本书所使用的“公共阐释”（common hermeneuein）概念，突出的是阐释活动由“个体性”凝聚为“普遍性”的现象学过程，而非“公共性”与“私人性”意义上对阐释的公开使用与私下使用；后者归于社会学题域，前者则属于哲学基本问题。

为本体论。自此后，解释学不再单纯是对文本理解与解释的技术解释学，而是理解与解释的一般原则。这种一般原则，经由此后存在主义现象学的进一步拓展，成为生命世界的现象学与人的自我理解的基本形式。

作为哲学解释学的一般原则，解释活动中“公共阐释”本质的凝聚，并不是因为阐释对象的晦涩难解而需要一套阐释的技艺或方法论，也不是因为阐释主体要克服阐释对象的含混而确立其真理意涵，更不是因为阐释主体要清除阐释文本陈陈相因的历史迷障而还原其本真意义；相反，它戮力于阐释活动中理解与解释本身的普遍性与可公约意义，探究阐释对象与阐释主体的一般作用方式，因而从属于哲学解释学的基本问题域。具体来说，它以阐释学的“视域融合”为理解基点，以阐释学的“效果历史”为理解结构，通过悬设理解与阐释主体的先验共通感，寻求不同理解与阐释主体的基本经验结构，从而达成对文本的经验共识。由于作为历史流传物的文本，其表现语词、音韵、概念，乃至线条、色彩、形式、符号、意义具有变动性，其与文本存在世界的关系具有结构性变化事实，因而文本的解释学意涵就具有一种历史的动态生成性，而并非某种静态的一致性理解。以文本为中心的“公共阐释”，因而也不是通过文本内容的一致性而获得阐释的一致性，而是通过文本语义要素的变动性以及文本本体在历史变迁中造就的理解陌生性，解释阐释者与文本、阐释者与阐释者对话过程中所形成的共通理解。

据此，“公共阐释”就不仅要依据文本及作者的意图进行阐释，而且要依据“文本的本体”进行阐释。这也意味着，对于某一具体的文学文本，我们不仅要追问“作者的意图”与“文本的意图”是什么，还要追问“作品的意图”与“文学的意图”是什么。只有既理解了作者与文本的阐释意图，又理解了作品与文学的阐释意图，文学文本的公共阐释才有可能。由此推出的结论是：文本的本体，也就是“公共阐释”的本体。

但这个“本体”，并非理性对自身或文本达成的一致性理解，恰恰相反，它是理性使自身摆脱独断论的囿限，升华为超越理性的判断力阐释。独断论的阐释，将文本视为孤立客观的封闭世界，解释完成的只是对这个文本世界“固有”真理的揭示；超越理性的判断力阐释，却是在哲学解释学一般原则的指导下，来解释这个文本世界意义的丰富性、生成性与可能性。

因而“公共阐释”的对象，虽以“文本”所建构的世界为主，但亦可以是以“文本”为中心的整个世界，亦即以人的“文本”创造为中心的全部人类“世界”。对于“文本”而言，它是一种历史性的精神存在，因而阐释文本不同于解释自然现象，其文本精神内涵的丰富性与意义模糊性，需要通过公共阐释的瞻准性与澄明性，来激活与照亮；对于“世界”而言，“世界”不是凝固的客观存在物，“世界是一切发生的事情”，“世界是事实的总体，而不是事物的总体”，[1] 因而解释世界不同于解释事物，其意义世界的复杂性与生成性，需要通过公共阐释的主体间性与时间性，来获得可通约性理解。

“公共阐释”所面对的“文本”与“世界”，唯有通过语言才能获得理解。语言理解，正是公共阐释的钥匙。但这种语言理解，并不是要构造一套独特的人工语言，而是要通过限制阐释活动中过多专业术语的使用，约取一些“公共语言”。这些“公共语言”，就存活于已有的语言世界中，生成于当下的生活世界中，是人类内在自我经验与外部生活世界的沟通与理解。由此我们也可以说，语言的世界与生活世界，就是“公共阐释”的世界；语言的边界与生活的边界，就是“公共阐释”的边界。“公共阐释”通过对“文本”与“世界”的阐释，最终所指向的，正是人对文本与世界的自我理解。

2. 公共阐释的特征

作为哲学解释学的“公共阐释”，具有三大明显的特征。

首先，它是阐释主体超越“你”“我”的固有阐释视域而做出的主体间性阐释。

1〔奥〕维特根斯坦：《逻辑哲学论》，贺绍甲译，商务印书馆，1996 年，第 25 页。

公共阐释并非单一阐释者的独白阐释，也非众多阐释者的同一性阐释，而是不同阐释者基于主体间性立场而对阐释对象所做出的通约性阐释。不同阐释主体超越单一阐释主体的有限视域而对阐释对象做出可通约性阐释，使阐释活动成为“你”“我”阐释主体的真理经验。在其中，“……‘你’的经验对于一切自我理解来说成了起决定作用的因素。……因为‘你’的经验揭示了这样一种矛盾：立在我对面的东西提出了它自身的权利并要求绝对地承认这种权利——并且正是因此而被理解。……这种理解根本不是理解这个‘你’，而是理解这个‘你’向我们所说的真理。我所指的真理是这样一种真理，这种真理只有通过这个‘你’才对我成为可见的，并且只有通过我让自己被他告知了什么才成为可见的”[1]。也就是说，不仅处于具体阐释活动中的单一阐释主体，其理解有限性难以保证阐释的真理性，因而需要其他阐释主体做出参证弥补；而且，阐释活动缩合阐释对象与阐释者自我意识的同一性特征，也为阐释活动的主体间性提供了经验依据。换句话说，阐释总是阐释主体对阐释对象的自我意识，并通过这种自我意识而把握对象，从而形成对对象的真理性经验与可通约性理解。

这种理解当然需要借助语言。但语言绝不是单纯的公共阐释工具，它毋宁说就是公共阐释活动本体。我们必须把参与阐释活动的语言作为参与对话的主体来理解。在阐释活动中，“并非语言寓于人，而是人栖居于语言，人站在语言当中向外言说”[2]。马丁·布伯指出，处于阐释活动中心的语言，并非为“我”所独有，它伫立于“我”与“你”之间，作为人的基本精神形态而存在。也就是说，阐释活动中“你”与“我”的相遇，并在语言中展开的交流与理解，是“你”与“我”克服作为肉身的僵硬性与阻隔性，而成为在精神层面可自由交流的绝对完满存在之逻辑与事实条件。语言由此不仅仅是

1〔德〕伽达默尔：《真理与方法（上卷）》，洪汉鼎译，上海译文出版社，1999年，“序言”第13页。
2〔德〕马丁·布伯：《我与你》，陈维纲译，生活·读书·新知三联书店，2002年，第33页。

交流与阐释工具，更是交流赖以发生的条件与阐释的前提。

正是借助语言，并凭借语言的交流性与理解性，阐释的主体间性才不仅发生在阐释者“你”“我”之间，它还进一步发生在阐释者与“文本”之间。公共阐释的“主体间性”因而可以进一步表述为：我们与作品一道，分享阐释的“世界”。“我们的理解总是同时包含某种我们一起归属这世界的意识，但是与此相应，作品也一起归属于我们的世界。”[1]不仅“我的”理解与“他的”理解属于世界，而且“作品”也归属于世界。阐释从而不仅是阐释者与阐释者展开理解对话的过程，也是阐释者站在作者和文本敞开的境遇中，与作者和文本展开理解对话的过程。阐释的主体间性，因而既发生在阐释者与阐释者之间，又发生在阐释者与文本及作者之间。阐释的“公共性”，从而就既是阐释的前提，也是阐释的目的，二者统一于阐释学的视域融合中。在诠释学的视域融合中，所有阐释者与阐释文本，都将自身置入一个历史处境中，在这个处境中，每一个存在体，都以否定自身的方式来提升自身，“（它们）既不是一个个性移入另一个个性中，也不是使另一个人受制于我们自己的标准，而总是意味着向一个更高的普遍性的提升，这种普遍性不仅克服了我们自己的个别性，而且也克服了那个他人的个别性”[2]。虽然伽达默尔在这里借用的是一种带有浓厚黑格尔辩证法气息的话语来描述阐释活动的公共性特征，但它却无意中道出了“阐释”何以是“公共性”的深层哲学依据：“共通感。”

如同维柯将“共通感”视为人文主义教化的重要目标一样，哲学解释学

1〔德〕伽达默尔：《真理与方法（上卷）》，洪汉鼎译，上海译文出版社，1999年，第372页。

2〔德〕伽达默尔：《真理与方法（上卷）》，洪汉鼎译，上海译文出版社，1999年，第391页。伽达默尔通过对游戏观赏者与游戏“同在”关系的揭示，便于我们理解阐释活动中，阐释主体与阐释对象是如何通过否定自己来提升自己的：“同在作为人类行为的一种主体活动而具有外在于自身存在的性质。……外在于自身的存在乃是完全与某物同在的积极可能性。这样一种同在具有忘却自我的特性，并且构成观赏者的本质，即忘却自我地投入某个所注视的东西。”参见氏著，第163页。正如观赏者在观赏中由于忘却自我，而使他在观赏的世界里发现了自我一样，阐释者通过与阐释对象的“同在”而与阐释对象融为一体，他在忘却自我的同时，也在阐释的世界中找回了新的自我。正是这个新的自我，既照亮了阐释对象的世界，又激活了阐释者自己的世界。

意义上的“共通感”，不仅是指存在于解释者之间可能达成的共有性解释经验，更主要的是指解释者通过理解与解释的经验而升华为共通感觉的理念。这种“理念”，可以是对作品真理性的一致领会，也可以是对某种存在氛围的共同认识，抑或对现实与历史经验的趋同理解。其主要作用在于，它尽管不是一种理性与逻辑的论证，却能启发我们寻求科学之外的真理性事物，最终帮助我们获得对自我与对象的真理性洞见。

“共通感”因而成为主体间性解释学的踏脚石。18 世纪处于人文主义解释学核心的维柯，悬“共通感”为人性完满性尺度，认为拥有“共通感”即拥有健全、合理与正当的判断力；设若所有人都拥有共通感，那么，他们对事物的认识与理解，自然会表现出健全、合理与正当的一致性判断，特别是对于“公共道德”、“共同利益”取得一致性判断。因为，“人类的选择……要靠人们在人类的需要和效益这两方面的共同意识（常识）才变成确凿可凭的”。“共同意识（或常识）是一整个阶级、一整个人民集体、一整个民族乃至整个人类所共有的不假思索的判断。”[1] 康德虽然剔除了蕴含在人文主义传统中“共通感”的道德意涵，而从情感形式的先验共同性入手（“人同此心，心同此理”），将“共通感”铆定为关于美的东西的趣味判断，但趣味判断作为无利害的审美判断，仍然具有“无目的的合目的性”，因而最终仍指向判断的理念。[2]

设若我们从主体间性的角度理解“公共阐释”，就必须首先恢复“共通

1〔意〕维柯：《新科学》（上），朱光潜译，商务印书馆，1997 年，第 87 页。

2 康德指出，“在我们由以宣称某物为美的一切判断中，我们不允许任何人有别的意见；然而我们的判断却不是建立在概念上，而只是建立在我们的情感上的：所以我们不是把这种情感作为私人情感，而是作为共同的情感而置于基础的位置上。于是，这种共通感为此目的就不能建立于经验之上，因为它要授权我们作出那些包含有一个应当在内的判断：它不是说，每个人将会与我们的判断协和一致，而是说，每个人应当与此协调一致。……共通感就只是一个理想的基准，在它的前提下人们可以正当地使一个与之协调一致的判断及在其中所表达出来的对一个客体的愉悦成为每一个人的规则：因为这原则虽然只是主观的，但却被看作主观普遍的（即一个对每个人都是必然的理念），在涉及不同判断者之间的一致性时是可以像一个客观原则那样来要求普遍的赞同的”。参见〔德〕康德：《判断力批判》，邓晓芒译，人民出版社，2002 年，第 76 页。

感”与“趣味”概念的人文主义解释学关联，将“共通感”理解为公共的判断能力与先验的情感形式，它意味着公民的“共同的意向”“真正的公民的道德的团结一致”“对于正当和不正当的判断”，以及作为无目的的合目的性的判断理念。[1]“趣味”也不限于康德意义上纯粹的审美判断与美的理想的一致性，相反，它是通过美的对象而显露出的道德倾向性与社会理想。“趣味”与“共通感”的阐释学关联因而可以表述为：“趣味不仅仅是一个新社会所提出的理想，而且首先是以这个‘好的趣味’理想的名称形成了人们以后称之为‘好的社会’的东西。好的社会之所以能被承认和合法化，不再是由于出身和等级，基本上只是由于它的判断的共同性，或者更恰当地，由于它一般都知道使自己超出兴趣的狭隘性和偏爱的自私性而提出判断的要求。”[2]我们可以说，这个“判断的要求”，就是“公共阐释”。

所以，基于“共通感”与“趣味”的“公共阐释”，不单是一种理解与解释的修辞艺术，它更是一种“你”“我”阐释主体放弃个体性阐释偏狭而达成的一致性审美价值准则。依据此准则，“公共阐释”才不仅成为哲学解释学的一般原则，它同时包含了理解与解释的价值与审美意向。

其次，“公共阐释”是一种沟通历史、现在与未来的时间性阐释，是通过效果历史的建构而展开的人的理解与存在的基本方式。

哲学解释学的一个中心动机是：“诠释学应真正严肃地对待人的历史性。”[3]人的历史性，一开始就包含在公共阐释对象中；正是公共阐释对象的效果历史要素，将人自身与阐释对象一起带入了其全部世界的历史关联中。这种“历史关联”，自身包含了对阐释对象的历史、现在与未来的一体性理解，展现为效果历史与阐释主体的互文性建构：“每一个历史学家和语文学

1〔德〕伽达默尔：《真理与方法（上卷）》，洪汉鼎译，上海译文出版社，1999年，第41页。
2〔德〕伽达默尔：《真理与方法（上卷）》，洪汉鼎译，上海译文出版社，1999年，第46页。
3〔德〕伽达默尔：《真理与方法（下卷）》，洪汉鼎译，上海译文出版社，1999年，第725页。

家必须考虑他进行理解活动的意义境遇的基本开放性。历史流传物只有在我们考虑到它由于事物的继续发展而得到进一步基本规定时才能被理解，同样，研讨文学本文和哲学本文的语文学家也知道这些本文的意义是不可穷尽的。在这两种情况里，都是通过事件的继续发展，流传物才获得新的意义方面。……这正是我们所说的诠释学经验里的效果历史要素。”[1]

所以，“公共阐释”作为一种沟通历史、现在与未来的理解，必须超越古典阐释学方法论意义上的阐释视野，而将理解与解释视为“效果历史”的要素与世界的本体存在方式。伽达默尔指出：“我们一般所探究的不仅是科学及其经验方式的问题——我们所探究的是人的世界经验和生活实践的问题。借用康德的话来说，我们是在探究：理解怎样得以可能？这是一个先于主体性的一切理解行为的问题，也是一个先于理解科学的方法论及其规范和规则的问题。我认为海德格尔对人类此在的时间性分析已经令人信服地表明：理解不属于主体的行为方式，而是此在本身的存在方式。”[2]

“理解”之所以“不属于主体的行为方式，而是此在本身的存在方式”，是由于“理解”就是理解者的“前理解”，就是理解者通过前理解而沟通历史、现在与未来，并获得对自身在世的理解：“把某某东西作为某某东西加以解释，这在本质上是通过先行具有、先行视见与先行掌握来起作用的。解释从来不是对先行给定的东西所作的无前提的把握。”[3] 伽达默尔进一步肯认海德格尔的这一观点，他说：“一切诠释学条件中最首要的条件总是前理解，……正是这种前理解规定了什么可以作为统一的意义被实现，并从而规定了对完全性的先把握的应用。”[4]“理解从来就不是一种对于某个被给定的

1〔德〕伽达默尔：《真理与方法（上卷）》，洪汉鼎译，上海译文出版社，1999 年，第 479 页。

2〔德〕伽达默尔：《真理与方法（上卷）》，洪汉鼎译，上海译文出版社，1999 年，第二版“序言”第 6 页。

3〔德〕海德格尔：《存在与时间》，陈嘉映、王庆节译，生活·读书·新知三联书店，1999 年，第 176 页。

4〔德〕伽达默尔：《真理与方法（上卷）》，洪汉鼎译，上海译文出版社，1999 年，第 378 页。

‘对象’的主观行为，而是属于效果历史，这就是说，理解是属于被理解东西的存在。”[1] 也就是说，就理解者而言，理解总是带有已有文化知识与认知结构的理解，没有绝对纯真的客观理解，这是理解活动总是难以摆脱的理解“宿命”，它属于理解者自身的存在。就艺术作品而言，一部作品总是或多或少表达了作者所要表达的意思，作品的含义或多或少包含了作者旨在表明的语义，这构成了先于理解的属于被理解的东西的存在。

因此，理解活动中的所谓“前理解”，绝不是一个固定的理解结构，而是一个特殊的观看“视域”。在此视域中，理解者与理解对象构成了一个历时性与共时性同在的阐释视域（“视域融合”），从而将理解主体与理解对象、历史与现在融为一体，构成一种理解的“效果历史的辩证结构”。伽达默尔说：“真正的历史对象根本就不是对象，而是自己和他者的统一体，或一种关系，在这种关系中同时存在着历史的实在以及理解历史的实在。一种名副其实的诠释学必须在理解本身中显示历史的实在性。因此我就把所需要的这样一种东西称之为‘效果历史’。理解按其本性乃是一种效果历史事件。”[2] 所谓“效果历史”，具有双重意涵，它既指历史进程中获得并被历史所规定的意识（历史性的对象意识），又指对这种获得和规定本身的意识（现时性的自我意识）。正是解释活动中历史性对象意识与现时性自我意识的交融无间，基于效果历史意识而生发的文学与艺术公共经验，常常也是解释者自我理解与生存的公共经验。就如一幅古代的绘画，一部古代的文学作品，不论是悬挂于旧日的厅堂，还是放置在往日的案几，抑或陈列在现代的博物馆，一俟其进入我们的效果历史视野，它就旋即成为一种由之而来与向之而去的统合性理解经验。在这种经验中，过往的历史经验与当下的现实经验相互激荡，成为重新照亮并敞开它们生命世界的方式；而我们也在这种经验

1〔德〕伽达默尔：《真理与方法（上卷）》，洪汉鼎译，上海译文出版社，1999 年，“序言”第 8 页。

2〔德〕伽达默尔：《真理与方法（上卷）》，洪汉鼎译，上海译文出版社，1999 年，第 384—385 页。

中，获得对自我与存在的公共性理解。

所以，统合历史性对象意识与现时性自我意识的“公共阐释”，并不单是要构造一种理解与解释的原则，也不单是要依据某种理解与解释的原则而对对象做出阐释，它更是要对理解与解释对象本身的存在作经验延续与形象创造。只有这种经验延续与形象创造，我们的存在和世界的存在，才是完整的和有生命力的。“不仅历史的流传物和自然的生活秩序构成了我们作为人而生活于其中的世界的统一——而且我们怎样彼此经验的方式，我们怎样经验历史流传物的方式，我们怎样经验我们存在和我们世界的自然给予性的方式，也构成了一个真正的诠释学宇宙。”[1] 这样，公共阐释就以探寻一切理解活动的共同原则为出发点，将自身筹划为对自我、文本与世界的构成性理解。正是通过这种构成性理解，自我才成为生命的自我，文本才成为自由的文本，世界才成为开放的世界。

最后，“公共阐释”是用生活世界填充文本世界，用文本世界拓展生活世界的创造性阐释。

处于文本阐释活动当中的阐释者，是从“生活世界”的视角来阐释文本所揭示的“文本世界”的。阐释学意义上的“生活世界”，不同于科学真理观宰制的客观存在世界，它是一个现象学意识中的主观有效世界，“即这样一个世界，我们在其中无忧无虑地自然处世，它对我们不成为那种对象性的东西，而是呈现了一切经验的预先给定的基础。……（它）意味着另外一种东西，即我们在其中作为历史存在物生存着的整体”[2]。这段话表明，生活世界不是现时的当下世界，它自身携带了历史性；生活世界也不是孤立的客观世界，而是与我们一起共在的世界。“生活世界总同时是一个共同的世界，并且包括其他人的共在。它是一个个人的世界，而且这个个人世界总是

1〔德〕伽达默尔：《真理与方法（上卷）》，洪汉鼎译，上海译文出版社，1999年，“序言”第20页。
2〔德〕伽达默尔：《真理与方法（上卷）》，洪汉鼎译，上海译文出版社，1999年，第318页。

自然而然地被预先设定为正当的。”[1] 这个“共同的世界”，通过阐释主体的现实阐释活动，亦即一种基于“生活世界”中“你—我”的主体间性而做出的“主—客间性”阐释活动，使阐释者的“生活世界”渗入文本的“生活世界”，最终创造一个兼具主观—客观要素的真理性存在世界。

“公共阐释”因而不是阐释者对文本世界的再现还原，也不是对作者观念的表现还原，而是阐释者在“生活世界”与“文本世界”的互相照映中，通过想象性模仿与历史性创造，把握文本的可能意涵。以施莱尔马赫为代表的古典阐释学曾经认为，“由于精神的同质性，理解乃是原先思想产物的再生产的重复”[2]。“解释的首要任务不是要按照现代思想去理解古代文本，而是要重新认识作者和他的听众之间的原始关系。”[3] 古典阐释学的这两点肯断，亦即：第一，理解之所以可能，在于人类精神的同质性，亦即具有后来康德审美判断意义上的“共通感”；第二，正确的理解乃是对原有思想的忠实还原，亦即古典解释学意义上的历史主义理解——当然有其积极意义。事实上，伽达默尔也认可人类“精神的同质性”，但显然不满足于把解释学的任务限定为“原先思想再生产的重复”；相反，他要通过对原文本在“生活世界”的“再生产”，实现对“文本世界”的“再创造”。

这种“再生产”与“再创造”之所以可能，不仅在于“生活世界”与“文本世界”的同质性，更在于对文本的理解与阐释，本身构成了人与文学艺术作品的本体存在方式。

人不仅是作为区别于动物的感性现实活动主体而现实地存在着，而且是作为将自己理解为感性现实活动的主体而存在着。“理解”因而不是认识论的方法技巧，而是人的本体存在方式。“理解就是人类生命本身原始的存在

1〔德〕伽达默尔：《真理与方法（上卷）》，洪汉鼎译，上海译文出版社，1999 年，第 319 页。

2〔德〕伽达默尔：《真理与方法（下卷）》，洪汉鼎译，上海译文出版社，1999 年，第 719 页。

3〔德〕施莱尔马赫：《1819 年讲演纲要》，收入洪汉鼎主编：《理解与解释——诠释学经典文选》，东方出版社，2001 年，第 56 页。

特质。”[1] 不仅如此，作为与意识对象相关性的“理解”，本身也是文学艺术作品的本体存在方式。伟大的文学艺术作品总是希望得到理解，获得阐释，并通过理解与阐释获得生命的延续。文本的理解与阐释之所以本身构成了人与文学艺术作品的本体存在方式，原因在于文本本身构筑了一个“事物”世界，阐释者通过理解与阐释而明晰“事物”的意义，使作品的意义得以创造丰盈。伽达默尔指出：“一切语言的相互理解并非仅以对词义和所说语言之规则的认可为前提。相反，在一切能够被有意义地讨论的东西中，倒是鉴于‘事物’，许多东西是无可争议的。”[2]“公共阐释”因而也不是化约所有语言为一种语言，不是对阐释对象的语义指称或语言规则达成共识理解，它毋宁说是指向实存的阐释对象及其生活世界本身，后者超越各种概念、语言而直接通向“事物”本身。正是“事物”本身的同质性与“理解”的构成性，成为公共阐释的最深层本体。

蕴含在文本世界中的“事物”经由理解与阐释而获得意义增加的过程，也是文本扬弃自身而实现自身的过程。文本因而不是一个符号或象征物，它是人类的一种基本生存与创造活动。我们只有把文本看成是某种人类活动的创造性体现，而非审美意识支配下的艺术再现或表现，文本的理解与阐释，才能成为文学艺术作品的本体存在方式。因为文本的理解与阐释，并不在于要提醒人们文本所表现 / 再现事物的现实疏异性，而是要通过对所表现 / 再现事物的理解与阐释，参与事物的存在与创造。在这个过程中，阐释者一方面把自己目光吸引到文本所构筑的世界中来；另一方面又把理解者推向文本后面的生活世界。理解者立于自己的世界，观照这两个世界，使这两个世界都能得到创造性表现。

1〔德〕伽达默尔：《真理与方法（上卷）》，洪汉鼎译，上海译文出版社，1999 年，第 334 页。
2〔德〕伽达默尔：《真理与方法（下卷）》，洪汉鼎译，上海译文出版社，1999 年，第 752 页。

3. 公共阐释的本质

“公共阐释”作为人类的一种认知形式，本质是“判断力阐释”，而非理性意义上的“科学阐释”。[1]

伽达默尔指出：“凡是世界被经验了、陌生不熟悉的东西被抛弃了的地方，凡是产生了明白易懂、理解领会和通晓掌握的地方，并且最后，凡是成功地把一切科学认识都综合为个别人对个别事物的知识的地方，诠释学的努力就取得了成功。”[2] 也就是说，作为人类认知活动的公共阐释，不仅是为着个别而寻求普遍的反思判断力，更是把个别归入一般的规定判断力。

“公共阐释”假定阐释者在一起观看、一起阅读、一起欣赏时必然会达成理解的一致性。这种“一致性”，不是在某种共同理性规则约束下的一致性，而是在某种共同理念指导下的一致性，亦即阐释者希望从其与阐释对象共在的意义上把某物作为如其所是来理解。在阐释活动中，只有当阐释者理解了阐释对象的时候，阐释对象才能成为自为的存在；只有当阐释者理解了阐释文本的时候，阐释文本才能成为阐释作品；只有当阐释者萌发一种共通性的审美经验时，阐释者才与阐释对象或阐释文本一起成为澄明性的存在：“艺术的万神庙并非一种把自身呈现给纯粹审美意识的无时间的现时性，而是历史地实现自身的人类精神的集体业绩。所以审美经验也是一种自我理解的方式。但是所有自我理解都是在某个于此被理解的他物上实现的，并且包含这个他物的统一性和同一性。只要我们在世界中与艺术作品接触，并在个别艺术作品中与世界接触，那么这个他物就不会始终是一个我们刹那间陶醉于其中的陌生的宇宙。我们其实是在他物中学会理解我们自己，这就是说，

1 康德在讨论鉴赏判断的依据时，将“在每个别人的地位上思维”视为判断力的准则，其与知性、理性一起，构成人类认知活动的基本准则。按照康德，人类的认知活动遵循三大准则：“1. 自己思维；2. 在每个别人的地位上思维；3. 任何时候都与自己一致地思维。……第一条是知性的准则，第二条是判断力的准则，第三条是理性的准则。”参见〔德〕康德：《判断力批评》，邓晓芒译，人民出版社，2002 年，第 136—137 页。

2〔德〕伽达默尔：《真理与方法（下卷）》，洪汉鼎译，上海译文出版社，1999 年，第 731 页。

我们是在我们此在的连续性中扬弃体验的非连续性和瞬间性。”[1]

也就是说，“公共阐释”，其理解与解释的对象，正是客体与自我的审美存在。

因为物理学意义上的东西不需要阐释，它只是一种对象性的属己存在，有其客观科学属性；美学意义上的东西才需要阐释，因为它是一种非对象性的属人存在。一块石头不需要阐释，一块石头的存在才需要阐释，因为它是与人的共在。人的审美情感与趣味判断的丰富性，决定了石头意义的丰富性。人的审美情感与趣味判断的心理调和属性，决定了“公共阐释”不是科学阐释（区别于科学定义），不是理性阐释（区别于交往理性与对话理解），不是感性阐释（区别于强制阐释与任意阐释），而是介于感性与理性之间的“判断力阐释”，亦即康德意义上的“审美判断力”阐释。正是这种审美判断力阐释，才使艺术成为艺术的存在，人成为审美的存在。

因此，当我们面对文学艺术文本时，我们所做的阐释本质上是一种审美的判断与阐释，它经由个体性的判断与阐释而指向普遍性的理解意愿。“在我们由以宣称某物为美的一切判断中，我们不允许任何人有别的意见；然而我们的判断却不是建立在概念上，而只是建立在我们的情感上的：所以我们不是把这种情感作为私人情感，而是作为共同的情感而置于基础的位置上。……这种共通感……它不是说，每个人将会与我们的判断协和一致，而是说，每个人应当与此协调一致。”[2] 这样，经由共通感所做出的对于文学艺术文本的审美判断力阐释，其有效性限于主观的普遍性，它只在“共通感”的前提下被表象为客观的和公共的。

从阐释的目的来说，这种判断力阐释，其使命并不是对文本生命的历史性再现，而是阐释者通过对文本世界的审美判断与阐释，实现阐释者自我心

1〔德〕伽达默尔：《真理与方法（上卷）》，洪汉鼎译，上海译文出版社，1999 年，第 124 页。
2〔德〕康德：《判断力批评》，邓晓芒译，人民出版社，2002 年，第 76 页。

灵与文本世界的双双再发现与再创造。在这个意义上，梵高创作的《鞋》，不是要再现一幅关于农妇劳动的历史性场景，而是要通过“鞋”所构筑的世界，展示围聚在“鞋”的世界中的人与事物，是如何成为自己的。“鞋”使农妇、劳动、汗水、阳光、土地、丰收的喜悦与对年馑的担忧一起现身在场，赋予阐释者以关于它们自身的展望。正是“鞋”所聚拢的世界，才使围聚在“鞋”的世界里的存在万物，得以敞开与保存。“鞋”的价值，因而在于：聚拢万物，敞开万物，成就万物。它揭示出：万物只有共在一体，才能成为意义的构成物。这个构成物，作为意义统一体，也是阐释的统一体，因为阐释者只有抛弃阐释的前见立场，纵身于文本的意义世界，才能发现并创造心灵的真正自我，使自我心灵成为一种无限展开的创造与生成过程。如果我们承认海德格尔“艺术就是真理的生成和发生”、“艺术就是人的创造和保藏”的阐释有其现象学揭示意义[1]，那么，文本的公共阐释，就是阐释者通过阐释活动来诱发阐释文本中真理的生成和发生，就是阐释者借此真理的生成和发生来实现阐释者的自我创造和自我保藏。

4. 公共阐释的阐释学意义

那么，以“判断力阐释”为本质的“公共阐释”，对中国当代文学阐释学的贡献又是什么？

我们可以从两方面来理解：

其一，对于经典文本的阐释来说，它提供了文本意义的普遍生成路径，为经典文本在现时代具有真理性与意义丰富性作了辩护，守护了精神领域人的自由与可能。

“公共阐释”绝不是要通过理解与解释达成一种科学主义的真理诉求，恰恰相反，它要在自然世界的科学真理观之外，发现存在于人的精神世界的

1〔德〕海德格尔：《海德格尔选集（上）》，孙周兴选编，上海三联书店，1996 年，第 292、307 页。

真理性经验。文学与艺术作为人类理解、解释并表现人的精神世界的一种恒久方式，一直是探讨人的精神世界真理性经验的绝佳入口。以文学与艺术为对象的公共阐释，因而也就首先要重述表现在文学与艺术作品中的这种真理性经验。但这种“重述”，不是回到原点的照述，而是理解、解释与表现主体基于新的阐释语境而做的全新真理性经验建构。正是后者，完成了文学与艺术文本意义的延续与扩充，创造了溢出文本原始含义的全新意义，表明文学与艺术文本的意义，既不是在作者那里，也不是在文本那里，更不是在理解与解释的主体那里，而是在理解与解释的真理性经验中。

正是这种人与阐释文本的互文性共在与真理性经验，构成了科学主义的“后人类”时代，人在精神领域的创造与自由的可能。从公共阐释的视野看，保持人与文学艺术作品的共在经验，是保持人在精神领域具有无限创造性与自由可能性的必要条件。因为既然文学艺术作品的丰富性与可能性，也就是人的存在的丰富性与可能性；那么，经由公共阐释所获致的对文学艺术作品多样性真理经验，正是人在精神领域的无限自由与可能。

正是在这个意义上，可以把“公共阐释”概念视为哲学解释学与人对自我存在的内在理解，其仍然遵循解释学的一般原则，但在原则的“应用”方面，会根据新的现实与文本经验而做出拓展。这个新的现实与文本经验就是：现实的分裂更加加剧，多元文化、异质文化、混杂文化分裂并存；生存的经验更加丰富，真实的、虚拟的、人—机共在的经验成为常态；文本的形态更加多样，纸质媒介、数字媒介、混合媒介合力塑造巨量的文本与超文本……所有这些新的现实与新的文本，都需要我们站在哲学解释学的立场上对其加以“应用”，发展新的哲学解释学；而“公共阐释”，正是这种新的哲学解释学的尝试“应用”。

也正是有了这种尝试“应用”，解释文本与解释者才在新的语境以新的方式证成了自身。法律文本在对新的现实案件的判决中实现“应用”，宗教文本在不同的福音布道与神圣祈祷中实现“应用”，文学艺术文本在每一次的阅读体验中实现了应用。“应用”从而不单是文本实现自己，它同时也是阐释者实现自己，因为：“应用绝不是把我们自身首先理解的某种所与的普遍东西事后应用于某个具体情况，而是那种对我们来说就是所与本文的普遍东西自身的实际理解。”“所有的读都包含一个应用，以致谁读某个本文，谁就自身处于他所理解的意义之中。他属于他所理解的本文。”[1]

其二，对于数字文本的阐释而言，它提供了文本创作、接受与批评的一体性阐释思路，为数字人文（DH）语境下数字文本的人文价值与意义生成，提供了可行途径。

数字文本“人—机”一体的创作者、阐释者与批评者意义生成结构，既佐证了创作者、阐释者、批评者与阐释对象共在的意义生成特征；同时，也使数字文本在互文性的创作—文本—阐释—批评共在的本体视域中，获得全新的理解，那就是：文本等同自身为创作者、阐释者、批评者，自己生成自己，自己阐释自己。但这种解释原则，并不同于16世纪路德教派为反对教会对《圣经》的独断论解释而提出的《圣经》“自解原则”，亦即“《圣经》自己解释自己”的解释学原则——后者限制了解释者灵感、想象、无意识等非理性活动在解释学中的应用，仍然是一种独断论解释；而前者则在人—机交互的多元阐释主体与阐释对象共在的本体论视域中，使阐释者主体与阐释文本一起成为一种开放性的意义结构。

数字文本意义上的“公共阐释”，因而不在于要成为一种关于理解与解释的修辞学技艺，不在于要制定一套如何“正确”理解与解释的规则程序，而是要探究混杂语境下多元阐释主体与人—机阐释主体的一切理解活动得以可能的条件，通过分析一切理解活动的基本条件而发现不同主体的共有阐释经验，并根据这种共有阐释经验而建立全新的主体与世界的交往、理解与实

1〔德〕伽达默尔：《真理与方法（上卷）》，洪汉鼎译，上海译文出版社，1999年，第438、437页。

践关系。

为了实现这种全新的交往、理解与实践关系，数字文本的公共阐释必须剥离文本中一切存在物的坚硬性，切断其与历史或现实的直接关联，返回到它作为共在物的意义整体，从而使参与阐释活动的不同阐释主体，与文本一起，成为生命的完满存在。必须使每一次对数字文本的阐释，都是一次阐释者对人—机构筑世界的生命完满性的经验。因为既然数字文本不是某种抽象或虚拟观念的体现，而是心灵的自由创造；那么，对数字文本的公共阐释，便不是按照某种给定文本阐释规则而作的形象化解读，相反，它必须回返人类自由心灵，揭示人—机共在的文本世界中人类自由心灵的富有生气与伟大创造。

具体来讲，它通过沟通数字文本中“含义”（meaning）与“意义”（significance）的固有关联，来解决数字文本中数字符号信息的刻板含义，与数字文本中人文意义的模糊内涵之分裂困境。当阐释者与数字文本形成人—机共在的互文性文本结构时，阐释的客观性与创造性，文本的“含义”与“意义”，就只剩逻辑区分的意义，而没有事实区分的意义。它们都依赖于阐释者与文本对象共有的哲学根基：自然原初生命存在的共有基质，以及相配于这种基质的后天历史性生成，亦即人与自然协同共在所积淀生成的公共性工艺—社会结构与文化心理结构，后者超越公共阐释的先验设定而凝聚为具体阐释对象的现实根基。

（二）审美阐释

中国现代主义文学的出现与西方现代艺术在中国的流衍使得中国文学阐释学的基本观念陷入困局。以现代艺术为例，现代艺术颠覆古典艺术的审美观念而使艺术作品的身份认定成为阐释难题。康德提出的“判断在先，还是快感在先”的审美先验命题经由伽达默尔的发展而衍变为“阐释在先，判断在后”的艺术经验命题，但这一命题尚需“现象学—存在主义—阐释学”的理论发展，才能成为阐释现代艺术的有效概念。“审美阐释”依据“审美阐释→艺术作品→审美经验”的阐释逻辑，反对经典艺术的“艺术作品→审美静观→审美经验”的审美逻辑，不仅赋予现代艺术以合法性，而且打开了阐释主体与艺术作品的全新意义世界，使阐释者与艺术作品一起成为一种本体性的生命共在。

在古典艺术中，人们通过审美静观来鉴赏艺术作品，艺术作品经由鉴赏而产生审美经验，这是最为经典的审美模式。然而在现代艺术中，艺术作品先须审美阐释而证成自身，然后才能通过鉴赏获得审美经验。古典艺术的“艺术作品→审美静观→审美经验”审美模式，由此让位于现代艺术的“审美阐释→艺术作品→审美经验”模式，审美对象须经深度阐释而成艺术作品，而后才能成为鉴赏的对象。审美阐释由此取代审美静观而成为现代美学根本问题。

因此，以伽达默尔哲学阐释学所隐含的“审美阐释”概念为核心，通过将这一概念置于近代以来西方阐释学美学的历史脉络，揭示这一概念的进一步发展对于现代艺术审美所具有的阐释学意义，可以为西方文学阐释学本土化阐释中的具体文学文本阐释提供方法借鉴。在《真理与方法》一书中，伽达默尔通过对近代体验论美学关于“审美意识”与“审美区分”的批判考察，提出了要用“审美阐释”概念理解艺术的阐释学观念：“艺术作品的经验包含着理解，本身表现了某种诠释学现象，而且这种现象不是在某种科学方法论意义上的现象。”[1] 在伽达默尔看来，精神科学有其区别于自然科学的独特方法，对于艺术作品而言，作为哲学阐释学的“审美阐释”方法，理应成为探索艺术真理的基本方法。按照这一方法，“审美”意在赋予作品超越

1〔德〕伽达默尔:《真理与方法（上卷）》，洪汉鼎译，上海译文出版社，1999 年，第 129 页。同时，本节也模糊 Hermeneutics 一词在汉语学术界的“诠释”“解释”“阐释”等不同译法，除引文外，统一使用“阐释”译名，尽管它们的含义在汉语语境中存有细微不同。

现成物的符号象征意义；“阐释”突出了作品的效果历史与理解活动本身对于作品的艺术构成意义；而“审美阐释”，则不仅要通过审美的方法将作品（现成物）理解为艺术，也不仅在于要应用阐释学的方法将蕴含在作品（现成物）当中的美学意义呈现出来，而且更为本质地，它要超越方法的局限，使审美阐释成为艺术作品与阐释者本体性的存在方式。

1. 审美阐释：作为艺术作品的本体存在方式

从阐释学的角度看，审美阐释源于作品（现成物）的阐释学召唤，而非阐释主体的单纯理解意愿。作品（现成物）作为一种潜在的召唤结构，其意义的突显，需要阐释学的理解。然而现代艺术的这一阐释学设定，并非天然正当：“审美经验催生艺术作品，还是艺术作品催生审美经验”，或者说，“审美经验中的快感在先，还是艺术作品的判断在先”，曾经是古典艺术时期最为经典的美学问题。康德基于审美判断必须超越私己愉悦而向普遍性跃升的美学知识学目的，给出了“判断在先”的明确答复。[1] 正是这一答复，赋予了艺术作品以超越性的本体地位，使古典艺术从此走上了一条自律性的审美静观道路。现代艺术则一反艺术作品的本体论设定，认为作品须先审美阐释而成艺术，而后才能成为激发审美经验的对象。审美阐释由此取代审美静观而为现代艺术的本体性存在方式。

从美学史的角度看，审美阐释则是自律性美学观念消解的产物。一方面，自律性的美学观念只是现代美学知识观念的构造物——康德通过将审美判断置于人类认识的感性、知性、理性的总体知识结构的考察证明：纯粹的鉴赏判断不是按照概念，也不是按照内容，而是按照审美的主观原则，亦即对象的形式与判断主体诸认识能力的谐和一致来评判对象；这样，审美判断就成了祛除审美对象质料内容的纯形式合目的性表象判断。[2] 康德对审美判

1〔德〕康德：《判断力批判》，邓晓芒译，人民出版社，2002 年，第 53 页。

2〔德〕康德：《判断力批判》，邓晓芒译，人民出版社，2002 年，第 56 页。

断的这一知识学规定，成了此后艺术作品审美经验的基本原则：艺术必须远离质料内容而走向一条自律性的形式化道路，才能成为自身；审美判断必须只对艺术形式作审美静观，审美经验才能产生。另一方面，如同伽达默尔所指出，我们今天所谓的自律性的艺术作品，不仅不是现代艺术的独特属性，而且也不是古代艺术的独特属性，因为在其时，“这些作品本身主要不是被作为艺术来理解的，而是作为在当时宗教的或者还有世俗生活领域里出现的形态，作为自己生活世界及其如宗教祭祀的、君主应酬之类重大活动的一种装饰点缀。但是，当‘艺术’概念具有了对我们的独特含义、艺术作品开始完全独立之时，艺术就脱离了一切与生活的联系，艺术就成为马尔罗所说的‘想象中的博物馆’，艺术除了艺术本身就什么也不是”[1]。按照伽达默尔，已经脱离了其生活内容的古代艺术，作为曾经的世俗生活与宗教生活的“装饰点缀”，其意义已随作品背景一同逝去，并在后世的艺术自律论观念冲击下风化为博物馆中的“想象”存在。而这种“想象”存在，其意义的再获得，并非通过语境还原的复制性“像想”，而是通过与时接通的创造性“想象”——古希腊的柏拉图就曾在《智者篇》中对复制性的“想象”（imagination）与创造性的“想象”（phantasia）进行区分，以此表明“想象”原本具有对美的形式的表象与建构功能，此即“想象”同于审美阐释中的“像想”功能；这种“像想”功能后被康德进一步肯认为“生产性的想象力”，以区别于“再生性的想象力”，其基本作用就在于：“这些表象让人思考比我们在一个通过语词来规定的概念中所能表达的更多的东西；它们还提供某种审美理念［感性理念］，它取代逻辑的体现而服务于那个理性理念，但真正说来是为了使内心鼓舞生动，因为它向内心展示了那些有亲缘关系的表象的一个看不到边的领域的远景。”[2]——正是经由“想象”而催生出的审

1〔德〕伽达默尔：《美的现实性》，郑涌译，人民出版社，2018 年，第 17 页。

2〔德〕康德：《判断力批判》，邓晓芒译，人民出版社，2002 年，第 159—160 页。

美理念，才赋予了作品以审美意义，使作品不仅成为美的形式，而且成为携带“精神”的美的象征。这种美的象征，“在审美的意义上，就是内心的鼓舞生动的原则”[1]；用黑格尔的话说，就是作品具有了自我意识的生机与光芒。

这样，作品自我意识的焕发与审美阐释的意义赋予就处于同一逻辑过程。黑格尔曾用他那强大的思辨唯心主义历史观念证明：只有当审美阐释把真理如同它在时间中以自身历史发展的方式显现出来，并作为一种巨大的心灵力量和成果包含于自身之中时，审美阐释才能成为趋向真理的阐释，艺术作品才能成为显现真理的艺术。事实上，在早于《美学》三十年出版的《精神现象学》一书中，黑格尔就曾形象地指出，缪斯的作品，“是已经从树下摘下来的美丽的果实：一个友好的命运把这些艺术品传递给我们就像一个少女把那些果实呈献给我们那样。这里没有它们具体存在的真实生命，没有长有这些果实的果树，没有构成它们实体的土壤和要素，也没有决定它们特性的气候，更没有支配它们成长过程的一年四季的变换。同样，命运把那些古代的艺术作品给予我们，但却没有把它们的周围世界，没有把那些艺术品在其中开花结果的当时伦理生活的春天和夏天一并给予我们，而给予我们的只是对这种现实性的朦胧的回忆”。“但是，正如那个把摘下来的水果捧出给我们的少女超过那直接生长出水果的自然界：自然的条件和因素、树木、风雨、日光等等；因为她是在一个较高的方式下通过自我意识的眼神和呈现水果的姿态把这一切予以集中的表现。”[2] 这段曾被伽达默尔反复援引用以强调历史流传物理解中的现时性与精神创造性的话语，实际上道出了作品自我意识的焕发与审美阐释意义赋予的同时性：捧出果实的姑娘，以阐释者的原始身份，通过自我的精神灌注，完成了对果实的生命的历史性传递，从而赋予果实以新的生命；而作品艺术的意义激活，则超越作品的原始情境与作品的

1〔德〕康德：《判断力批判》，邓晓芒译，人民出版社，2002年，第158页。

2〔德〕黑格尔：《精神现象学（下卷）》，贺麟、王玖兴译，商务印书馆，1979年，第231—232页。

物性存在，通过作品与阐释者的当下现身领会，在作品的效果历史意识中，实现阐释者精神的自我渗透与作品自我意识的焕发。

如同黑格尔把精神的历史性的自我渗透作为阐释学的使命一样，审美阐释也正是在审美理念引导下的艺术作品的历史与时代精神的再次相会。艺术真理就产生于这种精神的相会中，在其中，审美阐释犹如作品生成的“精神温度”一样，它使作品克服自然存在而成非对象化的艺术存在。

当然，审美阐释在艺术作品中的本体论地位并非单纯观念使然，它亦有其坚实的艺术史基础。19 世纪末德国艺术史家格罗塞通过对原始艺术非审美属性的考察已经表明：“一个艺术作品，它的本身不过是一个片断。艺术家的表现必须有观赏者的概念来补充它才能完成，艺术家所要创造的整个只有在这种情形之下得以存在。在一个能解释那艺术品所含的意义的人，和一个只能接受那艺术品所昭示的印象的人中间，那艺术品所能发生的效力是根本不同的。”[1] 格罗塞的意思是，原始艺术只有超越感性“印象”而作审美阐释，其审美属性才能越出诸多外在属性而突显出来。

而真正将艺术作品的审美阐释上升至本体论地位的，则属 20 世纪现象学哲学的重要代表人物海德格尔。海德格尔通过对艺术与器具的存在论区分，将艺术作品的审美阐释上升为艺术作品的本体存在方式。在海德格尔看来，器具的器具的存在不需要审美阐释，器具上升为艺术却需要审美阐释。对于器具而言，审美阐释像是一道定言命令：要这样阐释，使得你的阐释同时也是艺术作品的本体论阐释，这种本体论阐释，在海德格尔看来，就是现象学—存在主义—阐释学的阐释。艺术作品的本体论“存在”，就诞生于经由这多重阐释而获得的“现象学—存在主义—阐释学”审美效果中。阐释方法与阐释效果，在这里实现了完全的统一。虽然海德格尔之前的现象学美学

1〔德〕格罗塞：《艺术的起源》，蔡慕晖译，商务印书馆，1984 年，第 21 页。

已经揭示出，认识论的、实在论的美学方法难以通达艺术的真理，只有对审美经验作现象学还原，艺术的真理才能自行显现；但在海德格尔看来，现象学的审美经验还原只是构成了“艺术作品”（“器具”“事件”“氛围”“观念”等）成为“艺术”的第一步，“艺术作品”要成为本体性的“艺术”，仍需要前行一步，进入现象学—存在主义—阐释学的语境，使作品超越各种美学习见而自成一个澄明世界。海德格尔在《艺术作品的本源》中对古希腊神庙所做的解读，堪称是这种审美阐释观的艺术例证：“这个建筑作品阒然无声地屹立于岩地上。作品的这一屹立道出了岩石那种笨拙而无所逼迫的承受的幽秘。建筑作品阒然无声地承受着席卷而来的猛烈风暴，因此才证明了风暴本身的强力。岩石的璀璨光芒看来只是太阳的恩赐，然而它却使得白昼的光明、天空的辽阔、夜晚的幽暗显露出来。神庙的坚固的耸立使得不可见的大气空间昭然可睹了。作品的坚固性遥遥面对海潮的波涛起伏，由于它的泰然宁静才显出了海潮的凶猛。树木和草地，兀鹰和公牛，蛇和蟋蟀才进入它们突出鲜明的形象中，从而显示为它们所是的东西。”[1] 可以看出，正是观赏者围绕神庙而展开的“现象学—存在主义—阐释学”审美阐释，神庙及其周遭世界，才脱离了各自孤立的自然存在而升华为艺术作品的本体性存在。

如果说海德格尔对艺术作品的“现象学—存在主义—阐释学”阐释还略显蹈空的话，其弟子伽达默尔，则进一步将这种阐释语境化。通过对“游戏”概念的考察，伽达默尔提出，实用性的艺术与纯粹艺术之间并非泾渭分明，恰恰相反，它们之间常常相互转换，并在意义的共同创造上具有相通性。当器具被作为审美阐释的对象来理解时，它便与艺术作品一道处于阐释学的同一性之中：对于器具而言，审美阐释的同一性不是对器具作始终如一的理解，而是在每次阐释中，都“相信”总有某种东西超出器具的物性存在

1〔德〕海德格尔：《海德格尔选集（上）》，孙周兴选编，上海三联书店，1996 年，第 262 页。

而构成器具的可能存在；对于艺术作品而言，阐释学的同一性暗含在艺术作品趋于真理理解的期待视野中，它不仅要求观者一同参与作品意义的阐释理解，而且期望观者做出“应该”如此的理解。以毕加索立体主义画作《花瓶》（1907）为例，画作以摆在桌子上的作为器具的花瓶为原型，运用立体主义的手法而将其表现为艺术作品。在这幅画中，作为器具的花瓶的存在，实际上构成了作为艺术作品的花瓶的审美阐释前提。因为设若没有作为器具的花瓶，那么，我们或许就不会通过画作想起童年时母亲摆放花瓶轻柔的动作，亲友们欣赏花瓶时闪亮的脸庞，春天里插入花瓶鲜花的馨香……如此等等无限多的意义，虽然早已超出器具的自然存在，但是正是由于器具的自然存在，才极大地充盈了我们的情感，触发了我们记忆的阀门，使往昔围聚在“花瓶”的周遭世界历历呈现，而表现花瓶的艺术作品才显现为一片具足的真理世界。再如日本建筑师妹岛和世的最新装置艺术《另一水面》（2019），作品为摆放在乌镇铺石广场的一排排镜面座椅。从功用性角度看，它首先具有歇坐观览的器具功能。但是，当我们坐于椅上，那略显凹状的镜面座椅，瞬间便将我们与周遭世界收摄于自身，将我们与周遭世界一道表现为漂浮于器具之上的山水人物画。我们不仅在现实的器具中摆入自己，而且在器具的影像中认出了自己，发现我们原本就在器具之中，自己的一颦一笑、一言一行时刻都在表现器具，并创造出器具的艺术化存在：器具由此不仅作为物性的器具存在，而且同时作为表现的艺术作品而存在。可以说，正是由于洞见到现代艺术所具有的复合表现特性，所以伽达默尔才说：“艺术作品的存在就是那种需要被观赏者接受才能完成的游戏。所以对于所有本文来说，只有在理解过程中才能实现由无生气的意义痕迹向有生气的意义转换。……艺术作品是在其所获得的表现中才完成的……”[1] 艺术作品的本质因而不在于它是

1〔德〕伽达默尔：《真理与方法（上卷）》，洪汉鼎译，上海译文出版社，1999 年，第 215 页。

先验的观念存在，不在于它是对象化的现实存在，而在于它能通过审美阐释来超越器具的物性存在，成为一种独特的表现性存在。这种表现性存在，包裹了围聚于器具 / 艺术作品周遭的整个世界的存在。

“艺术作品是通过审美阐释而在表现中完成的”，这种观念不单是 20 世纪欧陆人文主义美学家的看法，英美分析美学家亦不乏其例。美国当代分析美学家古德曼（Nelson Goodman）就认为：艺术的存在需要通过审美阐释，艺术作品要脱离其自在的物理属性而跃升为表现性的艺术，必需具备五大“审美征候”（symptoms of the aesthetic）：句法密度（syntactic density）、语义密度（semantic density）、句法充盈（syntactic repleteness）、例示（exemplification）、多重复杂意涵（multiple and complex reference）。按照古德曼，“句法密度”是非语言艺术的典型特征，它将图画与乐谱、手迹区别开来；“语义密度”是再现与表现艺术的典型特征，它将图画、手迹与乐谱区别开来；“句法充盈”是艺术语言的典型特征，它将图像性系统与图示性系统区别开来；“例示”是可阐释的典型化作品，它将符号性语言与科学性语言区别开来；“多重复杂意涵”是一切艺术的典型特征，它将简单艺术与经典艺术区别开来。[1] 古德曼对审美征候的厘定，虽然既涉及艺术与非艺术的区别，也关联艺术门类内部的区别，但其核心看法是：作品所表达的观念必须溢出作品自身，作品从自身物质性的器具存在转变为表现性的符号存在，才能成为艺术。虽然古德曼并未言明对象如何才能溢出自身而成为表现，但他却为作品成为艺术提供了五种视角，由此影响了此后人们对现代艺术本体的阐释认定。

美国另一位分析美学家丹托（Arthur Danto）虽然反对古德曼的“审美征候”理论，但他创造了“审美兴发”（aesthetic response）一词来区别艺术

1 Nelson Goodman, *Languages of Art*, Indianapolis and Cambridge: Hackett Publishing, 1976, pp. 252–255.

与非艺术，认为两个同样具有物理属性的X与Y存在物，X之所以是艺术作品，而Y则依然是物，原因在于我们知识判定的不同：“一件艺术作品与一件纯粹的物品在所有外观方面都高度一致，如果我们在知道其中之一是艺术作品的情况下对它们的审美兴发有所不同，那么我们就可以得出结论：这种兴发的不同，一个重要原因是一种知识（knowledge）的不同。”[1]按照丹托，能够将艺术与非艺术区别开来的审美兴发，正是具有艺术“知识”特性的审美阐释的结果：艺术家与观者需要运用艺术“知识”对对象作审美阐释，使对象成为置身于“艺术界”或“理论氛围”的作品，尔后才能超越其单纯的“物”的存在而显现为一种艺术作品的资格，我们也才有可能获得一种不同于“物”的审美经验。尽管分析美学阵营中的其他美学家，如韦兹（M. Weitz）、比尔兹利（Monroe G. Beardsley）、迪基（George Dickie）、列文森（Jerrold Levinson）、卡罗尔（Noël Carroll）等人在艺术作品的认定问题上与丹托存有分歧，但是，审美阐释在先，艺术作品在后，审美经验再其后，却是他们共同遵循的艺术作品阐释逻辑。这样，“判断在先，还是快感在先”的康德问题，在经历了分析美学阵营的重新清理后，就被进一步延拓为“阐释—判断—快感”的三层逻辑。这种逻辑无疑非常有利于我们辨析现代艺术。

2. 从审美阐释到艺术作品

按照审美阐释的理念，自然存在的作品，没有自己的世界，因为它是一种僵硬的对象化存在；只有经过审美阐释的作品，才有自己的世界，因为它开启了诗意化的审美存在。审美阐释由此超出科学阐释而向意义世界跃升，成为艺术作品的本体性存在。但不同于为了揭示作品意义的阐释，

1 Arthur Danto, Aesthetic Response and Works of Art, in John Bender and H. Blocker eds., *Contemporary Philosophy of Art: Readings in Analytic Aesthetics*, Englewood Cliffs, New Jersey: Prentice Hall, 1993, p. 413.

审美阐释回答一个更为基础的问题：作为现成物的作品，是如何成为有意义的艺术的？

从艺术作品自身的存在来看，20世纪现代艺术的根本目的之一，在于要消除艺术作品与观者的对立，使观者成为艺术作品的构成要素。这样，作品的意义就既不在作者意图里，也不在作品形式里，而在于观者通过审美阐释而与作品、艺术家及其作品背后的世界一道构成的作品“效果历史”的辩证结构里。而从审美接受的角度看，20世纪现代艺术的最大特征，在于观者难以用任何一种单一的直观感受去体验作品，而必须调用全部感官、知觉、理解、想象乃至思维，通过审美阐释的方式，与作品一起构筑艺术与自我生命的本体世界。作品的意义就生发于观者内心深处对表现世界和自我生命的可能理解中，呈露于作品可见世界与不可见世界组成的无尽形相与复杂情韵里。审美阐释因而不仅属于被阐释作品的存在，而且通过“现象学—存在主义—阐释学”的勾连而成为阐释者本己性的生存方式，正是通过审美阐释，作品与阐释者一同开启了一个全新的意义世界。

首先，审美阐释将作品置于表现性的世界，为艺术作品的意义生成创造观念条件。审美阐释所面对的作品与现实世界，并非摹本与对象的映射关系，而是现象学—存在主义—阐释学关系。就处于审美阐释中的现实世界而言，它一经作品的表现，便旋即消除了自我的坚硬性，实现“在的扩充”[1]；就处于现实世界中的作品而言，它一经审美的阐释，便即刻超越单纯的指义功能，而进入艺术世界的真理揭示。审美阐释因而表现为现实世界与作品意义双双丰盈扩充的过程：现实世界在阐释中显现自身，艺术作品在阐释中表现自身，阐释主体在阐释活动中证成自身。

也就是说，在审美阐释中，真正起重要作用的，并非阐释主体的意图

1〔德〕伽达默尔：《真理与方法（上卷）》，洪汉鼎译，上海译文出版社，1999年，第182页。

与前见，也并非阐释对象的形式与内容，而是审美阐释活动本身的自我表现性：艺术作品须经审美阐释的表现性才能成为自身。伽达默尔指出，“艺术作品的真正存在不能与它的表现相脱离，并且正是在表现中才产生构成物的统一性和同一性。艺术作品的本质包含对自我表现的依赖性”[1]。伽达默尔针对艺术与游戏本质所作的判语，非常准确地揭示了艺术作品对自我表现的依赖性。但是，对于尚处于物性存在的作品而言，要将物之物性上升为艺术的意义表现性，我们还需补充一句：“自我表现在本质上包含了对审美阐释的依赖性。”

因为具有自我表现的作品，只有依凭审美阐释的理念，才能注入对象以生气灌注的精神，将隐藏在对象可见性之下的不可见性表现出来，使对象成为一种情境化的意义存在，实现艺术作品意义的丰盈与扩充。在人类艺术发展史上，艺术作品与其生存情境的不证自明的联系，在现代美学观念确立之前曾长久地存在。然而现代美学观念阻断了艺术与其生存情境的表现性关联：艺术之为艺术，必须消解艺术与其生存情境的自然关联，成为一种自律性存在。然而 20 世纪现代艺术的出现却直接消解了艺术自律性的观念；艺术要证明自身，先须返求其自然母体。

从美学史的角度看，黑格尔无疑是这一返求运动的始作俑者。他用强大的思辨唯心主义哲学体系使美学成为哲学的前史，艺术在经历了象征型、古典型、浪漫型发展后历史地走向解体，进入哲学的观念中，成为哲学的艺术化表达形式。黑格尔的这种艺术终结于哲学的必然性论断，当然并非哲学呓语，它在现代艺术中有其独特回声：现代艺术就是通过物的强形式来表达观念的艺术。从艺术目的的角度看，现代艺术可以视为后黑格尔时代艺术顽强地借用物的形式来表达观念的自我拯救行为。不同在于，当年被黑格尔放逐

1〔德〕伽达默尔：《真理与方法（上卷）》，洪汉鼎译，上海译文出版社，1999 年，第 158 页。

的粗糙的、低级的“物”，再一次被现代艺术家捡了回来，成为承载现代艺术观念的新形式。但现代艺术也由此面临一个黑格尔不曾有的困境：未受心灵灌注的物因其先天粗糙的形式，难以径直成为观念艺术本身；已经灌注富有生气的心灵观念的作品，因其形式的突兀而难以骤然成为美的艺术观念所要求的形式与内容的完满统一。这两种困境的解决，都需要拓展黑格尔的观念语境，通过情境化的审美阐释方式，实现作品意义的赋予。在这一过程中，阐释者始终与作品共属一体，而非作为作品的外在物对它进行否定；作品始终期待与阐释者相互理解，而非作为阐释者的对立物抗拒意义的生成。当阐释者满足了作品对自身的期待，作品满足了阐释者对自身的理解，艺术作品的意义便超越自然存在的坚硬性，升华为一种轻盈的观念存在。

其次，审美阐释将作品背后的存在事件—世界敞开，为作品的意义生成创造阐释条件。作为一种时间性的阐释艺术作品的方式，审美阐释始终是以“现在”为中心，勾连“过去”与“未来”的阐释学事件：它将每一个“过去”带入“现在”，又将无限的“未来”收摄于“现在”，使作品成为一种勾连“过去—现在—未来”的存在事件—世界。正是在这种“现象学—存在主义—阐释学”的事件—世界存在中，作品才第一次敞开了包括自身的全部事件—世界。伽达默尔指出，作品一俟落地，它便期待一种“偶缘性”的阐释境遇——“偶缘性指的是，意义是由其得以被意指的境遇从内容上继续规定的，所以它比没有这种境遇要包含更多的东西”[1]——以便使作品的意义与作品背后的世界同时得以更新。现代美学与艺术发展的基本经验也表明，一件摆放在博物馆的作品，如若纯化其原始关联，它的意义便旋即不见；作品的艺术意义正产生于置身在博物馆欣赏作品的众人，萌发于博物馆情境中众人超越作品物性的精神性目光以及由此呈递的情感愉悦中。这样，艺术作品

1〔德〕伽达默尔：《真理与方法（上卷）》，洪汉鼎译，上海译文出版社，1999 年，第 188 页。

绝不是艺术家甫一创作即告完成的实体，而是阐释者在“现在”、“过去”与“未来”的交互理解中重建并创造意义的美学事件：它通过“现在”的在场来克服“过去”的时间距离，又通过“未来”的缺席敞开作品意义的可能，使作品成为超越历史的审美存在；阐释则通过作品的情境化理解而成为审美阐释，不再是困于再现与表现的体验审美。正是在这个意义上，伽达默尔才说，要使作品成为艺术，从阐释学的角度看，要求“美学必须被并入诠释学中”[1]。

作品背后的事件—世界一经敞开，它便克服了现成物的自在属性而升华为一种自为的艺术存在，而潜藏在不同作品形式背后的艺术公共属性也就旋即显露出来。后者超越艺术的历史发展阶段而体现出作品作为艺术的普遍意义，它使作品由于表现不同世界而把世界的自在存在突兀地呈现出来，而世界由于不同的表现而把作品的自为存在隐秘地显现出来，作品的艺术存在就完成于世界与作品双双扬弃自身的本体表现之中。因此，对作品的事件—世界存在作审美阐释，不能理解为是对模型与成品的确认或再现关系，也不能理解为对象与作品单纯的表现或象征关系——即使古代“结绳记事”“按图索骥”与原始壁画的“相似律”与“接触率”也并不严格区别艺术与事物自身，现代艺术虽区别表现与事物自身，然而只有在艺术与事物的实在论规定中这种区分才有意义，就其本体论而言，它们均须通过彼此否定才能完成各自“在的扩充”——而应理解为，审美阐释在最基础层面，也须通过对作品语词、颜色、材料、线条、符号、观念、形式、结构等的领悟，使作为艺术作品的现成物所表现的东西，能够作为该物所是的东西而存在；而作为现成物的艺术作品及其背后的事件—世界，则通过作品的存在境遇（艺术观念、艺术原型、艺术媒介、艺术氛围、艺术体制等），为作品艺术意义的生成，

1〔德〕伽达默尔:《真理与方法（上卷）》，洪汉鼎译，上海译文出版社，1999年，第215页。

创造阐释学前提。

最后，审美阐释将阐释者置入生存论的领会境遇，为艺术作品的生成创造理解条件。在审美阐释中，阐释者不是用美学概念规范艺术，而是用审美理念反思艺术；不是用审美情感体验艺术，而是用审美判断鉴赏艺术。阐释者在审美理念与审美判断的引导下，超越作品表达媒介的冷硬物性而将作品升华为轻盈的艺术存在；作品在与阐释者的想象交流中，超越阐释者的感性体验而升华为无理而妙的观念存在。

在对作品的生存论领会中，审美阐释坚持认为作品原本就与阐释主体一起共在，原本就与世界的全部存在共属一体，它既将作品的一切非审美要素聚拢于自身，又在富有生气的审美阐释中，让自身与世界、自我再次遭逢，使自身连同世界及阐释者在充盈世界、升华自我、扩展作品过程中成为一种诗意的存在。为了实现这种诗意的存在，审美阐释反对自律论美学运用审美意识对对象作审美区分。因为按照自律论美学观念，审美意识作为审美感受活动的中心，其职责是要通过“审美区分”来涤汰作品中的非审美要素，而只把审美的东西显露出来，使作品作为纯粹的艺术作品而存在。伽达默尔曾警惕地指出：“审美意识乃进行这种对审美意指物和所有非审美性的东西的区分。审美意识抽调了一部作品用以向我们展现的一切理解条件，……它从一切内容要素——这些内容要素规定我们发表内容上的、道德上的和宗教上的见解——区分出了一部作品的审美质量，并且只在其审美存在中来呈现这种质量本身。”[1] 据此，审美意识的目的就是在共时性中将作品中一切具有艺术价值的东西聚拢于自身，同时将一切非艺术价值的东西剥离出去。但是，也正如伽达默尔所提醒，“艺术的万神庙并非一种把自身呈现给纯粹审美意识的无时间的现时性，而是历史地实现自身的人类精神的集体业绩”[2]。作为

1〔德〕伽达默尔：《真理与方法（上卷）》，洪汉鼎译，上海译文出版社，1999 年，第 110 页。
2〔德〕伽达默尔：《真理与方法（上卷）》，洪汉鼎译，上海译文出版社，1999 年，第 124 页。

从事“人类精神的集体业绩”的阐释者，不是要对作品非审美要素进行涤汰，而是要对作品的全部世界意义进行守护，并在守护中实现对自我与世界意义的丰富理解。

正是在阐释者自我与世界意义的丰富理解中，审美阐释才催生出一种新的时空关系，重塑一种新的审美主客体关系，这使审美阐释成为作品升华为艺术的理解条件。审美阐释的经验时间溶解理性计量的线性时间而成循环时间，审美阐释的经验空间化解科学度量的物理空间而成生命空间。在审美阐释中，阐释者始终与审美的现时与历史共在，他不仅现时地与他人一道平行地体验来自艺术作品的现时时间，而且也历史地体验着已经成为经典的艺术作品所表现的历史时间。同样，阐释者也始终与审美的自我空间与他人空间共在，他不仅作为个体想象着艺术作品营构的生命世界，而且就像每个他人那样想象着艺术作品所创造的生命世界，以此获得对自我存在的生存论领会。

可以说，处于审美阐释活动中的阐释者，是在与艺术作品的生存论领会中证成自我的存在。这样，审美阐释的目的，就不仅仅在于使自我学会运用独特的方式来理解艺术，而且更为本质地，它要使审美阐释活动本身成为自我存在的最高方式，为艺术作品的生成创造理解条件。

总之，经由审美阐释而证成的艺术作品在三重意义上是富有生气的：它既使作品的意义得以丰盈扩充，也使作品背后的存在世界得以敞开澄明，还使阐释主体的自我存在得以丰富提升。对于审美阐释而言，重要的不是阐释什么，也不是怎样阐释，而是什么东西超越阐释活动本身而与我们一起发生。只有在审美阐释的视域中，我们才能理解作为现成物的作品何以是艺术；只有把审美阐释看作是对艺术作品的阐释，审美阐释才是一种有效阐释；只有把艺术作品看作是审美阐释的作品，艺术作品才能成为真理性的艺术。

3. 从艺术作品到审美经验

从审美活动的逻辑发生来看，一个对象经由审美阐释，它便升华为艺术作品；如若作品继而激发审美经验，它便成为艺术。阐释在先，作品在后，经验再其后，这是审美发生的基本逻辑。但是，正如前文所指出，因为艺术作品的经验包含着理解，本身表现了某种诠释学现象，所以，“美学必须被并入诠释学中”，以此克服审美经验的感性特性而向具有理性分析的审美阐释跃升。美学并入诠释学，不是要消解艺术作品的美学特性，而是在阐释学的意义上赋予审美经验以普遍性的美学意义，以此完成从艺术作品到审美经验的阐释学循环。

在这个过程中，审美阐释并不是将审美经验用语言表达出来，而是与语言一道参与作品意义的创造，强化艺术作品的审美特性，为作品激发审美经验创造条件。细而言之，处于审美阐释中的作品，就其赋予作品以审美意义而言，归于阐释学；就其能够激发审美经验而言，归于美学。这样，伽达默尔针对古典艺术所作的阐释学判言，“美学必须被并入诠释学中”，对于现代艺术而言，必须做出重新修改：“美学必须被并入诠释学中，但最终尚需回归美学。”

由于现代艺术的审美经验并非澄怀坐忘的审美静观，亦非解衣盘礴的情感激越，而是处于审美阐释活动中的自我与艺术作品的共在与理解：“所有自我理解都是在某个于此被理解的他物上实现的，并且包含这个他物的统一性和同一性。”[1] 根据伽达默尔，审美经验中的艺术作品这个“他物”，始终与我们共在，我们在与艺术作品的共在中学会理解自我，反思对象，获得对对象与自我生命的感喟，对象与自我就在这无限的理解与反思中将自身延伸到无限。

1〔德〕伽达默尔:《真理与方法（上卷）》，洪汉鼎译，上海译文出版社，1999 年，第 124 页。

“审美阐释”由此区别于“审美经验”，后者是对艺术作品的形象理解，而前者则是对艺术作品的意义馈赠；后者是“经验在先、判断在后”的审美体验，前者则是“判断在先、经验在后”的审美证悟。梵高的《农鞋》，就其单纯作为劳作的“器具”，抑或作为再现与表现的对象而言，难以产生直接的审美经验；但当海德格尔作了现象学与存在主义的审美阐释，它便将作品与自我一同带入审美经验的世界。马格利特的《形象的叛逆》（1929），只有从审美阐释的视点来看才是艺术作品：画面图像“烟斗”与画面文字“这不是一只烟斗”之图文张力，画面“烟斗”形象的忠实与画面主题文字的叛逆之张力，均显示了语言超越图形的自由指义功能；而正是这种自由指义，才使作为再现性的“烟斗”图形脱离其实用功能而成自由的艺术表现，人们对这幅作品的审美经验，也正是对这种自由表现的直觉。同样，作为现成品艺术的杜尚的《泉》（1917），则利用了美国学院艺术体制外的美国独立艺术家协会的自由艺术宣言，以及“mutt”（“笨蛋”“蠢货”）签名语义与现成物所构成的深刻同构关系，以此标示出作品的自由艺术属性。这种属性，如丹托所言，只有依靠艺术理论氛围与艺术史知识的审美阐释，亦即“某种眼睛无法看到的东西”[1]，才能从艺术作品身份的赋予中获得；而对作品的审美经验，也正在于观者超越现成物表象而获得的对“真实自然”之颖悟。

可以说，现代艺术对超越物象浅表的“真实自然”的探讨，目的在于打破日常视觉的观看方式与物象三度时空中的形体呈现，揭示事物本身的存在密码。因而感性直观或移情体验的传统审美经验方式，都只能看到对象的感性结构，只有经由深度的审美阐释，蕴藏在作品结构后面的不可见生命，才能显露出来。毕加索的《亚维农的少女们》（1907）中的五位少女，每一位少女的形体，都是观赏者在多个视点观看下表象的重组，作品以此打破了平

---

1 Arthur C. Danto, “The Artworld”, *Aesthetics: The Big Questions*, ed., Carolyn Korsmeyer, Cambridge: Blackwell, 1980, p. 40.

面绘画的焦点透视而将同一人物在不同时空视点下的丰富表现呈现出来，揭示隐藏在人物丰富表象底下的人物性格、气质与精神。其另一幅《坐在红椅子上的女人》（1932），则借用了装饰线的雕塑体块，将女人瓦尔特的情感、欲望、思绪乃至娇羞等不可见的东西，用三度空间与物质重量的方式呈现出来。在这两幅作品里，传统艺术的审美静观无法感知物象之外的不可见物，只有经过深度的审美阐释，调用现象学、存在主义乃至自然科学的基本知识，通过具身性的审美阐释，蕴藏在作品人物背后的生命诸多面相与复杂本质，才能被经验到。

这也意味着，经由审美阐释而获得作品的审美经验，始终是一种超越感性时间的哲学体验。因为审美阐释并不以对艺术作品的审美经验为界，相反，它与作品“同在”，它将外在于自身的作品纳入精神的自我理解里，并将精神的自我抛掷于作品的外在世界里，实现阐释与对象“同时性”在场。按照伽达默尔，这种“同时性”在场，意味着“某个向我们呈现的单一事物，即使它的起源如此遥远，但在其表现中却赢得了完全的现在性”[1]。正是这种“完全的现在性”，使作品的审美经验始终指向同一性的审美阐释，即使它在历史上曾经如此不同地展现自身；也使作品的每一次现身在场都属于它自身，即使它在每一次现身中都未必与自己同一。伽达默尔将艺术作品在审美经验中所表现出的这种阐释学的“同一”，规定为“无时间”的“真正时间”。因为正是这种“真正时间”，才将无数的审美经验统摄于“现在”，使审美经验的时间汇聚成一种时间充盈的“现象时间”：“‘现在’不是短暂的瞬间，而是时间的充满。”[2] 无数个历史存在的“现在”时间，经由艺术作品的“现在”审美经验而成永恒时间；而艺术作品则在审美经验的时间性“复现”中不断回到自身，实现作品审美存在的时间性。德国当代艺术家基

1〔德〕伽达默尔：《真理与方法（上卷）》，洪汉鼎译，上海译文出版社，1999 年，第 165 页。
2〔德〕伽达默尔：《真理与方法（上卷）》，洪汉鼎译，上海译文出版社，1999 年，第 157 页。

弗（Anselm Kiefer）的《神圣脉管的破裂》（2009）可以说形象地表明这一点。作品通过将悬挂在墙上的两河流域文明遗址图片，与摆置在画廊地板上的二战时期德国废墟瓦砾作自然延溢，实现了人类最初的两河流域辉煌时间与第二次世界大战的废墟时间的自然连接。在这幅作品中，在场的与不在场的，可见的与不可见的，均通过“现在”时间而充盈于画布与现实空间，表现文明的裂隙早已穿越梦幻的历史而延展至残酷的现实当中；而灌注于人类文明的精神与情感，则一直绵延于从过去到现在的审美时间中。

作品审美存在的时间性当然并不限于时间性的同时在场，阐释者与作品在世界中的双双遭遇并现身在场，不仅赋予作品意义本身以连续性，而且深化了阐释者与自己内心的经验感受。尽管伽达默尔援引克尔凯郭尔具有宗教拯救意义的“同时性”概念来解释审美存在的时间性，表明阐释者正是在类似于宗教的体验中——世界展现于他之前，他在世界中领悟自己，世界与他共享某种意义的自明性——来达到作品意义与自我的同一性，但伽达默尔并未言明的是，艺术作品的永恒魅力正源于永恒时间在作品中的沉潜，源于永恒时间“复现”中作品独特的现在与审美经验的创造性重返。审美经验由此超越现时感性愉悦而指向信仰内涵。

现代艺术的这种原始信仰内涵当然并非对古老艺术的坚定回归。对于现代艺术而言，它以抵抗经典艺术的形式而向古老艺术致敬，坚持艺术在形式与理念方面原本就与世界共在一体的事实，企图发现事物可见物象基底的不可见物与深潜本质。在此意义上，它并未见出与古老艺术的深刻不同，它只是以独特的形式实现艺术与世界的沟通；但是，这种沟通是以异常突兀的形式，将我们自己非常熟悉并长期浸淫其中的现实生活与历史传统重新勾连出来，让我们重新认识并思考现实与历史的本质，继而获得自我更新的力量。因而从“现象学—存在主义—阐释学”的角度看，现代艺术的本质就在于：艺术家以显现者的姿态对艺术传统作现代领会，并以有别于传统艺术的形式，为艺术注入新的普遍内容，使艺术重返生活世界：在这个世界里，艺术曾长久地与人同在，长久地与人彼此熟稔，甚至互相理解。而审美阐释在其中的作用就在于，它使艺术超越单纯物性而指向超越内涵，激发普遍性的审美经验。这样，经由审美阐释的艺术作品审美经验，就不是柏拉图意义上对至高真实世界的惊鸿一瞥，而是生活世界本身的自由情态。

总体来看，现代艺术舍弃美善合一的形式—内容结构，填平物与观念的形而上学鸿沟，竞逐观念化的艺术表达，由此走上了一条全新的发展道路。但由于形式与内容的乖张，现代艺术无法在现实的美感经验中找到支持，也难以在经典的美学体系中觅得位置，由此导致现代艺术的存在困境。对于这一困境，单纯援引经典艺术观念或者经典艺术观念的“创造性转化”无法解决，而唯有回归现代艺术的阐释学前提，激活“审美阐释”的理论资源，在语境—对象—自我的美学阐释学结构里才能解决。这并非意味着现代艺术创造“美”或“美感”不再重要，而是艺术的本体与美感内涵已发生移转：艺术作品只有成为沟通主体与世界的媒介，在超越再现与表现的观念抉舍中，将事物的可见性与不可见性兼收拢于自身，使阐释者通过与作品及其世界的过去、现在与未来的永恒时间交流，才能把握作品、世界及自我生命的未知与可能。现代艺术的存在因而就是一种碾合观念与物质的智性共在，而现代艺术的美感则是一种携带感官快适的深度精神愉悦。而完成现代艺术“美”与“美感”存在内涵的，是审美阐释的三个层次：基础层的是感性（aesthetic）阐释，中间层的是意义（significance）阐释，最高层的是共在（co-being）阐释。

首先，对于形式与内容乖张的现代艺术，审美阐释首先是在感性与感官意义上发挥作用（如立体主义艺术中，我们需要将不同视角获得的图像加以想象组合，将其理解为一幅具象化的图景；抽象主义艺术中，抽象的线条与凌乱的体块必须得到具象化的阐释；等等）。那种由于我们观看现代艺术及其表现形式而产生的巨大美感冲击与无限审美联想，正是审美阐释发挥感性与感官功能的解释学根据。反过来讲，也正是在感性与感官阐释中，阐释者与阐释对象才彼此激活并照亮对方，阐释主体才第一次成为阐释者自己，阐释对象才第一次成为艺术作品。

其次，就意义阐释而言，现代艺术的审美阐释意味着，什么东西使我们越过自己而成为一种非对象化的存在，又是什么东西使我们超越作品而成为一种意义的存在？既然现代艺术对形式语言的革新并非象征的贫困，而是艺术形式本身的时间性发展；那么，现代艺术的审美阐释就并不止于对形式特征的符号理解，而是深入作品所延展的时间性经验，在超越以形写形、以色貌色的盘桓绸缪中，领会作品的生命意义；而这种生命意义，最终经由阐释对象的观念意义而升华为阐释主体的现实感与历史感，积淀为阐释主体的形式感与创造感。

再次，就共在阐释而言，阐释中的作品并非对象化的物性存在，而是始终指向一种诗性的精神存在；处于阐释活动中的阐释者，也并非一种纯粹的精神存在，而是始终关联于生存的物性存在。审美阐释由此通过“灵—物”转化而消除了表达对象的空间坚硬与艺术观念的时间轻盈的裂隙，成为一种作品与阐释者同构共在的本体性精神存在。当且仅当阐释的时间性与作品的空间性在审美阐释的效果历史结构中实现同构共在时，审美阐释才升华为美感共识，审美对象才表现为观念艺术。审美共通感因而成为审美阐释的哲学人类学根基，并最终经由艺术作品而形成审美共同体，为艺术通向世界打开了实践通道。

最后，就审美阐释所含有的最普泛的审美共通感而言，审美阐释是艺术作品的本体存在得到了表现。因此，伽达默尔当年基于造型艺术而对经典艺术作品所下的判语，“艺术作品独特的存在方式就是存在达到了表现”[1]，应被进一步反转为：“艺术作品只有经由审美阐释，才能从一种独特的存在方式，

1〔德〕伽达默尔：《真理与方法（上卷）》，洪汉鼎译，上海译文出版社，1999 年，第 209 页。

升华为本体性的存在。”

（三）实践阐释

实践阐释学是以实践哲学为基础，以阐释对象、阐释主体与阐释语境的结构性关联与意义生发关系为核心，以阐释的伦理性、现实性与批判性为特征，统一阐释方法、阐释价值与阐释本体的一种新型阐释学范式。这种新型范式的阐释学，其“伦理性”主要表现在它以“实践智慧”为基础，体认现实活动本身及其善的合目的性导向，重返实践与生活及历史的价值关联，反对单纯的工具性对实践活动的浸染，蕲求知识与德性、理论与践履在阐释活动中的统一；其“现实性”主要表现在它将文本背后的现实性及其实践关联，而非阐释者在世的生存论结构、作者的意图，抑或文本自在的客观意义，视为文本意义的来源；其“批判性”则主要表现在它同时要求在阐释过程中对阐释的伦理性与现实性作批判反思，重申阐释的批判性话语权，实现阐释学在事实（解释世界）、价值（规范世界）与实践（改变世界）三个层面的统一。实践阐释学的这种经由“批判性”而最终勾连“伦理性”与“现实性”为一体的新型阐释学范式，既可为解决西方文学阐释学困境提供有效路径，也可为实现中国文学阐释学的当代性转化、创建中国当代文学阐释学提供根本目标。

“实践阐释学”（或“实践诠释学”）是当代中国学者根据西方阐释学的一般特征而从马克思主义哲学中提炼出来的一个标识性概念。作为马克思主义哲学中国化的重要成果，它在发展过程中也融入了一些西方阐释学的原则、要素与方法特征。因此，阐释学意义上的“实践”，既包括“认识论和科学技术意义上的实践形式”，也包括“本体论意义上的实践形式”。[1] 前者作为人类一般意义上的“生产劳动”，代表工具意义上的生存活动；后者则

1 俞吾金：《实践诠释学》，云南人民出版社，2001 年，第 156 页。

与人的自由创造活动联系在一起，表现为政治、法律、道德和宗教方面的“自我调整”活动。[1] 从意义发生的角度看，前者作为工艺—社会结构，为阐释提供情感与想象基础；后者作为文化—心理结构，为阐释提供价值与目的导向。这样，所谓“实践阐释学”，就是指以文本阐释活动为中心，探求作者、文本与阐释者在文本创作、文本理解与文本解释过程中所赢获的不同意义，分析这些意义与其背后更加深广的社会实践之间的结构性关系，从而将文本意义最终诉诸无限性的实践活动过程的理论。

在实践阐释学看来，文学文本自身意义的显豁、阐释者自我意义的证成、作者创作意图的实现，均萌生于文学的实践过程中，并受一定的经济—社会—政治等特殊因素的影响。因而，实践阐释学的要义在于把握实践活动中不同文学要素及其特定经济—社会—政治之间的结构性关联。

在具体的文本阐释活动中，并非作者、文本或读者，而是文本在历史性复杂语境中所渐次展开的创作、理解与解释实践的结构性关系，才是阐释的中心，如同马克思在《政治经济学批判（导言）》中评价经济范畴与社会历史的关系时所指出：“问题不在于各种经济关系在不同社会形式的相继更替的序列中在历史上占有什么地位。更不在于它们在‘观念上’（蒲鲁东）（在关于历史运动的一个模糊的表象中）的顺序。而在于它们在现代资产阶级社会内部的结构。”[2] 马克思在这里道出了，在阐释活动中，阐释的结构性历史关系在先，对象的线性逻辑关系在后，这是实践阐释学的基本阐释原则。由此也意味着，作为实践阐释的文本阐释活动，必须向内恢复我们与生命的关联，向外恢复我们与生活的关联，向后恢复我们与历史的关联，向前恢复我们与价值的关联，以此塑造一种既包含价值论，又统摄本体论与方法论的阐

1〔德〕伽达默尔、〔美〕杜特：《解释学、美学、实践哲学：伽达默尔与杜特对谈录》，金惠敏译，商务印书馆，2005 年，第 68 页。

2《马克思恩格斯选集》第二卷，人民出版社，2012 年，第 708 页。

释学。本书认为，正是这种阐释学，才体现出阐释活动的“伦理性”“现实性”与“批判性”，将阐释所具有的“所以然”“所应然”“所必然”问题统一起来，为解决西方当代阐释学困境与创新中国阐释学提供了有益启发。

1. 伦理性：实践阐释学的价值

实践阐释学的伦理性内涵是在古希腊时代孕育形成的。亚里士多德在《尼各马可伦理学》中将伦理学（个体的善）与政治学（普遍的善）规定为“实践哲学”的两翼，为后世西方实践阐释学规定了基本方向。“实践”（praxis）作为一切有生命者的行为活动，具有“以某种善为目标”的伦理学特征，本身蕴含自我生成、自我实现之人本学含义与德性化育、德性规范之理念意义。[1] 亚里士多德基于公民生活方式而作的“理论”“实践”“制作”三分，也清晰显示了“实践”并非单纯的技术哲学，而偏向价值哲学与政治哲学，它攸关人之伦理与事理，依赖个体的经验性操演习练而非规则性模仿训练，此即后世所谓的区别于工具理性的价值理性（“实践智慧”）雏形。“实践”概念的这一源始蕴含表明实践阐释学在源头上不是一个科学知识问题，而是一个实践哲学问题。这一问题被两千多年后的哲学阐释学代表人物伽达默尔敏锐识察：“阐释学”作为一门古老学问，“首先就在于它并不是各门科学的一种方法论，而是与人的、社会的存在所具有的根本大法有关”[2]。

从思想渊源的角度看，亚里士多德对“实践”的伦理性理解导源于他那个时代素朴的科学氛围与希腊人对价值性知识的刻意追求。必定有一种东西，使人成为理性的人，这种希腊人的观念固识，成为亚里士多德思考的出发点。由此出发，亚里士多德将“实践智慧”视为现实活动本身及其善的合目的性导向，反对实践的工具性结果取向，这为实践阐释学提供了最直接的价值源泉。“过程的善”保证“结果的善”的阐释规则阻断了功利主义与幸

1 苗力田主编：《亚里士多德全集》第八卷，中国人民大学出版社，1994 年，第 3 页。

2〔德〕伽达默尔：《科学时代的理性》，薛华等译，国际文化出版公司，1988 年，“作者自序”第 2 页。

福主义的修辞学辩护，而将阐释学置于工具服膺目的的无限实践活动当中。意义的丰赡正产生于这种无限性的实践活动过程。对于实践阐释学而言，每一次阐释活动并非对文本意义的恰切理解（获得文本原义），而是一次新的意义创造；也并非对新的意义的知识性理解，而是与理解对象一起参与新的意义的创造并歆享于这种意义的合目的性创造，从而最终在意义创造中配享自我作为创造性实践主体的意义。

亚里士多德所擎持的实践阐释学伦理性理想，在后世逐渐被提升为一种本体论的阐释原则。近代康德通过区分“理论理性”与“实践理性”的不同先天原理而为“实践理性”留出了独立的地盘，成为实践阐释学的知识学依据。施莱尔马赫踵步其后，他通过将阐释学发展为精神科学的一般方法而凸显阐释活动的人之自然禀赋归属。狄尔泰进一步通过区别“实践”概念的“事实性”与“价值性”不同而分立精神科学与自然科学，由此证明了处于精神科学中心的阐释学天然内含对象合理性的限定，并要求阐释活动能够促进对象合理性的实现。自此后，阐释学的使命就不在于事实的发现，而在于意义的创造，并在证明意义合理性的过程中促进合理性的实现，此即“阐释的伦理性”。总之，实践阐释学的伦理性表明阐释活动中目的与手段、过程与结果具有同一性，它在具体的阐释活动中表现为意义的鲜明价值导向——阐释从来都不是对文本符号的技术性理解，而是指向文本意义本身；意义也并非中性客观，而是与阐释者的理解意图相关——完成这一伦理性观念的知识学论证的，正是后期伽达默尔实践阐释学的贡献。

1965年，也就是在《真理与方法》初版五年后，伽达默尔推出第二版并作序言，认为他所探究的“绝不只是所谓精神科学的问题”，而是“人的世界经验和生活实践的问题”。[1] 1978年，已经开始对其哲学诠释学进行总结和反思的伽达默尔，撰写了《作为理论和实践双重任务的诠释学》一

1〔德〕伽达默尔：《诠释学Ⅱ：真理与方法》，洪汉鼎译，商务印书馆，2010年，第554页。

文，该文陈言：“诠释学并非只是一种科学的方法，或是标明某类特定的科学。它首先指的是人的自然能力。”[1] 这一论断拓展了此前在《真理与方法》一书中所赋予诠释活动的语言本体论地位，将诠释活动视为人之自然禀赋能力，从而使诠释活动获得了人类学本体论根基；与之相应，作为诠释活动核心的“理解”与“阐释”行为本身，则具有了跨主体（intersubjective）的实践性，它将诠释对象内化为诠释者自身，使“对象”同于“目的”（善）。这样，实践阐释学之“理解”与“阐释”就不再是表象世界的方式，而是介入现实的方式，它不是当代科学诠释学所谓的“理论优位”（theory-dominated）问题，而是“实践优位”（practice-dominated）问题。[2]

可以说，以伽达默尔为代表的当代西方哲学阐释学扭转了自近代以来“实践”概念的技术化偏向，重返实践与生活及历史的价值关联，重新体认实践的合理性与目的性，反对单纯的工具性对实践活动的浸染，蕲求知识与德性、理论与践履在阐释活动中的统一，这意味着阐释学开始重返亚里士多德意义上的“实践智慧”。“实践智慧”（Phronesis）坚持实践行为与实践对象不可分、实践过程与实践目的不可分，反对“理论智慧”（Episteme）的纯抽象行为与“技术知识”（Techne）的无价值导向。这样，当代以“实践智慧”为特征的实践阐释学，将不仅关注对与错的解释，而且关注好与坏的解释；不仅关注诠释的方法问题，而且关注诠释能力本身的发展，后者因与人类知识和活动，以及人之为人的根本属性（善）相关而被伽达默尔誉为“最伟大的”问题。[3] 也正因为“实践智慧”的这一巨大价值蕴含，伽达默尔在写于1980年的《实践理性问题》一文中才不忘再次向亚里士多德所区

1〔德〕伽达默尔：《诠释学Ⅱ：真理与方法》，洪汉鼎译，商务印书馆，2010年，第378页。

2 当代科学哲学基于海量自然科学发现而反对科学的客观理性限定，转而为现代科学寻找实践根基：“科学研究是一种寻视性的活动，它发生在技能、实践和工具（包括理论模型）的实践背景下，而不是发生在系统化的理论背景下。”参阅〔美〕约瑟夫·劳斯：《知识与权力》，盛晓明等译，北京大学出版社，2004年，第101页。

3〔德〕伽达默尔：《诠释学Ⅱ：真理与方法》，洪汉鼎译，商务印书馆，2010年，第400页。

分出的“实践智慧”致敬：“实践的真正基础构成人的中心地位和本质特征，亦即人并非受本能驱使，而是有理性地过自己的生活。从人的本质中得出的基本美德就是引导他‘实践’的合理性。”[1]那种受控于自然法则与必然性之外的德性的合理性与真理的自我责任能力，亦即统一规定性判断与反思性判断的无限理性理念，于是成为“实践哲学”的题中之义。由此意味着，实践阐释学只有同时具备类似于康德道德律令一样的形式特征，才能保证其作为“实践哲学”的伦理性内涵，此即伽达默尔所谓的“解释学的普遍性问题”。

伽达默尔倡言“解释学的普遍性问题”，不仅是要从知识学角度呼应康德，在精神科学中寻求一般规则，而且要从价值论角度超越康德，在自然科学中寻求价值向度，促成精神科学与自然科学的统一。现代哲学家伯恩斯坦移用康德语式将二者的关系重新表述为：“没有智慧技术，便是盲目的，没有技术智慧便是空洞的。”[2]在伽达默尔看来，正是知识本身的生活源泉与无限性的“善”理念，才是精神科学与自然科学统一的真正源泉：“我认为，建筑于人的生活实践领域之上的理论的求知欲问题具有决定性的意义。在所有理论的阐释之前，我们总是设定了一个前提，即一切人都献身于一种确定内容的理智理想。”[3]“理智理想”同伽达默尔晚年关于“解释学就是实践哲学”的断言一样[4]，都是从伦理性角度将阐释学推向普遍科学的宣言。

这样，伦理性的实践阐释学目的就在于，它要通过对知识应用目的与一般原则的反思来促进生活中普遍的善。在此意义上，阐释学并不是一种规范性技术或某一文体的理解技艺，而是一种具有合理性的普遍知识与生活哲学，后者作为阐释学“规则”是不能教授的，不具有解释的规范效用，而只

1〔德〕伽达默尔：《诠释学Ⅱ：真理与方法》，洪汉鼎译，商务印书馆，2010年，第407页。

2〔美〕理查德·伯恩斯坦：《超越客观主义与相对主义》，郭小平等译，光明日报出版社，1992年，第204页。

3〔德〕伽达默尔：《赞美理论——伽达默尔选集》，夏镇平译，上海三联书店，1988年，第72页。

4〔德〕伽达默尔：《科学时代的理性》，薛华等译，国际文化出版公司，1988年，第99页。

是作为解释理念以引导解释成为一种合理性的解释。一如审美鉴赏力无法通过审美理论的学习而获得一样，阐释者对阐释伦理性的判定，单靠阐释规则的研习是不够的，它需要阐释实践的反思性习练。这也意味着，以伦理性为价值导向的实践诠释学并不径直告诉我们具体的文本理解方法，而是使我们在理解文本过程中获得理解的能力，从而保证文本解释不仅是一种“对的”诠释，而且是一种“好的”诠释：它使每个阐释者都能在阐释中找到自己观念的影子，并在阐释意义里萌生认同感。这样的阐释当然永难完成，但实践阐释学坚持这样的信念。

对于文学文本而言，处于实践阐释活动中的阐释者不是给出权威判断，而是做出意义引导。阐释的目的不在于给出客观答案，而在于发现文本中审美的真理与艺术的“正确性”：“文学文本的正确性并不在于说出每个人都将说的东西，而是具有一种新的、唯一的、使它作为艺术品的正确性。”[1]这种“正确性”即是一种文本意义的实践构造，它表现为艺术中“美”的豁然显现。文学文本正是在具体的实践阐释中而证成自身为“好的”文本。中外文学史上亚里士多德基于史诗而作“诗比历史更真实”判言，孔子闻韶乐而作“尽善尽美”论断，这些无疑都是对文本“正确性”与“好的”理解的祈愿。

2. 现实性：实践阐释学的本体

实践阐释学的现实性根基是由马克思奠定的，马克思通过将“对象、现实、感性”“当作实践去理解”[2]而确立了“实践”在理解与解释活动中的本体论地位。“不是从观念出发来解释实践，而是从物质实践出发来解释各种观念形态”[3]的“实践阐释学”宣言，成为此后一切马克思主义实践阐释学的出发点。实践阐释学的现实性基点意味着，不是阐释者在世的生存论结构

1〔德〕伽达默尔：《诠释学 II：真理与方法》，洪汉鼎译，商务印书馆，2010 年，第 450 页。

2《马克思恩格斯选集》第一卷，人民出版社，2012 年，第 133 页。

3《马克思恩格斯选集》第一卷，人民出版社，2012 年，第 172 页。

（海德格尔），不是文本自在的客观意义（施莱尔马赫、狄尔泰、利科），不是作者的意图（贝蒂、赫施），而是文本背后的现实性及其实践关联才是文本意义的来源。

实践阐释学的现实性源于文本存在的现实性，如马克思所言，“思想、观念、意识的生产最初是直接与人们的物质活动，与人们的物质交往，与现实生活的语言交织在一起的。人们的想象、思维、精神交往在这里还是人们物质行动的直接产物。表现在某一民族的政治、法律、道德、宗教、形而上学等的语言中的精神生产也是这样。人们是自己的观念、思想等等的生产者”[1]。这样，探究观念、思想、意识背后的现实性根据，就成为实践阐释学的出发点。而那种脱离文本背后的感性现实来抽象地谈论文本意义的来源，不再被认为是阐释学的通途。阐释由此超越外向的知识探求与内在的价值省思，而指向人本身的生活方式和“为人性”的实践方式。

实践阐释学的现实性源泉决定了其所必然遵循的现实性阐释逻辑：“从直接生活的物质生产出发阐述现实的生产过程，把同这种生产方式相联系的、它所产生的交往形式即各个不同阶段上的市民社会理解为整个历史的基础，从市民社会作为国家的活动描述市民社会，同时从市民社会出发阐明意识的所有各种不同的理论产物和形式，如宗教、哲学、道德等等，而且追溯它们产生的过程。”[2]这种基本逻辑决定了由物质生产关系及其交往形式所催生的实践文本，与由市民社会及其意识形式所催生的观念文本，成了实践阐释学的基本对象。由此厘定的阐释学现实性使命在于：（1）揭示观念文本的结构性要素及其意义关联；（2）揭示实践文本的结构性要素及其意义关联；（3）通过观念文本追索实践文本，厘定二者的结构性关系，揭示二者意义的互动与生成逻辑。

1《马克思恩格斯选集》第一卷，人民出版社，2012 年，第 151—152 页。
2《马克思恩格斯选集》第一卷，人民出版社，2012 年，第 171 页。

观念文本与实践文本的如上现实性结构关系印证了实践阐释学乃是参与事物存在及其真理显现的意义事件，以现实性为核心的阐释学乃是一种实践哲学（“得鱼存筌”）而非单纯的方法技艺学（“得鱼忘筌”）。在1971年撰写的《答〈诠释学和意识形态批判〉》一文中，伽达默尔曾作如是断言：“理解和相互理解原本和最初并不是指从方法角度训练的与文本的关系，而是人类社会生活的进行形式，人类社会生活的最后形态就是交谈共同体。没有任何东西，包括一般世界经验，能同这种交谈共同体相脱离。无论是现代科学的专门化及其日益增长的经营秘传，还是物质的劳动和它的组织形式，甚或用统治形式管理社会的政治统治机构和管理机构，它们都不处于这种普遍的实践理性（以及非理性）的媒介之外。”[1] 在写于1978年的《作为理论和实践双重任务的诠释学》一文中，伽达默尔也直言：“实践哲学的前提就在于，我们总是已经被自己受教于其中并作为整个社会生活秩序之基础的规范观念所预先规定。但这绝不是说，这些规范的观点会不改变地长存和不受批判。社会生命就存在于对迄今生效的东西不断加以改变的过程中。”[2] 伽达默尔在20世纪70年代后所发表的这种类同于马克思主义实践论的观点，实际上在其1960年撰写的《真理与方法》一书中便浅露根源：“诠释学技艺从来就不是研讨事物的工具论。……事实上，应当被理解的东西并不是作为某种生命环节的思想，而是作为真理的思想。”[3]“理解从来就不是一种对于某个被给定的‘对象’的主观行为，而是属于效果历史，这就是说，理解是属于被理解东西的存在。”[4] 理解与理解对象的同一性表明理解活动本身具有操存践履性，对象及其意义正展开于作为理解活动的实践过程当中。在写于1983年的《文本与解释》一文中，伽达默尔再次肯认：“文本并不是一种给定的对

1〔德〕伽达默尔：《诠释学Ⅱ：真理与方法》，洪汉鼎译，商务印书馆，2010年，第318页。

2〔德〕伽达默尔：《诠释学Ⅱ：真理与方法》，洪汉鼎译，商务印书馆，2010年，第399页。

3〔德〕伽达默尔：《真理与方法（上卷）》，洪汉鼎译，上海译文出版社，1999年，第240页。

4〔德〕伽达默尔：《真理与方法（上卷）》，洪汉鼎译，上海译文出版社，1999年，“序言”第8页。

象，而是理解事件过程中的一个阶段。”[1] 这一知识学判断也曾被伽达默尔用反知识论的口吻表述为：“凡存在的，绝不可能被完全理解。”[2] 理解从而不是指向客观性，而是通向无限性，实践阐释学的本体正内在于这一无限性的现实理解活动过程当中。

可见，理解的无限性正是理解的现实性的典型特征，它由实践的无限性所裹孕，并在具体的阐释实践中跃升为本体性，使阐释者与阐释对象无法分离。阐释活动内在于阐释对象本身，对象的意义与自我的意义均萌生于作为实践活动中“我”之阐证：“解释就是在人和世界之间进行永无止境的调解，因此它就是唯一真正的直接性和所与性，从而使我们能把某物理解为某物。……解释并不是认识的附加过程，它构成‘在世存在’的本源结构。”[3] 人与世界之间永无止境的实践关系，人们彼此之间在“共同的深思熟虑的抉择中确定共同的目标，在实践性反思中将我们在当前情境中当做什么具体化”[4]，正是阐释活动的现实性根基。后来的哈贝马斯在《诠释学的普遍性要求》（1970）一文中，以“交往能力”为理解前提，对伽达默尔的这一思想做出呼应：“阐释性理解，不仅像基本的诠释学理解那样需要对天生而来的交往能力加以娴熟运用，而且还要预先假定一种交往能力的理论。交往能力理论，包括语言的主体间性的形式以及这种主体间性的变形。”[5]

交往活动的主体间性及人与世界的现实性实践关系，为实践阐释学通过重构文本的历史意义来重新生产历史的意义提供了可能。在实践阐释学看来，历史意义的重新生产必然带来人们对历史的重新认识，而这种认识又会曲折地影响现实观念与习惯的变革，从而最终影响现实社会。恩格斯的如下

1〔德〕伽达默尔：《诠释学 II：真理与方法》，洪汉鼎译，商务印书馆，2010 年，第 433 页。

2〔德〕伽达默尔：《诠释学 II：真理与方法》，洪汉鼎译，商务印书馆，2010 年，第 420 页。

3〔德〕伽达默尔：《诠释学 II：真理与方法》，洪汉鼎译，商务印书馆，2010 年，第 425—426 页。

4〔德〕伽达默尔、〔美〕杜特：《解释学、美学、实践哲学：伽达默尔与杜特对谈录》，金惠敏译，商务印书馆，2005 年，第 76 页。

5 洪汉鼎主编：《理解与解释——诠释学经典文选》，东方出版社，2001 年，第 294 页。

推论可以被理解为实践阐释学的“现实性”宣言：“历史从哪里开始，思想进程也应当从哪里开始，而思想进程的进一步发展不过是历史过程在抽象的、理论上前后一贯的形式上的反映；这种反映是经过修正的，然而是按照现实的历史过程本身的规律修正的，这时，每一个要素可以在它完全成熟而具有典型性的发展点上加以考察。”[1]也就是说，由实践的现实性所开启的实践的历史性并非要回归历史的过往意义，而是要历史从往昔走向当下，突出实践在观念与现实双重维度上对历史的承续。马克思“人体解剖对于猴体解剖是一把钥匙”[2]的判断正道出了实践阐释学的“现实性”秘密：理解的历史性必须以理解的当代性为起点，而为了获得理解的当代性立场，又首先要求理解者具有一种“克里斯马”眼光，能够意识到当下不仅是对过往的辩证扬弃与积极继承，更是对未来世界的开启。当海德格尔在《关于人道主义的书信》中从一种理论对“存在天命”的迫近与否高度评价马克思阐释学的历史性维度时，其意正在于要表明“现实性”所包蕴的“隐德莱希”式因子：“人们可以以各种不同的方式来对待共产主义学说及其论据，但从存在的历史的意义看来，确定不移的是，一种对有世界历史意义的东西的基本经验在共产主义中自行道出来了。”[3]存在与理解必有其历史性（“前结构”），这种“历史性”并非先验的抽象，而有其现实性实践内涵，这种“现实性”，表现出超越（自然）因果性之上的理念诉求，这就是实践阐释学的现实性所衍生的基本结论。

由此出发，理解的现实性就不是求证于故实，而是对当下处境的参与和超越。通过参与和超越，文本理解的实践知识才转化为实践智慧，而“实践智慧”所具有的内在目的性与价值导向性，又反过来将引导文本理解成为价

1《马克思恩格斯选集》第二卷，人民出版社，2012 年，第 14 页。
2《马克思恩格斯选集》第二卷，人民出版社，2012 年，第 705 页。
3〔德〕海德格尔:《海德格尔选集（上）》，孙周兴选编，上海三联书店，1996 年，第 384 页。

值性与情感性的内在经验，并同时将自身体现为阐释的规范性与伦理性。实践阐释学的规范性与伦理性不是关于某一方法或技术如何应用的具体知识，而是关于知识应用的一般原则和一般知识，具有超越方法论的价值合理性（善）维度。这样，马克思所强调的经由实践活动所生发的对象形式合规律性和内容合目的性，同外在的工艺—社会结构经由实践活动而积淀为主体内在的心理结构、升华为对象的美与美感及自由喜悦，将最终成为实践阐释学现实性的深层根基。

但由此也意味着，在现实实践中占主导地位的实践者及其所从事的实践活动，必然获得阐释话语权并成为意义阐释的决定者，从而意义的客观性与真理性就会打上意识形态的烙印。这样，为了获得理解的适当视野，就需要同时对理解的现实性展开意识形态批判。在这个批判的视野中，我们会看到，马克思的实践阐释学宣言——“哲学家们只是用不同的方式解释世界，问题在于改变世界”[1]——其辩证性含义应该是：解释世界是为了改变世界。为了实现这个宏愿，实践阐释学必须将阐释的最终根据溯及文本及其观念后面的物质与社会基础，坚持并非世界与物质自身的结构与意义，而是其背后的物质基础与社会关系，才是意义的最终来源，通过坚守一种不同于西方经典阐释学“意义中立”的进步主义历史阐释观，来完成阐释学的历史唯物论转型。当代西方马克思主义者桑德库勒曾将这种转型后的阐释学命名为“实践的科学”，认为它是由“唯物辩证法走向唯物主义阐释学”的逻辑结果。但与唯物主义阐释学相比，它所表现的并非阐释观念与方法的不同，而是阐释目的的不同，因为前者指向历史，后者指向现实，前者是“批判的武器代替武器的批判”，后者则认为“批判的武器不能代替武器的批判”。

3. 批判性：实践阐释学的方法

实践阐释学批判性方法的确立，是由西方当代马克思主义阐释学所完

1《马克思恩格斯选集》第一卷，人民出版社，2012 年，第 136 页。

成的。

实践阐释学的批判性方法或者批判阐释学，初由伽达默尔与哈贝马斯所提出，经英国当代哲学家约瑟夫·布莱希尔（Josef Bleicher）所肯认，为当代西方马克思主义者桑德库勒（Hans Jorg Sandkuhler）与罗伦策（Alfred Lorenzer）所发展成型的一个概念。伽达默尔在 1971 年撰写的《答〈诠释学与意识形态批判〉》一文中借用亚里士多德对理论知识、制作知识与实践知识的区分而指出：“实践哲学并不像语法学或修辞学作为一种技艺学那样是对人类社会实践的规则知识，毋宁说它是对此类知识的反思……实践的科学虽然也许是一种‘一般的’知识，但这种知识与其说是制造的知识，倒不如说是一种批判。”[1] 哈贝马斯承认伽达默尔诉诸实践知识的反思性特征，但认为应该将这种“反思”行动化，突显“交往行动”与“意识形态批判”在阐释活动中的构成性功能，蕲求通过对语言社会属性与交往扭曲的反思与批判而释放阐释学的实践力量。布莱希尔则进一步将 19 世纪初至今的“当代阐释学”区分为阐释学理论、阐释学哲学、批判阐释学三种类型，认为“阐释学理论”是由狄尔泰发展而来的一种关于理解的认识论与方法论，其典型特征是将文本的解释铆定为对文本语言的解释；“阐释学哲学”是由海德格尔、伽达默尔所发展出的一种意义理解理论，其核心观点是文本意义不具有客观性，而是解释主体与解释对象、历史与现在对话的结果；“批判阐释学”是对“阐释学理论”与“阐释学哲学”所内隐的唯心主义观念持批判立场的理论，它坚持认为“阐释学理论”与“阐释学哲学”都忽略了语言之外的因素对于建构思想与行动内容的重要作用，因此批判阐释学的价值就在于通过追求知识的批判性而使阐释学走向客观理性之途。布莱希尔格外看重“批判阐释学”本身所内隐的“批判”力量，认为“批判”（Critical）一词所表明

1〔德〕伽达默尔：《诠释学 II：真理与方法》，洪汉鼎译，商务印书馆，2010 年，第 315 页。

的，是对事件现实存在状况优于其潜在或可能存在状况的关注；换句话说，它更关注改变现实而非解释现实。[1] 布莱希尔的上述“批判阐释学”观点并非己出，它实际上来源于当代西方马克思主义阐释学家桑德库勒与罗伦策的唯物阐释观。

桑德库勒与罗伦策基于马克思唯物主义实践哲学而开展对唯心主义阐释学的意识形态批判，提出了以“唯物主义阐释学”与“唯物论阐释学”为取向的“批判阐释学”观点。但由于对“什么是阐释学的核心问题”理解不同，二人对“批判”一词理解也不同。以桑德库勒为代表的“唯物主义阐释学”（materialistic hermeneutics）认为，所谓“批判”，就是要对精神现象的起源进行重构，关注现实中的政治与精神现象，亦即意识形态，因而所有对意义的解释便都是唯心主义的。以罗伦策为代表的“唯物论阐释学”（materialist hermeneutics）则认为，“批判”应指向自我的再反思与自由解放，关注物质存在状况与具体历史进程，由此突显自身的批判性身份。[2] “唯物主义阐释学”与“唯物论阐释学”的这种理论分野导致了批判阐释学在阐释语境及阐释内容与形式方面的重大不同。

作为一位马克思—列宁主义的唯物主义批判阐释学家，桑德库勒寻求对已经同质化的社会（socialized societies）的实际性改变，以此希冀乌托邦的现实到来，认为后者仍然保持在作为资产阶级意识形态基本组成部分的重启启蒙理想中。在桑德库勒看来，精神分析的交往自由形式可以成为这种乌托邦实现的范型[3]，但需抛弃弗洛伊德的那种非历史化的稳固精神结构，援引哈贝马斯的社会交往理论，通过构造一种社会化的唯物主义理论来作为精神分

1 Josef Bleicher, *Contemporary Hermeneutics: Hermeneutics as Method, Philosophy and Critique*, London, Boston and Henley: Routledge & Kegan Paul, 1980, pp. 1–4.

2 Josef Bleicher, *Contemporary Hermeneutics: Hermeneutics as Method, Philosophy and Critique*, London, Boston and Henley: Routledge & Kegan Paul, 1980, pp. 4, 177.

3 Josef Bleicher, *Contemporary Hermeneutics: Hermeneutics as Method, Philosophy and Critique*, London, Boston and Henley: Routledge & Kegan Paul, 1980, pp. 165–166.

析的基本工具，此即“唯物主义阐释学”精神分析基本方法。

根据桑德库勒，唯物主义阐释学是一种关于唯物辩证法的科学亚系统，其目标在于对历史矛盾进行精神再生产。[1] 据此理论，马克思的政治经济学批判代表了一种对资本主义生产模型与阶级状况作系统反思与自我理解的解释学探索，而唯物主义阐释学则力图对存在于历史史录、文本文献中的历史事实作精神反思，通过重构真实的历史进程而对其进行再解释。这样，解释的任务就并不是对历史固识的重思，而是利用“历史”这一精神产品来重新洞察真实的历史进程，辨析真实存在与其精神表征之间的潜在差异。[2] 换句话说，唯物主义阐释学并不勠力于探究社会历史知识的结构形式，而是关注外在于社会实在与现实生活的知识源起及其与对象的关系，从而为我们透过语言文献来理解真实历史提供一个通道。唯物主义阐释学认为，正是通过对文本所依据的历史与物质条件的考察，阐释学才获得了它对文本内容的“正确”理解；而与历史及物质条件相对应的意识形态形式法则，其基本作用就是在阐释活动中发挥理解的“前见”作用。不仅如此，为防止唯物主义阐释学因强调历史与物质基础而陷入客观决定论，桑德库勒还以“辩证认识论”为其阐释学奠基，认为物质存在的具体性就是总体现实的表征，辩证法不仅是阐释的方法论，而且是全部现实与精神存在的首要原则。[3]

1 Josef Bleicher, *Contemporary Hermeneutics: Hermeneutics as Method, Philosophy and Critique*, London, Boston and Henley: Routledge & Kegan Paul, 1980, p. 171.

2 Josef Bleicher, *Contemporary Hermeneutics: Hermeneutics as Method, Philosophy and Critique*, London, Boston and Henley: Routledge & Kegan Paul, 1980, p. 172.

3 但与马克思实践阐释学不同，桑德库勒并未将“意识形态”视为社会存在的“幻象”（false consciousness），而仅仅将其视为社会存在所唤起的对应意识，认为它只不过是不同知识的不同表现形式而已。这样，“意识形态”作为全部的精神产品，就不再具有批判性，而仅仅成了一种知识的描述。而唯物主义阐释学，因而也就成了对精神生产正当性及其谱系的解释，而非对其的批判。参阅：Josef Bleicher, *Contemporary Hermeneutics: Hermeneutics as Method, Philosophy and Critique*, London, Boston and Henley: Routledge & Kegan Paul, 1980, pp. 177–178。

同桑德库勒一样，罗伦策的“唯物论阐释学”同样援引弗洛伊德的精神分析来为其“主体批判理论”奠基；不同在于，他通过对历史因素的灌注而使精神分析转变为“社会化的唯物论”（materialist theory of socialization）。[1] 这样，精神分析的方法，就成为一种对社会异化与个体创伤的相互影响的结构分析，成为一种唯物式的交往关系理论。而精神分析所格外倚重的“主体结构”，也不再是潜在的与先验的内在意识与无意识形式，而是“社会化的实践—辩证进程的产物”，亦即主体“内在天性”与外在环境的交互影响所产生的结果。[2] 罗伦策认为，通过对主体矛盾性精神结构的追索，就能窥测到主体背后矛盾性的社会结构。唯物论阐释学所应关注的重点，不应是传统精神分析所勠力的精神结构之间的冲突，而应是精神结构与外在社会在交往过程中所表现出的冲突。

与之相应，文本的意义来源于行为的复杂形式，而非意识的自主性外显，意义是人在成长与社会实践过程中精神与物质交互作用的产物。在意义生成的过程中，个人的主观性认知结构与社会的象征性结构，并非是非历史的与非社会的，而是历史决定的形式与历史建构的结果。[3] 这也意味着，罗伦策的“唯物论阐释学”并不是马克思与弗洛伊德的结合，而仅仅是在批判理论的视野内，澄清主体性批判理论的地位，以此实现社会生活总体性的建构的结果。在罗伦策看来，这种建构关联于两种具体的形式：“社会交往形式”与“交往的固有形式”，前者作为一种存在于特定政治—经济情境中的客观形式，可以滋生出后者的主观性结构，亦即一种虽与个体感性经验息息相关，但却仍可保持其抽象性的内在结构。罗伦策认为，正是这种结构，成

---

1 Josef Bleicher, *Contemporary Hermeneutics: Hermeneutics as Method, Philosophy and Critique*, London, Boston and Henley: Routledge & Kegan Paul, 1980, p. 166.

2 Josef Bleicher, *Contemporary Hermeneutics: Hermeneutics as Method, Philosophy and Critique*, London, Boston and Henley: Routledge & Kegan Paul, 1980, p. 167.

3 Josef Bleicher, *Contemporary Hermeneutics: Hermeneutics as Method, Philosophy and Critique*, London, Boston and Henley: Routledge & Kegan Paul, 1980, p. 168.

为精神分析的出发点[1]，因为在这种结构中，主体的阐释可以在个体与社会之间建立起一种具体的辩证关系，从而构成与精神分析的非历史主义的一种反对关系。而以“交往的固有形式”为取向的批判性阐释，瞄准分析交往活动中被扭曲的形式，通过与“社会交往形式”的关联解释，最终指向对主体精神与客观对象的客观决定性关系结构的揭示。

不难看出，尽管“唯物论阐释学”强调解释物质经济基础，但如同布莱希尔所指出：“罗伦策的唯物论阐释学观念仍然保留了象征意义的解释框架，仍然停留于语言交流与社会交往的理解视野；其阐释学之成为唯物论的，主要由于其重构了弗洛伊德的元精神分析，并且允许将个体人格结构的形式溯及物质与历史因素；在这之中，精神分析之所以必要，就在于其能显示出社会对个体所造成的精神苦痛，从而便于我们展开批判性的阐释分析。”[2]而“唯物论阐释学”所使用的精神分析方法，“虽以揭示个体在资本主义社会所遭受之苦楚（contradictions）源头为最终目的，并且认为这种苦楚自孩子幼年起就通过母亲的社会实践而进入了孩子的主体性结构，但他并未讲清楚这种客观的外在形式是如何进入主体的内在结构的，这就使我们对文本意义生成的客观途径仍然缺乏理解”[3]。

总之，以桑德库勒与罗伦策为代表的实践阐释学的批判不单是要对阐释方法与文本蕴含作价值性反思，更是要对文本所赖以诞生的主体实践、主体观念及其背后的社会结构关系进行反思。为了完成这种“反思”，他们不惜重提“回到马克思”式的革命旧语，重申阐释的批判性话语权，以期为实践阐释学在事实（解释世界）、价值（规范世界）与实践（改变世界）三个层

1 Josef Bleicher, *Contemporary Hermeneutics: Hermeneutics as Method, Philosophy and Critique*, London, Boston and Henley: Routledge & Kegan Paul, 1980, p. 169.

2 Josef Bleicher, *Contemporary Hermeneutics: Hermeneutics as Method, Philosophy and Critique*, London, Boston and Henley: Routledge & Kegan Paul, 1980, p. 171.

3 Josef Bleicher, *Contemporary Hermeneutics: Hermeneutics as Method, Philosophy and Critique*, London, Boston and Henley: Routledge & Kegan Paul, 1980, p. 177.

面提供合法性支援。

批判性阐释学之后实践阐释学将如何发展？布莱希尔给出了两条道路：一是对文本是否符合作者意图作“客观—批判”解释；二是对马克思主义后继者学术著作中所体现出的“马克思主义理论问题”作公允的与历史的解释。当然，布莱希尔也指出，实践阐释学在未来的一种更加可能的发展路向，是马克思主义理论与当下人类所面临的真正问题之间的“视域融合”，亦即通过对早期马克思关于人道主义与异化问题的重新关注，使我们能够更加理解今天我们所面临的真实生存境况。[1] 从实践阐释学的角度看，这就要求我们根据变化了的现实来对马克思主义实践阐释学进行重构，突显阐释学的实践性与参与性，以此保持其对现实与文本的恒久批判效度。如果实践阐释学所标举的参与理解与对话交流在今天已经成为我们身处其中的客观事实，那么我们就必须说：实践阐释就是现实批判，现实批判就是未来理想，社会之乌托邦愿景，或在这种实践阐释中成为将至之鸿鹄。

布莱希特之外，哈贝马斯提供了“实践阐释学”第三条道路：“深层解释学。”

“深层解释学”是一种旨在发现被作为理论工具的语言可能在现实或文本语境中遭到的曲解，通过克服曲解来建构起正常的语言表达形式与语言表达意义的阐释学类型。如所周知，一般解释学均依赖于传统语境，但深层解释学认为，“传统语境的武断不仅一般地受语言客体性的支配，而且也受种种抑制力量的支配，也就是这些抑制力量使同意本身的主体间性变形，并一贯地歪曲日常交往。因此，人们怀疑每一种意见一致，作为对意义理解之结果，基本上是通过伪交往而被迫产生的”[2]。因此，基于传统语境而作的阐释，

1 Josef Bleicher, *Contemporary Hermeneutics: Hermeneutics as Method, Philosophy and Critique*, London, Boston and Henley: Routledge & Kegan Paul, 1980, p. 179.

2〔德〕尤尔根·哈贝马斯：《哈贝马斯精粹》，曹卫东选译，南京大学出版社，2004 年，第 160 页。

无论是作者原意说，还是读者原臆说，抑或文本原义说，由于语言、文字、语境唯一，因而其意义均可能发生于被扭曲的语言或被压制的主体间性之间，致使理解沦为一种“伪理解”，阐释者难以获知被阐释对象的真理性意义。如何达到一种真正的理解？哈贝马斯给出了“深层解释学”的思路，即对阐释对象进行元解释学批评。在哈贝马斯看来，由于深层解释学“综合了元解释学对一贯被曲解的交往之可能条件的认识，它把理解过程同合理谈话的原则结合起来，根据这一原则，真理只能以那种意见一致来保证，即它是在没有控制、不受限制和理想化的交往条件下取得的，而且能够长久保持下去”[1]，因而通过对语言的意识形态批判，可以蕲求一种“彻底而完全的理解的说明或启迪”——尽管它是一种“政治上的”方法[2]，但却是意义理解所必需。

在具体的元解释学批评过程中，需要对阐释活动的“理解”本身做出批判性理解，即“深层解释学的理解，要求有一种总的来说扩展到语言之上的系统的前理解”[3]。哈贝马斯认为，真正制约解释学的并非普通解释学所谓的“前理解”，而是制约“前理解”的“日常交往结构”，后者作为一种涵盖了语言及其社会关系的前理解，正是“深层解释学”所勠力的对象，故而需要对作为理解对象的语言作“反符号化和重新符号化”理解：一方面剔除社会语言的符号化理解，另一方面赋予自然语言以符号化理解。[4]这样的“深层解释学”由于关涉对理解本身的理解、对解释本身的解释而可称为“元心理学”或“元解释学”（弗洛伊德）。总之，诉诸语言与理解的背后来追求阐释学的客观问题虽然并非哈贝马斯首创，但他的创造性贡献却在于：他为“理解”活动本身规定了现实政治的前提，并在弱实践意义上提供了对语言规范理解的解释学方案。

1〔德〕尤尔根·哈贝马斯：《哈贝马斯精粹》，曹卫东选译，南京大学出版社，2004年，第160页。
2〔德〕尤尔根·哈贝马斯：《哈贝马斯精粹》，曹卫东选译，南京大学出版社，2004年，第164页。
3〔德〕尤尔根·哈贝马斯：《哈贝马斯精粹》，曹卫东选译，南京大学出版社，2004年，第155页。
4〔德〕尤尔根·哈贝马斯：《哈贝马斯精粹》，曹卫东选译，南京大学出版社，2004年，第155页。

根据这种方案，民主制及其交往共同体的存在是开展普遍对话与理想交往的前提，普遍对话与理想交往是达成一致意见的前提，交往的意见一致是真理性的理解与阐释的前提。因此，民主制及其交往共同体是经由理解与阐释而达成意义真理和有效阐释的前提。这样，为了达成意义真理与有效阐释，建构起积极的民主制与交往共同体就成了前提。而为了建构起积极的民主制与交往共同体，就需要进入理解与阐释活动的“一切参加者在对话中成功地获得自我反思”的能力[1]，并以此展开对语言的意识形态批判，即进行“深层阐释学”的批判理解。进入“深层阐释学”或对语言的意识形态批判，由此成为意义真理达成的根本前提。

哈氏的这种“深层阐释学”或“批判的解释学”，抛开其循环阐释及实践效果不论，在理论上表现出浓厚的精神分析与语言政治学色彩。为了确保阐释学的实践效果，我们不妨在哈贝马斯的基础上再前行一步，赋予“深层阐释学”以实践内涵，将真正客观公允的阐释学，标举为一种具有实践品格的“深层阐释学”，并且认为这种阐释学，不单是要揭示文本的真义，更是要对这种真义躬行应用，将文本的理解变成一种“阐释事件”，继而付诸行动，使得文本所揭示的历史可能性在生存论的理解境遇中转化为当下的现实性。只有在文本的现实性转化行动中，文本的真义才得以最终显现。

在文本的应用过程中，一方面要通过“阐释学的还原”，对文本作“创造的理解”。阐释学的还原，不是要回到文本的原始含义（“语必溯源”“事必数典”），而是回返文本的历史意义（“依经立义”“原情立本”），即它不是语文学意义上的语义回归，而是哲学意义上的思想重现。套用诠释学家阿斯特阐释学三层次理论，“阐释学的还原”不是对古典文本作“文字的诠释”与“意义的诠释”，而是作“精神的诠释”；三者的区别是：“文字的诠释（hermeneutics）就是对个别的语词和内容的解释；意义（Sinn）的诠释

1〔德〕尤尔根·哈贝马斯：《哈贝马斯精粹》，曹卫东选译，南京大学出版社，2004年，第164页。

就是对它在所与段落关系里的意味性（Bedeutung）的解释、精神的诠释就是对它与整体观念（在整体观念里，个别消融于整体的统一之中）的更高关系的解释。”[1] 即言：“精神的诠释”作为一种“创造的理解”，它要超越文本内容与形式等“意义（meaning）”要素而灌注理解者的生命情态，达到对文本“意味性（signifcance）”（“原旨”），即“大义微言”的把握。“创造的理解”并非狄尔泰主观主义阐释学的简单“心理过程”，它始终具有实践性，关涉于对概念名实相符的体验，取决于对观念实践应用的领会。[2]

另一方面，文本的实践性应用，还需要将阐释学的信仰问题与反思问题结合起来。正如利科在界划“信仰解释学”（hermeneutics of faith）与“怀疑解释学”（hermeneutics of suspicion）不同的同时，又将二者关联起来，试图通过后者通达前者，认为前者构成了后者的逻辑前提，后者构成了前者的事实前提。前者强调了对文本意义的回忆、恢复[3]，认为文本本义或作者原意稳固且可通达，遵循“我相信故我理解，我理解故我相信”的循环阐释原则[4]；后者强调了对文本表层意义进行反思，揭示遮盖或潜藏在表层意义背后的动力，阐明其深层意义[5]。为了通达文本的深层意义，就要遵循“理解—反思”的批判性原则，放弃现象学的“短程”理解路径，采用存在论解释学或“主体的考古学”的“长程”路径[6]，即：（1）对文本语义学层面的解释；（2）在反思层面批判文本表层的虚假意识与意义，揭示文本深层潜藏的真正意义。在利科看来，这两种不同的解释学，实际是代表了“黑格尔的解释模式”与“弗洛伊德的解释模式”差异，因为前者“给我们一条朝向远古的回

1〔德〕弗里德里希·阿斯特：《诠释学》，收入洪汉鼎主编：《理解与解释——诠释学经典文选》，东方出版社，2001 年，第 12—13 页。

2〔奥〕维特根斯坦：《哲学研究》，收入涂纪亮主编：《维特根斯坦全集》第 8 卷，涂纪亮译，河北教育出版社，2003 年，第 85—86 页。

3 Paul Ricoeur, *Freud and Philosophy*, Yale University Press, 1970, p. 28.

4〔法〕保罗·利科：《解释的冲突》，莫伟民译，商务印书馆，2017 年，第 475 页。

5 Paul Ricoeur, *Freud and Philosophy*, Yale University Press, 1970, p. 26.

6〔法〕保罗·利科：《解释的冲突》，莫伟民译，商务印书馆，2017 年，第 4、25 页。

溯历程”，后者“则为我们提供了一个在其中每个角色（figure）都能找到自身意义的运动，这些意义不在其先行的角色里，而是在其后继的角色中”。[1]即言前者是目的论的，遵循“前进的辩证法”意义生成原则，其意义由未来而建构；后者是考古学的，遵循“倒退的辩证法”意义还原原则，其意义由过往来塑造。[2]只有将这两种阐释结合起来，指向实践的深层阐释学才能领会存在的显现与命题的晓谕，消解理解过程中的“原义焦虑”或“文本崇拜”，使“唯信”（sola fides）与“唯义”（sola gratia）成为一体的意义领会与确证过程。

总之，实践阐释学通过重新确定阐释的中心而将文本的意义铆定在文本内外的结构性关系，扩展了阐释的边界与阐释意义的范围。正是通过实践阐释，文本意义与文本创造、文本理解与文本价值、文本接受及其背后的复杂社会交往与意识形态关系才真正统一起来，阐释学才真正成为人的本体生存途径与文本的本体存在方式——人从而在阐释中寻找并践履生存的意义，文本从而在阐释中发现并证成自我的意义。实践阐释学的最终理论目的，应在于确立自然科学的精神性与精神科学的自然性，实现两种科学在理解活动中的彼此通约，反对现代科学的客观性与对象化属性，重提精神科学的参与性与自主性，最终通过“把所有科学所能认识的东西都包括进我们身处于其中的理解关联之中”[3]，从而促成人与世界的相互理解。鉴于今日的“实践”概念已过度突出其工具性内涵，我们应重提一种兼具“实践智慧”与辨证批判的“新实践阐释学”，这种阐释学以阐释的“所以然”“所应然”与“所必然”为轨则，最终促进阐释活动的解释世界、规范世界与改变世界的融合统一。

1〔法〕保罗·利科:《解释的冲突》，莫伟民译，商务印书馆，2009年，第24页。

2〔法〕保罗·利科:《诠释学与人文科学——语言、行为、解释文集》，J. B. 汤普森编译，孔明安等译，中国人民大学出版社，2012年，“编者导言”第8页。

3〔德〕伽达默尔:《诠释学Ⅱ：真理与方法》，洪汉鼎译，商务印书馆，2010年，第400页。

第三章
马克思主义文学阐释学中国化阐释中的“中国范式”

马克思主义文学阐释学的“中国范式”，作为中国当代文学阐释学重要的创获，源于百年马克思主义文学阐释学“中国化”过程中，因应新的“中国语境”、使用新的“中国方法”、追求新的“中国价值”所催生的新的阐释学问题。这一问题的特殊性在于：它以阐释学的“应用”而非“原理”为中心，即以什么样的阐释是“好的阐释”、“怎样阐释”才能达到“好的阐释”、“好的阐释”意味着什么的问题为中心，使作为中国当代文学阐释学重要表现范式的马克思主义文学阐释学走向一条迥异于西方文学阐释学“意义中心论”的道路，并在当代性的发展过程中表现为疏异的文学阐释学“中国范式”，即“政治标准与艺术标准相统一”的中国范式、“真实性与政治性相统一”的中国范式、“思想性、艺术性、观赏性相统一”的中国范式、“历史的、人民的、艺术的、美学的相统一”的中国范式，从而解决了中国化的马克思主义文学阐释学在奠基期的规范性阐释问题、转折期的调节性阐释问题、创新期的构成性阐释问题与成熟期的创造性阐释问题。这四大不同的马克思主义文学阐释学“中国范式”最终合力塑造了批判性、知识性与价值性相统一的马克思主义文学阐释学“中国范式”本质，并使马克思主义文学阐释学走上了一条因时因地创新发展的实践阐释学道路，形成了中国马克思主义文学阐释学。中国马克思主义文学阐释学，正是马克思主义文学阐释学“中国范式”的全新内涵，也是马克思主义文学阐释学“中国化”后中国当代文学阐释学对世界文学阐释学的独特贡献。

马克思主义文学阐释学的“中国范式”，作为中国马克思主义文学阐释学的基本形态，既不同于西方文学阐释学的一般形态，也不同于马克思主义文学阐释学的经典形态，故而被统称为“中国范式”。由“中国范式”所凝聚的阐释学表现形态，统称为中国马克思主义文学阐释学形态。

在马克思主义文学阐释学“中国化”过程中，因阐释的“中国语境”（思想革命与社会革命的双重阐释学情境），与阐释的“中国方法”（内求与外铄的互文性文本阐释方法），以及阐释的“中国价值”（批判性、知识性、价值性相统一的实践阐释学取向），决定了其所面临的“中国范式”，并非中西方经典文学阐释学的“原理”形态，而是阐释学的“应用”形态。阐释学的“语境”“方法”与“价值”，因而成为马克思主义文学阐释学的基本“中国范式”。

何为阐释学的“应用”？经典阐释学认为，“应用是一切理解的一个不可或缺的组成要素”[1]。“应用绝不是把我们自身首先理解的某种所与的普遍东西事后应用于某个具体情况，而是那种对我们来说就是所与文本的普遍东西自身的实际理解。”[2] 质言之，“应用”就是文本效果历史意识的萌发与实现，在这个过程中，理解者既理解文本，也理解处于理解活动中的自己。因此，“应用”虽不是阐释活动的中心，但正是经由阐释学的“应用”，文本阐释活动才最终完成。“理解”“解释”“应用”三要素由此共同构成文本阐释的完整活动。现代哲学阐释学的代表人物伽达默尔对此所作的浑整概括是：“（文本）如果要正确地被理解，即按照文本所提出的要求被理解，那么它一定要

1〔德〕伽达默尔：《诠释学Ⅰ：真理与方法》，洪汉鼎译，商务印书馆，2010年，第436—437页。
2〔德〕伽达默尔：《诠释学Ⅰ：真理与方法》，洪汉鼎译，商务印书馆，2010年，第482页。

在任何时候，即在任何具体境况里，以不同的方式重新被理解。理解在这里总已经是一种应用。……在精神科学里所进行的理解本质上是一种历史性的理解，也就是说，仅当文本每次都以不同方式被理解时，文本才可以说得到理解。”[1] 这段话实际上表达了四层意思：一是厘定“应用”概念，认为它是文本“一般”在具体阐释语境中的“个别”化；二是澄清经由“应用”的文本意义，是一种“重新被理解”的意义；三是指出文本的“应用”并非孤立活动，它总已经渗透在文本理解的全部过程之中；四是指出理解总是一种“历史性的理解”，因而存在着意义的有效性问题，这种有效性要求在理解的“应用”过程中，“必须深入思考存在于共同事情的同一性和理解这种事情所必须要有的变迁境况之间的对立关系”[2]，从而使每一次理解都是一次不同意义的获得过程。

总之，阐释学的“应用”就是个别性与一般性的统一、伦理性与创造性的融合。因此，它虽处理的是“普遍东西和特殊东西的关系问题”，但却并非是普遍性的知识在特殊的东西上的简单套用，而是特殊的东西中本身就已蕴含了普遍性的知识，因而这种“应用”同时也是普遍性知识在“历史度向”上的特殊表现，即它不是实学意义上的经验求证，而是基于经验的观念抽绎。用形式逻辑的话语表述，就是它既是对思想内容的阐释，也是对思想形式的阐释。因为对阐释学来说，思想的形式即理解的形式，虽然说理解的内容具有特殊性，但是，理解的形式与思想的形式却具有普遍性。二者的关系就如同马克思在 1861 年《致斐・拉萨尔》的信中借助古典主义的“三一律”对之所作的描述：“路易十四时期的法国剧作家从理论上构想的那种三一律，是建立在对希腊戏剧（及其解释者亚里士多德）的曲解上的。但是，另一方面，同样毫无疑问，他们正是依照他们自己艺术的需要来理解希

1〔德〕伽达默尔:《诠释学Ⅰ：真理与方法》，洪汉鼎译，商务印书馆，2010 年，第 437 页。

2〔德〕伽达默尔:《诠释学Ⅰ：真理与方法》，洪汉鼎译，商务印书馆，2010 年，第 437 页。

腊人的……被曲解了的形式正好是普遍的形式，并且在社会的一定发展阶段上是适于普遍应用的形式。”[1] 马克思形容普遍的思想形式与具体的艺术形式关系的这段话，后来被伽达默尔用亚里士多德式知识类型学原理重新表达出来：“他（亚里士多德）在那里所讨论的并不是与某个既成存在相脱离的理性和知识，而是被这个存在所规定并对这个存在进行规定的理性和知识。”[2] 伽达默尔的意思是：阐释学作为亚里士多德意义上的一种“技艺的知识”，虽与“道德的知识”不同，但其“应用”却与道德知识的“应用”具有类似性，体现出鲜明的伦理性与创造性特质。个中原因，一方面在于，“作出道德决定的任务正是在具体情况下作出正当行为的任务，即在具体情况中去观察哪种是正当的东西，并且在具体情况中去把握哪种是正当的东西”；另一方面在于，“属正当的东西并不是可以完全独立于那种需要我正当行动的情况而规定的，而手艺人意欲制作的东西的‘观念’（Eidos）则是完全被规定的”。[3] 这样，通过对亚里士多德知识类型学的援引，伽达默尔就又离析出了阐释学“应用”的另外两大特征：伦理性与创造性。

为什么要首先讨论阐释学的“应用”概念呢？因为在国内学术界，对于马克思主义是否有“阐释学”一直存有争议。持反对意见者认为，马克思主义没有阐释学。他们这样说，有其合理性，因为按照西方阐释学的一般框架，“理解”问题，或者说“文本的意义来源”问题是阐释学的中心，在此意义上，马克思主义没有阐释学；如果非要说有，那也只能是一种宏观的社会阐释学（通过文本的社会语境来探求文本意义），或结构主义的阐释学（通过文本所处的社会结构来探求文本结构）。但是，一旦我们以阐释学的“应用”问题为中心，就会发现，马克思主义阐释学是一种典范的阐释学，而且这种阐释学不仅在经典马克思主义中存在，在中国化的马克思主义中表

1《马克思恩格斯全集》第三十卷，人民出版社，1975 年，第 608 页。

2〔德〕伽达默尔：《诠释学 I：真理与方法》，洪汉鼎译，商务印书馆，2010 年，第 441 页。

3〔德〕伽达默尔：《诠释学 I：真理与方法》，洪汉鼎译，商务印书馆，2010 年，第 448—449 页。

现得更加突出，并构成了百年来马克思主义阐释学中国化的真正成果。

在确定了马克思主义阐释学的合法性之后，根据马克思主义关于文艺问题的大量讨论，我们可以逻辑地推定马克思主义文学阐释学也具有合法性，而经历了百余年中国化的马克思主义文学阐释学同样具有合法性。但进一步的问题是：讨论马克思主义文学阐释学“中国范式”的意义何在？可以从正反两个方面来理解：从反面来讲，马克思主义文学阐释学“中国化”过程中所出现的那些真正植根中国语境、取自中国经验、具有中国形态的阐释学“中国范式”，常因西方阐释学的理解框架而淹没于阐释学的一般问题中，致使人们得出当代中国马克思主义没有“文学阐释学”的结论；因此，以“应用”为取向来讨论马克思主义文学阐释学的“中国范式”，便于我们为中国化的马克思主义文学阐释学正名。从正面来看，以“应用”为取向的马克思主义文学阐释学，便于我们重新勾勒并激活那些在马克思主义中国化过程中被压抑的“中国范式”，检讨那些在“中国化”过程中因面临新的“中国语境”、使用新的“中国方法”、追求新的“中国价值”而催生的真正阐释学“中国范式”，从而探索一种兼具中国特色与普遍意义的中国马克思主义文学阐释学。我们的基本看法是：这种文学阐释学，因其初步具有阐释学的本体论、方法论与价值论属性，很可能就是中国当代文学阐释的典型范式，是中国化马克思主义文学阐释学对经典马克思主义文学阐释学与世界文学阐释学的重大贡献。

第一节　阐释语境：中国化阐释范式的出现与马克思主义文学阐释学的身份转化

马克思主义文学阐释学“中国范式”的产生，宏观背景在于它所处的独特“中国语境”：“中国语境”既为马克思主义文学阐释学“中国范式”提供了发生学前提，也为其提供了意义的本体论依据；正是马克思主义文学阐释学所处的独特中国语境，才决定了它不是将作者的创作心理（文本意义来源于作者），也不是将文本的内在要素（意义来源于文本），更不是将读者的理解意图（意义来源于读者），而是将文本的外在社会政治环境及其与文本内在要素的结构性关联，视为文本意义的重要来源，从而开创了既不同于经典马克思主义文学阐释学，又区别于西方当代文学阐释学，还相异于中国古代文学阐释学的中国当代文学阐释学新范式。这一新范式，直接指称是“马克思主义文学阐释学的‘中国范式’”，直接原因是：20世纪初叶中国知识界对马克思主义作观念移植时，由于经历了“跨体系社会”的重新阐释而出现了马克思主义的移植与借鉴问题，这一问题在随后的中国新文化运动中首先被识别为“中国化”问题。

如所周知，20世纪马克思主义在中国传播的一般特征是：当马克思主义经典理论在移植过程中无法回应新的现实，就需要对其重新阐释，以发掘原典中由于历史惯习而覆盖了的积极意义，并通过新的视野与新的语境而赋予其以新的意义。这样，马克思主义文学阐释学在现代中国的传播，就不再是线性层累的结构历史，而是一种具有创新的连续性历史，后者“在某种意义上可以理解为，固有的思想资源不断地被历史记忆唤起，并在新的生活环境中被重新诠释，以及在重新诠释时的再度重构这样一种过程”[1]。这是马克思主义文学阐释学观念之所以能够在20世纪初的中国冲破陈陈相因的“诗言志”“以意逆志”“知人论世”等传统经学正统阐释余波，赋予中国文学阐释学以新的意义的思想动因所在。

这一思想动因为我们提供了理解马克思主义文学阐释学“中国化”的理论基点：马克思主义文学阐释学的“中国化”，不宜理解为一种植根于资本主义晚期阶段所催生的理论如何转化或进入新民主主义或社会主义国家文

1　葛兆光：《中国思想史·导论》，复旦大学出版社，2017年，第76页。

艺观念与文艺实践问题，而宜理解为一种总体性的文学阐释观念如何转化并引领具体的文艺观念与文艺实践问题，即它不是两种文明形式的对接与转化问题，而是理论的普遍性与特殊性的辩证统一问题。因此，“中国化”的首要目的，就在于消解马克思主义文学阐释学的历史语境与中国的现实语境的区隔，以便通过对前者的重新理解为后者开辟实践道路。换句话说，马克思主义文学阐释学的“中国化”，不是民族主义知识学意义上的“汉化”（sinicization）——后者基于文化区隔与政治归属，较少联系文化普遍性与文化创生问题；亦不是民族史叙事中的“汉化”——后者基于文化的族裔属性，较少联系文化的涵化与转化问题；也不是作为普遍性的知识消融转化为中国的地方知识问题——后者基于知识原理的普遍性，较少联系知识的反思与应用问题；而是马克思主义文学阐释学在在地化的传播过程中如何调校自身以适应具体的中国范式，从而获得自身内涵的扩充与价值的延展问题。如果套用阿尔都塞形容马克思与黑格尔、费尔巴哈之不同的话语，那么“中国化”的马克思主义文学阐释学之区别于经典马克思主义文学阐释学，不在于继承或扬弃的不同，而在于各自所面临的“问题域”的不同。正是由于这种“问题域”的不同所形成的整体性差异，才构成了马克思主义文学阐释学“中国范式”的根本特征。

为了准确把握马克思主义文学阐释学“中国化”后所形成的“中国范式”的根本特征，首先需要我们回到马克思主义文学阐释学“中国化”的问题语境，追问两个基本问题：马克思主义文学阐释学是如何在现代新文化运动与革命文学中成为合法的？它在这一过程中是如何勾连中国现代文学文化思潮，继而演变为一种“中国文学阐释学”的？

要回答这两个问题，首先需要我们从中国文学阐释学的主体性立场来审视中国现代文学阐释学是如何基于自身的“应用”需求而对作为外来思想的马克思主义文学阐释学进行积极主动的建构（“郢书燕说”），以此表明外来思想与本土阐释学的融通性、连续性（“格义”），揭示二者是一种相互“承认的政治”。中国现代文学阐释学主体性建构的结果，是诞生了一种融合了外来与本土的新阐释学观念，而非被动接受与观念断裂的阐释学“化中国”。

在这个过程中，民族革命内部富有弹性的政治共同体的逐渐形成，为其时的“中国化”提供了制度前提。进化论的广泛传播所引发的近代自然科学观念取代天理世界观，为“中国化”提供了知识前提。而现代文学理论内部由胡适、李大钊等所开启的“问题与主义”之争及其最终赢获的唯物主义支配性地位，“文学革命”“革命文学”所带来的文学意义及其功能的整体性变革等，则为马克思主义文学阐释学的“中国化”提供了最为直接的理解前提。

（一）“问题与主义”之争的观念影响

“问题与主义之争”起于胡适1919年7月发表于《每周评论》的《多研究些问题，少谈些“主义”》一文。胡适的关键性表述是：“请你们多多研究这个问题如何解决，那个问题如何解决，不要高谈这种主义如何新奇，那种主义如何奥妙。”[1] 在胡适看来，脱离现实具体问题的蹈空之论无法成为革救社会沉疴痹症的良药，唯有基于事实提出解决方法，并将这种方法的效果作推想评判与价值检验，才是问题的“根本解决”之途。而在持“主义者”的李大钊看来，“一个社会问题的解决，必须靠着社会上多数人共同的运动”，“要想使一个社会问题，成了社会上多数人共同的问题”，须“先有一个共同趋向的理想、主义”，因为中国的问题，“必须一个根本解决才有把一个一个的具体问题都解决了的希望”。[2] 考虑到“五四”新文化运动“救亡压倒启蒙”的特殊语境，“问题”所指涉的现实政治问题与“主义”所代表的“外来进口”观念之学，在当时成为知识分子在路线上的二难选择。但这种二难选

1 胡适：《胡适全集》第一卷，季羡林主编，安徽教育出版社，2003年，第327页。

2 李大钊：《再论问题与主义》，《每周评论》第35期，1919年8月17日。

择，并未阻挡持不同立场者在现实中灵活采取权宜方案；胡适虽然反对口号型的“无政府主义与马克思主义”[1]，批判马克思主义的社会政治方案为“过激主义”，但却认可基于“具体问题”的“学理和主义”，从而为观念领域的马克思主义接受留下余地；各种“主义者”，在将“主义”摽举为中国融入世界现代性的正确姿态时，亦强调解决具体问题的重要性。这样，高举马克思主义集体信仰以界划救亡图存的道路问题，与针对具体社会病症寻求疗救良药达到革故鼎新的目的问题，在民主科学的思想文化启蒙与救亡图存的社会政治运动合一情势下实际上融为了一个问题。事实也是，作为“亢慕义斋”（Das Kammunistsches Zimmer，“共产主义小室”）领导者的李大钊就指出：“不论高揭什么主义，只要你肯竭力向实际运动的方面努力去做，都是对的，都是有效果的。”[2] 在1919年8月发布的《再论问题与主义》中，李大钊复又申言：“大凡一个主义，都有理想和实用两面”，“一个社会主义者，为使他的主义在世界上发生一些影响，必须要研究怎么可以把他的理想尽量应用于环绕着他的实境。所以现代的社会主义，包含着许多把他的精神变作实际的形式使合于现在的需要的企图”。[3] 除李大钊外，作为新民主主义运动另一主将的毛泽东，虽致力于捍卫“主义”问题，但他早年亦倾心于解决实际问题，特别是在1919年9月1日拟定的《问题研究会章程》中，曾枚列掣肘中国社会百余个中国范式并欲求得一一解决，只是在经历了“湖南自治运动”失败后，才提出了“虽然不反对零碎解决，但我不赞成没有主义头痛医头脚痛医脚的解决”之主义优于问题的社会革新思路，认为“主义”具有理想信仰的牵引力量：“主义譬如一面旗子，旗子立起来了，大家才有指望，才知所趋赴。”[4] 毛泽东对“问题与主义”的思考以及由“问题”向“主义”

1 欧阳哲生编：《胡适文集》第3册，北京大学出版社，1998年，第364页。

2 欧阳哲生编：《胡适文集》第2册，北京大学出版社，1998年，第262页。

3《李大钊全集》第三卷，河北教育出版社，1999年，第306—307页。

4 中共中央文献研究室编：《毛泽东早期文稿（1912.6—1920.11）》，湖南出版社，1990年，第553—554页。

转变所带来的直接结果，就如毛泽东所自述，“到了 1920 年夏天，在理论上，而且在某种程度的行动上，我已成为一个马克思主义者了”[1]。从阐释学角度看，“问题与主义之争”是对鸦片战争以来“师技”不“师道”的“中体西用”观的调整矫正，它最终经由“主义”的政治性胜利而界划了中国新文化运动思想的意义内生与外铄问题，并再次佐证了现代中西文化交流时“方法”与“本体”难以二分的文化现代性轨则。

“问题与主义之争”的观念后果，是在“五四”新文化运动“民主与科学”社会思潮渐趋消隐之际，为知识界再次注入一支求得问题“根本解决”的强心剂，使马克思主义的社会革命观念取代资产阶级改良方案渐成全社会共识，直接影响并带动了此后新民主主义文化与社会运动中“主义”指导“问题”“理论联系实际”的马克思主义中国化实践。正是这种中国化实践，催生了以理想主义统驭实用主义的一元论阐释观念，模糊了古典文学阐释学所固有的经、注、疏、诠、证之间的原本与摹本义理等级关系，使一元论的阐释观念渐成中国现代文学阐释主潮，并反过来为马克思主义经典与注解之间原本存在的形而上学等级关系消解，以及为马克思主义“中国化”过程中经典教义的普遍性与历史具体情境的矛盾消解，提供了阐释学方案。由此启示出：“问题与主义之争”及其衍生语境中的早期马克思主义文学阐释学中国化探索，虽涉经典义理的身份认同问题，但更主要的是马克思主义文学阐释学如何“因时、因所、因事”来引借民族文化与革命文化以创新自我的问题。从中国文学阐释学主体性的立场看，它不是马克思主义文学阐释学消解民族自我，而是矫正自我、确立自我的问题。因此，尽管中国现代文学阐释学所归属的民族文化或文艺的民族形式，本是文明体内的一种自明形式，毋须进入身份认同的讨论，但处于现代文化碰撞期的民族文化或文艺民族形式

1 逄先知主编：《毛泽东年谱（1893—1949）》，中央文献出版社，2005 年，第 57 页。

却攸关身份合法性问题，其合法性尚需超越民族形式内生的自然血缘逻辑而作具体语境化论证。马克思主义文学阐释学在早期中国化的价值，实际上就是它为现代中国文学阐释学提供了一种超越民族阐释形式的自我表达形式，即以新的阐释形式，表达了对中国传统文学阐释原则与现代文学阐释原则的某种时代性的折中认同，使新的政治主体获得了自我理解的合法形式；或者说，它不是将传统或中国现代文学阐释形式推向单一化、本质化，而是将它们转化为更具包容性的阐释形式，以此融通作为外来文化的马克思主义文学阐释学，从而实现自我的更新与主体身份的认同。

（二）“文学革命”与“革命文学”对文学意义的变革

伴随“五四”新文化运动而展开的“文学革命”，经由胡适、陈独秀、鲁迅、钱玄同等人的积极推动，引发了文学从观念、形式、内容、语言等方面的全新变革，传统自律性的文学申张逐渐获得全新的理解：文学要成为一种“国语的文学”，这种文学要言之有物，使用“白话的”国语，“说自己的话”“说时代的话”。[1] 陈独秀在1917年《新青年》所提出的“文学革命”三大主张——“推倒雕琢的、阿谀的贵族文学，建设平易的、抒情的国民文学；推倒陈腐的、铺张的古典文学，建设新鲜的、立诚的写实文学；推倒迂晦的、艰涩的山林文学，建设明了的、通俗的社会文学”[2]，即以文学的变革为契机，通过文学革命来推动社会革命的文学功用立场——实际上正代表了早期中国马克思主义者的基本理论姿态，并在此后成为推动传统文学意义变革的思想武器。而在“文学革命”十余年后发生的“革命文学”，虽然表面上与“文学革命”所擎持的文学审美性观念具有张力，但它并未抛弃“文学革命”的积极果实：“文学革命”所标举的文学作为作家根据现实生活而作的

1 胡适：《建设的文学革命论》，《新青年》1918年4卷4号。
2 陈独秀：《陈独秀著作选编》第一卷，上海人民出版社，2009年，第289页。

自我表达观念，恰好构成了此后“革命文学”论争中创造社与太阳社文学观念的某种综合；不同在于，“革命文学”由于接引马克思主义文学观念而更加突出了文学的现实反映价值与意识形态批判功能。“文学的社会任务，在它的组织能力”，“支配阶级的文学，总是为它自己的阶级宣传、组织。对于被支配的阶级，总是欺瞒，麻醉”。[1] 而对文学的批判，既要植根于“它在那个时代所以能发生的社会根据”，又要“看一个作品，对于一定的社会，所演的是什么一种角色，担当的是什么一种任务；……最后是它技巧的批评”。[2] 创造社成员李初梨的这段话，几乎就是马克思关于文学与意识形态关系论述的翻版。同样，作为太阳社骨干成员的钱杏邨在发表于《太阳月刊》的《死去了的阿 Q 时代》（1928）一文中，对鲁迅《阿 Q 正传》人物形象脱离新的革命觉醒时代而回返“五四”新文化运动与辛亥革命历史语境的批评，实为运用恩格斯的典型环境决定典型形象的文艺社会学批评方法所得出的结论，这一结论的马克思主义式表达正是：作家应通过对“社会科学的方法”的学习而获得正确的世界观。[3]

应该说，将文学理解为一种特殊的意识形态，认为它受制于特定的经济社会状况，并形成与现实生活的反映与被反映关系，不仅是创造社与太阳社围绕文学意义与文学价值共同得出的观点，更是早期马克思主义者李大钊等人在接受马克思主义文艺阐释观念时所赢获的首要观点。在撰写于 1923—1924 年的《史学要论》中，李大钊重述了马克思在 1859 年《〈政治经济学批判〉序言》中关于经济基础决定上层建筑及其意识形态的论断：“基址是经济的构造，即经济关系，马氏称之为物质的或人类的社会的存在。上层

1 李初梨：《怎样地建设革命文学》，收入中国社会科学院文学研究所现代文学研究室编：《“革命文学”论争资料选编（上）》，人民文学出版社，1981 年，第 158 页。

2 李初梨：《普罗列塔利亚文艺批评底标准》，收入中国社会科学院文学研究所现代文学研究室编：《“革命文学”论争资料选编（上）》，人民文学出版社，1981 年，第 521—522 页。

3 钱杏邨：《中国新兴文学中的几个具体的问题》，《拓荒者》1930 年第 1 期。

是法制、政治、宗教、艺术、哲学等，马氏称之为观念的形态，或人类的意识。上层的变革，全靠经济基础的变动，故历史非从经济关系上说明不可。”[1] 从后见之明来看，重述经济基础与上层建筑关系的目的，突出文学的社会功用性，强调通过文学的内在审美属性来发挥其外在功用，成为“革命文学”与“文学革命”两大阵营作家移植并转化马克思主义文学阐释学观念的重要证据，并构成了对“五四”新文化运动所张扬的文学外在功用论的重要发展：“文学可以启发我们感情。所以说，诗可以兴，可以怨；又说，兴无诗。文学是可以发扬民族和社会的感情的……”“文学家的笔墨，能美术地描写历史的事实，绘影绘声，期于活现当日的实况。”[2] 李大钊所标举的这种通过文学内在属性来实现外在功用的全新主张，不仅在阐释观念上构成了早期中国马克思主义者对马克思主义的承继发展，而且在阐释方法上打通了曾在“科玄论战”中被科学主义所舍弃的文学通往社会科学之路，为重新理解文学的意义提供了可能——尽管它对文学意识形态属性的过分倚重也在很大程度上阻隔了这一道路，但是，通过追溯文学形成的社会背景，文学的意义就不再是单纯的文本分析，而成为重塑社会的一种方式，这在当时成为人们的共识——文学的意义根源总是指向人们的社会交往及其制度形式，因而理解文学的意义也就是理解文学背后的社会交往及其制度形式。

另一位早期马克思主义者瞿秋白经由重评“五四”新文学与译介马克思主义而发展出的无产阶级文化领导权与革命文艺大众化命题，成为此一时期马克思主义中国化的标志性事件。瞿秋白于 20 世纪 30 年代根据中国革命文艺现实需求而对马克思主义文学阐释重要观念所作的“择译”——主要是对马克思主义关于文艺理解的阶级性、意识形态等相关内容的迻译，构成了对此前鲁迅、冯雪峰等人“阐释的翻译”的系统化发展，标志着马克思主义文

1 中国李大钊研究会编注：《李大钊文集》第三卷，人民出版社，1999 年，第 304 页。
2 中国李大钊研究会编注：《李大钊文集》第四卷，人民出版社，1999 年，第 297、413 页。

学阐释学“中国化”由自发到自觉的关键性转变。

在这一过程中，早期中国马克思主义者对马克思主义的接受阐释，虽然遵循“先信仰，后理解”的“经义律法”原则，其接受形态不仅包含着理解，更包含着崇敬——盖因马克思主义理论在其发源地所产生的巨大社会革命效果，正是经历了“五四”新文化运动一代的左翼知识分子所冀求的东西，因此，与对其他经典文本的接受阐释不同，他们对马克思主义的阐释从一开始就带有“信仰”的性质；这也解释了何以马克思主义文学阐释观念与其时流行的众多文学阐释观念虽不十分浃洽，但“因信称义”的灵活阐释原则缓解了它与众多流行思潮的思想抵牾，并为自身迅速成为中国现代文学阐释主潮准备了条件——但是，由于理论本身产生的巨大思想与社会效用，他们也便无暇思考这种阐释原则的负面理论效果。结果是，语义学意义上的早期马克思主义文学阐释学“中国化”，就既指“马克思主义文学阐释学在中国”，又指运用马克思主义文学阐释学原典创造性地解决中国实际问题。这样一个多少带有矛盾性的阐释学观念，之所以能够得到认可并流行，从阐释学原理的角度看，恰恰是因为它突出了阐释学的“应用”功能并巧妙地通过此一“应用”功能化解了这一矛盾，即：马克思主义文学阐释学虽然具有经典的神圣性，但它并非高悬于圣台上的教典；恰恰相反，其全部价值与意义均在于其实践性的阐释应用之中。这样，早期马克思主义文学阐释学“中国化”便开显出马克思主义文学阐释学与中国传统文学阐释学原本均不显豁的“应用”范式。以此范式为基点，此后马克思主义文学阐释学的中国化范式，本质上就不再是对文学文本语义与历史的阐释，而是进入文学文本所指称的精神世界，并将这一精神世界与其外在世界相关联，发现文学文本的多重社会意义。而现实的文学阐释活动本身，也不唯是求得文本本义，它更是依据文本阐释应用的实践情况而对文本本身作创新发展，最终指向文本真理与现实真理的统一。这样，早期马克思主义文学阐释学的中国化就超越了中国古典阐释学的宗经正纬传统而指向现代阐释学的一般方法论范式，并经由独特的阐释学中国语境而持续发挥其教化、启蒙、批判、创造等多重实践应用功能。

（三）马克思主义文学阐释学“中国化”的语义确定及其认同本质

上文分析表明，马克思主义文学阐释学“中国化”的过程，是一个勾连中国现代文学阐释学、因应复杂文化背景与多元文学关系而逐渐形成马克思主义文学阐释“中国范式”的过程。这一过程之所以能够发生，首先得益于其社会存在论基础，亦即中国特殊的社会语境首先提出了“中国范式”，马克思主义文学阐释学正好可以回答这一问题。加上马克思主义文学阐释学本身不是一种知识学方案，而是一种社会政治方案，这就使得对马克思主义所作的超越知识学文本语言与历史意义的社会与政治阐释天然具有合理性，亦即马克思主义文学阐释学中国化的发展必然导致实践应用，而非单纯原理型的语义训释。其结果是通过中国化所形成的马克思主义文学阐释学“中国范式”，不再叩求文本本身的经义内涵，而是直指文本实践“应用”的生动内涵，以及由于实践应用而铺展的丰富现实世界，这成为早期马克思主义文学阐释学中国化的独特贡献，并直接规约了此后此一问题的基本方向。

当然，概念的命名与概念的现实常常并不一致。马克思主义“中国化”的正式提法，源自1938年10月14日毛泽东在抗日民族战争危机时刻代表中央政治局向扩大的六届六中全会所作的《论新阶段》报告。报告提出：“马克思主义的中国化，使之在其每一表现中带着中国的特性，即是说，按照中国的特点去应用它，成为全党亟待了解并亟须解决的问题。”[1]报告后来被删减收入《中国共产党在民族战争中的地位》一文时，相应语句被进一步

1　毛泽东：《论新阶段》，《解放》1938年11月25日。

修改为：“使马克思主义在中国具体化，使之在其每一表现中带着必须有的中国的特性，即是说，按照中国的特点去应用它，成为全党亟待了解并亟须解决的问题。”不难看出，关键性表述“马克思主义的中国化”被修改为“使马克思主义在中国具体化”。[1]“使”动词的使用突出了阐释的主体性作用，“在中国化的具体化”则弱化了理论原典的权威性而代之以在地化的权宜阐释。毛泽东在报告中要求用“新鲜活泼的、为中国老百姓所喜闻乐见的中国作风和中国气派”来代替党内在对马克思主义学习过程中的“空洞抽象”和教条主义。考虑到当时的背景，报告论及的“在中国具体化”，应主要是指将马克思主义首先理解为“革命的科学”、“真实生活和革命经验所得出的关于一般规律的结论”与“观察问题和解决问题的立场和方法”，再根据中国革命的“具体特点”与“中国的具体的环境”，进行创造性地运用，实现“国际主义的内容”与“一定的民族形式”的统一。[2]可以说，毛泽东论及的马克思主义“中国化”，不是“一般”向“个别”的现实运动，而是“一般”与“个别”的辩证统一。从阐释学的角度看，其重要贡献在于：它将经典马克思主义的社会阐释学发展为哲学阐释学，从而消除了经典文本的超时空性与再语境化之间的矛盾，使马克思主义在中国化的过程中既保留了经典地位，又获得了因宜权变的发展。因为，无论从时代语境出发，还是从经典教义出发，一直构成了马克思主义文学阐释学“中国化”过程中的一对基本矛盾。毛泽东解决这个问题的方法，并不是将马克思主义作为一种性质而从属于某一具体历史或社会，而是将其视为一种蕴含在个体中的普遍性原理，从而使马克思主义文学阐释学的中国化，不再是普遍原理与在地创发的理一分殊问题，而是普遍原理因应特殊语境而创造发展的问题。

1《毛泽东选集》第二卷，人民出版社，1991 年，第 534 页。《中国共产党在民族战争中的地位》（1938 年 10 月 14 日），为《论新阶段》之部分内容。

2《毛泽东选集》第二卷，人民出版社，1991 年，第 533—534 页。

这也意味着，由毛泽东所正式开启的马克思主义文学阐释学的“中国化”并不产生于文本本身的理解需求，而是产生于马克思主义与中国时代性的社会语境相结合的实践应用需求。其“假经设宜”阐释法所指向的，并不是语法学与历史学意义上的文本本义，而是文本之外的功能意义，后者将阐释的基点铆于人类的历史与现实，揭示出人类知识的真正基础，重建阐释学与历史的关联，重续阐释学与现实的姻缘，扭转了马克思主义经典阐释学的强意识形态批判向度，使马克思主义文学阐释学由社会学批判转变为知识社会学批判。从而，单一意识形态批判就不再是此后马克思主义文学阐释学中国化的核心任务；相反，对知识的反思批判与价值导引，才是其全新内容。

因此，早期马克思主义文学阐释学的“中国化”，虽然表现为“接受”与“建构”两种范式[1]，或者说“原义阐释”与“创造阐释”两种范式，但两种范式，都在事实上经历了“跨体系社会”[2]的阐释过程。正是经由“跨体系社会”的阐释，马克思主义文学阐释学的“中国化”才敉平了文本字面意义与现实社会的距离，使理解者在自己的观念与外来的观念之间达成调解，促进了马克思主义经典文本的理解传播。作为后果，这一“跨体系社会”的阐释，有效参与并影响了马克思主义文学阐释学的“中国化”进程，使“中国化”成为“一个立足于中国现实和朝向未来的自我更新进程，一个为探寻未来而时时反顾过去的进程，一个通过理解自身的持续生成变化而探寻和加强主体性的进程，一个将自身的主体性与互主体性作为建设人类命运共同体之

1　相关观点，请参阅朱立元等：《马克思主义文艺理论中国化研究》，经济科学出版社，2009 年，第 20 页；胡亚敏：《马克思主义文学批评“中国形态”探讨》，《中国文学批评》2015 年第 4 期；李西建：《延安文艺与 20 世纪马克思主义文艺理论中国化》，陕西师范大学出版总社，2020 年，第 21 页。

2“跨体系社会”概念，原是中国学者用来描述中国的区域、社会与国家及其关系的概念，它强调“不同文化、不同族群、不同区域通过交往、传播和并存而形成了一个相互关联的社会和文化形态”在文化发展中的重要性，认为社会结构是“一种综合了地理、政治、礼仪、宗教、伦理和宇宙观的复杂共同体”，是“体系”之间的动态性和日常生活世界的关联，而非简单的经济与政治决定关系，才是文化变革的关键性要素。参阅汪晖：《中国：跨体系的社会》，《中华读书报》2010 年 4 月 14 日。

前提的进程”[1]。

第二节 怎样阐释：普遍原理，抑或具体实践

（一）阐释原则：本义还原与实践创新

在中国当代文学阐释学的发展过程中，处于“指导”地位的马克思主义因其与政治意识形态的天然关联而长期配享“新经学”地位。从方法论的角度看，马克思主义文学阐释学是一种以唯物主义为基础的社会科学阐释模型，主要致力于对文学作品背后的社会现实作因果关系的归因阐释，具有实证主义的阐释偏向。它区别于西方经典阐释学以文本意义来源为核心的精神科学阐释旨趣，正是由于这一区别，决定了马克思主义文学阐释学在中国化的过程中，首先完成的也正是因应中国语境而对自身作属地化的合法性阐释，使其在方法上得以自洽；然后再突显其阐释学的“应用”特性，使自身成为基于“原理”的社会科学的因果性阐释与作为精神科学的目的性阐释的合一。

马克思主义文学阐释学中国化过程中所形成的这种方法论旨趣，观念渊源在于马克思主义的唯物史观这一普遍原理，方法根据在于马克思主义文学批评的“美学观点和历史观点”这一具体实践。马克思主义的唯物史观普遍原理决定了马克思主义文学阐释学必然要立足本义还原的阐释原则，马克思主义文学批评的“美学观点和历史观点”又决定了马克思主义文学阐释学必然会信守实践创新的阐释原则。这两个貌似矛盾的阐释原则最终统一于马克思主义文学阐释学中国化的辩证实践中。

1 汪晖：《民族研究的超民族视角——跨体系社会及中国化问题》，《西北民族研究》2021 年第 1 期。

如所周知，马克思、恩格斯坚持唯物史观，将唯物史观作为一切文本解释的出发点与意义的最终来源，认为“不是从观念出发来解释实践，而是从物质实践出发来解释各种观念形态”[1]。这就要求在阐释原则上，遵循本义还原的原则，将“文献的历史”与“现实的历史”区别开来[2]，以“现实的历史”为出发点，通过与“文献的历史”关联分析，来揭示文本的内在意义。此种原则后来被恩格斯根据文学批评的实践应用而明确为文本批评与阐释的“美学观点”与“历史观点”。

在写于1847年《卡尔·格律恩“从人的观点论歌德”》一文中，恩格斯借评论歌德及其作品指出：“我们绝不是从道德的、党派的观点来责备歌德，而只是从美学和历史的观点来责备他；我们并不是用道德的、政治的，或‘人的’尺度来衡量他。”[3]在1859年致斐·拉萨尔的信中，对其历史剧《弗兰茨·冯·济金根》评论时又说：“我是从美学观点和历史观点，以非常高的，即最高的标准来衡量您的作品的。”[4]那么，如何理解“美学观点”和“历史观点”？恩格斯均未有明确阐述，但他在1888年《致玛格丽特·哈克奈斯》的信中，对“美学观点”做了间接分析。他说：“作者的见解越隐蔽，对艺术作品来说就越好。我所指的现实主义甚至可以不顾作者的见解而表露出来。”[5]恩格斯的意思是：艺术作品的观念要用恰当的审美形式表现出来。我国学者根据恩格斯的相关论述，认为这里所谓的“美学观点”主要是指：“作家应当具有‘从心底出现的较正确的美感’；博学、敏锐、‘有血有肉’‘活跃’的‘天性’；把作家‘推向实际生活的’气质、精力和‘精神意向’等等。”[6]如果我们再根据马克思主义美学的一般观念，“美学观点”还

1《马克思恩格斯选集》第一卷，人民出版社，2012年，第172页。

2《马克思恩格斯选集》第二卷，人民出版社，2012年，第13、14页。

3《马克思恩格斯全集》第四卷，人民出版社，1958年，第257页。

4《马克思恩格斯全集》第二十九卷，人民出版社，2016年，第586页。

5《马克思恩格斯文集》第十卷，人民出版社，2009年，第570页。

6 陆贵山、周忠厚等编著：《马克思主义文艺论著选讲》，中国人民大学出版社，2011年，第136页。

应涉及文艺创作、文艺批评与文艺阐释所应坚持的内在的审美观念、审美方法、审美形式、审美规律与审美本质；一言以蔽之，“美学观点”是指文艺特殊的审美属性，以及由于这种属性而滋生的审美阐释方法。

关于“历史观点”，恩格斯在系列论述中有例示阐释。在写于1873—1882年的《自然辩证法》中，他谈到对自然科学的认识：“我们只能在我们时代的条件下去认识，而且这些条件达到什么程度，我们就认识到什么程度。”[1]其后，在1890年《致康拉德·施米特》一文中，又特别强调了宗教、哲学等意识形态领域“都有一种被历史时期所发现和接受的史前的东西”的影响，认为“每一个时代的哲学作为分工的一个特定的领域，都具有由它的先驱传给它而它便由此出发的特定的思想材料作为前提”[2]。如果我们再结合马克思在1842年《致达·奥本海姆》信中关于国家制度的讨论——“正确的理论必须结合具体情况并根据现存条件加以阐明和发挥”[3]，以及在《政治经济学批判（序言）》中所强调的——“我们判断一个人不能以他对自己的看法为根据，同样，我们判断这样一个变革时代也不能以它的意识为根据；相反，这个意识必须从物质生活的矛盾中，从社会生产力和生产关系之间的现存冲突中去解释”[4]，与在《政治经济学批判（导言）》中马克思所指出的——“希腊神话不只是希腊艺术的武库，而且是它的土壤。……希腊艺术的前提是希腊神话，也就是已经通过人民的幻想用一种不自觉的艺术方式加工过的自然和社会形式本身”[5]，便可以看出，“历史观点”所强调的是以意识背后的物质及其生产关系作为解释观念与时代变革的基本依据的看法。

“美学观点”与“历史观点”是什么关系？从马克思、恩格斯的系列论

1《马克思恩格斯选集》第三卷，人民出版社，2012年，第933页。
2《马克思恩格斯选集》第四卷，人民出版社，2012年，第611—612页。
3《马克思恩格斯全集》第二十七卷，人民出版社，1972年，第433页。
4《马克思恩格斯选集》第二卷，人民出版社，2012年，第3页。
5《马克思恩格斯选集》第二卷，人民出版社，2012年，第711页。

述中，我们不难看出，“历史观点”要比“美学观点”更加重要，也具有更加丰富的内涵。首先，“历史观点”是基于文本生发的历史语境而得的“历史科学”，它区别于唯心主义的“一般历史哲学理论”。在马克思看来，人的实践的历史活动成果归于“历史科学”，“历史科学”是“唯一的科学”[1]；与之相应，对这门“历史科学”的解释，也只有回到这门“科学”的出发点才有可能。也就是说，马克思坚持历史唯物主义的阐释观，反对使用“一般历史哲学理论”来解释历史现象。在1877年《给〈祖国纪事〉杂志编辑部的信》一文中，他批评俄国民粹派思想家尼·康·米海洛夫斯基把他在《资本论》中关于西欧资本主义起源的历史概述，变成“超历史”的“历史哲学理论”，并通过举证古代罗马平民与美国南部“白种贫民”在不同历史环境的不同命运来说明，只有对不同历史环境中的历史现象分别进行深入细致的研究，然后再把它们加以比较，才能“找到理解这种现象的钥匙”[2]。而恩格斯在为马克思的《资本论》所作的序言中也说：“一个人如果想研究科学问题，首先要学会按照作者写作的原样去阅读自己要加以利用的著作，并且首先不要读出原著中没有的东西。”[3]显然，在马克思主义看来，尊重文本的历史语境与文本内在语境，是正确阐释的前提。

“历史观点”的另外一层意思，是“以古人之规矩，开自己之生面”。在此意义上，历史不是我们审视的对象，恰恰相反，它构成了我们的前见与视野，就如同恩格斯所说：“歌德在德国文学中的出现是由这个历史结构安排好了的。”[4]当代西方马克思主义者詹明信在《马克思主义与历史主义》一文中借助马克思主义阐释模式与生产模式的讨论，对这一“历史观点”内涵做出精彩解读：“过去本身在阅读过程中变成活跃因素，以全然相异的生活模

1《马克思恩格斯选集》第一卷，人民出版社，2012年，第146页。
2《马克思恩格斯选集》第三卷，人民出版社，2012年，第730页。
3〔德〕马克思：《资本论》第三卷，人民出版社，2004年，第26页。
4《马克思恩格斯全集》第四卷，人民出版社，1958年，第254页。

式质疑我们自己的生活模式。过去开始评判我们，通过评判我们赖以生存的社会构成。这时，历史法庭的动力出乎意料和辩证地被颠倒过来：不是我们评判过去，而是过去（甚至包括离我们自己的生产模式最近的过去）以其他生产模式的巨大差异来评判我们，让我们明白我们曾经不是、我们不再是、我们将不是的一切。”[1] 詹明信的意思是：文本阐释的基本依据虽在于文本自身的思想结构，但其最深依据则在于文本背后的历史结构。

上述“美学观点”与“历史观点”，随着马克思主义文学阐释学的中国化而一同进入中国，并以“政治标准与艺术标准相统一”“真实性与政治性相统一”“思想性艺术性观赏性相统一”“历史的、人民的、艺术的、美学的相统一”的新形式，成为植根中国语境、反映中国范式、体现中国风格、具有中国气派的新型马克思主义文学阐释学“中国范式”。自此之后，不是文学作品的意义“是什么”的问题，而是怎样理解文学作品，并在这种理解中获得真实性的历史经验与情感认同，催生生活的实践感与生存的意义感，才成为马克思主义文学阐释学“中国范式”的核心。

（二）阐释方法：实践阐释及其中国化阐释范式

如前所述，马克思主义文学阐释学的“实践阐释”，就是指在阐释活动中，将文本的理解置于具体的文本实践语境，通过创造与语境相合的文本阐释范式来叩求文本的意义，并在意义的理解过程中创新理解者自我，通过理解者自我的创新来带动社会实践的创新的一种文学阐释学方法。

历史地来看，马克思主义文学阐释学在中国化过程中，通过实践阐释先后催生了四大阐释学的“中国范式”，即：政治标准与艺术标准相统一的规范性阐释，真实性与政治性相统一的调节性阐释，思想性、艺术性与观赏

1〔美〕詹明信：《晚期资本主义的文化逻辑：詹明信批评理论文选》，张旭东编，陈清侨等译，生活·读书·新知三联书店，1997 年，第 190—191 页。

性相统一的构成性阐释，历史的、人民的、艺术的、美学的创造性阐释。它们分别构成了马克思主义文学阐释学“中国范式”的确立、转嬗、创新与成熟。当然，马克思主义文学阐释学的实践阐释方法决定了其永远处于无限发展之中，因而马克思主义文学阐释学在新的历史语境下的进一步发展，仍需要在实践阐释方法论的基础上，运用“新格义”的具体阐释方法，并通过与中国传统文学阐释学的“新格义”阐释，最终形成一种中国马克思主义文学阐释学的“新格义”实践阐释法，以此引领中国马克思主义文学阐释学的持续发展。

1.“中国范式”的确立：政治标准与艺术标准相统一的规范性阐释

1942年毛泽东《在延安文艺座谈会上的讲话》发表后，马克思主义文学阐释学“中国化”阐释逐渐成为一种“规范性阐释”。所谓“规范性阐释”，是指以马克思主义源始文本为阐释依据，通过重建唯物主义阐释观念来获得对中国实践的历史性洞见，以此实现马克思主义文学阐释学的在地化阐释。它在具体的阐释过程中主要表现为对阐释主体与阐释内容的重新厘定，以及由此催生出的阐释主体身份与文本意义来源两大“中国范式”。从阐释的逻辑来看，这种规范性阐释坚持源始文本与衍生文本具有共同的逻辑形式，认为衍生文本与历史现实具有共同的逻辑形式：通过源始文本的逻辑形式，可以追索历史现实的逻辑形式；通过衍生文本的逻辑形式，也可以反思历史现实的逻辑形式。源始文本与衍生文本，由此成了阐释主体与历史现实沟通的中介。规范性阐释的目的，并不在于理解源始文本的原初意义，而在于揭示源始文本意义的历史逻辑与真理内容，以及通过这种历史逻辑与真理内容所催生的衍生文本形态意义。因为正是后者，构成了规范性阐释超越精神科学阐释的条件：意义与真理端赖于前文本的人类历史及其现实交往形式，规范性的文本阐释，既是历史进程中不同主体之间相互理解的中介，也是现实实践中不同主体与世界建立认知关系的中介。

马克思主义文学阐释学的这一规范性阐释形式，在20世纪上半叶中国化初期首先被明确标识为“政治标准和艺术标准”。毛泽东于1942年《在延安文艺座谈会上的讲话》指出：“在现在世界上，一切文化或文学艺术都是属于一定的阶级，属于一定的政治路线的。”“革命文艺是整个革命事业的一部分，是齿轮和螺丝钉。”[1] 文艺作品有政治标准和艺术标准，后者服从服务于前者。好的文学作品，是“政治和艺术的统一，内容和形式的统一，革命的政治内容和尽可能完美的艺术形式的统一”[2]。考虑到毛泽东赋予“政治”的人民性与革命现实内涵，上述内容，实际上是马克思主义文学阐释学对“美学观点”与“历史观点”在阐释“中国范式”时的挪用。它表明中国化马克思主义文学阐释学所依循的基本标准，既是马克思主义文学阐释学的基本原则，也是中国新民主主义革命文学的现实内涵，正是后者，决定了马克思主义文学阐释学的“历史观点”移易为“政治标准”，并表现出全新内涵。

首先，“政治标准”的人民内涵，它规定了阐释主体与阐释内容的人民性。

一方面，阐释学的主体形态应是复数形态的“人民”，“人民”既是文艺创作的唯一源泉，也是文艺阐释的主要动力。根据毛泽东“讲话”，“一切种类的文学艺术的源泉究竟是从何而来的呢？作为观念形态的文艺作品，都是一定的社会生活在人类头脑中的反映的产物。革命的文艺，则是人民生活在革命作家头脑中的反映的产物。人民生活中本来存在着文学艺术原料的矿藏，这是自然形态的东西，是粗糙的东西，但也是最生动、最丰富、最基本的东西；在这点上说，它们使一切文学艺术相形见绌，它们是一切文学艺术的取之不尽、用之不竭的唯一的源泉”[3]。毛泽东在“讲话”中所厘定的“人

1《毛泽东选集》第三卷，人民出版社，1991年，第865—866页。
2《毛泽东选集》第三卷，人民出版社，1991年，第869—870页。
3《毛泽东选集》第三卷，人民出版社，1991年，第860页。

民”，在知识社会学意义上实为马克思主义文学阐释学中国化所形成的最大“阐释共同体”：以“人民”为符义的“阐释共同体”内在地包含了阐释活动中“我—你—他”之亲证、自证与他证的相互理解及认同关系，内在地包含了文本意义的复杂性与多样符义来源。盖因“人民”在意义的真理性阐释中既是先验的理念设定，也是实际参与阐释活动的实践主体；所以，作为一个复数主体，它就既是理想的阐释共同体，也是现实的阐释共同体。从理想的阐释共同体角度来说，人民作为一种历史性的实践主体，是在文学解放与人的解放的义务中逐渐成为阐释共同体的；从现实的阐释共同体角度来说，文本的意义只有在“人民”主体的实际理解中被彼此认同并分享，一种公共性的文本规范意义，才能基于阐释主体共同性的历史实践及其交往形式而最终形成。

另一方面，阐释的内容也是“人民”，它突出地表现在对文艺内容“为什么人的问题”的阐释上。毛泽东《在延安文艺座谈会上的讲话》引述列宁并强化确认：“我们的文艺应当‘为千千万万劳动人民服务’。”[1] 作为文艺阐释的“根本”与“原则”问题，文艺内容的人民性之重要意义，并不在于它在中国现当代文艺史上第一次确立了以“文艺为工农兵大众服务”的正当性基础，而在于它将这一“五四”新文化运动以来一直带有强烈济世目的的“工具性”文艺观，提升为文艺的内在目的与内在审美观，使文艺的外在他律性转化为文艺的内在自律性，并由此建构了一种马克思主义文学的新型阐释原则，而正是这一新型阐释原则，奠定了此后当代中国文学阐释的基本构架，使审美反思性原则融合知性规范性原则成为文学规范性阐释的基本形式，为“政治标准”的灵活阐释留出了余地。

“艺术标准”是指文艺要体现民族形式与民族风格，但它并不单指历史

1《毛泽东选集》第三卷，人民出版社，1991 年，第 854 页。

上流传下来的“中国的”形式风格，而且也包容中外与古今业已走向“中国现代的”形式风格。艺术标准的这一形式美学内涵的突显，因其直接受制于民族革命时期文学特殊的功用目的：鲜明的文艺民族性形式更有利于民族革命时期的文艺社会动员与民众心理认同。因此，它虽然明显地区别于马克思主义文学阐释学的“美学观点”——后者强调文艺作为特殊的精神活动具有复杂的审美特殊属性——但是，在一个救亡压倒启蒙的特殊时期，强调文艺的这一形式内涵有利于促进革命文艺的繁荣发展；在一个现代民族国家甫一建立时期，强调这一形式内涵有利于促进文学的社会动员。事实也是，后者随着共和国文学体制的正式确立而得以加冕，成为通贯社会主义文艺创作、批评与阐释的一体规范。以 1949 年 7 月召开的“第一次中华全国文学艺术工作者代表大会”为中国社会主义文学正式诞生的标志[1]，郭沫若受筹委会委托所作的《为建设新中国的人民文艺而奋斗》总报告，成为中国化马克思主义文学阐释学进入新阶段的标志。根据“报告”，“我们要扫除半殖民地半封建的旧文学旧艺术的残余势力，反对新文艺界内部的帝国主义国家资产阶级文艺和中国封建主义文艺的影响，我们要批判地接受一切文学艺术遗产，发展一切优良进步的传统，并充分地吸收社会主义国家苏联的宝贵经验；务使爱国主义和国际主义发生有机的联系”[2]。“报告”将文学阐释的“艺术标准”扩展为包括“一切文学艺术的遗产”的广博内涵，“扫除”“反对”“批判”“吸收”等带有鲜明实用主义乃至工具论色彩语汇在“报告”中的反复出现，也表明了其与毛泽东“讲话”精神的直接联系。“爱国主义和国际主义发生有机的联系”的祈使判断则表明文学的任务已超出民族国家的安邦立命使命而向国际社会主义文学提升。随后毛泽东在 1956 年《同音乐工作

1 高建平等：《当代中国文学批评观念史》，中国社会科学出版社，2019 年，第 1 页。

2 郭沫若：《为建设新中国的人民文艺而奋斗》，中华全国文学艺术工作者代表大会宣传处编：《中华全国文学艺术工作者代表大会纪念文集》，新华书店，1950 年，第 41 页。

者的谈话》将“艺术标准”发展为一种辩证观点：“艺术的基本原理有其共同性，但表现形式要多样化，要有民族形式和民族风格。”[1]“艺术上‘全盘西化’被接受的可能性很少，还是以中国艺术为基础，吸收一些外国的东西进行自己的创造为好。”[2]“民族形式可以掺杂一些外国的东西”，“中国的和外国的要有机地结合，而不是套用外国的东西”。“吸收外国的东西，要把它改变，变成中国的。鲁迅的小说，既不同于外国的，也不同于中国古代的，它是中国现代的。”[3]

毛泽东对“艺术标准”内涵的拓展，表明文学阐释的规范性并不天然排斥阐释的通约性。虽然从规范性阐释的角度看，“中国化”本身意味着消解马克思主义经典的“神圣文本”地位，为理论的创新与再经典化提供合法性支援。但是正如卢卡奇所指出，“正统的马克思主义者决不意味着不加批判的接受马克思主义的研究成果。他既不是对这一个或那一个命题的信仰，又不是对‘圣书’的注释。恰恰相反，正统性仅仅是指方法而言”[4]。毛泽东、邓小平等马克思主义者显然对此有清晰的认识，他们一方面承认马克思主义在方法上的科学真理性，另一方面又启用阐释的实践维度，对马克思主义文学阐释学做出创新发展。

在《关于正确处理人民内部矛盾的问题》（1957）中，毛泽东强调“马克思主义是一种科学真理”[5]。同年在《在中国共产党全国宣传工作会议上的讲话》中，他再次肯定“马克思主义是科学真理，不怕批评”[6]的经典地位。但是，也正如毛泽东所指出，马克思主义本身不是经义律法，“马克思主义一

1《毛泽东文集》第七卷，人民出版社，1999年，第76页。
2《毛泽东文集》第七卷，人民出版社，1999年，第77页。
3《毛泽东文集》第七卷，人民出版社，1999年，第80、82、83页。
4〔匈〕卢卡奇：《历史和阶级意识》，王伟光等译，华夏出版社，1989年，第1页。
5《毛泽东文集》第七卷，人民出版社，1999年，第231页。
6《毛泽东文集》第七卷，人民出版社，1999年，第280页。

定要向前发展，要随着实践的发展而发展，不能停滞不前。停止了，老是那一套，它就没有生命了”[1]。此后，邓小平关于“马克思主义必须是同中国实际相结合的马克思主义”的论断，也是对马克思主义作为实践的科学真理观念的认可。《在中国文学艺术工作者第四次代表大会上的祝词》（1979）中，邓小平肯定了毛泽东提出的“百花齐放、推陈出新、洋为中用、古为今用”原则[2]，并将这一原则上升至既是文艺创作的原则，也是文艺批评与文艺阐释的基本原则的高度。上述毛泽东、邓小平对马克思主义经典文本的规范性与通约性阐释表明，并非经典教义（《圣经》等神学诠释学），并非语言本体（伽达默尔等哲学诠释学），也并非交往行动（哈贝马斯等批判阐释学），而是现实的社会实践，才是中国化的马克思主义文学阐释学的根本立场。

当然，这一立场在某种特定的历史实践中也时常超出原义范围。从 20 世纪 60 年代中期至 20 世纪 70 年代末，“政治标准和艺术标准”由规范性阐释方法逐渐上升为神圣性的强制阐释原则，并在“社会主义现实主义”文学观念规约下，使中国化马克思主义文学阐释学成为曲折隐晦地阐发文本所隐含的比兴美刺与社会教化意义的工具。这样，马克思主义文学阐释学规范性阐释，就是要体验文本的原始本义，领悟文本所蕴含的伦理道德意义，揭示文本的隐喻意义，阐发文本内容与现实世界的隐喻关系，使文学文本成为社会行为与人生价值之规范。生活内容—文学本义—社会秩序—价值心理—行为规范融通互渗，文学世界与生活世界、事实世界与价值世界具有同一性，由此成为中国化马克思主义文学阐释学规范性阐释的一般逻辑。它经由 1966 年 4 月 16 日《部队文艺工作座谈会》对文艺的战斗性、“匕首和手榴弹”功用的强调，与 1966 年 8 月 8 日《中国共产党中央委员会关于无产阶级“文化大革命”的决定》对文艺“三突出”原则与“革命美学”的强调而达到了

1《毛泽东文集》第七卷，人民出版社，1999 年，第 281 页。
2《邓小平文选》第二卷，人民出版社，1994 年，第 210 页。

规范性阐释的极致形态。

从后见之明来看，“政治标准与艺术标准相统一”的规范性阐释及其内在张力，形成于复杂的中国当代文学阐释学历史与实践现实。它在早期由马克思主义的唯物史观与中国传统的“实用理性”精神的交互熏染，形成了文艺领域的现实主义文学思想与革命美学观念，后经由国家意识形态加冕而成权威观念。1942 年毛泽东《在延安文艺座谈会上的讲话》发表之前，马克思主义文学阐释学还只是一种革命话语，常需依傍民族革命的社会主体而存在。中华人民共和国成立后，马克思主义上升为国家意识形态，其影响逐渐越出政治哲学领域而成为文学界一体遵从的规范。但作为阐释话语的“强形式”，它已无须再借助民族性的革命话语而播布流传。个中缘由，不外乎国事更替，厥初因用而施理，而今用弱而理存。因此，政治标准与艺术标准的合力，必然导向实用理性与实践阐释学的逻辑的流行：文学文本反映社会生活与作家思想，作家思想经由文学文本作用于社会生活，古老的“言”“志”“用”之互逆与同一性阐释逻辑由此便以现代的形式重新反映出来。不同在于，它并非要悬置阐释“先见”而现经典文本的原始语境与立言本义；恰恰相反，它要基于文本的理义精神而注入时代性与社会性的全新意涵。特别是当阐释者将马克思主义文学阐释学文本所代表的现代性图景视为将至之鸿鹄，对其所作的中国化阐释，便多了一层悬揣的理想因素，阐释者常需跳出文本的源始语境，在源文本的想象性语境中涵泳体察，切己致用。结果是：马克思主义文学阐释学的规范性阐释，虽始于立意本末，然最终结果却是返本开新。正是这一“返本开新”，确立了中国化马克思主义文学阐释学规范性阐释的基本逻辑：其一，通过探究作品的“本事”背景，获得作者的本意。其二，通过作者的本意，明晓文本的本义。其三，通过文本的本义，推衍发明文理，求证文本背后的现实逻辑。由此也意味着：对文学文本的阐释，虽然需要谱系学上的规范性理解，但一种有效的、符合希望的社会主义文学阐释学图景的出现，离不开真实的实践阐释学助力。

2.“中国范式”的转嬗：真实性与政治性相统一的调节性阐释

1978 年后，中国社会在思想上逐渐走出迷途。虽然文学体制依旧因袭了“自上而下”的政策规约方式，但新时期的多元文学思潮激荡却使文学有了意外收获：文学界一方面谨守文艺政策的刚性律则，另一方面又拓展文艺实践的新形式，通过文学创作（伤痕文学、反思文学、改革文学等）与文学批评（形象思维、人道主义、主体性、“手稿”热等）等“自下而上”的形式，揭开新时期文学解放的序幕。与之相应，文学阐释也渐由规范性阐释转向调节性阐释。所谓“调节性阐释”，是指以马克思主义文学阐释学为纲目，以变化着的中国社会及文学现实为内容，通过突显马克思主义文学阐释学文本的审美性与真理性，揭示艺术真理在文学理解与阐释中的重要性。调节性阐释作为规范性阐释的矫正形式，目的同样不在于明晓源始文本的逻辑意义（句法关系），而在于获得文本背后的历史现实（语义关系），洞悉文本背后历史现实的真理性内容（语用关系）。以 1979 年 10 月第四次文代会上邓小平代表党中央发表“祝词”为标志，文学的“人民性”成为文学阐释合法性的首要依据。“祝词”指出，“我们的文艺属于人民”，“文艺创作必须充分表现我们人民的优秀品质，赞美人民在革命和建设中、在同各种敌人和各种困难的斗争中所取得的伟大胜利”。“人民是文艺工作者的母亲。一切进步文艺工作者的艺术生命，就在于他们同人民之间的血肉联系。忘记、忽略或是割断这种联系，艺术生命就会枯竭。人民需要艺术，艺术更需要人民。自觉地在人民的生活中汲取题材、主题、情节、语言、诗情和画意，用人民创造历史的奋发精神来哺育自己，这就是我们社会主义文艺事业兴旺发达的根本道路。”“作品的思想成就和艺术成就，应当由人民来评定。”[1] 从阐释学的角度

1《邓小平文选》第二卷，人民出版社，1983 年，第 209、211—212 页。

看,“人民性”作为一个内涵丰富的概念,实际上包含了“政治性”与“艺术性”双重内涵。前者述及文艺的思想立场、现实内容与价值取向,后者涵括文艺的艺术形式,但二者并不是从属与规训关系,而是指导与教化关系。使用“人民性”概念,有利于调节政治性与艺术性的张力,软化政治性对艺术性的刚性规范以及由此带来的艺术工具化后果,为文学“真实性”原则的出场作了理论铺垫。

周扬在四次“文代会”上所作的主题报告,正是以对文艺政策反思的姿态,提出了文艺创作的基本原则:“作家不应只根据一时的政策,而应从更广阔的历史背景来观察、描写和评价生活。正是在这个意义上,文艺的真实性和政治性是统一的。……真实是艺术的生命。离开了真实,也就谈不上作品的思想性和艺术性。对于作家、艺术家来说,生活是第一位的。生活的实践,包括创作实践,不但影响创作本身,也影响世界观,引起世界观的变化和飞跃。”[1]“文艺必须正确地反映现实生活”作为“客观规律”,既是创作原则,也是阐释原则。从文学自身的角度看,周扬讲话更重要的地方在于他巧妙地把文艺的“政治性”转化为“真实性”,实现了由文艺政策的他律性向文学原则的自律性的过渡。从阐释效果的角度看,“真实性”原则为文学阐释提供了客观自然法则支持,这在一个科学技术上升为第一生产力的时代,不仅有利于去除此前文学政治工具化的阴影,而且有效保证了文学在一个技术理性日益重要的时代仍葆有重要的社会地位,并在思想源泉上接通了中国文学中自然、社会、人文(“天”“地”“人”)同源同构的阐释学传统,使社会主义文学所长期尊奉的社会政治学阐释范式融入了自然本体论的内涵,从而在一定程度上限制了后者的无限衍义与强制阐释的沉疴旧弊。抛开对文艺阐释的周延与否不论,周扬在一个政治氛围渐趋缓和的时刻,小心翼翼地

1《周扬文集》第五卷,人民文学出版社,1994年,第177—178页。

通过学术概念置换政治概念，拆解文艺的刚性政治规范，不失为一种权宜的阐释。

当然，周扬对文艺阐释标准的置换与修正是以社会主义文艺惯有的“人民性”为根基的，因为：“文艺和政治的关系，从根本上说，也就是文艺和人民的关系。”因此，政治的标准也就是人民的标准，“政治性”=“人民性”=“真实性”：“我们所说的政治，是指阶级的政治，群众的政治，不是少数政治家的政治，更不是一小撮野心家和阴谋家的政治。……因此，文艺反映生活的真实，就应当适合一个历史阶段的政治的需要。在今天来说，就是适合社会主义现代化建设的需要。凡是有利于实现现代化的，凡是能直接间接鼓舞人们献身于建设社会主义祖国的，都是为无产阶级所需要的，都是符合无产阶级和广大人民的利益的，而不应该把文艺和政治的关系狭隘地理解为仅仅是要求文艺作品配合当时当地的某项具体政策和某项具体政治任务。政治不能代替艺术。政治不等于艺术。政策图解式的、说教式的、公式化概念化的、标语口号式的作品，由于缺乏生活的真实和艺术的力量，是不为人们所欢迎的，也不能很好地发挥文艺的政治作用。”[1] 周扬要求文艺为人民而创作，代表人民而创作，决定了文艺的阐释必然是人民的阐释。作为一种基于复数主体性的价值论阐释，人民的阐释的主体是“无产阶级和广大人民”，阐释的标准是“真实性”“政治性”“人民性”。这样，“人民性”=“政治性”=“真实性”就成了这一时期文艺阐释新原则，它预示着：通过文学观念可以表达政治观念，通过政治观念可以表达价值观念。表达的结果，不仅使政治观念获得感性内涵，而且使文学观念获得伦理内涵，并由此推动文艺制度成为一种内生于文学的力量，文学阐释成为一种有益于政治的崇高力量，后者恰是任何单一的文学阐释学原则所无法实现的阐释学效果。

1《周扬文集》第五卷，人民文学出版社，1994年，第179—180页。

此后在 1980 年 2 月 12 日至 13 日，胡耀邦《在剧本创作座谈会会上的讲话》对文艺创作“反映了我们社会的本质”与“社会整体的真实”的形而上规定[1]，实际上进一步强化了对文学阐释“真实性”原则的规定。他说：“我不大赞成机械地把某个标准排在第一，某个标准摆在第二。我认为真正的艺术品应该是政治和艺术的高度统一，或者说，应该使思想性和艺术性浑然一体。”[2] 胡耀邦讲话以回归毛泽东文艺讲话的形式，对文学阐释的标准做出拓展与规定，使文学阐释的“政治性”融通“思想性”，并经由“艺术性”而走向“真实性”，亦即文艺作品所持有的情感态度、所反映的生活内容、所具有的价值立场、所具有的精神指向，具有内在的同一性；文学活动、现实活动、政治活动与价值活动，是合一的。这一规定，在 1980 年 7 月 26 日《人民日报》发表“文艺为人民服务，为社会主义服务”的“社论”中得以详细阐释：“我们提倡文艺真实地、具体地反映当前这场社会主义现代化建设的客观进程，以及由此引起的人们的生活和思想的深刻变革。我们鼓励描绘党所领导的各个时期的革命斗争，也支持作家们描写其他各种历史题材和现实题材，塑造各种各样的艺术形象。我们主张在立足于现实的基础上广泛继承和吸收历史上人类文化的一切优秀成果，鼓励一切有利于人民群众、有利于社会主义事业、有利于人民审美需要的艺术探索。这是我们坚定不移的方向，又是一条无比广阔的道路。”[3]

这段糅合文学价值、生活价值、政治价值与思想价值的话语，揭示出文学创作与文学阐释在这一时期的根本使命：“真实地、具体地反映当前这场社会主义现代化建设的客观进程，以及由此引起的人们的生活和思想的深刻变革。”它所标举的“二为”方针也内含了文艺的道德教化与审美教育目的：

1《三中全会以来重要文献选编（上）》，中央文献出版社，2011 年，第 308 页。

2《三中全会以来重要文献选编（上）》，中央文献出版社，2011 年，第 318 页。

3《文艺为人民服务，为社会主义服务》，《人民日报》1980 年 7 月 26 日。

“我们的文艺要培养社会主义新人，促进社会主义社会的进一步完善和发展，提高人民的社会主义觉悟和共产主义的道德风尚，满足人民日益增长的越来越多样化的文化需要，帮助人们认识和克服社会主义现代化进程中的障碍，抵制和克服封建阶级、资产阶级、小资产阶级思想的种种影响，振奋人们的斗志，鼓舞人们同心同德地投身于社会主义现代化的伟大事业。”[1] 由于“社论”将文艺的目的以政策的强形式直接加以规定，从而使得“新的时期—新的制度—新的文艺—新的主体”成为社会主义文艺的基本价值逻辑，它再次表明：文艺经由政治而与道德主体同构，“德成在上，艺成在下”依然是社会主义文学阐释学的准则，历史哲学与政治经济学仍然是支配文艺的律则，文艺审美的自律性仍然只能作为一种主观合目的性才具有价值。这是转嬗期中国化马克思主义文学阐释学对马克思主义文学阐释学的调节性阐释，它在1981年9月25日胡耀邦发表的《在鲁迅诞生一百周年纪念大会上的讲话》中，以全称直言命令的形式明确表示出来：“对好作品和不好的作品”，都要进行“马克思主义的科学的分析和评论”。[2] 这就重新肯定了“马克思主义”而非西方自由主义文学观念（本质上是文学的审美自律论）作为文学批评与阐释基本标准的地位。

可以说，20世纪80年代初转嬗期的中国化马克思主义文学阐释学，虽然重点并非文本的原义，而是文学文本提供的历史意义（如伤痕文学、反思文学、改革文学之社会功用）。阐释的目的，也不在于探究本义，而在于假文设谊，依托象类，实现文本的现实社会启蒙意义。“阐释什么”并不依文本内容而定，而据阐释目的而定；“怎样阐释”亦依时代社会对文学文本的期许而定，而非文学文本自身的审美属性所由。但是，通过文学世界，解析政治世界，变革现实世界，追慕理想世界，却成了这一时期文学阐释的新的

1《文艺为人民服务，为社会主义服务》，《人民日报》1980年7月26日。

2《三中全会以来重要文献选编（下）》，中央文献出版社，2011年，第273页。

逻辑，它要求文学依托其审美旨趣与真实内容而成为政治的讽喻、时代的记录、心灵的表象、情感的反映与价值的表达。由此也意味着：该期主导性的“真实性与政治性相统一”阐释观念，实际上已经溢出了马克思主义文学阐释学的规范性阐释边界而成为一种调节性阐释，虽然阐释的审美性依然需要遵循价值性。当新的时期与新的现实已经使得马克思主义文学阐释学观念无法承载中国现实的文学现象与文学使命时，就只能通过扩展原有概念的边界，甚或不惜移置新的概念以容纳新的文学阐释学内涵。并非偶然，20 世纪 80 年代中晚期文学方法论的轮番上演乃至方法论本身成为文学研究主潮，都只是近百年来中国“文学革命”“革命文学”“社会主义现实主义文学”“新时期文学”等不同时代变奏下文学阐释通文致用的理论音符而已。而其时启蒙主义理论话语的“崇西”与“文化热”追寻中的“贵中”虽常有抵牾，但却有效地结合在一起。个中原因，不单在于“贵中”的审美领悟实为“崇西”的话语阐释在遭遇理解困境时的有效纾解方案，而且在于它调和了文学阐释中文本外在社会功用与内在审美价值的冲突，为意义的“正确”阐释设置了理解边界：文学的意义虽依托于其形式美感，但更主要的在于文学主体性的调节及其社会性实践功用的持续发挥。

3.“中国范式”的创新：思想性、艺术性与观赏性相统一的构成性阐释

进入 20 世纪 90 年代，随着中国世界性大国身份的逐渐确立与社会经济领域的全面改革，文学的地位与使命悄然发生了变化。1994 年 1 月 24 日，江泽民在全国宣传思想工作会议上发表讲话，提出了在新的历史条件下文艺发展走“弘扬主旋律、提倡多样化”方针道路。“弘扬主旋律，就是要在建设有中国特色社会主义的理论和党的基本路线指导下，大力倡导一切有利于发扬爱国主义、集体主义、社会主义的思想和精神，大力倡导一切有利于改革开放和现代化建设的思想和精神，大力倡导一切有利于民族团结、社会进步、人民幸福的思想和精神，大力倡导一切用诚实劳动争取美好生活的思想和精神。”提倡多样化，就是要“在艺术创作上提倡不同形式和风格的自由发展”，创作出“能够使人民得到教育和启发、得到娱乐和美的享受的精神产品”。[1]“主旋律”与“多样化”之间存有的普遍性与特殊性、世界性与民族性之明显语义张力，在具体的文学阐释活动中，是通过民族性生活内容接通世界性的文艺样式的方式得以化解的。而文学阐释的基本原则，依循文学所反映的时代生活底色与人们的多样精神需求，以及在此基础上所建立的中国特色社会主义理论及其构成性原则。

1996 年 10 月 10 日，十四届六中全会通过了《中共中央关于加强社会主义精神文明建设若干重要问题的决议》，进一步将十一届三中全会以来的文艺政策做了贯通表述：“要坚持为人民服务、为社会主义服务的方向，贯彻百花齐放、百家争鸣的方针，弘扬主旋律，提倡多样化。树立精品意识，实施精品战略，在文学艺术各门类中，努力创作出一批思想性艺术性统一，具有强烈吸引力感染力，深受广大群众欢迎的优秀作品，带动社会主义文艺事业的全面繁荣。”[2] 以“思想性”代替“政治性”，不仅有利于淡化“政治性”所长期浸淫的意识形态意涵，更有利于突出马克思主义文学阐释学原本的知识性与伦理性内涵，使中国化的马克思主义文学阐释学初步实现从外在的规范性与调节性阐释向内在的构成性阐释转变。而“决议”关于社会主义市场经济条件下的文艺政策规范性与通约性，在 1997 年 9 月召开的十五大报告中被进一步凝练为：“坚持为人民服务、为社会主义服务的方向，贯彻百花齐放、百家争鸣的方针，弘扬主旋律，提倡多样化，创作出更多思想性和艺术性统一的优秀作品。”[3] 此前江泽民于 1996 年 12 月 16 日《在中国文联第六次全国代表大会、中国作协第五次全国代表大会上的讲话》提出：“植根中

1《十四大以来重要文献选编（上）》，中央文献出版社，2011 年，第 572—573 页。
2《十四大以来重要文献选编（下）》，中央文献出版社，2011 年，第 144 页。
3《江泽民文选》第二卷，人民出版社，2006 年，第 35 页。

国社会主义现代化建设的实践，反映中国人民创造自己新生活的进程和中华民族自强不息的精神，是中国社会主义文艺的立身之本。只有首先赢得中国人民的喜爱，具有中国风格、中国气派，才能堂堂正正地走向世界和屹立于世界文化之林。”[1]“希望广大文学艺术工作者牢记人民是文艺工作者的母亲、生活是文艺创作的源泉这个真理。”“脱离人民、脱离生活的艺术，矫揉造作、无病呻吟的作品，不可能有感召力，也不可能有生命力。只有虚心向人民群众学习，向生活学习，从人民群众的伟大实践和丰富多彩的生活中汲取营养，不断进行生活和艺术的积累，才会有美的发现和美的创造，才能为人民提供最好的精神食粮。”[2]联系江泽民的表述可以看出，进入20世纪90年代的马克思主义文学阐释学，其“中国范式”的内涵发生了两大创新性的变化：第一，“艺术性”概念已不同于毛泽东及很长一段时间内的“艺术标准”所强调的形式美学内涵，它更加强调通过文艺的审美形式来表现中国特色社会主义的时代性、地域性审美内容，因而在概念内涵上是一次向马克思主义文学阐释学“美学观点”的回归。第二，无论是要求文艺的思想性与艺术性统一，还是文艺的“中国风格、中国气派”，抑或文艺的“人民性”，所强调的均为文学阐释学“中国意识”“中国方法”的突显。

十六大以来，伴随着构建社会主义和谐社会、树立科学发展观成为时代主潮，文艺政策发生了微调，主要表现在2005年12月23日《中共中央、国务院关于深化文化体制改革的若干意见》将文艺发展方向调整为：“坚持为人民服务、为社会主义服务的方向和‘百花齐放’、‘百家争鸣’的方针，坚持贴近实际、贴近生活、贴近群众，弘扬主旋律，提倡多样化。”[3]与十五

1 江泽民：《在中国文联第六次全国代表大会、中国作协第五次全国代表大会上的讲话》，《人民日报》1996年12月17日。

2 江泽民：《在中国文联第七次全国代表大会、中国作协第六次全国代表大会上的讲话》，《人民日报》2001年12月19日。

3《十六大以来重要文献选编（下）》，中央文献出版社，2011年，第127—128页。

大报告的文艺政策表述相比，“意见”增加了“贴近实际、贴近生活、贴近群众”，但未提“思想性和艺术性统一”，从而突出了文学阐释的当下性、现实性与实践性要求，说明并非历史的、想象的、静态的，而是“改革开放和现代化建设的第一线”与“企业、乡村、社区、军营、校园生活最前沿”[1]，才是文学阐释的真正本体。

2011年11月18日十七届六中全会审议通过的《中共中央关于深化文化体制改革推动社会主义文化大发展大繁荣若干重大问题的决定》，将十四届六中全会通过的《中共中央关于加强社会主义精神文明建设若干重要问题的决议》之“思想性艺术性相统一”表述，进一步修改为“思想性艺术性观赏性相统一”，具体表述是：“文学、戏剧、电影、电视、音乐、舞蹈、美术、摄影、书法、曲艺、杂技以及民间文艺、群众文艺等各领域文艺工作者都要积极投身到讴歌时代和人民的文艺创造活动之中，在社会生活中汲取素材、提炼主题，以充沛的激情、生动的笔触、优美的旋律、感人的形象，创作生产出思想性艺术性观赏性相统一、人民喜闻乐见的优秀文艺作品。”[2]“决议”当中的“思想性”，作为社会主义文学的惯用表述，之所以长期得以沿用，就在于其作为一种形而上的理式，虽早已由往昔的祝史之事让渡为今日的国家礼制与个体伦理规范，但仍存有神圣性与规范性，因而具有理想性与先导性内涵，可以起到节人之意、文人之情、导于德教的作用，即由“意”而统“知”“情”二端，实现达序明志之效。

与“思想性”“艺术性”对作品本身的要求不同，“决议”增加的“观赏性”一词突出了读者接受的重要性，从而使文学阐释的原则扩容至包括读者理解在内的文本意义阐释。加上“读者”所特指的“人民”主体，文学阐

1《在中国文联第八次、中国作协第七次全国代表大会上的讲话》（2006年11月10日），《胡锦涛文选》第二卷，人民出版社，2016年，第542页。

2《十七大以来重要文献选编（下）》，中央文献出版社，2013年，第569页。

释所隐含的生活性、价值性与创造性规范，作为与“思想性”“艺术性”相辅的构成性原则，成为这一时期马克思主义文学阐释学中国化的基本原则。2011 年 11 月 22 日在中国文联第九次全国代表大会、中国作协第八次全国代表大会上的讲话中，胡锦涛重申了文艺的“三贴近”和“思想性艺术性观赏性”原则，提出：“一切有理想有抱负的文艺工作者，都要密切同人民群众的血肉联系，积极反映人民心声。一切进步文艺，都源于人民、为了人民、属于人民。一切进步文艺工作者的艺术生命，都存在于同人民群众的血肉联系之中。人民创造历史的活动，是文艺创作的丰厚土壤和源头活水。”[1]“广大文艺工作者要把人民满意作为最高标准，把服务群众作为基点和归宿，站稳群众立场，增进群众感情，立志做人民喜爱的作家艺术家，不断创作生产出思想性艺术性观赏性相统一、人民喜闻乐见的优秀文艺作品，把更好更多的精神食粮奉献给人民。要把人民作为文艺的表现主体，着力歌颂人民生动实践、展示人民精神风貌，走到生活深处，走进人民心中，把艺术才干的增长、艺术表现能力的增强深深植根于生活、植根于人民，用人民创造历史的奋发精神哺育自己，从社会生活中汲取营养、挖掘素材、提炼主题，在人民的创造性实践中进行艺术创造、实现艺术进步。”[2]

这段关于文艺现实关怀与理想使命的规范表述，可以说是对“中国特色社会主义事业蓬勃发展阶段”文艺方针的完整总结，它既为文艺创作规定方向，也为文学阐释提供原则。作为一种民族国家的新型文学阐释原则，它显然并不勠力于对中国特色社会主义文学的单纯辩护，而是摽举一种折叠的构成性阐释原则，一方面接纳当代西方文学阐释学的“读者”观念，另一方面又贯通中国古典文学阐释学的价值观念，力图建构一种创新性的中国化马克

1　胡锦涛：《在中国文联第八次全国代表大会、中国作协第七次全国代表大会上的讲话》，《人民日报》2006 年 11 月 11 日。

2　胡锦涛：《在中国文联第九次全国代表大会、中国作协第八次全国代表大会上的讲话》，《人民日报》2011 年 11 月 23 日。

思主义文学阐释学新范式。虽然创作与接受、政治与审美的多重阐释学考量并不利于文学创作的自由度，但却有效避免了文学发展偏离中国特色社会主义文艺轨道。对于一种以“应用”为取向的文学阐释学来说，它已经实现了自己的理论使命，但问题只在于，它使得文学阐释原则再次暴露出规范性与调节性的张力。解决这一矛盾，成了新时代中国化马克思主义文学阐释学的重要任务，它意味着：中国特色社会主义的文学阐释作为一种构成性规范，虽具备知识论与价值论特征，但仍须时时以社会实践为根柢，将自身植根于文学背后深广的社会实践根基，因宜适变，做出阐释性的改变。

4.“中国范式”的成熟：历史的、人民的、艺术的、美学的创造性阐释

2012 年以来中国社会整体上进入新时代，中国特色社会主义学科体系、学术体系、话语体系构建渐成文学阐释学主潮，“中国特色、中国风格、中国气派”的文艺精神渐成文学发展纲领，文艺政策体现出不同寻常的变化。2014 年 10 月 15 日习近平发表《在文艺工作座谈会上的讲话》，2015 年 10 月 3 日发布《中共中央关于繁荣发展社会主义文艺的意见》，2016 年 11 月 30 日习近平发表《在中国文联十大、中国作协九大开幕式上的讲话》，成为新时代以来文艺政策三大纲领性文献。从阐释学的角度看，三大文献的重要意义在于，将之前的略具张力的不同原则综合进一个更高的原则之中，从而形成互为补充的文学阐释学新体系、新内涵、新逻辑、新实践；主要表现在：它扩充了文艺的社会学维度，增加了文艺的艺术学维度，强化了文艺的历史学维度，丰富了文艺的美学维度，使文学阐释成为知识表征、社会教化、德性养成、情感陶冶的统一活动，初步实现了中国化的马克思主义文学阐释学的本体论、知识论、价值论、实践论的统一。

新时代中国化马克思主义文学阐释原则的重新确定，首先源于当代文学有“高原”缺“高峰”乃至唯洋是从的合法性危机。突显文学阐释与文学发展的“中国性”，正是要重建当代中国文学的合法性，重塑当代文学对中华文化伟大复兴的合法性支援。根据习近平的讲话，“要以马克思主义文艺理论为指导，继承创新中国古代文艺批评理论优秀遗产，批判借鉴现代西方文艺理论，打磨好批评这把‘利器’，把好文艺批评的方向盘，运用历史的、人民的、艺术的、美学的观点评判和鉴赏作品”[1]。习近平的讲话明确了马克思主义在文艺批评中的“指导”地位，从而使其区别于同中国古代文论、西方文论的“继承创新”与“批判继承”关系；明确了文艺批评的“历史的、人民的、艺术的、美学的”四大原则，从而扩展了马克思主义文学阐释学中国化过程中关于文艺理解的基本方法；明确了“运用历史的、人民的、艺术的、美学的观点评判和鉴赏作品”，从而丰富了马克思主义文学阐释学的中国范式；明确了文艺创作与批评具有思想美、内容美、形式美，体现人民性、中国性、党性，从而使文艺创作与文艺阐释最终成为审美性、历史性、道德性与阶级性相统一的人类历史与现实活动。习近平的讲话虽以社会主义文艺为具体对象，但同时诉诸普遍性的文学阐释学自觉，并把这种自觉贯彻到古今中外的文艺实践与文艺理论中，统摄进更高一层的辩证批判实践视野中，从而消解了这些概念之间原本的排斥性。四大阐释原则向下勾连文艺经验，向上通达文艺观念，向前溯及文学传统，向后推及文艺世界，共同导向对社会主义文艺本质的阐释学洞见，而这种洞见，意味着文学阐释必须深入社会主义文艺所描摹的理念与现实王国之中。具体来说：

“历史的”原则既包括过往的客观史实，又包括当下的客观实践。一方面，“正确反映中华民族五千多年文明史、中国人民近代以来斗争史、中国共产党奋斗史、中华人民共和国发展史、当代中国改革开放史，生动反映各族人民维护祖国统一、海外儿女心向祖国的心路历程。旗帜鲜明反对历史虚无主义，抵制否定中华文明、破坏民族团结、歪曲党史国史、诋毁国家形象、丑化人民群众的言论和行为，反对以洋为尊、唯洋是从，引导人民树立

1　习近平：《在文艺工作座谈会上的讲话》，《人民日报》2015年10月16日。

和坚持正确的历史观、民族观、国家观、文化观，不断增强中国特色社会主义道路自信、理论自信、制度自信”[1]。之所以如此，是因为在一个民族文化认同受到质疑、当代文化自信亟待加强的时代，重提文学阐释的“历史的”原则，便于阐释者将自身放入中华民族的“伟大传统”之中，确认自身与“伟大传统”的精神联系，确立阐释的意义连续性。加上这一新的阐释原则的确是以消解全球化所造成的西方文学与中国文学差序格局、助力中华文化繁荣兴盛与中华民族伟大复兴为基本取向的，因此它必然会处于四大文学阐释原则的中心。但需要注意的是，这种“历史的”原则已不再是单纯的民族性原则（“民族形式”“民族风格”），而是一种民族国家的交互主体性原则；后者本身是在各民族国家长期的历史交往形成的，因而并不具有排他性，并不会导致民族主义或民粹主义。

另一方面，利用“伟大传统”的丰厚资源，超越民族革命与社会主义建设初期文学的目标和课题，重审阐释的历史问题，重建当代文学与“伟大传统”的历史关联，激活历史原则所潜蕴的历史逻辑与现实精神，可为当代文学的变革提供历史支持与现实动力，解决民族革命时期与社会主义建设初期文学创作与文学阐释轻忽“历史性”的问题。“只有眼睛向着人类最先进的方面注目，同时真诚直面当下中国人的生存现实，我们才能为人类提供中国经验，我们的文艺才能为世界贡献特殊的声响和色彩。”[2] 因此，“历史的”阐释原则同时包含了时代性的现实内涵，并以时代性内涵为引领：“一个时代有一个时代的文艺，一个时代有一个时代的精神。任何一个时代的经典文艺作品，都是那个时代社会生活和精神的写照，都具有那个时代的烙印和特征。任何一个时代的文艺，只有同国家和民族紧紧维系、休戚与共，才能发出振聋发聩的声音。反映时代是文艺工作者的使命。广大文艺工作者要把握

1《中共中央关于繁荣发展社会主义文艺的意见》，新华网，2015 年 10 月 19 日。
2《习近平总书记在文艺工作座谈会上的重要讲话学习读本》，学习出版社，2015 年，第 23 页。

时代脉搏，承担时代使命，聆听时代声音，勇于回答时代课题。”[1] 通过对历史原则时代性内涵的强调，不仅有效地赓续了中国传统文学阐释学在现实生活中寻找变革动力的做法，而且使文学阐释的边界由文学文本扩展至文学现实，打破了马克思主义文学阐释学中国化过程中规范性阐释、调节性阐释、构成性阐释对意义的垄断，消解了文学阐释的意义惯性，使文学的意义由真实性探寻转向了真理性追求，促进了文学意义的再生产。

“人民的”原则是新时代中国化马克思主义文学阐释学的重要标准。在习近平看来，人民是个体性与整体性的统一，表现在文学阐释中，就是好的作品“应该是经得起人民评价、专家评价、市场检验的作品”。“文艺的一切创新，归根到底都直接或间接来源于人民”，因为“人民不是抽象的符号，而是一个个具体的人，有血有肉，有情感，有爱恨，有梦想，也有内心的冲突和挣扎”。[2]“人民”，因而不是一个空洞的绝对能指，而是初步体现出一种兼具现实性与理想性身份的“未来的人民”（德勒兹）。与此同时，“人民既是历史的创造者、也是历史的见证者，既是历史的‘剧中人’，也是历史的‘剧作者’”[3]，因此，“人民的”阐释原则突出的是文学创作与阐释的普遍性与特殊性、中国性与世界性，这是由社会主义文艺本质决定的：“社会主义文艺，从本质上讲，就是人民的文艺……文艺要反映好人民心声，就要坚持为人民服务、为社会主义服务这个根本方向……以人民为中心，就是要把满足人民精神文化需求作为文艺和文艺工作的出发点和落脚点，把人民作为文艺表现的主体，把人民作为文艺审美的鉴赏家和评判者，把为人民服务作为文艺工作者的天职。”[4] 强调阐释的“人民性”，比之于经典马克思主义文学阐释学的“政治性”，显然更能彰显“中国范式”的源发性与自然本体基础，

---

1 习近平：《在中国文联十大、中国作协九大开幕式上的讲话》，《文艺报》2016 年 12 月 1 日。

2 习近平：《在文艺工作座谈会上的讲话》，《人民日报》2015 年 10 月 16 日。

3《习近平总书记在文艺工作座谈会上的重要讲话学习读本》，学习出版社，2015 年，第 15 页。

4《习近平总书记在文艺工作座谈会上的重要讲话学习读本》，学习出版社，2015 年，第 14—15 页。

因为“中国精神是社会主义文艺的灵魂”[1]。这样，与前三阶段的阐释原则相比，这一时期的文学阐释学原则更多强调了阐释的中国性与自然本体基础，它在坚持马克思主义文学阐释学的刺时济世精神的同时，重点突显了中华美学精神与中国古典文学阐释学以文化人、纲纪世风的教化传统。而阐释权的“人民”归属，也使得文学阐释的主体发生了重要转移——从早期的巫祝宗史，到秦汉之后通贯封建时代的士人阶层，再到现代社会的文人知识分子与文宣机构，直到今日作为阐释接受与认同主体的“人民”。“江山就是人民，人民就是江山”的二统循环判断，不仅明示了“人民”是推动历史前行的社会主体，而且宣告了“人民”是创生历史存在的自然主体事实。由此所昭示的“事实世界=符号世界”阐释逻辑，也启示出作为社会存在的文学，与具有自然属性的“人民”，实为一种双向反馈与相互镜鉴的阐释学关系。这样，“人民”内涵的丰富性与“人民的”阐释原则的灵活性就极大地扩展了马克思主义文学阐释学的弹性与张力，使中国化马克思主义文学阐释学获得了更加深广的“应用”基础，为文本意义的丰赡阐释留下了腾挪的空间。

“美学的”原则侧重内容美，包括“自然的美、生活的美、心灵的美”[2]。根据习近平讲话，“文艺的性质决定了它必须以反映时代精神为神圣使命。……坚定不移用中国人独特的思想、情感、审美去创作属于这个时代，又有鲜明中国风格的优秀作品”[3]。具体来说，那些生动反映改革开放和社会主义现代化建设的伟大实践，全面展示中国特色社会主义发展前景，着力书写人们寻梦的理想和追梦的奋斗，汇聚起同心共筑中国梦的强大精神力量；那些不断丰富拓展中国梦的表现内容，那些表现国家民族宏大故事，反映百姓身边日常故事，体现中国声音、中国精神、中国风貌等等的文艺叙事，都

1《习近平总书记在文艺工作座谈会上的重要讲话学习读本》，学习出版社，2015年，第24页。
2《习近平总书记在文艺工作座谈会上的重要讲话学习读本》，学习出版社，2015年，第27页。
3 习近平：《在中国文联十大、中国作协九大开幕式上的讲话》，《文艺报》2016年12月1日。

属于“美学的”阐释原则的具体阐释内容。可以说，“美学的”原则所突出的是审美表现的特殊现实内容、情感心理与精神风格，强调的是文学审美的“中国性”特质。其阐释学目的，就在于通过重新确立中国文化主体性的姿态来确立当代文学创作与阐释的主体性立场，从而将文学阐释的一般性规约转化为特殊的审美想象，为当代中国文学的阐释找寻内在的知识、思想与信仰基础。凭此基础，一种植根于中国社会主义伟大实践的新型审美意识形态可望完成，一种有助于中华文化繁荣兴盛的文艺审美共同体也可望建立。

“艺术的”原则突出的是文学创作与阐释的形式标准，具体含义是：其一，指文学创作与阐释要尊重自身的形式美法则。如习近平讲话所指出，“精品之所以‘精’，就在于其思想精深、艺术精湛、制作精良”[1]。在2017年党的十九大报告中，“艺术的”阐释原则与“人民的”阐释原则成为一种互文表述：“要繁荣文艺创作，坚持思想精深、艺术精湛、制作精良相统一，加强现实题材创作，不断推出讴歌党、讴歌祖国、讴歌人民、讴歌英雄的精品力作。”[2]不难看出，通过强调文艺形式美学法则与“人民的”阐释原则的关联，就为形式美法则奠定深广的现实基础，弥补了形式美法则所一贯欠缺的感性现实根基。“艺术的”原则的第二层含义是文艺形式的创新性。根据习近平讲话，“文艺创作是观念和手段相结合、内容和形式相融合的深度创新，是各种艺术要素和技术要素的集成，是胸怀和创意的对接。……提倡体裁、题材、形式、手段充分发展，推动观念、内容、风格、流派切磋互鉴”[3]。文艺形式创新，既是文艺创作与文艺阐释的内在生命力所在，也是中华文化实现创造性转化与创新性发展的内在要求。总之，“艺术的”原则的两层含义，既强调了文学创作与阐释的一般性与普遍性，又突出了文学创作

1《习近平总书记在文艺工作座谈会上的重要讲话学习读本》，学习出版社，2015年，第11页。

2 习近平：《决胜全面建成小康社会 夺取新时代中国特色社会主义伟大胜利——在中国共产党第十九次全国代表大会上的报告》，人民出版社，2017年，第43页。

3《习近平总书记在文艺工作座谈会上的重要讲话学习读本》，学习出版社，2015年，第12页。

与阐释的开放性与特殊性，它不是将文学创作与阐释的一般性递归为特殊性，而是就在一般性中理解特殊性；也不是将文学创作与阐释的中国性提升为世界性，而是就在个体性中理解普遍性，在现实性中理解理念性，实现文学创作与阐释的中国性与世界性的统一。

总之，新时代的马克思主义文学阐释学的“中国范式”，基本取向是由独特性而普遍性，由传统性而当代性，由中国性而世界性。这种阐释范式虽基于某一特定的阐释原则，但它在反思性的实践应用中却要求突破特殊原则而向理解的一般原则跃升。实现这一目标，单靠语言学的释义是不够的，它需要语言背后巨量的社会实践与阐释共同体的共通性情感心理的支撑，以保证阐释的确当。这就是马克思主义文学阐释学“中国范式”的最新实践逻辑。这一逻辑以文艺的现实性为根底，通过突出其伦理性与批判性，使文学阐释成为一种比拟于人类物质生产与创造的实践性活动。在这个活动中，阐释的“原理”与“应用”功能将成为一体，传统文学阐释的真、善、美原则将由现代性的分梳重新走向融合，以适应“事实判断＝价值判断＝审美判断”的国家主义阐释逻辑。文学阐释将成为超越文学文本并溯及文本背后广阔生活世界的实践活动，文学文本与生活文本将成为一种结构性批判与阐释关系，并最终形成一种具有新的知识、思想、信仰基础的成熟型马克思主义文学阐释学“中国范式”。

5.“中国范式”的发展：中国马克思主义文学阐释学的建构

马克思主义文学阐释学的“中国范式”作为马克思主义文学阐释学中国化最新发展成果，一直指引中国当代文学阐释学发展并成为中国当代文学阐释学的基本依据。前文指出，从马克思主义文学阐释学于20世纪初正式传入中国，开启了理论本身的中国化历程，到1942年毛泽东《在延安文艺座谈会上的讲话》对马克思主义文学阐释学的提升转化，再到习近平《在文艺工作座谈会上的讲话》对毛泽东《在延安文艺座谈会上的讲话》的创新发展，它已走过了百余年的历程。百余年来，马克思主义文学阐释学兼容文学创作标准，引领中国文学发展，并在中国化过程中影响制约了中国文学阐释学的发展取向与整体风貌。

但马克思主义文学阐释学的“中国范式”也在一定程度上存在着与中国传统文学阐释学相脱离，以及难以完全适应不断变化着的中国文学现实等问题。因此，如何在新时代创新发展马克思主义文学阐释学“中国范式”的内涵，实现马克思主义文学阐释学与中国传统文学阐释学深度结合，推进马克思主义文学阐释学的中国化时代化，理应成为中国马克思主义文学阐释学发展的核心课题。本书提出的解决思路是：以马克思主义文学阐释学与中国传统文学阐释学的观念演进为逻辑基础，以佛教中国化过程中所形成的“格义”阐释法为方法路径，探索一种融合二者合理意涵的中国马克思主义文学阐释学“新格义”实践阐释法。此种“新格义”实践阐释法，因其具有本体论、方法论、价值论与实践论相统一的特性而可以成为推进中国马克思主义文学阐释学内涵创新发展的基本方法。

中国马克思主义文学阐释学的“新格义”实践阐释，是指以马克思主义文学阐释学与中国传统文学阐释学的观念逻辑与理论意涵为知识资源，以“格义”阐释法为方法路径，通过融通马克思主义文学阐释学与中国传统文学阐释学在各自的历史演进中所展现出的主导性逻辑观念与核心实践意涵，形成一种面向时代文学现实的中国马克思主义文学阐释学新方法、新范式。

对中国马克思主义文学阐释学而言，进行“新格义”实践阐释，就是要：其一，对马克思主义文学阐释学与中国传统文学阐释学在历史发展中的不同内涵作意义“共现”，发现相同的意义因子；其二，对马克思主义文学阐释学与中国传统文学阐释学在历史发展中所呈现出的不同内涵作意义“分梳”，发现相异的意义因子；其三，保留相同的意义因子，对相异的意义因子作基于观念本体的意义“比堪”，提取各自合理的成分；其四，根据当下中国文学现实，融合“相同的因子”与“相异的合理成分”，创新中国马克思主义文学阐释学的实践内涵，或创造新的本土化中国文学实践阐释概念。

通过上述步骤，我们就形成了一种中国马克思主义文学阐释学当代性阐释的新方法与新范式——一种基于“新格义”的实践阐释新方法与新范式。

值得注意的是，运用“新格义”实践阐释法推进中国马克思主义文学阐释学的当代性阐释，从方法论的角度讲，不是马克思主义文学阐释学与中国传统文学阐释学的征服（“化马”）或臣服（“马化”）问题，也不是“马体中用”或“中体马用”的体、用问题，而是现代性时间轴上不同阐释主体的观念互鉴与转化创造问题。易言之，中国马克思主义文学阐释学的当代性实践阐释，不宜理解为一种植根于资本主义晚期阶段所催生的理论如何转化或进入社会主义新时代的国家文学观念与文学实践问题，而宜理解为一种总体性的文学阐释观念如何转化并引领具体的文学观念与文学实践问题，即它不是两种文明形式的对接与转化问题，而是理论的普遍性与特殊性的辩证统一问题。因此，“新格义”实践阐释的首要目的，就在于消解中国马克思主义文学阐释学的历史语境与当下文学现实语境的区隔，以便通过对前者的重新理解为后者开辟实践道路，实现马克思主义文学阐释学与中国传统文学阐释学的融通荟萃与转化创造。

（1）马克思主义文学阐释学的“新格义”实践阐释

运用“新格义”实践阐释法推进中国马克思主义文学阐释学的当代性，首先需要对马克思主义文学阐释学的观念逻辑与理论意涵做出分析，为进一步的“新格义”实践阐释打好知识资源基础。

通过前文对马克思主义文学阐释学之确立、转嬗、创新、成熟、创新的“中国范式”分析，可知：

第一，在观念逻辑与理论意涵的源始义理层次，马克思主义文学阐释学，观念根基为唯物史观，理论依据是“美学观点和历史观点”。

第二，在观念逻辑与理论意涵的衍义层次，马克思主义文学阐释学中国范式的基本内涵是“政治标准与艺术标准的统一”。

第三，在观念逻辑与理论意涵的反思层次，马克思主义文学阐释学中国范式具有“真实性、政治性与艺术性”相统一的调节性内涵。

第四，在观念逻辑与理论意涵的综合层次，马克思主义文学阐释学中国范式是一种“思想性、艺术性、观赏性”相统一的构成性阐释。

第五，在观念逻辑与理论意涵的创新层次，马克思主义文学阐释学中国范式具有“历史的、人民的、艺术的、美学的”创造性阐释内涵。

（2）中国传统文学阐释学的“新格义”实践阐释

运用“新格义”的实践阐释法推进中国马克思主义文学阐释学的当代性，还需要对中国传统文学批评中的阐释观念（广义而言的“中国传统文学阐释学”）与理论逻辑做出分析，以便获得马克思主义文学阐释学的“对位阐释”内涵，为进一步的“新格义”实践阐释作知识资源准备。

统而言之，中国传统文学批评中的阐释观念是以“道”“文”“质”三大核心概念为框架的历史性展开。从“道”的角度看，中国传统文学批评从先秦两汉文学观念形成伊始，就奠定了以文之本源或本质为基础的观念理解传统。从“文”与“质”的角度看，自周秦以迄南北朝为文学观念演进期，文学批评与阐释偏于“文”；自隋唐以迄北宋为文学观念复古期，文学批评与阐释偏于“质”；自南宋金元以后直至现代为文学观念之完成期，文学批评与阐释强调“文”与“质”的统一。三大时期与三种批评和阐释观念共同构成了理论演变“正”“反”“合”关系。[1] 如若综合“道”“文”“质”三大批评与阐释观念，则可进一步看出中国文学批判中的阐释观念在思

1 郭绍虞:《中国文学批评史（上册）》，商务印书馆，2010 年，第 8 页。中国文学批评史的分期是一个复杂的问题，依据朝代演递、批评观念发展或文学自身发展而可作多种理解。本书认为，若以中国文学批评史中阐释观念自身的演进来看，郭氏三期说较为妥切；若从中国文学批评史阐释观念的逻辑结构来看，则应拓展三期说为五期说。

想、形式、内容三方面的概念迁衍与含义演变，即先秦两汉“质”“文”统一而重“质”，魏晋南北朝“道”“文”统一而重“文”，隋唐五代北宋“道”“文”“质”统一而重“道”与“质”，南宋元金明文学批评与阐释分疏而为“道”“质”统一而偏“道”、“文”“质”统一而偏“质”两条路向，清以来“文”“质”统一而重“质”。中国传统文学批评与阐释的这五个时期如若理解为一个有机整体，那么其结构性变迁与语义转嬗，大致对应于以“创造的诠释学”来观察整个中国传统文学批评中的阐释观念所获得的“实谓”“意谓”“蕴谓”“当谓”“必谓”五层次意涵。

第一，先秦两汉文学批评与阐释“质”“文”统一而重“质”，它构成了中国传统文学批评与阐释的逻辑起点与意义原点。

任何理论都有其源发语境与原始意义。中国传统文学批评中的阐释观念源于中国经学时代的自然观念与政教人伦传统。孔子“志于道，据于德，依于仁，游于艺”（《论语·述而》）的“道”（自然之道、人伦之道、性情之道）本“艺”（“技”）用文学观，评韶乐“尽善尽美”的美善合一判断，以及由此衍生出的对人之品行“文质彬彬”的道德要求，构成了中国传统文学批评与阐释以道德人格御领文学风格的滥觞。孔子论诗的“兴”“观”“群”“怨”（《论语·阳货》）致用标准与“诗无邪”（《论语·为政》）的道德企向，论文的“言以足志，文以足言”“言之无文，行而不远”（《左传·襄公二十五年》引孔子语）、“情欲信，辞欲巧”（《礼记·表记》引孔子语）的审美取向，表明孔子同时持有尚文与尚用（文中求用，用中求文）的中庸文学观。《周易》敬守“言有物”“言有序”的绝天地通观念与“修辞立其诚”的道德规诫，也深刻影响并陶铸了后世文学批评与阐释的“文”与“质”方向。加上早期《尚书·虞书·尧典》“诗言志”的文学标准滥觞及其衍生形态“诗以言志”（《左传·襄公二十七年》）嶡向，孟子“说诗者不以文害辞，不以辞害志”（《孟子·万章》）的“文”“辞”“志”之辨、“我善养吾浩然之气”（《孟子·公孙丑上》）的配义与道养气工夫以及由此推阐而出的自然乾健文气说，乃至荀子“诗言是其志也”（《荀子·儒效》）的明道观，墨子尚实用的文之“三表”法（《墨子·非命》）与韩非“好质而恶饰”（《韩非子·解老》）的质用观，庄子由“道”进“技”与“诗以道志”（《庄子·天下》）的神道自然观，屈原《离骚》确立的发愤抒情规范，共同构成了早期中国文学批评与阐释中广义而言的诗（乐）与文（章）之情感与伦理标准规范，并层累而影响汉代“质”“文”并用的创作、批评与阐释观。

汉代经学时代文主教化，诗主美刺。《礼记·乐记》的“乐教”观与《毛诗·大序》的“诗教”观强化并奠定了后世中国文学批评与阐释中的文学功用标准。虽然文学创作领域辞赋主文而靡丽，但并未冲淡批评与阐释观念的质用偏宕。西汉扬雄由“尚辞”向“尚用”（《法言·吾子》）的徒转，司马迁标举的文约辞微、类近义远的中庸之道，均可作如是观。加上东汉王符秉阶先秦而作重质轻文判断（《潜夫论·释难》），王充邀“实诚”而诋諆“虚妄”（《超奇》），要求文学抒情记事自然真实而有“劝善惩恶”（《佚文》）之用，则扩展并提升了致用的文学观为比德的批评与阐释观。文学批评与阐释的比德标准视评文为评人，认为人格制约风格，风格通约人格，二者在汉代天人感应与天人相副的经学框架下极易凝结为“文如其人”“文与人类”（方孝孺《张彦辉文集序》）的比德、比道批评与阐释判断，后者作为圣人王道情怀或显或隐地通贯并影响全部中国文学批评与阐释观念史。

第二，魏晋南北朝文学批评与阐释突出“道”“文”统一而重“文”，它构成了中国传统文学批评与阐释的观念逻辑与理论意涵的规范内涵。

中国传统文学批评在历史发展中常因文学观念与文学体裁的变化而衍生出复杂精微的文体意义，由此奠定了中国文学批评与阐释的本然意义。魏晋时期“人的自觉”与“文的自觉”双双影响两汉以来重质扬教的文学批评与阐释观走向解体。时代氛围的整体性变化也提醒人们比德教化式文学实已脱离文学自然本义（“纹”）。有鉴于此，魏晋士人不惜援儒入道，引导文学走向审美性追求。通过强调文学的审美性尺度，文学批评与阐释遂由尊崇人伦之道转向崇尚自然之道。而文学自然之道的突显又催生“以情纬文”“以文被质”的文学轨则，在清谈析理与“义归于翰藻”的濡染下，终使韵骈一体化的偏“文”批评与阐释观成为衡量文学的标准。曹丕举文章为“经国之大业，不朽之盛事”，虽就文学功用论说，但亦包含了对文之事功内容与风格形式的无上期许：“文本同而末异”，“文以气为主”（《典论·论文》），文体当各备体气、音律等独立审美秉性。挚虞类辑各体文章而“宣上下之象，明人伦之序”（《文章流别论》），突出文之形式与政教功用的对应关系。葛洪虽重质尚用，但并不排斥文之形式的“清富赡丽”与“汪濊博富”（《抱朴子·钧世》）。萧统既坚守“事出于沈思，义归乎翰藻”（《文选序》）的形式主义批评与阐释观，又强调“文质彬彬”（《诗苑英华》）的批评与阐释原则。沈约迻自然节律于文学创制而获“四声八病”诗律定则。刘勰《文心雕龙·体性》敷赞文之“八体”，虽意标明八种不同文学风格，但亦为对文学形式美的括示，特别是其对文之内容“原道”“体情”的要求与文之形式“自然”“通变”之规范，既构成了对先秦时代文、质传统的推阐，更预示了此后文学批评与阐释的基本蕲向——“原道”“征圣”“宗经”实际上分别从思想、内容、形式三方面总结了早期经学时代“道”“质”“文”的阐释范式，通过援佛入儒而为此后中国文学批评与阐释的基本框架与基本内涵划定了轮廓。

这一时期，文学批评与阐释之“道”虽仍然高悬，但批评家与阐释家更看重的是“道”的外显。《文心雕龙·附会》所申述的“情志”与“事义”、“辞采”与“宫商”，正是为文之“道”在“质”与“文”两方面的展开；而《文心雕龙·知音》胪列文学批评与阐释的“六观”法，即“位体”“置辞”“通变”“奇正”“事义”“宫商”，则更偏重从文之审美形式提出判断标准。虽然这一时期钟嵘《诗品》也从鉴赏标准角度高扬自然风格而诋诃拘挛补衲、繁密巧似的各体形式主义，先秦“言志”文学观至魏晋也一度寝微，但思想的精微常隐含在激变的观念中，概念外壳的置换也常存有其先前古老的意义。陆机《文赋》“缘情”文学观正是先秦“言志”说的巧妙置换，并在沙门炽盛的南北朝时代氛围中分宕而生南“贵于清绮”、北“重乎气质”（李延寿《北史·文苑传序》）的全新文学批评与阐释观。这种批评与阐释观经由颜之推的再度儒学化而合二为一，成为“文章当以理致为心肾，气调为筋骨，事义为皮肤，华丽为冠冕”（《颜氏家训·文章》）的“文”“质”统一观，它深刻地关联从先秦至清末主体性的“载道”与六朝、五代、晚明主导性的“缘情”两大对立性批评与阐释观念。可以说，这一时期“文”与“质”批评与阐释观念的变迁，表面上体现的是文学内部规律的变化，实际上反映的是文学背后的作家与批评家及阐释家通过文学标准调校人生标准，通过人生标准鉴证经世标准并获得自我认同的世俗努力。

第三，隋唐五代北宋文学批评与阐释“道”“文”“质”相济，而尊“道”与“文”，它构成了中国传统文学批评与阐释观念逻辑与理论意涵的义理扩展。

中国传统文学批评中阐释观念的演进过程，也是观念自身与语义内涵本身丰富扩展的历程。隋唐五代至北宋总体上的复古倾向使得文学批评与阐释强调“道”“文”“质”统一，而尊“道”与“文”。

在尊“道”方面，隋时李谔与王通承袭北朝复古先声，扬道尚质，贬黜虚饰文风，再倡文以载道，初开唐音新声。唐代创新先秦两汉文以载道观念而成“文以贯道”。“贯道是道必借文而显，载道是文须因道而成。”[1] 虽着眼点都为“道”，但有先秦两汉偏于“道”与隋唐“文”“道”并重、“道”入

1 郭绍虞：《中国文学批评史（上册）》，商务印书馆，2011 年，第 10 页。

“文”出的区别。魏徵《隋书·文学传》通过对南北朝文学“文”“质”风格的区分而指向理想文学形态“文质彬彬，尽善尽美”的价值判断，统合汉代比德说与魏晋人物品藻观念而成作家人格与作品风格缀连评点观念，再开有唐一代文学批评与阐释的道德传统，也辗转延及宋代浙东学派的基本文学观。浙东学派代表人物吕祖谦、陈傅良等人将文学批评与阐释道德化、知识化，秉守“道盛则文俱盛”（《文章策》）淑世主义阐释观，视人格与风格为体与用、本与末关系，以道德统驭辞章，正反映了“文如其人”“人如其文”道统文学观的强大孳生力。随后陈亮、叶适等人踵步浙东学派，提出为文“根乎仁义而达之政理”（陈亮《书欧阳文粹后》）、“为文不能关教事，虽工无益也”（叶适《赠薛子长》）的批评与阐释观念。考虑到道与教在古代的一体关系，扬道即扬教，因而重视文之政教事功，亦为尊“道”批评与阐释之端绪。由于尊“道”批评与阐释观同时具有正本清源、辨古察今、贻鉴将来之功用，因而这一思潮影响了宋初的诗文复古运动。

在“文”“质”方面，如文学批评家罗根泽所指出：“初唐的诗论，侧重对偶格律的提示；中唐的诗论，侧重社会政治的作用。”[1] 从初唐后诗之对偶格律的形式美追求，到中唐后诗之重大社会内容的承载，唐代文学批评与阐释接踵南朝缘情绮靡与北朝质直言志而有自己的融合创造。陈子昂标兴寄而尚质朴，李白在诗歌领域的“复古”与韩愈在文章领域的“复古”，均指向形式的自然与内容的质朴。杜甫“美刺”“不平则鸣”的讽喻批判精神，“惜时伤春”“民胞物与”的天地与天下情怀，“转益多师”与“清词丽句”的形式美追求，兼及慕古与尚今而使其成为中唐文学阐释的集大成者。白居易“文章合为时而著，歌诗合为事而作”、“补察时政，泄导人情”（《与元九书》）的社会期许，与“诗者，根情，苗言，华声，实义”的形式要求，统

1 罗根泽：《中国文学批评史（上）》，上海人民出版社，2015 年，第 340 页。

而言之，以笔为文，以质当文，内容上符合“风雅”教化，形式上契合比兴声律，为初唐与中唐文学批评和阐释的基本标准。中晚唐后，文学批评与阐释在复古重“道”与复古扬“文”两条道路上同时行进。韩愈以文为教，由文明道，宗经则古，闳中肆外，终以复古的形式为道、文、质添注时代内涵。柳宗元阐道扬文，讲求“为文以神志为主”（《与杨京兆凭书》），区别文与诗之绳墨，兼重文以明道与诗以缘情。晚唐五代后文学批评与阐释普遍偏重“诗格”“赋格”“文格”，显示出对格律俪偶等文之形式美的再度扬厉。如杜牧矜重“文以意为主”（《答庄充书》），强调为文要表现个体性的“意志”，而非形而上之道。司空图在标举二十四种文学形式风格的同时，不忘“存质以究实，镇浮而劝用”（《与惠生书》）的内容要求，从而使审美主义的形式与淑世主义的内容较好地融为一体。唐代文学批评与阐释的另一创获，是作为外来思想的佛教渗透到文学批评与阐释领域，影响了以禅论诗阐释思潮的兴起。“意境”理论的产生，正是这种思潮的果实。以司空图“象外之象，景外之景”（《与极浦书》）、刘禹锡“境生于象外”（《董氏武陵集记》）为核心的“意境”理论，在经殷璠、王昌龄、皎然、刘禹锡、司空图等人辨审推阐后，成为有唐一代的又一标志性批评与阐释概念，它虽未在其时成为主导性的文学批评与阐释观念，但在清末民国初年经王国维重释而成为衡量中国古典诗文的最高标准。

宋初诗文复古革新运动中的重文轻道形式要求与重道轻文内容诉求，直接引发了其时文学与道学的分立。宋初古文运动以明道致用为核心，在文之形式上要求“随言短长”（柳开）、“易道易晓”（王禹偁），在文之内容上要求“垂教于民”（柳开）、“传道明心”（王禹偁）。至北宋中期欧阳修，更重文与诗之内容、形式与功用的梯级关系，提出“道胜文至”（《欧阳文忠公文集·答吴充秀才书》）、“事信言文”（《代人上王枢密求先集序书》）、“道易知而可法，其言易明而可行”（《与张秀才第二书》）、“诗穷而后工”（《梅圣俞诗集序》）的内容决定形式与事功的道文兼重阐释观。邵雍举慕“以家观家，以国观国，以天下观天下”（《伊川击壤集序》）超越私己喜好的公共性文学批评与阐释观念。周敦颐祖述周秦以来“文以载道”（《文辞》）阐释观，乃至二程矜重“道为文心”（《答朱长文书》），司马光力张“文止通意”（《答孔文仲司户书》），王安石倡言“治教政令”（《与祖择之书》），均强调了儒家之道之于辞章的决定性意义。但到了苏轼，儒家之道一变而为对内容与形式“述意”和“达辞”的双双解缚。“意”的自由性与“辞”的多样性，构成了苏轼“文必与道俱”的泛“道”文学观念基石。虽然这一时期文学批评与阐释总体上仍然模糊，鉴赏与阐释二分，但苏轼却基于物各有理的自然生命观而申鉴赏斥阐释，视前者为公共性判断，后者为私己性爱憎，认为“文章如金玉，各有定价，……绝非一夫所能抑扬”（《答毛滂书》）。此后的黄庭坚远承唐人遗绪而诘反苏轼，重视文之“布置”“法度”，揄扬文之内在形式律则，贬黜文之外在作者自由的心灵形式。黄庭坚的这种通过诗文外在“钩深入神”功夫以达内在“和光同尘”（《赠高子勉》）境界的批评与阐释主张，在同时代的道学家里也有其知音。周敦颐明确倡导“文以载道”说，认为“文辞，艺也；道德，实也”（《文辞》第二十八），犁分“文”与“道”的表里关系。二程推衍周敦颐而使“文”与“道”关系极化，得出“作文害道”与“有德者必有言”（《二程遗书》卷十八）的弘道黜文结论。司马光、王安石等人则持道体文用的批评与阐释观，视文为“能尽其义，能行其道”（《答孔文仲司户书》）、“治教政令”（《与祖择之书》）之器。可以说，以诗文之用为批评与阐释本体，通过诗文品鉴“以知善恶治乱兴废”（《二程遗书》卷十一），偏用主善，是北宋道学家的主导性文学批评与阐释观念。

第四，南宋元金明文学批评与阐释观念分疏而为“道”“质”统一而偏“道”、“文”“质”统一而偏“质”两条路向，它们共同构成了中国传统文学批评与阐释观念逻辑与理论意涵的批判反思。

中国传统文学批评理论与阐释学在历史发展中，常常通过文学发展与理论观念本身的历史性反思，摘拾并辨析批评与阐释观念自身的合理意义。南宋之后，中国文学批评与阐释进入完成期，一方面，总体批评与阐释的倾向是南宋与元“道”“质”统一而偏“道”，明“文”“质”统一而重“质”。理学家朱熹倡导“道文一贯”说，认为“道者文之根本，文者道之枝叶”（《驳俱道说》），二者轻重虽异，但质实同一，文由道流，文亦含道，道文一体。心学家陆九渊反求诸己，由知文而知道知心，秉持“知其人者非他，知其心与道也”（《策问四》）的文从心出、直抵本心阐释观。而陆游提倡“诗外功夫”（《示子遹》），张戒“言志”“咏物”（《岁寒堂诗话》）并举，则是将诗人的道德学问作为诗的打底功夫。另一方面，南宋文学批评与阐释也直扣诗歌意义本体，其典范代表严羽《沧浪诗话》援佛入儒，将得自诗人之外的天然“妙悟”与源自诗人内在天禀之“兴趣”作为评诗尺牍，从而超出以往论诗泥于道德、内容与形式的绳墨。严羽论诗界分汉魏唐宋，注重“一代有一代之文学”的时代性标准，区分个性风格差异而悬置褒贬判断，注重熟参与亲证体悟而鄙作壁上观，实为原始儒学“道始于情”的时代性表达，它直接启益金元好问等人作诗与评诗讲求“天成”“自得”“超然”的自律性审美境界论的提出。

元代文学批评与阐释视“道”为体，“质”与“文”为用。“道”即天地人伦教化之“理”；“质”既指表现内容，又指内容所滋生的文之功用；“文”既指形式技巧，又指运用形式技巧后的艺术形态。欧阳守道提出“文资于理，理资于学”（《送曲江侯清卿序》），强调了文之思想之于形式的决定性意义。刘辰翁提出“文犹乐也”（《答刘英伯书》）的形式重于思想的批评与阐释观念。刘将孙则敉合“文”“道”裂隙，一方面强调“文以理为主，以气为辅”（《谭村西诗文序》），另一方面说明“尽文之妙者，焕而已”，意欲兼重文道；其“时文之精，即古文之理也，……若穷极而论，亦本无所谓古文，虽退之政未免时文耳”（《题曾同父文后》）判断，阐明“时文”与“古文”一理的文学观，透露出某种超越时代与地域的早期中国文学天下观念，抑或中国文学批评与阐释蕲向“世界文学”的先声。刘将孙、赵青山、杨维桢等人对诗文表现人之自然性灵与情性的一贯高扬，虽然有偏道学与偏禅学的差异，但亦内在于元代文学批评与阐释的文道传统。

明初宋濂在《赠梁建中序》中通过区分文之“上中下”三等而将金元文学性灵之论扩充为自然之道与人伦之道彼此贯通的双重形式，探寻与自然性灵和政教伦理相应的文学形式，虽重义理而不废形式，终成“明道而立教”（《文说》）的文学功用观。宋濂在明初的复古运动，并非要回返思想之古，而只是诉诸“人同此心，心同此理”的自然设定，推阐“六经皆心学也”“经有显晦，心无古今”（《六经论》）判断。实际上代表了有明一代师心自用、标举性情、由情入质的文学批评与阐释主潮，这从薛瑄“凡做诗文以真情为主”（《诗评》），高启标举诗“格”“意”“趣”（《独庵集序》）而从本体、性情、风格三方面划定好诗之轨则可以清晰地看出。由于性情常常决定风格，因此主性情即允许风格多样性；这样，根据风格与人格的影响关系，可知这一时期文学批评与阐释中的人格观念已离弃伦常教化内涵而向自然性格衍展。李东阳基于诗之法度音调等形式律则而提出不同时代诗歌“各自为体”（《怀麓堂诗话》）的判断，其逻辑正是：因时代土壤不同，故人秉气性不同，作诗亦不同，故而不同诗论宜不主一格。此后的李梦阳既主情，又倡诗文格调形式，其文尊秦汉、诗崇盛唐，正是此种观念影响下情质宛洽的表现。此外如王廷相追摹诗之意象，超越“言征实”与“情直致”（《与郭价夫学士论诗书》）而追求形式与情感的谐和。明后七子王世贞等人强调心与境迁、诗随情变，突出时、人、诗的感应激荡关系，将“性情之真”（《章给事诗集序》）视为绳墨；谢榛亦重“性灵”，但同时突出了后天之“养”与“悟”的重要性：“文不可无者有四：曰体，曰志，曰气，曰韵。作诗亦然。体贵正大，志贵高远，气贵雄浑，韵贵隽永。四者之本，非养无以发其真，非悟无以入其妙。”（《余师录》）胡应麟提出“气运推移，文质迭尚”“格以代降”（《诗薮》），突出了一代有一代之文学的事实，无不是本体、性情、风格统合批评与阐释观念之影响的产物。

明中叶以后李贽高扬“童心”而鄙弃文法，庄元臣“文章犹舟”（《叔苴子·内篇五》）的以文载道比譬，都是要文章由真性情而通向真道德，而非泥于辞章格调。公安派一方面强调文随时随势而变的重要性，认为“天下无百年不变之文章”（袁中道《花云赋引》），“彼不知有时安知有文”（袁宏道《与友人论时文书》），“人事物态有时而更，乡语方言有时而易，事今日之事，则亦文今日之文而已矣”（袁宏道《与江进之尺牍》），即认为文学应随时势而作风格、技巧乃至文体的变化；另一方面也认为，文要守其真，在变化中始见出真性情、真趣味，而文学唯有忠实反映变化中的性情与趣味，独抒性灵，不拘格套，才可能见出个体性的真性情与真趣味。时代性与个体性，因而成为公安派的主流文学批评与阐释标准。这一标准至明末，由于鹿善继等人坚持“心通理通”（《辅仁社草初集序》）的超历史原则而实现了初步的统一，并启发明末黄淳耀基于“心通理通”文学原理而作融洽文学批评与阐释观念的努力。黄氏倡导“应求义理于六艺，求事迹于二十一史，求万物之情状于骚赋诗歌，求载道之器于汉唐宋数十家之文章”（《上房师王登水先生书》）的学风，推而论之，正是其冶古今文学批评与阐释于一炉之知识宣言，它直接开启了清代文学批评与阐释中道与法，文与质、才与学、情与理、德与艺等二元标准合而观之的先声。

第五，清代文学批评与阐释“文”“质”统一而尚“真”，它构成了中国传统文学批评与阐释观念逻辑与理论意涵的综合创新。

中国传统文学批评中的阐释观念在特定的历史语境中常会因新的时

代文学现实而创造新的批评与阐释概念，赋予自身以新的内涵。清初实学思潮的强势弥漫，影响钱谦益以“通经汲古”（《答山阴徐伯调书》）为基本原则，追求为文性灵与学问统一于真质的批评与阐释观。在钱氏看来，性灵与学问之可以统一，在于二者均追求一“真”字：“真文必淡”“真文必质”“真文必简”“真文必平”“真文必变”。（《复李叔则书》）“淡”“质”“简”“平”“变”括而为“言之有物”的内容要求与“修辞立其诚”的情感要求，合而构成钱氏文学批评与阐释的基本标准。至顾炎武、黄宗羲，因感喟于华夷更替的时代剧变，一方面反对空疏文风，追求文之真精神；另一方面坚守文之功用观，要求“文须有益于天下”，发挥“明道”“纪政事”“察民隐”“乐道人之善”（《日知录》）等济世功用。在黄宗羲看来，盖因道由心出、道以养得，故而文可兼道、道可兼文，这就避免了文以载道、文以明道“犹为二之”（《李杲堂先生墓志铭》）的“文”“道”分裂弊病。而“文”“道”为一，正是诗文情真的前提。黄宗羲举诗为主观情感表达客观事物的艺术样式，“诗也者，联属天地万物而畅吾之精神意志者也”（《陆鉁俟诗序》），“诗之为道，从性情而出”（《寒村诗稿序》），从而将诗歌通过当下物境以表达真挚而普遍的情感作为评价诗歌良莠的基点。

同样，王夫之基于“兴观群怨”的体验式文学批评与阐释方法，得出“作者用一致之思，读者各以其情而自得”（《诗绎》）的纯文学批评与阐释观念。在王夫之看来，唯当诗歌意与势、情与景浃洽融合而成真境，才能作为一种本体性的文学意象与阐释标准。这样，性灵说与格调说在风格与风教问题上的冲突，通过二者分别表现性情之真与事理之真而得以调和。“真”因而成为清代诗文评判的主要矩矱。钱谦益论诗，略文法而重情志，扬内容而黜形式，倡导“诗言志，志足而情生焉，情萌而气动焉”（《题芜市酒人篇》）的批评与阐释观，开创了以个体的情感温度评诗论诗的新方向。叶燮的诗学通变论，不管是“时有变而诗因之”的历史缘变论，抑或“诗递变而时随之”的文学缘变论（《原诗》二），均否弃了诗之古今之争与文体之争的风格形式高下优劣问题，认为它们不过是不同时代不同文体相应的形式表现而已，因而诗的评论，应抓住诗之本与诗人之本。诗之本分为“理”“事”“情”，合而为“触兴”；诗人之本分为“才”“胆”“识”“力”（《原诗》二），合而为“胸怀”，它们一起构成了诗歌评判的“自然之法”。叶燮评诗诉诸诗歌自然生命本体与诗人自然生命身体，而非外在的形式辞律，是清初文学阐释求“真”的另一独异性表现形式。这种独异性形式，是建立在法知贵真、融合古今的知识形式之上的，因而影响了清季一批以此为志向的文学批评与阐释学者，并一直持续至清桐城派而成熟。

桐城派袁枚论诗，综合诸家，合格调、性情、神韵于一体，将表现与再现、主观与客观处处熔冶，主体之性与灵、情与才、韵与趣、真与学，乃至诗文各体形式风格，浑然为一。“故其论诗，天分与学力，内容与形式，自然与雕琢，平淡与精深，学古与师心，举凡一切矛盾冲突的观点，总是双管齐下，不稍偏畸的。”[1]而翁方纲“肌理说”偏于诗文内容，虽与偏于形式的明代“格调说”相狃，也绝异于清代主导性的“性灵说”，但实为用清代学统补正文统的尝试，因为当时的情势是：“士生今日，经籍之光盈溢于世宙，为学必以考订为准，为诗必以肌理为准”（《志言集序》）；因而诗文当“以古人为师，以质厚为本”（《贵溪毕生时文序》），合学人诗人为一，使诗文成为兼有“古人”之丰富形式与“质厚”之充实内容，即“有物有序”的“文”与“质”统一。何绍基重诗教，提倡“诗要有字外味，有声外韵，有题外意，又要扶持纲常，涵抱名理”（《题冯鲁川校像册论诗》），亦基于同样的批评与阐释观念。

清代桐城派方苞的“义法”所陈“言有物”与“言有序”（《又书货殖

---

1 郭绍虞：《中国文学批评史（下册）》，商务印书馆，2010年，第635页。

传后》)，姚鼐提出的“道与艺合，天与人一”“意与气相御二为辞”（《惜抱轩文集》)，“所以为文者八，曰：神、理、气、味、格、律、声、色”（《古文辞类纂·序目》)，合于“阴阳刚柔”，均为对文学之“质”与“文”的胪列示范。比较而言，抽象的“道”“义”“理”，与具体的“文”“法”“言”，虽然有方苞重“道”，刘大櫆扬“文”，姚鼐合“道”“文”之差异，但追求二者的统一，使文学形之于威仪，措之以事为，是桐城派文学批评与阐释蕲求的共同目标。又因桐城派所谓“义法”是一个恒常的变量，它“随文之内容而异，随文之体制而异，同时复随文之作用而异”[1]，故而可成为集文之“道”（思想）、“质”（内容）、“文”（形式）、“教”（功用）于一体的个体文学批评与阐释根本标准。桐城派之后，曾国藩再申“文”“道”合一说，并力图通过沟通汉学宋学以见“道”，打通骈文散文以为“文”，发挥文学的事功作用。章学诚虽扬“著述之文”而抑“文人之文”，但亦提出“志期于道，言以明志，文以足言”（《言公》）的批评与阐释观，认为文道一体，为文要言之有物、言之有序。做到“清”与“真”、“文”与“质”的统一，成为清代实学兴盛氛围中文学批评与阐释的时代性论旨。

晚清的民族危机一方面激发了刘熙载、陈廷焯、况周颐等人从民族文学内部总结反思文学批评与阐释的民族性传统的努力；另一方面也激发了洋务运动与变法维新等更加广泛的社会文化运动，后者推衍而成物质领域的师夷长技与文艺领域的师夷长艺，并经由梁启超、黄遵宪、王国维等人而打开“诗界革命”“文界革命”“小说界革命”“以西释中”等中西文化与文学观念碰撞裂口。晚清文学批评与阐释的最大特点，不仅表现在相关概念内涵的中西融合创新，更表现在批评与阐释范畴本身由“道”“质”“文”向“思想”“内容”“形式”的现代性置换，表现在批评与阐释对象本身由文言文

1 郭绍虞：《中国文学批评史（下册）》，商务印书馆，2010 年，第 379 页。

向现代白话文的转型。由于文学是以语言为工具的艺术，因此使用工具的变化，将势必引发文学本体与批评和阐释观念的根本性变化，继而引导中国文学批评与阐释躬身而入世界文学批评与阐释的洪流。

（3）“新格义”实践阐释与中国马克思主义文学阐释学的新内涵与新范式

根据前述“新格义”实践阐释法，中国马克思主义文学阐释学的“新格义”实践阐释，本质上就是将马克思主义文学阐释学与中国传统批评中的阐释观念（广义而言的“中国传统文学阐释学”）各自所具有的观念逻辑与理论意涵进行当代性的实践会通阐释。让我们遵循“新格义”实践阐释步骤，对马克思主义文学阐释学与中国传统文学阐释学分别作“共现”“分梳”“比堪”与“融通”阐释，结合现实的文学实践语境，尝试建构中国马克思主义文学阐释学的新内涵与新范式。

第一步：对二者作意义“共现”，发现相同的意义因子。

通过比较发现，马克思主义文学阐释学与中国传统文学阐释学在逻辑起点与理论原点层次均强调文学内容的真实性，在阐释学的规范意义层次均突出文学形式的审美性，在阐释学的意义反思层次均认同文学思想的原创性与文学形式的审美性，在批评标准的意义综合层次均彰显思想的创造性与内容的真实性，在阐释学的意义创新层次均擎持内容的知识性、功用的多样性。合而观之，可知中国马克思主义文学阐释学在观念逻辑与理论意涵上须秉守思想的创造性、内容的真实性、形式的审美性与功用的多样性。

第二步：对二者作意义“分梳”，发现相异的意义因子。

就马克思主义文学阐释学与中国传统文学阐释学各自具有不同观念逻辑与理论意涵而言，前者在逻辑起点与理论原点层次突出了内容真实与形式合体的重要性，后者则强调了文学内容善真的首要性；前者在阐释学的规范意义层次突出了思想正确的必要性，后者则突出了文学形式合体的首要性；前者在阐释学的意义反思层次突出了内容统领思想与形式的重要性，后者则突出了思想创生与引领内容的必要性；前者在阐释学的意义综合层次突出了思想、内容相合于鉴赏的必要性，后者则突出了思想与内容因文分梳的重要性；前者在阐释学的意义创新层次突出了思想正确、形式合体与功用多样的互补性，后者则突出了内容真实的基础性。

第三步：保留相同的意义因子，对相异的意义因子作基于文学本体的意义“比堪”，提取各自合理的成分。

由于当下中国文学存在形态已经发生了急剧变化，传统纸媒文学、新型网络文学、AI文学共同构成了新文学形态，传统自律性文学正逐步走向解体，语境、作者、作品、读者、阐释家原本泾渭分明的界限渐次模糊，文学阐释要素也在发生重大变化——文学思想由观念正确走向观念创新，文学内容由现实真实走向虚拟—现实真实，文学形式由审美性走向审美性—物质性的混杂形式，文学功用由教化—启蒙—革命走向现实实践—创造——因而文学阐释要在变化了的文学现实中依然具有阐释效度，就须关注更为广阔的非文学因素，去弊存益，创新发展。就马克思主义文学阐释学而言，其思想的创造性、内容的真实性、形式的美学性、功用的多样性将依然能够适应新的文学现实，并作为文学阐释的合理因素而存在，而其思想的革命性与正确性将成为有待精炼的东西；就中国传统文学阐释学而言，其思想的通变性、内容的善真性、形式的独立性，以及裹挟创作、鉴赏与阐释一体的阐释理数，将依然是新文学现实中的合理因素，而其思想的原发性、内容的现实性、形式的自律性等将成为有待革新的东西。

第四步：根据当下文学现实，融合彼此“相同的因子”与“相异的合理成分”，创新马克思主义文学阐释学与中国传统文学阐释学意义内涵，形成中国马克思主义文学阐释学的新内涵、新范式。

综合“新格义”阐释的上述三步骤，对马克思主义文学阐释学与中国传统文学阐释学作“融通”阐释，可以得出中国马克思主义文学阐释的“新格义”实践阐释范式：它是一种以中国社会文化与全球文化双重语境为背景，以不断变化着的当代中国文学实践为基础，以文学阐释的思想、内容、形式、功用为进路，通过打通马克思主义文学阐释的政治性、历史性、审美性、人民性标准与中国文学阐释“道”“文”“质”标准，实现中国马克思主义文学阐释的政治逻辑、情感逻辑、伦理逻辑、知识逻辑与实践逻辑的统一，使中国马克思主义文学阐释学在理念与实践两个方面成为一种统一文学创作、鉴赏、教化、批判与行动五重目标，且具有新内涵与新范式的全新文学阐释共同体。在此共同体内，每一部文学作品都可以激发阐释者的无限情感，每一次鉴赏都是意义的新发现，每一次阐释都是意义的新创造，每一次教化都是阐释者创新自我的新方式，每一次阐释活动的完成都是阐释者参与亲证与创新自我的行动事件。文学阐释的意义就在最终的行动事件中凝聚为一种意义敞开的观念探索与实践行动。而施行文学阐释的具体标准，也将在具体的阐释过程中形成。在这个过程中，作为理念与实践的中国马克思主义文学阐释学，其根本作用就在于：它可为这种阐释提供一种思想与实践逻辑，即一种以“新的作品现实语境—新的感知经验结构—新的文化心理结构—新的作品表现形态—新的文学阐释学—新的社会行动方案”为逻辑的新的文学阐释范式。在此范式中，中国马克思主义文学阐释的真、善、美、用标准将由现代性分梳而重新走向融合，以适应“事实判断＝价值判断＝审美判断＝实践判断”的国家主义文学逻辑；而中国马克思主义文学阐释学本身，将最终成为一种兼具创造性、批判性、伦理性与实践性的作品理解与社会行动方案。

第三节　“好的阐释”：批判性、知识性与价值性相统一的实践阐释

马克思主义文学阐释学“中国范式”的“应用”取向决定了其阐释的目标不是文本意义“是”的问题，而是“应当”的问题；决定了阐释者的效果

历史意识与阐释对象的效果历史所合力铸就的阐释活动的效果历史事件，而非某一固定的文本意义求解，才是阐释的中心。实践论而非知识论，由此成为马克思主义文学阐释学“中国范式”的本质。这一本质的形成，并不是中国特色社会主义文艺政策逻辑周延的理论要求，而是马克思主义文学阐释学“中国范式”本身的实践需求，它悬“好的阐释”为批判性、知识性与价值性相统一的阐释，使自身成为一种因时因地创新发展的实践过程。实践阐释，正是马克思主义文学阐释学“中国范式”的全新内涵。

如所周知，马克思主义文学阐释学的本义，并不以危微精一的形式存在于其经典作家论述里，而是存在于因时而变的社会生活实践里。实践，才是马克思主义阐释学的本源性“文本”。马克思主义文学阐释学“中国范式”的实践性之所以可能，其逻辑依据即在于此。马克思主义文学阐释学“中国范式”的本质，就是通过马克思主义文学阐释学的创造性转化与创新性发展，彰显马克思主义文学理论在中国的实践空间。它在“实践是检验真理的唯一标准”理念引导下，坚持认为“马克思主义具有鲜明的实践品格，不仅致力于科学‘解释世界’，而且致力于积极‘改变世界’”[1]。它所隐含的目的，是通过文学阐释的实践应用，实现社会与政治秩序的理想化重建。

马克思主义文学阐释学的“中国范式”萌生于马克思主义文学阐释学“中国化”过程中理论本身的边界反思与实践应用。理论超越其单纯的语言学与修辞学意涵而走向实践应用，并在实践应用中扩展其原有意涵，这是理论旅行的一般逻辑。在这个过程中，理论因其实践应用而得以创新发展。“马克思主义是实践的理论，指引着人民改造世界的行动。……实践的观点、生活的观点是马克思主义认识论的基本观点，实践性是马克思主义理论区别于其他理论的显著特征。马克思主义不是书斋里的学问，而是为了改变人民

1 习近平：《在哲学社会科学工作座谈会上的讲话》，《人民日报》2016年5月18日。

历史命运而创立的，是在人民求解放的实践中形成的，也是在人民求解放的实践中丰富和发展的，为人民认识世界、改造世界提供了强大精神力量。”[1]理论的实践应用或“中国化”过程从而也就是旧有的规范性不断被打破，新的规范性不断被确立的过程。由于规范性与特定社会生产方式及其制度性实践的天然关联，因此马克思主义文学阐释学的“中国范式”，就不仅是文本意义的理解（一般阐释学），更是意识形态批判（批判阐释学）。因为面对变化了的文学现实，唯有调整阐释原则以适应正在发生的变化，实践阐释学才能实现阐释的实践批判功能。但作为沟通自然科学的“说明”与精神科学的“理解”之实践批判原则，它并非规定性判断，而是一种类似于审美判断的调节性原则，后者通过“激发所有的人通过自我沉思把可以因果说明的行为方式转换为可理解的行为”，实现“自然的人化”和“人的自然化”。[2]因而实践阐释学作为马克思主义文学阐释学的“中国范式”，并非实证科学，而是统一实践对象与实践属性的历史唯物主义批判哲学，它可以跨越阐释学的单纯知识学设定而成为推动文艺变革与现实实践的巨大力量，进而成为引领人本身的全面自由发展的价值理念。

马克思主义文学阐释学“中国范式”的实践指向，要求对马克思主义“经典文本”的阐释，须从原义阐释走向创造性阐释与批判阐释。马克思主义文学阐释学的“中国范式”，从而表现为一种辩证阐释观念：它不仅是理解的，更是实践应用的，且唯有通过实践应用，它才获得一种深刻的变革动力，使自我摆脱了一切教条的束缚，成为真正的科学，并在具体的实践应用中根据不同语境，明确自我的批判性前提、知识性基础与价值性理念。

---

1 习近平：《在纪念马克思诞辰 200 周年大会上的讲话》，《人民日报》2018 年 5 月 5 日。

2〔德〕卡尔-奥托·阿佩尔：《科学主义、诠释学和意识形态批判》，收入洪汉鼎主编：《理解与解释——诠释学经典文选》，东方出版社，2001 年，第 379—380 页。

（一）批判性前提

由于文学文本的阐释原则，并不归于普通大众，而是专属于作为公共教化的文学体制，加上阐释的前见，也常由权威所把持；因此，以实践应用为取向的文学阐释学，常需要对自身展开意识形态批判，以消除其与统治及暴力的合法性关联。[1]批判的目的，在于通过自身“非暴力的末世学”特征而指向“解放的旨趣”，来实现马克思主义文学阐释学“改变世界”的目的。[2]根据利科尔，意识形态批判所指向的，并不是一般阐释学所勠力的文本背后的意图，而是文本面前所展示的世界。“意识形态批判是从不同于诠释学的立场，即从劳动、权力与语言相互交织的立场提出它的要求”[3]，揭示文本背后的非人化机制与异化状况，释放文本的解放潜能。与之相应，理解的对象就不再是文本或自我的意义，而是经由文本而展开的整个世界。而为了达到对文本及其展现的世界的积极理解，文学阐释学与意识形态批判就必须走向合流，进入实践阐释学，以克服一般阐释学的意义蹈空缺陷，释放阐释学与意识形态批判的解放功能，最终实现经由“解释世界”而通向“改造世界”与“创新自我”的目的。实践阐释学因此成为一种“批判的批判或元批判（meta-critique）”[4]。

但与哈贝马斯强调阐释学前见中的意识形态问题不同，马克思主义文学阐释学的“中国范式”突出了阐释活动中意识形态问题的普遍性，将意识形态批判置于人类实践领域，将批判作为方法论贯穿于整个阐释活动中，因而

1〔法〕保罗·利科尔：《诠释学与意识形态批判》，收入洪汉鼎主编：《理解与解释——诠释学经典文选》，东方出版社，2001年，第442页。

2〔法〕保罗·利科尔：《诠释学与意识形态批判》，收入洪汉鼎主编：《理解与解释——诠释学经典文选》，东方出版社，2001年，第460页。

3〔法〕保罗·利科尔：《诠释学与意识形态批判》，收入洪汉鼎主编：《理解与解释——诠释学经典文选》，东方出版社，2001年，第469页。

4〔法〕保罗·利科尔：《诠释学与意识形态批判》，收入洪汉鼎主编：《理解与解释——诠释学经典文选》，东方出版社，2001年，第448页。

超越了伽达默尔与哈贝马斯在阐释学与意识形态之间的简单择一立场——伽达默尔与哈贝马斯的“阐释学与意识形态之争”，表面上是关于阐释学出发点的争论，深层却是思想领域的浪漫主义与启蒙运动之争，或言当代技术与权威意识形态主导下当代文化发展的古典主义与现代性方向之争。而马克思主义文学阐释学的“中国范式”则坚持，既非前见（伽达默尔），又非意识形态批判（哈贝马斯），而是实践视野中的意识形态批判——实践而非其他，才展示了人类理解与交往的根本特征：在实践中并且通过实践来理解文本、自我及其社会关系，在理解文本的同时运用批判的视野，以获得对理解者及其背后社会关系的理解，实现理解的认识论、本体论与价值论的统一——才能将历史化的前见与观念的意识形态批判统一起来，确立马克思主义文学阐释学“中国范式”的真正前提。

马克思主义文学阐释学“中国范式”的意识形态批判方法源于文学与其社会关系的意识形态属性，但意识形态天然携带信仰因子。“作为在宗教和巫术衰落以后出现的世俗信仰体系，它服务于在一个失去了传统的世界里调动政治行动”[1]，因而能够对世俗生活的观念认同产生直接影响。如同伽达默尔所指出，“我们先天继承和后天获得的历史教化的意识形态，即审美意识和历史意识，都表现了我们真正历史存在的异化形式，并且通过艺术和历史所传达的原始经验绝不可能从这种异化形式出发得到理解”[2]。而以把握艺术和历史中的原始经验为鹄的的阐释学，唯有通过对包裹于其外的意识形态的批判才有可能。从而马克思在《德意志意识形态》中所揭示的意识形态的虚假性，就不再是马克思主义文学阐释学“中国范式”关注的重点；相反，作为区别于现实存在的观念系统，以及观念系统本身所携带历史的前见与现实根据，才是其重心。这也意味着，韦伯所开出的现代性“价值中立”的知

1〔英〕约翰·B. 汤普森：《意识形态与现代文化》，高铦等译，译林出版社，2005 年，第 85 页。
2〔德〕伽达默尔：《诠释学 II ：真理与方法》，洪汉鼎译，商务印书馆，2010 年，第 629—630 页。

识学立场在此将无济于事。因为在时时携带意识形态批判因子的实践阐释学里，无论是阐释者，还是阐释对象，都既是“剧作者”，也是“剧中人”，他们难以脱离社会与其主体性条件。而以“应用”为取向的马克思主义文学阐释学“中国范式”之重要目的，就在于透视每一文本的社会条件并对其做出合理性阐释，使文学的阐释超越实证科学的解释而成为体现意识形态批评特性的社会科学阐释，即阐释必然延伸到阐释对象及其背后社会关系的阐释，意识形态批判必然是延伸到批判者自身观念的批判，继而深入到社会历史批判。由“观念批判”到“意识形态批判”，再到“社会历史批判”，构成马克思主义文学阐释学“中国范式”由表及里的地形学逻辑。

这当然不是说马克思主义文学阐释学的“中国范式”止步于或完成于意识形态批判，恰恰相反，它将由意识形态批判进入更为宏阔的实践批判视野。盖因马克思主义文学阐释学“中国范式”同样无法避免的“前理解”结构排除了对理解活动作整体性反思的可能，而意识形态批判却预设了对理解者与理解对象的整体性反思，二者的矛盾使文本理解陷入“要么阐释学，要么意识形态批判”的简单择一困局，除非我们能够抵达历史的末端或者进入理想的阐释共同体。因为意识形态本身，乃至对意识形态的批判与再批判，本身都无法逃脱我们的“前理解”结构。同时，社会存在决定社会意识的唯物主义原理决定了意识形态批判本身并不具有免除再批判的资格，它尚需要从意识形态本身的观念性特征及其与现实的对应性关系出发，对其进行再批判。“文本⇄理解者⇄意识形态⇄社会结构”意识形态批判循环，从而就需要被拉伸为“文本⇄理解者⇄意识形态⇄社会结构⇄实践内容”的实践批判循环。阐释从而不单是对文本、阐释者及围聚于文本与其阐释者周遭的现实和历史关系的阐释，更是展现历史与现实的实践行动，并在实践内容中体现出与现实历史的同构性。马克思主义文学阐释学“中国范式”的重要贡献，正在于它以一种历史的实践辩证法来消解上述矛盾，并在具体的实践中将整体性反思置入历史与现实的无限循环中，使理解与批判本身都成为一个无尽的实践过程。

（二）知识性基础

在马克思主义文学阐释学中国化过程中，对马克思主义经典文本的阐释所形成的阐释文本，并不是原文本的“重叠文本”，而是“再生文本”，具有溢出原文本意义边界的绞缠意义。这种意义，常需通过“对位阐释”才能发现。所谓“对位阐释”，是指将原文本与阐释文本并置，对位审视原文本与阐释文本的意义裂隙，发现文本的意义张力，阐明原文本在阐释文本中被弱化、强化抑或改写的意义分歧，揭橥不同文本意义背后所潜藏的不同阐释语境与阐释心理，发现文本“阐释的政治”与“阐释的知识”。

从“阐释的政治”角度讲，马克思主义文学阐释学“中国化”过程中对马克思主义经典文本的阐释，既是建构文化主体性的方式，也是解构文化主导权的方式。其目标端赖于中国社会不同的历史语境与阐释学的现实语境，核心问题是：阐释者以什么样的目的去组织并缔结意义共识，发现意义的差异。从“阐释的知识”角度讲，马克思主义文学阐释学的“中国化”阐释，并非旨在颠覆马克思主义文学阐释学本义，而是将马克思主义基于历史唯物主义的政治阐释学转向一种微观的社会政治分析，发掘其知识学的普遍意义，推进马克思主义文学阐释学的当代性发展。它在具体的阐释过程中，常因阐释的知识偏向而形成差异化的阐释路径：重视语言学维度，形成了语言阐释学；重视政治学维度，形成了政治阐释学；重视伦理学维度，形成了伦理阐释学；重视美学维度，形成了美学阐释学。

这也意味着，马克思主义文学阐释学的“中国范式”并非是要切中马克思主义文学阐释学的知识程墨，而是要因时因地调校自身，以实践为导向，开拓出马克思主义文学阐释学的新传统来。马克思主义文学阐释学“中国范式”所立足的“知识”，不是一种蹈空的抽象理论，而是一种扎根历史与现实的实践观念。正是在这个意义上，那种掏空马克思主义文学阐释学“中国范式”的实践性知识根基而作纯粹知识化辨析的马克思主义原教旨主义，深深误解了马克思主义文学阐释学的“知识”本质，也与现代科学所揭櫫的知识的实践源泉相距甚远。马克思主义文学阐释学“中国范式”作为实践知识，要求关注理论自身的知识谱系，探究其在世界不同地域的承继、传播、改写及其原因与意义。正因为如此，中华人民共和国成立至今的主流意识形态才一直尊奉马克思主义为官学正统，并通过教材入典、文本修订、教育考试、培训宣讲乃至官员铨选等社会强形式，塑造全社会一体遵行的价值观念与知识模式，而沾溉马克思主义的群体也由此尽量在话语概念、思维方式、价值观念等方面分享诸多共同点，以此建构一种坚实的知识共同体。如同汉代儒学与国家制度曾经相互支持一样，当代马克思主义文学阐释学“中国范式”借助主流意识形态博取话语高位，主流意识形态借助马克思主义文学阐释学“中国范式”显示制度与知识的统一，但无论是前者还是后者，都需明晰马克思主义文学阐释学的知识真义。唯当马克思主义文学阐释学的“中国范式”转而通过实践涵养其知识精神，致力于知识的实践开掘时，才得马克思主义文学阐释学的知识性精髓。

以知识性为基础的马克思主义文学阐释学“中国范式”将文学文本及其阐释观念置于其背后更加深广的知识社会学语境，通过揭示前者与后者的结构性关联及其实践要素（“必要的中项”），来阐明自身的实践性本质。以“思想性艺术性观赏性”相统一的阐释范式为例，其之所以出现，与20世纪90年代主流意识形态故意弱化文艺规约以形成一种文学领域的“审美意识形态”知识观念攸关。“审美意识形态”知识观念的全新出场，虽未彻底消解先前那种刻意营造的规范型阐释共同体，但阐释者已被允许缔造一种与自己阐释目的相一致的新的阐释共同体，凭此共同体，阐释者对文本所作的违拗马克思主义文学阐释学本义的阐释便具有合法性。同时，这种明显有违马克思主义文学阐释学本义的“中国范式”的出现，也与20世纪90年代初计划经济向市场经济的转型、改革开放所开启的中华民族第二次集体“睁眼看世界”浪潮、现代化发展所要求的现代性进步主义精神以及为了获得这种精神而故意择取矫枉过正的后现代性主义姿态攸关。而贯穿于改革开放与社会主义现代化建设全过程的马克思主义的历史唯物主义与进步主义观念同时在社会现代性与文学现代性领域发挥理念引导作用，并进一步促成了引领中国社会现代性建设的他律性观念，恰好也成为引领马克思主义文学阐释学形塑“中国范式”的知识学前提。结果是，马克思主义文学阐释学的正统观念由于难以跟上中国社会现代性的理念，它就要求把自我加以总结，以适应变化了的中国文学现实。这便是马克思主义文学阐释学“中国范式”产生的知识学逻辑。而这一知识学逻辑在马克思主义文学阐释学“中国化”过程中有其深刻的实践逻辑：理解的公共性源于语言的普遍性，语言的普遍性源于人性共同情感，人性共同情感源于人类实践的普遍性，人类实践的普遍性源于人与自然的协同共在。正是在马克思主义文学阐释学的知识基础与实践逻辑中，我们才看到了马克思主义文学阐释学“中国范式”的开放性内涵：理解不是去发现意义，而是创造与生成意义；理解的对象，不是客观自立并有待我们去发现的东西，而是理解者在当下的理解视域中全新建构的对象。理解活动与理解对象，从而成为一种饱含知识性与价值性内涵的实践生成过程。

（三）价值性理念

马克思主义文学阐释学“中国范式”建构的历程，实际上仍然是通过特殊的“中国范式”来重构马克思主义文学阐释学的“普遍问题”，而非对普遍性问题的解构。它在概念上不是要求我们抛开马克思主义或中国文学的阐释学观念而构造一个独异的全新概念，而是采取了一条更为可行的路径：为已有的相关概念注入新的、符合中国精神与中国现实的阐释学内涵。这样，以马克思主义“美学的”和“历史的”观点为原型，通过援引马克思历史唯物主义实践观念与伦理观念，就为这一概念注入了能动的主体性（“人民的”）与规范的价值性（“艺术的”）内涵，使这一概念不仅具有历史哲学内涵，更获得了实践哲学的全新内涵。马克思主义文学阐释学的“中国范式”，从而不宜理解为追求马克思主义文学阐释学话语的“中国表达”，更宜理解为对一些马克思主义文学阐释学中的普遍话语与一般概念加以符合语境的改造，以注入现实的中国内涵，即通过“中国性”彰显“普遍性”，而不是强化中国的“特殊性”。因而“中国范式”建构的实质，是通过中国文学阐释学的“特殊性”来重构马克思主义文学阐释学的“普遍性”问题。

这一特殊的价值逻辑，使得马克思主义文学阐释学“经典文本”虽曾长期配享“卡里斯玛”神圣地位，但其“中国范式”，却是运动的、发展的和开放的，而非僵死的、封闭的与完成的，即它并未停留于符义层面的中国话语生产，而是向具体的中国化实践“应用”前行一步，成为一种人们在民族革命、社会主义革命和建设中理解世界、参与世界、改变世界的精神武器与价值理念。今日文化全球化的现实与“人类命运共同体”的多元统一历史观，则更进一步要求马克思主义文学阐释学的“中国范式”具有包容性与普遍性，体现中国性与世界性。未来马克思主义文学阐释学的“中国范式”，不仅在于创新马克思主义文学阐释学的当代表现范式，更在于建构符合中国文学理论与文学实践的中国当代文学阐释学，以推进其对一般意义上的世界文学阐释学的贡献。

通过对马克思主义文学阐释学的“中国范式”的梳理，中国当代文学阐释学便获得了两个重要进展。其一，它确立了新的文学创作、文学批评与文学阐释标准。因为正是在对马克思主义文学本质、文学创作、文学批评等概念的重新阐释过程中，才建立起了中国当代文学阐释学新的历史原则、现实原则与美学原则。其二，它强化了文学的实用主义观念。虽然“文以载道”观念曾长久地占据中国文学的舞台，但它在近现代以来文学现代性与文学自律性洪流中受到冲击，而马克思主义文学阐释学的“中国范式”通过突显文学的价值性而使人们在一种放大的效果中重新认识到文学的基本实践品性，且这一品性构成此后中国当代文学阐释学的基本价值取向。这使得马克思主义文学阐释学的“中国范式”，本质上虽然是对文本实践关系的阐释，是经由文本而展开的对文本背后复杂社会关系的阐释，但通过这一阐释，却使阐释者同时获得了对阐释者与世界的真理性认知，使阐释成为创新文本、创造自我、改变世界的本体性存在方式。

当马克思主义文学阐释学的“中国范式”强调自我内在的主体性力量，并将关于未来的叙事用宏大敬慕的语气（“中国特色、中国风格、中国气派”）表达出来时，它也便同时产生了进步主义的观念力量。在“中国范式”的形成与阐释过程中，我们看到了话语的自主性要求与民族国家的意志冲动及社会革命（变革）的现实需求相互支持关系，看到了马克思主义逐渐褪去其意识形态乃至教义内涵而向科学范式转型的本质。在当下世俗弥赛亚与科学主义意识形态不断走向融合的历史进程中，基于“中国语境”的马克思主义文学阐释学的“中国范式”很可能会在未来社会现代性建设中爆发出巨大的力量。

历史地来看，马克思主义文学阐释学的“中国范式”作为一种知识范式经历了从早期原典中的原理范式，到中国化的革命与建设时期的实践范式，再到今日信息技术时代创新与发展的折叠范式转变。今日马克思主义文学阐释学“中国范式”之“实”之所以仍循马克思主义文学阐释学先前之“名”，不仅在于“名”所承载的义理为已获历史明证的唯物史观，而且在于其可以溯及自然法权依据。当以“应用”为取向的中国化马克思主义文学阐释学因应急遽变革的中国社会现实并催生未来范式时，它便不再会停留于单纯的实践范式，而会指向一种折叠范式，后者通过实践范式重铸原理范式，推动原理范式的创新并时时指向未来。本部分讨论的目的，首先，并非要重绘马克思主义文学阐释学“中国范式”的地图，而是通过重析其阐释的“中国语境”，提炼马克思主义文学阐释学“中国化”过程中所催生的“中国问题”，分析这些“问题”在中国的时代历史语境中所展开的“中国范式”，阐明这些“问题”与“范式”所具有的“中国价值”，为马克思主义文学阐释学在当代实现中国化、时代化、大众化提供方法津途。其次，在此基础上，提供一种从“马克思主义文学阐释学”进入“中国当代文学阐释学”的知识路径，实现从马克思主义阐释学的“中国范式”出发，经勾连阐释学的“西方范式”，最终通达阐释学“普遍范式”的世界阐释学在地化图景，阐明这种图景对于世界文学阐释学的贡献。最后，超越当代文学阐释学的意义内生与阐释循环逻辑，扩展文学阐释学至生活世界与生存实践领域，使每个马克思主义文学阐释学文本的意义都能在“中国范式”中得到最大程度的呈现，每个理解者都能在阐释实践里找到自己生存的影子，并萌生意义的认同感。这样的阐释当然不会最终完成，但马克思主义文学阐释学的“中国范式”（“中国马克思主义文学阐释学”）必须建立这样的信念。

第四章
“谁在阐释”：阐释共同体范式

“谁在阐释”的问题所回答的是阐释活动的主体与主体性问题。在文学阐释活动中，为了说明文本的恰切意义，我们常须重视不同历史时期文学阐释者的身份问题，揭示“谁在阐释”对于文本意义理解的重要性。历史上，当代英国文化研究学者雷蒙-威廉斯在《马克思与文学》一书中曾提出了类似的问题，形成了关于文化发展的动力学理论。按照该理论，文学的发展除了受外部社会理论的驱动外，就其内部因素而言，也常受到三种文化的交互影响，即主导文化、新兴文化与残存文化：主导文化是握有话语权阶层的文化，新兴文化是正在兴起的新兴阶层文化，残存文化是过往传统流传至今的文化。在威廉斯看来，这三种文化都有其代表性的文学形式，它们彼此之间既相互斗争又相互吸纳，争相壮大自身的力量。但威廉斯并未言明的是，对这三种文化及其代表性文学形式的阐释权，实际上也是其所代表的阶层争夺的对象，即他们不仅通过创造属己的文学形式来强化自我的身份认同，而且也通过创造属己的阐释形式来肯认自我的身份认同。因而对文学阐释权的争夺，实际上也构成了文本意义理解的关键。

从中国当代文学阐释学的实际发展来看，文学阐释的主体可区分为两种类型：一种是阐释个体，另一种是阐释团体（阐释共同体）。

“阐释个体”是指阐释者以个体主体性的身份，基于不同的阐释立场而对文本作出个体性阐释时所形成的阐释者身份，它在具体的阐释活动中常分为四类：

第一类：持有中国古代文学阐释学立场的学者。

第二类：持有西方文学阐释学立场的学者。

第三类：持有马克思主义文学阐释学立场的学者。

第四类：持有文学阐释学一般立场的学者。

由于这四类阐释个体的阐释活动，已经渗透进中国古代文学阐释学、西方文学阐释学、马克思主义文学阐释学之中，故而此处不再赘述。

“阐释团体”或“阐释共同体”，则是指阐释者（作者或读者）基于公共阐释的目的而对文本作出规范阐释后所形成的主体身份。按照费什的观点，文本的意义萌发于阐释共同体内多种阐释学要素（文本、读者与阐释传统等）的对话与理解当中。“文学批评史不会成为一种旨在对某一稳固的文本进行精确阅读的发展史，而会成为一种由团体 / 体制所制约的参与者为把某一文本置于其观照视野之内而不断努力的历史。”[1] 这也就意味着，文学史不会成为一种旨在对某一经典作品进行鉴赏与批评的发展史，而是会成为一种由阐释共同体所制约的鉴赏者或批评家为了把某一作品置于其理解与观照的视野内而不断修改旧有文学规范、创新作品意义的理解历史。因而“阐释共同体”就是不同阐释个体围绕特定媒体及其内容所形成的一种普遍的阐释范式，按照该范式，他们对所读、所听、所视的内容有共同的见解，共享共通性的阐释结果。[2] 在费什看来，文学阐释活动中真正起作用的并非个体性阐释，而是“阐释团体”，只有“阐释团体”才是阐释的真正主体，因为“解释团体（即‘阐释共同体’。——笔者注）既决定一个读者（阅读）活动形态，也制约了这些活动所制造的文本”[3]。

1〔美〕斯坦利·费什:《读者反应批评：理论与实践》，文楚安译，中国社会科学出版社，1998 年，“作者序”第 3 页。

2 Stephen W. Littlejohn, *Theories of Human Communication*, Cengage Learning, 2003, p. 262.

3〔美〕斯坦利·费什:《读者反应批评：理论与实践》，文楚安译，中国社会科学出版社，1998 年，第 46 页。

“阐释共同体”概念的出现有其合理性。为了防止读者反映理论走向极端化的主观性阐释，斯坦利·费什提出了“阐释共同体”（interpretive communities）概念。在费什看来，阐释是一种主观的客观性行为，它在表面上是读者独立做出的非常主观主义的东西，但是它却有其客观性限制，“因为在这里读者并不被认为是一个自由的、可以以任何方式制造文学的主体，而被认为是一个社会共同体的成员，这个共同体对文学所作的种种假定，决定了他以什么样的方式来关注文学，决定了‘他’所‘制造’的是一种什么样的文学”[1]。换言之，文本意义的关键并非主观性的读者[2]，而是虽然主观但却具有客观性效果的“阐释共同体”，正是后者，成为文本意义的关键。读者在文本的阐释中虽然具有极大的主观性与自由创造性，但是，这种主观性与创造性的阐释，往往要受制于阐释共同体的限制，即受制于阐释共同体“在什么可以被视为文学的问题上做出了集体决定，而这一决定，又只有在共同体中的读者仍然遵守它时方才有效”[3]的限制。费什的后一句话虽然昧晦，但它暗示了共同体成员中的读者遵守共同体的文学理解规则对于文学阐释活动的重要性。

阐释共同体在解决读者反应理论的主观性与形式主义/结构主义的客观性问题上显示出真知灼见，但对于文本阐释而言，重要的不仅是文本意义本身，还有阐释活动本身。根据海德格尔与伽达默尔对阐释的洞见，阐释本身也是人的存在属性，是理解的内在组成部分，而非单纯的理解文本的技巧

1 Stanley Fish, *Is There a Text in This Class: The Authority of Interpretive Communities*, Cambridge, Mass.: Harvard University Press, 1980, p. 11.

2 在《读者中的文学：感受文体学》一文中，费什对自己所言的“读者”作了“有知识的读者”的条件限制，并且认为他们需要符合如下要求：“（1）能够熟练地讲写成作品本文的那种语言；（2）充分地掌握‘一个成熟的……听者在其理解过程中所必须的语义知识’，包括词组搭配的可能性、成语、专业以及其他方言行话之类的知识（亦即作为适用语言的人和作为语言的理解者所具有的经验）；（3）文学能力。这就是说，作为一个读者，他在将文学话语的特性，包括那些最具有地方色彩技巧（比喻等手法）以及全部风格内在化的过程中，具有丰富的经验。”参见〔美〕斯坦利·费什：《读者反应批评：理论与实践》，文楚安译，中国社会科学出版社，1998年，第165页。

3 Stanley Fish, *Is There a Text in This Class: The Authority of Interpretive Communities*, Cambridge, Mass.: Harvard University Press, 1980, p. 11.

与方式，因而必须把文本阐释中的阐释活动建立于人的生存活动本身，将其归于先验的人类学本体论范畴。虽然说，就文学文本而言，阐释共同体是否可以充当阐释活动的本体，亦为有待进一步讨论的问题，但毕竟，文学文本的意义，始终源于以文本为中心的文学共同体，作为文学共同体的重要一员，阐释共同体及其具体阐释活动，对于文本意义的生成具有重要作用。正是在这个意义上，美国当代媒介人类学家斯蒂芬·李特约翰为定义“阐释共同体”所提出的三种标准——（1）内容，包括特定的节目种类和媒介形式，并且一个群体只对一种媒介内容感兴趣是不够的，它还必须对内容的意义认识一致;（2）解释方式，也就是共享性阐释策略，群体成员以同样的方式解释节目和其他媒介形式的内容，他们行为的影响因素，尤其是他们评价媒介以及描述媒介所用的语言都是一样的;（3）社会行为，就是面向媒体的共享性的行为方式，不仅包括媒介内容是如何被接受的，还包括它影响群体成员行为的方式[1]——才有了参考意义。

根据这三大标准，阐释共同体最终将会导向一种精神团契：“人类共同体的发展是通过发现共同意义以及共同的沟通手段实现的。在某个活动范围之上，大脑所创造的那些模式和那些被共同体所具体化了的模式在持续不断地互动。个人的创造性描述是创造了惯例和制度的总体过程的一部分，正因为如此，共同体所珍视的意义才能被分享并发挥作用。”[2]

而处于这样一种精神团契内的共同体，也将是“一种生机勃勃的有机体”[3]。它作为“社会中存在的、基于主观上或客观上的共同特征（这些共同特征包括种族、观念、地位、遭遇、任务、身份等等）（或相似性）而组成的各种层次的团体、组织”[4]，“意味着在私人之间有着亲密的共契，是一个天

1 Stephen W. Littlejohn, *Theories of Human Communication*, Cengage Learning, 2003, p. 263.

2〔英〕雷蒙德·威廉斯：《漫长的革命》，倪伟译，上海人民出版社，2013 年，第 47 页。

3〔德〕斐迪南·滕尼斯：《共同体与社会》，林荣远译，北京大学出版社，2010 年，第 45 页。

4〔英〕齐格蒙特·鲍曼：《共同体》，欧阳景根译，江苏人民出版社，2003 年，第 1 页。

然的共同体，一个有着合法、行政或区域的地位的共同组织，一个需要和欲望趋于一致的共同体，一个从属于习俗和制度的共同体，等等。在每一种情形下，都产生了‘共同’的价值，它被施行和起着作用”[1]。换句话说，在阐释活动中根本不存在孤立的或先验的“我”或“你”：“既不存在‘这个’我，也不存在‘那个’你，只有一种对我而言的你说（Du-Sagen eines Ich）和相对于你的我说（Ich-Sagen gegenüber einem Du），但这些都是发生在理解之前的境况。”[2]因而阐释主体一旦进入阐释活动，就必然以阐释共同体的方式发挥作用。

就中国当代文学阐释学阐释共同体的形成动力而言，它主要来自于内外两个方面：内在方面，包括政治意义上的文学体制性话语建构、知识意义上的文学公共性话语诉求；外在方面，则包括西方话语与马克思主义话语超越其单纯的民族与政治身份而表现出的普遍主义的知识形态建构。

就中国当代文学阐释学共同体的构成而言，则主要分为两类：一类为文艺政策与文艺制度，二类为“文学理论”教材。

第一节 “人民”与作为文艺政策、文艺制度的阐释共同体

“人民”作为阐释共同体，既是社会主义文艺的意义创造者与守护者，也是支援社会主义文艺背后的社会主义民族国家的体认者与信守者。正是经由“人民”这一特殊“阐释共同体”的持续意义建构，社会主义文艺的意义才得以最终形成。社会主义文艺所遵循的“由谁创造，由谁阐释”基本阐释学原理，决定了“人民”的本体内涵随历史而变化的不同意义产生逻辑。大

1〔法〕让-吕克·南希：《解构的共通体》，夏可君编校，郭建玲等译，上海人民出版社，2007年，第3页。

2〔德〕伽达默尔：《诠释学Ⅱ：真理与方法》，洪汉鼎译，商务印书馆，2010年，第276页。

体来讲，从1942年“人民”作为社会历史本体观念的正式确立至今，“人民”概念先后经历了由“作为革命和建设”的人民，到“作为建设和改革”的人民，再到“作为改革和实践”的人民的历史性转变，社会主义文艺意义的生成逻辑也相应地经历了由“教化型阐释共同体”，到“知识型阐释共同体”，再到“实践型阐释共同体”的转变。理解“人民”作为社会存在本体与社会主义文艺意义创造本体的互文转变逻辑，既可以为人们理解“人民”在社会主义历史进程中不同的主体性地位提供依据，也可以为人们理解社会主义文艺的复杂意义提供启示。

从阐释学的角度看，文本的意义或来源于作者，或来源于文本，或来源于读者，或来源于作者、文本与读者三者的结构性关系，这是中外阐释学最为经典的四种模式。然而中国社会主义文艺特殊的历史境遇与阐释使命却从相反表明，文本的意义是由具有“人民”身份的阐释共同体生产的。“人民”，作为社会主义文艺的“阐释共同体”，因而成为社会主义文艺的意义本体。

（一）“人民”与“阐释共同体”的形成

社会主义意识形态秉守历史唯物主义基本哲学立场，这决定了社会主义文艺始终如一的“人民”主题。人民，既是社会主义国家历史的创造者，也是其书写者；既是社会主义文艺的创作者，也是其阐释者。“人民”作为社会主体，是社会主义的政治意识形态；作为文艺主体，是社会主义文艺的审美意识形态。[1]但无论是政治意识形态，还是审美意识形态，它都天然携带

1　所谓“审美意识形态，是指与现实社会生活密切缠绕的审美表现领域，其集中形态是文学、音乐、戏剧、绘画、雕塑等艺术活动。审美意识形态在意识形态中具有特殊性：它一方面被看作意识形态中的富于审美特性的种类，但另一方面又渗透着社会生活以及其他意识形态的因子，与它们复杂地交织在一起。因此，审美意识形态不是审美与意识形态的简单相加，而是指在审美表现过程中审美与社会生活状况相互浸染、彼此渗透的状况”。“具体地说，文学的审美意识形态属性表现在，文学成为具有无功利性、形象性和情感性的话语与社会权力结构之间的多重关联域，其直接的无功利性、形象性、情感性总是与深层的功利性、理性和认识性等交织在一起。”参见童庆炳主编：《文学理论教程》（修订二版），高等教育出版社，2004年，第58、61页。

信仰因子。“作为在宗教和巫术衰落以后出现的世俗信仰体系，它服务于在一个失去了传统的世界里调动政治行动”[1]，并对世俗生活的观念认同产生直接影响。结果是，由世俗政体与文艺文体合力建构的信仰体系，连通久远的“大同”社会文化记忆，成为社会主义文艺的想象飞地，它启示出：社会主义文艺的意义是“人民”创造出来的，也是“人民”阐释出来的，社会主义文艺的意义遵循“由谁创造，由谁阐释”的阐释逻辑；正是经由“人民”这一“阐释共同体”的阐释，社会主义文艺的意义才最终形成。

但“人民”作为“阐释共同体”，并非抽象的“概念图式”（戴维森），而是糅合了经验与客观的一个中性概念。美国当代文学理论家费什曾指出，“阐释共同体”（Interpretive Communities），是由一群拥有同样阐释策略的读者组成的，目的在于确定某种阐释是否有效的阐释群体。[2] 在费什看来，阐释共同体虽然内部存有差异，但它具有提供意义标准的作用；而由阐释共同体所决定的文本意义，是一个内含了价值与规约、解构与建构的复杂意义领域：它既开放意义伦理，又规约意义伦理；既解构旧的意义，又建构新的意义。阐释共同体区别于一般阐释者的根本不同，就在于它不是揭示意义，而是建构意义。“阐释不是注解的艺术（art of construing），而是建构的艺术（art of constructing）。阐释并不破译诗歌，它制造它们（诗歌）。”[3] 阐释共同体建构意义所体现出的鲜明伦理性与规约性决定了：不同的阐释共同体，其建构的意义也不同；而由同一阐释共同体所建构的意义，不仅包含对与错的事实内涵，也包含先进与落后的价值内涵。

由于阐释共同体在建构意义的过程中所分享的是相对确定的概念范式与价值标准，因此，其所建构的文艺意义也具有相对的确定性，而共同体之外

1〔英〕约翰·B. 汤普森：《意识形态与现代文化》，高铦等译，译林出版社，2005 年，第 85 页。

2 Stanley Fish, “Interpreting the Variorum”, *Critical Inquiry*, 1976(3), pp. 465–485.

3 Stanley Fish, Is There a Text in This Class: *The Anthority of Interpretive Communities*, Cambridge: Harvard UP, 1980, p. 327.

的成员如果要加入共同体，就必须认同并分享共同体惯用的概念范式与价值标准，共享共同体成员所耽悦的意义世界，同化为共同体的一分子，这样他们才能成为阐释的动力。由此推论，社会主义文艺文本的共同体阐释，既是“人民”作为共同体成员对自我“共同”身份的确证，也是对其一起分享社会主义文艺“共同”意义的阐扬，它意味着，处于“人民”阐释共同体之外的成员并非“他者”，其对作为共同体的“自我”没有意义；相反，他们构成了“人民”共同体意义的积极调校者。因为一旦乏有其他共同体成员的进入，或共同体成员形成闭环，共同体就会演变为一种绝对的宗教团契。正是由于其他成员的不断加入或共同体成员自身的改变，共同体本身才脱离单纯的概念指称而进入现实与历史的具体语境，成为共同体成员意义反思、观念修正、情感认同与价值分享的领域，使共同体的意义增殖成为可能。

（二）作为革命和建设的“人民”与教化型阐释共同体的建构（1942—1978）

1. 作为革命与建设的“人民”

1942 年毛泽东《在延安文艺座谈会上的讲话》（以下简称“讲话”）的发表，标志着“人民”作为“阐释共同体”正式确立。“讲话”将“人民”的内涵厘定为：“占全人口百分之九十以上的人民，是工人、农民、兵士和城市小资产阶级。……这四种人，就是中华民族的最大部分，就是最广大的人民大众。”[1] 在1949年《论人民民主专政》中，毛泽东指出：“人民是什么？在中国，在现阶段，是工人阶级，农民阶级，城市小资产阶级和民族资产阶级。”[2] 毛泽东在这里所说的四种人或四个阶级，作为新民主主义革命的主力，其概念内涵当然不是费尔巴哈式的抽象人本学概念，也不是自由主义经济学

1《毛泽东选集》第三卷，人民出版社，1991 年，第 855—856 页。

2《毛泽东选集》第四卷，人民出版社，1991 年，第 1475 页。

的阶级概念，而是有着生动现实与革命历史内涵的唯物主义价值学概念。它与马克思主义政治经济学意义上的国家权力主体概念（“人民政府”“人民民主”）具有谱系关联，并内在地包含了卢梭意义上的现代政治“人民”内涵，即“人民”作为一个体现主权的社会主体，具有普遍的公共人格[1]，可为现实的政治行动提供合法性依据；“人民”作为现代民族国家的主体性想象，具有现实的价值内涵，可以为社会主义文艺叙事提供合理性依据。“人民”概念，因此关联的是社会主义文艺阐释的文化权力归属及其合法性问题。

毛泽东“讲话”对新民主主义革命时期“人民”概念的规定，实际上是从文艺功用的角度扩展了“五四”运动以来相异于“平民文学”（区别于“贵族文学”）所服务的城市小资产阶级和资产阶级知识分子的狭隘范围。左翼文学领袖鲁迅对其时文学主体性的决然判断——“我以为根本问题是在作者可是一个‘革命人’，倘是的，则无论写的是什么事件，用的是什么材料，即都是‘革命文学’。从喷泉里出来的都是水，从血管里出来的都是血”[2]——成为左翼擎持“普罗大众文艺”与毛泽东“讲话”建构以“人民”为主体、通过强化文艺的“人民”主体以突显新的“延安文艺传统”的重要理论资源，后者正是“人民群众”成为文艺“够资格”和“不够资格”唯一评判者的合法性源泉。这种合法性源泉在“讲话”发表后以作为“人民”的“我们”与作为“敌人”的“他们”之对立形式，被编织进革命文艺“进步—反动”的二元叙事中，成为文艺民族形式与现代（西方）形式所表现的对立主体。赵树理等人以“人民”为主体的民族形式叙事，在其后作为“人民文艺”的典范形式（“赵树理方向”）长期受到尊崇，其意义也正在于其巧妙地化用了民族形式所代表的进步主义力量。而“讲话”将“人民大众”构想为新的社会主体，并赋予其以变革的动力，这就超出了“五四”文学改

1〔法〕卢梭：《社会契约论》，何兆武译，商务印书馆，1980 年，第 36、41 页。

2《鲁迅全集》第三卷，人民文学出版社，1981 年，第 544 页。

造“国民性”的单一叙事逻辑，极大地扩展了文艺表现的价值主体。

当然，以“人的文学”为核心的“五四”文学传统，与以“人民文艺”为核心的“延安文艺传统”存有一定程度的矛盾冲突乃至断裂。“人的文学”，是一种通过发挥作为个体的人的生命自由创造性来突显文学自身审美创造性的文学本体观；而“人民文艺”，则是一种通过强调作为共同体的人的群体性阶级立场、国族立场与价值立场来彰显文艺的规范、教化与导引功能的文艺功用观。前者具有强烈的审美自律性特征，后者则指向外在的现实语境及其功用目的，二者的内在不同决定了作为个体的“人”与作为集体的“人民”在特定的历史语境中产生深刻矛盾。解决这个矛盾，需要对“人”与“人民”进行体制性合并，这成了中华人民共和国建立后政治体制与文艺体制的共同任务。

中华人民共和国建立后，中国社会的性质发生了转移。1957 年，毛泽东在《关于正确处理人民内部矛盾的问题》一文中，根据社会主义建设初期的基本矛盾，重新定义了“人民”概念：“在建设社会主义的时期，一切赞成、拥护和参加社会主义建设事业的阶级、阶层和社会集团，都属于人民的范围。”[1] 并且指出，“人民这个概念在不同的国家和各个国家的不同的历史时期，有着不同的内容。拿我国的情况来说，在抗日战争时期，一切抗日的阶级、阶层和社会集团都属于人民的范围，日本帝国主义、汉奸、亲日派都是人民的敌人。在解放战争时期，美帝国主义和它的走狗即官僚资产阶级、地主阶级以及代表这些阶级的国民党反动派，都是人民的敌人；一切反对这些敌人的阶级、阶层和社会集团，都属于人民的范围。在现阶段，在建设社会主义的时期，一切赞成、拥护和参加社会主义建设事业的阶级、阶层和社会集团，都属于人民的范围；一切反抗社会主义革命和敌视、破坏社会主义建

1《毛泽东文集》第七卷，人民出版社，1999 年，第 205 页。

设的社会势力和社会集团，都是人民的敌人”[1]。不难看出，经由毛泽东重新定义的“人民”概念，实际上化用了经典马克思主义的“人民”概念。[2] 列宁在1905年《社会民主党在民主革命中的两种策略》一文的“补充说明”中说：“马克思在使用‘人民’一语时，并没有用它来抹煞各个阶级之间的差别，而是用它来概括那些能够把革命进行到底的一定的成分。”因为，“只有人民，即无产阶级和农民，才是能够取得‘对沙皇制度的彻底胜利’的力量，我们是就主要的巨大的力量来说的，并且把农村小资产阶级和城市小资产阶级（也是‘人民’）分别算到了这两种力量中去。‘革命对沙皇制度的彻底胜利’，就是无产阶级和农民的革命民主专政”[3]。列宁在这里强调了“人民”在推进革命时所发挥的主体性作用，但他未加言明的是：推动阶级革命的力量，也是进行文艺革命的力量；“人民”在推进革命时所完成的创造性活动本身，也正是自身形成新的现代性政治身份的源泉，后者在社会主义建设的特殊历史语境中，会以阐释共同体的形式，建构文本的意义并重塑人们对自我的理解。毛泽东在社会主义建设初期对“人民”概念的发展，其意义正在于它阐扬了列宁“人民”概念的潜在内涵，使“人民”概念成了一个超越单一政治学与社会学而体现鲜明伦理色彩的集合概念，亦即：凡是在中国新民主主义革命、社会主义建设初期有利于推动中国社会前进的进步力量，都可归于“人民”。这一点，已为国内多数学者所识察：“人民的概念在中国就不仅仅是多数人的集合，也不仅仅以生产资料的占有程度来划分，而是代表中国社会特定时期带有革命性的、以政治利益为基础的阶级集合。人民是中国革命的根本性的历史力量，是肩负着推动历史前行及民族解放重任的主体。”[4]

1《毛泽东文集》第七卷，人民出版社，1999年，第205页。

2〔德〕李博：《汉语中的马克思主义术语的起源与作用》，赵倩等译，中国社会科学出版社，2003年，第219—220页。

3《列宁全集》第十一卷，人民出版社，1987年，第117、38页。

4 胡亚敏：《马克思主义文学批评中国形态的当代建构》，人民出版社，2020年，第23页。

2. 教化型阐释共同体的建构

毛泽东“讲话”发表后，由“人民”创作的“人民文艺”完成了文艺创作主体与文艺表现主体的双重转变：工农兵群众取代城市小资产阶级成为新的历史主体。“民族的、阶级的斗争与劳动生产成了作品中压倒一切的主题，工农兵群众在作品中如在社会中一样取得了真正主人公的地位。”[1] 从阐释学的角度看，由“人民”主体所创作的“人民文艺”被置入一种“殖民主义—解殖民主义”“民族主义—帝国主义”的革命进步主义与世界历史框架中加以叙述。在这个“新—旧”的历史叙事框架中，“人民”与“人民文艺”因其代表进步主义的历史观念而获享了现代性的核心内涵，现代性的民族国家想象与新的人民文艺主体，成了文艺意义与价值的来源。但“人民”与“人民文艺”的进步主义历史观念并非天赋拥有，它尚需要以提升人民的历史主体性地位为基点，以锤炼具有进步主义文艺观念的人民文艺为中心，通过彰显人民文艺的教化功能，建构服膺并服务于社会主义国家政权建设与社会建设使命的人民阐释群体才能完成。一种教化型阐释共同体的建构，于是成为必然。

首先，教化型阐释共同体的建构以人民的历史主体性地位确立为前提。毛泽东在“讲话”中首先通过对文艺与人民辩证关系的阐释明确了“人民”的历史主体地位。一方面，“我们的文学艺术都是为人民大众的，首先是为工农兵的，为工农兵而创作，为工农兵所利用的”[2]。另一方面，文艺为人民大众的目的，在于普及与提高。“我们的文艺，既然基本上是为工农兵，那末所谓普及，也就是向工农兵普及，所谓提高，也就是从工农兵提高。”[3]“人民要求普及，跟着也就要求提高，要求逐年逐月地提高。在这里，普及是人民的普及，提高也是人民的提高。而这种提高，不是从空中提高，不是关门

---

1 周扬：《新的人民的文艺》，《中华全国文学艺术工作者代表大会纪念文集》，新华书店，1950 年，第 71 页。

2《毛泽东选集》第三卷，人民出版社，1991 年，第 863 页。

3《毛泽东选集》第三卷，人民出版社，1991 年，第 859 页。

提高，而是在普及基础上的提高。这种提高，为普及所决定，同时又给普及以指导。”[1]“我们的提高，是在普及基础上的提高；我们的普及，是在提高指导下的普及。正因为这样，我们所说的普及工作不但不是妨碍提高，而且是给目前的范围有限的提高工作以基础，也是给将来的范围大为广阔的提高工作准备必要的条件。”[2]可以看出，毛泽东“讲话”中对文艺“普及”与“提高”关系的论述，既是对“文学革命”“文艺大众化”时期“人民文艺”思想启蒙传统的承续，也是在民族危亡时期发挥文艺的社会动员与教化民众功能，夯实文艺领导权与确立人民的历史主体性地位的重要形式。

作为教化型阐释共同体的主体性建构案例，臧克家1945年的《人民是什么？》诗作，正表现了“人民”概念所内蕴的历史主体性内涵：“人民是什么？人民是面旗子吗？用到，把它高高举着，用不到了，便把它卷起来。人民是什么？人民是一顶破毡帽吗？需要了，把它顶在头顶上，不需要的时候，把它踏在脚底下。人民是什么？人民是木偶吗？你挑着它，牵着它，叫它动它才动，叫它说话它才说话。人民是什么？人民是一个抽象名词吗？拿它做装璜‘宣言’、‘文告’的字眼，拿它做攻击敌人的矛和维护自己的盾牌。人民是什么？人民是什么？这用不到我来告诉，他们在用行动，作着回答！”[3]诗作用比拟的方式、疑问的语气与陈述判断的形式，回答了“人民”的历史主体性内涵，表明了“人民”既具有超验性的现代法权人格概念，又具有经验领域的历史性内涵。而基于“人民”历史主体的“人民文艺”，其重要使命就在于通过展现人民的痛苦、人民的尊严、人民的革命、人民的奋斗与人民的解放，建构一种教化型的阐释共同体，凭此共同体，人民不仅可以获得适应历史需要与革命建设的自我教化与提高，而且歆享此一想象共同

1《毛泽东选集》第三卷，人民出版社，1991年，第862页。
2《毛泽东选集》第三卷，人民出版社，1991年，第862—863页。
3 中国现代文学馆编：《臧克家代表作》，华夏出版社，1998年，第90—91页。

体，成为进行自我阶级确认与价值认同的载体。

其次，教化型阐释共同体的建构以“人民”与“人民文艺”所包蕴的进步主义观念为核心，通过突显二者共同的价值认同、共同的历史使命，推进社会主义国家政权建设与社会建设。

中华人民共和国成立后，人民文艺由革命事业的“齿轮和螺丝钉”，转化为既是四个现代化建设的“武器”，又是“教育民众”的工具。作为现代化建设的“武器”，它是反映人民“彻底打倒帝国主义封建主义和官僚资本主义，建设新民主主义的人民民主共和国而奋斗”，“表现和赞扬人民大众的勤劳英勇”[1]的现实武器；作为“教育民众”的工具，它是人民在社会主义建设初期进行自我认同、自我反思、自我进步与自我成长的时代镜像。二者作为社会主义文艺共同体功用的两维，是一种辩证统一关系：通过表现时代现实的具体要求，找到文艺变革的动力，将文艺的想象性叙事转化为社会主义建设的历史叙事；通过重思人民在时代社会变革中的历史镜像，获得一种“与时代同行”的情感心理，实现对文艺背后社会主义叙事的认可与支持。

可以说，1949年7月召开的“第一次中华全国文学艺术工作者代表大会”，郭沫若受托所作的《为建设新中国的人民文艺而奋斗》总报告，对“人民文艺”的重新肯认并赋予其以特殊的教化使命——“我们要深入现实，表现和赞扬人民大众的勤劳英勇，创造富有思想内容和道德品质，为人民大众所喜闻乐见的人民文艺，使文学艺术发挥教育民众的伟大效能。我们要注意开展工厂、农村、部队中的群众文艺活动，培养群众中新的文艺力量”[2]——意味着社会主义文学将以新的名义(由“革命文艺”到“人民文艺”“新的文艺力量”)被组织进社会主义民族国家的现代性想象与叙事之

1 郭沫若:《为建设新中国的人民文艺而奋斗》，中华全国文学艺术工作者代表大会宣传处编:《中华全国文学艺术工作者代表大会纪念文集》，新华书店，1950年，第41页。

2 郭沫若:《为建设新中国的人民文艺而奋斗》，中华全国文学艺术工作者代表大会宣传处编:《中华全国文学艺术工作者代表大会纪念文集》，新华书店，1950年，第41页。

中，形成新的文学观念。“文学艺术的武器”“教育民众”等带有鲜明实用色彩的语汇，则表明了这一时期人民文艺的教化本质。“批判地接受一切文学艺术遗产，发展一切优良进步的传统，并充分地吸收社会主义国家苏联的宝贵经验，务使爱国主义和国际主义发生有机的联系”[1]的文学阐释原则，表明文艺阐释共同体建构策略的多样性。“总报告”对“五四”新文化运动以来文艺“为艺术而艺术”和“为人民而艺术”两条路线的总结，实际上也厘清了文艺“以人民为中心”与“以艺术为中心”两条不同的阐释路线，标志着以“人民”为主体的文艺阐释共同体在社会主义文艺内部的正式确立。

从 1949 年至 1978 年，虽然社会主义建设与人民文艺发展几经曲折，但“人民”作为社会主义文艺的权威阐释者，“人民文艺”作为社会主义文艺的主流形式，“人民”与“人民文艺”合力建构社会主义文艺阐释共同体的现实并未改变。而这一建构历程的历史性本身也反复表明，人民文艺的意义，既是历史层累的，也是现实建构的；人民文艺的正当性，必须通过人民革命和建设的历史先进性才能确立；人民文艺的意义来源，必须溯及人民在革命和建设中获得生存意义的来源。人民文艺，从而代表了一种体现社会主义历史进步与人民生活幸福的“希望美学”。认同并表达这一“希望美学”，赋予“人民”以主体性的崇高地位，便是这一时期教化型阐释共同体建构的根本目的。

（三）作为建设和改革的“人民”与知识型阐释共同体的建构（1978—2012）

1. 作为建设与改革的“人民”

进入新时期，“人民”概念发生了历史性的变迁。不仅新民主主义时

---

1 郭沫若：《为建设新中国的人民文艺而奋斗》，中华全国文学艺术工作者代表大会宣传处编：《中华全国文学艺术工作者代表大会纪念文集》，新华书店，1950 年，第 41 页。

期作为“革命”的“人民”渐消隐退，而且社会主义建设初期作为“建设”的“人民”与“文革”时期作为“斗争”的人民，都随着新的历史与现实语境成为过往，一种新的具有“建设”与“改革”精神的“人民”呼之欲出。1979 年 10 月 30 日，邓小平在中国文学艺术工作者第四次代表大会上发表“祝词”，“祝词”显著拓展了毛泽东《在延安文艺座谈会上的讲话》与《关于正确处理人民内部矛盾的问题》所确定的“人民”内涵，提出了“人民”概念的广狭义内涵。从广义来讲，一切“四个现代化建设的创业者”“从事四个现代化建设的历史性创造活动”的“有革命理想和科学态度、有高尚情操和创造能力、有宽阔眼界和求实精神”的“新人”[1]，亦即一切以求真为目的、从事社会主义物质与精神文明的建设者，都属于“人民”；从狭义来讲，“一切社会主义的和爱国的文艺工作者，一切维护祖国统一的文艺工作者”[2]，亦即一切认同并维护社会主义国体与政体的文艺工作者，都属于“人民”。显然，与第一阶段“人民”内涵相比，新的“人民”概念弱化了其阶级性内涵，提升了生产生活内涵，表达了一种“人民”概念的温和知识学立场。

为阐扬新的“人民”内涵与社会主义文艺的使命，1980 年 7 月 26 日《人民日报》发表《文艺为人民服务，为社会主义服务》“社论”。“社论”详细规定了“人民”概念的内涵与外延，详细罗列了社会主义文艺的历史使命：“为人民服务，就是为除一小撮敌对分子外的全体人民群众，包括广大的工人、农民、士兵、知识分子、干部和一切拥护社会主义、热爱祖国的人们服务，首先是为工农兵服务。为社会主义服务，就是为社会主义的经济、政治、军事、文化等各项事业的根本需要服务，在今天，就是为社会主义现代化建设的伟大事业服务。”[3] 显然，新的定义用语义排除法的方式（“除一小撮

1《邓小平文选》第二卷，人民出版社，1994 年，第 210 页。
2《邓小平文选》第二卷，人民出版社，1994 年，第 212 页。
3《文艺为人民服务，为社会主义服务》，《人民日报》1980 年 7 月 26 日。

敌对分子外”），强化了“人民”参与社会主义国家事务与国家认同的重要性，扩展了社会主义文艺的人民主体。

进入20世纪90年代后，随着改革开放的持续推进，社会阶层结构悄然发生变化，至2000年前后，中国社会逐渐形成一批新的阶层，主流意识形态敏锐地捕捉到这一点，并对这一新的阶层做出法理层面的阐释。在2001年庆祝建党80周年大会上，江泽民指出：“改革开放以来，我国的社会阶层构成发生了新的变化，出现了民营科技企业的创业人员和技术人员、受聘于外资企业的管理技术人员、个体户、私营企业主、中介组织的从业人员、自由职业人员等社会阶层”，“这些新的社会阶层中的广大人员，通过诚实劳动和工作，通过合法经营，为发展社会主义社会的生产力和其他事业做出了贡献。……他们也是有中国特色社会主义事业的建设者”。[1]这样，这一“新的社会阶层”，无论其国族与阶级，都以“中国特色社会主义事业的建设者”的合法身份，成为社会主义文艺的新“人民”，社会主义文艺的人民主体由此进一步得到扩大。

2. 知识型阐释共同体的建构

中国社会主义初期建设任务的完成，改革开放国策的推行，中国融入世界步伐的加快，社会主义市场经济带来的人的解放，使得社会主义文艺的内容与使命发生显著变化。“人民”作为社会主义文艺的创造者与阐释者，正在成为文艺的真正主体。文艺表达人民内心的真实追求与外在生活的感受，“人民”阐释自我的内心真实追求与外在生活感受，正在成为新的文艺取向，一种新的不同于教化型阐释共同体的知识型阐释共同体由此形成。

所谓知识型阐释共同体，是指以激发作为阐释主体的“人民”内在审美追求与外在生活创造为源泉，以阐扬文艺的内在审美特性与外在生活源泉为

1《江泽民文选》第三卷，人民出版社，2006年，第286页。

策略，通过开显文艺价值的主客观因素，来建立一种符合社会主义文艺发展实际，并对社会主义现代化建设具有积极影响的阐释学知识主体。

新时期以来，社会主义文艺知识型阐释共同体建构，始于邓小平的“祝词”。在“祝词”中，邓小平用应然判断的语气表达了“人民”的阐释主体地位：“作品的思想成就和艺术成就，应当由人民来评定。”[1] 文艺与人民并不是对等的辩证关系，“人民需要文艺，文艺更需要人民”。一方面，“我们的文艺属于人民”[2]，“人民是文艺工作者的母亲”[3]；另一方面，“我们的文艺，应当在描写和培养社会主义新人方面付出更大的努力，取得更丰硕的成果”[4]。“祝词”使用程度副词（“更”）+ 单称判断的语式，表达了社会主义“人民”分享“社会主义新人”的崇高理念（文艺是“崇高的事业”）、塑造社会主义新文艺、阐扬社会主义文艺新意义的期望。盖因“社会主义新人”不仅有奋斗、理想与激情（改革文学、先锋文学），还有疑虑、痛苦与艰辛（伤痕文学、反思文学），故而阐扬“社会主义新人”如何用奋斗、理想与激情战胜疑虑、痛苦与艰辛的过程，体现作为主体性的“人民”在社会主义事业中表现的崇高性，就成了社会主义文艺的阐释学鹄的。

周扬在第四次“文代会”上紧接“祝词”所作的主题报告，实际上是以阐释邓小平“祝词”的方式，进一步澄清文艺与人民关系的复杂内涵，揭示文艺的内在审美特性与外在生活源泉之于社会主义文艺的重要性，说明文艺价值形成所必须具备的主客观因素。

在周扬看来，“文艺和人民生活的关系是最基本的，起决定作用的。文艺是社会生活的反映，它把生活的整体作为自己的对象”。“作家不应只根据一时的政策，而应从更广阔的历史背景来观察、描写和评价生活。正是在这

1《邓小平文选》第二卷，人民出版社，1994 年，第 212 页。
2《邓小平文选》第二卷，人民出版社，1994 年，第 209 页。
3《邓小平文选》第二卷，人民出版社，1994 年，第 211 页。
4《邓小平文选》第二卷，人民出版社，1994 年，第 209—210 页。

个意义上，文艺的真实性和政治性是统一的。”“文艺和政治的关系，从根本上说，也就是文艺和人民的关系。我们的文艺要反映人民的生活，反映人民在各个革命时期的需要和利益。……在今天来说，就是社会主义现代化建设的需要。凡是有利于实现现代化的，凡是能直接间接鼓舞人们献身于建设社会主义祖国的，都是为无产阶级所需要的，都是符合无产阶级和广大人民的利益的，而不应该把文艺和政治的关系狭隘地理解为仅仅是要求文艺作品配合当时当地的某项具体政策和某项具体政治任务。”[1]

不难看出，周扬通过“总报告”厘清了文艺与人民的基本逻辑关系，揭示了文艺内在的真实性与外在的政治性的统一关系，得出了新时期社会主义文艺价值的基本生成逻辑：“文艺的人民性＝生活的真实性＝社会主义的政治性”，即一切符合“社会主义现代化建设的需要”的人民，创造并配享一切符合“社会主义现代化建设的需要”的文艺。如果我们把邓小平“祝词”中赋予“人民”的阐释主体地位，与周扬的“讲话”中的文艺价值逻辑结合起来，就可以得出一个新时期以来社会主义文艺的基本阐释学公式：社会主义文艺的知识型阐释共同体＝“文艺的人民性＋生活的真实性＋社会主义的政治性”。

当然，这里我们需要格外注意周扬赋予“人民”的新内涵。同邓小平“祝词”一样，周扬要求文艺为人民而创作，代表人民而创作，这决定了文艺的阐释也必然是人民的阐释。但作为一种基于复数主体性的知识型阐释，阐释的主体已然是“无产阶级和广大人民”，他们在经由社会主义文艺的培养提高后，将成为“社会主义新人”。什么是“社会主义新人”，周扬并未明确肯认，但随后1980年的《人民日报》发表的“社论”对此作了解答：

1 周扬：《继往开来，繁荣社会主义新时期的文艺——在中国文学艺术工作者第四次代表大会上的报告》（1979年11月1日），中国文艺网：http://www.cflac.org.cn/wdh/cflac_wdh-4th_Article-03.html。

> 我们的文艺要培养社会主义新人，促进社会主义社会的进一步完善和发展，提高人民的社会主义觉悟和共产主义的道德风尚，满足人民日益增长的越来越多样化的文化需要，帮助人们认识和克服社会主义现代化进程中的障碍，抵制和克服封建阶级、资产阶级、小资产阶级思想的种种影响，振奋人们的斗志，鼓舞人们同心同德地投身于社会主义现代化的伟大事业。我们提倡文艺真实地、具体地反映当前这场社会主义现代化建设的客观进程，以及由此引起的人们的生活和思想的深刻变革。我们鼓励描绘党所领导的各个时期的革命斗争，也支持作家们描写其他各种历史题材和现实题材，塑造各种各样的艺术形象。我们主张在立足于现实的基础上广泛继承和吸收历史上人类文化的一切优秀成果，鼓励一切有利于人民群众、有利于社会主义事业、有利于人民审美需要的艺术探索。这是我们坚定不移的方向，又是一条无比广阔的道路。[1]

上述话语的重要性就在于：它详细说明了社会主义文艺培养“社会主义新人”的方式内容，揭示了“社会主义新人”的价值目标与历史使命，为社会主义文艺体现“人民性”树立了基本知识规范，也为“人民”配享社会主义文艺的意义生产、分配与阐释权力提供了知识学依据。

此后，随着社会主义市场经济改革的全面展开，“人民”被赋予了更加深广的历史内涵与价值使命。1996年，江泽民在出席中国文联六大、中国作协五大时指出，“中国社会主义文艺发展和繁荣的最深刻根源，在中国人民的历史创造活动之中”。既然“人民”及其历史性创造是社会主义文艺“最深刻根源”，那么以“人民”为主体的社会主义文艺自然需要肩负深广的历史使命：“在人民的历史创造中进行艺术的创造，在人民的进步中造就艺术的进步，给人民以信心和向上的力量，才能实现以优秀作品鼓舞人的任务，

1《文艺为人民服务，为社会主义服务》，《人民日报》1980年7月26日。

使人民群众不断提高的精神需求得到满足，使弘扬主旋律与提倡多样化完满地统一起来。”[1]可以看出，进入20世纪90年代后，社会主义市场经济的开放性、人民需求的多样性，决定了社会主义文艺已然难以再铆定唯一的教化使命，相反，“只要是能够使人民得到教育和启发、得到娱乐和美的享受的精神产品，都应受到欢迎和鼓励”[2]。这样，社会主义文艺就同时承担起提高与启发人民精神的责任，肩负了激发人民认同并歆享于社会主义文艺所营造的想象共同体，为市场经济改革实践提供信仰与情感动力的使命。

进入新世纪，随着中国融入全球化步伐的加快，文化产业与文化实力日益成为推动社会发展与国际交往的重要力量，社会主义文艺的使命再次面临新的调整，文艺在“坚持为人民服务、为社会主义服务”的同时，需格外突出“为推动社会主义文化大发展大繁荣、建设社会主义文化强国贡献智慧和力量”[3]的特殊使命。而这种使命的完成，仍需遵循文艺的人民性原则。一方面，要认可文艺的人民性创造源泉，秉守社会主义文艺的人民性律则：“一切进步文艺，都源于人民、为了人民、属于人民。一切进步文艺工作者的艺术生命，都存在于同人民群众的血肉联系之中。人民创造历史的活动，是文艺创作的丰厚土壤和源头活水。”[4]另一方面，还要丰富文艺人民性的全面内涵，突出文艺人民性的知识学阐释：“我国社会主义文艺以昂扬的精神、奔放的激情吸引和感染着亿万人民，对满足人民精神需求、丰富人民精神世界、增强人民精神力量、促进人的全面发展发挥着不可替代的作用。”[5]这样，通过突出文艺精神价值的引领，促进人的全面发展，防止文艺沦为迎合市场

1 江泽民：《在中国文联第六次全国代表大会、中国作协第五次全国代表大会上的讲话》，《人民日报》1996年12月17日。

2 江泽民：《论党的建设》，中央文献出版社，2001年，第135页。

3《十七大以来重要文献选编（下）》，人民出版社，2013年，第617页。

4 胡锦涛：《在中国文联第八次全国代表大会、中国作协第七次全国代表大会上的讲话》，《人民日报》2006年11月11日。

5 胡锦涛：《在中国文联第九次全国代表大会、中国作协第八次全国代表大会上的讲话》，《人民日报》2011年11月23日。

的“大众化”产品，成为社会主义市场经济初级阶段文艺阐释的新目标。

当然，新世纪以来“人民”内在要素的复杂性及其所主导的文艺内在变革与形态转嬗，也影响了社会主义文艺价值的高低起伏。市场经济大潮中的社会现代化叙事要求社会主义文艺超出工具性的安邦济世使命，而向审美现代性看齐；这样，文艺向人民主体的内心开掘，表现人民在社会现代化中的思想悸动、内心困惑与真实理想，就成为社会主义文艺现代性的必然要求，而与之相应的文艺阐释也必然转向文艺的审美性与意义自律性追求。文艺的意义，虽仍由作为“人民”的阐释共同体建构，但它已难以再作为社会主义的单纯教化工具（“大众化”“化大众”），也难以再作为社会主义的知识启蒙工具；相反，它必须深入人民参与社会主义现代化建设的全部伟大实践，在实践生活中寻找社会主义文艺与“人民”自我的意义来源。

（四）作为改革和实践的“人民”与实践型阐释共同体的建构（2012年至今）

1. 作为改革与实践的“人民”

进入新时代以来，随着全球化与逆全球化语境的交织变化，社会主义“人民”内涵变得更为丰富，“人民”成了那些“进行伟大斗争、建设伟大工程、推进伟大事业、实现伟大梦想”[1]的“全体社会主义劳动者、社会主义事业的建设者、拥护社会主义的爱国者、拥护祖国统一和致力于中华民族伟大复兴的爱国者”[2]。他们作为社会主义的实践主体，共同享有认同中华民族共同体，积极建构人类命运共同体的“奋斗者”形象。这一时期，“中华民族伟大复兴”这一口号的提出，激活了现代化语境中已渐趋隐没的中华民族辉煌文化记忆，并随新的时代现实而成为社会变革的崇高动力。“人民”肩负

1《习近平在中国共产党第十九次全国代表大会上的报告》，《人民日报》2017年10月28日。

2《中华人民共和国宪法》，《人民日报》2018年3月22日。

“伟大”与“奋斗者”的崇高称谓，在“中华民族伟大复兴”的希望美学原理指引下，再次成为时代主题与文艺抒写主题。

根据习近平 2014 年《在文艺工作者座谈会上的讲话》，新时代的“人民”具有新的内涵：“人民不是抽象的符号，而是一个一个具体的人，有血有肉，有情感，有爱恨，有梦想，也有内心的冲突和挣扎。”[1] 习近平“讲话”的首要意义在于它澄清了“人民”的自然属性与社会属性的不同：作为自然的个体，“人民”是鲜活的生命而非抽象的单子；作为社会的个体，“人民”是社会关系的总和。其次，“讲话”还为人民的历史主体性地位找到了现实依据。“人民既是历史的创造者，也是历史的见证者，既是历史的‘剧中人’，也是历史的‘剧作者’。”[2]“人民”的历史主体性地位决定了它同时也是文艺创作与阐释的根本依据，因此，“以人民为中心，就是要把满足人民精神文化需求作为文艺和文艺工作的出发点和落脚点，把人民作为文艺表现的主体，把人民作为文艺审美的鉴赏家和评判者，把为人民服务作为文艺工作者的天职”[3]。“从人民的伟大实践和丰富多彩的生活中汲取营养，不断进行生活和艺术的积累，不断进行美的发现和创造。”[4] 随着同期国家治理体系“以人民为中心”的全面确立，习近平“讲话”述及的文艺“以人民为中心”的审美意识形态，便同时获得了政治意识形态的支撑。“人民”成了历史意义与文学意义的复合创造者、体认者、守护者与阐释者。

需要注意的是，新时代的“人民”不唯是一个代表道德性的崇高美学概念（“时代前进号角”），也不唯是宏大叙事（“人民精神火炬”），它更是有着生动的现实的具体内涵，因而区别于其他社会主义国家的“人民”概念。高尔基在谈到苏联文学中“人民”概念的扁平化时，曾作这样的评价：“在

1《习近平总书记在文艺工作座谈会上的重要讲话学习读本》，学习出版社，2015 年，第 19 页。
2《习近平总书记在文艺工作座谈会上的重要讲话学习读本》，学习出版社，2015 年，第 15 页。
3《习近平总书记在文艺工作座谈会上的重要讲话学习读本》，学习出版社，2015 年，第 15 页。
4《习近平总书记在文艺工作座谈会上的重要讲话学习读本》，学习出版社，2015 年，第 19 页。

他们看来，人民是智慧、美德和善良的化身，是包容一切高尚、正直、伟大的开端的、近乎神圣的统一体。我可是没有见到过这样的人民。我见过的有木匠，有码头装卸工，有泥瓦匠，我还见过雅科夫，奥西普，格里戈里。然而在这儿他们所说的却是作为统一体的人民，他们把自己看得比人民低贱得多，甘愿服从人民的意志。而我觉得倒是他们这些人才体现了美妙而伟大的思想，才集中地表现出了一种热望依照新的博爱精神去自由建设生活的善良意志。”[1] 高尔基的意思是，只有以“人民”的个体性、实践性为基础，才能建构富有总体性的人民自由自觉的“联合体”，从而实现马克思与恩格斯在《共产党宣言》中所提出的“人民”理想：“代替那存在着阶级和阶级对立的资产阶级旧社会的，将是这样一个联合体，在那里，每个人的自由发展是一切人的自由发展的条件。”[2] 马克思所谓的自由人的“联合体”，正是新时代“人民”所冀望的新内涵。

2. 实践型阐释共同体的建构

“人民”内涵的上述变化吁求一种与新时代相适应的“实践型阐释共同体”，以此作为社会主义文艺意义的来源。所谓“实践型阐释共同体”，是以处于历史实践中的人民为主体，以中国精神为灵魂，以爱国主义为主线，通过历史的、人民的、艺术的、美学的阐释，建构出一种具有中国特色、中国风格、中国气派的实践型文艺审美共同体。

首先，处于历史实践中的新时代“人民”，依然是文艺阐释的主体。

在新时代“人民的文艺”中，“人民”作为实践的主体，既是理想的集体，也是生动的个体；既是文艺的创作者，也是文艺的阐释者。个中原因，在于“社会主义文艺”=“人民的文艺”的实践逻辑缩合文艺的政治性与实践性为一体，赋予了人民以价值判断与阐释的自然权力。“文艺深深融入人民生活，

1〔苏联〕高尔基:《我的大学》，刘辽逸等译，人民文学出版社，1994 年，第 581 页。
2《马克思恩格斯选集》第一卷，人民出版社，2012 年，第 422 页。

事业和生活、顺境和逆境、梦想和期望、爱和恨、存在和死亡，人类生活的一切方面，都可以在文艺作品中找到启迪。”“社会主义文艺，从本质上讲，就是人民的文艺。”“文艺要反映好人民心声，就要坚持为人民服务、为社会主义服务这个根本方向。”“以人民为中心，就是要把满足人民精神文化需求作为文艺和文艺工作的出发点和落脚点，把人民作为文艺表现的主体，把人民作为文艺审美的鉴赏家和评判者，把为人民服务作为文艺工作者的天职。”[1]

“人民的文艺”区别于“人民文艺”，可以在人民进行社会主义伟大实践中找到依据。一方面，“人民需要文艺”，因为从对内方面讲，人民通过文艺，可以使自己的“精神文化生活不断迈上新台阶”，从而使自身成为区别于“启蒙”“教化”文艺塑造下的人；从对外方面讲，文艺通过“讲好中国故事、传播好中国声音、阐发中国精神、展现中国风貌，让外国民众通过欣赏中国作家艺术家的作品来深化对中国的认识、增进对中国的了解”[2]，从而使自身成为区别于“救亡”“革命”功能的文艺。另一方面，“文艺需要人民”，因为从创作角度讲，“人民是文艺创作的源头活水”，“人民生活是一切文学艺术取之不尽、用之不竭的创作源泉”[3]；从接受角度讲，在人民的生活中潜蕴着一切文学艺术意义的最终来源。“文艺与人民”的这种实践性辩证关系，正表明在新时代“人民”已成为一个包括类主体与个体主体的实践主体概念，其实践结果正如马克思在《〈政治经济学批判〉导言》中所说：“艺术对象创造出懂得艺术和具有审美能力的大众，——任何其他产品也都是这样。因此，生产不仅为主体生产对象，而且也为对象生产主体。”[4] 而以实践的“人民”为主体的“人民的文艺”，作为一个规范性的概念，它与人民共心，满足人民对“美好生活”的期待；作为一个生产性的概念，它与时

1《习近平总书记在文艺工作座谈会上的重要讲话学习读本》，学习出版社，2015 年，第 9—15 页。
2《习近平总书记在文艺工作座谈会上的重要讲话学习读本》，学习出版社，2015 年，第 28—29 页。
3《习近平总书记在文艺工作座谈会上的重要讲话学习读本》，学习出版社，2015 年，第 17 页。
4《马克思恩格斯选集》第二卷，人民出版社，2012 年，第 692 页。

代共情，满足时代对“未来人民”（德勒兹）的希望。从“人民文艺”到“人民的文艺”[1]，突显的正是社会主义文艺的民族性、主体性与实践性的提升。

其次，对“人民的文艺”进行实践型阐释，须以中国精神为灵魂，以爱国主义为主线，通过历史的、人民的、艺术的、美学的阐释，实现文艺阐释实践共同体的建构。

一是阐释实践应体现“中国性”的艺术原则。“不能套用西方理论来裁剪中国人的审美，更不能用简单的商业标准取代艺术标准”[2]的否定判断，所提醒的正是“人民的文艺”的“中国性”艺术原则。为了建构具有“中国性”艺术原则的“人民的文艺”与阐释共同体，阐释实践在理论取向上不是宣扬民族主义或民粹主义，而是“要以马克思主义文艺理论为指导，继承创新中国古代文艺批评理论优秀遗产，批判借鉴现代西方文艺理论，打磨好批评这把‘利器’，把好文艺批评的方向盘。运用历史的、人民的、艺术的、美学的观点评判和鉴赏作品”[3]，亦即通过发挥中华文化强大的感召力、吸引力、创造力，打造具有中国风格、中国特色、中国气派的文艺作品。

二是开展具有“中国精神”的艺术实践，也就是“人民的文艺”要“生动反映改革开放和社会主义现代化建设的伟大实践，全面展示中国特色社会主义发展前景，着力书写人们寻梦的理想和追梦的奋斗，汇聚起同心共筑中国梦的强大精神力量。不断丰富拓展中国梦的表现内容，既讲好国家民族宏大故事，又讲好百姓身边日常故事，用生动的艺术形象和叙事体现中国梦的丰富内涵，见人、见事、见精神”[4]。“中国精神”突出了“人民的文艺”的实践对象、实践内容、实践目的与实践精神，因而能够成为“社会主义文艺的灵魂”[5]。

由于文艺的艺术原则与具体实践容易脱节，因而需要一个勾连并融通

1《习近平总书记在文艺工作座谈会上的重要讲话学习读本》，学习出版社，2015 年，第 14 页。
2《习近平总书记在文艺工作座谈会上的重要讲话学习读本》，学习出版社，2015 年，第 32 页。
3《习近平总书记在文艺工作座谈会上的重要讲话学习读本》，学习出版社，2015 年，第 33 页。
4《中共中央关于繁荣发展社会主义文艺的意见》，《人民日报》2015 年 10 月 20 日。
5《习近平总书记在文艺工作座谈会上的重要讲话学习读本》，学习出版社，2015 年，第 24 页。

二者的强概念，这就是“爱国主义”成为“人民的文艺”阐释主线的原因所在。根据“讲话”，“我们当代文艺更要把爱国主义作为文艺创作的主旋律”[1]，而所谓“爱国主义”，在表现内容上就是“正确反映中华民族五千多年文明史、中国人民近代以来斗争史、中国共产党奋斗史、中华人民共和国发展史、当代中国改革开放史，生动反映各族人民维护祖国统一、海外儿女心向祖国的心路历程”[2]。“文明史”“斗争史”“奋斗史”“发展史”“开放史”等同心词的叠加使用，既是对“人民”在实践中创造历史连续性的赞叹，也是表达对人民在实践中创造未来的信心，它所表明的是“人民”在漫长的实践中始终如一的历史主体性地位。

最后，实践型阐释是一种统合人民性、时代性、历史性与实践性为一体的阐释。

2016年习近平《在中国文联十大、中国作协九大开幕式上的讲话》再次强调了文艺的人民性、时代性、历史性与实践性的统一：“广大文艺工作者要坚持以人民为中心的创作导向，坚持为人民服务、为社会主义服务，坚持百花齐放、百家争鸣，坚持创造性转化、创新性发展，高擎民族精神火炬，吹响时代前进号角，把艺术理想融入党和人民事业之中，做到胸中有大义、心里有人民、肩头有责任、笔下有乾坤，推出更多反映时代呼声、展现人民奋斗、振奋民族精神、陶冶高尚情操的优秀作品，为我们的人民昭示更加美好的前景，为我们的民族描绘更加光明的未来。”“坚定不移地用中国人独特的思想、情感、审美去创作属于这个时代，又有鲜明中国风格的优秀作品”，“创作更多体现中华文化精髓、反映中国人审美追求、传播当代中国价值观念，又符合世界进步潮流的优秀作品，让我国文艺以鲜明的中国特色、中国风格、中国气派屹立于世”。[3] 可以看出，在由人民性、时代性、历史性与实践性所构

1《习近平总书记在文艺工作座谈会上的重要讲话学习读本》，学习出版社，2015年，第27页。
2《中共中央关于繁荣发展社会主义文艺的意见》，《人民日报》2015年10月20日。
3 习近平：《在中国文联十大、中国作协九大开幕式上的讲话》，《文艺报》2016年12月1日。

成的实践型阐释共同体中，“人民性”始终处于中心，这一判断在2017年十九大报告中再次得到确证：“社会主义文艺是人民的文艺，必须坚持以人民为中心的创作导向，在深入生活、扎根人民中进行无愧于时代的文艺创造。”[1]

总之，新时代实践阐释共同体建构，基本取向是由独特性而普遍性，由传统性而当代性、由中国性而世界性，最终使人民成为推进中华民族伟大复兴与建构人类命运共同体的主体。因为一方面，“人民的文艺”及其民族性追求，并未背离全球后殖民主义时代世界文艺的主流形式；另一方面，“人民的文艺”通过中国性重构世界性的方式，出人意料地否定了世界文艺的普遍主义执守，开创出民族文艺走向世界文艺的独特性道路。而“人民的文艺”通过文艺的传统性开显当代性的方式，也为在新时代重思“人民”的崇高性与神圣性，使“人民”成为新时代的理想共同体提供了津途。“人民”，从而不仅是新时代社会主义文艺政治合法性的来源，也是艺术合法性的来源。社会主义文艺与“人民文艺”“人民的文艺”一体化发展历程表明，这种正当性一旦被示以政治激情与文学热情，就会成为社会革命、人的解放或国家建设的巨大力量源泉，成为进行社会主义文艺身份认同与重建的重要源泉，从而以人民的名义行事，以人民的名义写作，以人民的名义阐释就成了新时代三位一体的文艺社会学逻辑。

通过梳理社会主义文艺不同时期的“人民”概念，可以看出它们具有明显的家族相似性。在自然属性上，人民是包括社会各阶层在内的每一个个体；在社会属性上，人民是代表特定社会关系的社会绝大多数群体；在价值属性上，人民是代表社会与历史前进方向的伦理主体；在实践属性上，人民代表了从新民主主义革命到社会主义革命、建设、改革与发展各个历史时期的革命者、建设者与爱国者总体。“人民”，因此成为社会主义国体与社会主

1 习近平：《决胜全面建成小康社会 夺取新时代中国特色社会主义伟大胜利——在中国共产党第十九次全国代表大会上的报告》，人民出版社，2017年，第43页。

义文艺文体的真正本体。人民的社会本体与文艺本体合一的事实，提醒我们注意文艺作为彰显并确证人民本质的感性力量，注意文艺解放不仅标志着社会的解放，也标志着人的解放。

当然，由人民创造并阐释的社会主义文艺也存有意义的困境：不同“人民”所持有的文艺观念的驳杂、含混乃至悖论，极有可能消解人民文艺稳定的意义期待，弱化其内外功用。因此，如何建立人民文艺在不同时期的不同意义关联与稳定意义期待，便成了人民文艺阐释的难点。在当下数字物质、人工智能与信息技术对社会结构、人的生产与生活方式发生革命性重构，机器—人合体创造新的文艺主体并生成新的文艺现实的新形势下，人（“人民”）吸纳机器逻辑创造思维并形成新的阐释主体势成必然；而文艺阐释的大数据与算法逻辑逃避甚或取代国家文艺政策与文艺制度所规约的“人民逻辑”，跃升为人民文艺的新的“审查机制”事实，以及人民文艺受众与阐释群体在计算与市场语境中逐渐的“部落”或“圈层”化，如此等等事实，都会影响“人民”阐释共同体的稳固。一旦人民文艺在历史与实践中未能及时获得文艺政策与体制的支援，未能因应变化了的文艺现实进行创新发展，它便很可能撑破现有的文艺表现形式与内容，引发自身的深层变革，进而危及它背后的政治合法性。如何解决这个难题？一个可能的思路是：重提当代后马克思主义者所提出的“文化治理”逻辑，悬置人民文艺为社会主义文艺今后时期建构文化领导权的最主要方式，通过创新社会主义文艺的审美/政治规划，吸纳人民在建构文艺阐释共同体中产生的剩余物与异己物，将其转换为建构人民主体性的积极力量。

第二节 以“文学理论”教材身份出现的阐释共同体

文学阐释学共同体的第二类代表，是出现于中国高等教育课程教学中的

“文学理论 / 概论”教材。如果说作为阐释共同体的文艺政策与文艺制度为中国当代文学的显性规范，那么，作为阐释共同体的文论教材就是文学的隐性规范，它们都涉及文本阐释原则与文化领导权问题；而以文学文本内外要素为知识核心的中国当代“文学理论”教材，是对中西方“文学阐释学”基本问题的知识融贯与理论升华。由此以“文学理论”（文学概论）教材关于文学（文学性）的定义、文学的风格、文学（批评）的标准变化为切入口，可以观察中国当代文学阐释学观念与阐释主体身份的隐秘变迁，为理解中国当代文学阐释学关于文本意义理解的多样理论提供主体性依据。

中国当代“文学理论”教材，总体上是以西方文学理论的体系框架展开的，即它以苏联季摩耶夫的《文学原理》与韦勒科、沃伦《文学理论》为结构框架，同时吸纳融合了中国古代文学“诗文评”理论体系与中国现代文学批评基本经验而展开理论架构。从阐释共同体之主体性作用来看，它经历了由教化到知识再到实践的身份演变；易言之，中国当代“文学理论”在70余年来的发展演变，反映的是中国当代文学阐释学从教化型到知识型，再到实践型的范式转变。

在这一过程中，中国当代文学阐释学在观念与方法两个层面主导了中国当代“文学理论”的范式演变；而“文学理论”则在本体与价值层面证成了中国当代文学阐释学的基本观念与原则方法。中国当代“文学理论”与“文学阐释学”遂成一种互文性文本存在。

从知识社会学的角度看，“文学理论”为文学之基本观念与方法，“文学阐释学”为文学之具体观念与方法，二者构成“源”与“流”的知识学关系。但当代“文学理论”教材作为制度性与规范性文本，其特殊的身份要求文学阐释学首先成为文学理论更为基本的观念和更加深广的方法，以便实现学习者理解与教化的双重目的。“文学理论”与“文学阐释学”的关系由此反转如下：文学理论需借助文学阐释学加以表达。“文学理论”由此进入文学阐释学题域，成为文学阐释学的典型范式。

当代“文学理论”的阐释学向度从两方面展开：其一，作为文学的“原理”，它乃讨论文学本质、特征、方法与规律的学科，它旨在以“教材”身份指导学生获得对文学的知性理解，在实践中表现为生活与生命世界的教育学，属于技术诠释学题域，一般不上升为哲学阐释学。其二，作为“文学理论”的理解，它通过对“文学是什么”“文学如何理解”“理解文学的什么”“文学的理解意味着什么”等问题的回答而表达哲学阐释学的基本立场，在实践中表现为生活与生命世界的现象学，属于一般阐释学题域，本身就是哲学阐释学。

1949 年以来的中国“文学理论”教材，在技术阐释学层面上，经历了由还原论阐释到存在论阐释，再到生成论阐释的发展；在哲学阐释学层面上，经历了由教化型阐释到知识型阐释，再到实践型阐释的范式转变。梳理并分析这两种阐释学的谱系关系，揭示作为阐释共同体的“文学理论”教材对于文本意义建构的隐秘作用，构成了本节研究的基本目的。

（一）教化型阐释：20 世纪 90 年代前“文学理论”的阐释范式

教化型阐释以返经汲古为阐释原则，以唯物主义反映论为阐释方法，通过勾连文学世界、现实世界、理念世界的对应关系，实现教以足志、文以足教的阐释目的。

教化型文学阐释首先表现在对文本意义权威性与唯一性的崇释。1949 年之后的“文学理论”教材编写，基本依据是对毛泽东 1942 年《在延安文艺座谈会上的讲话》的阐释与注解。作为一部影响中国当代文学理论至为深刻的“经典”，对“讲话”的阐释注解，成为中华人民共和国成立后甫编“文学理论”教材最为直接的理论来源，一如《圣经》的翻译注释成为现代西方阐释学的基本理论来源一样。与之相应，中国当代文学阐释学则以“文学理论”教材的“强形式”与文学理论知识的“弱形式”，展开对带有信仰资格的“讲话”的注解与释读；不同在于，后者不仅发生在理论的阐释理解领域，更流布于文艺创作与文学批评领域，它构成了“文学理论”教材书写观念的来源，并从两个方面规约着“文学理论”教材的阐释方向：语文学意义上的对作品本义的忠实理解，与解经学意义上的对作品隐义的衍生理解，后者经由作品理解而激发灵感，以此实现文学活动中对创作、作品、批评与背景的完整理解。

在这个过程中，理论界自愿信奉“讲话”的真理性，作家需要将理性的文艺制度转化为感性的艺术形象以便民众获得直接的理解，而批评家则需要将政策性的规范话语转化为知识性的文学话语，以便使其融入“文学理论”的学科体系。

蔡仪主编的《文学概论》，作为1949年之后较早使用的一本教材，正是尊奉“讲话”的教化型阐释典范。作为国内第一部系统组编的文学理论教材[1]，它将文学的本质界定为：“文学是一种社会现象，是一种社会意识形态。作为社会意识形态的文学和客观社会生活的关系如何，这是文艺理论中一个最根本的问题。”[2]“作为意识形态的文学作品，都是一定社会生活在作家头脑中的反映的产物；而阶级社会的作家都是属于一定阶级的，都是一定阶级的作家，他的言论、行动、思想、感情，都必然要受他的阶级立场、观点和要求的制约。……因此，阶级社会的作家所创作出来的文学作品，不能不有阶级性。”[3]“阶级社会的文学，既是属于一定的阶级并为一定阶级的利益和需要服务的，也就必然是从属于一定的政治并为一定的政治服务的。”[4]“文学为政

1 该教材1961年启动编写，1963年成稿后以讲义稿的形式在编写组成员单位施用，1979年正式出版后成为全国通用教材。

2 蔡仪主编：《文学概论》，人民文学出版社，1979年，第1页。

3 蔡仪主编：《文学概论》，人民文学出版社，1979年，第41—42页。

4 蔡仪主编：《文学概论》，人民文学出版社，1979年，第49页。

治服务，是不依人的意志为转移的客观规律。对社会主义文学来说，为政治服务也就是为无产阶级和劳动人民的根本利益服务，为社会主义、共产主义事业服务；在当前就是要为实现党在新时期的总任务服务。”同时，文学创作与批评亦离不开艺术自身的规律，因为：“文学服务于政治，总得通过它的特点，即通过鲜明生动而有意义的艺术形象，去启发并感染读者。文学作品只有充分地发挥它的艺术特点的作用，才能很好地为政治服务。文学史上一切优秀的作品，都是政治性和艺术性在某种程度上的统一。”[1]

这种用唯物主义反映论来规定文学本质，并举证为文学理论根本问题的文艺社会学观念，实际上划定了其时文学阐释学的基线：文学阐释的出发点与落脚点均需回到其所反映的客观社会生活与社会意识形态，后者为文学阐释学提供阐释有效性的基本依据。“社会生活是文学的唯一源泉”“文学是社会生活的形象的反映”[2]等唯物主义者耳熟能详的全称判断在全书中的主线贯穿，决定了任何文学的阐释都必须最终诉诸其发生学依据，尔后才能获得合法性。而教材对文学批评具有政治性和艺术性两个标准的判言——政治标准第一，艺术标准第二，二者不能割裂[3]，则显然正是对“讲话”所提出的文艺批评的“政治标准”与“艺术标准”的尊奉贯彻，它意味着：对文学作品的一切阐释，必须符合“讲话”的至高“理念”，否则就是有害的文学误读；而阐释的原则，既需要遵循“讲话”理念，又需要符合艺术的规则。阐释的伦理性与知识性，由此成为教材的基本阐释维度。

同样，林焕平编著的《文学概论（初稿）》（1957）[4]也径直判言：文学

1 蔡仪主编：《文学概论》，人民文学出版社，1979 年，第 53、55 页。

2 蔡仪主编：《文学概论》，人民文学出版社，1979 年，第 3、17 页。

3 蔡仪主编：《文学概论》，人民文学出版社，1979 年，第 309 页。

4 教材根据 1953 年教育部颁发的高等师范专科学校教学计划所规定的中国语文科“文学概论”课程大纲所编写。在之后的 1954 年，又根据中南区高等师范院校语文教学座谈会精神，参照华南师范大学中国语言文学系所编《文学概论》教学大纲进行了初步修订；1956 年又据教育部高等师范学校教学大纲讨论会关于“文学概论教学大纲”，亦即苏联季莫菲耶夫“文学原理”大纲，作了二次修订。

的本质在于反映现实生活，文学作品体现了作家的立场、观点和思想。[1] 这种同样的反映论文学观，决定了文学阐释只能是一种客观阐释，必须遵照作者的意图进行阐释。同时，文学来源于生活的现实又决定了文学的意义必然最终来源于生活，文学的生活本质因而就成了理解的本质，也是阐释的最终目的。教材所列举的文学六大特性：阶级性、党性、人民性、民族性、思想性、艺术性，正是对文学客观性阐释与理解本质的实现途径的说明。

反映论的文学阐释观也体现在霍松林主编的《文艺学概论》（1957）中。[2] 该教材认为，“艺术作品的价值，是被它所反映的生活所决定的”。“艺术的第一目的是再现现实。”[3] 因此，对于艺术作品的阐释，自然也就是揭示作品所再现的现实。“文学作品，是以活的整体的人的具体描写为中心，综合地、完整地反映社会生活的。”[4]“文学作品的内容就是作家根据一定的社会理想和美学理想描绘出来的生活现象及其对生活现象所作的解释与评价。它的要素是：主题、思想、人物、环境和情节。”“文学作品的形式就是……由作品中的各种人物、各种事件、各种景象交织而成的生活图画。它的要素是：语言、结构、体裁和韵律。”[5] 内容与形式的关系是：内容决定形式，形式反作用于内容，并具有一定的独立性。如果我们从唯物主义反映论角度看，文学通过内容与形式统一来反映现实生活，实际上也就是现实生活的自我理解与自我阐释。因为人与生活及其文学反映的关系正在于，人要对生活如何实现它的历史作文学阐释学的说明；因而，唯物主义反映论的文学阐释依然是联结人、文学与生活的扭结，它最终指向文学阐释的立场与目的：“文学的任务，不能由个人随意规定。文学史证明：在阶级社会里，文学是

1　林焕平编著：《文学概论（初稿）》，广西人民出版社，1957 年，第 1 页。

2　该教材从 1953 年起用作《文学概论》的讲义稿，1956 年又据该年度在北京举办的“高等师范学校文史教学大纲讨论会”所修订的“文艺学概论教学大纲”，进行了修订。

3　霍松林编著：《文艺学概论》，陕西人民出版社，1957 年，第 2 页。

4　霍松林编著：《文艺学概论》，陕西人民出版社，1957 年，第 4 页。

5　霍松林编著：《文艺学概论》，陕西人民出版社，1957 年，第 91 页。

有阶级性的，统治阶级根据自己的阶级利益，规定文学的任务。”[1] 文学的基本任务，是“对人民进行智育、德育、美育及语言教育”[2]。

霍氏的观点将文学的基础置于文学所反映的生产生活，将生产生活的形式与内容作为理解文学的基本维度，这样它就以规范化的律则形式，开启了从文学内容（意识形态）与文学形式（形象审美）两个层面来阐释文学的先河。而这两个层面，曾经是“讲话”与经典马克思主义理论结合过程中发展而来的方法，它在唯物主义反映论对文学形式的短暂遮蔽后，再次获得新的生命力。

以群主编的《文学的基本原理》教材[3]，正是对这一方法论的承继。虽然教材也强调，“文学是一种社会意识形态”[4]，文学作为社会意识形态，“是在一定的社会经济基础上形成和发展起来的，它的产生和发展归根到底是受着经济基础的决定和制约的”[5]。“作为社会意识形态之一的文学，它的发展和演变，归根到底也要从‘生产力和生产关系之间的矛盾’，从‘剥削阶级和被剥削阶级之间的矛盾’，从‘经济基础和政治及思想等上层建筑之间的矛盾’去求得解释。”[6] 但它同时指出，社会生活本身的形式与内容特性决定了我们不仅要从其内容方面，更要从其形式方面来理解文学，因为：“文学艺术的基本特点，在于它用形象反映社会生活。”[7]

总之，在文学的意义来源问题上，教化型的反映论文学观遵奉“讲话”律则而将文学的意义归源于文本背后的生产生活，但在意识形态高扬的时代，

1 霍松林编著：《文艺学概论》，陕西人民出版社，1957 年，第 80 页。

2 霍松林编著：《文艺学概论》，陕西人民出版社，1957 年，第 83 页。

3 教材根据 1961 年全国文科教材会议决议而撰写的高校文科统编，1961 年底初稿完成后曾进行初次修订，1978 年又在初次修订基础上，结合教育部全国综合大学文科教学工作会精神进行了二次修订，1979 年推出“修订本”。

4 以群主编：《文学的基本原理》（修订本），上海文艺出版社，1964 年，第 20 页。

5 以群主编：《文学的基本原理》（修订本），上海文艺出版社，1964 年，第 24 页。

6 以群主编：《文学的基本原理》（修订本），上海文艺出版社，1964 年，第 28 页。

7 以群主编：《文学的基本原理》（修订本），上海文艺出版社，1964 年，第 34 页。

特定的生产生活滋养特定的阶级，特定的阶级催生特定的文学观念（如“文学是现实生活的反映”等命题的一再出现），特定的文学观念被用来理解特定的文学。这样，文学意义链条在源头上的阶级性就决定了文学意义链条末端的价值性，这种价值性只有首先成为共同阶级的共同生产生活经验，尔后才能成为文本理解的共同体验与可一体施行的教化经验。因此，理解者所要做的就是逆向的语境想象重建与心理移情体验：通过理解作品来理解作者，通过理解作者来理解生活，通过理解生活来理解作品，由此完成教化型文学阐释学的“反映论—还原论”循环。而这一循环，也只有一方面保持与过往的精神世界的紧密联系——这个世界曾长久地占据着人们的心灵，并作为精神共同体使人们耽于其中——才能维系意义的权威性与唯一性。如以群教材就不仅肯认“讲话”关于文学批评应把握政治标准与艺术标准的看法，亦即将政治标准放在首位，追求政治标准与艺术标准的统一[1]；而且提出了马克思列宁主义文学批评原则的重要性：“把高度的革命性和严格的科学性结合起来，坚定地站在无产阶级的立场上，从文学创作的实践出发，用辩证唯物主义和历史唯物主义观点，理论联系实际，实事求是地考察文学现象，阐明文学的本质与特点，掌握文学发展的规律，是马克思列宁主义文学评论所遵循的基本原则。”[2]另一方面，这一循环也将自身与作家生活的现实世界关联起来——“作家写出作品，不但同他所处的时代有关，同他个人的生活经历、思想观点、艺术修养乃至个人的性格、爱好也有密切关系。因此，要全面、深刻地了解作家的作品，还得具体探讨作家的生活经历、思想观点、艺术修养等等与他的创作的关系，历史地、具体地进行分析。”[3]“就是要认真地研究评论的对象，了解每部作品的具体情况，了解作家的生活和创作情况，了解作家所

1 以群主编：《文学的基本原理》（修订本），上海文艺出版社，1964年，第522—524页。
2 以群主编：《文学的基本原理》（修订本），上海文艺出版社，1964年，第532页。
3 以群主编：《文学的基本原理》（修订本），上海文艺出版社，1964年，第536—537页。

生活的时代以及作品所反映的时代。”[1]——才能实现其现实的教化意义。

为了突显阐释的权威性，教化型阐释还常以反思的形式，将文本的阐释原则联系于更为权威的文本。由十四所边疆与民族高校集体编写的《文学理论基础》(1981)，作为高等学校文科统编教材，其宗旨便是："完整准确地阐述马列主义文艺理论、毛泽东文艺思想，批判极左思潮的流毒，吸取文学创作的新鲜经验和文学理论研究的最新成果，加强基本理论、基础知识和基本技能的系统训练。”[2]教材坚持用马克思主义文学阐释观扭转唯物主义反映论的阐释观，提出："只有马克思主义文学理论能够运用辩证唯物主义和历史唯物主义的观点、方法，从文学创作的实际出发，实事求是地进行分析研究，并批判地继承了前人的文学理论遗产，这样才从根本上对文学的各种基本问题作出科学的说明，形成了系统的科学的文学理论，并能更好地促进文学创作实践的发展。”[3]“马克思主义文学理论的具体内容大体包括下述三个方面：(一)文学与社会生活的关系。包括文学与经济的关系，文学与政治以及上层建筑其他部分的关系，文学与人们社会生活的关系，文学的党性、阶级性、人民性和人性，以及文学的社会作用等等；(二)文学本身的特征和内部结构。文学的形象、典型，文学创作的思维方式和创作过程，文学创作的原则、方法，文学发展的内部规律，以及构成文学作品内容和形式的诸因素等等；(三)文学作品与读者的关系，即关于文学欣赏和批判的原则、方法及一般规律等等。”[4]基于此一认识，教材认为，“文学理论也来源于文学实践。文学实践(包括文学的创作、批评和其他文学现象)是人类的重要社会实践之一。它既是文学理论赖以产生的基础，也是文学理论研究的对象”[5]。

1 以群主编：《文学的基本原理》(修订本)，上海文艺出版社，1964年，第535页。
2 十四院校编写组：《文学理论基础》，上海文艺出版社，1981年，第426页。
3 十四院校编写组：《文学理论基础》，上海文艺出版社，1981年，“前言”第2页。
4 十四院校编写组：《文学理论基础》，上海文艺出版社，1981年，“前言”第2页。
5 十四院校编写组：《文学理论基础》，上海文艺出版社，1981年，“前言”第1页。

“作家创作作品，是文艺实践的一个方面，作品诞生了，文艺实践并没有就此结束。……文艺欣赏是作家艺术实践活动在读者方面的继续和延伸，是文艺的社会实践的另一个重要方面。”[1]“文学欣赏是人们接触文学作品过程中所产生的一种特殊的精神活动。”[2]

但是，这种秉奉最高思想的权威性阐释，其意义唯有获得客观性与公共性理解，才能成为一种可教授的“知识”；而一旦陷于审美性的个体感悟与意义识见，它便无法构成教材教授的知识对象。这也意味着，文学文本的权威性并不以理解的普遍性为前提，而是以人们愿意将其理解为权威的普遍性为前提。这种阐释学的常识决定了它必须放弃自身的民族性而求诸普遍性，因为在中国文学阐释学史上，文本意义的来源问题一直存有歧见：现实主义与自然主义的文学阐释观认为文本意义是被发现的，它原本就蕴藏于文本之中；浪漫主义与象征主义的文学阐释观则认为，文本的意义是被创造的，它源于作者与阐释者对文本的想象性、体验性创造。但是，秉奉马克思主义权威性的教化型文学阐释，则将这两种不同的看法综合起来，认为文学意义是“实然”与“应然”的统一。

这样，教化型文学阐释所表述的真理性就在于：它的所有文学判断，都会以“实然”的强知识形式与“应然”的强伦理形式，遵行“因信称义”阐释逻辑，在社会主义国家体制内一体实现，除此之外没有其他道路。由此，对于文学作品的阐释，就不单是语言的理解与作品的鉴赏问题，而是通过语言理解与作品鉴赏而焕发的社会启示与人生教益；后者作为阐释的后果，攸关社会精神与民众信仰的根本，而前者作为应许之地，理应实现对社会及个人生活的调解，使文学的意义成为人们日常生活坚守的信念与社会建设遵从的规范。教化型文学阐释正是借助于前者与后者的意义重叠而同时获得逻辑

1 十四院校编写组:《文学理论基础》，上海文艺出版社，1981 年，第 378 页。
2 十四院校编写组:《文学理论基础》，上海文艺出版社，1981 年，第 377 页。

与信仰的力量。

教化型文学阐释在“文学理论”教材中的第二个表现，就是它重视文学的社会教化功能。

文学的社会功能如何，本不构成阐释学的优先问题，但其时的“文学理论”教材则从相反表明，文学的社会功能攸关“文学为谁”的问题，因而理应成为阐释学的焦点。立足于社会功能考察文学，就会发现这一时期文学的阐释模式总是与社会意识形态及其价值结构保持着千丝万缕的联系，而教材性“文学理论”，则是这种阐释模式的主要承担者。由此出发，教化型文学阐释所表现出的基本阐释逻辑是：将文学阐释具体化为一种生活方式与行为范导，关注阐释行为本身的实践后果而非阐释活动本身，以阐释后果作为评判阐释合法性的基点，使阐释成为攸关人的生存实践的重大社会问题而非私人性的鉴赏判断。

根据蔡仪，阐释经验必须同时就是价值批判，这是因为：“文学作品在描写社会生活的同时体现着作者的思想感情和审美理想，特别是作品的主人公，往往集中地体现着作者的是非评价和爱憎态度，因此文学作品在帮助读者认识生活的同时也必然影响读者对生活的看法和态度。读者从作品中反映的生活，特别是从作品中的主人公身上认识到什么是好的、值得效法的，什么是不好的、应该警惕或批判的，因而引起自觉的反省或潜移默化，以至整个世界观受了很大的影响。”[1]

文学作品之所以能够对读者产生教化影响，其阐释学依据在于：文本的意义是由作者与读者共同完成的。如蔡仪所指出，文学欣赏具有自由性和限制性，它既是读者的想象加工，同时也是对作品的形象反映。“因此不同的读者，由于生活经历、文化教养、个性特点的差异，对于同一作品中的形

1 蔡仪主编：《文学概论》，人民文学出版社，1979 年，第 86 页。

象，也很可能所得到的印象不一样。”“正是由于读者在欣赏过程中对于作品形象的想象，总不免要根据自己的生活经验等而有所加工改造，于是所得的印象也就往往带有个人的特点；因此人们认为‘一千个读者有一千个哈姆雷特’，这句话如果是指不同的读者想象中的哈姆雷特往往各有不同之处，在这个范围内说它是正确的。但是不能因此认为读者想象中的形象只是根据读者自己主观的创造，而不是对作品形象的反映。”[1] 文学欣赏的自由性与限制性源于文学创作与文学欣赏相互联系、相互制约的辩证关系。“文学作品必须通过读者的欣赏才能发挥社会作用。这就决定了作家进行创作时，自然要考虑到读者欣赏方面的问题，如读者的欣赏要求、欣赏效果等等。否则创作就没有对象。不管作家的主观意图怎样，绝对不为任何欣赏对象的创作是没有的。”[2]

这样，文学阐释就不单是理解文学作品的必要方式，它更是理解者通过理解活动而进行的自我理解与自我创造。在此意义上，文学阐释不单是为了获得对文本的“正确”理解，更是为了获得“好的”理解。因为唯有在“好的”理解中，文学的基本要素才结为一体，文学的意义世界才能成为属人的世界。由此催生的两种本体世界——一种是外在于理解者自身的文学本体世界，它通过文学作品塑造的审美世界而关联于整个现实世界；另一种是内在于理解者自身的文学本体世界，它通过理解活动中的内心世界而关联于整个现实世界——为文学阐释赋予个体生命以意义提供了终极依据：自然生命个体经由文学阐释而成人类伦理自我，文学及其阐释学意义建构为自然生命通向社会生命提供了想象通道。在这两种世界中，阐释活动一方面通过文本理解而回溯个体生命至经验世界，另一方面，又通过符码想象而前行到个体生命的意义世界，由此形成最终的“世界—作者—文本—读者”感通共在意义

1 蔡仪主编：《文学概论》，人民文学出版社，1979 年，第 282 页。
2 蔡仪主编：《文学概论》，人民文学出版社，1979 年，第 294 页。

世界。这个世界当然不是守成的世界，而是一个生成的世界。因为在理解与阐释过程中，理解者的创造性导致了理解者会比作者更好地理解文本，而理解者的不同与不同的理解均会导致文本不同意义的诞生，文本的意义由此展现为一个文本与理解者复杂关联的辩证生成过程。

根据以群，“在文学鉴赏的过程中，一方面作品所塑造的形象，把读者带到了一个特定的、具体的艺术境界，激发起读者这样或那样的思想感情的波涛；另一方面，读者又根据自己的思想感情和生活经验，来理解或解释作品中的形象，有时甚至以自己的经验来丰富与补充作品里形象的内涵。所以，读者对文学作品的鉴赏，显然带有某些艺术再创造的性质，它不是消极的接受，而是包含着读者的形象思维活动的一种积极的感受、体验和认识”[1]。“作家要正确地反映社会生活，塑造典型形象，就得有丰富的生活经验的积累和先进的世界观的指导。”[2] 言下之意，作为文学创作方法的作家“生活经验”与“先进的世界观”，同时也是文学阐释的标准。因为，“对于作家来说，世界观不仅决定着他对于现实生活的观点和态度，也影响着他对于艺术的观点和态度，指导着他的创作活动”。“世界观指导着作家的整个创作过程，从题材的选择、主题的开掘，情节的提炼到结构的安排、人物形象的塑造，都直接、间接地受到世界观的指导和制约（当然，世界观在这里不是唯一的决定因素）。”[3]

同样，十四院校教材也认为，“文学的本质特点是通过形象、典型来认识生活、反映生活”[4]。文学的意义是作品与读者的统一。一方面，“作者的‘情’是通过形象表现出来的，通过形象化的语言表现出来的；读者又从形象和形象化的语言中受到感化”；另一方面，“文艺欣赏是一种主动积极的艺

1 以群主编：《文学的基本原理》（修订本），上海文艺出版社，1964 年，第 460 页。
2 以群主编：《文学的基本原理》（修订本），上海文艺出版社，1964 年，第 237 页。
3 以群主编：《文学的基本原理》（修订本），上海文艺出版社，1964 年，第 238—239 页。
4 十四院校编写组：《文学理论基础》，上海文艺出版社，1981 年，第 1 页。

术再创造活动，而不是被动、消极的感知”。[1]“文艺欣赏的再创造活动，表现为欣赏者以文艺作品的客观内容为基础，结合自己的直接或间接的生活经验，从一定的政治与艺术观点出发，去感受、认识、补充、丰富艺术形象和艺术典型。”[2]“文艺欣赏的再创造活动受着欣赏对象的制约，读者只能对欣赏对象进行合理的‘补充和增补’，想象和联想，而不能牛头不对马嘴地随意遐想或凭空杜撰，因为欣赏对象是不以欣赏者的意志为转移的客观存在。”[3]

吴中杰的《文艺学导论》（1988年初版，1998年修订）坚持文学反映论基础上的创作主体与鉴赏主体关联研究，认为文艺是“人对现实的审美观照”[4]，它用审美反映的方式再现现实，表现精神。文艺一方面具有相对独立性：“文艺作品一旦形成，便有自己独立的生命。”[5]另一方面，“文艺作品必须通过鉴赏来实现自己的价值，没有鉴赏就毋须创作”[6]。也就是说，一方面，作品一经创作，其意义便已内含其中，要发挥这种意义，实现作品意义的社会作用，只有靠鉴赏来完成；但同时，“在艺术鉴赏的过程中，读者和观众并非消极的接受者，而是积极地参与艺术形象的再创造，是艺术创作的合作者”[7]。这两点虽有逻辑上的自相抵牾处，但也恰好说明了教化型文学阐释学所必然具有的文本意义张力结构。

因为一方面，文学的阐释总是意味着在文本中体验理解，进而达到对生活世界的体验理解，这成了理解者体验理解的基本结构。理解者的体验理解首先依赖于文本拥有的意蕴结构，而后者又依赖于社会生活的基本结构。在这一过程中，文本的客观意义经由理解者的主观理解而成为现实，此一现实

1 十四院校编写组：《文学理论基础》，上海文艺出版社，1981年，第379—380页。
2 十四院校编写组：《文学理论基础》，上海文艺出版社，1981年，第381页。
3 十四院校编写组：《文学理论基础》，上海文艺出版社，1981年，第383页。
4 吴中杰：《文艺学导论》（修订本），复旦大学出版社，1998年，第31页。
5 吴中杰：《文艺学导论》（修订本），复旦大学出版社，1998年，第171页。
6 吴中杰：《文艺学导论》（修订本），复旦大学出版社，1998年，第265页。
7 吴中杰：《文艺学导论》（修订本），复旦大学出版社，1998年，第272页。

乃客观的主观现实；理解者在与文本的“视域融合”中，达到理解者的理解结构与文本结构同感和谐，保证理解者祛除自我主体性而与文本意义相一致。另一方面，理解者就在这双重结构中认识自身、反思自身、超越自身、开启自身的无限意义，文本自身与社会生活自身也由于理解者自身意义的无限生成而表现为一个无限意义的现实，此一现实乃主观的客观现实。教化型文学阐释学的教化维度，就是要突显那种客观的主观现实与主观的客观现实，是如何通过缩接作者意图、文本意图、读者意图而成为社会所期许的公共性意义与为个人所体认的私人性意义统一，进而成为读者的切己应用，以此实现自我人格的提升与完善。

为了实现这一教化目的，教化型文学阐释就必须超越内容大于形式、思想性高于艺术性的唯物主义反映论陈规，让思想性与艺术性相统一的阐释原则，成为教化型文学阐释所信守的原则。当这一原则结合文学的形式主义分析以突破意识形态迷障时，它就会引导文学发展出新的“典型形式”，成为对旧有的唯物主义反映论原则的重构发展。而所谓“典型形式”，就是在文学作品中，叙事结构、叙事话语、叙事时间既有普遍性与历史性的心理情感和审美感觉，又有个体性、现实性特质的生活内容与审美形式。重构唯物主义反映论的阐释原则，需要将其从重内容与功用的阐释，同时发展为重形式与内容关系的阐释。后者通过语言形式呼应审美意识形态的批评范式，阐明文学语言如何通过意象、隐喻、反讽、含混等文学修辞，来表达文学独特的文化、政治与情感内涵。

如巴人撰写的《文学论稿》(1959)立足于文艺创作与批评的基本实际，以马克思主义经典作家为理论纲领，征引大量文艺批评与文艺创作事例，系统地阐述了文学阐释中思想性与艺术性相统一的问题。作为一名中华人民共和国成立后较早编写教材的学者，他一方面反对马克思主义基本原理在文艺领域的教条式移用，另一方面又注意文学理论与新的文学现实的创新发展。

在他看来，一方面，“文学艺术作品也就是社会现象、社会生活的事实在作家头脑中的反映，并经过作家的思想感情与想象的提炼而给创造出来的”[1]。另一方面，如果我们要考察文学的本质，“应该将文学艺术放在美学的范畴中来加以考察”。“因为只有这样，才能使我们正确地了解文学艺术作品的社会因素和社会作用，并不是从外面加进去的，而是它本身所具有的东西。”[2]所谓“美学的范畴”，在巴人看来，不仅是指艺术的色彩、韵律、线条、辞藻等形式美的东西，更主要是指“真理”“善”“创造”等现实内容。在此意义上，文学是“现实性”（社会现象、社会生活）、“思想性”（阶级性、人民性、党性）与“艺术性”（语言性、形象性、典型性）的统一。基于这一文学观念，文学作品的阐释就必须站在“社会主义现实主义”的立场[3]，从“美学的范畴”与“现实内容”两个方面，或者说“现实性”“思想性”“艺术性”三个向度进行。

而十四院校教材也认为，文学批评与阐释的原则应是思想性与艺术性的统一。“所谓作品的思想性，主要是指作品的题材和主题、作家的主观意图和形象的客观意义在作品中综合地表现出来，对读者所产生的那种思想力量。”[4]“思想性”包括“作品反映生活的真实程度”“作品反映的政治倾向”“作品的认识价值和美学价值”。[5]“艺术性主要是指文学作品对读者所产生的一种艺术感染力量，是一部作品的艺术形式、艺术技巧、作家艺术修养和审美趣味等诸因素的综合表现。它包括形象的描绘、典型的塑造、情节的提炼、结构的安排、语言的运用，以及风格流派特点等等。”[6]因此，文学批评与阐释，一方面要注意“具体作品进行具体分析”，不能“从概念和定义

1 巴人：《文学论稿》，上海文艺出版社，1959年，第9页。
2 巴人：《文学论稿》，上海文艺出版社，1959年，第89页。
3 巴人：《文学论稿》，上海文艺出版社，1959年，第705页。
4 十四院校编写组：《文学理论基础》，上海文艺出版社，1981年，第411页。
5 十四院校编写组：《文学理论基础》，上海文艺出版社，1981年，第411、413、415页。
6 十四院校编写组：《文学理论基础》，上海文艺出版社，1981年，第416页。

出发想当然地加以推断”，另一方面还要反对“破句读书、断章取义、无限上纲、一语定人死罪”的批评。[1]“对具体作品进行具体分析，就要求批评家把作品和它反映的客观实际联系起来，把作品和它所产生的时代环境、历史条件（主要是当时的社会矛盾、阶级状况）联系起来，把作品和作家的世界观、生活经历、风格特点联系起来，对作品的思想和艺术作全面的深入细致的分析，实事求是地得出科学的结论。”[2]

上述观点中，当文学阐释通过对作家自我人格道德的严格要求以保证作品艺术的崇高性时，表明其所追求的已非一种认识论或反映论的文学观——认识论或反映论的文学观旨在通过作品所反映的内容来映照现实，获得对现实的辅助性认识——而是一种教化论的文学观，后者认为，作家的世界观与伦理认识会以知识论的等价形式反映在作品的世界观与价值观中，并继而与读者形成良性互动关系。这种教化论的文学观当然也并非传统“风格即人格”阐释定则的现代操演，而有其现代阐释学基础：阐释者的真理性立场恰是通往作品本体意义的基本门径。

总体来看，20 世纪 90 年代前的“文学理论”阐释观念，关注的重点并不限于“文学意义的来源”这一攸关文学阐释学理论的核心问题，而且包括了“如何理解文本”“文本意义向何处去”，亦即“如果有一种理想的文学，它应是什么样子”等阐释学的“应用”问题。显然，在这种阐释观念里包含了一种鲜明的价值取向——文学及对文学的阐释，应当有益于革命斗争、社会建设、民众教化乃至理想社会的建构。随着这种目的性的“文学理论”在 20 世纪 90 年代逐渐遭到淘汰，一种符合“文学理论”自身范式的新的写作，渐成教材编写主流；与之相应，文学阐释学也从教化型论证，转为知识学重建。

1 十四院校编写组：《文学理论基础》，上海文艺出版社，1981 年，第 421—422 页。
2 十四院校编写组：《文学理论基础》，上海文艺出版社，1981 年，第 423 页。

（二）知识型阐释：20 世纪 90 年代至 21 世纪初“文学理论”的阐释范式

知识型的“文学理论”阐释主要表现在它扭转教化型阐释重“教化”而轻“知识”，扬体验、还原而抑反思、建构的阐释范式，使追求理论自身的“知识性”“普遍性”而非“证物（文本）”“成己（阐释者）”成为阐释的主要目的。这种阐释范式的转型既是理论自身发展的需要，同时也是时代社会变革的产物。盖由于阐释者总是携带着自己的前见、前结构而沉潜于文本理解，这就使得文本的教化并不像宗教文本或圣谕书那样易于实现。后者一直以发现文本真义为鹄的，而前者则在理论现代性的逻辑演进中逐渐衍转为一种永难完成的历史津途。从更广阔的时代背景来看，其时中国社会与文化现代性虽然发展缓慢，但它已经透露出：在一个已经完成“文学革命”与“革命文学”的时代，对文学的社会效用应谨慎评估。这样，教化型文学阐释学从唯物主义反映论的起点出发，虽然经历了文学体验与意义还原，最终却在 20 世纪 80 年代末走向它的反面，成为一种乌托邦理念。第二阶段知识型文学阐释学所做的工作，就是对这种教化型阐释观念作扩容与发展。

知识型文学阐释以文本内外因素与理解主客观因素为文本意义来源，以文本意义的确定性与非确定为阐释原则，通过融通马克思主义文学阐释学、西方现代文学阐释学、中国古代文学阐释学，以建立符合文学发展实际，并对现实文学具有阐释效力的阐释学类型。

知识型文学阐释坚持文本意义来源于理解者（作者、读者）、理解文本与文本社会背景之间的复杂作用，认为文本意义一方面表现为特定理解关系与理解背景中的客观意义，另一方面又表现为历史与现实发展中文本变化了的主观意义。文本意义由此表现为主观性与客观性相统一的知识类型。

王向峰主编的《文艺学新编》（1990）以马克思主义文艺观为理论构架，用文艺的社会性统合文艺的文化性、本体性、主体性与审美性，建构了一种能够融合中外文艺理论实际的马克思主义文艺阐释范式。根据教材，“文艺是一种特殊的社会意识形态，它是人对世界加以审美掌握的一种最高形式”[1]。“文艺作品是作家通过具体的个别事物反映一定时代的社会生活本质，其中强烈地体现着作家的美学理想和情感色彩。”[2] 如上论断提醒我们，文艺作品的意义较远来自于外在世界，较近来源于作家的审美情感。但文艺作品的意义来源并不止步于此，因为马克思主义生产与消费的理论又提醒编者“文艺生产产生文艺欣赏、文艺欣赏反过来又产生文艺生产”的事实：“所以文艺作品既是创作主体的对象，又是接受主体的对象。所不同的，文艺创作以创造艺术形象为指归，文艺接受则是以作品为对象的审美意象再创造。……只有接受主体的再创造，才能将艺术品从死的材料中‘拯救出来并赋予它现实的生命’。”[3]“艺术家创造的产品并不就是现实的艺术品。因为任何艺术产品没有进入接受领域只能作为一种自在潜能存在。因此，没有接受者的参与，艺术产品是没有意义的。”[4] 显然，编者借用了现代接受美学的基本观点，拒绝承认作家对于作品意义的决定性作用，而转而认同接受主体对于作品审美意义的再创造性，客观上起到了反思教化型文学阐释的意义单一性与权威性作用。

原国家教委社科司于 1993 年编写的《文学概论教学大纲》，对于之后很长一段时间内《文学理论》教材的编写起到了指导性作用。大纲明确规定：“要使我国的文学事业能够沿着社会主义的文艺方向健康发展，并不断走向繁荣，就必须坚持以科学的，并能反映我们时代文学实践和学科发展最新成果的马克思主义的文学理论作为我们的指导思想。”[5] 按照这一指导思想，“文

1 王向峰主编：《文艺学新编》，辽宁大学出版社，1987 年，第 127 页。
2 王向峰主编：《文艺学新编》，辽宁大学出版社，1987 年，第 439 页。
3 王向峰主编：《文艺学新编》，辽宁大学出版社，1987 年，第 529 页。
4 王向峰主编：《文艺学新编》，辽宁大学出版社，1987 年，第 548 页。
5 国家教委社科司编：《文学概论教学大纲》，高等教育出版社，1993 年，第 2 页。

学是一种社会意识形态”，“文学是一种艺术的掌握世界的方式”，“文学是一种语言的艺术”。显然，这是一种从文学的社会性与审美性双向角度来理解文学意义的观点，而这一观点之所以有效，是因为：“我们把文学界定为社会意识形态，表明在阶级社会里，文学就其根本性质来说不可能完全是个人的、中立的、自发产生的；而总是这样那样地反映着建立在一定社会经济形态和社会制度之上的一定民族、时代、社会集团的需要、意志、愿望、价值观和审美观，并与社会意识系统中的那些自觉的、理论形式的意识形态列于同一水平之上的。它的职能不仅在于反映世界、解释世界，而且还按照一定社会集团的愿望与要求来改造世界。”同时，“文学作为作家意识活动的产物，是现实生活在作家头脑中的反映。……文学（包括一切艺术）作为作家创造的一种艺术美不同于一般社会意识形态的最基本的特点在于，它是以审美情感为心理中介来反映生活的”[1]。基于如上原因，我们必须从作家所处的时代、民族、阶级与社会关系，同时结合作家个体性的审美情感与审美心理，来理解作品意义的来源。

具体来讲，作品的意义主要受制于如下两大因素：

其一，作品的意义是读者与作品“对话”的结果。“一方面，文学作品作为反映着一定的社会生活情境、内聚着一定的创作意图和倾向的欣赏客体，是一种具有审美规范性的召唤结构，它不仅为欣赏提供客观依据，唤起读者的阅读兴趣，激发读者的情感和想象，诱导读者欣赏活动的展开，制约读者想象的范围和趋向、情感体验的方式和基调，而且还对读者发出一种吁求，力求在读者中寻觅知音；另一方面，欣赏主体也不只是被动地、消极地接受对象，而是积极能动地介入对象之中，参与艺术形象的审美生成。他不仅从自己的审美需要出发来选择和接受作品，而且往往根据自己的经验来向

---

1 国家教委社科司编：《文学概论教学大纲》，高等教育出版社，1993年，第7—10页。

作品提出问题，从中寻求解答，并以自己的想象、感悟和理解去充实它、丰富它，这就决定了文学欣赏总是带有一定的主观选择性和再创性。”[1]

其二，作品的意义不是封闭的、固定的，而是开放的和历史地生成的。“就作品方面来说，欣赏客体不仅在特定的现实关系中产生，而且产生之后也总是与现实处于一定的关系之中；在作品流传过程中，由于历史条件、文化环境、社会心理和人们审美需求的变化，它的意义和价值也会相应地发生变化。同时，艺术形象是一个整体，人们对其意义的阐释、理解不是一次所能完成的，每个时代的读者都会从自己所处的历史境况出发对它作出不同于前人的解释。这些解释一旦得到社会的承认，它就会在作品中积淀下来，使作品的审美意蕴不断地得到丰富和增值。就欣赏主体而言，读者本身也是历史存在的现象，他生活在一定的社会关系之中。由于社会关系的发展和变化所形成的特定时代的文化环境和社会心理，如社会理想和社会价值观念等，会程度不同地影响读者的欣赏心理，使不同时代读者的审美需要、审美趣味以及对于作品的审美理解和审美评判产生变化，从而使读者从作品中所接受的东西不同程度地打上特定时代的印记。”[2] 就微观的具体欣赏活动而言，“由于读者个人的生活经验、文化教养、个性气质和接受作品当时的情绪和心境的不同，使读者之间在审美能力、审美意向、审美期待、审美心境上存在种种差异，于是形成了不同读者对于不同的欣赏对象，不仅各有自己不同的选择，而且即使对于同一作品，各人也都会有自己不同的发现、领悟和解释”[3]。

除以上两大因素外，文学的意义还受制于文学的语言外壳，这是因为：“在艺术创作中，艺术语言不仅担当着物化作家、艺术家构思成果的职能，

1 国家教委社科司编：《文学概论教学大纲》，高等教育出版社，1993 年，第 65—66 页。

2 国家教委社科司编：《文学概论教学大纲》，高等教育出版社，1993 年，第 66—67 页。

3 国家教委社科司编：《文学概论教学大纲》，高等教育出版社，1993 年，第 67 页。

而且还作为一种工具，介入作家、艺术家的审美感知和艺术提炼的过程。正是由于一定艺术语言的介入，才使得原先浑然一体的感性世界在作家，艺术家意识中产生分化而成为各种艺术的特定对象。”[1] 可以说，正是由于文学的创作离不开特定的艺术语言，离不开特定语言的语音、词汇、语法等物质外壳，语言才起到对文学意义的媒介与本体双重功能。

作为规范性的“文学理论”知识论述，“教学大纲”对文学意义来源的上述阐释，影响了此后很长一段时间内“文学理论”教材编写的范式，它表明：在知识型文学阐释中，对社会生活的基本结构进行阐释只是阐释的基础层次，对文本形式内容的阐释则构成了阐释的中间层次，对理解者的理解结构进行阐释则是阐释的最高层次。正是这种依次递升的阐释学结构，决定了知识型阐释对文学意义的归因式理解：文学的意义来源于社会生活，社会生活的意义伴随着文学的意义而展开，文学的意义则伴随着体验理解的意义而展开；社会生活—文学文本—体验理解的三位一体阐释学结构，由此构成了知识型阐释学的基本范式，也是此后多数“文学理论”教材编写的基本范式。

童庆炳主编，1992 年初版、1998 年修订再版的《文学理论教程》作为教育部“高等教育面向 21 世纪教学内容和课程体系改革计划”研究成果，既是新时期以来发行量最大的一本教材，也是一本“换代”教材。根据编者所述，“它摆脱了 50 年代前苏联旧教材的范式，同时又坚持了马克思主义世界观、方法论的指导，坚持了经过文学实践检验的马克思文艺理论的基本原则；对西方 20 世纪以来的各种文学理论观点，进行实事求是的鉴别和筛选，吸收了其中有价值的成分；对中国古代文学理论的精华加以融合，纳入到新的理论体系中来；对新时期以来文学理论研究所取得的成果，凡正确的深刻的，都酌情加以吸纳；对当代现实文学活动中提出的问题也尽可能给予了具

1 国家教委社科司编：《文学概论教学大纲》，高等教育出版社，1993 年，第 11 页。

有科学理性的回答，使整个教材面貌在稳妥中又有了较大的改变”[1]。

为了体现马克思主义指导下中西贯通、古今融合的知识型阐释观念，编者首先在宏观上将“文学”视为一种人类的活动，从世界、作者、作品、读者等文学活动的基本要素入手，分析文学作为人类活动的特殊性质：“我们认为，文学作为活动，它是多种要素共同构成的有机整体（或系统）。而世界、作家、作品和读者不过是这个整体中的四个基本要素（或环节）。”“其中，人类的生活世界是文学活动产生、形成和发展的客观基础，它不仅是作品的反映对象，也是作家与读者的基本生存环境，是他们能通过作品产生对话的物质基础；作家则是文学生产的主体，他不单是写作作品的人，更是把自己对世界的独特审美体验通过作品传达给读者的主体；至于读者，他作为文学接受的主体，不仅是阅读作品的人，而且是与作者生活于同一世界的活生生的人，双方通过作品进行潜在的精神沟通；而作品，作为显示世界的‘镜子’，作为作家的创造物和读者阅读的对象，是使上述一切环节成为可能的中介。作品既是作家的本质力量对象化的显现，又是读者接受的对象。没有世界，文学活动不会存在。没有作家，就没有作品，就没有文学接受和消费。反之，没有作品，作家也就不成其为作家。没有文学接受和消费，作家的文学创造就失去了意义。”[2]言下之意，文学活动中的四大基本要素是一个有机整体，它们彼此之间构成了一种创造与阐释的循环。

在“文学”的微观定义与阐释上，“文学是显现在话语含蕴中的审美意识形态”[3]。其中，“话语蕴藉是指文学活动的蕴蓄深厚而又余味深长的语言与意义状况，表明文学作为社会话语实践蕴含着丰富的意义生成可能性”[4]。一方面，“文学活动作为话语蕴藉，主要是指文学的属性和意义存在于特定话

1 童庆炳主编：《文学理论教程》（修订版），高等教育出版社，1998年，“修订版后记”。
2 童庆炳主编：《文学理论教程》（修订版），高等教育出版社，1998年，第44页。
3 童庆炳主编：《文学理论教程》（修订版），高等教育出版社，1998年，第101页。
4 童庆炳主编：《文学理论教程》（第五版），高等教育出版社，2015年，第81页。

语系统的创作和接受过程中，仿佛具有无限的生成与阐释可能性”[1]。另一方面，任何特定的文学文本也都带有话语蕴藉的性质，在理解与阐释中“包含有意义生成的无限可能性”。而文学的“审美意识形态”属性，则是指“文学是一种交织着无功利与功利、形象与概念、情感与认识等综合特性的话语活动”。[2] 显然，正是文学的“审美”与“意识形态”双重属性，决定了理解与阐释文学的多重向度：文学不仅可以让人们从中获得关于经济、政治、文化、社会等攸关意识形态的知识，而且可以让人们体验到自身关于意识形态反映的美学理解，或者说，文学中反映意识形态就其实在性而言并非意义所在，它只有作为审美反映和体验才能被赋予意义，并构成文学阐释的必要前提。

在文学的接受过程中，“读者以自己的期待视野为基础，对作品中的本文符号进行着富于个性色彩的解读与填空、交流与对话”，使文学作品由“第一本文”转化为“第二本文”，实现文学意义的再创造。显然，编者赞同接受美学、现象学美学与阐释学的基本观点：“文学作品完成之后，在没有和读者发生关系之前，称之为‘第一本文’。经由阅读之后，文学作品才能摆脱孤立的‘自在’存在状态，成为‘自为’的存在，即作为审美对象的‘第二本文’而存在。由此可见，‘第二本文’是在‘第一本文’的基础上，经由读者再创造的结果。”[3] 文学的阅读（理解、阐释与接受）是一种对艺术化的再创造过程，其间充满了对原文本的“形象的异变”“情感的异变”“思想观念的异变”，因为：“一部文学作品完成之后，作家的精神创造和情感体验便凝定于某一本文。读者阅读文学作品的过程，本应是一个在特定语词序列的导引下，还原作家心目中的形象、情感体验和思想见解的过程。但实际上，由于‘填空’、‘对话’、‘兴味’的介入，阅读过程中的彻底还原是不

1 童庆炳主编：《文学理论教程》（第五版），高等教育出版社，2015 年，第 81 页。
2 童庆炳主编：《文学理论教程》（修订版），高等教育出版社，1998 年，第 100 页。
3 童庆炳主编：《文学理论教程》（修订版），高等教育出版社，1998 年，第 424—425 页。

可能的。经由读者阅读产生的‘第二本文’中，虽然或多或少包含着来自‘还原’的客体内容，但同时却又充满着读者个人的再创造，因此，与‘第一本文’相比，‘第二本文’必然是千差万别的异变产物。”[1] 从阐释学的观点看，对于文本的意义来源问题，编者所持的观点并不是“作者中心论”，也不是“作品中心论”或“读者中心论”，而是兼有三者的知识论；区别在于，编者站在马克思主义唯物史观立场上，肯定了作为媒介载体的“第一本文”的基础性。

上述基本文学观念与阐释主张，在其后主编的《文学理论新编》（2010）、《新编文学理论》（2011）里均得到了继承发展。在《文学理论新编》中，编者将文学接受视为一种从“文本”到“作品”的过程，阅读即是从文本的“召唤结构”到作品意义的建构过程：“文本具有一种召唤读者阅读的结构机制，文本为读者预留了无数的意义空白点，期待或召唤读者用自己的经验、体会、情感和理解去将它填满。”[2] 在编者看来，“作家创造了文学文本，但文本只提供了某种文学性和文学价值得以实现的潜在可能性或结构，文学性和文学价值的最终实现则有赖于读者的创造性阅读，正是读者的审美活动把文本所包含的潜在可能性转化为现实性，才使文学文本转化为文学作品”[3]。可见，阅读的过程，既是“隐含的读者”向“真正的读者”转化的过程，也是作为潜在的“文本”向现实的“作品”完成的过程。而作品意义的丰富性，就发生在阅读时理解与阐释的无限可能性之中。在《新编文学理论》中，编者通过中西文论理论关键词互文并置的方式，还原每一文学问题形成的历史语境，分析其发展差异，阐释中西文论在阐释学问题上的交汇与分歧。在编者看来，在中国古代阅读理论中，“‘训诂’与‘涵咏’是中国古代最具代表

1 童庆炳主编：《文学理论教程》（修订版），高等教育出版社，1998 年，第 427 页。
2 童庆炳主编：《文学理论新编》（第三版），北京师范大学出版社，2010 年，第 281 页。
3 童庆炳主编：《文学理论新编》（第三版），北京师范大学出版社，2010 年，第 282 页。

性的两种阅读方式，前者强调对作品字句段的历史考察，以期还原历史；后者突出‘义理’阐发，以备经世致用。两种方法的背后呈现的正是汉学与宋学的读经文化理念”。“中国古代的阅读理论中，作者、读者、作品与社会环境往往交融在一起。突出作者，并没有忘记读者的‘自得’创造；入其‘作品’，但也要‘出’乎其外；‘知人’与‘论世’才能获取作者真实意图，等等。因此，在中国古代理论家这里，文学活动是作者与读者的相互对话，作品与读者的相互召唤，读者与时代的相互呼应。”[1] 而在西方的文学理论中，“读者的地位得到应有的重视，主要来自于现代解释学、接受美学对阅读、阐释行为本体意义的认识和肯定。随着对文学活动及其构成的深入认识，人们逐步认识到，过去那种将文学作品的存在看作先于读者接受，只把作者与作品联系起来认识文学，认为读者只是被动接受作品而与作品存在并无关系的观点是明显存在缺陷的。实际上，读者的活动从来不是外在于作品和文本的，而是内在于作品的存在和文本的结构之中的，文学作品从来就是在理解过程中作为审美对象而存在的”[2]。

为了说明读者对于文本意义的重要性及其发展变化，《新编文学理论》还对以“读者”为中心的阐释学思想，做出中西古今的甄别：

> 首先，中西读者理论都有两种阅读路径的价值取向：求取真意与自由阅读。中国古代阅读理论中的“以意逆志”“知音”等都强调对作者原意的求取和把握；西方的解释学理论中，德国的施莱尔马赫将解释学的任务规定为理解话语首先做到和作者理解得一样好，然后做到比作者理解得更好，美国文艺理论家赫施更是十分明确而坚决地主张作者是解释的最终权威。关于自由创造性阅读，中国从“诗无达诂”到“诗为活

1 童庆炳主编：《新编文学理论》（第二版），中国人民大学出版社，2018 年，第 236 页。
2 童庆炳主编：《新编文学理论》（第二版），中国人民大学出版社，2018 年，第 258 页。

物”“自得”理论，都突出了读者在文化阅读中的地位和作用，这与西方以伽达默尔、海德格尔为代表的解释学理论不谋而合。另一方面，在相似的阅读路径价值取向背后，中西在具体的实现方法上存在着很大的差异，也正显示出中西文化思维方式的不同。如在求取真意的方法上，西方强调诠释技巧等科学方法，主张完全取消读者自我，因此以回到作者原意为理想目标的传统解释学，实际上是希望把握住永远不变的、准确而有权威性的意义。而中国的“以意逆志”更看重通过作者之“意”去追溯文本之意，形成作者与读者的互动。同是追求创造性阅读路径，无论是“前见”还是“期待视野”，西方解释学都是从人的历史性出发，说明“前见”是一切诠释学条件中最首要的条件，并且是历史赋予理解者的生产性的积极因素，能够为理解者提供特殊的视域，显示出西方阅读理论的历史观。与之相比，中国早期的自由读经更为现实功利，从为我所用的角度去解读经典。

其次，从文本维度来看，中国古代强调文学作品的“含蓄无垠”，其实表达出作品对读者发出的意义邀请。这一理论与现代接受美学理论文本的“召唤结构”不谋而合。接受美学认为，文学文本是一个处于潜在状态的深层语义结构系统和表征了某种特定价值趋向的意义系统。文本是某种“图式化”的框架，是某种召唤性的空旷结构，有待于读者通过阅读活动将其意义现实化和具体化。这就是说，任何文学文本都具有未定性，是一个多层面的未完成的富含艺术空白的结构，只有经过读者阅读，文本中的未定性才得以确定，文学文本的意义才能得到充分展示。正是文本的这种特征使文学文本与读者之间建立起可供调节交流的语境，一方面为读者提供一个可发挥作用的宽广空间，另一方面通过不确定性或构造性空白等多种形式表现出一种内在的动力性、召唤性。中国古代文论对文学作品存在状态的认识与此相似。如刘勰的“文外重旨”之说，钟嵘所说的“文已尽而意有余”、司空图的“韵外之致、味外之旨”，梅尧臣的“含不尽之意，见于言外”，等等，都是对中国古代文学作品存在状态的一种形象性描述。在中国古代的文学接受论看来，文学作品同样具有未定性，留有许多艺术空白，只有经过读者的品味，以创造性的想象填充了这些艺术的空白之后，文学作品才能从单纯的语言符号走向更为丰富的形象空间，获得生动鲜活的意义存在。不同的是，西方接受美学家在强调读者的同时，忽略了文本作为艺术家审美情感物化形态的内在价值，显示出其理论的片面性；中国文论并没有像接受美学那样矫枉过正，它特别注重文学文本和艺术形式本身的审美价值，认为作品的“味外味”终归是得之于“味内味”，味其内而得之外，方能兴发感悟。这正显示了中国古代文本与读者互动理论的辩证性、全面性色彩。

总体来看，中西阅读理论都强调读者在整个文学活动的位置，但西方解释学与接受美学通常将读者提到一个核心高度，割断了与作者、作品的联系。中国文论同样以读者的文学接受活动为研究中心，但是它并没有割断作者与作品和读者的联系。在强调读者基础上，它高度重视作品本身的审美属性和存在价值，同时也突出作者在文学活动中的地位和作用，如孟子的“知人论世”即联系作者人品来考察作品，孔子的“有德者必有言”，把学术文章与作者的思想品德直接联系起来，等等。因此，中国古代阅读理论往往是作者、作品和读者三位一体，这正是与西方接受美学文化观念的最大差异。[1]

综观童庆炳主编的系列教材，均为在“审美意识形态论”统摄下马克思主义文学阐释学、中国古典文学阐释学、西方文学阐释学相融合的尝试。但

1 童庆炳主编：《新编文学理论》（第二版），中国人民大学出版社，2018 年，第 259—260 页。

是，要在现代阐释的基础上实现三者的真正融通，却并非易事。仅就马克思主义文学阐释学与西方文学阐释学而言，二者在出发点上的唯物与唯心二分，决定了前者走向一种现代性的唯物主义阐释观，后者则通向去历史化的观念论阐释；前者将阐释活动与进步主义的价值观紧紧相连，后者则拒绝任何阐释观念的价值优先性；前者珍视文本诞生的物质基础及其后世阐释观念的谱系演绎，后者重视文本内在的语言结构及其阐释后形成的经验意义；前者通过对文本的阐释以发现文本背后的历史，后者通过对文本的阐释以发现文本内在的观念；前者通过文本阐释而最终走向对意识形态的反思批判，后者通过文本阐释而诉诸文本意义的体验重建。一言以蔽之，西方现代阐释学所赖以为根基的东西，正是马克思主义阐释学所质疑的东西。正是这种理论根基的抵牾，决定了在将马克思主义与西方文学阐释学融合时存在内在困难。解决这种困难，一直是此后知识型文学阐释的重要任务。

与童庆炳观点类似，刘甫田、徐景熙主编的《文学概论》(2000)作为师范院校汉语言文学专业统编教材，也从文学的“社会属性”与“审美属性”两大方面，将文学的本质规定为“文学是一种审美的社会意识形态”[1]，认为文学的意义来源于作家与作者的共同创造：“作家把自己观念形态的文学构思转化为文本后，就在期待着经由读者的阅读行为，把文本重新转化为读者的思想、情感与认识。这个过程就是文学接受过程。文学接受活动在整个文学活动中占有举足轻重的地位，它是整个文学活动的落脚点。没有读者，作家的创作就将失去意义，不进入接受过程，文本就只是无意义的印刷品。”[2] 因此，“文本的意义是在读者的阅读过程中不断被发掘出来的。作家在完成创作之后，他所创造的文本就具有了独立性，文学作品的解释权在读者。在读者对文学作品的解读过程中，他不仅接受了作家通过文本传达给他

1 刘甫田、徐景熙主编：《文学概论》，高等教育出版社，2000年，第100页。
2 刘甫田、徐景熙主编：《文学概论》，高等教育出版社，2000年，第211页。

的信息，而且还根据自己的政治观点、文化背景、生活阅历与欣赏趣味，为文本注入了新的内容。随着时代与地域的变化，文本在不同的文化背景中会得到不同的解释，在同一时代的不同读者中间，也会对文本形成不同的解释。这就使得文学作品的意义不断地得到更新与发展”[1]。

从阐释原则的角度看，上述观点仍然反映了一种唯物主义与审美主义相融合的阐释学努力。如前所述，唯物主义与审美主义可以统一，但很难抹除二者作为自然科学与精神科学的根本性差异——确定性与非确定性、含义与意义二分。就其在文学确定性中寻求不确定性进而获得意义的丰赡性而言，它切中了文学文本语言所具有的本质属性（能指与所指二分），也符合文本阅读中理解与阐释的差异原则。但就其通过理解的不确定性来赋予文本意义以多样性而言，它必消解文本的客观独立性而走向审美主义的单一路途。为了解决这一矛盾，知识型文学阐释唯有放大文本为广义的社会语言，将理解视为文本意义的内在动力，才能使文本意义生成于历史的无限理解与现实的有限理解之循环之中。

葛红兵《文学概论通用教程》（2002）认为，文学是一种“超越功利目的”和“追求形式价值”的“话语”。[2] 文学的内容与形式虽来源于作家，但文学的“意蕴”，却是读者阅读与阐释的产物：“意蕴是既不能在内容中找，又不能在形式中找，但是既存在于形式中又存在于内容中的。因为它不是作品的固有属性，而是作品在被阅读，被接受时产生的，它产生在读者那里，而不是在作品中，也不在作者那里。何以如此？意蕴是读者在通过作品的外在形式，领略了作品的内在内容，进而在这形式和内容的基础上生发出来的对作品的审美意味的进一步发挥、阐扬、升华。”[3] 教材用大量创作与阅读的

1 刘甫田、徐景熙主编：《文学概论》，高等教育出版社，2000 年，第 217 页。
2 葛红兵：《文学概论通用教程》，上海大学出版社，2002 年，第 25—27 页。
3 葛红兵：《文学概论通用教程》，上海大学出版社，2002 年，第 68 页。

现场经验，指认了作品意义来源于读者的事实，认为读者可以对作品的意蕴展开“道德的”“审美的”等相对主义的适度阐释与批评[1]，并将这种阐释归因于文学史的深广传统：从世界文学史的发展来看，我们对文学史的整体阐释既有以作家为中心的“主体中心主义”，又有以作品为中心的“客体中心主义”；既有对文学史变迁的审美意识流变视角阐释，又有其关联于社会的“社会学阐释”；既有对其生发语境的“文化学”与“人类学”阐释，还有对作品与文学史发展阐释的阐释，通过后者，文学史与文学阐释史本身成为人理解自身的方式。[2]显然，这种将读者中心论关联于广阔的文学史的阐释，既包含了对中西阐释学理论的知识反思，又闪耀着论者切己创作经验的感性认识，它提醒我们，文学的阐释可以多样，但前提是培养“能理解的人”，亦即“能解释文学作品，对文学作品有鉴赏力的人”。[3]为了实现这一目的，文学作品与文学阐释就不能脱离其语言艺术本体，不能乏有“汉语言诗学特质”。

而文学归于语言艺术的专属特性，决定了文学的阐释仍应是“语言的阐释”；文学理论认定自身为知识学的形态，决定了文学理论的阐释仍应是“知识的阐释”。从“语言的阐释”到“知识的阐释”，既是感性升华为理性的过程，又是意义积淀为真理的过程。当且仅当“文学”的“语言”内化消融于理解者的“知识”理解，“文学理论”的“语言”凝结升华为理解者的“知识”理解，文学的阐释才能完成由语言论到知识论的转变。在其中，“文学理论”的意义并不限于让理解者知道“文学是什么”，而且还通过对“文学是什么”的问题的理解，像文学那样语言性地理解；而“文学”的意义，也并不限于让理解者知道“文学有何意义”，而且还通过对“文学有何意义”的理解，像文学理论那样知识性地理解。可以说，阐释学意义上的“文学理

1 葛红兵：《文学概论通用教程》，上海大学出版社，2002 年，第 107、116 页。
2 葛红兵：《文学概论通用教程》，上海大学出版社，2002 年，第 158—164 页。
3 葛红兵：《文学概论通用教程》，上海大学出版社，2002 年，第 1 页。

论”，始于语言论，终于知识论；而阐释学意义上的“文学”，则始于知识论，终于语言论。

董学文、张永刚的《文学原理》（2001）将文学定义为“创作主体运用形象思维创造出来的体现着人类审美意识形态特点并实现了象、意体系建构的话语方式”[1]，将文学的本质理解为一种具有“人学”属性的活动：“文学活动是一个由作家到作品，再由作品到读者，然后通过生活的纽带使读者与作家联系在一起的循环往复的过程。接受过程有着与创作过程大体一致的创造色彩。文学，是作家与读者的共同产物。”[2]教材肯定了读者在文学接受中有着与作者同样重要的主体性创造作用：“读者是文学的又一个主体，在文学活动中发挥着重要作用。读者的文学主体性，来自于它对文学文本潜在价值的实现，以及在这个实现过程中所产生的新创造。……读者的创造，是在文本引导下完成的二度创造，与作家的创造既保持着一致性，又有巨大的差异。”[3]而作为阐释对象的文本，虽是文学活动的直接结果，但却不是终点，而只是“中介”“桥梁”。“它一头连接着作家的原创思维，连接着文学赖以产生的广大而丰富的生活客体；另一头则连接着读者的再造思维，并通过这种思维，使文学再次归属于广大而丰富的生活客体。”[4]而这种“生活客体”的意义，需要读者的阐释与批评才能显现。“阐释”与“批评”的区别在于：前者是一种个体性的主观理解，后者则是一种理性的客观理解；与后者的理性批评不同，前者只是“构成批评的潜在力量”而非批评本身，“因为它过多停留于个人感受之上，虽有理性分析因素，可这种因素还不足以强大到有理有据、形成逻辑过程、产生批评文本的程度”[5]。可见，教材虽然突出了阅

1 董学文、张永刚：《文学原理》，北京大学出版社，2001年，第57页。
2 董学文、张永刚：《文学原理》，北京大学出版社，2001年，第111页。
3 董学文、张永刚：《文学原理》，北京大学出版社，2001年，第134—135页。
4 董学文、张永刚：《文学原理》，北京大学出版社，2001年，第152页。
5 董学文、张永刚：《文学原理》，北京大学出版社，2001年，第219页。

读与阐释对于文本意义由隐到显过程中的重要作用，但并不认同其对文本意义的准确把握作用。这种观点实际上也代表了其时中国文学理论界在这个问题认识上的基本分野。在稍后出版的另一部《文学理论学导论》中，著者保持了近似的观点，不同在于，它一方面提出了“文学理论解释学”，将“文学理论”作为解释学的对象，以区别于以文学为对象的“文学解释学”；另一方面，它又从“文学解读理论”角度理解“文学解释学”，认为“文学解读学”具有三层理论基点：“一是以文本与读者的双向交互作用为基点，把解读研究的重心由作家—作品转向文本—读者，将解读活动作为一种主体间性的对话，认为解读本质上是寻求对话的活动，重在探究文本与读者的反应交流过程；二是以解读不是复制，而是对文本的建构、意义创生为基点，强调主体解读的参与性与创造性，把文学解读由过去单方面对象性阐释，变为造成文本开放性、不断产生新意义的解读主体的创造性活动；三是以解读是通过读者体验、理解和显示文本意义，在对文本意义和感情的领悟中主体与世界融为一体为基点，强调解读既是文学的存在方式，也是文学主体的存在方式。”[1]

虽然说，氏著对“文学解读学”的理论规定，实际上只是用日常概念“解读”置换了学术概念“阐释”（“解释”“诠释”），并无多少阐释学新见；但是，它也提醒我们在话语知识意义上理解文本时，理解活动中“理解的循环”与“视域融合”等时间性结构对于文本意义具有重要性，我们必须在“现在、过去、未来”的线性时间结构中展开文本意义的阐释向度。突出“现在”，乃因一切文本都是面向当下的，直接启益并“应用”于当下的文学现实，它是作品获得现实合法性的基本哲学依据。而重视“过去”，乃要延续文本与经典的传承谱系，通过这种谱系关联，一种历史的意义便负载过去

1 董学文：《文学理论学导论》，北京大学出版社，2004 年，第 328 页。

而与“现在”结成精神共同体。认同“未来”，则是要打开作品意义的生成境遇，它通过保持对“现在”的否定性而防止了意义的凝固僵结。文本的知识阐释，因而必须同时成为一种非本质主义的历史化阐释。

陶东风主编的《文学理论基本问题》（2004）正是通过反对本质主义的文学观，主张“历史地理解文学艺术的自主性”，认为文学艺术的自主性在某些时期是其审美性自律的标志，在另外一些时期则是其政治性诉求的症候，因此应放弃文学意义的致思本质主义方式，转向“历史化”与“地方化”的自由、多元、民主的文学观。[1]具体来讲：（1）“汉字作为典型的表意文字与西方的拼音文字在构意路径上形成了不同的取向，深深地制约和影响中西文学、文学批评及文学理论的实践活动。”（2）“在文学批评实践方面，中国古代文论偏重追源溯流式的历时视点与以意逆志式的个体体悟，在热衷训诂与考证的同时，也强调对文学作品的自由感发与生命体验，西方现代文论则侧重实事求是的实证法与条分缕析的归纳演绎法，强调对文学文本的精研细读与多元解读。”（3）“中国古代文论与西方现代文论在文学的语言、意义等方面的理论探索，大体上形成了言、意、象与意、象、言的逆向演进走向。”（4）“中国古代文论与西方现代文论穿越时空在文学的语言、意义和解释等方面奇妙地形成了某些交叠共识，如都认识到文学语言的多义性、朦胧性等特殊性，文学作品的本体性、文学性，文学作品意义的丰富性、复杂性、不确定性，读者在文学阅读、阐释活动中的重要性、审美自主性以及阅读活动本身的开放性、非封闭性等。”[2]

上述判断中，第一点表明的是理解作品的意义必须联系表达作品的特定语言来理解，语言的结构与意义决定了作品的结构与意义；第二点表明中西方对作品的理解与批评，都存在本意追索与自由解读两大不同的阐释方法；

1 陶东风：《文学理论基本问题》，北京大学出版社，2004 年，第 12、21 页。
2 陶东风：《文学理论基本问题》，北京大学出版社，2004 年，第 272、274—276 页。

第三点表明在作品的阐释路径上，中国文论总体上重意轻言，而西方文论则经历了从近代以前的“重意”到现代语言学转向之后的“重言”的不同阐释路径的变化；第四点表明中西文论超越时空与语言阻滞而在文学阐释学的观念、原则等方面表现出共通性。上述四点共同表明，文本的意义并不孤立地存在于某处，它就在语言的历史性阐释理解之中。正是通过语言的历史性阐释理解，理解者才与文本世界结为一体，使自身超越单纯的自在存在而与文本成为意义丰盈的自为世界。而这个世界，正是文学阐释的本体。

同样，阎嘉主编的《文学理论基础》（2005）也是从非本质主义的文学观出发，将文学的意义关联于世界、作者与读者等多重视角，认为“视角”不同，文学的本质亦不同，因而对于文学的阐释亦不同。教材专辟“文学阐释论”章，它与“文学本质论”“文学构成论”“文学创作论”“文学接受论”并列，将“文学阐释”定义为：“文学阐释是在文学欣赏的基础上对文学作品及相关的文学活动的批评与分析。它既有对审美经验的分析，又有理性的认识和提升。在文学研究中，文学阐释是不可缺少的，它既能够发掘作品的意义和价值，又能够引导文学创作和读者欣赏，同时文学作品通过阐释不断释放其人文价值，从而促进社会文化的进步。”[1] 虽然说，教材使用的“文学阐释”概念内涵实际上只是一种广义的“文学批评”语义，而非“文学阐释学”的学术含义，但它也体现了著者拓展中西方文学阐释学边界，使其具有更大的理论分析效力的努力。

王先霈、孙文宪主编的《文学理论导引》（2005）作为“面向 21 世纪课程教材”，进一步拓展了文学阐释学的语言边界。教材以“文学整体”（“文学理论对各种类型、各种形态和各个时代的文学现象的抽象和概括”）为对象，认为“文学具有审美的意识形态性”，“文学是以生动具体的感性形象来

1 阎嘉主编：《文学理论基础》，四川大学出版社，2005 年，第 231 页。

表现审美意识的”，“文学是通过语言媒介来实现对人生的审美把握和艺术表现的”。[1] 作为文学阐释的对象，“文学文本是文学存在的现实形态，……但是，文学文本又不是一个简单的语言事实或言语行为，而是一个有着复杂结构的系统整体”[2]。具体而言，“文学文本是一个由语言层、现象层和意蕴层所构成的、有深度的统一体，上一层次是下一层次的形式化显现，而下一层次则给上一层次提供了存在的内容和依据。其中，现象层具有中介连接的作用，文学形象在与文学语言和文学意蕴的双重关系中体现了文学文本的内容与形式的辩证统一”[3]。这种“整体性”的文学观决定了文本的意义，一方面来源于“作家在创作中的主体作用”，因为作家的人生经验、心理特征、创作个性与作家所置身的历史环境、文化语境，以及业已存在的文学传统和各种惯例，对于文学创作具有或隐或显的影响[4]；另一方面，又来源于文学接受与文学阐释：“文学作品在没有被阅读之前，其内含的审美价值是以潜在的状态存在着。要实现文学作品的审美价值，发挥文学的社会功能，就必须使作家创作的作品成为一个现实的审美对象，而这只有进入接受过程方可实现。”因此，文学接受活动的本质，是“以再创造的方式参与了文学生产”[5]。而作为文学批评重要环节的“文学阐释”，目的在于“客观地传达作品”原意。[6] 在阐释作品原意时，阐释者既要考虑作者的意图，又要考虑文学作品的审美意识形态，还要重视作品的语言形式要素，通过摒弃阐释者的自我意识，来实现对文本客观意义的理解。“文学批评中的阐释就是要把那些隐藏在作品字里行间和形象体系之内的意义揭示出来。……文学批评对作品进行阐释时，前提条件是批评者放弃自我意识，走进作品的情境中去，实现与作家、与作品的

---

1 王先霈、孙文宪主编：《文学理论导引》，高等教育出版社，2005 年，第 1、21、38 页。
2 王先霈、孙文宪主编：《文学理论导引》，高等教育出版社，2005 年，第 51 页。
3 王先霈、孙文宪主编：《文学理论导引》，高等教育出版社，2005 年，第 59 页。
4 王先霈、孙文宪主编：《文学理论导引》，高等教育出版社，2005 年，第 141 页。
5 王先霈、孙文宪主编：《文学理论导引》，高等教育出版社，2005 年，第 187 页。
6 王先霈、孙文宪主编：《文学理论导引》，高等教育出版社，2005 年，第 216 页。

融合，注重对文本内涵的理解和传达，这种阐释不应该是批评者由文本的一点因由任意想到的，而应该是批评者从文本中所感受、体验、领悟、理解到的，是对文本原意的传达和阐释。”[1] 显然，教材的这种阐释观念实际上是狄尔泰客观主义阐释学的现代翻版。

但文本原意的客观性诉求不能视为与主观性的简单对立，它本质上是主观性阐释活动的公共性诉求，是阐释者内在主观精神遵循阐释共同体逻辑后的客观外化。阐释学意义上的客观阐释，意味着阐释对象通过客观理解而实现了自身的知识化，文本意义经由整体性语言结构而实现意义的客观化。

与王先霈、孙文宪主编教材类似，欧阳友权主编的《文学理论》（2006）教材以“文学文本”为文学问题核心，从文学文本的三个结构层次——“话语层”“现象层”“意蕴层”，将“文学文本”定义为“脱离作者创作实践而客观存在的独立的物态化文学对象”。[2] 其中，最为基础的是“话语层”，它是指“文学文本呈现于读者面前、供阅读的具体言语系统。它包括读音和字形的审美性质，也包括字、词、句、段、节、篇构成的语言审美系统”[3]。“现象层”是中间层，是指“文学文本通过话语媒介层透视出一种具体的现象，或者展现一个虚构的世界，或者构建一个意象”[4]。处于最深层的“意蕴层”，是指“在文学语言与文学现象层基础上透露出来的深层次的意旨内涵、意义与价值”[5]。正是基于这样一种“文学文本”多层结构观，教材将文学的本质规定为“文学是一种审美的社会意识形态”，“文学是主体审美意识的语符化显现”。[6] 这种定义反映了教材将唯物主义反映论、近代主体性哲学与现代语言学结合起来的阐释学努力，它具体体现为一种综合“文学欣赏”与“文学

---

1 王先霈、孙文宪主编：《文学理论导引》，高等教育出版社，2005 年，第 215 页。
2 欧阳友权主编：《文学理论》，北京大学出版社，2006 年，第 8 页。
3 欧阳友权主编：《文学理论》，北京大学出版社，2006 年，第 9 页。
4 欧阳友权主编：《文学理论》，北京大学出版社，2006 年，第 13 页。
5 欧阳友权主编：《文学理论》，北京大学出版社，2006 年，第 15 页。
6 欧阳友权主编：《文学理论》，北京大学出版社，2006 年，第 195、198 页。

批评"的复合型文学阐释观。在教材看来，文学阐释分为文学欣赏与文学批评两个阶段。在文学欣赏阶段，阐释者"通过对作品语言符号的解读获得审美愉悦和精神满足"，在作家"一度创造"的基础上进行"二度创造"，一方面使文学文本潜在的审美价值得以实现，推动文学活动的完成，使文学文本的意义表现为"确定性"与"不确定性"的统一；另一方面也使阐释者通过文学欣赏实现自我塑造与自我完善。[1]在文学批评阶段，要格外注意批评作为一种科学活动所具有的"社会性"与"美学性"，注意批评的"实事求是""整体性"原则。[2]

同样，杨春时的《文学理论新编》（2007）从生存论的角度出发，将文学规定为一种"独立的""指向自由的""指向超越的"生存方式与生存体验，认为文学具有语言性与审美性的本质特征[3]，其意义来源于文本的"表层结构"（现实层面—现实经验）、"深层结构"（原型层面—原始意象）、"超验结构"（审美层面—审美意象）实践关联[4]。文本意义的复合结构决定了文本意义具有限定性与开放性特征。其一，"文学文本作为语言构成，形成了一个意义的框架，具有意义的限定性。一方面，语言有意义层面和含义层面，而意义层面有公共性，对有个体性的含义层面有制约作用，从而保持着文学作品意义的稳定性。另一方面，语言在历史的流传中具有连续性，保持了意义的相对稳定性。……这样，文学阅读才不是一种随意的解释，而文学的意义才具有相对的确定性"[5]。其二，"文学文本作为语言构成并不是孤立的，它还与其他文学文本发生关系，与其他文学文本的意义互相关联，形成'文本间性'。这样，文本的边际就无限地扩大了，不断形成更大的文本，从

1 欧阳友权主编：《文学理论》，北京大学出版社，2006年，第290—298页。
2 欧阳友权主编：《文学理论》，北京大学出版社，2006年，第323、343—344页。
3 杨春时：《文学理论新编》，北京大学出版社，2007年，第9—22页。
4 杨春时：《文学理论新编》，北京大学出版社，2007年，第34—44页。
5 杨春时：《文学理论新编》，北京大学出版社，2007年，第271页。

而使该文本的意义呈开放性”。“文学文本的开放性最显著地体现于审美层面。如果说在文本的现实层面上，意义的开放性是有限的，受到了历史条件的限制，那么，在文本的审美层面，文本意义则具有充分的开放性，它的审美意义是具有无限的可能性的，为读者的接受留下了广阔的空间。”“文学文本的这种开放性，为文学接受主体的创造性留下了空间，使文学接受成为一种新的创造。”[1] 正因为文本结构与文学意义具有多重特征，所以经由阐释的文学文本，其新的意义也表现出开放特征：“文本的新的意义既与原初意义相关，又具有当代性；既与读者的前理解相关，又具有历史性，总之，既不是原初的意义，又不是读者已有的观念，而是新的意义和理解。”[2]

上述观点表明，知识型阐释并不天然排除阐释主体的深度介入。鲁枢元、刘锋杰等的《文学理论》（2006 年初版、2009 年第二版）就从主体性的角度对文学作了描述性的定义：“文学是一种人文现象”，“文学是一种审美活动”，“文学是一种语言艺术”。[3] 在作品意义来源问题上，著者强调了文学活动四要素共同作用对于作品意义的主体性作用。“文学作为一种活动都是主体的活动，在创作中作家是活动主体，在批评中批评家是主体，在鉴赏中读者则是主体……”[4] 而文学阐释包括两个环节，一是鉴赏，二是批评。从鉴赏角度看，“一部文学作品，不管作者自以为写得多么好，如果没有人对它鉴赏，那也是没有意义的。一本书只是一本书，仅仅是几十张或几百张印上字的纸而已。只有当它被读者阅读了，经过鉴赏，它才能实现自己的价值，起到社会作用”[5]。鉴赏不是消极的接受，而是积极的阐释创造：“文学鉴赏中的读者是在与作家共同合作，一起完成文学活动，它是读者的一种

1 杨春时：《文学理论新编》，北京大学出版社，2007 年，第 272 页。
2 杨春时：《文学理论新编》，北京大学出版社，2007 年，第 275 页。
3 鲁枢元、刘锋杰等：《文学理论》，华东师范大学出版社，2009 年，第 11、17、22 页。
4 鲁枢元、刘锋杰等：《文学理论》，华东师范大学出版社，2009 年，第 186 页。
5 鲁枢元、刘锋杰等：《文学理论》，华东师范大学出版社，2009 年，第 188 页。

创造活动。”[1] 从批评的角度看，“文学批评就是用某一特定的批评标准来对以作家、作品为中心的文学现象进行具体阐释与评价的活动”[2]。显然，这种阐释与评价是以承认阐释与评价主体对于作品意义的重要作用为前提的，从而既非“作者中心论”，亦非“读者中心论”，文本的意义是在主体理解过程中产生的。主体理解活动的意义就在于，它不仅使文本脱离其僵硬的客观属性而成为意义存在，而且使理解者通过理解活动而证成了自身。文学的意义由此一方面是文学作品内容结构的呈现，另一方面也是阅读活动理解意义的展开。

赵炎秋、毛宣国主编的《文学理论教程》（2000）也承袭了上述主客观相统一的阐释学思路。按照教材，“文学是一种审美的意识形态”，“意识形态性是文学的普遍性质，审美性是文学的特殊性质”，二者是辩证统一的关系。[3] 而作为阐释对象的“文学作品”，它既是作家创作的结果，又是欣赏者文学欣赏的出发点，它在整个文学活动中处于中心环节，文学创作则构成了文学活动的重要环节。[4] 显然，在教材看来，文学阐释须以作品为中心，在作品中心论的基础上，进行“鉴赏性接受”“诠释性接受”或“批评性接受”。这其中，“鉴赏性接受是对文学作品的情感性参与、理解与创造，满足的主要是个体性的审美趣味需求，着重实现的是作品的审美价值，主要追求的是个体的精神愉悦，更具审美享受的意味”。“诠释性接受是对作品的历史性、知识性、社会性等进行多方面的考察与疏解，以帮助人们在接受过程中真实地重建作品。”“批评性接受是对作品的理性检测和衡定。它以一定的理论背景和理论原则作为自己的出发点，以此来接受、理解文学作品，做出必要的理论阐释和尽可能恰当的客观评价，因而更具有科学研究的意味，着眼

1 鲁枢元、刘锋杰等:《文学理论》，华东师范大学出版社，2009 年，第 200 页。
2 鲁枢元、刘锋杰等:《文学理论》，华东师范大学出版社，2009 年，第 209 页。
3 赵炎秋、毛宣国主编:《文学理论教程》，岳麓书社，2000 年，第 30 页。
4 赵炎秋、毛宣国主编:《文学理论教程》，岳麓书社，2000 年，第 108、250 页。

的是实现包括作品的审美价值在内的广泛的社会价值。”[1]可见，教材在总体上坚持了文本客观意义的知识论阐释观。

文本客观意义的阐释同样不排斥阐释方法的多样性。相反，只有符合时代语境，并与时代语境相呼应的意义阐释才能成为客观阐释。南帆、刘小新等主编的《文学理论》（2008）教材就以文学理论基本问题与关键词的形式，对文学意义做出时代性阐释。在教材看来，文学的意义既不在文本，也不在作者，而在特定时代、特定历史语境所认同的文本解码方式：“一个时代的历史文化空间不仅诞生了种种解码方式，同时也制约了解码的最大范围。”[2]之所以这样，是由于理论本身所植根的时代情境、阶级关系、文化心理已然变化，所以即使是对于一直居于多数教材核心地位的马克思主义文学理论，作为不容置疑的“正典”，也需要在新的时代重新阐释（“中国化”）。而阐释的目的，在于消除“正典”与文学现实之间的冲突，扩展“正典”自身的阐释效力，使其依然成为文本意义的理解依据。

2009年出版的“马克思主义理论研究和建设工程重点教材”《文学理论》，正是在这样一种理论共识中产生的。教材认为，“当代中国的文学理论研究，应当在马克思主义指导下，吸收世界上一切具有学理性的资源，积极探索、思考和总结文学活动实践中出现的新现象、新问题，给出具有创造性的深刻回答，努力形成具有中国特色、中国风格、中国气派的文学理论”[3]。在具体的文学活动中，作家处于“主体”地位，理解与阐释文学，虽关联于文学活动的复杂要素，但“作家”始终处于中心地位，而与“作家”紧密相关的“作品”，其作用是第一位的，“作品对读者的接受具有规范作用”，而“读者的阅读和理解是第二位的”：一方面，“读者在文学接受中尽力理解或

1 赵炎秋、毛宣国主编：《文学理论教程》，岳麓书社，2000年，第472页。
2 南帆、刘小新等：《文学理论》，北京大学出版社，2008年，第296页。
3《文学理论》编写组：《文学理论》，高等教育出版社、人民出版社，2009年，第7页。

还原作家赋予作品的意义”；另一方面，“读者在文学接受中对作品意义有新的体会或发现”。[1] 正是后一方面的作用，赋予阅读与理解以极高的价值：“读者的阅读、理解和鉴赏活动，促使潜在的作品向现实的作品转化。未经读者阅读的文学作品作为‘物’的客观存在，仅具有潜在的审美意义。”“文学作品只有依靠读者的阅读、理解和鉴赏，才能变成活的现实的文学作品。进一步说，文学作品潜在的艺术魅力及其思想感情的深刻性、艺术上的微妙性，也只有靠读者积极的领悟、玩味，才能得以实现。”[2] 正是在这个意义上，文学的接受又是一种能动的“二度创造”，“文学接受活动并不仅仅是对作品原义的还原，而且是在作家创作文学作品的基础上进行的新一轮创造性活动”。“二度创造”的目的，是通过“对作家作品的意义进行再发现，对艺术形象进行再创造”，实现“重构文学形象”、“开掘、升华出深层的审美意蕴世界”的目的。[3]

而一俟文学的本体成为作家创作与读者接受的共同文学活动，那么，文学意义的来源也应是阐释者与文本世界的历史性与现实性理解关系。但是，对于当代“文学理论”教材中关于文学意义来源的三种理解——客观性的、主观性的、客观性与主观性相统一的，“马工程”教材的态度显然是有区别的：它基本上接受了客观性与主观性相统一的意义理论，反对单纯主观性的理论，同时与客观性理论保持了一种暧昧关系：“文学是具有意识形态属性和审美属性的语言艺术。文学活动是一个由生活、作家、作品和读者等要素构成的多环节活动。社会生活是文学产生的源泉，作家是文学创作的主体，……读者和批评者是文学的接受者、鉴赏者、再创造者。”“理解文学和文学活动，还必须与人的本质力量联系起来考察。文学是人创造的，是人的

1《文学理论》编写组:《文学理论》，高等教育出版社、人民出版社，2009 年，第 194—199 页。
2《文学理论》编写组:《文学理论》，高等教育出版社、人民出版社，2009 年，第 197、199 页。
3《文学理论》编写组:《文学理论》，高等教育出版社、人民出版社，2009 年，第 206—207 页。

本质力量的对象化。在文学活动中，作家把自身物质的、精神的力量投入其中，创造出让千万人感动、联想、想象、回忆、前瞻、欢笑、流泪、思考的文学作品。”[1]

不难看出，这种理论边界的模糊与理论立场的清晰，常使理论本身陷入一种自我消解的困境。要解决这一困境，既需要突显文学的语言存在属性，又需要重视文本的实践生成特性。因为一方面，社会结构的总体性变化必然导致语言世界的结构性变化，因此以语言为媒介的文本及文本阐释也必然发生变化；另一方面，意识形态的消长也必然带来阐释模式的改变，文本阐释不再局限于意义单一的客观论阐释，语言学阐释、语用学阐释乃至审美阐释，作为区别于客观论阐释的内在阐释模式，理应成为文学阐释学的重要向度。

王一川《文学理论》（2003 年初版、2011 年修订）就以全球“现代性世界文化”为阐释背景，以中国现代“兴辞诗学”为阐释基础，以“现中传神”为阐释原则，对文学理论的基本问题展开中西阐释研究，力图建立具有鲜明现代精神与民族特色的“新传统现代文论”。在著者看来，建立现代中国文论，必须坚持“现中传神”的阐释原则，“现中传神，是指以现代性知识体制和中国现代文论传统为基础而重新光大中国文论传统精神”。其中的“现”字，含义有二：“一是指当今世界各国普遍适用的现代性知识体制总体，二是指中国现代性传统。”“神”字，“是指中国传统精神，它由中国古典性传统和现代性传统融会构成，属于流淌于古代中国和现代中国的传统血脉”。“现中传神”的阐释原则，目的是“在现代性知识体制环境和现代文论传统基础上彰显中国传统精神，即，坚持现代性取向并重塑中国传统”，以此形成中国文论独特的民族风格。[2] 而基于“现中传神”阐释原则之上的“新

1《文学理论》编写组：《文学理论》，高等教育出版社、人民出版社，2009 年，第 2 页。

2 王一川：《文学理论》（修订版），北京大学出版社，2011 年，“导论”第 3—4 页。

传统现代文论”，必须包含三大要素：“现代知识总体”“中国现代传统”“中国传统精神”。具体而言，新传统现代文论在文论思维方式、概念体系、宇宙观念等方面必须以当今世界通行的知识范式为依据，在直接的阐释资源方面必须接续百余年来中国现代文论已经生成和正在生成的文论知识，在阐释的内在精神方面必须发扬中国古典传统和中国现代性传统业已成形的气质、品格、个性、神韵等具有鲜明中国性的东西。[1]

可以看出，这种综合“现代性世界文化”的知识型阐释要求相应的历史哲学支持，因为历史并非观念与精神的自我演绎，它有其深刻的现实生活基础。而绝对的客观主义、绝对的主观主义都催生不出知识型的文学阐释，唯有辩证的历史观才能适应知识型文学阐释的基本观念：通过阐释，恢复与过往精神世界的联系，使古代文学精神能够进入当下的文学话语实践，实现阐释学的效果历史与视域融合。

这样，要建立知识型的新传统现代文论，在阐释方法上，就须融通中国古代与现代文论已经形成的“感兴”传统与“修辞”传统，确立新的“感兴修辞”，亦即将“兴辞”视为中国文学的根本特性，将“兴辞”视为中国文学阐释的基本方法。[2]运用“兴辞”的阐释方法，文学文本便由“兴辞构造”“表意完整”“意义开放”“读者期待”四要素构成[3]；而在结构层面，则由“媒型层”“兴辞层”“兴象层”“意兴层”“余衍层”五层面构成[4]。它们的含义分别是：“媒型层，是文学文本的最外在可感的初始层面，是位于文学媒介与文学文本之间而主要由文学媒介隐性地建构起来的文本语言与意义构型。”[5]兴辞层，“就是指具体的富于感兴意味的语言层”，包括语音、文法、

1　王一川：《文学理论》（修订版），北京大学出版社，2011 年，“导论”第 4—5 页。
2　王一川：《文学理论》（修订版），北京大学出版社，2011 年，第 78 页。
3　王一川：《文学理论》（修订版），北京大学出版社，2011 年，第 138 页。
4　王一川：《文学理论》（修订版），北京大学出版社，2011 年，第 173 页。
5　王一川：《文学理论》（修订版），北京大学出版社，2011 年，第 173—174 页。

辞格和语体等具体层面。[1] 兴象层，则是活生生的富于感兴意味的艺术形象层。[2] 意兴层，是兴象所传达的富于感兴的深意或蕴藉。[3] 余衍层，是余兴和衍兴交融的层面，它一方面指向对文学文本深长兴味的品评，另一方面又指向读者从自身的生存体验出发而对文本深长兴味的自我联想和想象。[4] 正是由于文本自身具备复杂的层次，文学文本的阐释理解，才是在兴辞阐释方法的指引下，对文学文本的逐层解码："第一层为感触兴辞，这是指读者以自己的感官去阅读和理解文本修辞，感受文本修辞的意指作用及其原创特色。""第二层为兴辞生兴，这是指由富有原创特色的兴辞激发起读者内心的感兴波澜。""第三层为兴会酣畅，这是指读者在兴辞的激发下沉入特别感动的体验境界，发现人生的深厚奥秘。""第四层为兴味深长，这是指读者有时可以透过文本兴辞而体悟到更为朦胧、深邃而又悠长的余兴。"[5] 通过对文本层与阅读层的对应分析，教材得出结论："一部由作者创作出来的'语言艺术品'，当其未经读者阅读时，就还只是文学文本，而不是文学作品；只有经过读者阅读以后，这文本才真正变成了作品。简言之，文学文本加上读者阅读才变成文学作品。"[6]

正是经由"文本 + 读者 = 作品"的理解扩展，新传统现代文论才流露出明显的"实践"意向：以通过"感性修辞"知识阐释为基础的"新传统现代文论"的建立，其目标在于养成兴辞臻美的心灵与兴辞化的公共人格及文学的艺术公赏力，助力公民社会内部个体与个体、个体与群体以及不同群体之间和谐关系的建立："文学理论的目标，应该是帮助国民或公民，在丰富而复杂的文学与艺术观赏中实现自身的文化认同、建构他们在其中平等共生的

1 王一川：《文学理论》（修订版），北京大学出版社，2011 年，第 186 页。
2 王一川：《文学理论》（修订版），北京大学出版社，2011 年，第 211 页。
3 王一川：《文学理论》（修订版），北京大学出版社，2011 年，第 226 页。
4 王一川：《文学理论》（修订版），北京大学出版社，2011 年，第 227—228 页。
5 王一川：《文学理论》（修订版），北京大学出版社，2011 年，第 299—300 页。
6 王一川：《文学理论》（修订版），北京大学出版社，2011 年，第 139 页。

和谐社会环境。”[1]

为了实现这一目标，中国当代“文学理论”的阐释学讨论就不能限于单纯的知识学梳理，也不能满足于对当代文学理论经典“本义”与“现场”的还原。更为重要的是，它要基于当代文学现实与中西阐释理论资源而对文学理论知识重新阐释，扯去覆盖在“文学理论”之上的知识面纱，在文学文本与社会文本的实践关系中，重构当代文学理论，推进当代文学阐释学发展。

（三）实践型阐释：21 世纪 10 年代“文学理论”的阐释范式

“实践型文学阐释学”是指文学作为一种人类活动，不仅携带人的行为与精神活动的属性，而且具有语言性与身体性的属性。[2] 在实践型文学阐释学看来，文学的阐释本体是文学实践，它作为一种文学活动既表现为文本创作的实践本性，又表现为文本本身的实践特性，还表现为文本接受的实践属性，以及文本与其背后的物质经济生活和社会意识形态之实践关系，亦即：文学创作中感性经验的交感与升华，作品阐释中耳目心意的感通与理解，文本批评中理性观念的阐释与反思，以及文本传承中的感性主体的反馈与回应。

首先，实践型阐释学认为文学创作是一种实践活动，它在外在实践对象与内在实践主体的双向生产关系中来完成自身。一方面，内在实践主体借助

---

1 王一川：《文学理论》（修订版），北京大学出版社，2011 年，第 14 页。

2 “实践型阐释学”的含义端赖于我们对“实践”概念的准确理解：马克思在博士论文中指出，“一个本身自由的理论精神变成了实践的力量……不过哲学的实践本身是理论的”。（《马克思恩格斯全集》第四十卷，人民出版社，1985 年，第 258 页）据此有学者认为马克思的“实践”概念包含两个向度：“指向改造人的思想、观念的理论活动向度与指向改造社会和自然的‘感性活动’的向度。”参见潘德荣：《文字・诠释・传统——中国诠释传统的现代转化》，上海译文出版社，2003 年，第 204 页。潘氏的如上判言抓住了马克思早年思想与德国古典哲学的关联，但若结合马克思后来的思想，似可作如下丰富：“实践”的历史含义与现实含义在马克思哲学中均得以丰富，“实践”的历史含义主要指向理论实践，是指理论改变思想观念，后者反过来作用于理论自身，引发理论自身的反思发展；“实践”的现实含义主要指向“感性活动”，是指人类在生产生活中通过语言与工具改造外在世界，提升感性活动水平的循环活动。

外在的实践对象而生产出文学作品及懂得从事文学生产的内在实践主体；另一方面，外在的实践对象也借由内在的实践主体而生产出能够生产文学对象的作者与催生文学作品的外在实践对象。正由于文学创作具有内在实践主体与外在实践对象的交感与升华关系，文学文本所具有的那种精神科学特有的非确定性与意义丰赡性，才与人类的无限生存实践活动最为深刻地关联起来，表现出一种超越物质生产与生活的自由开放向度。

余三定主编的《文学概论》（2013）认为文学具有“形象”“意识形态”“审美”“文化”特征；文学创作是作家作为“第一主体”的文学活动，文学接受是读者作为“第二主体”的文学活动。前者是“一度创作”，后者是“二度创作”；前者是基础，后者则是对前者的阐释、理解、接受，是在前者的基础上的填补、修改、创造。既包含“对作品思想内容的理解、衍生、拓展、丰富”，又包含“对作品形象的复现、补充、改造、扩大”，还包括“对作品隐含意义的寻求、发掘、索解、阐释”。“文本的意义的发现、生成、阐释，就出现在这一个双向的主体与主体的对话交融过程之中”，从而使“二度创作”产生出超出作者原意的新意蕴。[1]

文学创作与接受中的二度取向决定了我们对文本意义的讨论，既要回到“彼时彼地”，求诸文本原义；又要直面“此时此地”，揭橥文本的现实感应力；还要求诸“他时他地”，在现时代感性生命活动的参与建构中，获得超出文本原义与思维逻辑的无限生命力。与之相应，文本意义上的阐释实践，逻辑地展开为三个层次：文本语义的还原，文本语义的当下应用，文本语义应用后的自我创新发展。

杨守森、周波主编的《文学理论实用教程》（2013）就从两个层次对文本意义做出阐释。根据教材，“文学文本并非一个完满的自足体”，其意义的

1　余三定主编：《文学概论》，南京大学出版社，2013 年，第 230—235 页。

生成，虽基于作家的虚构，但须经读者的阅读理解。[1] 读者阅读理解有两种基本方式，一是“复原式理解”，二是“再创造式理解”。“复原式理解指的是在文学阅读过程中，尽可能恢复作家创作的彼时彼景，以把握作家赋予文本的原始含义。这种理解方式以作家的生活经历、创作感悟、所用材料等作为基础，力图通过蛛丝马迹，寻找出作家创作文本时的真实意图。复原式阅读在把握人物形象时，力图再现作者描写的真实形貌；在体验文本中的情感时，力图设身处地，成为作家的知音，重温作家当时的心路历程；在把握文本的内蕴时，竭力恢复作家的创作本意。”而再创造式理解的特征是，在阅读过程中，“读者由原始的文本出发，根据自己对生活的体验和把握，充分运用自己的理解力，对文本进行了创造性的阐释和理解”，能够发掘出当初作家未曾预想的新含义。“在再创造式理解中，文本中的人物形象已经打上了读者的主观性烙印，表现了其所处时代、民族和地域的明显特征……文本中的情感也变成了读者根据自己人生经历而体验过的变异情感；读者所理解的内蕴则成了作家在创造时始料未及的感悟。”[2] 从文学接受的角度看，这两种阅读方式的区别在于：前者认为，文本的意义在于作者意图；而后者认为，文本的意义在于读者。理想的文本阐释，不仅应将这两种理解统一起来，而且应考虑文本创作与接受背后的多样感性实践活动对文本意义的参与建构。因为尽管文学实践关系的丰富性会牵制作为审美意识形态的文学文本与支撑这种审美意识形态的社会实践之关系，但它常通过文本批评与阐释的无限性来丰富、拓展，甚或反思、批判文本背后的生产消费语境，以启益于文学实践中主体的自我发展与完善，从而使文本意义勾连创作与接受而成为无限过程。

畅广元、李西建主编《文学理论研读》（2013）视文学为“一种特殊的、作为语言艺术的意识形态生产”[3]，认为文学的阐释不宜偏重文学要素的

1 杨守森、周波主编:《文学理论实用教程》，中国人民大学出版社，2013 年，第 197 页。
2 杨守森、周波主编:《文学理论实用教程》，中国人民大学出版社，2013 年，第 201—202 页。
3 畅广元、李西建主编:《文学理论研读》，陕西师范大学出版社，2013 年，第 31 页。

任何一方，而应将其放在与作品、作家、文学世界、读者，以及文学之外的社会、文化系统等复杂关联中考察[1]。在教材看来，我们应在广义的“文学批评”意义上理解“文学阐释”：“文学批评的阐释主要解决作品表达什么的问题，也就是我们常说的意义阐释。对批评来说，作品的意义可以分为三个层次：（1）文本意义；（2）内涵意义；（3）延伸意义。通过文本的表层符号、叙事和意象的意义，对作品的内涵和延伸意义进行深度的开掘与诠释，构成了批评活动的最基本的任务。”[2]

同样，周宪的《文学理论导引》（2014）作为教育部中文学科教学指导委员会组编教材，也是以文本为中心，关注文本的理解与解释的多样要素，认为“文本”是以文学语言为基本材料，以词语框架为功能结构，以文学文类为形式外观的“建筑”；“文学是以用精致语言书写的具有艺术价值的以文本为中心的文化系统”；而文学理论则是“基于文学文本及其阅读经验的理论思考”。[3]作为一种理论思考，文学理论首先从语言入手，再进入结构考量，再上升到文类探究，最后结合文本的生产和接受、文本的历史、社会和文化语境，进行意义阐释与价值凝聚。从文本阐释的角度看，教材以文本意义为中心，不仅强调了文本自身形式要素的重要性，同时认为作者、读者、意识形态语境对于文本意义具有重要性。具体来说：第一，它一方面突出了“作者”在印刷文化时代对于文本意义的决定性作用，但同时也提醒我们注意口传文化、手稿文化、电子文化时期“作者”与文本的意义的模糊关系。[4]第二，它突出了“读者”对于文本的创造性功能，认为当代文学语境中的“读者”，不再是一个被动接受的角色，“他们有和作者一样的创造性，他们成为文本意义的生产者”[5]；文本与读者及作者是一种互为依存的关系：“文本依

1 畅广元、李西建主编：《文学理论研读》，陕西师范大学出版社，2013 年，第 300 页。
2 畅广元、李西建主编：《文学理论研读》，陕西师范大学出版社，2013 年，第 431 页。
3 周宪：《文学理论导引》，高等教育出版社，2014 年，第 36—37、12、3 页。
4 周宪：《文学理论导引》，高等教育出版社，2014 年，第 265—273 页。
5 周宪：《文学理论导引》，高等教育出版社，2014 年，第 298 页。

赖于读者而存在，作者有赖于文本而存在。”“文学文本是一个读者意向性的对象，它对读者具有独特的‘召唤’功能，它吁请读者意识地介入，使文本的那些‘空白点’被读者想象所充实。……正是读者及其阅读使文学活动得以完成。”[1] 第三，它提醒我们注意文本赖以存在的现实语境与意识形态关系，会直接影响对文本的意义理解，认为从意识形态、性别、种族、环境角度进行文本解读，有助于理解文本背后的深层意义。[2] 这三点共同表明，文本的意义不仅向作者、读者开放，它还向历史与现实开放，历史与现实常一起进入文本，成为文本意义的构成因素。

姚文放《文学理论》（2015）从文学四要素关系来理解文学意义，认为文学意义的理解要兼顾作品与世界、作品与作家、作品与读者及作品本身所包含的关系之“综合联系、系统反馈、总体活动和完整流程，以达到对于文学的整体把握之目的”[3]。具体来讲，教材借鉴了接受美学与阐释学的基本观点，区别了作家所创作的“文本”与经由读者阅读后的“作品”的不同：“文本是未完成态，‘作品’才是完成态。创作活动所得到的产品如果只是‘藏之名山’，那么它只是一个文本；只有将它‘传之其人’，才称得上是一件作品。在文本向作品转化的过程中，读者的经验、知识、情感、意蕴等起着关键的作用，读者将它们填进了文本所留有的意义空白之中，使文本获得了新的生命。”也就是说，“一件作品的诞生，不仅要经过作家的创造，而且还要经过读者的再创造”[4]。后者作为作品意义生成的关键，虽然包含了“理性的”“认识的”成分，但更主要的是一种“艺术的”“情感的”创造，是读者在特定的期待视野内，根据“认知性阅读”“实用性阅读”“审美性阅读”“消遣性阅读”等不同阅读态度，与喜惧哀乐等不同阅读情境，进行不

1 周宪：《文学理论导引》，高等教育出版社，2014 年，第 303—304 页。
2 周宪：《文学理论导引》，高等教育出版社，2014 年，第 333—334 页。
3 姚文放：《文学理论》（第四版），高等教育出版社，2015 年，第 6 页。
4 姚文放：《文学理论》（第四版），高等教育出版社，2015 年，第 229 页。

同的意义创造，从而使文本的意义表现为客观性与主观性、一致性与差异性、确定性与不确定性的矛盾统一。[1]

可以看出，实践型文学阐释学对于文学意义的理解就是复杂的。一方面，它认为文学意义现于体验与理解之中，并随体验与理解而展开；另一方面，体验与理解并不外在于文学活动，它随文学活动而展开并在文学活动中获得意义。就体验与理解活动而言，体验理解即文本；就文本而言，文本即体验理解。

文本意义的复杂性提醒我们，对文本的接受既是对文本结构的客观理解（类似于一种意义的“发现”），同时也是理解者携带过往的“前见”与当下的“实践”而“赋予”文本以新的意义的过程。文本在理解与阐释活动中所表现出的复杂细微心理、多样感官通感与极致体验描摹，乃至阐释者视审美活动为本体性的生命存在，正是文本阐释中“前见”与“实践”综合作用的结果，它使文本的意义表现为确定性与不确定性的辩证运动。而理解的“前见”与阐释的“实践”也不像教化型阐释学那样是需要克服的对象，也不像知识型阐释学那样是需要警惕的对象，而是需要保留并阐扬的东西，因而正是后者才赋予文本以无限可能的意义。

刘阳的《文学理论今解》（2016）认为“文学是一种活的思想方式”，是“语言的创造性活动”，文学具有明显的“动词性实质”。[2] 教材认为，文学阐释应区分为两种类型，一种是常规性的文学解读，另一种是高层次的文学解读。第一种解读观念认为，文学阐释是一种在积极与合理“先见”主导下的“适度”阐释，即能够使阐释者“意识到自己”，并使阐释对象得到“充分尊重”的阐释。[3] 具体来说，“适度”阐释的标准在于“和谐”与“充分”。“所

1 姚文放：《文学理论》（第四版），高等教育出版社，2015 年，第 236—242 页。
2 刘阳：《文学理论今解》，华东师范大学出版社，2016 年，第 6、21 页。
3 刘阳：《文学理论今解》，华东师范大学出版社，2016 年，第 193—194 页。

谓和谐，既指不牵强附会，也指富于整体感。不牵强附会，是在对作品整体或局部的解释上避免人为化的别扭与唐突，而力图实现批评主体与作品文本的视界融合。……富于整体感，则是对作品的解释不零散地进行，而是具有一条可以将全部细节关联起来的主线，在这条主线运作下，全部解读成了流畅的整体性建构成果。”“所谓充分，指在和谐的前提与基础上顾及每一细部而毫无例外，从而避免为符合某种意图而去故意忽略、轻视乃至遗漏某些细节。”[1] 第一种解读观念实际上表达了一种海德格尔意义上的本体性阐释学：作品有中心，其意义可以从作品本身的正确解读而来；而解读本身，也是解读者的存在方式。与之相反，第二种解读观念认为，文学解读是一种“再创造性的写作”，即通过解读，文本就打破了其原有结构而表现为一种新的文本和新的意义。[2] 这种解读，本质上是解读者积极自主地对文本的再创造与转写，文本不再是中心，文本的“再创造”与“转写”才是中心，文本的意义就诞生于这种“再创造”与“转写”的无限过程中。

李西建主编的《文学理论教程》（2017）同样突出了文本阐释的实践性本质，强调文学意义的多维创造与该种创造活动中主体的生成：“我们所理解的文学的活动、作家的创造、作品的生成和接受，以及文学的意义与真理等，均不是一个已经定型的客观系统，它正在通过有阐释力的读者，通过培养新的文化接受主体，内在地推动文学意义的生成与实现，也包含文化主体的不断建构。”[3] 在这样一种观念下，“文学是人呈现自身的特殊符号活动”，是一种“形象和意义的话语生产”。一方面，文学作为一种具有人文性的特殊符号活动，是人类作为“符号的人”显现自身主体性，通过创造“第二自然”来彰显“制造和使用工具”的类本质，进而实现人的诗性文化精神的

1 刘阳：《文学理论今解》，华东师范大学出版社，2016 年，第 198 页。
2 刘阳：《文学理论今解》，华东师范大学出版社，2016 年，第 199 页。
3 李西建主编：《文学理论教程》，陕西师范大学出版总社，2017 年，“前言”第 3 页。

体现；它作为一种社会文化形态，“始终反映和呈现着个体、群体的文化属性和生命境遇”，是个体或群体通过语言来生产形象和意义的活动。另一方面，文学又是“复杂的、多层次的艺术整体”，不仅自身有丰富多样性，亦与历史、政治、文化、科学、民族、地域、权力等文学外在因素具有千丝万缕的联系，从而使得文学的意义呈现出复杂多变的样貌。[1] 基于对文学本质复杂性的认识，教材从多个角度对文学进行认识：“从文学与生活的关系看，文学从审美的角度反映生活，是一种审美形态；从文学与其他艺术对比的角度看，它以语言为艺术载体，是一种语言艺术；从文学在社会结构中的地位看，它负载着各种文化信息，是一种文化存在。”[2]

基于上述认识，教材持一种开放的现代接受美学与解释学观念：“文学作品是作者创作出来供读者与之交流的媒介，阅读文本就是与主体之间进行精神交流的过程。”[3]“文学接受是以文本解读为中心，经由读者加工，融入个体的审美体验与感悟，在把握文学作品哲学意蕴、敞开真理世界的一种能动的意义融会过程，是读者在审美经验基础上对文学作品的价值、属性进行主动选择、接纳或扬弃的过程。”[4]“文学接受不是对文学文本简单的还原与复现，而是一种积极能动的建构过程。读者以自己的期待视野为基础，将文学作品由‘第一文本’转化为‘第二文本’，填空与对话、解读与阐释是其必要性环节。以此为据，读者的阅读既是文学作品不同历史阶段接受的历史，更是评价和重构的历史。”[5] 在编者看来，要正确理解文学的意义，必须跳出单一的理论视角，从更为宏阔的“文化阐释”立场，应吸收以往阐释学的所有理论资源并加以融通发展，将文学活动理解为“人类连续不断的文化阐释

1 李西建主编：《文学理论教程》，陕西师范大学出版总社，2017年，第2—7页。
2 李西建主编：《文学理论教程》，陕西师范大学出版总社，2017年，第18页。
3 李西建主编：《文学理论教程》，陕西师范大学出版总社，2017年，第107页。
4 李西建主编：《文学理论教程》，陕西师范大学出版总社，2017年，第108页。
5 李西建主编：《文学理论教程》，陕西师范大学出版总社，2017年，第117页。

与文化创造过程”，在这个过程中，“作家、读者都以话语阐释为基本方式创造了文本、作品，作家的文本创造内蕴了丰富的文化内容，读者的阅读接受发明了文本的文化意蕴”。文学阐释从而不仅是理解文本与作品的行为，同时也是创造文本与作品的行为；而整个文学活动，就是以“阐释”为中心而展开的特殊的交往对话行为，是“人类通过阐释实现对不同文化历史与社会生活的理解、接受与创造”[1]。“阐释”从而具有了生存实践本体论的地位。

这种带有强烈实践性指向的文学阐释活动，一方面使文本成为实践的文本，另一方面又使阐释主体成为实践的主体。文学文本意义的这种强烈实践指向决定了我们必需否弃教化型阐释学与知识型阐释学对于文本意义的还原论与建构论判定。因为在这里，文本是已进入阐释实践关系中的文本（文本性），而非客观静态的文本；阐释主体也非单纯携带意识形态“前见”的理解者，而是被阐释文本所感发激扬、进入积极理解并建构文本意义的实践主体（主体性）。文本的意义（含义与意味）诞生于对文本性与主体性阐释关系之实践性理解与领会之中。[2]

王元骧的《文学原理》先后经历了四次修订，从 1989 年初版到 2018 年第四次修订，实际上反映了新时期以文论界对文学本质的认识突破传统教化论与知识论而向实践论的转化。教材认为，文学作为一种“审美意识形态”，是作家对社会现实审美反映的产物。[3] 它始于“现实生活向文学作品转化”，经由与读者思想情感的交流，“最终达到影响社会、改造社会、推动社会发展进步的目的”。[4] 而对文学活动的阐释，亦即对“创作—作品—阅读”整体活动的阐释，就是对“一定社会历史条件下和关系中的人的文学活动”的

1 李西建：《文学理论教程》，陕西师范大学出版总社，2017 年，第 124 页。

2 “含义”与“意味”的阐释学区别就在于：持续性的理解与领会催生“含义”，对含义的反思催生“意味”，二者共同作用形成文本的“意义”世界。

3 王元骧：《文学原理》，浙江大学出版社，2018 年，第 50 页。

4 王元骧：《文学原理》，浙江大学出版社，2018 年，第 7 页。

阐释[1]，人的文学活动的实践性决定了对其所作的阐释自然具有阐释学的“应用”特征：“所以文学创作就其性质来说就不仅仅是对生活的反映，它同时也是对读者的召唤，对社会的介入。这就意味着当作品从作家笔下产生，成为一种物质形式存在的时候，作家的目的、作品的价值，还只是潜在的；只有经过读者的阅读，当读者在阅读时为作家在作品中所表达的思想情感所感染，而心悦诚服地接受了作品所表达的思想情感并对读者的行为产生了潜移默化的影响之后，作品的潜在的价值才有可能转化为实在的价值，作家的创作目的才能最终得以实现。”[2] 可以说，作品价值的实现，既有赖于读者对作品本义的“规范”理解，又离不开读者对作品的“再创性”解读，从而文本的最终意义，就生发在规范理解与再创性解读的辩证关系中。[3]

文学阐释超越文本意义理解而指向理解主体生存实践的应用，恰可用来支援当代文学基于审美创造的意识形态属性与多重价值功能。因此，实践型文学阐释学并非是探究文学阐释的技术方法，而是要探究当代文学的社会语义与实践逻辑。在这一过程中，文学阐释不仅作为私人经验深化着人们对于文学的理解，而且还是社会权力与意识形态的中介，后者通过阐释的理解与阐释共同体的交往活动而发生作用。因此，对于文学阐释实践性的讨论，并不限于阐释学的单一要素甚或多要素的关系，而是扩展到对人的生活世界、社会制度、认知能力、情感心理及其行为方式等更为广阔领域的反思。它使实践型文学阐释学在价值论意义上成为一门重塑社会生活与情感行为的学问，在知识论意义上成为一门走向未来的精神科学与自然科学的联合体。

南帆《文学理论十讲》（2018）正是从文学意义生产的众多要素方面理

1 王元骧：《文学原理》，浙江大学出版社，2018 年，第 12 页。

2 王元骧：《文学原理》，浙江大学出版社，2018 年，第 7—8 页。

3 王元骧：《文学原理》，浙江大学出版社，2018 年，第 234—241 页。

解文学。氏著认为，作家、符号体系、解读规则、读者、文化氛围、意识形态与社会历史等，是影响文学意义的共同因素。“作为一个协同产生作用的系统，这些因素无不共同参与作品的意义生产，缺一不可。我们无法确定哪一种因素构成了意义的唯一本源。对于不同类型的文学作品来说，每一种因素的贡献率不尽相同。例如，相对于散文，诗歌的符号体系、解读规则可能占有更大的分量；相对于本土作品，异族作品的意义很大程度地诉诸另类的文化氛围；相对于现实主义作品所再现的社会历史，现代主义作品必须更多地联系作家所栖身的社会历史，如此等等。”[1] 当然，在决定作品意义的众多因素里，“读者”显然处于最重要位置：“一部作品完成并且正式印刷之后，作家不再变化，尤其是构成作品的文字符号不再变化，这是一部作品不至于混同于另一部作品的根本保证。然而，解读规则、文化氛围与意识形态、社会历史这些因素都可能产生变化。这些变化围绕的轴心是——读者发生了变化。不同时期的读者置身于不同的社会历史、文化氛围与意识形态，甚至运用不同的解读规则，因而同一部作品可能产生各种不同的意义。”[2] 因此，对于文本的理解而言，最重要的是确立阐释的“度”，亦即根据不同历史语境而确定不同的阐释观念，而非固守一种本质主义的阐释观。

可以看出，文本的意义是读者与文本、时代、社会在实践关系中对话、交往的产物，文本阐释的目的不在于对文本意义的发现和揭示，而在于对文本意义的赋予和建构。这不是说实践型阐释学就是伽达默尔的哲学阐释学与哈贝马斯的交往阐释学，而是说实践型阐释学分享了哲学阐释学与交往阐释学对理解本体与交往本体的关注。因为不同于伽达默尔认为在对话中人的共通感为理解基础，实践型阐释认为实践关系是理解基础——从发生学角度看，实践比语言更源始，语言是后天习得的而非天赋拥有的——语言不能取代实

---

1 南帆：《文学理论十讲》，福建教育出版社，2018 年，第 172 页。

2 南帆：《文学理论十讲》，福建教育出版社，2018 年，第 174 页。

践而成本体，阐释活动中释义的丰富性只能源于实践的丰富性。同样，实践型阐释学也不同于哈贝马斯的交往阐释学，因为哈贝马斯视人类学意义上的“交往”为阐释学的最终根据，而实践型阐释学则认为，虽然文本的阐释离不开日常生活的交往实践，但文本阐释的最终目的是通过语言的阐释实践规范、引导行为实践，使文本阐释最终产生实践效果，促成人的形成与社会的改变。这样，实践型文学阐释学最终经由文本实践而成生存实践，使文本的意义不仅存在于文本之内，而且诉诸文本实践，并随文本实践而发展。[1]

总之，社会主义文艺体制规约下的中国当代“文学理论”教材编写，其目的在于建立一整套理解文学作品的规范，凭此规范，文学作品的意义，就能得到恰当的理解。然而，社会主义文艺体制对文学功用的本能性期许，又决定了对文学意义的理解，不能单纯停留在教化或知识层面，它必须由认识论上升至本体论，使文学的理解同时成为自我的理解，文学的意义同时成为自我的意义。唯如此，文学的功用才能得到恰当的发挥，“文学理论”作为阐释共同体的身份才能得到彰显。这就要求我们把施莱尔马赫和狄尔泰等人所开创的认知性阐释学，与海德格尔和伽达默尔等人建立的本体性阐释学综合起来，发展出一套能够与现有文艺体制规约相适应的文学阐释学，这种阐释学只能是实践型文学阐释学。

同样，这也要求中国当代文学阐释学的发展，必然植根于中国当代文学的创作实践，必须依赖读者现有的阅读经验，必须参照已然成形的阐释逻辑，在世界文学阐释学的坐标系中创新自我，实现理解的前结构、语境、视域与阐释的认识论、价值论、本体论的统一。在这个过程中，“文学理论”教材作为文学阐释共同体，一方面，应通过对文学经典的阐释而确定理想文

---

1 哈贝马斯曾反对伽达默尔将理解的历史性带入阐释，在他看来，历史性“前见”中包蕴的意识形态会裂解阐释者与文本平等性的交往对话，因而唯有放弃传统与经典，听从理性对文本的召唤，才能实现平等交往与意义共识。哈贝马斯相关观点，可参见〔德〕哈贝马斯：《认识与兴趣》，郭官义、李黎译，学林出版社，1999 年，第 283 页。

学的典范，指引同代或后起的文学创作，进而推演出一套理想的社会生活秩序与情感伦理规范；另一方面，须将句读文义、经典伸张与操存践履统一起来，使“文学理论”本身成为文学阐释与文学实践的核心“问题”。毕竟，“文学理论”阐释的起点虽为对文本的“正确”理解，但其最终目的则是通过理解文本来理解社会与自我，达到创新社会与自我的效果。

第五章
“中国范式”与中国当代文学阐释学的重建

中国当代文学阐释学的重建或文学阐释学的“中国范式”建构表明中国文学阐释学的发展将进入新阶段。洪汉鼎曾指出：“要形成一种中国特有的经典诠释学，（1）首先要从中国悠久的丰富的经典注释实践和历史出发，尤其要从经学所创建的训诂学、考证学、文字学、文献学、注释学等，从总结经验中提出一些有效的经典解释方法与理论；（2）要从西方经典诠释同样漫长的经验和历史中，特别是从他们近代所发展的诠释学，尤其是当代哲学诠释学中找出一些值得我们学习的理论与方法；（3）在前两方面的基础上，建立我们不同于西方诠释学的中国经典诠释学，并向世界展现中国的经典理论与方法。”[1] 洪汉鼎这里提出的实际上是一种普遍意义上的中国经典诠释学方法论建构。但如果我们结合中外阐释学的历史与阐释经验来看，一种普遍意义上的阐释学探究有无可能，始终是一个谜一样的问题。即使是以“普遍阐释学”为指向的文学阐释学研究，其目标也不在于确定“文本意义源于何处”或“文本意义的普遍理解规则是什么”等单一本质主义问题，而在于探究不同类型文本或不同体裁文学作品的不同意义来源与不同阐释规则问题，即它要总结不同类型文本或不同文体作品在意义阐释中所表现出的个性与共性，为文本达到“好的理解”或文本通过恰当阐释而彰显其独特属性提供引

1 洪汉鼎：《关于创建中国诠释学问题》，收入杨乃乔总主编：《比较经学：中国经学诠释学传统与西方诠释学传统的对话》，上海人民出版社，2018 年，第 12 页。

导规范。这样，纯粹客观主义、本质主义的意义阐释，与纯粹主观主义、怀疑主义的意义阐释，便都不是文学阐释学研究的目的。一种科学意义上的文学阐释学建构，必然会基于业已形成的文学阐释学传统，必然会遵循在地化的阐释语境，在遵循方法论、价值论与本体论相统一的阐释原则基础上，根据具体的阐释对象来确定具体的阐释方法与阐释目标，由此形成一种既有阐释学普遍性，又有阐释学特殊性的公共性文学阐释范式。

第一节　重建的起点：中国文学理论与中国文学阐释学的基本经验

中国当代文学阐释学的重建，离不开中国当代文学阐释学业已形成的传统。

首先，中国当代文学阐释学的建构，须以中国文学阐释学的公共阐释传统为本体基础。

中国经学素有公共阐释传统。公共阐释作为“判断力阐释”，并不是西方阐释学的独有属性，它在中国阐释学中，无论是汉代传注、唐代梳释、宋代议论、元明评点，还是清代考证，都有其久远传统。

先秦时期儒家“言以足志，文以足言”的确定性阐释理念，认同语言、思想、文本之间具有同一性，从而肯定了语言阐释的有效性，暗示了个体阐释与公共阐释的一致性。而道家“道不可言”“言不尽意”的非确定性阐释理念，虽然阻断了语言阐释的有效性，但却为个体体验、参悟、默会等非语言理解通达阐释本体开了方便之门。这两种理念，经孟子“反求诸己”的内在体验理路与人性共同性设定，凝聚为“以意逆志”的公共性阐释范式。

虽然先秦儒、道两家在总体上否定个体通过语言阐释宇宙自然本体的可能——无论是老子的“圣人处无为之事，行不言之教”、庄子的“天地有大美而不言，四时有明法而不议，万物有成理而不说”，还是孔子“天何言哉，四时行焉，百物生焉”，宇宙自然之终极本体，始终处于语言理解的边界之外——但却并未否定个体通过审美与宗教体验的方式理解宇宙自然本体的可能。恰恰是在宇宙自然之本体论层面上，个体阐释才一如公共阐释，获得了与宇宙自然之本体的共通性与一致性。

墨家由“私”（个体）到“类”（群体）再到“达”（族种）的阐释学递进，不仅从逻辑上肯定了公共阐释的可能，还从“名”与“实”的指称关系上打通了事物与命名的认识论阻隔，为通过语言理解事物提供了阐释学依据。

汉儒追慕天人相符的终极宇宙，因而“微言”生发“大义”的阐释学根据就在于语言背后的公共性天理秩序：天理王权、皇权及其衍生形态“正义”“通义”“注疏”“笺注”“策”“赋”“章”“句”等阐释形式，本身代表了阐释主体超越理解的私人性而向公共形式跃升的努力。无论是古文经学的“我注六经”，还是今文经学的“六经注我”，均统一于语言世界与天理世界的对应关系中，表现在阴阳谶纬、教化讽谏、训诂笺疏等阐释形式中。

魏晋崇虚逐实的玄学，“略训诂而重名理，略文句而贵意旨”[1]，通过探寻宇宙的精宏大道与人性的自然幽微，实现了语言、思想与本体的统一。“言不尽意”“得意忘言”“寄言出意”阐释原则所透露的，是个体通过语言把捉性与天道的阐释理想。

魏晋南北朝时期儒、道融通的文学阐释宗旨，将“言”“意”“象”的名理之辩提升为逻辑性的阐释原则。经由“通变”的历史之轴，引领文学本体、文学创作、文学风格与文学批评措成互文性阐释。个体性阐释虽然有限（陆机《文赋》“意不称物，文不逮意”，刘勰《文心雕龙》“伊挚不能言鼎，轮扁不能语斤”），但公共性的判断力阐释，却具有效度（陆机《文

1 周裕锴:《中国古代阐释学研究》，上海人民出版社，2003 年，第 109 页。

赋》“穷形而尽相”“辞达而理举”，刘勰《文心雕龙》“心生而言立、言立而文明”）。

隋唐五代时期以翻译佛经为主导范式的阐释学，无论是“弃文尚质”的直译，还是“滞文格义”的意译，均为异质文化之间跨越时空的交流理解。正是通过对佛经语词的格义生解、随文作释，与对佛经义理的连类默契、标位疏论，才不仅解决了佛经理解中五方殊俗、同事异名的现实沟通问题，而且在意义层面，也解决了连古今如旦暮、类别国如乡邻的价值皈依问题。即使是禅宗主张的“随处做主”“心开悟解”阐释原则，也不宜理解为对以往佛经阐释原则的简单否弃，而是要超越阐释的文本语义局限，在理解者个体本体与佛法本体双重层面，实现对个体生存与佛法真谛的共性理解。而作为体现官方主流阐释原则的《五经正义》，虽然带有浓厚的儒学权威性与正统性，但去除阐释的私己性而举其公群性义理，却与佛经阐释并无二致。

两宋的经学诠释学，一方面探求经典的本义，用理性与历史的眼光审视经典，用“不信注疏，信至疑经”[1]的态度，寻绎“理义大本”[2]；另一方面又允许个体化的心灵创造，认可阐释的“自待”“体认”“新解”“活参”的合法性。因而当欧阳修区别“诗人之意”“圣人之志”与“太师之职”“经师之业”为“本义”与“末义”[3]，并非要否定阐释的有效性，而是要从圣人教化意义与人伦事理本体层面，否弃怨怼宣泄与私俗功利的偏狭阐释，强化阐释的公共性礼器与信仰意愿功能。苏轼“其意可观，其言可通”[4]，朱熹的“虚心涵咏，切己体察”[5]，所承袭的正是欧阳修的这种判断力阐释思路。

1（清）皮锡瑞著，周予同注：《经学历史》，中华书局，1959年，第264页。
2（宋）朱熹著，（宋）黎靖德编，王星贤点校：《朱子语类》卷八十，中华书局，1986年，第2089页。
3（宋）欧阳修：《诗本义》卷一四，《本末论》，四部丛刊三编本。
4（宋）苏轼著，李之亮笺注：《苏轼文集编年笺注》第一册，巴蜀书社，2011年，第165页。
5（宋）朱熹著，（宋）黎靖德编，王星贤点校：《朱子语类》卷一一，中华书局，1986年，第179页。

元明时期“尚味”“妙悟”“兴趣”的文本释读法，通过弃逐文本阐释在义理层面的一致性，来追求文本美学层面阐释的共通性，因而并非否定文本的可阐释性。文天祥说：“诵杜诗……日玩之而不置，但觉为吾诗，忘其为子美诗也……子美于吾隔数百年，而其言语为吾用，非情性同哉？”[1]元明文人正是基于心所同然、千载如对的人性共同心理设定，虽然放弃了对文本阐释一致性的追求，但在阅读主体的接受心理方面，却肯定了原文本能够唤起共同的接受心理事实，因而他们的文本释读法属于判断力阐释。

清代以乾嘉学派为代表的考证诠释学，通过确立诠释的基本训诂法则来获得对文本意义的准确理解。无论是“汉学”以意逆志的诗学诠释法，还是“宋学”以言求道的经学诠释学，均承认文本意义有其理解边界，因而文本阐释，不仅要返经汲古、原始要终，而且要诗史互证、阐幽发微。总之，摒弃一意而求诸公论，遵循诗学与经学本有的阐释理念，是清代学者阐释的共有原则。

可以说，以阐释文本为中心，通过将阐释文本与阐释主体置于互文性的阐释语境，来追求阐释主体自我心灵与阐释对象存在世界的生发照映，实现阐释主体与阐释对象存在意义的发现创造，是中国古代文学阐释学公共阐释的一贯传统。在这一过程中，阐释学之范畴历史与逻辑的演进构成其观念基础，中国社会现实及其文学表现则构成了它的现实基础，前者提供阐释的基本原则与工具，后者提供阐释的基本对象与内容，二者在具体的阐释活动中形成一种辩证阐释关系，并共同指向文本理解的知识与价值统一。这种统一正是“中国当代文学阐释学”建构的本体性根基。

其次，中国当代文学阐释学的重建，必须植根于中国文学的现代性阐释语境，并以此作为阐释的资源基础。

1（宋）文天祥：《文山先生全集》卷一六《集杜诗自序》，《四部丛刊》正编本。

进入现代性以来，中国文学阐释学的一个重要发展，就是分散的文学阐释理论，逐步融入统一的文学阐释理论，自此后，地方性的文学阐释理论，渐变为全球性的文学阐释理论。这种转变的理论标识，是中国当代文学阐释学形成了一种现代性的文学阐释观，它将文学的本质与阐释的本质合二为一，认为文学阐释即文学本质，本质依赖于阐释，从而将文本与阐释二分的本质主义思维方式转变为一元论的操存践履。

从发生学的角度看，这种阐释范式的转型与中国近代公共领域的兴起处于同一逻辑进程。如所周知，由明清市民社会繁荣所引发的近代中国思想解放与文艺变革洪流，直接催生了规范意义上中国近代公共领域的兴起。与之相伴的是，处于政治公共领域中的文本阐释，其权威性与代表性资格受到质疑，文本阐释转而求助于文学公共领域中理解的可公约性与个体性，审美性的公共阐释遂由此而生。从后见之明来看，当历史与伦理的规范性阐释转变为经验与趣味的审美性阐释，便会触发阐释学的“革命”，即它使文本阐释的“共同性”，必需接纳理解的“共通性”，才能完成从“教化”到“趣味”的功能转型，实现文学阐释学意义上的语义缝合。公共阐释的这一范式转型决定了文本阐释须先超越音义训诂等技术论证而寻求更为深广的观念基础和更为多样的个体感悟，而后才能成为理解与沟通的媒介。这正如同汉代注经依凭“天人感应”“天人相符”观念而获宇宙人性基础，魏晋玄学借“原道自然”“有无相通”观念而使清谈析理蔚然成风，唐代依赖“乾坤有序”“性命之学”而使儒、释、道融通发展，宋明时期秉守理、气、心、性“分疏”与“一统”而成后世思想解放先导，明清习行实学、重礼扬欲的唯物启蒙观念而使明心见性、妙悟自然成为阐释主潮等所引发阐释范式的革命一样。就阐释对象而言，审美性的公共阐释以文学艺术文本为主，表现为“评”“评论”“话”“论”等阐释形式；规范性的公共阐释以经、史、子文本为主，表现为“注”“疏”“笺”“辨”“考”“训”“诂”“说”“解”“诠”“汇”“通”“学”“述”“订”

“正”“微”“隐”“书”“义”“义书”“正义”“音义”“章句”“集注”“集解”“补注”等阐释形式，二者虽无技巧的高下之分，但有意义的左右之别。

而到了19世纪末20世纪初，由于现代化器物、制度变迁而引发的审美新感性，西洋景观、西洋器物、西洋语言等大量新式事象催生了新的艺术思考与审美表达；与之相应，内设于语言之领会的阐释学理解亦随之而变，“以西释中”成为经典范式。加上该期大量经由日本而转借的外来语汇与外来概念在文学理论中的使用，进一步加速了原本以“诗文评”为典范的古典学术范式向更具清晰内涵的西方文学理论范式的转变。文学阐释话语从起初的间或夹杂以西式话语，逐渐转为以西式概念、范畴、命题表述为主。

现代白话文运动与“五四”新文学实践也为中国当代文学阐释学的建构提供了资源与动力。在这一过程中，“超越方言的普遍的现代语言的形成，是中国作为现代‘民族—国家’的文化前提之一”[1]；超越民族语言的世界语言的形成，也是该期中国进列现代世界国家的文化前提之一。而基于语言的变革所推进的文学与文学理论的世界性转型，本质上也是民族语言向世界语言、民族文学理论向世界文学理论提升的结果而已。这些文学与文学理论之所以能够不断变更形式并扩充内涵，不仅是由于变化了的文学现实需要解释的效力，更主要的原因在于通过它们形式与内涵的变更有利于其融入世界文学与世界文学理论的知识谱系，从而助力民族文学革命与民族—国家认同。

这样，服膺于民族—国家建构与文化同一性的现代文学及其观念阐释，在事实上与逻辑上均要求用普遍性统摄地方性，用世界性引导民族性。如以“五四”白话文运动为主导的现代语言改革运动使中国的现代语言同时具有了白话的民族语言形式与拼音化的世界语音形式，从而巧妙地解决了语言现代化过程中常见的民族性与世界性矛盾。而三四十年代文艺“民族形式”的

1 汪晖:《现代中国思想的兴起》下卷（第二部），生活·读书·新知三联书店，2008年，第1503页。

讨论，其直接目的虽为创造民族文学的同一性，继而为民族—国家的文化同一性奠定审美的认同基础，但“民族形式”并非现有的，而是有待建构的，后者服膺于现代民族—国家的同一性建构与世界性认同。并非偶然，文学形式的世界性与文学内容的民族性，始终居为中国文学现代性的主潮。

从更广泛的范围来看，“五四”以后影响广泛的“东西文化论战”“科玄论战”也无不表明，要保留文化的中国性，就必须首先超越中国性而诉求普遍性，使普遍性的历史叙事与科学叙事，融渗作为地方性的中国叙事，激活其蕴含的普遍性因子，以此达致“中国性＝普遍性＝世界性”的总体性历史哲学目标。虽然这一时期对现代性以来西方文学与文化的总体性观察乃至批判在一定程度上影响了现代中国文学理论家对民族文学文本的重新阐释与对世界文学理论的认知，但其理论阐释方法从注重事实性论证、情感性说服向注重形式性、逻辑性证明转变，亦即从历史叙事向理论叙事转变，却是不争的事实。

可以说，正是晚清已降中国思想文化在整体上脱离原本独立的发展轨迹而融入世界现代性的事实，决定了此后中国文学阐释学的发展不可能再走一条独立发展的道路，而是要与东渐的西方文学阐释学一起，在影响与互动中走出一条全新的道路。对于这条道路，我们需要追问的问题是：这个过程是如何发生的？其基本路径与特色是什么？它的基本内容与发展阶段是什么？在每一个发展阶段，哪些思想是秉自中国的，哪些是移用西方的？只有厘清了这些问题，我们才可以说，中国当代文学阐释学的发展，只是继续推进百年中国文学现代性的道路，它本身构成了中国现代文学阐释学发展的重要一环，而非另起炉灶。就此而言，中国当代文学阐释学的建构必然是一种世界现代性语境中的文学阐释学建构，而非民族化的文学阐释学建构。

这样，建构中国当代文学阐释学，便有了与中国当代文学理论共享的三种资源：“客观地说，今天具有中国特色的社会主义文论话语体系的确立与形成面临着至少三种理论资源：一种是经过两千多年历史发展的中国古代文艺理论，一种是在中国新民主主义革命和社会主义建设中逐渐发展起来的马克思主义文艺理论，另一种是中国长期以来在与西方交流交往中引进来的西方文艺理论。”[1] 也就是说，中国当代文学理论建构的这三种理论资源，同时也是中国当代文学阐释学建构的资源。毕竟，“要发展与形成具有中国特色的社会主义文论新体系，就必须在实践中摆正中国古代文论传统、马克思主义文艺理论与西方文论在我国文论发展中的位置与关系，这是中国文论建设与发展的关键所在。……对中国文论进行创造性转化与创新性研究，使其重获生命力，成为我国社会主义文论新体系的重要内容，是我国文论发展的根本目标；开创马克思主义中国化研究新境界，努力使其在与中国社会实践、文艺实践紧密结合中实现民族化、时代化、大众化和具体化，加强其对文艺领域一切工作的指导能力与指导意义，是我国文论健康发展的基本保证；汲取西方文论最新成果，根据我国文艺实践与理论的现实需要，交往互鉴，有取有舍，使西方文论成为我国社会主义文论的有益补充，是我国文论保持活力的重要途径”[2]。

当然，对于推进中国当代文学阐释学的重建而言，我们亦不能忽略中国当代文学理论与中国当代文学阐释学在七十多年的发展中业已形成的“新传统”与“新范式”，它们理应成为重建中国当代文学阐释学的第四块基石。凭此基石，我们才能够理解，中国文学阐释学自进入现代性发展新阶段后，一直作为与文学革命、革命文学、社会主义文学相生相伴的文学思潮而存在，而文学本质意义上的传统性与现代性、民族性与世界性、地方性与全球性之争，同时也就是文学阐释学意义上的传统性与现代性、民族性与世界性、地方性与全球性之争。换句话说，文学意义与文学阐释权的争夺，表面

---

1 张江主编：《当代西方文论批判研究》，中国社会科学出版社，2017 年，第 530 页。
2 张江主编：《当代西方文论批判研究》，中国社会科学出版社，2017 年，第 548 页。

上是文本意义是否“正确”的理解之争，背后潜藏的实质上是文艺话语权与文化领导权争夺。正是基于这一“新传统”与“新范式”，中国当代文学理论中那些具有强烈意识形态立场与伦理属性的语词而非体现文学审美属性的范畴，才在当代文学阐释学中一再被征用；而文学阐释学所倚重的对文本原意的理解，也常被替换为对文本功用的理解。文学社会学与文学价值学的阐释视野，由此成为中国当代文学阐释学的“新传统”与“新范式”。

文学社会学与文学价值学主导文学阐释学的结果，便是作为现代文学基本理念的文学自律性观念与多元文学阐释，非但未能斩断其与源始的政治与社会身份认同的关联，而且还展现出更为复杂的影响关系：现代性的多元主义文学观念彼此交锋导致了本质主义文学观念的坍塌，进而引发文学革命并曲折地波及社会公共事务与发展理念，最终推进社会变革；而本质主义的文学阐释观念变革所引发的对文本本质的重新理解，又常常指向欲望生产、政治诉求与社会乌托邦重建，文学意义的重新阐释又进一步颠覆已有的文学观念与支撑这种观念的社会结构与文化心理，为新的历史打开一扇窗口。而所有这一切又均可溯源于文学阐释学发展所表现出来的巨大实践惯性及其为阐释者所提供的丰盈历史经验，即：要牢牢控制阐释权，使得你的阐释同时便是你实现文学认同与重建文化领导权的基本手段。

只有认识到这一点，我们才能找到中国当代文学阐释学重建的真正基点；也唯有基于新的阐释语境而对文学阐释的意识形态与价值取向进行重建，中国当代文学阐释学才能在继中国古代文学阐释学之后，再次开出不同于西方知识论、本体论阐释学的价值论阐释学。这一阐释学预示着：文本意义的确定性问题，已不再是中国当代文学阐释学关注的焦点；中国当代文学阐释学，必然指向“好的”社会功用论价值阐释，它常常体现在阐释学与经典建构的全新关系上，即：文学成为经典，文学理论成为公共话语，乃后天阐释的结果而非先赋拥有。在经典与阐释的关系上，到底是经典催生阐释，还是阐释催生经典，一直是一个聚讼纷纭的问题。设若经典催生阐释，那就意味着，经典含义丰富，需要阐释说明；由之自然的推论是：阐释是基于经典本义的阐释，阐释可以衍生出新的意义，但这些意义或者原本就潜蕴在经典文本中，或者是基于某一潜在原义的衍生。设若阐释催生经典，那就意味着文本具备成为经典的“潜能”（而非任何文本一经阐释便为经典），阐释只是使文本的经典“潜能”变为“现实”；或言阐释只是对文本某一经典潜能的发现与照亮，而非无中生有的意义建构。

阐释与经典的这种相互建构关系表明中国当代文学阐释学必须超越方法论而上升为包含价值论的哲学阐释学，才有其生命意义。因为从对象方面讲，阐释学作为一种现象学，它必须回到文本自身，对文本作现象学直观，以显现对象生命的本然世界。从阐释主体方面讲，阐释学又是一种意识哲学或精神哲学，它必须经由文本而对自我作观念反思，寄望一种终极自我。就阐释与文学都是意义的探寻活动而言，文学的阐释同时也是阐释的文学。阐释在作用于文学的同时也将自己的原则施用于文学，使文学阐释化，成为阐释的文学；而文学在阐释中也将自己的特性贯注于阐释活动，使阐释文学化，成为文学化的阐释。文学与阐释由此在一种功用化的语境中成为互相证成关系。

阐释与经典的这种互相证成关系意味着中国当代文学阐释学必须首先回答“如何正确理解文本”“怎样理解才是好的理解”这一传统阐释学的价值论问题，而“理解的条件、本质是什么”“理解对于理解者的存在论意义”等本体论阐释学问题，则溢出了其首要关注的范围。易言之，中国当代文学阐释对作品的阐释，还主要归于社会学与伦理学的功用论读解，还不是攸关文本本体意义与人的生存价值的实践性理解。因此，以文学文本的理解与阐释为中心，通过文学文本的理解与阐释来理解世界、生命与自我，就依然是中国当代阐释学建构未尽的使命。在这个过程中，文学与文学理论的现代性语境依然是我们“更好”地理解当代中国文学文本的基础，但通过对文学与文学理论现代性语境“更好”的理解，最终需要实现的是对世界、生命与自我“更好”理解。

这也意味着，推进中国当代文学阐释学的重建，不是对中国古代文学阐释学的“接着讲”，而是在世界文学阐释的视野内，基于中国当代文学阐释学业已形成的“新范式”与“新传统”的“接着讲”。也就是说，如果以文学阐释学的语境与价值为基点来建构中国当代文学阐释学，就需要分析中国当代文学阐释学理论之中，哪些是中国古典阐释学的承继，哪些是歧出？哪些是对西方文学阐释学与马克思主义文学阐释学的照着讲，哪些是接着讲，哪些又是改着讲？在这个过程中，一方面要注意分析中国当代文学阐释学在吸收中国古代文学阐释学、西方文学阐释学、马克思主义文学阐释学基础上所形成的“新范式”与“新传统”，并以此作为其可靠的学理依据；另一方面，又要根据中国文学百余年来业已形成的文学审美经验，对这一“新范式”与“新传统”做出检讨与修正。

第二节　重建的方法：方法论、价值论与本体论的统一

阐释对象决定阐释方法。处于百年中国文学现代性历程中的中国当代文学阐释学的建构，首先离不开对西方文学阐释学方法论的引借。西方文学阐释学在20世纪中国的引借与发展，既是西方文学阐释学本土化的过程，也是中国文学阐释学“民族形式”的开掘与阐释主体性的建设过程。正是经由西方文学阐释学的引借，中国当代文学阐释学的要素，才无不赅备。而引借西方文学阐释学，也并非追咎古人，薄视中法，惟洋是从，亦不是佐证中国学人“稗贩西说、罔知本柢”之矮媚，进而沦解为中国文学现代性的偏宕“西化”，它实际上也是西方文学阐释学在中国的译介、接受、转化、变异乃

至理论本身的旅行、寓居与本土化过程，是中国当代文学阐释学在文明互鉴史观与文学主体性重建视野下的“化西”过程。换句话说，西方文学阐释学在中国的翻译、研究与传播，本质上是对西方文学阐释学的重新理解、阐释与建构，是中国学者在“译介开路，借用西方”“以西人之话语，议中国之问题”学术理念指引下[1]，思考解决文学阐释学“中国范式”的“中国想象”。它构成了中国当代文学阐释学发展的内在环节，同时也是中国当代文学阐释学引借西方文学阐释学资源，参与建构西方文学阐释学的过程。

中国当代文学阐释学对西方文学阐释学方法论的引借，根本原因在于：就阐释学作为经典理解的基本理论与方法而言，阐释无所谓东、西之分。因此，建构“中国当代文学阐释学”，不是为了标举文学阐释学的“中国”独特性，而是经由独特性来发现普遍性，并在独特性的发现过程中丰富普遍性。“中国当代文学阐释学的建构”，因而表现为一种由特殊性而走向普遍性的过程。汤一介曾经指出：

> 真正的“中国解释学理论”应是在充分了解西方解释学，并运用西方解释学理论与方法对中国历史上注释经典的问题作系统的研究，又对中国注释经典的历史（丰富的注释经典的资源）进行系统梳理之后，发现与西方解释学理论与方法有重大的甚至是根本性的不同，并自觉地把中国解释问题作为研究对象，这样也许才有可能成为一门有中国特点的解释学理论（即与西方解释学有相当大的不同的以研究中国对经典问题解释的理论体系）。而且是否能建立起一种与西方解释学有相当大的不同的“中国解释学”，或者说有无必要建立一种与西方有相当大不同的“中国解释学”理论与方法，都是要经过对上述问题认真研究之后才可

1 刘康:《西方理论在中国的命运——詹姆逊与詹姆逊主义》,《文艺理论研究》2018 年第 1 期。

以得出合理的结论。[1]

在汤一介看来，“中国阐释学的建构”必须引借西方阐释学的方法。因为：虽然“一门学科的产生当然在它之前已经有或长或短的‘问题积累’‘资料积累’的历史，这大概只能说是这门学科的‘前史’”，但是，“一种‘学’（理论体系）的建立应该是对其研究的对象有了理论和方法上的自觉（即自觉地把要研究的对象作为‘对象’来研究，并能为社会普遍地接受的系统的理论与方法）”。[2] 这种学科建构所要求的方法论自觉提醒我们注意，在建构中国阐释学的过程中，一方面，“对中国注释经典的历史要作一系统的梳理”，注意梳理分析中国经典解释方法的变化及其原因；另一方面，“西方的解释问题的历史和西方的解释学”，也必须构成我们建立“中国解释学”的重要参照系。因此，在解释学的东、西方法论问题上，汤一介的根本看法是：不经西方解释学的洗礼，中国古典解释资源就难以从“传统”走向“现代”，发展成为适应中国现代社会生活要求的“中国解释学”。[3]

汤一介的看法实际上道出了现代阐释学发展的基本方法路径。真正意义上的文学阐释学既要分享阐释学的一般性质，还要解决文学中的特殊问题；既要讨论文学文本中的理解、解释、语言等普遍性问题，还要讨论这些普遍性问题在具体文学文本中如何应用以及为什么能够得到应用的问题，揭示特殊问题的哲学阐释学依据，分析该种依据所赖以成立的知识社会学基础，做到阐释学研究观念史与问题史的统一。据此而论，中国当代文学阐释学的建构，其方式途径也必然是：把中国当代文学阐释学连同其古典资源的现代化形态与西方文学阐释学的本土化形态、马克思主义文学阐释学的中国化形态

1 汤一介：《论创建中国解释学问题》，《社会科学战线》2001 年第 1 期。
2 汤一介：《三论创建中国解释学问题》，《中国文化研究》2000 年夏之卷，第 28 期。
3 汤一介：《三论创建中国解释学问题》，《中国文化研究》2000 年夏之卷，第 28 期。

连为一体，重新建构一种世界性的文学阐释学。马克思主义文学阐释学的中国化形态，其外在直接表现形态是具有“民族形式”的文学政策与文艺制度，其内在本质是具有马克思主义意识形态内容的美学精神。因而马克思主义文学阐释学的中国化形态应首先是一种美学形态，而非政治形态，只有前者，才能使马克思主义文学阐释学在中国化过程中并不流于工具性的革命话语窠臼，而是始终能够保持其审美反思与理论批判的价值特质。

因此，从文学阐释学方法论与价值论的角度看，虽然中国当代文学阐释学的本土资源与现实语境在软化西方文学阐释学的普遍主义诉求时发挥了巨大作用，但西方文学阐释学所具有的巨大方法论价值与马克思主义文学阐释学所具有的价值论原则，依然是“中国当代文学阐释学的建构”的可行路径。在这个过程中，尽管中西方文学阐释思想的孚会激荡仍然是未来的主潮，但毫无疑问，具有方法论、价值论与本体论相统一特征的“中国当代文学阐释学”，必将在21世纪的世界文学阐释学中发挥重要作用，并持续成为世界文学阐释学的“中国范式”。

在具体建构过程中，要特别注意古今中外的文学阐释理论均植根于特定时代的特定文学现实，均对某一特殊时代的特殊文学问题作了回应解答的事实；注意文学的现实也就是文学阐释的现实，文学阐释的现实也就是文学阐释方法的现实这一事实。因而未来中国当代文学阐释学的建构，在方法论上，就既非别标体制（“以西释中”“以中释西”），亦非综贯同轨（“中西互释”），而是基于全球化时代的新的工艺—社会结构与文化—心理结构所带给人的普遍性新感受、新审美，探究中西文学在世界文学时代所表现出的共通文学观念、共通审美心理、共通审美想象、共通审美形式。在此基础上，总结文学阐释学的共性与个性，才是中国当代文学阐释学的梯航通途。在具体的路径上，我们既要沿引史实援据法，由知世、知人而知心，又要推借典故援据法，由知事、知词而知义，实现文学阐释学方法论、价值论与本体论的统一。

从具体的阐释方法来看，在中国当代文学阐释学史上，曾先后流行还原主义与建构主义的两种阐释方法。还原主义方法将当下放置到过去的解读之中，企图通过历史赋予现实以意义；建构主义方法将当下的意义放入将至的未来，由理念赋予现实以意义。但它们都难以成为中国当代文学阐释学的真正方法。中国当代文学阐释学的恰切方法，必然要关注中国当代文学阐释学建构的整体语境，特别是要关注中国当代文学与文学理论的形式风格与思想厚度，追问后者是否足以为前者提供充分的经验资源，通过立足中国当下的时代社会现实与文学文化现实，运用中国古代文学阐释学、西方文学阐释学的基本观念与方法对其加以补充、修正与完善，进而创新中国当代文学阐释学的方法。

这其中，知识考古学的双向阐释方法，应成为首要方法。知识考古学的双向阐释法追问中国当代文学阐释学的基本谱系是否与文学文本阐释的基本类型具有呼应关系，并对位分析：(1)文学阐释学自身谱系问题，即讨论每一种阐释学方法从何时、何地、因何事而来，针对何种阐释对象、其意义何在等问题；(2)文学文本阐释的基本类型问题，即讨论不同的文学文本类型，在阐释过程中多大程度上呼应或背离了不同的阐释学谱系。在具体的阐释过程中，知识考古学的双向阐释方法要求以文本类型为基点，根据不同文本类型确定不同的阐释方法。

对于叙事性文本，主张从文本世界出发，以“以意逆志”为阐释方法，讲求“史诗互证”的阐释效果。

对于抒情性文本，主张从阐释经验出发，以“赏文析义”为阐释方法，追求“借杯浇臆”的阐释效果。

对于数字人文文本，主张从“人—机”共在的交感经验出发，以“物质—智能”的感通渗透为阐释方法，以“工具＝本体”为阐释原则，以数字文本的相互解释、相互创造、相互生成为阐释目标。由于数字人文时代的现代性是以“人—机”为伞心，辐射联结自然、社会、历史、经济、文化等各种关系的结构性力量，类主体性或准人格自我是其核心特征；因而，数字人文语境中的（文学）文本，作者不再是传统意义上的作家，而是“AI”或“作家 +AI”，文本不再是独立的、边界清晰的作品，而是“作品 + 超链接”，这就要求数字人文文本的阐释必然要援引多类型的阐释方法。

中国当代文学阐释学重建的第二种方法应为“双重干预法”，即具有“中国范式”意义的文学阐释学自主性建构，在方法路径上还须遵循阿尔都塞意义上的理论“双重干预”：一方面引借西方理论阐释本土文学文本，另一方面又在阐释中对理论本身作出反思，探究理论背后的历史语境，分析西方理论旅行后对本土文学文本的阐释效度，指出可能的修正路径。

中国当代文学阐释学重建的第三种方法应是循环阐释法。理想的循环阐释法或阐释学循环包含三重结构：一重是文本部分与文本整体之间的循环，通过这一重循环，可以确定文本字、词、句、段、章在整体文本中的正确语义；二重是文本与历史语境之间的循环，通过这一循环，文本在其具体历史语境中的意义就可以清晰呈现；三重是研究主体与整个历史传统及现实存在之间的循环，通过这一循环，文本的意义就呈现为一个永恒开放的流变结构与效果历史事件。循环阐释法的好处，在于它用“深度语义学”的“结构模式”取代“因果模式”——按照该模式，“我们想理解的并不是隐藏在文本之后的东西，而是在其前面打开的东西。必须被理解的不是话语的最初场景，而是指向了一个可能世界的东西。理解与作者及其场景并没有什么关系，它想抓住由文本指称所打开的一个被筹划的世界。理解一个文本就是伴随着从含义到指称、从其所说到其所谈的运动”[1]，即：理解不是去理解文本

1〔法〕保罗·利科:《诠释学与人文科学——语言、行为、解释文集》,〔英〕J. B. 汤普森编译，孔明安等译，中国人民大学出版社，2012 年，第 181 页。

后面的作者，而是理解并进入文本所表达的整个世界；理解者与作者的关系不再是主体间性关系，而是阐释学的实践性关系；理解者通过文本可以建构一个全新的世界，并在这个世界中重新理解自我——最终实现自然科学的“说明”与人文学科的“解释”相统一的辩证阐释与批判阐释[1]，使文本意义生发于诠释对象的客观性与主观性、诠释方法的规范性与调节性、诠释目标的开放性与批判性之间，并在“确保获得真理”的同时[2]，实现阐释学由“我思的诠释学（I think）”向“我在的诠释学（I am）”的转变[3]，使意义理解转变为实践创造。

中国当代文学阐释学的上述三大具体方法，其最终目的，在于通过阐释主体的多元阐释视角与文本语言、文本内容、文本形式、文本语境的“古今—中西—人机”会通阐释，实现文本语境、文本形态与阐释主体的意义融合与共识搭建。

第三节　重建的目标：辩证实践的中国当代文学阐释学

前面指出，真正意义上的中国当代文学阐释学，既要分享阐释学的一般性质，还要解决文学中的特殊问题；既要讨论文学文本中的理解、解释、语言等普遍性问题，还要讨论这些普遍性问题在具体文学文本中如何应用以及为什么能够得到应用的问题，揭示特殊问题的哲学阐释学依据，分析哲学阐释学依据背后的知识社会学基础，使观念史与问题史统一起来。

具体来说，中国当代文学阐释学的建构，在形式上须逻辑化、命题化，

1〔法〕保罗·利科：《诠释学与人文科学——语言、行为、解释文集》，〔英〕J. B. 汤普森编译，孔明安等译，中国人民大学出版社，2012 年，第 182 页。

2〔德〕伽达默尔：《诠释学 Ⅰ：真理与方法》，洪汉鼎译，商务印书馆，2010 年，第 689 页。

3〔法〕保罗·利科：《诠释学与人文科学——语言、行为、解释文集》，〔英〕J. B. 汤普森编译，孔明安等译，中国人民大学出版社，2012 年，“利科的回应”第 155 页。

要以中西文学阐释学的共通性逻辑与命题形式为阐释形式，创造当代性的新理解与新解释形式；在内容上须历史化、语境化，要以阐释文本的历史化、语境化存在为阐释对象，对文本的真理性意义加以抉发，并对文本的现实性价值加以推阐，把自我连同其古典传统与西方现代阐释学连为一体，重新建构一种世界性的文学阐释学，使中国当代文学阐释学成为重构中国当代文学理论的基本动力；在方法上须实现文本的源始语境与阐释者的当下语境的相互阐释，文本原有的结构与阐释者的理解结构的相互阐释，文本的意义理解与理解的实践效果的相互阐释。唯如此，一种具有未来指向的理想阐释学范式才能建立。

为此，就必须摒弃特殊主义与普遍主义截然对立的看法，重提阐释学的辩证实践观，因为:“研究特定的一个历史时代和一个历史社会的经验当然要考虑它的特殊性，尤其要批评西方的普遍主义，但是从哲学上说，这两个东西大概都不太行，因为迄今为止的所谓特殊主义的叙述都是普遍主义的特殊主义，而所有的普遍主义的叙述都是特殊主义的普遍主义。这两个叙述看似对立，其实是相辅相成的。一定程度上，我们要做的，是所谓独特性的或关于独特性的普遍主义。在这个独特性的普遍主义的框架内，对独特性的追求不是简单地回到特殊主义，而是通过独特性本身展示出普遍的意义，并追问在何种条件下、为什么这种独特性能够转化为普遍性？”[1]

阐释学的辩证实践观要求中国当代文学阐释学走向“复数的文学阐释学”。如果说世界文学的发展方向是走向“复数的世界文学”，中国当代文学与文学理论的发展方向是走向“复数的文学理论”；那么自然地，中国当代文学阐释学的发展方向就是要走向“复数的文学阐释学”。“本土化”“中国化”“全球化”“现代化”均应成为通向这一目标的关键路标，而在这个过

1 汪晖:《对象的解放与对现代的质询——关于〈现代中国思想的兴起〉的一点再思考》,《开放时代》2008 年第 2 期。

程中，文学阐释学对文学理论的作用就在于：只有经由文学阐释学，文学理论才能走向既有普适性，又有“复数”的“世界文学理论”；或言，理想的“世界文学理论”应是一种阐释学文学理论。

阐释学的辩证实践观也要求中国当代文学阐释学积极利用传统资源。中国当代文学阐释学压倒一切的目标，并不是克服传统的中国古代文学阐释学理论，甚至为了在全球现代性中标明中国当代文学阐释学的独特性，它反倒愿意利用传统。也就是说，对中国当代文学阐释学中传统因素的理解，要特别参照对全球现代性语境中咄咄逼人的现代性普遍主义思潮的拒斥来理解。它意味着，中国当代文学阐释学在现代性过程中短暂抛弃传统后，而今不得不谨慎回归传统。这种回归，不是对中国文学阐释学现代性的反动，它只是作为解毒剂，甚或作为“被发明的传统”，来抗拒西方文学阐释学现代性的普遍主义僵持。作为衍生后果，它同时也暴露了移用西方现代性的文学阐释学框架来建构中国当代文学阐释学的局限性。面对当前中国文学阐释学的“话语失语”与西方文学阐释学的“强制阐释”双重困局，中国当代文学阐释学通过阐释性建构，将自我身份由地方性提升为全球性，由特殊性提升为普遍性，助力自身建设，参与全球对话交流，实现自身的“再经典化”，成为其重要使命。

阐释学的辩证实践观还要求中国当代文学阐释学同时助力中国当代文学理论的创新与自身话语权的提升。中国当代文学阐释学的重建必然最终指向中国文学理论的创新发展与中国文学阐释学话语权的提升。中外文学理论发展的历史与现实经验一再表明，一种文学理论的知识形态与话语逻辑，其决定性的学理依据在于文学阐释学。因而要建构中国当代文学理论的“学科体系、学术体系、话语体系”，形成有“中国话语、中国风格、中国气派”的“中国理论”，前提是其已经完成了“中国阐释”。反过来讲，中国当代文学阐释学建构的最终目标，必然是在中国马克思主义文学理论与文学阐释学观念指引下，进行中国文学理论与西方文学理论、中国文学阐释学与西方文学阐释学的双向互鉴和融通，实现各自的“创造性转化”“创新性发展”，最终形成一种世界文学理论与世界文学阐释学的“中国范式”。

第四节 标识性形态：“阐释论”与当代中国阐释学建构

当代“中国文学阐释学”的突出建树是由张江做出的。张江有意模糊“中国文学阐释学”与“中国阐释学”的种属差异，欲在一种普遍阐释学的意义上讨论“中国文学阐释学”与“中国阐释学”的共通性问题，故而其常直接用“中国阐释学”概念指代“中国文学阐释学”。

张江的当代“中国阐释学”研究，是以对西方阐释学的“强制阐释”批判为起点，以通约中西阐释学的“公共阐释”为原则，以“让阐释学说汉语”的中国训诂阐释学为方法，以沟通知识论与价值论的“阐释论”（“中国阐衍学”）为目标，建构起一种当代“中国阐释学”的标识性话语形态。由于这种话语形态是在中西阐释学的视域融合与共识搭建中产生的，故而又可将其称为普遍阐释学的中国形态或“中国范式”。

（一）“强制阐释”批判与“中国阐释学”身份诉求

当代“中国阐释学”成为一种具有主体性身份的阐释学类型，是从对西方文学理论在中国的理论“殖民”以及由此造成中国文学理论“话语失语”的反思开始的。站在百年中国文学发展史的立场上，张江意识到：百年来中国文学理论的现代性进程，虽然在学术版图上存在着中国古代文学理论现代化、西方文学理论本土化、马克思主义文学理论中国化的三分格局，但三者的发展程度并不齐一，影响亦不可等量齐观——尤其是西方文学理论本土化甚或西方理论“在中国”占据明显优势，且造成了中国文学理论的“话语失语”，导致中国“文艺理论研究言必及西方，西方文艺理论成为评价和检验中国文学艺术实践的标准、文艺理论建设的基本要素”的困局。[1]

在张江看来，这种用西方文学理论裁剪中国文学现象与文学理论的做法，无疑是颠倒了理论与实践的基本关系，错失了中国文学与文学理论鲜活的现实源头，使中国文学与文学理论研究坠入沿门托钵的无根状态，无法实现创造性转化、创新性发展。

如何解决这个问题？先“破”后“立”。根据张江，西方文学理论存在三大缺陷，即（1）“理论空转”问题：“脱离文学实践，用其他学科的现成理论阐释文学文本、解释文学经验，并将之推广为普遍的文学规则”；（2）“执其一端”问题：“出于对以往理论和方法的批判乃至颠覆，将具有合理因素的观点推延至极端”；（3）“方法错置”问题：“套用科学主义的恒定模式阐释具体文本”。[2]一言以蔽之，西方文学理论存在着“强制阐释”痹症，存在着阐释者“背离文本话语，消解文学指征，以前在立场和模式，对文本和文学作符合论者主观意图和结论的阐释”的“强制阐释”现象。[3]具体来讲：所谓“背离文本话语”，是指“阐释者对文本的阐释离开了文本，对文本作文本以外的话语发挥。这些话语可以离开文本独立存在，无须依赖文本而发生。文本只是借口和脚注，是阐释者阐释其理论和学说的工具”。所谓“消解文学指征”，是指“阐释者对文本和文学作非文学的阐释。这些阐释是哲学的、历史的、社会的，以及实际上并不包含文学的文化阐释，它们没有多少文学意义，不能给出具有文学价值的理论研讨，把文学文本释作政治、历史、社会的文本”。所谓“前在立场和模式”，是指“在文本阐释之前，阐释者已经确定了立场，并以这个立场为准则，考量和衡定文本。在这个立场面前，文本是第二位的，是张扬立场的证词，一切阐释都围绕立场，立场

1 张江：《当代西方文论若干问题辨识——兼及中国文论重建》，《中国社会科学》2014 年第 5 期。
2 张江：《当代西方文论若干问题辨识——兼及中国文论重建》，《中国社会科学》2014 年第 5 期。
3 张江：《关于“强制阐释”的概念解说——致朱立元、王宁、周宪先生》，《文艺研究》2015 年第 1 期。

决定阐释。这里的模式也是阐释展开以前先定的。阐释者用一个前定模式，对文本作符合要求的剪裁，将文本因子镶嵌于模板，而无论文本含意是否符合模板”。所谓“对文本和文学作符合论者主观意图和结论的阐释”，是指“论者的阐释不是为了揭示文本的本来含意或意义，而是为了论证阐释者的主观意图和结论。很明显，这个意图和结论也是前在的。在阐释文本以前，意图和结论就已确定，阐释者要利用文本证明结论，实现意图”[1]。

在张江看来，西方文学理论自身存在的上述“强制阐释”缺陷，是其研究立场与研究方法的必然结果。因为西方文学理论在理论自身的生产过程中，袭守如下的研究立场与研究方法:“第一，场外征用。广泛征用文学领域之外的其他学科理论，将之强制移植文论场内，抹煞文学理论及批评的本体特征，导引文论偏离文学。第二，主观预设。论者主观意向在前，前置明确立场，无视文本原生含义，强制裁定文本意义和价值。第三，非逻辑证明。在具体批评过程中，一些论证和推理违背基本逻辑规则，有的甚至是逻辑谬误，所得结论失去依据。第四，混乱的认识路径。理论建构和批评不是从实践出发，从文本的具体分析出发，而是从既定理论出发，从主观结论出发，颠倒了认识和实践的关系。”[2] 一句话，由于西方文学理论在研究立场与研究方法上存在着前置立场、前置模式、前置结论的“主观预设”问题，因而必然导致“强制阐释”痹症。“主观预设”由此成为“强制阐释的核心因素和方法”，正是它，才导致“批评者的主观意向在前，预定明确立场，强制裁定文本的意义和价值”，使得文本阐释成为前定立场、前定模式、前定结论的主观任意理解活动。[3] 从阐释学的一般特征来看，任何文本都具有开放性阐释特征，因而对于单一阐释者来说，“强制阐释”的“主观预设”必然导致独异化的“有限

1 张江:《关于“强制阐释”的概念解说——致朱立元、王宁、周宪先生》,《文艺研究》2015 年第 1 期。
2 张江:《强制阐释论》,《文学评论》2014 年第 6 期。
3 张江:《强制阐释的主观预设问题》,《学术研究》2015 年第 4 期。

阐释”；对于众多阐释者来说，“强制阐释”的“主观预设”必然导致言人人殊的“无限阐释”。结果是：文本阐释要么陷入独断论阐释，要么沦为任意论阐释。而无论何种阐释，都无法达成阐释的沟通与理解目的。“强制阐释”及其“主观预设”由此成为张江甄别西方文学理论优劣，破除西方文学理论神话，建立中国自主的文学理论与阐释学的第一出发点。

那么，如何解决“强制阐释”的“主观预设”问题？张江首先意识到，对于“强制阐释”而言，不管是自觉的强制阐释，还是非自觉的强制阐释，“主观预设”问题都普遍存在。对于自觉的强制阐释而言，阐释者常有意识地选择那些能够证明阐释者阐释意图的文本，并对文本作出符合己意的阐释；当文本不合己意时，便矫正文本或替换文本以实现意图与文本的互证。对于非自觉的强制阐释而言，虽然阐释者的主观意图是非自觉的，但一旦其固守主观意图，将主观意图视同前置结论，那么同样也会落入自觉强制阐释的泥淖。[1]“主观预设”问题似乎不可避免。

怎么办？还是要回到文学阐释活动的经验现场，既尊重文学阐释的实际，又剥离一些似是而非的概念。因而从《阐释模式的统一性问题》[2]一文开始，张江便开始对自己早先批判的“强制阐释”问题进行有意识的反思，既承认“主观预设”中“前见”在阐释活动中的不可避免性，又区别出“主观预设”中“前置立场”对阐释活动的误导性，思考如何建立一种符合实际阐释活动的阐释学理论。从理论建构的角度看，这种反思与思考，既是他对西方文学理论知识生产方式本身作再反思的产物，也是其回到现实的阐释活动时必然会催生的思想转型。[3]毕竟，阐释不可能是“白板”式阐释，它总会

1　张江：《前置结论与前置立场》，《北京师范大学学报》（社会科学版）2015 年第 4 期。

2　张江：《阐释模式的统一性问题》，《社会科学战线》2015 年第 6 期。

3　张江曾直言，“强制阐释论”的提出，“本意并非要构建新的、统一的理论和批评体系，而是希望在精神现象范畴内，对人类理性及理论本身的有效能力及范围，进行有限的检视和批判”。参阅张江：《强制阐释的独断论特征》，《文艺研究》2016 年第 8 期。

带有阐释者各种各样的“前见”“前理解”“前结构”；但同时，那种完全依照阐释者“主观预设”的“前置立场”的阐释，却难以达及文本的真义，而只能导致一种符合阐释者“前置结论”的阐释，因而应予排除。真正的阐释，需要的是阐释者的“前见”，而非“前置立场”或“立场”，因为：“前见是潜在的，非自主决定的，立场是显露的，自主选择的；前见是非自觉的，下意识的，立场是自觉的，主动进攻的。”[1]“前见”与“立场”在阐释活动中发挥着不同作用：“前见的隐蔽性与非自觉状态，不会确定模式和结论。而立场的自觉性和进攻姿态必然决定模式和结论的选择。”[2]也就是说，“前见”会在阐释活动中以文本为鹄的而不断修正自己，但“立场”却始终要求文本服从自己、证明自己。这样，通过区别“前见”与“立场”或“前置立场”的不同，张江就廓清了“强制阐释”的迷雾，排除了“前置立场”对阐释的误导，将“前见”与“立场”或“前置立场”置于一种辩证的关系之中：当“前见”与“立场”一致时，阐释有效；当“前见”与“立场”不一致时，阐释者应听从文本的召唤，“置入”文本之中，让文本成为衡裁阐释有效性与真理性的标准。[3]

总之，从理论建构的角度看，张江的“强制阐释”理论切中了中国文学理论当代性发展的瘼症，为中国自主性文学理论乃至作为其理论根柢的中国阐释学建构扫清了一大障碍。虽然其个别论说也不无独断之处，但考虑到中国文学现代性以来西方文学理论强势蔓延与中国文学理论“话语失语”的总体性事实，这些论说实为理论“破旧立新”的无奈之举。毕竟，人类思想

1 张江：《前见是不是立场》，《学术月刊》2016 年第 11 期。

2 张江：《前置结论与前置立场》，《北京师范大学学报》（社会科学版）2015 年第 4 期。

3 伽达默尔曾区别“真实的前见”与“虚假的前见”，认为前者是“好的”前见，可以带来“正确的解释”；后者是“坏的”前见，它作为“先行判断”，类似于海德格尔意义上的“偶发奇想和流俗之见”，会错失“事情本身”。参阅〔德〕伽达默尔：《诠释学 I：真理与方法》，洪汉鼎译，商务印书馆，2010 年，第 387、378—379、384 页。张江所言的“前见”与“立场”，大致对应于伽达默尔所言的“真实的前见”与“虚假的前见”。

史的发展已经表明，对于任何一种已成霸主的外来理论，虽长时段需要辩证吸纳，但短时期却需要纠偏批判，甚至有时不惜要用矫枉过正的方式来达到“疾呼警醒”的效果；唯如此，一种具有民族性的理论才能建立起来。

（二）公共阐释与当代中国阐释学建构的原则

破除了“强制阐释”的迷障，接下来就需要建立一种既具中国文学理论传统，又能吸收借鉴西方文学理论优长，既植根文本而又指向观念的当代中国文学理论。这当然是一个复杂的系统工程，需要从文学的古与今、中与西、体与用，乃至理论与实践等多重视角展开。这其中，最为重要，也是最为基础的一环，就是要找到不同要素的公共性特质，并对这些公共性特质作“公共阐释”。“公共阐释”因此成为破除“强制阐释”迷障，建立中国当代文学理论乃至建构作为其根柢的中国阐释学的基本原则与出发点。

首先，为了破除“强制阐释”借“文本之名”来阐“本己之意”的弊病，需要我们在逻辑上，放弃“背离确定对象”的游谈而承认“阐释是有对象的，对象是确定的”基本阐释逻辑；在方法上，放弃形而上的繁杂思辨而转向当代心理学对“前见与立场”的科学讨论；在本体上，放弃“对文本作分裂式拆解，把部分当作整体，以碎片替代全貌”的孤立理解而对文本作“整体性阐释”。总之，“坚持从现象本身出发，坚持阐释的整体性观点，坚持阐释的多重多向循环”[1]，合理规范强制阐释，使阐释活动由“强制阐释”走向“公共阐释”，就成为解决问题的关键。

其次，公共阐释作为人类理性知识生产的一般特质，它“以普遍的历史前提为基点，以文本为意义对象，以公共理性生产有边界约束，且可公度的有效阐释”为目标，具有鲜明的理论特征：“第一，公共阐释是理性阐释；

1 张江：《再论强制阐释》，《中国社会科学》2021 年第 2 期。

第二，公共阐释是澄明性阐释；第三，公共阐释是公度性阐释；第四，公共阐释是建构性阐释；第五，公共阐释是超越性阐释；第六，公共阐释是反思性阐释。”[1] 阐释学的一般性特征、公共阐释与个体阐释的关系以及公共阐释的边界认定等问题，由此成为公共阐释讨论的三大基本问题。

其一，关于阐释的一般性特征问题。张江认为，“阐释本身是一种公共行为”，阐释活动是基于公共理性而展开的一种“居间说话”行为，它“通过对话和倾听，在自我与他人之间开辟可共享的精神场域”[2]，来实现阐释的价值。阐释规范的先在性、文本意义的自在性、阐释过程的规范性、阐释意义的有限多元、阐释结果的公共理解与阐释立场的反思校准，由此成为公共阐释的基本特征。在张江看来，阐释是在理性逻辑对非理性的精神体验与情感意志规约下的意义理解，是使阐释文本的意义由晦暗走向澄明的意义敞开，是在历史与现实的公共视域中公度性意见的融通，是在理解、解释与应用中对阐释者本身的理性教化与意义提升。这从汉语“阐”字本义“开”与西方“Hermeneutics”本义“公共”均可见出：“中国古人在造‘阐’这个字的时候，已经把阐释的开放性、公共性、协商、交流等意思表达得非常清晰、非常明白了”[3]；同样，西方阐释学词源“Hermeneutics”，即作为宙斯信使的赫尔墨斯，其传达宙斯本意，目的也在于“公开”“公共”宙斯本意，是“居间说话”而非私相授意。这说明，建构以“公共阐释”为原则的“中国阐释学”，是符合中西阐释学的基本传统与一般特征的。

其二，关于公共阐释与个体阐释的关系问题。一方面，“公共阐释超越于个体阐释。个体阐释是公共阐释的原生态和原动力”，即公共阐释并不排斥个体阐释，恰恰相反，它要吸纳个体阐释并以个体阐释为基础，最终在公

1 张江：《公共阐释论纲》，《学术研究》2017 年第 6 期。

2 张江：《公共阐释论纲》，《学术研究》2017 年第 6 期。

3 张江：《关于公共阐释若干问题的再讨论（之一）》，《求是学刊》2019 年第 1 期。

共理性与公共视域的规约下超越个体阐释而形成可公度性的公共阐释。另一方面，“个体阐释绝非私人的。个体阐释的理解与接受为公共理性所约束，且此约束为刚性约束”[1]，即那种信马由缰或无限衍义的个体阐释只能沦为私人性的独白，无法进入阐释共同体并形成阐释学的对话与交流，无法为阐释学的意义增值添码。加上个体阐释所使用的语言的公共性，以及集体经验与民族文化记忆对个体本身的客观塑造和影响，使得私人性的个体阐释几成不可能；反过来讲，“个体阐释或私人阐释之所以可能，是因为它们运用的是公共语言、公共理性、可公度性的话语，亦即是通过人类的共通感来建构的……公共性不仅是个体阐释的基础，而且是个体阐释生成的可能的根据”[2]。

其三，公共阐释的边界约束问题。公共阐释并不是理论的第一出发点，相反，它受制于阐释本身的公共性与社会性，“阐释的意义与价值，无论阐释者的企图如何任意与神秘，其真理性标准最终由客观的社会关系所决定”[3]，即阐释的意义与价值同阐释共同体及其社会关系密切关联，没有无边界的阐释，阐释总是在阐释共同体内为了达成交流理解而展开的意义建构与反思活动：“公共阐释不是纯粹的自我伸张，不强制对象以己意，而是在交流中不断省思和修正自身，构成新的阐释共同体。公共阐释与个体阐释对话交流，在个体阐释的质询中反思自身，校准和增补自身，实现个体阐释的公共性转换，生成新的公共阐释。”[4]

再次，在公共阐释中，“个体阐释”上升为“公共阐释”的过程并非一蹴而就，而是需要遵守阐释学的边界约束，并经历阐释学的“递升”过程。在与剑桥大学社会学家汤普森的一次对话中，针对汤普森关于“阐释不仅是公共的，也是冲突性的”观点——即因为阐释者“个人总是处在一定的社会

1 张江：《公共阐释论纲》，《学术研究》2017 年第 6 期。
2 张江：《关于公共阐释若干问题的再讨论（之一）》，《求是学刊》2019 年第 1 期。
3 张江：《公共阐释论纲》，《学术研究》2017 年第 6 期。
4 张江：《公共阐释论纲》，《学术研究》2017 年第 6 期。

背景和共同体之中，所以阐释总是会融合社会和共同体不同方面的因素”，结果导致“阐释总是互相冲撞的，阐释与资源、权力、利益相关联，因此也就有了冲突的空间”观点[1]——张江一方面肯定了汤普森关于“社会阐释”的观点的合理性，认为汤普森关于“阐释学不仅是哲学，它更是日常生活实践”的社会阐释学观念抓住了阐释活动的重要特征，为阐释活动找到了人类生存的现实基础，而这一点，海德格尔与伽达默尔等人的阐释学实践也都作出了证明，而且，阐释作为一种象征权力，的确也常常是人们争夺的对象；但另一方面，他又对汤普森“社会阐释”的观点提出批评，认为汤普森只抓住了阐释的“冲突”“碎片”等一般性特质，并未抓住阐释的反思性与超越性特征，并未意识到阐释的象征性权力也隐含了把个体性阐释上升至公共阐释的指向（否则这种象征性权力就无法真正获得实现）。因此，解决或调和“阐释冲突”的办法，不是汤普森所言的“社会阐释”，而只能是公共阐释。因为这种公共阐释，一方面是建构性的（说服），另一方面又是反思性的（接纳），是一种经由阐释者与接受者的“居间”交流与对话而达成的阐释共同体的可公度性意见。

最后，由个体阐释上升为公共阐释，虽然需要“社会阐释”即多数人的“共识”这一中间环节，“由个人阐释变为社会阐释，由社会阐释上升为公共阐释，是一个不可超越的过程”[2]；但是，“社会阐释”只是中间环节，“公共阐释”才是最终目的：“公共阐释是从个体阐释上升起来的，任何阐释都是从个体阐释开始的，然后由个体阐释上升为社会阐释，再由社会阐释上升为公共阐释。”[3]也就是说，“社会阐释”不同于“公共阐释”，它难以承担阐释

1 张江、〔英〕约翰·B. 汤普森：《公共阐释还是社会阐释——张江与约翰·汤普森的对话》，《学术研究》2017年第11期。

2 张江、〔英〕约翰·B. 汤普森：《公共阐释还是社会阐释——张江与约翰·汤普森的对话》，《学术研究》2017年第11期。

3 张江、〔英〕约翰·B. 汤普森：《公共阐释还是社会阐释——张江与约翰·汤普森的对话》，《学术研究》2017年第11期。

的任务：“社会阐释是多元的、碎片的、对立的、冲突的”，它“不是更高水平的阐释”，“更高水平的阐释是公共阐释，即经过过滤的、理性的、有序的阐释”。[1] 只有公共阐释，才可能达成有效的阐释，正是“阐释的公共性，决定了阐释的有效性”。又因有效性阐释是真理性阐释的前提，即阐释实现其价值目的的前提——有效性阐释不等于真理性阐释，前者很可能只是一种“共识性”社会阐释，非理性引导下的真理阐释——故而要到达真理性阐释，就需要遵循“公共阐释—有效阐释—真理阐释”的阐释逻辑，在阐释主体、阐释空间与阐释方式方面，作出符合阐释活动一般规范的规定。

一是在阐释主体方面，阐释活动中的阐释者须有“阐释自觉”，即阐释者基于主体自觉、理性自觉、公共自觉、真理自觉而展开对文本的真理性意义探寻，实现阐释的实践价值。[2]

二是在阐释空间方面，作为“阐释者及阐释群体自觉主动创制的空间”[3]，阐释空间以公共阐释为主要发生形式，为公共阐释提供意义发生的场所，具有“自由性”“平等性”“宽容性”“公共约束”“共识性追求”等“存在论的阐释学”特质，并使“进入阐释空间的独立意识主体、同类质的精神共同体、各类不同形式的意识客观化载体，以其独有的思想观念与意志情感，大范围地向外展开，并以相互之间的抵抗、博弈、交融，获取不断扩大的观念共识与情感共鸣，生产新的可靠知识，推进人类精神进步”[4]。

三是在阐释方式方面，阐释活动须以公共理性的观念形式引导为前提，形成公共阐释与公共理性的关系：“公共理性是阐释为公共的基本根据，是激发和推动阐释的积极动力，是约束和规范阐释的框架标准，是衡量阐释有

1 张江、〔英〕约翰·B. 汤普森：《公共阐释还是社会阐释——张江与约翰·汤普森的对话》，《学术研究》2017 年第 11 期。

2 张江：《公共阐释论》，《中国社会科学》2022 年第 11 期。

3 张江：《公共阐释论》，《中国社会科学》2022 年第 11 期。

4 张江：《公共阐释论》，《中国社会科学》2022 年第 11 期。

效性的基本尺度。公共理性在公共阐释中实现功能，公共阐释在公共理性引导和约束下展开。”[1]

总之，区别于“社会阐释”的“公共阐释”建基于人类的公共理性，并在公共理性的约束下展开。当然，这种“公共理性”也并非完全超越于人类社会经验的一般性形式规范，它亦渗透了特定国家与民族的特殊传统。正是基于这一认识，张江一方面通过对汉字“阐”的字义训诂，来表明“阐”字既有其通约“公共”的语义，又兼具特殊民族文化内涵[2]，是一个包含了个体性意义的普遍性概念事实；另一方面，又通过举证哈贝马斯关于“理解一个文本，就是理解写作背后的理性”的观点[3]，来说明西方阐释学中公共理性所包蕴的社会性内涵，指证阐释者必须与文本作者基于可公约的理性，即基于特定语境而生成的理性标准，来展开阐释对话与辩证反思，才能使公共阐释突显出其“反思性阐释”内涵：“公共阐释与文本对话交流，在交流中求证文本的意义，达成理解与融合。公共阐释不是纯粹的自我伸张，不强制对象以己意，而是在交流中不断省思和修正自身，构成新的阐释共同体。”[4]在这个过程中，起关键作用的公共理性，“则是一种逻辑的、思辨的、规律性的、反思性的或者说审视性的共识的结果”，即：“公共理性梳理、检视了公众散滥的意见，形成了能够为更大范围的人们所承认和接受的意见。这种意见的形成本身就是反思，是一个听取意见、交换意见并在此过程中修正各自意见的过程，而这个过程本身是辩证的。但是，必须指出，经由公共理性所得出的公共阐释的结果，未必就是真理。随着历史、文化及人类认识的不断进步，阐释的标准、阐释的结果或形成的共识是不断变化、不断进步的，它们不可能固定在一个时代或一个历史阶段，变成一种声音，永远地传递

1 张江：《公共阐释论》，《中国社会科学》2022 年第 11 期。
2 张江、〔德〕尤尔根·哈贝马斯：《关于公共阐释的对话》，《学术月刊》2018 年第 5 期。
3 张江、〔德〕尤尔根·哈贝马斯：《关于公共阐释的对话》，《学术月刊》2018 年第 5 期。
4 张江、〔德〕尤尔根·哈贝马斯：《关于公共阐释的对话》，《学术月刊》2018 年第 5 期。

下去。”[1]

这样，公共阐释与公共理性便形成了如下辩证关系：“公共理性是公共阐释的核心概念。其核心意义是指，公共理性是阐释为公共的基本根据，是激发和推动阐释的积极动力，是约束和规范阐释的框架标准，是衡量阐释有效性的基本尺度。公共理性在公共阐释中实现功能，公共阐释在公共理性引导和约束下展开。公共理性为阐释立法。”[2]“在阐释学框架下，公共理性是个体理性中可通约要素的最大组合，而非个体理性的简单叠加。个体理性中蕴含大量个性要素，可通约及可共享者，即为公共理性能够接受并吸纳的共同要素，合理建构为公共理性的完备形态。”[3]也就是说，“公共理性是独立理性的普遍均衡”，它“遵守理性规范与准则”展开阐释活动，类似于科学阐释中的“标准正态分布”的“度量标准”，而非“千人千言”的个体独白。[4]表现在具体的阐释过程中，公共理性具有如下特征：（1）“隐性而非显性存在。”表现在内容方面，公共理性复杂玄奥，常以隐性状态存在，只为阐释共同体成员心灵所感知；表现在形式方面，就是“公共理性所蕴含的能力、规则、标准”[5]等，无法像法律条文那样明陈例示。（2）“自愿而非强制接受。”表现为进入公共空间的阐释主体的自主性参与，阐释活动中公共理性规则的引导性而非强制性作用，阐释结果的自由接受性，以及对阐释活动所遵循的公共理性本身的可协商性。（3）“公共理性与个体理性相互依存，个体理性必然生产公共理性。”它们的辩证关系是：“公共理性由个体理性承载。个体理性的公共运用，生成公共理性。公共理性既是阐释空间中的普遍理性，也是空间中成员的个体理性。公共理性是个体理性的抽象，不能脱离个体理性而独

1 张江、〔德〕尤尔根·哈贝马斯：《关于公共阐释的对话》，《学术月刊》2018年第5期。
2 张江：《公共阐释论》，《中国社会科学》2022年第11期。
3 张江：《公共阐释论》，《中国社会科学》2022年第11期。
4 张江：《公共阐释论》，《中国社会科学》2022年第11期。
5 张江：《公共阐释论》，《中国社会科学》2022年第11期。

立存在。公共理性为理性一般，个体理性为理性个别。公共理性存在于个别理性之中，通过个别理性显现和发生作用。”[1]（4）“流动而非固化。”公共理性的形式与内容，均会因公共理性主体的自然历史发展而发生变化，不会泥于一尊。

综上所述，公共理性作为阐释活动的基本准绳，虽然可以成为判断阐释有效性的底线标准，但并不保证阐释结果的必然真理性认知。“公共理性本身不是检验真理的标准，公共理性通过和接受的认知与阐释，其真理性最终由实践检验。经实践检验证明为真理的结果，反过来修正不完备的公共理性，使其逾近真理，增强其规引力量。这已实际指明，公共理性作为人的主观精神形态，其本身也要接受实践检验，并在人的物质与精神实践中不断地改造和完善自身。”[2] 即言检验公共阐释的真理性标准，最终只能归于长时段的阐释实践：盖因阐释是分阶段递升的，“阐释的低级阶段，满足公共理性有效性标准。阐释的高级阶段，满足公共理性的真理性标准”[3]，故而从阐释的有效性到阐释的真理性，最终归于人类长时段的物质与精神实践检验。

总体来看，张江的这种基于公共理性而提出的公共阐释概念，虽旨在为建立中国当代文学理论的普遍阐释学形态即“中国阐释学”提供核心原则，但由于其理论批判继承了中国阐释学传统观念，并基于公共理性与公共阐释原则而对西方阐释学作了积极借鉴，因而它并非是对中国传统阐释学的返经汲古，而是对中国文学理论及其阐释原则的现代开掘。这种开掘，由于切中了文本阐释乃至人类思维的一般规律，因而其有效性并不限于中西方文学理论与文学阐释学的融通互鉴，它同时也为全球复杂语境下人类多元思想文化

1 张江：《公共阐释论》，《中国社会科学》2022 年第 11 期。
2 张江：《公共阐释论》，《中国社会科学》2022 年第 11 期。
3 张江：《公共阐释论》，《中国社会科学》2022 年第 11 期。

与差异社会政治交流提供了启示。

（三）训诂阐释与当代中国阐释学建构的方法

建构当代中国阐释学，推进中国文学理论的当代发展，除了需要明晓“公共阐释”的原则，还需要使用恰切的方法，张江将这种方法指称为“训诂阐释学”。

“训诂阐释学”何以能够成为建构当代中国阐释学的恰切方法？这首先需要对“训诂阐释学”本身所形成的传统作出考辨。根据张江，中国传统阐释学存在两条不同路线，即以还原文本“本意”为主的“训诂诠释”与以创新文本语义为主的“义理阐释”。因而建构当代中国阐释学，就必须坚持执两用中的观点：“建构当代形态的中国阐释学必须以汉语语言学为基本出发点，从当代训诂学汲取契合汉语阐释的方法，坚持两点论的重点论，在强调阐释的认知与真理性意义的同时，将训诂语义学摆到前沿位置，推动语义训诂与义理阐释、本土阐释学与西方阐释学的优长互补与共存共进。”[1] 也就是说，由于中国传统阐释学存在的“训诂诠释”与“义理阐释”两条不同路线，二者各有优长，也各有缺陷，因而当代形态的中国阐释学建构，应该将二者统一起来，使其成为一种以“训诂阐释学”为方法类型的阐释学形态。

如何统一？就是一方面要处理好中国传统阐释学内部的“阐释”与“训诂”辩证关系：“阐释不可失于训诂，训诂是阐释的起点；阐释不可滞于训诂，训诂必达阐释。无训诂的阐释为空疏之言，无阐释的训诂为支离碎片。中国阐释学的构建，当以训诂本义之诠释为起点，以衍生新意之阐释为根本目的，最终通达义、理共识的诠释与阐释互补的完备形态。”[2] 也就是说，要处理好中国传统阐释学内部两条不同路线在诠释的目的观（“元义”与“微

1　张江：《训诂与阐释——阐释学体系建构讨论》，《社会科学战线》2022 年第 5 期。

2　张江：《训诂与阐释——阐释学体系建构讨论》，《社会科学战线》2022 年第 5 期。

言大义”、“已有意义”与“未有意义”、“语义实证”与“意义假设”)、语言观(“言尽意”与“言不尽意”)、认知方式(“认知对象”与“价值基点”、“始于文本”与“始于理念”、“思维收敛”与“思维离散”)等方面的差异。[1] 另一方面,建构中国阐释学,又要眼光向外,尝试比照西方经典解释学同样存在的“诠释学”与“阐释学”(方法论阐释与本体论阐释)分野,寻找中西阐释学在目的观、语言观、认知方式等方面的公共性因子,通过中西的比堪融合,最终形成一种既包含中国传统阐释特质,又吸收西方阐释学有益因子的当代“中国阐释学”的新形态(“阐衍学”)。在这个过程中,一方面是中国传统阐释学路线的对立与融通问题,即通过勾画中国传统阐释学两条不同路线的“肯定—否定—肯定”辩证发展逻辑,最终达致中国阐释学自身“起于训诂,终于义理”的“汇为一家”理论效果;另一方面,则是中西阐释学的比堪互释问题,即通过对中西阐释学中相似观念与相异观念的吸纳与剥离,建构起一种可沟通中西阐释学的公共性阐释形态,这种阐释形态,便是当代“中国阐释学”的新型形态。

具体来讲,中西阐释学的对立融通与比堪互释步骤有三:

其一,确立建构“中国阐释学”的民族语言基点。由于“阐释是语言的阐释”,因而建构中国阐释学,“语言”是基本工具;特别是由于“语言是民族的语言”[2],因而阐释总是在特殊民族语言及其思维影响下的阐释,阐释必有其特殊的民族语言思维方式。

其二,以当代训诂学为民族语言阐释的基本方法。当代训诂学是吸收了现代语义学的一门科学语言学方法,它吸收了训诂还原与义理阐释的各自优长,可为古今与中西阐释学的融贯提供条件。

其三,坚持古今与中西并重的同时,突出中国民族阐释学传统。所谓

1 张江:《训诂与阐释——阐释学体系建构讨论》,《社会科学战线》2022 年第 5 期。
2 张江:《训诂与阐释——阐释学体系建构讨论》,《社会科学战线》2022 年第 5 期。

“两点论的重点论”，就是一方面要“推动语义训诂与义理阐释、本土阐释学与西方阐释学，优长互补，共存共进”[1]，另一方面，又要突出民族语言与民族传统，重视“训诂语义学”在“中国阐释学”建构中的核心地位。

总之，一种具有当代性的中国阐释学，应该是超越方法论与本体论的实践论阐释，这种阐释能够融通“训诂”与“义理”的优长，吸纳“诠释”与“阐释”的智慧，成为未来中国阐释学的基本形态。这便是张江通过区别中、西阐释学内部差异所得出的关于当代中国阐释学建构的基本知识构想。

如果说上述以《训诂与阐释——阐释学体系建构讨论》一文为中心的讨论还只是从中西方阐释学知识传统的角度，勾勒了一种绾合“训诂”与“阐释”的“中国阐释学”的必要性与可能性的话，那么，稍后的《“训诂阐释学”构想》一文，则从中国阐释学学科体系建构的角度，提出了建立一门“训诂阐释学”学科所需的基本学科要素。

在张江看来，“训诂阐释学”作为一种面向现代的“新学科形态”[2]，它可绾合“训诂”与“阐释”分歧并弥合“狄尔泰鸿沟”，使现代学术实现自然科学与精神科学在知识论与价值论上的完美统一，造就人类的新知识形态。

张江的基本设想是：由于“训诂”与“阐释”各有优长，亦各有缺省，故而“阐释学与训诂学相融相合，择优会通，使训诂成为受到阐释学精神浸润的训诂，阐释成为汲取训诂学精神的阐释，两者浑然一体，为训诂学开拓当代阐释空间，为阐释学扎牢训诂基础”[3]。从“训诂阐释学”学科建构的角度看，它要遵循“训诂—阐释—学科”的基本学科建构路线：“所谓训诂阐释学，其基本路线起点于训诂，通达于阐释，构建于学科，即以训诂为起点和方法，以真理性、可靠性、融贯性为准则，坚持由训而阐，由阐而训，反

1 张江：《训诂与阐释——阐释学体系建构讨论》，《社会科学战线》2022 年第 5 期。
2 张江：《“训诂阐释学”构想》，《学术研究》2022 年第 12 期。
3 张江：《“训诂阐释学”构想》，《学术研究》2022 年第 12 期。

复循环、螺旋上升的正当路径，最终达致根基牢靠、创造新知的尚意之阐。经过长期实践和理论统合，建立起学科特色鲜明，具有广泛应用意义的训诂阐释学。”[1] 结论是：“训诂阐释学”的学科建构，要以“训诂为先”作为阐释始点，以“通达义理”为阐释最高目的，实现方法论阐释与本体论阐释的统一，使“训诂阐释学”成为“阐释论”的阐释学形态。具体来讲：

在学科方法上，“训诂阐释学”遵循“立旨在先，寻证为后”“不任其辞，达于至理”“脱离文字，任从顿悟”“时情交移，生发新意”“史诗共证，互文现义”的义理阐释学方法[2]，将“训诂”与“阐释”在新的阐释语境中统一起来。

在学科素养上，训练“训诂阐释学”研究所需的基本素养：（1）“真理性、确证性、创造性”的“训诂精神”，以此实现阐释活动的认识论、语言观、方法论的统一。（2）“公共阐释”与“公共自觉”的阐释价值与阐释目标，以此实现“训诂”与“阐释”的阐释学循环。（3）沟通“训诂”与“阐释”的“范式意识”，以此实现阐释学现代形态的转化创造。[3]

通过以上三方面的筹划，张江就第一次从阐释学学科体系的角度，勾勒了一种以“训诂阐释学”为主要表现形态的当代中国阐释学学科形态。

当然，阐释学学科理论的假设需要阐释学学科“应用”的证明。为了例示如何在“中国阐释学”学科建构中具体使用“训诂阐释学”方法，深入开掘中国阐释学传统，钩索中国阐释学传统中所蕴含的有生命力的概念、范畴，张江通过深入考辨“阐”与“诠”、“解”与“释”、“理”与“性”、“通”与“达”、“衍”与“生”、“识”与“见”、“公”与“共”、“义”与“意”等中国传统阐释学概念、范畴，力图为当代中国阐释学建构提供有价

1 张江：《“训诂阐释学”构想》，《学术研究》2022 年第 12 期。
2 张江：《“训诂阐释学”构想》，《学术研究》2022 年第 12 期。
3 张江：《“训诂阐释学”构想》，《学术研究》2022 年第 12 期。

值的资源，让“阐释学说汉语”成为可能。在张江看来，为了建构当代中国阐释学，在资源择选上，“我们必须坚持以中国话语为主干，以古典阐释学为资源，以当代西方阐释学为借鉴，假以对照、选择、确义，由概念起，而范畴、而命题、而图式，以至体系，最终实现传统阐释学观点、学说之现代转义，建立彰显中国概念、中国思维、中国理论的当代中国阐释学”[1]。在研究起点上，“从古代文字发生学入手，以原始字形之追索为方法，厘清中国古代阐释学之构建路径，可为当代中国阐释学总体构建提供可靠的文字学根据”[2]。分开来讲：

通过对“阐”与“诠”的辨别考释，张江论证了要建立中国的“阐释之学”，在研究起点上，应首重“阐”与“诠”的训诂问题，即：“我们从考据入手，追溯单音词‘阐’与‘诠’之本义及引申，汲取‘阐’与‘诠’之优长，坚持以‘诠’为根据，以‘阐’为目的，创建当代中国阐释学基本原理。”[3]结论是：“阐”与“诠”各有优长、互融互合，“诠”作为“具”可为未来阐释学建构提供坚实基础；“阐”作为“开”能够启发未来阐释学以宽广道路。[4]

通过对“解”与“释”的辨别考释，张江论证了“阐释”名谓“应为当代阐释学之基本称谓”的合理性：“阐释是过程。此过程，由解起始，经由诠后而再阐，实现阐之最高目的。……解为分，诠为正，阐乃衍。由解而诠，由诠而阐，实现阐之完整过程，达及最高目的。阐，生于解与诠，实现解与诠。”结论是：“阐释”，“应为当代阐释学之基本称谓”。[5]

通过对“理”与“性”的辨别考释，张江论证了“理”与“性”在中西方阐释学传统中的基本语义差异，即它们存在着中国的“实践理性”之

1 张江：《“阐”“诠”辨——阐释的公共性讨论之一》，《哲学研究》2017 年第 12 期。
2 张江：《“解”“释”辨》，《社会科学战线》2019 年第 1 期。
3 张江：《“阐”“诠”辨——阐释的公共性讨论之一》，《哲学研究》2017 年第 12 期。
4 张江：《“阐”“诠”辨——阐释的公共性讨论之一》，《哲学研究》2017 年第 12 期。
5 张江：《“解”“释”辨》，《社会科学战线》2019 年第 1 期。

“理”与西方的“理论理性”之“理”的不同，存在着中国的“人性与生物性”二分意义上的伦理之“性”与西方的“人性与生物性”混同意义上的自然之“性”的不同。结论是：这种不同决定了中国“阐释由性而起，据理而顺，彰显性之本原”，西方“阐释由理而始，从分析而上手，呈综合之气象”；故而将二者相鉴相融，可为“当代阐释学基本规则”的确定提供基本语义内涵。[1]

通过对“通”与“达”的辨别考释，张江论证了“通”与“达”的基本汉语语义——“通”与“达”所蕴含的“以开放为核心、以循环为特性、以融合为效果、以确定为准则、以追求‘共’与‘同’为目的的阐释学意蕴”——与西方阐释学“开放”“澄明”“对话”“循环”“公共”“视域融合”等基本概念具有语义相通性，因而可以成为衡量阐释有效性的基本标准。结论是：通过对“通”与“达”的语义厘定与中西会通考释，可知“通达的阐释，以最大可能容纳众多理解的诉求。于对象而言，凡通达者，阐释可谓有效；凡未达者，阐释可谓无效；于结果而言，凡通达以至新知的生成，则阐释可谓有效；凡非达且不能产生新知者，则阐释可谓无效”，即“通达”的阐释“可以为中外阐释学的终极目的和价值意义的认知提供参照和线索”，最终成为“阐释学的一种普遍标准”。[2]

通过对“衍”与“生”的辨别考释，张江论证了中国传统阐释学“衍生”一词所自然包蕴的“阐宏使大”与“约束规范”二重张力语义。比之于西方后现代阐释学的“无束缚、无规范、无依归”的“主观臆定”阐释，它更能避免阐释沦为无端崖之辞的痹症，使阐释活动“由衍而生，在扩张与守约之间找到平衡”。结论是：中国传统阐释学的“衍生”一词，较之西方后现代阐释学理论中的“生产”一词，“更能确当表达文本阐释在合理性约束

1 张江：《“理”“性”辨》，《中国社会科学》2018 年第 9 期。
2 张江：《“通”“达”辨》，《哲学研究》2021 年第 11 期。

下的扩张与流溢”，理当成为“中国阐释学理论体系中具有节点性意义的重要概念”。[1]

通过对“公”与“共”的辨别考释，张江论证了中国传统语言文字学中“公”所具有的“公开”“公度”“公义”语义，“共”所包含的“共处”“共通”“共识”语义，“公共”复合词所蕴含的“公共之理”“同然之心”“度量之衡”语义及其“观念”“目的”“机制”属性。结论是：阐释是“公”“共”的。“公”“共”与“公共”既是阐释的语义学根据，也是“阐释所在、阐释所能的根本依据”。故而，“确证公共本义，把握公共蕴含，成为认知阐释何在、阐释何能、阐释最终为阐释的根本问题”；只有“在公共中创造”，才能为“人类精神进步开辟新的道路”。[2]

通过对“义”与“意”的辨别考释，张江论证了汉语文字体系中“义”所包含的“客观性、确定性”及其与对象本身的符合性、“意”所蕴含的“主观性、多元性”及其与对象本身的疏异性，揭示了“义”“意”关系即为“阐释的出发点与落脚点、阐释的有限与无限关系”事实，说明了阐释学应该用“义意”一词替换“意义”一词，以此表明阐释学知识论优先于价值论的立场。结论是：建构中国阐释学，需要遵循“义在意先”“意从义衍”的知识路线，并在实践中实现“由义而意的无限上升”的价值逻辑，最终达到知识论阐释与价值论阐释的无限循环与统一。[3]

张江所考辨的上述七对基本概念，“不仅具有阐释学方法论意义”，而且“概念之间相互说明，相互支撑，互文互证”，“概念的意义之间具有鲜明的一致性”，代表了汉语民族语言阐释学生发的契机与路径，可以成为“构建当代中国阐释学的关键环节”。[4]而通过对这七对基本概念的考释，张江也就

1 张江：《“衍”“生”辨》，《社会科学战线》2021 年第 11 期。
2 张江：《“公”“共”辨》，《探索与争鸣》2024 年第 3 期。
3 张江：《“义”“意”辨》，《北京大学学报》（哲学社会科学版）2024 年第 4 期。
4 张江：《让阐释学说汉语》，《学术研究》2023 年第 9 期。

从阐释学"应用"的角度为"训诂阐释学"作为当代中国阐释学建构的恰切方法作了明证。

总之,"训诂阐释"的目的,是为了揭示阐释活动中文本与阐释的约束与开放、有限与无限、确定性与非确定性关系,表明"文本"在开放中约束、在无限中有限、在非确定性中确定的意义本质,说明"阐释"在约束中开放、在有限中无限、在确定性中敞开的阐释特性。二者的区别与联系亦可概括为"诠"与"阐"的分野:"诠在有限中无限;阐在无限中有限。从诠与阐的本性说,诠与阐都以文本的开放为前提。诠,核心追求是寻找与求证文本的可能意蕴,排除文本以外的任何可能;阐,核心追求是附加与求证文本的意蕴可能,将无限可能赋予文本。"[1] 为了科学地描述二者的区别与联系,张江还引入了数学 π 与统计学正态分布理论说明其对立统一关系:"π 清晰地呈现了'诠'的有限与无限的关系,标准正态分布清晰地呈现了'阐'的有限与无限的关系。"[2] 对概念的引入揭示出精神科学的"诠释"与"阐释",其定性本质实可类比为自然科学的定量关系事实:"所谓诠的展开和实现,如同于 π";而正态分布,则"是显现和说明阐释无限与有限关系的最好方法与工具"。[3] 从而在开放中寻找约束,在无限中衡定有限,在不确定性中发现确定性,揭示自然科学的"π""正态分布"之于精神科学的"诠释""阐释"的明示性,便成了张江通过"π"与正态分布理论为阐释学的学科本质所找到的基本科学依据。

(四)阐释论与当代中国阐释学建构的目标

在中西阐释学互动视野中建构具有中国风格、中国气派的中国阐释

1 张江:《论阐释的有限与无限——从 π 到正态分布的说明》,《探索与争鸣》2019 年第 10 期。
2 张江:《论阐释的有限与无限——从 π 到正态分布的说明》,《探索与争鸣》2019 年第 10 期。
3 张江:《论阐释的有限与无限——从 π 到正态分布的说明》,《探索与争鸣》2019 年第 10 期。

学，张江所提出的根本路径是：“我们要学习借鉴西方，但不是用西方阐释学的已有框架来裁剪或规制中国阐释学经验和思想；应立足于当代中国的政治、经济、文化实践，提取和改造中国传统阐释学资源，从本体论到方法论，提出和建构我们自己的概念、范畴、命题，以至完备的体系。”[1] 展开来讲：

一是在阐释的出发点与落脚点上，首先需要打破“重西方、轻中国”的研究取向，破除以海德格尔、伽达默尔等西方本体论阐释为基本范式的研究困局，将阐释的出发点与落脚点置于“中国传统阐释学思想与经验”与“当代文化实践”。[2]“应该从中国的思维本征和特质出发，从中国阐释传统和经验出发，从中国当代面临的诸多实际问题出发，构建中国形态的当代阐释学。”这个“出发点”不是简单地回归传统，而是在“贯通古今中外，立足中国实践，回答当代问题”基础上的再出发。[3]

二是在阐释的路径上，应以方法论的阐释为主，将方法论与本体论统一起来。盖因方法论阐释是一切阐释学的基础，具有理论的实践性与阐释的有效性特征，因而应将其作为中国传统阐释学的现代转化与建构中国阐释学的基本路径。当然，在这个过程中，亦不可割裂方法论与本体论的关系，须注意二者的辩证转化关系：“方法论不是简单的操作技术，而是深刻的思想和思维范式。本体论也不仅仅是探究世界，还包括意识主体之本源与基质的理论，其本身也是理解和把握世界的视角和方法。”[4]

三是在阐释的切入点上，应将深剖汉语民族语言的阐释学特性作为当下阐释学研究的切入点。盖因语言与阐释具有深刻的关联，“语言决定思维，思维决定阐释，阐释是语言的阐释”，因而，“中国阐释学建构当由以训诂学

1 张江：《中国阐释学建构的若干难题》，《探索与争鸣》2022年第1期。
2 张江：《中国阐释学建构的若干难题》，《探索与争鸣》2022年第1期。
3 张江：《中国阐释学建构的若干难题》，《探索与争鸣》2022年第1期。
4 张江：《中国阐释学建构的若干难题》，《探索与争鸣》2022年第1期。

为代表的语言文字学入手”。[1] 毕竟，“无论西方如何转向，在中国阐释学建构上，包含了训诂学、文字学、音韵学的中国语言文字学，或传统所称的小学，永远具有基础性意义，不可或缺。阐释学不是训诂学，但包含训诂学，无训诂的阐释学无以为据。训诂学不是阐释学，但必须进入阐释学，无阐释企图的训诂无以达理。训诂与阐释不同，阐释不止于训诂，训诂是阐释学整体框架中的核心要素，是一切人文阐释的基本方法”[2]。

四是在阐释边界的拓展上，应重视多学科方法的综合应用。除了掌握阐释学自身的知识谱系外，对于阐释学的一些相邻与相近学科也应积极吸纳，比如“文学、史学、心理学、语言学、传播学、社会学，以至人工智能、云计算、群体智能、人机混合智能等领域的突破性成果，对阐释和阐释学建构都发生了深刻影响，甚至彻底颠覆了我们对阐释及阐释学的基本认知”[3]，因而应予积极地借鉴吸纳。通过对多学科的借鉴吸纳，或可破除精神科学与自然科学的壁垒与界限，使阐释学成为人类知识研究的一般方法。

五是在阐释理论与实践的关系上，应明晓阐释学知识的实践应用目的。无论是以训诂与义理为主的中国传统阐释学，还是以方法论与本体论为主的西方经典阐释学，也无论是文学阐释学、哲学阐释学，还是历史阐释学、法律阐释学，阐释学理论的实践“应用”，都是阐释学知识累积与创新发展的基本经验与动力源泉。[4]

六是在阐释的知识形态上，阐释学应具备系统性与完备性。“所谓系统是指，整体性是阐释学的基本特性。其构成要素以科学结构及相互衍化而结构整体，整体大于各要素之和，可解决独立要素不能解决的问题。各要素的专业方向为整体服务，整体于自身展开中深化和丰富各要素。所谓完备性

1 张江：《中国阐释学建构的若干难题》，《探索与争鸣》2022 年第 1 期。
2 张江：《中国阐释学建构的若干难题》，《探索与争鸣》2022 年第 1 期。
3 张江：《中国阐释学建构的若干难题》，《探索与争鸣》2022 年第 1 期。
4 张江：《中国阐释学建构的若干难题》，《探索与争鸣》2022 年第 1 期。

是指，作为一个形式系统，其概念、命题、规则、定理，是自洽与协同演进的，可以相互引申与证明，无逻辑矛盾与漏洞。”[1] 只有系统与完备的阐释学知识，才能提高阐释的有效性。

综上，“构建当代中国阐释学，不能接着西方的话讲”，而应该“让阐释学说汉语”。因为：“当代中国阐释学不是西方阐释学的中国篇，不是西方阐释学的中国学派，而是中国风格、中国气派的新的当代中国阐释学。”[2] 而“让阐释学说汉语”，“就要以汉语的概念、范畴、命题、范式为核心和基础，从汉语本源字义入手，重新审视有关阐释学的基本概念和命题，发掘潜藏于汉字乃至汉语思维方式背后的阐释学意蕴”。[3] 一句话，“当代阐释学的中国建构，不是简单地借用古代术语，也不是把西方阐释学当作纯粹的理论形态，而是结合时代精神和生活实践，恢复阐释学本身作为思想之源的根本追求，建构与时代精神相契合的新的阐释方式”[4]。对于眼下而言，“摆在我们面前的问题就是，深入挖掘、精心继承中国本土阐释学资源，努力实现创造性转化和创新性发展，建构具有中国风格、中国气派的当代阐释学。我们要让阐释学说汉语，以汉语的概念、范畴、命题、范式为核心和基础，建构起系统完备的当代中国阐释学，让说汉语的阐释学自立于世界阐释学之林”[5]。

在张江看来，在“让阐释学说汉语”基础上建构中国当代阐释学，既有理论意义又有实践意义。其理论意义在于：“建构当代中国阐释学，不是为了取代西方阐释学，也不只是为了让阐释学说汉语，而是在借鉴西方阐释学积极成果的基础上，深入挖掘博大精深的中华文化蕴藏的丰富的阐释学思想资源并实现现代转化，建构当代中国阐释学和阐释论，使之成为中国自主知

1 张江：《中国阐释学建构的若干难题》，《探索与争鸣》2022 年第 1 期。
2 张江：《中国阐释学建构的若干难题》，《探索与争鸣》2022 年第 1 期。
3 张江：《让阐释学说汉语》，《学术研究》2023 年第 9 期。
4 张江：《让阐释学说汉语》，《学术研究》2023 年第 9 期。
5 张江：《让阐释学说汉语》，《学术研究》2023 年第 9 期。

识体系的有机组成部分，为当代精神科学和自然科学的发展提供一种具有普遍意义的思维方式、研究范式和学术理念。”[1] 而其实践意义则在于：它“不是当作对一种既定的西方理论的解读，而是当作塑造我们民族思维方式的一个新的契机”[2]。

如果说张江上述所述的建构“中国阐释学”路径还只是从问题解析的角度，为一种具有中国特色、中国风格的当代阐释学描绘了路线，其路线本身还嫌琐细的话，那么，提供一种可以笼括不同阐释观念、阐释方法、阐释路径与阐释目标的“中国阐释学”，并使其成为当代精神科学和自然科学发展的“一种具有普遍意义的思维方式、研究范式和学术理念”，就成为“中国阐释学”建构的最终目标。张江将这一目标命名为“阐释论”（“阐衍学”）。[3]

何谓“阐释论”？“阐释论是精神科学的存在论与方法论。”[4] 其基本内涵是：“阐释论充分汲取传统知识论与价值论优长，对精神科学以存在论证明和方法论集合，确证精神科学的生产方式、生产成果的知识化路径、知识与价值之真及其实现过程，客观描述精神科学生产的本真面目。阐释论证明，在人类精神科学整体框架下，阐释是精神科学的存在形态与生产方式。阐释论融摄知识论与价值论，是知识论与价值论相统一的精神科学总体论。阐释论跨越‘狄尔泰鸿沟’，为精神科学的知识合法性提供新证明。”[5]

从人类知识生产的角度看，张江所提出的“阐释论”试图从阐释学角度

---

1 张江：《让阐释学说汉语》，《学术研究》2023 年第 9 期。

2 张江：《让阐释学说汉语》，《学术研究》2023 年第 9 期。

3 不过，同“阐诠学”或“阐释学”的“中国阐释学”概念命名相比，张江认为，“阐衍学”一语更为准确恰当，“因为‘阐’是‘衍’出来的，‘阐’的意义生成是以‘衍’的方式实现的。‘阐’之本身只有开放性的含义，但是它却没有包含共识性、流布性和源头性的表达，特别是没有共识性的表达，而‘衍’则蕴涵了这些追求和意义”。参阅张江、韦昊昱：《当代中国阐释学话语体系构建的回顾与前瞻——张江教授访谈录》，《首都师范大学学报》（社会科学版）2024 年第 3 期。

4 张江：《关于阐释论的提纲》，《社会科学战线》2023 年第 11 期。

5 张江：《关于阐释论的提纲》，《社会科学战线》2023 年第 11 期。

来解决精神科学与自然科学的“狄尔泰鸿沟”，处理好阐释活动中经与权、法与化的问题。作为“一个事关人类对于自身与世界关系如何认知的大问题”，这个问题曾长期困扰着西方阐释学界，而张江则试图从超越知识论与价值论的阐释论角度，来解决这一鸿沟并在阐释学领域实现知识论和价值论的统一。这其中的依据是：“精神科学生产知识，阐释则是精神科学存在和生产知识的唯一方式，它能够将自然科学与精神科学统一起来，也能够将知识论与价值论统一起来。”[1] 也就是说，“阐释”是在公共空间语境与公共理性规约下的创造性知识生产，是“精神科学的存在形态”与“精神科学生产的唯一方式”，故而它不仅本身能够成为精神科学的存在论与方法论，而且能以其“开放—收敛”的知识特性而为生动的现实文学活动提供基本的阐释工具。这样，“在知识生产意义上，精神科学与自然科学目的一致”，“在价值生产的意义上，自然科学与精神科学结果一致”。[2] 故而，那种“强调精神科学与自然科学的相融相合，强调自然科学与精神科学的一致性、整体性、互生性”的阐释论[3]，可以为“中国阐释学”的建构提供全新的知识学方案。

在张江看来，这种兼具存在论与方法论属性的阐释论，无疑可以为建构“中国阐释学”提供完备的学科体系。“阐释论为阐释学提供观念框架与思想资源。阐释学以阐释论为基础，既对阐释的静态形式以完整说明，给出阐释的结构要素，诸如阐释的本质、动力、目标、路径、方法、有效标准等，构造当代中国阐释学的概念、命题、范畴，以至范式；同时也对阐释的动态过程予以深入考察，给出阐释操作的实际流程，诸如阐释的生成与展开、起点与落点、意义衍生与证明、公共空间的建构与扩大、公共性的追求与实现、公共理性的认证与约束等，给阐释行为以过程性描述，构建当代中国阐释学

1 张江、韦昊昱：《当代中国阐释学话语体系构建的回顾与前瞻——张江教授访谈录》，《首都师范大学学报》（社会科学版）2024 年第 3 期。

2 张江：《关于阐释论的提纲》，《社会科学战线》2023 年第 11 期。

3 张江：《关于阐释论的提纲》，《社会科学战线》2023 年第 11 期。

完备体系。”[1] 从而思入文本的本体与阐释的本体，在文本本体与阐释本体的源起流变及生命照映中探寻文本的意义与阐释的意义，便成了“阐释论”能够成为“中国阐释学”基本形态的本体依据。

总之，当张江移用马克思对旧哲学的基本批判语式——“以往的阐释学重在以不同的方式解释世界，阐释论强调以合理的阐释观构建世界”[2]——来概括“阐释论”的意义时，他便同时赋予了阐释论以强烈的实践色彩，使阐释论成为一种面向未来的开放性知识。作为一种未来形态的知识学，“阐释论的期望是，在自然科学与精神科学大步前进的阐释处境下，在与现当代诸种对立思潮的对话与论辩中，消解各方对精神科学以至自然科学的多重质疑，为构建知识论与价值论相统一，精神科学与自然科学相辅助的宏大阐释观，提供有现实批判意义的可能方案”[3]。同样，当张江创用“阐释论”概念来勾连中、西方阐释学，进而冀望于精神科学与自然科学的统一时，他便不再局限于要建构一种具有民族属性的“中国阐释学”，而是要寄望一种具有普遍意义的阐释学形态，凭此形态，人类知识的统一才有了可能，“阐释论”才能成为“元知识学”。当然，这种“元知识学”会不会再次重蹈其所反复批判的“强制阐释”统一论模式？答案留给历史与实践去检验。

第五节 紧迫的现实：人工智能（AI）艺术的阐释学问题

自人工智能（AI）参与艺术创作并成为“作家”“艺术家”以来，它便挑战传统艺术的边界，消解“作者意图论”的经典阐释逻辑，使作品的意义来源问题成为阐释学难题。对于这一难题，学术界一般给出“拟人”或“拟

1 张江：《关于阐释论的提纲》，《社会科学战线》2023 年第 11 期。
2 张江：《关于阐释论的提纲》，《社会科学战线》2023 年第 11 期。
3 张江：《关于阐释论的提纲》，《社会科学战线》2023 年第 11 期。

物”化的纾解思路，即：对于弱人工智能作品，将人与计算程序一起视为共同作者，置作品意义来源于人与智能程序共同的创作“意图”；对于超级人工智能作品，将其视为大自然的杰作，用阐释自然美的方法来阐释它，作品意义因而归源于“自然”或“天才”的艺术禀赋。[1]这两类不同的解决思路，虽然都对AI艺术的意义来源具有一定的说服力，但并未抓住AI艺术意义的阐释学特征，难以回答AI艺术意义的独特来源问题。本节拟将AI艺术的意义问题还原至其“创作”语境，通过对AI艺术“作品”要素的重新分析与对人类艺术相关概念的重新定义，揭示AI艺术不同于经典艺术的“艺术”特征及其意义生成逻辑，以期为理解AI艺术的意义问题提供全新的阐释学思路。

大体来讲，AI艺术作为一种由人工智能遵照算法程序而创造出的全新艺术形态，在“作者”意识与创作意图、“作品”创造性与创造本质、“理解”的语言与意义等三个方面体现出与人类艺术不同的阐释学特征。大体来讲，AI艺术的“作者”意识是一种拟人脑意识的双向信息反馈机制，它使得“作者”创作的“机心”趋同于“文心”，并萌生与“文心”相应的创作“意图”。AI艺术的“作品”创造性是智能程序基于原始素材与目标意图的比较修正而实现“藏艺于器”“藏礼于器”的表征，它基于信息的渲染匹配与设定目标的不完全吻合性而创造出出乎意料的形式与内容。AI艺术“理解”中的语言与意义，则潜在于算法系统的三重生成逻辑中，即对算法“指令”作“说明”、对语言“程序”作“解释”、对AI艺术一切内在要素作基于“说明”之上的“解释”。AI艺术的意义总体上源于一种客观化的主观阐释，其意义诞生于对语言符码的“指令说明—程序解释—意义赋予”循环阐释，并与人类如何在全新生存语境下重新定义经典艺术的相关概念攸关。

1 鉴于与人类智能一样的通用人工智能（AGI）至今尚未出现，因而由其所创作的“作品”，不在本节讨论的范围。

（一）AI 艺术的“作者”意识与意图问题

AI 艺术中的“创作主体”是否具备与人类同样的“意识”与“意图”，并进而取得等同于人类的“作者”身份，既取决于 AI 算法逻辑迭代升级为准人类思维的能力，也取决于人类如何理解现代科学与艺术创作中的“意识”与“意图”概念。

如所周知，AI 艺术是由人工智能遵照某种算法程序而创造出的全新艺术形态。相较于人类艺术，它由拟人化的“人工智能”作为“作者”，遵照某种人为拟定的“算法程序”（“意图”）而创造。人工智能之所以可比拟为“作者”，并表现出某些创作“意图”，是因为人工智能是通过算法模拟人的思维，“使其能够做心灵所能做的事”[1]，即人工智能具有类脑功能，其“意图”建立于算法逻辑上，与人类意识的思维逻辑具有同构性，二者均在现代自然科学中有其共同根基：蛋白质是生命或有机体存在的基础，无机物经过化学反应生成有机物，进而“突变”形成生命，是生命形成与演化的基本规律；而思维或意识过程正是伴随有机体的多种化学反应过程，生命意识及其对象化的意图，正是生命活动与生命存在的对象化意识。

从认知科学的角度看，将意识简化理解为人脑的物理—化学过程，将算法程序类比理解为人类“意识”，虽有益于理解意识的过程与算法逻辑的过程，但并无益于理解意识的本质与算法逻辑的真值。因为：“意识在任何时候都只能是被意识到了的存在，而人们的存在就是他们的实际生活过程”[2]；而算法逻辑，同样有其权力机制与隐性运作规则；二者均超越了人类的单纯自然结构与科学推理。人类意识作为自然进化与社会环境耦合产物的事实，决定了人工智能无法完全“复制”人类意识的难题，除非“进化计算”或

1〔美〕玛格丽特·A. 博登编著：《人工智能哲学》，刘西瑞、王汉琦译，上海译文出版社，2006 年，第 1 页。

2《马克思恩格斯全集》第三卷，人民出版社，2002 年，第 29 页。

“基因计算”使得AI具备与人类意识一样的适应环境的进化功能，成为像人类一样“有待”的个体，最终递升为与人类意识一样的“通用人工智能”（AGI）——尽管人类至今无法总结出意识的“通用”结构，后者正是人工智能借助人类意识发展“自我意识”的重要途径——在人工智能无法依靠自身运算逻辑而产生类似于人类的意识萌生，即发生意识“突变”条件的情况下，它甚至是唯一途径。因而从意识功能的发挥来看，当下流行的人工神经网络或AI深度学习的局限并不在于其数量尚未达到人脑意识思维所需的140亿个神经元——其模拟人脑意识神经元的数量呈几何级数倍增且在数年内达到人脑意识所需数量已是现代科学公认事实——而在于人脑意识运行的复杂程序及其所需的环境等未知因素至今是科学难题。人类目前所知均为意识的功能或结果，而非意识的程序与过程，但后者正是包括AI深度学习与类脑神经网络突破已有数据与训练经验而创造“自我”并创生“意识”的关键。

在科幻世界中，人工智能（体）常被赋予或植入人类所期望的特定“意识”，成为具有某一专长或肩负某一特殊使命的“生命”存在体。在AI艺术中，人工智能0与1基元组成的“媒介”也已不再是麦克卢汉所指称的“信息”，而是具有一定“表达”能力的“意识”，即它表现为人类意识的某一“镜像”。如果说莱布尼茨的二进制（0与1）是早期计算程序对人类思维规律的极简化，那么AI运行的符码（0与1及其运行规则）就是人类思维对象的极简化（比特图谱），二者虽均有其神学创生依据（1代表上帝，0代表虚空），并在古希腊原子机械唯物主义与中国先秦素朴唯物辩证哲学中有其观念渊源，但在现代电子计算的逻辑运算中，却被科学地延宕为电压的开与合、电流的有和无（电荷图谱），并与万物存在的遮蔽与澄明、符号表现的显与隐关联一体。人类意识与人工智能“意识”超越信息功能属性而共同指向信息表意特征的事实表明，人类意识过程的详尽计算机模拟，在逻辑上并非不可能，而至今为止现实软硬件的限制反倒成了其迭代升级的前提——

人类意识的进化也正以环境变迁所带来的意识表征困难为前提。晚近的例子是，两个脸书 AI 程序越过人类输入指令而“私自”聊天，表明一种不同于人类智能意识的人工智能“意识”，已经走在半途。[1]

“意识”问题之所以重要，是因为它乃讨论一切艺术创造的主体性基础。但要将这一基础转化为现实的创造力，还需要将“意识”转化为具有明确的创作“意图”——“想象力”作为由“意识”到“意图”的机制动力，因而成为必需。对于 AI 艺术而言，人类意识在 AI 中的“植入”或计算程序的 0 与 1 组合，本质上是通过海量数据注入与拟定特殊运算法则而带来的机器智能化表达，它止于计算、归纳、推理、判断的工程学或逻辑结果，尚无人类艺术创造所需的重要环节，即想象。“想象”即“无中生有”，它旨在从已知的东西中产生出未知的东西。相比于人类的“想象”，AI“算法系统”是新型“创作主体”，其“意识”与“想象”，依然以“内在的实在性”而非“形而上学的实在性”形式在场；不同在于，人类情感本身的丰富性、模糊性及其在后天发展中因缘际会的复杂性、恒变性，决定了以算法逻辑分析见长的 AI 目前尚难以完全模拟人类“意识”与“想象”。特别是目前流行的两条不同人工智能进路——符号主义与联结主义—深度学习：前者将一切心理情感行为还原为生物机械行为，认为二者具有互逆性且依赖于同一形式模型；后者将一切符号形式还原为前符号的感觉行为，认为二者具有映射性且依赖于输入与输出的统计学抽绎——它们虽均能成为某一专门领域的顶级“技术专家”，却因缺乏通用智能的知识迁移能力而难以实现由“意识”向“想象力”的跃升，难以实现由“技”向“道”的自由创造飞跃。

---

1 关于脸书 AI 程序使用机器专用语言秘密聊天而使人类被迫切断电源以终止其行为的事件，请参看：A. Griffin, “Facebook’s Artificial Intelligence Robots Shut Down Because They Start Talking to Each Other in Their Own Language”, *Independent*, July 31, 2017。www.independent.co.uk/life-style/gadgets-and-tech/news/facebook-artificial-intelligence-ai-chatbot-new-language-research-openai-google a7869706.html. Accessed June 10, 2019.

如何解决这个难题？AI 艺术遵循结构模拟与功能模拟或许是一种可行思路。基于对人脑意识部分功能的指数级提升，人工智能的结构模拟（类脑结构）与功能模拟（类脑功能）将已经“物化”的人类意识，即程序编码与运算逻辑“再意识化”，发挥人工智能“意识”的“无中生有”潜能，尔后冀望开展想象性的艺术创造。在这个过程中，用技术呈现艺术的复杂性，用艺术呈现技术的有效性，从而使技术不仅是手段，同时也是过程与目的，是 AI 艺术的运算逻辑成为具有“想象力”的具身性智能创造的前提。

具体来说，由电子或数字想象力（digital imagination）所催生的“机想”（emagination），具有类似于“人想”（imagination）的人类想象力（human imagination）能力，并与“人想”一样表现出类似于康德所谓的“生产性想象力”特质[1]，因而，它可以被置于相同的问题框架予以讨论：“机想”作为一种“生产性想象力”，“不仅在人类智能的图式化创造中发挥重要作用，它在人工智能的图式化创造中同样如此，……并在某种程度上具备表达人类隐秘创造力的能力”[2]。因此，从“生产性想象力”主要生发于人类隐秘与模糊性领域而言，AI 艺术的运算逻辑在本质上也具有“生产性想象力”的潜能，具备催生“动词”而非“名词”的符码功能。

从理论上讲，任何有机体一旦具备“意识”与“想象力”的功能，它便具有了成为“创作主体”（“作家”“艺术家”）的潜质。但对 AI 艺术而言，其“创作主体”资格的认定，还与我们如何理解“意识”与“想象力”这一原本专属于人类主体性与艺术创造性的概念攸关。设若我们像当代后认知主义那样，将“意识”与“想象力”理解为一种双向的信息反馈机制而非人脑专属，那么人工智能自然也具有“意识”与“想象力”，即“文心”=“机

1 Alberto Romele, *Digital Hermeneutics: Philosophical Investigations in New Media and Technologies*, New York and London: Routledge, 2020, pp. 88–89.

2 Alberto Romele, *Digital Hermeneutics: Philosophical Investigations in New Media and Technologies*, New York and London: Routledge, 2020, p. 96.

心”——在人类艺术史上，崇尚“文心”反对“机心”，曾是主流的艺术传统，它们基于创造性与控制论的二分而使人与机器及其产品相区别。但设若“机心”遵循“人心”逻辑而演算出艺术，或言“机心”与“文心”遵从同样的逻辑生产艺术，那么作为二者的后果就难从本体方面再作界分。AI是否享有“创作主体”的“意识”与“想象力”机能，也就难以在逻辑上做出肯断。早期图灵测试与新千年后塞尔默·布林斯约尔德（Selmer Bringsjord）提出的“洛夫莱斯测试”，正是基于AI创作后果可否混同人类艺术而作的结果评判，从而悬置了“创作主体”及其“意识”与“想象力”问题；同样，维特根斯坦断然否定“机器能够思维”的命题[1]，也只有从源头而非结果来评判才有意义。因为如若人类意识与想象力的本质便是符号与程序的运作，表现为脑电波与电子脉冲，那么人类编写出与大脑意识与想象力同样的AI程序，便只是时间问题（“机器智能”跃升为“超级智能”只是技术发展问题，它只能归于技术的讨论而非本体问题）。设若伟大的作品自有其艺术逻辑，作家只是遵循这一逻辑而将其由潜能变为现实，那么作家就只是完成作品的通道，作品的评价标准便在作品自身，那么AI艺术算法逻辑同样具有与人类艺术创作主体同样的价值。

这样，讨论人工智能“创作主体”及其“意识”与“意图”问题，便可归结为一个更加简明的问题：人工智能到底是人类的“孩子”，还是人类的“工具”？如若是后者，那么，它只是人类肢体与意识的衍生，本质上仍体现的是人的属性，对其“创作主体”资格的认定，只需将其与程序设计者一道视为“共同作者”，探寻“共同作者”的相关属性即可。如若是前者，则它就成了与人类相近的“准主体”，只要假以时日，它便会“成长”（遵循自然进化律）为独立的主体（技术工程学意义上的人工智能突破“奇点”跃升为

1〔奥〕维特根斯坦:《维特根斯坦全集》第8卷，涂纪亮译，河北教育出版社，2003年，第158页。

主体只是一个时间问题),因为“工业的历史和工业的已经产生的对象性的存在,是一本打开了的关于人的本质力量的书,是感性地摆在我们面前的人的心理学”[1],而与之相关的“意识”与“意图”问题,便只是主体的内在属性而毋庸讨论。就目前AI艺术创作通过对已有样本的反复训练而达到对人类现实或艺术经典的模仿能力而言,它极有可能窥破人类艺术的创造逻辑而成为像作家一样具有明确创作“意图”的“作者”。这样的“作者”,自然并非一个物理存在的客体或形而上学的主体,而是一个始终带有人类技术—艺术痕迹,被深深打上人类技术—艺术社会烙印,且具有向外的感知界面、向内的反思“意识”、专业性的创作技巧与亦显亦隐的创作意图的“意向实体”。

(二)AI算法程序何以能够成为艺术创作的“作者”问题

当前ChatGPT等人工智能(AI)程序中广为使用的经由“人类反馈的强化学习”模型(RLHF),即一种可以预判生成内容是否符合人类预期、继而接收人类信息反馈并作出相应调整的算法模型,在逻辑上已初步具备与人类的“共情”“共感”能力,即生成式人工智能已可通过添加道德法则以消除偏见,并应对用户“不当请求与提问”;也可通过设置美学准则来创造符合人类审美喜好的“作品”,激发人类的情感共鸣。因而就AI算法程序作为艺术创造的准“主体”(“数字—人”)而言,它已并非单纯的技术工具,而正跃升为艺术创造的“作者”(数字“作者”)。

从人类技术发展史来看,当前AI发展已进入后工业文明之后的“智业文明”,这是一个由材料、技术、程序、思维的发展而使数据、信息、知识、智慧连为一体的文明。人工智能与人类智能(自然智能)虽分属于自然进化

1《马克思恩格斯文集》第一卷,人民出版社,2009年,第192页。

与逻辑迭代的不同进化序列，但都具有“刺激—反应”的自然反馈机制，都表现出不同程度的“知觉—思维”功能。设若AI可以如同人类一样在进化过程中形成自我意识的坎陷，那么其通过与环境的互动而发展出自我意识乃至养育出拟人类的“人格”就不单具有逻辑的可能性，而且具有事实的可能性。在此意义上，AI不是人类的技术义肢，而是智能“主体”本身。现阶段，它可比拟为一种平行于人类智能的低等智能，具有一定的自主性潜能。当AI超越单纯的人类工具乃至义肢功能而体现出拟主体性及其巨大的创造潜能时，它便逼迫人类缩结自身并一同走上“肌/机体—精/机神”的双双进化之途，继而有可能引导人类走向进化的奇点并与人类一同走向“人类世”与“机智世”共存的新“人—机世”。

从人类艺术使用工具的历史来看，人类艺术本以对技术及其材料的创造性掌握为前提。无论是早期的原始艺术，还是今天的现代艺术与后人类艺术，笔墨颜料之于点皴涂擦，纸帛器具之于书绘造型，都有着工具本体的意义。在时下的AI艺术中，技术甚至超越技术义肢功能而直接充当了创造主体。AI作为新型“主体”不仅创造“新自然”，而且创新“人”这一“老主体”，并在更高的层次上使自然与自由重新统一起来——AI所创造的体现合规律性的“新自然”，与表现合目的性的“新主体”，一旦在艺术领域内发生康德意义上的审美创造，它便为人类迭代递升打开了一条无止境的通道——康德意义上的人在实践领域的自由意志的实现正是以人类肢体的延伸与精神的延宕为前提。从而马克思所言的人“按照美的规律来构造”的专属主体性，由于AI也能够“懂得按照任何一个种的尺度来进行生产，并且懂得处处都把固有的尺度运用于对象”[1]而被打破，使得AI极有可能递升为“新主体”。由此表明的是，人在创造AI的同时，AI也在创造人，“生产不

1《马克思恩格斯选集》第一卷，人民出版社，2012年，第57页。

仅为主体生产对象，而且也为对象生产主体”[1]。对象通过改变人的认知、体验乃至生产实践，来改变主体本身。AI 在技术工具性方面配享人类“主体性”身份的这一事实表明：我们不能完全用人类的主体性创造能力去对比衡判 AI 的“主体性”创造能力，否则便会贫化主体性本身的丰富内涵；也不能将“艺术”限定为人类主体性的专属能力，否则便会削弱艺术作品的意义强度；更不能完全以人类艺术形式与内容的标准来评判人工智能艺术，否则就陷入标准错置的独断论窠臼；真正需要的是一种“化身”人工智能的“类主体”立场，并基于此一立场来评判 AI 艺术与人类艺术的共通性及其专有属性。

从主体性“创造力”本身的历史发展来看，人类主体的“创造力”与机器“类主体”的“创造力”均非天然，而是历史与实践发展的产物，二者具有相通性。就人类主体而言，其创造力的一大特性，便是“无中生有”（如对虚词的应用，就体现了人类主体性实践能力的伟大创造）；而 AI 作为一种具有“道具”（prop）而非“工具”（technē）特性的弱具身性技术，其已延展至人身心，并初步具有创新世界与人类想象力的生产性功能（如 AI 对未输入数据库的虚词，已经可以初步“创造性”地使用）。因此，在 AI“创造力”与人类“创造力”相通的意义上，其借助于训练素材完成的艺术创造，就难以再归为传统艺术的再现性模仿，一如艺术家对经典作品或自然万象的临摹不能被标识为依样画葫芦，而是想象性创造一样；其通过反复训练学习所体现出的创作规则与作品的不确定性，乃至实现对已有现实与训练库的“无中生有”——量子计算的无规则性可能正是尚循“算法程序”的人工智能的未来航图——正是它创造性主体能力的初步显现。

从人工智能当下实践来看，ChatGPT 等 AI 自己生成代码、自己运行代

1《马克思恩格斯选集》第二卷，人民出版社，2012 年，第 692 页。

码的“创造性”(“虚构”),不再是算法逻辑的隆规尚法,而是体现出拟人类创造从“无”到“有”的创新生产与目的性特征。0与1源代码兼具本体与形象双重属性使得事实与表象、语言与对象在0与1的符号表述中实现了无差别的同一性,“元生无界”[1]的技术设定使得“道成肉身”的元命题在AI艺术中等同于“道即肉身”。艺术创造中一般性的逻辑抽象与感性抽象遂在“万物互联”(古老“万物有灵”论的具身联结)的境遇中初步实现了统一,硅基生命取得了迥异于碳基生命的创造能力,即:AI所遵循的数字主义(data-ism)将宇宙视为遵循生物化学算法的数字自然演布,将数字(而非原子)当作构成宇宙万物的基本单位,从而抽掉了生命后天社会进化的递升环节,扯断了生物间相互作用的因果链条,使算法逻辑取代人类精神—意识主体性的崇高地位而成新尊。在“数字—人”的新主体情境下,身体的感知可成为数据的表征,意识的投射可成为数据的编码,物质—精神的二元模糊划分及其彼此的模糊界域——人类精神与意识的模糊地带正是人类的无限性与创造力的最大源泉——可敉平为数字信息的一元论,技术—人文的鸿沟得以填平。而数字形式化后递归为数据,其只作现象呈现、不作观念判断的元现象学透视,切近的正是万物最深的真理(“数的和谐”)。人类创造性活动中的感性现实与经验情感,在AI艺术创造中成了被超越的东西。

在AI的具体创作(Data to Text-Picture)过程中,AI“作者”将人类及其艺术创作作为“总体”来学习模仿,将丰富多样的艺术风格、形态各异的笔墨语言、多姿多彩的情感心灵,化约为算法逻辑下的均质“作品”。人类艺术创作的那种“美的理念”,亦即画家心中“真正的艺术”(“好的艺术”)引导而成的想象性创制,在形式与内容上受到AI算法逻辑依样画葫芦地模仿(尽管AI很可能并不理解自己所模仿的对象)。

---

1 2022年“世界人工智能大会”(上海)主题即为“智联世界,元生无界”。

上述AI模仿乃至延伸人类心智所体现出的巨大“创造性”，要求我们超越人本主义的视角来重新审视主体的“创造性”及其存在本质。毕竟，AI艺术创造中算法逻辑经由逻辑递归、形象渲染到艺术表达的过程，虽与传统艺术创造从“眼中之竹”“胸中之竹”到“手中之竹”相似，但却体现了一种非人类世的独异“形象思维”能力：算法逻辑兼备人类身心部分功能并在个别能力上构成了对人类身心的双双延伸。人类经长期艺术“实践”（“练笔”“写生”等）创作而成的经典艺术，AI算法逻辑经反复“训练”（“模型”“学习”等）渲染而成的智能艺术，各自所经历的创造过程虽有共通性，但AI的“创造性”已不再是人类“创造性”的简单延伸，而是对“创造性”本身的变革：“创造性”并非人类主体专属，它亦为一切智能体所共有；“无中生有”并非限于由虚生实，亦可为由名生实、名名共实。

这也意味着，AI艺术算法程序中具有“创造性”的“技术”创作（如想象的盈余、经验的反思、情感的独异等），极有可能上升乃至超越人类艺术创作中的“技艺”——“技术”与“技艺”原本就在人性能力上共属一体，二者均归属于人类对象化自身与表达世界的本能需求；不同在于，前者更多地表现为功能性的实体，后者更多地表现为审美性的符号——并创作出符合“新主体”身份的“艺术作品”。而作为艺术创造“新主体”的AI“作者”本身，极有可能成长为一种“人—机”共生抑或独立性的新生“数智主体”。这一“数智主体”对人类主体“创造性”（直觉与想象）及人类“主体性”（自己立法）本身的修正以及由之所确立的新的自我“创造性”与“主体性”，将挑战人类艺术创造的成规默法。在这种境况下，极有可能会出现艺术作品“作者”的“反噬”现象，即：（1）因AI所创作的艺术作品更有资格称为“艺术”，从而使得传统上由人所创造的艺术作品不再具有元批评的裁量权，AI艺术作品攫取艺术元批评特权而成新尊；（2）因“数智主体”（“数字—人”）取代“人”而成为更高级的“作者”主体（黑格尔的“主奴关系”辩证法在数智时代又一次重演)，使得作为万物灵长的“人”，其长期享有的“作者”主体性身份极有可能被消解。面对这一境况，人类只有积极利用“数智主体”(“数字—人”)而走上积极的自我进化之途，他要通过接引机器成为自我肌体而实现进化飞跃，因为机器已不再是人肢体的延伸，而是成为肢体—主体本身(“数字—人”)。

(三)AI 艺术的算法逻辑与“创造性”问题

AI 艺术的算法逻辑是否与艺术家一样具备创造性特征，这既取决于算法逻辑是否能够迭代升级为像人类一样能力的创作主体，遵循人类艺术一样的创作原理并体现出与人类艺术作品一样的美学特征，也取决于对“艺术”是否归于人类专属性的重新判定，还取决于人类是否会因应新的艺术环境变革而走上一条与时偕行的自我进化之途。

首先，从艺术创作主体的角度看，AI 深度学习与类脑神经网络依托海量云数据浓缩并加权人类智慧，为智能程序“藏艺于器”“藏礼于器”并实现美的技艺与善的价值提供了可能。深度学习与类脑神经网络作为一种具有“创造性”的智能程序，基于原始素材与目标意图的比较修正而创作，它依据理想原则(如文学艺术的美学原则)对目标对象进行形式或内容的有意添加或减损，尔后“创作”出既包含艺术公共审美特征，又部分涵括艺术创新要素的智能作品。由于该类智能程序所创造的“作品”初步具备人类经典艺术的一般创造性特征，并可通过“图灵测试”，因而也常被视同为“创作主体”。

如 2016 年诞生的基于神经网络和深度学习算法的 AI 创作主体 Prisma，就将世界艺术分为印象主义、立体主义、抽象主义等不同镜像母版，观众可基于个人喜好对某一镜像母版进行“再创作”，从而形成人—机共创的新的艺术作品。2018 年由法国艺术团体 Obvious 通过算法创作的 AI 艺术《爱德蒙·贝拉米肖像》，是一幅由“生成对抗网络”算法（GAN）选取公元14至20世纪之间约15000张人像进行模仿“创作”完成的作品，作品虚构了贝拉米家族共11幅人物肖像。算法的风格差异化模型导致人物面部轮廓模糊、神态迷离，有些印象派印记，画面右下角标注原始GAN模型的损失函数公式字符串，显示这是AI作品。该作于2018年10月25日在纽约佳士得拍卖会上以43.25万美元拍卖成功，宣告AI艺术具备了某些创造性并正式进入经典艺术品市场。2019年由微软小冰与人类合作完成的《花是绿水的沉默》诗集，则是由AI依据人类给定图片进行一度创作，再由人类进行二度创作所形成的复调创造性作品。2020年在UCCA尤伦斯当代艺术中心举办的“唤醒万物”百度AI沉浸式互动艺术体验展，是AI与读者（观众）合作创作的典范：观众的一举一动激发AI进行即景化创造性创作，产生可触可感的时间性艺术。2022年底由美国OpenAI公司推出的生成式人工智能ChatGPT，则具备更加强大的人—机对话、艺术创作、作品解释能力。如此等等。

其次，从艺术创作“原理”的角度看，上述众多AI艺术，多基于卷积神经网络（CNN）、循环神经网络（RNN）、生成对抗网络（GAN）或基于人类反馈的强化学习网络（RLHF）的AI算法逻辑。这些算法逻辑可启发人类思想、情感、想象力，乃至对艺术本身的重新定义，并引发诸如“思想、情感与想象力是人类独有的特质，还是在AI算法逻辑中也依然有效”“艺术是艺术家的创造性表达这一经典定义可否涵括AI艺术”等诸如此类问题。对于这些问题，需要从比较的视野加以理解。在经典艺术中，人类作为创作主体，其独有的思想、情感、想象力与创造性，即自由意志与反思意识，是艺术之为艺术的关键；与之相应，艺术家创作时的个体性感性经验与情感意趣萌发常被判定为艺术作品意义的重要阐释学来源。而在AI艺术中，艺术是经由“运算”（博弈）而产生，即艺术基于算法美学原则构造而生，这样，经典艺术创作经由长期练习而形成的艺术技巧，就旋即被AI算法逻辑所替代——算法逻辑对“类”（艺术风格类型）的提取，相当于现象学的“范畴直观”；算法推衍中的逻辑归纳与编码重组，相当于现象学的“本质直观”——因为，在算法逻辑运行中，它不需要像人类那样通过“感知”对象来创造艺术，而是直接根据对象观念来构造新的对象观念并加以表征。[1] 如AI深度学习技术以吻合关键词内涵或匹配形式要素为目标，对相关信息进行迭代渲染，“艺术创作”可在数秒或数时完成。由于信息的匹配渲染常因多种信息的交互性而产生不确定性，即信息的渲染匹配具有与设定目标的不完全吻合性，因而它也时常表达出难以预料的形式与内容，一俟这种形式与内容和人的思想、情感与想象力联系起来时，或言当人的思想、情感与想象力被表达为新的形式与内容时，它便似乎具备了拟人化的创作“灵感”，即产生“创造性”，成为人类智能的特殊表达（一种全新形态的信息流表达）。现代科学将“智能”定义为“刺激—反应”条件下系统自我改变或改变环境的能力，也正是基于人作为自然智能与AI作为人工智能所具有的这一共通“创造性”特征而论。

再次，从艺术作品的角度看，基于海量经典作品训练生成的AI艺术“新作品”，是对原有经典作品与作者的加权平均，其中闪现着原作品与作者的“影子”（作品的风格化乃至类型化），比如运用“九歌”计算机诗词创作系统，在不同时间输入不同主题词，系统会输出不同的诗词作品，这表明AI创作并非遵照固定的算法系统依样画葫芦，而是有似于人类在不同时空下的不同创作；借助“九歌”计算机诗词创作系统而对诗歌声律、对仗、意象、风格加以格式化的AI写作，也并非完全类同于古人作诗依凭《佩文韵府》等类书创作。因而从艺术作品的角度看，不宜将AI作品并未达到人

1 汤克兵：《作为“类人艺术”的人工智能艺术》，《西南民族大学学报》（人文社会科学版）2020年第5期。

类经典作品水平便否定其艺术价值，就如我们不能因猴子未能达到人类思维水平而否定其为灵长类动物族类一样——这里的关键在于AI在创造性方面所体现出的与人类的雷同性与未来可能性：通过临时设定不同的图片或话语作为创作的触发机制，激发AI通过对相关信息的鉴别、分析、计算来生成新的作品，实现类似于人类艺术创作的“有感而发”。如ChatGPT所具备的强大的现实世界与虚拟世界映射能力，就可基于人类反馈的强化学习而深入到语法与语义的贯通理解，从而取得了类似于人类早期艺术的“模仿”创造功能，创作出一系列“现实主义”风格的“艺术作品”。而其强大的逻辑归纳与推演能力，也使得ChatGPT能够发现艺术创作中的一些已有艺术法则（如诗歌中的押韵、绘画中的构图、音乐中的旋律等），进而“模仿”创作出“对齐”（alignment）人类不同艺术类型与艺术风格的海量“艺术作品”。加上AI艺术基于海量数据的算法逻辑可以保证艺术形式与内容的独特性、唯一性，甚至避免作品的趋同化而追求独异化，本身即是智能时代工业产业引入AI创作的重要目的。因而难以将“独特性”与否作为区分AI艺术与人类艺术的根本尺度，事实反倒是，“数据向真，算法向善”的“创作”逻辑产生雷同于人类艺术的“美”的作品的实例，要求AI享有“准创造性主体”，即非工具手段的艺术本体地位。

当然，将“创造性”归于AI艺术算法逻辑的本质，除了依据AI艺术自身的创作原则、创作主体、创作作品特征外，还需要对艺术本身是否为人类智能专属而非人工智能潜能的问题做出辨析。

对于艺术是否归于人的创造力专属而体现出自然界的生物排他性问题，即“普特南难题”（沙滩上的蚂蚁无意的爬行却勾画出丘吉尔画像有无真值意涵问题），需要我们对“艺术”本身的资格做出辨析。设若艺术是艺术家对自我情感与心理精神的表现（情感与心理精神的源泉是否为外在世界的意向性产物问题，无关题旨，此处不论），那就意味着“艺术”成立的前提是由作为主体性的作家存在而存在。设若艺术只是经由作者之手而再现外在世界，艺术家情感与心理精神只是再现外在世界的工具，那就意味着“艺术”的成立并非必经人类主体，任何能够再现外在世界的表达媒介，都可作为“类主体”而成艺术创作的动力，因而是否构成“艺术”，便是以主体或“类主体”所创作的最终作品为依据。这样，我们便可以根据AI创造的艺术与人类艺术的相似性而判定其为“艺术作品”（“意向实体”），虽然前者缺乏人类“艺术”的质的规定性，亦即不完全具有对创作主体意义生成能力的再发现与对表达媒介意义生成能力的再创造，但其虚拟的创新对象能力本身即已表明它已行进在成为“艺术”的路途中，其个别艺术因素甚或远远超出了人类艺术因素，成为创造新艺术世界乃至重新定义“艺术创作”“艺术作品”“艺术真理”等的新本体，并或使人类经典“艺术”定义走向解体。在后一种意义上，艺术家就只是完成“艺术”的“代理”而已——艺术是经由艺术家这一“代理”而对事物自身审美逻辑的表达[1]，艺术家的任务正在于按照艺术的审美逻辑对世界加以审美的再现，正如AI创作通过运算逻辑与训练学习而生成新的创造性作品那样。这样，艺术形态意义上的AI艺术创造性，便雷同于经典艺术的艺术形态论。经典艺术理论的艺术形态论，将美的艺术视为天才的创造，认为天才就是为艺术制定规则的能力；在同样的意义上，算法逻辑凭借“无中生有”功能而表现出与天才创造力的某种相似性能力，可被视为具有类主体（“准作者”）的创造性能力。

以此而论，虽然当下流行的ChatGPT等AI创作主体在根本上还缺乏人类的想象力、情感乃至美丑与善恶等意识观念，还尚未完全抵达人类艺术的创造性本质；但问题在于，人类经典艺术所赖以滋生的现实世界，已不再是往昔的“人类世”，而是全新的“人机世”。当艺术作品存在的世界由昔日

1〔德〕阿多诺:《美学理论》，王柯平译，四川人民出版社，1998年，第78页。

二维的物质世界与精神世界跃入今日三维的物质世界、精神世界与数字世界时，意味着“艺术作品”自身也须因应变革的世界而走向自我迭升之途。特别是当ChatGPT等AI“工具”推进物质世界、精神世界与数字世界交互影响并协同进化，继而与多种超级人工智能协同作用造成“人机世”的急速到来时，就很可能会进一步挑战人类基于自身物质与精神存在的碳基生命属性判定，迫使“艺术家”走向自我进化之途：艺术家在重新定义自我的同时成为一种通向物质世界、数字世界与精神世界的碳基—硅基新生命。而ChatGPT等AI工具所具备的经人类“提示”（prompt）而走向自我进化的能力，一旦其完全获得与人类近似的联想、移情及通感能力，并在创造性才能方面递升为通用人工智能，它便有可能像人类“艺术家”那样，作为“机术家”而创造出与自身相适应的新的艺术作品，进而制定新的艺术创作与阐释标准。

总之，只要AI艺术的算法逻辑本身不再是单纯的工具，而是成为目的本身，成为与人类创作主体融为一体的本体性存在与进化方式，它便有可能像人类通过艺术的技术性创造而使自己脱离动物界的圈子并走上了一条无止境的道路一样，体现出自身无限的创造生机。反过来讲，AI艺术的算法逻辑也只有通过与人身心相关的革命性创新，拓展人类存在的意义空间，成为推动人类身心发展的基本工具时，它才有可能跃升为一种体现人类创造性力量并证成自身的本体性存在与进化方式。

（四）AI“艺术作品”的身份判定问题

AI艺术创作中“作者”主体性身份的更迭，必然导致“艺术作品”身份的嬗替。

从AI艺术创生的角度看，海量艺术样本如何经由算法程序而“蝶变”（transfiguration）为“艺术作品”，将具象性的艺术形式抽绎为新的观念性的“艺术”，实现在对自身思考的同时成为关于自身的艺术，依然是AI“艺术作品”身份判定的难点。这一难点的通俗表述是：AI艺术创作中从“形式”（0与1）到“形式”（艺术语言符号）——类似于现代艺术中从实物（器具）到“实物”（艺术）——的“蝶变”，究竟“多出”了什么？其形式与内容的同一性是如何被打破的？

对于这一化平凡为神奇的卡拉瓦乔主义式问题，我们或许可以参照分析美学家丹托针对现代艺术所作出的一个著名回答：“通过将自身的定义包含在自身内部”[1]，即通过超越艺术已有的边界、扩展艺术概念的方式来实现对“艺术”身份的重新认定。这样，在比较的意义上，我们就可以将现代艺术（如杜尚的《泉》）的出现视为人类对“何为艺术”身份判定改写的重大事件，将AI艺术的出现视为有可能变革现有艺术观念与艺术体制的重要契机，从而为AI“艺术作品”身份的判定提供新的思路。

从变革现有艺术观念与艺术体制的角度看，一方面，现有人类艺术作品的身份均非先验“配享”的，而是后天“追认”的，是人类基于自己独特的认知经验与情感心理而对自我对象化产物的独特价值体认，并被打上了“人类”排他性的鲜明印记。另一方面，现有人类艺术作品一旦完成并获得其经典性身份判定，它便在存在论上具有独立性，有着脱离“作者”的专属性内容与形式。对于AI“艺术作品”而言，其身份问题的判定，便不是要重新回到黑格尔主义的本质立场，也非重返维特根斯坦主义的属性立场，而是要站在一种全新的“人类世+数智世”立场上追问：当我们思考“什么是人工智能艺术作品”时，什么东西与我们一道发生？具有同样表现形式与内容的作品，如若“作者”不同，是不是其“身份”也不同？同样的作品，如若具有“授予”或“鉴赏”作品资格的人不同，那么作品的“身份”是不是也就不同？

1〔美〕阿瑟·丹托：《寻常物的嬗变：一种关于艺术的哲学》，陈岸瑛译，江苏人民出版社，2012年，第64页。

在历史上，丹托曾针对现代艺术作出过经典讨论。在丹托看来，两件同样的纯然之物，一件为艺术作品，另一件为纯然之物，原因在于：“艺术品利用非艺术品呈现其内容的方式，以说明那一内容是以何种方式呈现的”；当一件艺术作品在“呈现内容的同时也揭示了内容得到呈现的方式”，它就将自己与作为非艺术的纯然之物区别开来。[1] 丹托的意思是：杜尚的《泉》之所以为“艺术作品”而区别于日常生活的小便器，原因就在于小便器在日常生活中是如此寻常以至于鲜有关注，而《泉》正是利用了它的“寻常性”形式，激发人们思考“寻常性”形式后面相应的内容，实现自身的“自我指涉”。对于AI作品而言，同样由于其突兀的形式激发起人们对“艺术作品”之“形式”的重新关注，才使得AI“艺术作品”不再像经典的模仿论或再现论那样，视“艺术作品”为单纯的“艺术作品的内容”，而是突显“艺术形式”对于补足完整“艺术”概念的重要性，从而使得“艺术作品”=“艺术作品的内容”+“艺术作品的形式”这一艺术常理再获印认，实现了AI“艺术作品”的自我指涉，成为灌注“艺术家”（AI）与观者观念的东西。因而找到作品的自我指涉与观者的观念，并使二者发生“变容”，便成为AI艺术摆脱其本有的同一性而跃升为“艺术作品”的一大关键。

与分析美学对现代艺术的身份认定相似，AI作品成为“艺术作品”，不仅是经典美学厘定的人的“审美经验”“审美态度”等自律论观念的产物，也不仅是分析美学所揭橥的“寻常物的嬗变”（丹托）的结果，更为本质地，它是人类进入“人—机”共创时代“艺术”本身变革的产物，是对“何为艺术”问题本身的观念重构。AI“艺术作品”作为一种褶皱“艺术”，其不同扇面所呈现的“古典—现代—后现代—智人代”艺术形式，所表现的“物—器具—艺术作品—艺术—符号”艺术内容，是“人—机”混合时代“更新代主

1〔美〕阿瑟·丹托：《寻常物的嬗变：一种关于艺术的哲学》，陈岸瑛译，江苏人民出版社，2012年，第181页。

体性”的创造结晶，它显著区别于大芬油画村批量复制的作品，也明显不同于因偶然性而生成的作品（比如一只猴子或一台机器在偶然条件下“创作”出一幅与《蒙娜丽莎》形式与内容同样程度的“作品”），而更类似于现代艺术的形式与内容。

就现代艺术而言，其形式与内容对绘画性或文学性的拒斥，是以主题或精神上的回归为前提；其对作品象外之象（“有意味的形式”）与真理性（“灵韵”）的自觉追求，依然构成了其艺术作品身份的显著特征。在这里，有无合格的艺术主体性与在这种主体性驱使下萌生的自觉艺术观念（如作品有意的非同寻常的命名），成为判定“现代艺术”作品身份的一大关键（舍此，我们便无法将挂在博物馆的杜尚作品《泉》与摆放在超市的“小便器”区别开来）。同时，艺术作品出现的时代性语境，也即特定时空内具备判定“何为艺术”的“艺术世界”与“艺术概念”[1]，也是判定“现代艺术”作品身份的又一关键，就如同丹托所言，“某件东西成为艺术品是需要有历史机缘的，它只能出现在这一时刻而不是在那一时刻”[2]。不唯如此，现代艺术的“惯例论”还认为，一件作品要成为艺术品，必须具备两个条件：“（1）一件人工制品（an artifact）;（2）一系列方面，这些方面由代表特定社会惯例（艺术界中的）而行动的某人或某些人，授予其供欣赏的候选者的地位。”[3]更准确地说，一件作品要成为艺术品：“（1）它必须是件人工制品;（2）它是为提交给艺术界的公众而创造出来的。”[4]不难看出，尽管现代艺术理论有时突出了作品本身获得艺术界“同行”“授予”其以“艺术作品”资格的重

1〔美〕阿瑟·丹托:《寻常物的嬗变：一种关于艺术的哲学》，陈岸瑛译，江苏人民出版社，2012年，第56页。

2〔美〕阿瑟·丹托:《寻常物的嬗变：一种关于艺术的哲学》，陈岸瑛译，江苏人民出版社，2012年，第58页。

3 George Dickie, *Art and Aesthetic*, Ithaca and London: Cornell University Press, 1974, p. 34.

4 George Dickie , *The Art Circle: A Theory of Art*, New York: Haven Publications, 1984, pp. 80, 44; George Dicke , *Introduction to Aesthetics: An Analytic Approach*, Oxford University Press, New York, 1997, p. 90.

要性，有时又突出了艺术家对自己所创作的作品是“艺术作品”的主体性意识，但无论如何，这些观点是从“作品”之外的关系而非作品自身来界定艺术的，均突出了“作品”的观念性而非物质性，却是其共同特点。现代艺术理论的如上两种作品身份认定方式，为我们衡判AI“艺术作品”的身份带来极大的启示。

在AI所创造的“艺术作品”中，其作品形态已不再是对现实的“再现”或“表现”，而是它本身就是“现实”，本身构成了对“现实”的思考：物质性的存在或许并非“现实”的唯一本体依据，观念性符码意象极有可能正是“现实”的别样形态——既然人类五官感觉的日常感知并未穷尽“现实”的丰富色相，那么以纳米级为单位区别“现实”与“非现实”，就仅仅是人类认知基于自身生物学特性而作出的权宜之计，它并不意味着“现实”本身如此；而0与1作为算法逻辑的基元，亦为天地自然的抽象形式，并在本体论的意义上构成了万物存在的本源（0与1作为抽象形式，与水金木火土等人类文明早期对万物起源的观念识别并无区别）。以此为基点来衡判，则AI“艺术作品”就并不表现为形象，而是表达为意象；它作为“符号的符号”[1]，也与艺术真理隔着三层——这当然不是说AI“艺术作品”颠覆了柏拉图的艺术真理观，而是说“真理”内涵本身发生了变化：数字符号（艺术样本）取得了与“真理”同样的地位，继而成为AI创作的新本体（“作者”）。

在此意义上，AI“艺术作品”越来越超越“再现”“表现”的风格藩篱而表现出对可能世界的思考，越来越超越“冷”“热”的媒介属性而表现出对万物“存在”本身的思考。作为一种包含了现实性的可能世界与作为一种包含了跨媒介的存在本身，AI“艺术作品”正成为一种永远无法完成的绝对观念，其时时走向哲学但并不完成对“艺术的终结”，成为区别于黑格尔意义上的绝对观念与丹托意义上的自我意识的环流。

---

1 Jean Baudrillard, *Fatal Strategies*, Los Angeles, Semiotext(e), 2008, p. 27.

AI“艺术作品”的存在形态及其发展取向本身的变化意味着：对于AI“艺术作品”身份认定，不能通过单纯概念的分析，它还需要回归主体的体验与实践，只是这种体验与实践的“主体”，已经不再是单纯的人类主体，而那种具有类脑思维、机器视觉并可创造“虚拟—现实”的人工智能，正成为“新主体”。人类主体与人工智能“主体”在创作主体及其对象化成果方面所具有的共通性，为我们再次尝试用理解现代艺术作品的方式理解AI“艺术作品”提供了依据。

对于现代艺术而言，“艺术作品 = 现成物 +（艺术惯例内）观念X”；对于AI艺术而言，“艺术作品 = 制造物 / 符号 +（艺术惯例内）体验与实践 + 理解Y”。因而与现代艺术不同，AI“艺术作品”须经由“理解”这面镜像，才能实现由自在向自为的身份移转，并在不同的身份存在方式中唤醒“自我意识”的光晕，将自身“点化”为为己的主体与为它的客体。对于现代艺术而言，其“现成物”等待着命名，并经由命名而“羽化”为艺术作品；对于AI艺术而言，其作品也等待着体验与实践，并经由体验与实践而成为意义丰盈的“艺术作品”。

AI“艺术作品”的这种身份生成方式表明，艺术创作的内容美，很可能只是人类艺术的必要条件，却并非他异性主体（如人工智能）“艺术创作”的必要条件。因此，我们不能用AI艺术作品在内容上并未体现人类的情感与经验而否定其配享“艺术作品”的身份，也不能用AI创造的作品徒有形式的相似，但缺乏人类艺术的深刻经验与现实内涵而否定其为“艺术作品”。真正的AI“艺术作品”身份的判定，要求我们站在更新“主体”的立场上，用全新的“艺术”观念来判断。这不仅是一种权宜的假定，更是潜藏在人类经典艺术作品中的历史事实。中文表述经典艺术作品习用“妙肖自然”“鬼斧神工”“宛若天开”等客观修辞性语词，虽就作品的品阶立论，但亦包含了艺术作品可由更高“作者”或人类作者“代天立言”的隐微意义。在西方美学中，康德基于自然美符合自我“本性”（Natur），即作为创造力的终极源头而悬自然美高于艺术美，将自然美与艺术美置于合规律性与合目的性的形式关联中，认为“自然是美的，如果它看上去同时像是艺术；而艺术只有当我们意识到它是艺术而在我们看来它却又像是自然时，才能被称为是美的”[1]。这一判断，也正是基于自然美享有更高的“主体性”基础来立论，即基于自然美享有与道德相关联的智性兴趣而区别于与经验性兴趣相关的艺术美，并作为“自由美”而不同于艺术“依存美”，表现出主观的客观性而成为“至善”的更直接的道德象征来立论。

总之，对AI“艺术作品”身份的认定，并不等同于对何为“人工智能艺术”所作的本体规定。后者更多地与艺术的内在属性相关，而前者更多地依据风格特征、艺术体制、艺术观念与艺术接受来识别；后者归于人类主体性立场，并构成了某种较为稳固的东西，前者则归于“人—机”类主体性立场，常常表现出偶然的样本拟像特征；后者是一个关于自身的属性概念，而前者则是一个关于指称对象的关系概念。从AI“艺术作品”应该具有某种“意义”的哲学阐释学角度看，这两个特征应该统一起来。因为只有这两个特征的统一，才使得AI作品可在人类与“人—机”的双重视野中获得“艺术作品”的尊荣，赢获艺术之为艺术的“相”的意义——任何艺术作品之“相”，均不会因为其感性形态的有无或摹本与原本的复杂关系而变化，就如乐谱的毁损、诗篇的焚稿、雕像的残破，不会影响到其作为“艺术作品”的身份一样——将自我（通过作品）提升为“艺术作品”，以此达到“相”的永恒。

（五）AI艺术的语言与意义来源问题

AI艺术建立在二元真值逻辑基础上的算法逻辑，虽是一种区别于艺术审美逻辑的自然逻辑，并以概括性、推理性、必然性为基本特征，但经由它

1〔德〕康德：《判断力批判》，邓晓芒译，人民出版社，2002年，第150页。

所构造出的人工语言，一旦超越符号与对象之间的一一映射关系而共享语言的无限指意功能，它便在理论上具备了与人类漫长进化史所发展出的自然语言的类似功能。

从语言与意识关联的角度看，语言作为一切意识的基础，与意识具有同源同构性。马克思在《德意志意识形态》中就曾将意识的起源与语言的起源一并考察，确立了语言本质与意识本质的内在相关性，提出了意识的界限即意识对象的界限、意识的表达与反思即语言的表达与反思、意识与对象的全局映射产生意向性的基本观点。这表现在自然语言上，其以言行事的功能表明言说者能够理解自己言说的意义与言说对象的意义；表现在人工语言上，其要具有自然语言的指意与行事功能，就必须走出塞尔所谓的“中文屋论证”（The Chinese Room Argument）困局，使言说者的形式表述（句法）与言说对象的指称意义（语义）发生映射关系——即使程序执行者（站在屋内根据中文指令执行信息任务的“塞尔”）难以理解形式的意义，并不意味着程序解释者就一定难以理解形式的意义（站在屋外传递信息卡片的中国人）[1]，特别是当二者共享一种人工语言从而消除理解的障碍时，所谓的“中文屋困局”，实际上并不存在。即对于人工语言而言，它与主体的关系很可能正如结构主义大师罗兰·巴特所言：“说话的是语言，不是作者。写作的我是一种陈述行为的主体，是语言中预设的一个位置，而不是人。因此，这个主体能够将各种不同的写作方式置于彼此对立之中，而唯独不能‘表达自己’，因为那被视作是其最独特、最隐秘的东西，是一本字典。”[2] 人工语言因此享有与自然语言同样的地位，具备解构主义意义上的系统性功能，表现为与自然语言一样的普遍性深层社会逻辑，而后者正构成了一切艺术意义的最

1〔英〕玛格丽特·A. 博登编著：《人工智能哲学》，刘西瑞、王汉琦译，上海译文出版社，2006 年，第 97—98 页。

2 转引自〔德〕彼得·毕尔格：《主体的退隐：从蒙田到巴特间的主体性历史》，陈良梅、夏清译，南京大学出版社，2004 年，第 187—188 页。

终渊源——“对意义的理解就是理解言语的语义内容，并且只要书写形式或者甚至非语言符号系统的意义—内容在原则上能够用词汇来表达，对意义的理解也指书写形式和非语言符号系统的意义—内容。”[1]从而作为人工语言的“非语言符号系统”可以发挥理解的有效性，可以为AI艺术意义的生成提供阐释学依据。

具体来说，AI艺术意义的生成，首先依赖于自然语言系统反复学习训练后所形成的明显标记因子，即算法逻辑首先要通过学习训练准确找到数据群中存在着的类似于孟德尔遗传学的后天支配性基因要素（“共生创造力”，Co-Creativity），而非塞尔“中文屋论证”中纯粹的语言形式逻辑与计算意识问题，尔后才能确定文本意义的主导性来源。[2]塞尔通过“中文屋论证”而推出无机物质难以承载心理意识的观点，其错误不在于它否定硅基生命萌生碳基生命心理意识的可能性，而在于其忽略了心理意识本身的社会生成属性。诚然“计算机只有句法，而没有语义”[3]，形式本身或无意义，图灵测试式的行为主义本身也或无意义，但处于特定社会语境中的形式与行为却充满了意义，甚至形式与行为本身的产生也是社会关系的产物。设若塞尔否定计算机的理解能力，并将具有因果能力的意向性视为智能的前提是合理的[4]，那么，当塞尔将碳基蛋白看成生成意向性的物质基础，将“人类的心理现象”与“人类大脑的实际物理化学特性”关联一体[5]，从而否定硅基或金属生成意向的可能性时，它便只是否定了硅基产生智能的物质前提，并未否定硅基所

1〔德〕尤尔根·哈贝马斯：《哈贝马斯精粹》，曹卫东选译，南京大学出版社，2004年，第133页。

2〔英〕玛格丽特·A. 博登编著：《人工智能哲学》，刘西瑞、王汉琦译，上海译文出版社，2006年，第301—302页。

3〔英〕玛格丽特·A. 博登编著：《人工智能哲学》，刘西瑞、王汉琦译，上海译文出版社，2006年，第92页。

4〔英〕玛格丽特·A. 博登编著：《人工智能哲学》，刘西瑞、王汉琦译，上海译文出版社，2006年，第78—79页。

5〔英〕玛格丽特·A. 博登编著：《人工智能哲学》，刘西瑞、王汉琦译，上海译文出版社，2006年，第94页。

具有的因果推理能力，从而并未在功能上否定智能，并未否定AI语言处理方式表现出的与人类近似的某种语言性或意向性，即指涉与述谓功能。因而，虽然塞尔通过“中文屋论证”反驳“图灵测试”正确地指出了“图灵测试”的逻辑风险，但其结论依然是错误的。因为“观念的知识”趋同于“事实的知识”不能被逻辑地推出，而只能被经验地证实，任何语言—符号的语法与语义对应关系的建立，均有赖于后天的社会性学习操演，它并非人类自然天赋，因而不能用“人类能够建立恰当的语法与语义关系而机器智能则否”的类比例证，否定机器智能拟人智能、自然语言拟人语言的可能。

这样，对AI艺术意义来源的阐释，必须首先基于对处于运算语言或代码规则形式背后的社会内涵与表意对象的理解。个中缘由正如维特根斯坦所言，语言与世界拥有共同的逻辑形式，“图像和被图示者共有逻辑图示形式”，作为人工语言的逻辑或作为逻辑的人工语言，是构造与解释世界的一面镜子与一种“映像”[1]。因此，对语言与图示的理解，就同时也是对世界与图示者及人自身的“表意”理解。如同当代哲学阐释学基于“人—人”交往活动的阐释学特性而将人命名为“阐释学动物”一样，我们在同样的意义上也可以基于AI时代“人—机”交往活动的阐释学特性而将人命名为“阐释学机器”。因为设若算法逻辑可比拟为人类理解的形式，数据库有似于艺术的感性要素，那么，自然科学或理性主义的阐释范式（“说明”），与精神科学或感性主义的阐释范式（“理解”），便可统一为更加基础的信息主义阐释范式（“表意”）。而康德关于人类知识构造基本形式的表述，“思维无内容是空的，直观无概念是盲的”，在人工智能知识构造中，就可被置换为“算法无数据是空的，数据无算法是盲的”知识构造形式。[2] 当人类基因编码与

1〔奥〕维特根斯坦：《逻辑哲学论》，贺绍甲译，商务印书馆，1996年，第30、95页。

2 Alberto Romele, *Digital Hermeneutics: Philosophical Investigations in New Media and Technologies*, New York and London: Routledge, 2020, p. 91.

数字代码算法具有本体论上的自然相似性，人类智能知识与人工智能知识共享表征性与抽绎性双重特征时，它们便可最终涵化为单一自然或人工符码的“表意”特征。时下各类AI艺术基于源始数据的模型建造，其根据也正在于通过超越作品表征性与抽绎性双重特征，使AI艺术成为基于表征性与抽绎性的“表意”观念创造，使作品阐释成为以“数据—模型—作品”为模式的“表意”循环阐释。

其次，在AI艺术意义生成的过程中，正如认知语言学通常所做的那样，须明确单个句法与语义相结合的符号系统，确定输入与输出的基本原理，分析已知与未知信息的关联，通过已知信息语境对未知信息保持高度的语义敏感。由于人类大脑类似于一个由意识规则支配、由语言程序运作的无限虚拟机，因此，在信息接受—反馈的纯物理意义上，人类智能的“拟物化”与人工智能的“拟人化”等值，二者共享信息并可通约。人工智能哲学家纽厄尔与西蒙等人均据此指出，“心灵是一个计算系统，大脑事实上是在执行计算的职能（计算对智能来说是充分的），它与可能出现在计算机中的计算是完全等同的”[1]。当人类智能可通过输入与输出的信息关系而得以解释时，AI智能自然也可以通过输入与输出的因果关联而得以解释；而AI艺术的意义，就诞生于输入与输出信息的差异，诞生于输入的某一或某些信息与输出的整体信息的因果互动关联，用认知语言学的话说，AI艺术的意义，源于能指与所指链条的滑动，而非简单的符号与现实映射关系。AI艺术的这种认知语言学意义来源，本质上是语言与符号的形式句法关系，它表明意义来源于语言与符号形式的盈余或缺失，特别是具有规律性的语言与符号形式的盈余或缺失；当这些盈余或缺失与外界特定语境发生映射关系时，AI艺术的意义便产生了。

1〔英〕玛格丽特·A. 博登编著:《人工智能哲学》，刘西瑞、王汉琦译，上海译文出版社，2006年，第8页。

在这一过程中，由于对AI语言与符号形式的盈余或缺失的判定，常需关联于语言的特定生发语境，因而对AI艺术意义的理解，也常与AI艺术形式与内容背后的社会语境相关，即AI语言作为数字技术，亦归于社会技术系统，它与物质基础设施和社会—文化上层建筑裹挟一体。[1]用现代逻辑实证主义的话说，纯粹句法—语义层面的元阐释，难以达至真正的意义，意义须关联于语用层面的语境化使用——语用学意义上的解释项，其能指与所指并非一一映射关系，其所指及其意义常常因应语境并挣脱符码自身而指向语用意涵。这样，对AI艺术的语义“理解”，就不仅指称对语言与符号的形式和内容的认知，它还天然地包含了对语言与符号的形式和内容之现实指认与反思，包含了意义的语境化“应用”，或言“元解释学”批判。后者“会把个性结构的心理发展和受职责支配的行为之基本条件的获取，追溯到交往能力的发展”[2]，而交往能力的发展，攸关“日常交往的主体间性形式”批判。

以当下AI艺术在诗歌、绘画、音乐即语言艺术、造型艺术、声音艺术等人类典范性艺术领域的创造性表现为例，对其“日常交往的主体间性形式”的批判，就是要通过松动人类对自我艺术的形式与内容的垄断性理解，使AI艺术的形式与内容超越算法程序控制下的偶得囿限，成为算法程序自身的感性表现，成为初步体现符号美学基本特征的工艺技术—艺术。在具体的意义阐释过程中，如若符号天然传达情感，即“情感表现为符号”的人类审美逻辑亦可逆转为“符号激发情感”的AI艺术逻辑；那么，我们无须突破现有的艺术评价规则便可径直诉求AI艺术的符号学意义。如若符号的情感性必须关联其社会性要素来理解，那么AI艺术就成了一种类似于人类艺术的准艺术形式，对AI艺术意义的阐释就是将其算法逻辑（包括程序模块、

1 Alberto Romele, *Digital Hermeneutics: Philosophical Investigations in New Media and Technologies*, New York and London: Routledge, 2020, p. 100.

2〔德〕尤尔根·哈贝马斯:《哈贝马斯精粹》，曹卫东选译，南京大学出版社，2004年，第157页。

艺术样本、美学法则等）置于社会性的艺术情境之中，就如同我们在杜尚之后将现代艺术置于“艺术惯例”中来理解一样。

诉诸艺术的社会语境来理解 AI 艺术，原因还在于：在人类现有的理解视野中，社会性因素既是艺术意义创造的因素，也是艺术意义阐释的因素。虽然 AI 凭借指令概念，即可创作出反映该概念的“艺术”，但人却须基于现实的感知经验与具象对象，才可理解艺术。艺术作为人类智慧的结晶，是人类创作才能在漫长社会生活中进化的结果，艺术作品中包含了作家对生存与生活的情感、伦理、信仰等复杂因素。因而从人类艺术的角度看，由于 AI 创作无须进化而单凭指令便可直抵结果，它缺乏必要的社会性要素；因此，即使其能够像大象、黑猩猩等灵长类动物与海豚那样程式性地“作画”甚至发出美的“乐音”，我们也很难径直认为它们就是作家、艺术家——它们对自己的“作品”缺乏自我理解与自我反思的能力，即缺乏自由表达的能力（比如它们不会对作品进行修改，同类之间的“创作”也难以形成区别性的风格特征）——除非补足 AI 艺术作品所缺乏“社会性因素”。

最后，确定 AI 艺术的意义生成，还须阐释 AI 符号系统或算法逻辑的多重语义暗示，如等值、相似、因果、析取、合取等数据结构或推理规则（其基本表述形式为“如果 X，那么 Y 或 Z……”），阐释明显标记因子与其他因子的意义关联（一对多的意义映射），分析由于不同映射关系而表征的不同艺术世界，阐明作品的可能意义。在这一过程中，由于未知信息的出现关联于符号系统或算法逻辑本身，因而如何将多重映射意义的加权值置于符号运算的逻辑语境，评估其输入与输出的不对称关系，阐明由这种不对称关系所构造的新的感性艺术世界，就成了确定 AI 艺术意义的关键。

如前所述，AI 艺术创作中的输入与输出，类似于生物体的刺激—反应关系，它区别于人类艺术创作对过程与过程要素的强调，因而对 AI 艺术意义的阐释，我们需要分析的并不是 AI 算法系统及其所编织的“比特世界”，而是由AI算法系统所迸发出的类似于人类“情感”与“想象”织就的符号化艺术世界，即具有别样文学性或审美性的“新自然”（new nature）世界。由于这是一个可以为AI算法系统所“理解”的具身世界，亦即AI在发挥“情感”与“想象”时，能够“明白”甚至预测最终作品的世界，因而我们在欣赏AI艺术时，所欣赏的就并不是数字或数据0与1，而是由其所转换生成的新的语言、线条、色彩、结构等形象世界。

这样，对AI艺术的最终阐释，就既是对AI艺术的“意图世界”与“情感”“想象”世界的观念阐释，也是对人类等一切具有创造性“主体”的活动本身的具身阐释。而AI艺术的最终意义，就既取决于我们对AI艺术输入与输出的语义关系的观念理解，也取决于我们对人与自然的感通创造力的具身认知。设若人类的创造在本质上也是“物质+信息”的脉冲洪流，那么人工智能（非生物智能“赛博格”）赶上人类创造并具有人类创造潜能就只是一个时间问题，即凭借海量云数据与天文级运算能力，具备人类同样复杂多样的写作技巧与“赛博感知”（Cyberception）[1]能力，且可通过图灵测试的AI“作家”完全在未来可能成为现实。设若人类所有的生活经历，均可用文学性的创造性语符表达，那么，AI同样可以从海量数据语符中择选恰当信息进行模拟表达，即表达的复杂性与独特性，并不构成人、机艺术的本质区别。设若AI无法“理解”自己作品中的语符含义，我们即使将基于“表达”与“反思”能力之上的“情感”定义为人类艺术之为“艺术”的根本特征——艺术不在于“传达”而在于“表达”，前者是自然物理过程，后者却是精神意义过程；前者传达表象，后者表达意象；前者是逻辑思维的结果，

1 根据英国艺术—技术哲学家阿斯科特的看法，“赛博感知是人类一种新兴的能力，在这种能力中，认知和感受并不是简单地通过技术来增强，而是通过技术的激进品性而转移到另一种效能层面”，即“赛博感知”不是人类援用技术所获得增强感知，而是人类在技术辅助下感知能力本身获得突变性增长。关于“赛博感知”相关问题讨论，可参阅：Roy Ascott, “Art, Consciousness and Artificial Life”, *Artificial Life & Robotics* 3(1999), pp. 176–180。

后者是形象思维的结果——也无法判定一种趋近于人类智能的AI智能，就无法超越“表达”与“反思”的囿限而为自身的“情感”创造敞开无限之门。

这意味着，对AI艺术意义的最终理解，必须由感性审美与反思理解而走向纯粹观念阐释与具身性理解，就如同20世纪西方当代艺术鄙弃感性形式而走向观念阐释与具身性理解那样。因为一方面，AI艺术经由阐释学而提升当代美学（感性学）跃入艺术哲学（观念心灵）领域，使艺术的审美本体（“存在即感知”），转变为艺术的阐释本体（“存在即阐释”），阐释由此成为AI艺术明证自身与意义生成的基本途径；另一方面，根据“汉密尔顿律”所证实的生物学个体“亲属选择模型”，艺术审美意义上的共通感，须以主体间的身体相似性为前提，因而AI艺术的最终意义，也与其理解主体的具身性特征相关。

总之，在经典艺术中，作者移情于作品，读者在格式塔心理结构的帮助下重新体验理解作品，是艺术意义的经典阐释模式。但在AI艺术中，携带特殊情感趣味与价值观念的作家，已被移易为具有客观性与自然性的“算法系统”，艺术的意义潜在于算法系统的意义生成逻辑中。因而，对AI艺术意义的理解，既需要对算法“指令”作“说明”，更需要对语言“程序”作“解释”，还需要对包括AI艺术在内的一切艺术要素作基于“说明”之上的“解释”。AI艺术的意义，正诞生于“指令说明—程序解释—意义赋予”的三重阐释逻辑中。这一阐释逻辑将统一自然科学—理性主义理解范式（“说明”）与精神科学—感性主义阐释范式（“解释”）而成为一种更加基础的信息主义阐释范式（“表征”），成为一种客观化的主观阐释范式。

当然，这里所论只限于目前弱人工智能条件下的AI艺术阐释学问题。一旦AI递升为通用人工智能甚至超级人工智能，其存在力量甚或超越人类自身而成人类主宰，那么这里所论便将毫无意义。在这种情况下，“AI作品是否是艺术”与“AI作品的意义”等问题，乃至人类本身都将由AI来定义；人类所能做的，或许只是像对待大自然一样去对待 AI 及其作品。毕竟，人类生物肌体的碳基存在属性决定了其不可能用“上帝视角”去评判人之外的 AI 智慧存在，也不可能站在 AI 硅基存在属性来评判其衍生形态，并与 AI 发生共情共鸣。因而假如人类届时还试图对 AI 艺术做出阐释，就必须创造出能够涵盖 AI 创作主体能力的新概念、新命题，而非袭用旧有的人类艺术概念与命题。为了应对这样的挑战，人类只能走上迭代升级的自我进化之途了。

（六）AI 艺术的意义“是什么”的问题

在经典的艺术阐释中，艺术作品的意义归因于作者，作者具有鲜明的创作意图（即作者对自己所从事的艺术活动属于艺术创作有明显的文体意识，且对自己所创作的作品符合自己的创作意图有明显的身份意识），作品的阐释就是逆向发现作者创作意图的过程（“知人论世”“以意逆志”），是最为经典的一种艺术阐释模式。但设若艺术作品的意义并不源于作者，而是源于作品自身（如“形式主义”“新批评”理论）或接受者（接受美学、解释学），那么我们就不能再通过作者中心论来探求作品的意义。在 AI“艺术作品”的阐释中，情况正是如此：存储在不同介质中以“比特”形式存在的 AI 作品，其恒始恒终的存在特性，正如物理媒介时代的艺术作品自身的存在特性，其背后的本体之“相”，主要是通过作品形式的“显”与“隐”的符码“外化”与接受来实现自身，而与其“作者为谁”（如算法逻辑等）相距甚远。

从意义理解的角度看，AI 算法逻辑所创造的新的数字（虚拟—现实）艺术形式，引导或重构我们身体自身的格式塔形式，带来身体感知形式（身体图式）的“陌生化”。AI“艺术作品”的意义就既来自于陌生化形式所激发的情感盈余感，也来自于身体图式付诸实践时所激发的情感动觉感——情感动觉感不是单纯的心理反应，而是世界意象本身（“感时花溅泪，恨别鸟惊心”）；由情感动觉感所催生的感知与经验，向内收缩为情感的自返运动（“情动”）和身体的模拟感知，向外表现为具身的经验现实与拟像的物理时空关系。在情感动觉感的产生过程中，AI“艺术作品”的陌生化形式作为经验触源，其最直接的作用就在于：它能激发身体图式由潜能走向现实，而意义正诞生于此一“潜能”走向“现实”的途中。

具体而言，AI“艺术作品”虽源于艺术样本库的集约耦合，并与最高的“相”隔着三层，但它不是柏拉图意义上“摹仿的摹仿”的摹仿，而是新的实在本身，从而柏拉图所界划的“桌子的相—现实桌子—画作桌子”之艺术等级关系，在AI“艺术作品”中就被延宕为“桌子的相—现实桌子—画作桌子—符码桌子（桌子的“相”）”之莫比乌斯环式接合关系。对于AI“艺术作品”的意义而言，重要的不是界定不同层级各自的性质，也不是厘清不同层级彼此的“摹仿”关系，而是把握不同层级之间固有的“缝隙”，探讨“缝隙”界面间所具有的“你—我”关系，确认它们彼此之间不是“真实—影子”的真幻关系，也不是“原本—副本”的映射关系，而是“复多—单一”的聚合关系。这种“复多—单一”的聚合关系，虽有似于个体事物与其类概念的命名关系，但并不构成“真”与“假”的摹仿与再现关系，而是真理与现象的显现关系。这一关系虽然在逻辑上存有前后，但在存在论上却始终是同一的（摹本的存在，同时也意味着原本的存在；反之亦然）。也正是在这种存在论的同一性关系中，才会有某种“新”的东西创生，它作为精神性的观念灌注其中的结果（意义）——犹如供在神坛上的献品，虽就外观形态上依然是瓜果，但在仪式性的注视下显然不同于摆在餐桌上的瓜果——不仅是AI“艺术作品”真实的外观，更是其实在与观念，具有超越法律学意义上的“代表”资格或美学意义上的“典型”表现而体现出宗教学意义上的“显现”或“化身”意义。

而为了在这种存在论的同一性关系中显现AI“艺术作品”的意义，就既需要我们对待AI艺术“态度”的转变，也即康德的审美无功利理论需要在后经典艺术时代再次走上前台；还需要对象物AI艺术本身发生语境化的“蝶变”，也即黑格尔意义上的“生气灌注”的东西充盈于对象并使对象本质得以显现，成为“虚—实相生”的“有意味的形式”。

其一，就对待对象的态度转变而言，AI艺术形式天然包含的时空内容，一旦与主体内在的时空感发生（格式塔的）俪偶共振，它便旋即转化为艺术内容的意义感。AI艺术的意义因而并不在于其单纯的真理性（“相”）旨趣，而在于其形式与内容所凝结的意义张力结构（意义生产力）。正是这种具有召唤性的张力结构，可激发读者无限的遐想，催生无尽的意义感，创新整个想象与现实世界，乃至创造新世界。

同现代艺术类似，“得知某物为艺术品，意味着它具有某种可供凝神观照的属性，而这种属性是它未经变形的寻常副本所缺乏的，我们所起的审美反应也一定会变得不同。而这不是体制性的，而是本体论的。我们所面对的，是完全不同的一类事物”[1]。即对于现代艺术而言，反抗物质性，走向观念性，是其脱离自身的物质属性而跃升为观念与艺术意志的不二之途。而对于AI“艺术作品”而言，其创作中的算法逻辑的“相似”递归原则在多大程度上类似于人类艺术创作中的“摹仿”原则，其艺术形式的“符码抽象”背后是否具有“现实的抽象”，以及符号形式背后是否饱含了经验内容，并非是一个可以立即肯断的问题，它们取决于我们对自律性的形式美学原则抑或现实的功能主义原则本身的理解与接受。毕竟，基于现实经验之上的经典艺术形式，与基于经典艺术形式之上的虚拟艺术形式，只是与现实经验隔着三层，并未脱离现实经验本身。AI作为拟主体，借助于人类艺术作品素材所创

1〔美〕阿瑟·丹托：《寻常物的嬗变：一种关于艺术的哲学》，陈岸瑛译，江苏人民出版社，2012年，第121页。

造的艺术形式，并未在根本上区别于艺术家基于自己的临摹性练习所创作的艺术形式；算法逻辑对人类艺术形式的解码规约（不同的0与1数组）即重新编码（电子脉冲），与人类在艺术创作中对媒介素材的直觉感知与细节把捉，也并无本源论上的差异。AI艺术与人类艺术从形式到内容的这种相似性表明：对于AI“艺术作品”意义的理解而言，一种移情与感通的拟人论与拟物论态度，应双双在场。

其二，就对象物本身语境化的“蝶变”而言，确定对象到底要“表现”什么，需要联系产生对象的特定的艺术语境来确定。正是特定的“艺术语境”，赋予了作品以独特的观念，使作品经由物质性—虚拟性而走向观念性—意向性。

一方面，无论是现代艺术还是AI艺术，对对象表现语境的知识学解释，与对对象意义的解释相表里，也即阐释主体及其对对象的阐释学关系，始终是意义萌生的主体性依据。

对于现代艺术而言，“‘审美对象’不是某种永恒不变的柏拉图式的实体，不是某种超时空、超历史的愉悦，永远存在在那里，专等着鉴赏家全神贯注地去欣赏。……作品的审美特质也同样取决于它们在历史坐标中的位置”[1]。即对于以物质性为基础的现代艺术，如若脱离机械复制的历史语境与追求独创性的特定时代，它就无法成为艺术。只有通过语境化的解释——“解释表现在对艺术品与其物质副本的关系进行裁决”[2]——艺术才成为区别于其物质副本（“寻常物”“纯然之物”）的东西。解释所完成的正是：提供作品的必要背景，裁量作品可能的主题，确定作品的意义。解释所勾连的意义生产逻辑是：“解释”+“纯然之物”=“作品”，因为“解释”使“纯然之

1〔美〕阿瑟·丹托：《寻常物的嬗变：一种关于艺术的哲学》，陈岸瑛译，江苏人民出版社，2012年，第136页。

2〔美〕阿瑟·丹托：《寻常物的嬗变：一种关于艺术的哲学》，陈岸瑛译，江苏人民出版社，2012年，第139页。

物”被“识别”为“作品”：“在艺术中，每一个新的解释都是一次哥白尼革命，……每个解释都建构了一个新的作品，即便被解释的对象仍然是同一个，就像天空在理论的转型中保持自身的不变一样。客体O成为一件艺术品，仅当有解释I对之进行解释，在这里，I相当于某种函数，它能将O转变为一件作品：I（O）=W。即便O是一个知觉恒常体，只要函数I有了不同的变元，它也就跟着变成了不同的艺术作品。”[1]

对于AI艺术而言，意义同样依托于解释语境而非单一的自身涌现。这是因为：从解释的条件来看，“知识的界限是解释的界限”[2]；从解释的效果来看，“解释的边界同时就是知识的边界”[3]。对于AI艺术的解释语境来说，既需要弄清“艺术家”创造作品时所使用的素材的艺术史背景知识，也需要了解其创作时的一般艺术史背景，不能超越“艺术作品”素材的语境或“艺术作品”创造时的一般艺术史背景来孤立理解。因而同对现代艺术的理解相似，对于AI“艺术作品”的理解而言：“为了把某种东西看作艺术，至少需要具备艺术理论的氛围以及关于艺术史的知识。”“世上本没有艺术品，除非有一种解释将某个东西建构为艺术品。”[4]

另一方面，对对象及其语境的体验，与对对象本身的理解相关联。人类情感的自反性特征决定了对对象的体验，同时也是对自我的体验，对象的审美属性与主体的审美心理因而发生于同一过程。人类通过语言符号表达生存经验的艺术创造与艺术解释过程，始终是一个由经验变先验的感性积淀与理

1〔美〕阿瑟·丹托：《寻常物的嬗变：一种关于艺术的哲学》，陈岸瑛译，江苏人民出版社，2012年，第154页。

2〔美〕阿瑟·丹托：《寻常物的嬗变：一种关于艺术的哲学》，陈岸瑛译，江苏人民出版社，2012年，第161页。

3〔美〕阿瑟·丹托：《寻常物的嬗变：一种关于艺术的哲学》，陈岸瑛译，江苏人民出版社，2012年，第157页。

4〔美〕阿瑟·丹托：《寻常物的嬗变：一种关于艺术的哲学》，陈岸瑛译，江苏人民出版社，2012年，第166—167页。

性凝聚过程。意义正萌生于这一“过程”之中。

对于现代艺术的理解而言，两件外观一致的东西，其一为艺术品，其二为非艺术品，根本的原因在于：“前者是以基本的方式产生的，后者是以‘知识或技艺’为中介而产生的。”[1] 所谓“基本的方式产生”，是指对象正是对主体内在意图的感性再现，而非遵从外在知识或技艺的摹仿表现。前者的直接性使对象成为与主体同一的有风格的艺术作品（“风格即人”），后者的非直接性使对象依然止于类型或拙劣的艺术作品（“文如其人”）；通过前者，我们看到了主体的内在意图及其观看对象的特有方式；通过后者，我们看到的是主体遵从外在知识或技艺的特定后果。因而对于具有“可欣赏性”的现代艺术的纯然之物来说，是美学概念在其中起了关键作用。“审美反应必然是经过概念中介的，也即，知道某物是艺术品，对我们大有帮助。”[2] 外在于对象的“美学概念”，与内在于对象的“可欣赏性”，一并构成了“纯然之物”转嬗为具有自我意识的“艺术作品”的两大条件。

对于 AI 艺术的理解而言，其独特的艺术形式与内容可超越物理时空的生存体验阈限而将“艺术作品”由“抽象的乌托邦”变为“现实的乌托邦”，激发理解者更加强烈的体验。就 AI“艺术作品”及其艺术语境而言，它并非要创造一个拟物的虚拟—现实空间，而是物理空间的数字化与心理空间的实在化，是物理空间与其存在主体交感后生成的另一表现形态；就 AI“艺术作品”及其意义理解而言，它并非要创造一种拟光的虚拟时间与拟像的意义体验，而是要实现虚拟—现实时间的真切体验，是虚拟—现实时间与其感受主体相互激荡后呈现出的另一意义形态。多态时空（特定的物理时空与古今中外的数字时空并在）、多重主体（真实自我与数字自我）、多重体验（不同

1〔美〕阿瑟·丹托：《寻常物的嬗变：一种关于艺术的哲学》，陈岸瑛译，江苏人民出版社，2012 年，第 250 页。

2〔美〕阿瑟·丹托：《寻常物的嬗变：一种关于艺术的哲学》，陈岸瑛译，江苏人民出版社，2012 年，第 111 页。

时空与不同主体的不同体验），从而构成了 AI 艺术语境及其意义理解的典型特征。

第六节 结语：一种包含人工智能文艺作品的“中国文学阐释学”建构问题

在 AI 文艺 1.0 时代，文艺创造的源泉主要限于人类文艺及自然界，文艺创造主体是具有“类”人类主体能力的算法逻辑，文艺表达形式是一种“后”人类世意义上的人—机共在艺术形式，他律性是其典型艺术特征。在 AI 文艺 2.0 时代，文艺创造的源泉极有可能是人类与 AI 所共同创造的多重艺术及虚拟—现实世界，文艺创造主体是具有彼此影响的“人—机”（人机相向延伸—迭代），文艺表达形式是“人—机”共同主体规约下的复合艺术形式，自律—他律成为其典型艺术特征。在 AI 文艺 3.0 时代，文艺创造的源泉则有可能是“虚拟—现实”世界，文艺创造主体是具有自主心智能力的机器，文艺表达形式是机智中心主义规约下的自律性媒介艺术形式，一种新的“自律性”成为其典型特征。

设若 AI 在未来果真能够不断迭代更新，成为人类生活的重要一员并递升为新的创造主体，那么 AI 及其文艺创造主体便极有可能走上一条独立于人类（“自我”）的“自机”发展道路。在这种情况下，AI 文艺从创作源泉、创作主体、创作风格到作品意义都必将发生显著变化。而传统阐释学基于经典文艺所作的问题讨论，也将不再有效：人类数千年的阐释学历史发展——从文字阐释学到图像阐释学，再到图文阐释学，复到多媒介数字阐释学，终到人—人工智能阐释学——将既是作品形态与作品意义的复杂嬗变过程，也是阐释者与世界关系的深刻变迁过程，更是阐释者自身的迭代升级过程。在经典的文字阐释学、图像阐释学、图文阐释学、多媒介数字阐释学中，作为阐释对象的作品形式层、形象层与意义层，作为阐释过程的“前图像志”“图像志”“图像学分析”意义层，作为阐释结果的“悦耳悦目”“悦心悦意”“悦志悦神”美感形态层，都将在人—人工智能阐释学中发生颠覆性的变化。

这对于一种包融“人工智能文艺作品阐释”的“中国文学阐释学”建构而言，意味着：其阐释的对象“作品”，成了一种粋合“作品”与“阐释主体”的共生对象，即它们既是作品意义的创造者，也是作品意义的阐释者，更是作品意义的革新者；其阐释的主体，不再是经典阐释学中的主体“阐释者”，而是上帝般的信息“全知全能”（信息开源）；其阐释的过程，不再是经典阐释学中阐释者与作品的平等对话与“视域融合”，而是有着霄壤级差的智能数据“全问—全答”；其阐释的目标，不再是经典阐释学的作品意义理解，而是在万物感通基础上对创造的自由感（合目的性）与天地境界的领悟（合规律性）。

参考文献

一、古籍类著作

（汉）毛亨传，郑玄笺，（唐）孔颖达疏，陆德明音释：《毛诗注疏（上）》，上海古籍出版社，2013年。

（汉）董仲舒撰，（清）凌曙注：《春秋繁露》卷三，中华书局，1975年。

（晋）王弼著，楼宇烈校释：《王弼集校释（下）》，中华书局，1980年。

（梁）释慧皎撰，汤用彤校注：《高僧传》，中华书局，1992年。

（宋）罗大经：《鹤林玉露》乙编卷二《春风花草》，中华书局，1983年。

（宋）欧阳修：《诗本义》卷一四《本末论》，《四部丛刊》三编本。

（宋）朱熹：《朱子语类》卷八十，（宋）黎靖德编，王星贤点校，中华书局，1986年。

（宋）朱熹：《朱子语类》卷一一，（宋）黎靖德编，王星贤点校，中华书局，1986年。

（宋）姚勉：《雪坡舍人集》，上海书店出版社，1994年。

（宋）郑樵：《通志图谱略》，王树民点校：《通志二十略》下册，中华书局，1995年。

（宋）苏轼著，李之亮笺注：《苏轼文集编年笺注》第一册，巴蜀书社，2011年。

（宋）刘辰翁批点：《集千家注批点补遗杜诗集》（元刊本）卷六，东京：日本八木书店1981年影印本。

（宋）文天祥：《文山先生全集》卷一六《集杜诗自序》，《四部丛刊》正编本。

（清）戴震撰，杨应芹等主编：《戴震全书》第陆册，黄山书社，2010年。

（清）皮锡瑞著，周予同注：《经学历史》，中华书局，1959年。

高亨：《周易大传今注》，齐鲁书社，1998年。

杨伯峻：《孟子译注》，中华书局，2008年。

周采泉：《杜集书录》内编卷四，上海古籍出版社，1986年。

二、马列经典著作

《马克思恩格斯选集》第一卷，人民出版社，2012年。

《马克思恩格斯选集》第二卷，人民出版社，2012年。

《马克思恩格斯选集》第三卷，人民出版社，2012年。

《马克思恩格斯选集》第四卷，人民出版社，2012年。

《马克思恩格斯文集》第一卷，人民出版社，2009年。

《马克思恩格斯文集》第十卷，人民出版社，2009年。

《马克思恩格斯全集》第三卷，人民出版社，2002年。

《马克思恩格斯全集》第四卷，人民出版社，2016年。

《马克思恩格斯全集》第二十七卷，人民出版社，1972年。

《马克思恩格斯全集》第二十九卷，人民出版社，2016年。

〔德〕马克思：《资本论》第三卷，人民出版社，2004年。

《列宁全集》第十一卷，人民出版社，1987年。

中国李大钊研究会编注：《李大钊文集》第三卷，人民出版社，1999年。

中国李大钊研究会编注:《李大钊文集》第四卷，人民出版社，1999 年。

中共中央文献研究室编:《毛泽东早期文稿（1912.6—1920.11）》，湖南人民出版社，1990 年。

逄先知主编:《毛泽东年谱（1893—1949）》，中央文献出版社，2005 年。

《毛泽东选集》第二卷，人民出版社，1991 年。

《毛泽东选集》第三卷，人民出版社，1991 年。

《毛泽东选集》第四卷，人民出版社，1991 年。

毛泽东:《论新阶段》,《解放》1938 年 11 月 25 日。

《邓小平文选》第二卷，人民出版社，1994 年。

《三中全会以来重要文献选编（上）》，人民出版社，1982 年。

《三中全会以来重要文献选编（下）》，中央文献出版社，2011 年。

《十四大以来重要文献选编（上）》，人民出版社，2011 年。

《十四大以来重要文献选编（下）》，人民出版社，2011 年。

《江泽民文选》第二卷，人民出版社，2006 年。

《江泽民文选》第三卷，人民出版社，2006 年。

江泽民:《论党的建设》，中央文献出版社，2001 年。

江泽民:《在中国文联第六次全国代表大会、中国作协第五次全国代表大会上的讲话》,《人民日报》1996 年 12 月 17 日。

江泽民:《在中国文联第七次全国代表大会、中国作协第六次全国代表大会上的讲话》,《人民日报》2001 年 12 月 19 日。

《十六大以来重要文献选编（中）》，人民出版社，2011 年。

《十七大以来重要文献选编（下）》，人民出版社，2013 年。

《胡锦涛文选》第二卷，人民出版社，2016 年。

胡锦涛:《在中国文联第八次全国代表大会、中国作协第七次全国代表大会上的讲话》,《人民日报》2006 年 11 月 11 日。

胡锦涛:《在中国文联第九次全国代表大会、中国作协第八次全国代表大会上的讲话》,《人民日报》2011 年 11 月 23 日。

习近平:《在文艺工作座谈会上的讲话》,《人民日报》2015 年 10 月 16 日。

《中共中央关于繁荣发展社会主义文艺的意见》，新华网，2015 年 10 月 19 日。

《习近平总书记在文艺工作座谈会上的重要讲话学习读本》，学习出版社，2015 年。

习近平:《在中国文联十大、中国作协九大开幕式上的讲话》,《文艺报》2016 年 12 月 1 日。

习近平:《决胜全面建成小康社会 夺取新时代中国特色社会主义伟大胜利——在中国共产党第十九次全国代表大会上的报告》，人民出版社，2017 年。

习近平:《在哲学社会科学工作座谈会上的讲话》,《人民日报》2016 年 5 月 18 日。

习近平:《在纪念马克思诞辰 200 周年大会上的讲话》,《人民日报》2018 年 5 月 5 日。

习近平:《在中国文联十一大、中国作协十大开幕式上的讲话》,《人民日报》2021 年 12 月 15 日。

三、西方经典著作

〔古希腊〕《亚里士多德全集》第八卷，苗力田主编，中国人民大学出版社，1992 年。

〔古希腊〕《亚里士多德全集》第九卷，苗力田主编，中国人民大学出版社，1994 年。

〔德〕康德:《判断力批判》，邓晓芒译，人民出版社，2002 年。

〔德〕黑格尔:《精神现象学》下卷，贺麟、王玖兴译，商务印书馆，1979年。

〔德〕格罗塞:《艺术的起源》，蔡慕晖译，商务印书馆，1984年。

〔德〕海德格尔:《存在与时间》，陈嘉映、王庆节译，生活·读书·新知三联书店，1999年。

〔德〕海德格尔:《林中路》(修订本)，孙周兴译，上海译文出版社，2008年。

〔德〕海德格尔:《海德格尔选集(上)》，孙周兴选编，生活·读书·新知三联书店，1996年。

〔德〕海德格尔:《海德格尔选集(下)》，孙周兴选编，生活·读书·新知三联书店，1996年。

〔德〕伽达默尔、〔美〕杜特:《解释学、美学、实践哲学：伽达默尔与杜特对谈录》，金惠敏译，商务印书馆，2005年。

〔德〕伽达默尔:《科学时代的理性》，薛华等译，国际文化出版公司，1988年。

〔德〕伽达默尔:《赞美理论——伽达默尔选集》，夏镇平译，生活·读书·新知三联书店，1988年。

〔德〕伽达默尔:《诠释学Ⅰ：真理与方法》，洪汉鼎译，商务印书馆，2010年。

〔德〕伽达默尔:《诠释学Ⅱ：真理与方法》，洪汉鼎译，商务印书馆，2010年。

〔德〕伽达默尔:《真理与方法(上卷)》，洪汉鼎译，上海译文出版社，1999年。

〔德〕伽达默尔:《真理与方法(下卷)》，洪汉鼎译，上海译文出版社，1999年。

〔德〕伽达默尔：《哲学解释学》，夏镇平、宋建平译，上海文艺出版社，1994 年。

〔德〕伽达默尔：《美的现实性》，张志扬等译，生活·读书·新知三联书店，1991 年。

〔德〕伽达默尔：《美的现实性》，郑湧译，中国人民大学出版社，2018 年。

〔德〕汉斯·罗伯特·耀斯：《审美经验与文学解释学》，顾建光等译，上海译文出版社，2006 年。

〔德〕阿多诺：《美学理论》，王柯平译，四川人民出版社，1998 年。

〔德〕尤尔根·哈贝马斯：《认识与兴趣》，郭官义、李黎译，学林出版社，1999 年。

〔德〕尤尔根·哈贝马斯：《交往行动理论》第一卷，洪佩郁等译，重庆出版社，1994 年。

〔德〕尤尔根·哈贝马斯：《哈贝马斯精粹》，曹卫东选译，南京大学出版社，2004 年。

〔德〕彼得·毕尔格：《主体的隐退》，陈良梅等译，南京大学出版社，2004 年。

〔德〕斐迪南·滕尼斯：《共同体与社会》，林荣远译，北京大学出版社，2010 年。

〔德〕李博：《汉语中的马克思主义术语的起源和作用》，赵倩等译，中国社会科学出版社，2003 年。

〔美〕约瑟夫·劳斯：《知识与权力》，盛晓明等译，北京大学出版社，2004 年。

〔美〕理查德·伯恩斯坦：《超越客观主义与相对主义》，郭小平译，光明日报出版社，1992 年。

〔美〕赫施：《解释的有效性》，王才勇译，生活·读书·新知三联书店，

1991 年。

〔美〕罗杰·奥尔森:《基督教神学思想史》,吴瑞诚等译,北京大学出版社,2003 年。

〔美〕詹姆逊:《詹姆逊文集》第二卷,王逢振主编,中国人民大学出版社,2016 年。

〔美〕安伯托·艾柯:《开放的作品》,刘儒庭译,新星出版社,2005 年。

〔美〕斯坦利·费什:《读者反应批评:理论与实践》,文楚安译,中国社会科学出版社,1998 年。

〔美〕约翰·卡普托:《激进诠释学》,李建盛译,北京大学出版社,2021 年。

〔美〕沃尔特·约斯特、迈克尔·海德编:《当代修辞学与解释学读本》,黄旺译,商务印书馆,2018 年。

〔美〕理查德·E. 帕尔默:《诠释学》,潘德荣译,商务印书馆,2012 年。

〔美〕保罗·奥斯卡·克里斯特勒:《文艺复兴时期的思想与艺术》,邵宏译,东方出版社,2008 年。

〔美〕欧文·潘诺夫斯基:《图像学研究:文艺复兴时期艺术的人文主题》,戚印平、范景中译,上海三联书店,2011 年。

〔美〕迈耶·夏皮罗:《艺术的理论与哲学:风格、艺术家和社会》,沈语冰、王玉冬译,江苏凤凰美术出版社,2016 年。

〔美〕阿瑟·丹托:《寻常物的嬗变:一种关于艺术的哲学》,陈岸瑛译,江苏人民出版社,2012 年。

〔美〕阿瑟·丹托:《艺术的终结之后:当代艺术与历史的界限》,王春辰译,江苏人民出版社,2007 年。

〔美〕奥登等:《诗人与画家》,马永波译,山东画报出版社,2006 年。

〔美〕詹明信:《晚期资本主义的文化逻辑:詹明信批评理论文选》,陈清侨等译，生活·读书·新知三联书店，1997年。

〔法〕吕西安·戈德曼:《马克思主义与人文科学》，罗国祥译，安徽文艺出版社，1989年。

〔法〕卢梭:《社会契约论》，何兆武译，商务印书馆，1982年。

〔法〕吕西安·戈德曼:《隐蔽的上帝》，百花文艺出版社，1998年。

〔法〕保罗·利科:《解释的冲突：解释学文集》，莫伟民译，商务印书馆，2017年。

〔法〕保罗·利科:《诠释学与人文科学——语言、行为、解释文集》，〔英〕J. B. 汤普森编译，孔明安等译，中国人民大学出版社，2012年。

〔法〕让-吕克·南希:《解构的共通体》，夏可君编校，郭建玲等译，上海世纪出版集团，2007年。

〔英〕贡布里希:《文艺复兴：西方艺术的伟大时代》，李本正、范景中编选，中国美术学院出版社，2000年。

〔英〕贡布里希:《艺术与人文科学：贡布里希文选》，范景中编选，浙江摄影出版社，1989年。

〔英〕贡布里希:《象征的图像——贡布里希图像学文集》，杨思梁、范景中编选，上海书画出版社，1990年。

〔英〕约翰·B. 汤普森:《意识形态与现代文化》，高铦等译，译林出版社，2005年。

〔英〕雷蒙德·威廉斯:《漫长的革命》，倪伟译，上海人民出版社，2013年。

〔英〕齐格蒙特·鲍曼:《共同体》，欧阳景根译，江苏人民出版社，2003年。

〔苏联〕高尔基:《我的大学》，刘辽逸等译，人民文学出版社，2003年。

〔意〕维柯:《新科学》（上），朱光潜译，商务印书馆，1997年。

〔意〕安贝托·艾柯等:《诠释与过度诠释》,〔英〕斯特凡·柯里尼编,王宇根译,生活·读书·新知三联书店,2005年。

〔加〕诺思罗普·弗莱:《批评的解剖》,陈慧等译,百花文艺出版社,2006年。

〔匈〕卢卡奇:《历史和阶级意识》,王伟光等译,华夏出版社,1989年。

〔奥〕维特根斯坦:《逻辑哲学论》,贺绍甲译,商务印书馆,1996年。

〔奥〕维特根斯坦:《维特根斯坦全集》第8卷,涂纪亮译,河北教育出版社,2003年。

〔奥〕马丁·布伯:《我与你》,陈维纲译,生活·读书·新知三联书店,2002年。

〔美〕玛格丽特·A. 博登编著:《人工智能哲学》,刘西瑞、王汉琦译,上海译文出版社,2006年。

四、国内经典著作

巴人:《文学论稿》,上海文艺出版社,1959年。

蔡仪主编:《文学概论》,人民文学出版社,1979年。

畅广元、李西建主编:《文学理论研读》,陕西师范大学出版社,2013年。

陈独秀:《陈独秀著作选编》第一卷,上海人民出版社,2009年。

成中英:《本体诠释学(一)》,中国人民大学出版社,2017年。

成中英:《本体诠释学(二)》,中国人民大学出版社,2017年。

成中英:《论中西哲学精神》,东方出版社,1991年。

成中英主编:《本体与诠释:美学、文学与艺术(第七辑)》,浙江大学出版社,2011年。

董学文、张永刚:《文学原理》,北京大学出版社,2001年。

傅伟勋：《从西方哲学到禅佛教》，生活·读书·新知三联书店，1989年。

高建平等：《当代中国文学批评观念史》，中国社会科学出版社，2019年。

高建平主编：《当代中国文艺理论研究（1949—2009）》，中国社会科学出版社，2011年。

葛红兵：《文学概论通用教程》，上海大学出版社，2002年。

葛兆光：《中国思想史·导论》，复旦大学出版社，2017年。

谷鹏飞主编：《文学理论与经典阅读》，高等教育出版社，2020年。

郭绍虞：《中国文学批评史》上册，商务印书馆，2011年。

郭绍虞：《中国文学批评史》下册，商务印书馆，2010年。

国家教委社科司编：《文学概论教学大纲》，高等教育出版社，1993年。

何明星：《〈管锥编〉诠释方法研究》，华中师范大学出版社，2006年。

洪汉鼎主编：《理解与解释——诠释学经典文选》，东方出版社，2001年。

胡适：《胡适全集》第一卷，季羡林主编，安徽教育出版社，2003年。

欧阳哲生编：《胡适文集》第2册，北京大学出版社，1998年。

欧阳哲生编：《胡适文集》第3册，北京大学出版社，1998年。

胡亚敏：《马克思主义文学批评中国范式的当代建构》，人民出版社，2020年。

霍松林编著：《文艺学概论》，陕西人民出版社，1957年。

《李大钊全集》第三卷，河北教育出版社，1999年。

李清良：《熊十力陈寅恪钱锺书阐释思想研究》，中华书局，2007年。

李西建：《文学理论教程》，陕西师范大学出版总社，2017年。

李西建：《延安文艺与20世纪马克思主义文艺理论中国化》，陕西师范大学出版总社，2020年。

李泽厚：《华夏美学·美学四讲》（增订本），生活·读书·新知三联书店，2008年。

李泽厚:《李泽厚近年答问录》，天津社会科学院出版社，2006年。

李泽厚:《论语今读（初稿）》，生活·读书·新知三联书店，2004年。

李泽厚:《美的历程》，生活·读书·新知三联书店，2009年。

李泽厚:《美学旧作集》，天津社会科学院出版社，2002年。

李泽厚:《美学三书》，天津社会科学院出版社，2003年。

李泽厚:《批判哲学的批判：康德述评》，生活·读书·新知三联书店，2007年。

李泽厚:《实用理性与乐感文化》，生活·读书·新知三联书店，2008年。

林焕平编著:《文学概论（初稿）》，广西人民出版社，1957年。

刘甫田、徐景熙主编:《文学概论》，高等教育出版社，2000年。

刘阳:《文学理论今解》，华东师范大学出版社，2016年。

鲁枢元、刘锋杰等:《文学理论》，华东师范大学出版社，2009年。

《鲁迅全集》第三卷，人民文学出版社，1989年。

陆贵山、周忠厚等编著:《马克思主义文艺论著选讲》，中国人民大学出版社，2011年。

罗根泽:《中国文学批评史（上）》，上海人民出版社，2015年。

南帆、刘小新等:《文学理论》，北京大学出版社，2008年。

南帆:《文学理论十讲》，福建教育出版社，2018年。

欧阳友权主编:《文学理论》，北京大学出版社，2006年。

潘德荣:《文字·诠释·传统——中国诠释传统的现代转化》，上海译文出版社，2003年。

潘德荣:《西方诠释学史》，北京大学出版社，2016年。

钱锺书:《管锥编》（三），生活·读书·新知三联书店，2001年。

钱锺书:《管锥编》（四），生活·读书·新知三联书店，2001年。

钱锺书:《管锥编》（一）上卷，生活·读书·新知三联书店，2001年。

钱锺书:《管锥编》（一）下卷，生活·读书·新知三联书店，2001年。

钱锺书:《七缀集》，生活·读书·新知三联书店，2002年。

钱锺书:《宋诗选注》，生活·读书·新知三联书店，2002年。

钱锺书:《宋诗选注》，香港天地图书出版公司，1988年。

钱锺书:《谈艺录》补订重排本（上），生活·读书·新知三联书店，2001年。

钱锺书:《谈艺录》补订重排本（下），生活·读书·新知三联书店，2001年。

钱锺书:《写在人生边上·人生边上的边上·石语》，生活·读书·新知三联书店，2002年。

十四院校编写组:《文学理论基础》，上海文艺出版社，1981年。

汤一介:《和而不同》，辽宁人民出版社，2001年。

汤用彤:《汉魏两晋南北朝佛教史》，上海人民出版社，2015年。

汤用彤:《汤用彤自选集》，天津人民出版社，1995年。

陶东风:《文学理论基本问题》，北京大学出版社，2004年。

童庆炳主编:《文学理论教程》（修订版），高等教育出版社，1998年。

童庆炳主编:《文学理论教程》（修订二版），高等教育出版社，2004年。

童庆炳主编:《文学理论新编》（第三版），北京师范大学出版社，2010年。

童庆炳主编:《文学理论教程》（第五版），高等教育出版社，2011年。

童庆炳主编:《新编文学理论》（第二版），中国人民大学出版社，2011年。

汪晖:《现代中国思想的兴起》下卷（第二部），生活·读书·新知三联书店，2008年。

王杰、石然:《当代中国文艺政策发展史》，中国社会科学出版社，2019年。

王先霈、孙文宪主编:《文学理论导引》，高等教育出版社，2005年。

王向峰主编:《文艺学新编》，辽宁大学出版社，1990年。

王一川:《文学理论》(修订版),北京大学出版社,2011 年。

王一川:《修辞论美学》,中国人民大学出版社,2009 年。

王元骧:《文学原理》,浙江大学出版社,2018 年。

《文学理论》编写组:《文学理论》,高等教育出版社、人民出版社,2009 年。

吴中杰:《文艺学导论》(修订本),复旦大学出版社,1998 年。

阎嘉:《文学理论基础》,四川大学出版社,2005 年。

杨春时:《文学理论新编》,北京大学出版社,2007 年。

杨乃乔主编:《中国经学诠释学与西方诠释学》,中西书局,2016 年。

杨乃乔总主编:《比较经学:中国经学诠释学传统与西方诠释学传统的对话》,上海人民出版社,2018 年。

杨守森、周波主编:《文学理论实用教程》,中国人民大学出版社,2013 年。

杨思梁、范景中编选:《象征的图像——贡布里希图像学文集》,上海书画出版社,1990 年。

姚文放:《文学理论》(第四版),高等教育出版社,2015 年。

以群主编:《文学的基本原理》(修订本),上海文艺出版社,1964 年。

殷鼎:《理解的命运》,生活·读书·新知三联书店,1988 年。

余三定主编:《文学概论》,南京大学出版社,2015 年。

俞吾金:《实践诠释学》,云南人民出版社,2001 年。

张江:《阐释学五辨》,中华书局,2023 年。

张江主编:《当代西方文论批判研究》,中国社会科学出版社,2017 年。

张江:《作者能不能死:当代西方文论考辨》,中国社会科学出版社,2017 年。

张隆溪:《道与逻各斯:东西方文学阐释学》,江苏教育出版社,2006 年。

张汝伦:《意义的探究——当代西方释义学》,辽宁人民出版社,1988 年。

赵炎秋、毛宣国主编:《文学理论教程》,岳麓书社,2000 年。

中国社会科学院文学研究所现代文学研究室编:《“革命文学”论争资料选编（上）》，人民文学出版社，1981年。

中国现代文学馆编:《臧克家代表作》，华夏出版社，1998年。

中华全国文学艺术工作者代表大会宣传处编:《中华全国文学艺术工作者代表大会纪念文集》，新华书店，1950年。

周宪:《文学理论导引》，高等教育出版社，2014年。

《周扬文集》第五卷，人民文学出版社，1994年。

周裕锴:《中国古代阐释学研究》，复旦大学出版社，2019年。

朱光潜:《朱光潜全集》第二卷，安徽教育出版社，1987年。

朱光潜:《朱光潜全集》第九卷，安徽教育出版社，1987年。

朱光潜:《朱光潜全集》第三卷，安徽教育出版社，1987年。

朱光潜:《朱光潜全集》第十卷，安徽教育出版社，1993年。

朱光潜:《朱光潜全集》第一卷，安徽教育出版社，1987年。

朱立元编:《二十世纪西方美学经典文本（三）》，复旦大学出版社，2001年。

朱立元等:《马克思主义文艺理论中国化研究》，经济科学出版社，2009年。

宗白华:《宗白华全集》（第二卷），林同华主编，安徽教育出版社，2008年。

宗白华:《宗白华全集》（第三卷），林同华主编，安徽教育出版社，2008年。

宗白华:《宗白华全集》（第一卷），林同华主编，安徽教育出版社，2008年。

五、英文著作

A. C. Danto, The Art world, *The Journal of Philosophy*, 1964, 61(19).

Arthur C. Danto, *Aesthetics: The Big Questions*, ed., Carolyn Korsmeyer, Cambridge: Blackwell, 1980.

A. C. Danto, *Beyond the Brillo Box*, Berkeley: University of California Press, 1992.

A. C. Danto, *What Art Is*, New Haven: Yale University Press, 2013.

A. Griffin, "Facebook's Artificial Intelligence Robots Shut Down Because They Start Talking to Each Other in Their Own Language", *Independent*, July 31, 2017.

Alberto Romele, *Digital Hermeneutics: Philosophical Investigations in New Media and Technologies*, New York and London: Routledge, 2020.

E. D. Hirch, Meaning and Significance Reinterpreted, *Critical Inquiry* 11, 1984.

John Bender and H. Blocker eds., *Contemporary Philosophy of Art: Readings in Analytic Aesthetics, Englewood Cliffs*, New Jersey: Prentice Hall, 1993.

Josef Bleicher, Contemporary Hermeneutics: Hermeneutics as Method, *Philosophy and Critique*, London, Boston and Henley: Routledge & Kegan Paul, 1980.

Jean Baudrillard, *Fatal Strategies*, Los Angeles, Semiotext(e), 2007.

George Dickie, *Art and Aesthetic*, lthaca and London: Cornell University Press, 1974.

George Dickie, *The Art Circle: A Theory of Art*, New York: Haven Publications, 1984.

George Dicke, *Introduction to Aesthetics: An Analytic Approach*, Oxford University Press, New York, 1997.

Nelson Goodman, *Languages of Art*, Indianapolis and Cambridge: Hackett Publishing, 1976.

Roy Ascott, “Art, Consciousness and Artificial Life”, *Artificial Life & Robotics* 3(1999).

Susan Schreibman, Ray Siemens, and John Unsworth, eds., *A New Companion to Digital Humanities*, Malden: John Wiley & Aons, Ltd., 2016.

Steven Mailloux, *Rhetorical Power*, Ithaca and London: Cornell University Press, 1989.

Stephen W. Littlejohn, *Theories of Human Communication, Cengage Learning*, 2003.

Stanley Fish, *Is There a Text in This Class: The Authority of Interpretive Communities*, Cambridge, Mass: Harvard University Press, 1980.

Stanley Fish, Interpreting the Variorum, *Critical Inquiry*, 1976(3).

六、报纸期刊论文

陈伯海:《“变则通,通则久”:论中国古代文论的现代转化》,《文学遗产》2000 年第 1 期。

成中英:《本体美学的研究方法》,《艺术百家》2012 年第 5 期。

成中英:《诠释学中的存在接受性与意义创造性:从伽达默尔到本体诠释学(上)》,《安徽师范大学学报》(人文社会科学版)2014 年第 5 期。

成中英:《21世纪中国哲学走向：诠释、整合与创新》,《中国社会科学院研究生院学报》2001年第6期。

成中英:《世界的文学性与文学的世界性》,《深圳大学学报》(人文社会科学版)2020年第4期。

成中英:《寻求保留差异的中西马哲学会通之路》,《社会科学战线》2012年第2期。

成中英:《训诂、语义与诠释》,《中国训诂学报》2018年第3辑。

成中英:《中国美学中美的动态化过程：诗画交融的创造性和谐》,《世界哲学》2004年第2期。

成中英:《中国语言与中国传统哲学思维方式》,《哲学动态》1988年第10期。

邓新华:《发展中的中国文学解释学》,《文艺报》2006年9月19日。

傅伟勋:《创造的诠释学及其应用》,《时代与思潮》1990年第2期。

傅永军:《中国经典诠释传统现代转型研究之检省》,《天津社会科学》2020年第6期。

谷鹏飞:《〈在延安文艺座谈会上的讲话〉四次修订的背景及其诠释学意义》,《西北大学学报》(哲学社会科学版)2012年第2期。

洪汉鼎:《关于Hermeneutik的三个译名：诠释学、解释学与阐释学》,《哲学研究》2020年第4期。

胡适:《建设的文学革命论》,《新青年》1917年4卷4号。

胡亚敏:《马克思主义文学批评“中国范式”探讨》,《中国文学批评》2015年第4期。

李大钊:《再论问题与主义》,《每周评论》第35期，1919年8月17日。

刘康:《西方理论在中国的命运——詹姆逊与詹姆逊主义》,《文艺理论研究》2018年第1期。

钱杏邨：《中国新兴文学中的几个具体的问题》，《拓荒者》1930 年第 1 期。

汤克兵：《作为“类人艺术”的人工智能艺术》，《西南民族大学学报（人文社会科学版）》2020 年第 5 期。

汤一介：《论创建中国解释学问题》，《社会科学战线》2001 年第 1 期。

汤一介：《三论创建中国解释学问题》，《中国文化研究》2000 年夏之卷，第 28 期。

汪晖：《对象的解放与对现代的质询——关于〈现代中国思想的兴起〉的一点再思考》，《开放时代》2008 年第 2 期。

汪晖：《高句丽、蒙元史与跨体系社会的历史叙事》，《东南学术》2020 年第 1 期。

汪晖：《民族研究的超民族视角——跨体系社会及中国化问题》，《西北民族研究》2021 年第 1 期。

汪晖：《中国：跨体系社会》，《“清代政治与国家认同”国际学术研讨会会议论文集》2010 年 8 月 9 日。

《文艺为人民服务，为社会主义服务》，《人民日报》1980 年 7 月 26 日。

张江：《“阐”“诠”辨——阐释的公共性讨论之一》，《哲学研究》2017 年第 12 期。

张江：《阐释模式的统一性问题》，《社会科学战线》2015 年第 6 期。

张江：《当代西方文论若干问题辨识——兼及中国文论重建》，《中国社会科学》2014 年第 5 期。

张江、〔德〕尤尔根·哈贝马斯：《关于公共阐释的对话》，《学术月刊》2018 年第 5 期。

张江：《“公”“共”辨》，《探索与争鸣》2024 年第 3 期。

张江：《公共阐释论纲》，《学术研究》2017 年第 6 期。

张江：《公共阐释论》，《中国社会科学》2022 年第 11 期。

张江:《关于阐释论的提纲》,《社会科学战线》2023 年第 11 期。

张江:《关于公共阐释若干问题的再讨论(之一)》,《求是学刊》2019 年第 1 期。

张江:《关于“强制阐释”的概念解说——致朱立元、王宁、周宪先生》,《文艺研究》2015 年第 1 期。

张江:《“解”“释”辨》,《社会科学战线》2019 年第 1 期。

张江:《“理”“性”辨》,《中国社会科学》2018 年第 9 期。

张江:《论阐释的有限与无限——从 π 到正态分布的说明》,《探索与争鸣》2019 年第 10 期。

张江:《前见是不是立场》,《学术月刊》2016 年第 11 期。

张江:《前置结论与前置立场》,《北京师范大学学报》(社会科学版)2015 年第 4 期。

张江:《强制阐释的独断论特征》,《文艺研究》2016 年第 8 期。

张江:《强制阐释的主观预设问题》,《学术研究》2015 年第 4 期。

张江:《强制阐释论》,《文学评论》2014 年第 6 期。

张江:《让阐释学说汉语》,《学术研究》2023 年第 9 期。

张江:《“通”“达”辨》,《哲学研究》2021 年第 11 期。

张江、韦昊昱:《当代中国阐释学话语体系构建的回顾与前瞻——张江教授访谈录》,《首都师范大学学报》(社会科学版)2024 年第 3 期。

张江:《“训诂阐释学”构想》,《学术研究》2022 年第 12 期。

张江:《训诂与阐释——阐释学体系建构讨论》,《社会科学战线》2022 年第 5 期。

张江:《“衍”“生”辨》,《社会科学战线》2021 年第 11 期。

张江:《“义”“意”辨》,《北京大学学报》(哲学社会科学版)2024 年第 4 期。

张江、〔英〕约翰·汤普森:《公共阐释还是社会阐释——张江与约翰·汤普森的对话》,《学术研究》2017 年第 11 期。

张江:《再论强制阐释》,《中国社会科学》2021 年第 2 期。

张江:《中国阐释学建构的若干难题》,《探索与争鸣》2022 年第 1 期。

张隆溪:《仁者见仁，智者见智——关于阐释学与接受美学》,《读书》1984 年第 3 期。

张隆溪:《神·上帝·作者——评传统的阐释学》,《读书》1984 年第 2 期。

张汝伦:《理解：历史性和语言性——哲学释义学简述》,《复旦学报》1984 年第 6 期。

《中共中央关于繁荣发展社会主义文艺的意见》,《人民日报》2015 年 10 月 20 日。

《中华人民共和国宪法》,《人民日报》2018 年 3 月 22 日。

周扬:《继往开来，繁荣社会主义新时期的文艺——在中国文学艺术工作者第四次代表大会上的报告》（1979 年 11 月 1 日），中国文艺网 http://www.cflac.org.cn/wdh/cflac_wdh-4th_Article-03.html。

后　记

这本小书，断断续续写了十年。不少思考，草就于火车上、候机厅、晨跑中与睡梦里。写作的原意，是想在中西文论交流互鉴的时代大潮中，弄清楚中国当代到底有没有自己的“文学阐释学”。如果有，它长什么样？后将这一单纯的“画像”起意更名为“中国范式”，磨掉了感性的棱角，平添了理性的色彩，实属学院式写作的无奈之举。

本书之所以选择“中国当代”为问题域，是因为“中国当代”是一个紧贴我们的“世界”与“世纪”问题。百年来中国文论的古与今、中与西思想激荡，以及由于这种激荡而迸发出中国文论的无限可能，都潜藏在这一问题域。而选择“文学阐释学”为对象，则是因为“文学阐释学”构成了中国当代文学理论的深层逻辑。中国当代文学理论的不同流派与观念，表面上是文艺观念与价值立场的不同，实际上是阐释观念与阐释方法的差异。

学术写作如同为文作赋，“方其搦翰，气倍辞前，暨乎篇成，半折心始”。本书写作是否达到了预想的目的，有待学界同仁的评鉴。但阐释意义，并守护意义，始终构成了我们人文学者生存在世的基本方式。文学阐释，始终是我们文学教师最便宜的精神生活方式。我愿意以此方式，守护好自己的精神家园。

本书的部分篇章，曾以学术论文的形式发表。辑撰成书后，又得到了2022年度国家社科基金重点项目的资助。后忝列2024年度《国家哲学社会科学成果文库》。感谢书稿写作与辑撰过程中同行专家提出的宝贵意见。感谢商务印书馆责任编辑贺茹女士为出版本书付出的辛勤劳动。本书只是抛出了问题，更深入的研究，有待学界同仁的勠力同心。

是为记。

谷鹏飞

2025 年 3 月 25 日 写于终南小居安寓所